■2025年度中学受験用

JN050091

三田国際学園中学校

4年間(＋3年間HP掲載)スーパー過去問

収録内容一覧

入試問題と解説・解答の収録内容

2024年度　１回	算数・社会・理科・国語	実物解答用紙DL
2024年度　２回	算数・社会・理科・国語（解答のみ）	実物解答用紙DL
2024年度 ＭＳＴ	算数・理科	実物解答用紙DL
2023年度　１回	算数・社会・理科・国語	実物解答用紙DL
2023年度　２回	算数・社会・理科・国語（解答のみ）	実物解答用紙DL
2023年度 ＭＳＴ	算数・理科	実物解答用紙DL
2022年度　１回	算数・社会・理科・国語	実物解答用紙DL
2022年度　２回	算数・社会・理科・国語（解答のみ）	実物解答用紙DL
2022年度 ＭＳＴ	算数・理科	実物解答用紙DL
2021年度　１回	算数・社会・理科・国語	
2021年度　２回	算数・社会・理科・国語（解答のみ）	
2021年度 ＭＳＴ	算数・理科	

2020～2018年度（HP掲載）

問題・解答用紙・解説解答DL

「カコ過去問」
（ユーザー名）koe
（パスワード）w8ga5a1o

◇著作権の都合により国語と一部の問題を削除しております。
◇一部解答のみ（解説なし）となります。
◇９月下旬までに全校アップロード予定です。
◇掲載期限以降は予告なく削除される場合があります。

～本書ご利用上の注意～　以下の点について，あらかじめご了承ください。

★別冊解答用紙は巻末にございます。実物解答用紙は，弊社サイトの各校商品情報ページより，一部または全部をダウンロードできます。
★編集の都合上，学校実施のすべての試験を掲載していない場合がございます。
★当問題集のバックナンバーは，弊社には在庫がございません（ネット書店などに一部在庫あり）。

合格を勝ち取るための『スーパー過去問』の使い方

本書に掲載されている過去問をご覧になって，「難しそう」と感じたかもしれません。でも，多くの受験生が同じように感じているはずです。なぜなら，中学入試で出題される問題は，小学校で習う内容よりも高度なものが多く，たくさんの知識や解き方のコツを身につけることも必要だからです。ですから，初めて本書に取り組むさいには，点数を気にしすぎないようにしましょう。本番でしっかり点数を取れることが大事なのです。

過去問で重要なのは「まちがえること」です。自分の弱点を知るために，過去問に取り組むのです。当然，まちがえた問題をそのままにしておいては意味がありません。

本書には，長年にわたって中学入試にたずさわっているスタッフによるていねいな解説がついています。まちがえた問題はしっかりと解説を読み，できるようになるまで何度も解き直しをしてください。理解できていないと感じた分野については，参考書や資料集などを活用し，改めて整理しておきましょう。

このページも参考にしてみましょう！

◆どの年度から解こうかな　「入試問題と解説・解答の収録内容一覧」

本書のはじめには収録内容が掲載されていますので，収録年度や収録されている入試回などを確認できます。

※著作権上の都合によって掲載できない問題が収録されている場合は，最新年度の問題の前に，ピンク色の紙を差しこんでご案内しています。

◆学校の情報を知ろう‼「学校紹介ページ」

このページのあとに，各学校の基本情報などを掲載しています。問題を解くのに疲れたら息ぬきに読んで，志望校合格への気持ちを新たにし，再び過去問に挑戦してみるのもよいでしょう。なお，最新の情報につきましては，学校のホームページなどでご確認ください。

◆入試に向けてどんな対策をしよう？「出題傾向＆対策」

「学校紹介ページ」に続いて，「出題傾向＆対策」ページがあります。過去にどのような分野の問題が出題され，どのように対策すればよいかをアドバイスしていますので，参考にしてください。

◇別冊「入試問題解答用紙編」

本書の巻末には，ぬき取って使える別冊の解答用紙が収録してあります。解答用紙が非公表の場合などを除き，（注）が記載されたページの指定倍率にしたがって拡大コピーをとれば，実際の入試問題とほぼ同じ解答欄の大きさで，何度でも過去問に取り組むことができます。このように，入試本番に近い条件で練習できるのも，本書の強みです。また，データが公表されている学校は別冊の１ページ目に過去の「入試結果表」を掲載しています。合格に必要な得点の目安として活用してください。

本書がみなさんの志望校合格の助けとなることを，心より願っています。

株式会社　声の教育社　編集部

三田国際学園中学校

所在地	〒158-0097 東京都世田谷区用賀2-16-1
電　話	03-3700-2183
ホームページ	https://www.mita-is.ed.jp/
交通案内	東急田園都市線「用賀駅」東口より徒歩５分 小田急線「成城学園前駅」よりバス約15分「用賀」下車

くわしい情報は
ホームページへ

トピックス

★論理的思考のプロセスをたどる相互通行型授業が全教科で展開されます。
★2022年度より，インターナショナルサイエンスクラス（ISC）が新設されました。

創立年
明治35年

男女共学

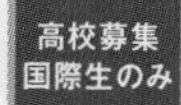

応募状況

年度	募集数		応募数	受験数	合格数	倍率
2024	①	ISC 25名	4科 164名	149名	48名	3.1倍
			英 49名	43名	15名	2.9倍
		IC 20名	4科 54名	50名	20名	2.5倍
			英 124名	115名	18名	6.4倍
	②	ISC 10名	4科 217名	172名	69名	2.5倍
		IC 10名	4科 78名	66名	17名	3.9倍
	③	ISC 15名	4科 372名	212名	61名	3.5倍
			英 51名	31名	6名	5.2倍
		IC 10名	4科 111名	60名	13名	4.6倍
			英 132名	109名	11名	9.9倍
	M	MST30名	算･理 304名	179名	53名	3.4倍
	④	ISC 10名	4科 554名	257名	54名	4.8倍
			英 113名	57名	6名	9.5倍

教育の特色

英語教育：本校では「読む・聞く・話す・書く」という４技能をバランスよく養う授業を展開し，国際的感覚を身につけながら，実社会で「使える英語」を習得していきます。

サイエンス教育：実験や調べ学習を通して，身近な問題から世界規模で問題となっている事象・現象への理解を深め，問題解決の糸口を考察する力を育みます。

ICT教育：ICTを活用した情報収集・選択のスキルやリスク管理を学び，ICTリテラシーを身につけます。

入試情報（参考：昨年度）

・試験日：①2024年２月１日午前
　　　　　②2024年２月１日午後
　　　　　③2024年２月２日午後
　　　　　M2024年２月３日午後
　　　　　④2024年２月４日午後

・選考方法：
　①③④〔ISC〕４教科(国算社理)
　　　　　　　または国語・算数・英語・面接
　①③　〔IC〕　４教科(国算社理)
　　　　　　　または英語・面接
　②〔ISC・IC〕４教科(国算社理)
　M〔MSTC〕算数・理科
　※〔ISC〕はインターナショナルサイエンスクラス，〔IC〕はインターナショナルクラス，〔MSTC〕はメディカルサイエンステクノロジークラス。

2024年度学校説明会等日程（※予定）

学校説明会
７月６日／８月３日／９月14日
10月５日／11月９日／12月７日
MITA International Festival（学園祭）
10月26日・27日
※詳細は学校HPをご確認ください。

2024年春の主な大学合格実績

東京大，東京工業大，一橋大，東北大，筑波大，横浜国立大，東京都立大，慶應義塾大，早稲田大，上智大，国際基督教大，東京理科大，昭和大

編集部注―本書の内容は2024年5月現在のものであり，変更されている場合があります。正式な情報は，学校のホームページ等で必ずご確認ください。

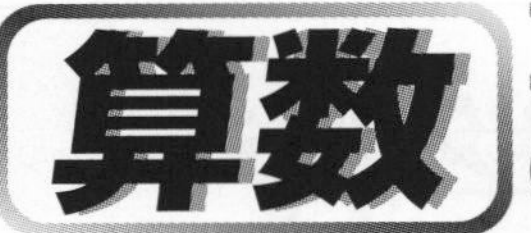

算数 出題傾向＆対策

◆基本データ（2024年度１回）

試験時間／満点	50分／100点
問題構成	・大問数…５題 計算・応用小問１題（６問）／応用問題４題 ・小問数…18問
解答形式	解答のみを記入する問題が多いが，応用問題の一部では考え方を記述するものもある。
実際の問題用紙	Ｂ５サイズ，小冊子形式
実際の解答用紙	Ｂ４サイズ

◆出題傾向と内容

▶過去３年の出題率トップ３
１位：角度・面積・長さ12％　２位：整数・小数・分数の性質11％　３位：条件の整理９％
▶今年の出題率トップ３
１位：角度・面積・長さ16％　２位：場合の数11％　３位：図形の移動８％

近年は単純な計算問題が減り，その分応用問題が増える傾向にあるようです。しかも，なかには難易度がやや高めのものもふくまれており，解ける問題から手をつけるなどのくふうが必要です。

本校の出題の特ちょうとしては，推理，条件の整理など，問題文をよく読んで論理的にはあくし，そのうえで考えなければならない問題がよく出されることがあげられます。場合の数なども出題されていますが，見慣れないものでも冷静に対応すれば解答にたどりつけますので，あせらずに取り組みましょう。

◆対策～合格点を取るには？～

まず，計算力のアップに力を入れましょう。すべての問題にかかわってくるので，正確で速い計算力を身につけておくことが必要です。とにかく一日10問くらいずつでよいですから，休まず続けてください。

それと並行して，問題集を一冊仕上げましょう。広い範囲から問題が出されているので，あまりむずかしい問題をやる必要はありません。よくわからない問題や苦手な問題を見つけるつもりで，ていねいに取り組むことです。そして，あいまいな知識を確かなものにかえていきましょう。

分野 ＼ 年度		2024			2023		
		1回	2回	MST	1回	2回	MST
計算	四則計算・逆算	○	○		○		○
	計算のくふう	○				○	
	単位の計算						
和と差	和差算・分配算						
	消去算						
	つるかめ算	○		○	○		
	平均とのべ	○			○		
	過不足算・差集め算						
	集まり						
	年齢算						
割合と比	割合と比		○				
	正比例と反比例						
	還元算・相当算				○		
	比の性質						
	倍数算						
	売買損益						
	濃度			○			
	仕事算	○					
	ニュートン算		○		○		
速さ	速さ						
	旅人算				○		
	通過算						
	流水算			○			
	時計算						
	速さと比		○				
図形	角度・面積・長さ	●	◎	○	○	○	○
	辺の比と面積の比・相似		○				
	体積・表面積		○	○		○	○
	水の深さと体積						
	展開図						
	構成・分割					○	◎
	図形・点の移動	◎	○		○		
表とグラフ		○					
数の性質	約数と倍数					○	
	N進数						
	約束記号・文字式						
	整数・小数・分数の性質	○	○			◎	◎
規則性	植木算						
	周期算	○			○		
	数列	○		○			○
	方陣算	○					
	図形と規則						
場合の数		○	◎	○	◎	○	◎
調べ・推理・条件の整理				◎	○	◎	◎
その他							

※　○印はその分野の問題が１題，◎印は２題，●印は３題以上出題されたことをしめします。

社会 出題傾向＆対策

◆基本データ（2024年度１回）

試験時間／満点	理科と合わせて50分／50点
問題構成	・大問数…３題 ・小問数…13問
解答形式	記号選択と適語の記入が大半をしめる。そのほかに，字数制限のない記述問題もある。
実際の問題用紙	Ｂ５サイズ，小冊子形式
実際の解答用紙	Ｂ４サイズ

◆出題傾向と内容

●地理…総合問題が出題され，地図や雨温図などを見ながら，それぞれの地域の産業や地形，気候について答えるものが出されています。ただし，問題数が少ないため，分野がしぼられる年もあります。いずれにせよ，日本地理についてのはば広い知識が求められます。

●歴史…古代から近現代まではば広い時代にわたる長文が示され，政治史や文化，外交など，さまざまな分野についていろいろな角度から問うものとなっています。また，歴史上の人物やできごと，写真や史料，地図を用いた設問，歴史的な建造物についての設問，年代順の並べ替えなどが出題されています。

●政治…以前は日本国憲法や三権のしくみなどが大問として取り上げられていましたが，近年は地理や歴史分野に組みこまれる形での出題が多いです。ただし，ボリュームの大きな記述問題には，時事的要素や政治的要素の強いテーマが多いので，対策はおこたらないようにしましょう。

分野＼年度		2024		2023		2022	
		1回	2回	1回	2回	1回	2回
日本の地理	地図の見方				○	○	
	国土・自然・気候	○	○	○	○	○	○
	資源			○			
	農林水産業	○					
	工業		○	○	○		○
	交通・通信・貿易		○				
	人口・生活・文化			○		○	★
	各地方の特色	○	○		○	○	○
	地理総合		★		★	★	★
世界の地理		○	○				
日本の歴史 時代	原始～古代	○	○	○		○	○
	中世～近世	○	○	○	○	○	○
	近代～現代	○	○	○	○	○	○
日本の歴史 テーマ	政治・法律史						
	産業・経済史						
	文化・宗教史						
	外交・戦争史						
	歴史総合	★	★			★	★
世界の歴史							
政治	憲法		★	○		○	
	国会・内閣・裁判所				○		
	地方自治	○					
	経済						
	生活と福祉					★	
	国際関係・国際政治						
	政治総合						
環境問題							
時事問題				○	○		
世界遺産						○	
複数分野総合		★		★	★		

※　原始～古代…平安時代以前，中世～近世…鎌倉時代～江戸時代，近代～現代…明治時代以降

※　★印は大問の中心となる分野をしめします。

◆対策～合格点を取るには？～

地理分野では，地図とグラフが欠かせません。つねにこれらを参照しながら，白地図作業帳を利用して地形と気候をまとめ，そこから産業のようす（もちろん統計表も使います）へと広げていってください。なお，世界地理は，小学校で取り上げられることが少ないため，日本とかかわりの深い国については，自分で参考書などを使ってまとめておきましょう。

歴史分野では，自分で年表をつくって覚えると学習効果が上がります。それぞれの分野ごとにらんをつくり，ことがらを書きこんでいくのです。できあがった年表は，各時代・各分野のまとめに活用できます。本校の歴史の問題にはさまざまな時代や分野が取り上げられていますから，この作業はおおいに威力を発揮するはずです。また，資料集などで，史料や歴史地図にも親しんでおくとよいでしょう。

政治分野では，日本国憲法の基本的な内容，特に政治のしくみが憲法でどう定められているかを中心に勉強してください。また，日本と世界とのつながりについてもふれておくこと。なお，時事問題にも対応できるように，テレビ番組や新聞などでニュースを確認し，それにかかわる単元もふくめてノートにまとめておきましょう。中学受験用の時事問題集に取り組むのも効果的です。

理科 出題傾向＆対策

◆基本データ（2024年度１回）

試験時間／満点	社会と合わせて50分／50点
問題構成	・大問数…２題 ・小問数…12問
解答形式	記号選択式と適語・数値の記入のほかに，数行程度の自由記述がある。
実際の問題用紙	Ｂ５サイズ，小冊子形式
実際の解答用紙	Ｂ４サイズ

分野＼年度		2024			2023		
		1回	2回	MST	1回	2回	MST
生命	植物	○			○		○
	動物			○	○	★	○
	人体						
	生物と環境	○	○	○	○		
	季節と生物						
	生命総合			★	★		★
物質	物質のすがた		○		★		
	気体の性質		○				
	水溶液の性質						
	ものの溶け方						
	金属の性質						○
	ものの燃え方		○				
	物質総合					★	★
エネルギー	てこ・滑車・輪軸			○			
	ばねののび方						
	ふりこ・物体の運動	★					
	浮力と密度・圧力			○			
	光の進み方				○	★	
	ものの温まり方						
	音の伝わり方					○	
	電気回路						
	磁石・電磁石						
	エネルギー総合			★			
地球	地球・月・太陽系			○		○	
	星と星座						★
	風・雲と天候		○	○	○		○
	気温・地温・湿度	○					
	流水のはたらき・地層と岩石	○	○				
	火山・地震						
	地球総合			★			
実験器具				○			
観察							
環境問題				○			
時事問題							
複数分野総合		★	★	★	★		★

※　★印は大問の中心となる分野をしめします。

◆出題傾向と内容

本校の理科は，各分野からバランスよく出題されているので，出題分野分析表で印がついていない分野も出題されることが予想されます。不得意分野をつくらないことが合格のカギとなりそうです。また，長めの問題文や写真，グラフなどの豊富な資料があたえられ，それらをもとにして考える問題も出されています。

●**生命**…淡水魚と海水魚，血液，植物の分類，花のつくり，消化，セキツイ動物や昆虫のからだのつくり，生物の進化，種子のつくり，光合成，蒸散などが見られます。

●**物質**…チョコレートの温度と状態，酸化，金属の性質，密度，気体の識別，燃焼などが出題されています。

●**エネルギー**…電車の車輪のしくみ，物体の運動，浮力，滑車，電熱線などが取り上げられています。

●**地球**…太陽系の惑星や月，人工衛星，海風と陸風，化石，地球の公転と季節や太陽の動き，台風などが出されました。

◆対策～合格点を取るには？～

本校の理科は，各分野からまんべんなく出題されており，なかには考えさせる問題もありますが，その内容は基礎的なものがほとんどです。したがって，基礎的な知識をはやいうちに身につけ，そのうえで演習をくり返しながら実力アップをめざしましょう。

「生命」は，ヒトのからだのしくみ，動物や植物のつくりと成長などを中心に，最近の環境問題などもふくめて，ノートにまとめながら知識を深めましょう。

「物質」では，気体や水溶液，金属などの性質に重点をおいて学習してください。そのさい，中和反応や濃度など，表やグラフをもとに計算させる問題にも積極的に取り組むように心がけること。

「エネルギー」では，てこやふりこの運動など，力のつり合いに注目しましょう。また，光の性質や浮力，電流の大きさなどもよく出題される単元です。どちらも基本的な考え方をしっかりマスターして，さまざまなパターンの計算問題にチャレンジしてください。

「地球」では，太陽・月・地球の動き，季節と星座の動き，天気と気温・湿度の変化，地層のでき方，岩石の名前などが重要なポイントです。

国語 出題傾向＆対策

◆基本データ（2024年度１回）

試験時間／満点	50分／100点
問題構成	・大問数…３題 文章読解題２題／知識問題１題 ・小問数…22問
解答形式	記号選択と書きぬき，適語の記入に加え，記述問題も見られる。記述問題には字数制限のあるものとないものがある。
実際の問題用紙	Ｂ５サイズ，小冊子形式
実際の解答用紙	Ｂ４サイズ

◆出題傾向と内容

▶近年の出典情報（著者名）
説明文：養老孟司　宮崎　駿　伊藤亜紗
小　説：王谷　晶　ヘンリー・ヴァン・ダイク
随　筆：上橋菜穂子

●**説明文**…適切な接続詞の選択，著者の考えとその理由，文脈を整理して脱文を補充するもの，本文の内容に関して自分の意見を述べるものなどが出題されています。
●**小説**…登場人物の気持ちや，行動にあらわれる心情のほか，象ちょう的なものごとの説明など，主題・要旨に関するものも見られます。
●**知識問題**…読解問題の小問として，慣用句やことわざといったことばの意味，使われ方などが問われています。知識問題の独立題としては，同じ読みの漢字，文学作品の知識，口語表現の語源や言いかえなどが出題されています。

◆対策〜合格点を取るには？〜

試験問題で正しい答えを導き出せるようになるには，なるべく多くの読解問題にあたり，出題内容や形式に慣れることが大切です。問題集に取り組むさいは，指示語の内容や接続詞に注意しながら，文章がどのように展開しているかを読み取ること。答え合わせの後は，正解した設問でも解説をしっかり読んで解答の道すじを明らかにしておくことが重要です。また，記述問題の対策として，本や新聞の主張に対する自分の意見をまとめる練習をしましょう。

漢字や語句については，問題集や参考書で単に暗記するのではなく，意味や使い方，同意語・反意語などをとらえることが大切です。

分野＼年度			2024		2023		2022	
			1回	2回	1回	2回	1回	2回
読解	文章の種類	説明文・論説文	★	★	★	★	★	★
		小説・物語・伝記	★	★	★	★	★	★
		随筆・紀行・日記						
		会話・戯曲						
		詩						
		短歌・俳句						
	内容の分類	主題・要旨	○	○	○	○	○	○
		内容理解	○	○	○	○	○	○
		文脈・段落構成	○					○
		指示語・接続語	○	○	○	○	○	○
		その他	○	○	○	○	○	○
知識	漢字	漢字の読み						
		漢字の書き取り						
		部首・画数・筆順						
	語句	語句の意味	○	○				
		かなづかい						
		熟語	★	○		★		○
		慣用句・ことわざ			★	○		○
	文法	文の組み立て		○				
		品詞・用法						
		敬語						
	形式・技法							
	文学作品の知識						○	
	その他			○	○		★	★
	知識総合			★				
表現	作文		○	○	○	○	○	○
	短文記述							
	その他							
放送問題								

※　★印は大問の中心となる分野をしめします。

2025年度 中学受験用

三田国際学園中学校

4年間スーパー過去問

をご購入の皆様へ

お詫び

本書、三田国際学園中学校の入試問題につきまして、誠に申し訳ございませんが、以下の問題は著作権上の都合により掲載することができません。設問と解説、解答は掲載してございますので、ご必要とされる方は原典をご参照くださいますよう、お願い申し上げます。

記

2024年度〈第1回試験〉国語 二 の問題文

のうち【文章B】ならびに【資料】

以上

株式会社　声の教育社　編集部

2024年度 三田国際学園中学校

※この試験はインターナショナルサイエンスクラス・インターナショナルクラス受験生対象です。

【算　数】〈第１回試験〉（50分）〈満点：100点〉

〔注意〕 1．線や円をかく問題は，定規やコンパスは用いずに手書きで記入してください。
2．円周率は3.14として解答してください。

1　次の□にあてはまる数を答えなさい。

(1) $\left\{\frac{4}{7}\times\left(4.75-\square\right)+\left(6\frac{2}{3}-1.25\right)\right\}\times\frac{12}{17}=5$

(2) 右の図のように，円周上に８個の点があります。これらの点から４個の点を選んで直線で結び四角形を作ります。このようにしてできる四角形は全部で□個あります。

(3) 三田くんと学くんの２人がペンキでかべをぬっています。１日目は三田くんが１人でぬったところ，２時間の休憩（きゅうけい）をふくめて全部で８時間かかりました。２日目は学くんが１人でぬったところ，８時間の休憩をふくめて全部で12時間かかりました。３日目は２人で休まずにぬったところ，□時間□分で終わりました。ただし，ぬっていたかべの面積は，どの日も同じものとします。

(4) 右の図のように規則的に●と○が並んでいます。●が縦と横それぞれに30個ずつ並んでいるとき，●と○の個数の差は□個です。

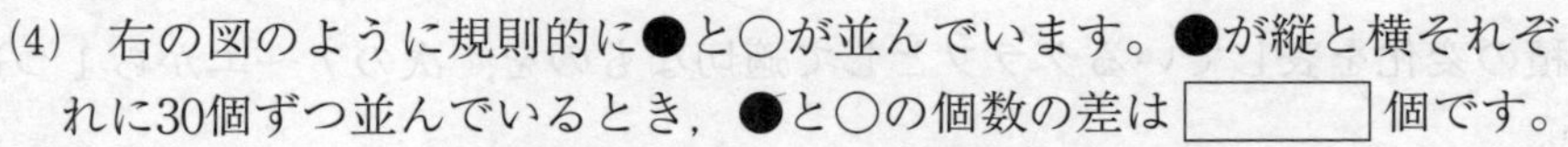

(5) あるライブ会場では，Aさんは５秒に１回手をたたき，Bさんは３秒に１回手をたたきます。２人が同時に手をたたき始めてから47秒間で□回の手をたたいた音が聞こえます。ただし，手をたたき始めたときを１回目とし，２人が同時に手をたたいたときに聞こえる音は１回と数えます。

(6) 次の図は，面積が16cm^{2}の正方形ABCDで，点Oは対角線が交わる点です。頂点Cを通り直線OBと平行な直線を引き，この直線上に点Eをとります。このとき，三角形OBEの面積は□cm^{2}です。

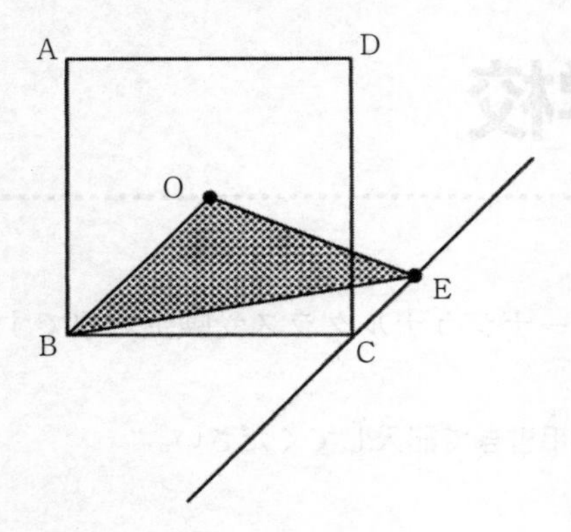

2　図１のような，１辺が５cmの正方形ABCDがあり，点ＰはＡを出発して辺AD上を毎秒１cmの速さで１往復します。また，点Ｑは，点Ｐが出発してから５秒間Ｂにとどまった後に，Ｂを出発して辺BC上を毎秒１cmの速さでＣまで動きます。

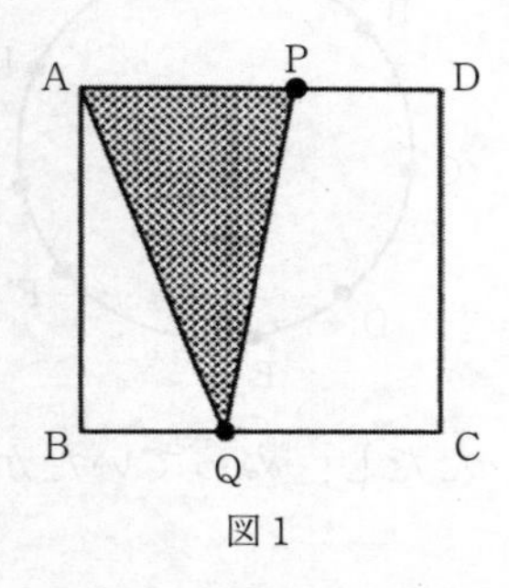

図１

(1)　三角形APQの面積の変化を表しているグラフとして適切なものを，次のア～エから１つ選び記号で答えなさい。

ア

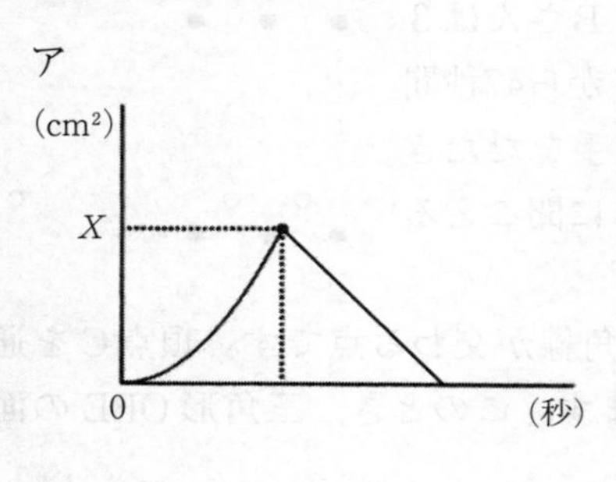

イ

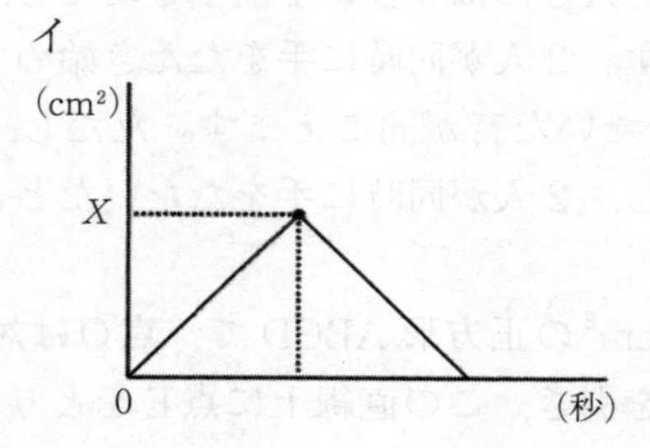

ウ

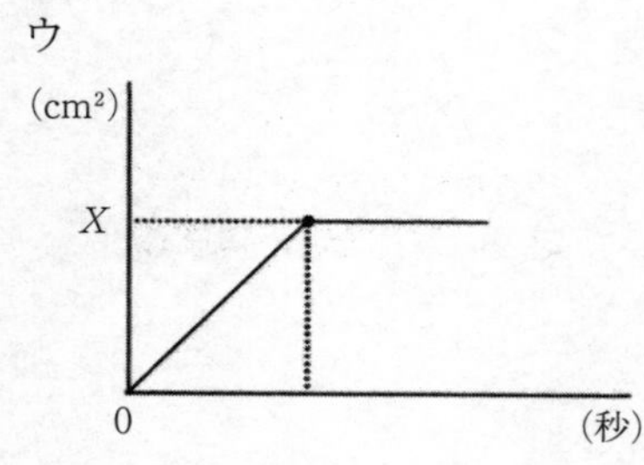

エ

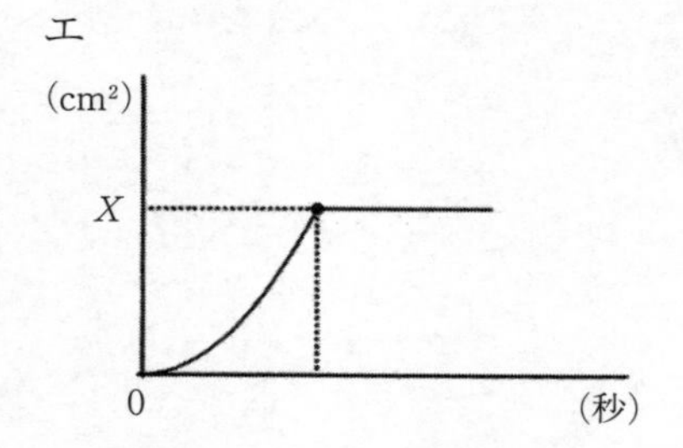

(2)　(1)で選んだグラフで，Xにあてはまる値を求めなさい。

(3)　図２のように，直線PQと対角線BDが交わる点をＲとします。点ＰがＡにもどるまでの間にかげをつけた三角形の面積の値が整数になるのは，点QがBを出発してから何回ありますか。ただし，点QがBにあるときは除きます。

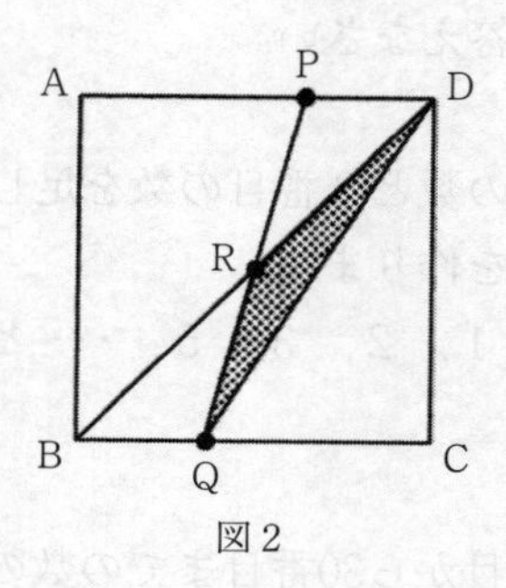

図２

3 図１のような，辺ABの長さが６cm，辺BCの長さが12cm，角Bの大きさが30度の三角形ABCがあります。この三角形を，頂点Bを中心に時計と反対回りに回転させます。図２の三角形DBEは，三角形ABCを回転させたものであり，このとき辺BCと直線DAは平行になりました。

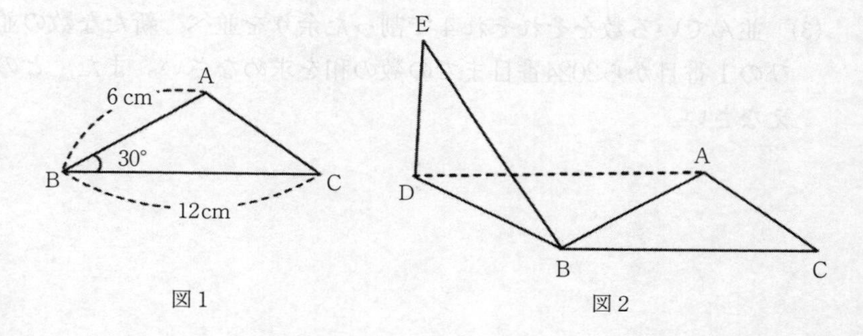

図１　図２

(1)　三角形ABCの面積を求めなさい。

(2)　頂点Aが動いてできる線の長さを求めなさい。

(3)　三角形ABCが通過した部分の面積を求めなさい。

4 右の表は，40人のクラスでおこなった国語と算数の小テストの結果について，それぞれの得点の人数をまとめたものです。小テストは国語，算数ともに１点の問題が５問出題されるテストで，欠席した人はいませんでした。また，このクラスの国語の平均点は3.4点でした。

算＼国	5点	4点	3点	2点	1点	0点
5点	3	4	2	0	0	0
4点	2	ア	イ	0	1	0
3点	3	2	3	1	0	0
2点	2	0	2	2	1	0
1点	0	0	1	0	1	1
0点	0	0	0	1	1	0

(単位：人)

(1)　このクラスの算数の平均点は何点ですか。

(2)　表のア，イにあてはまる数をそれぞれ求めなさい。

(3)　算数の小テストで，先生が用意した答えのうち１問にミスがあったため，先生が全員の答案を回収してその問題を採点しなおしました。その結果，その問題が正解だった生徒は全員不正解になり，その問題が不正解だった人のうち５人は不正解のままでしたがそれ以外の人は全員正解になりました。また，その問題を答えられず空らんのままだった人が４人いましたが，その人の点数は変わりませんでした。採点後に正しい得点で集計しなおしたところ，このクラスの国語と算数の平均点は同じになりました。このとき，最初は不正解だったのに採点しなおして正解になった生徒は何人ですか。どのように考えたかもあわせて答えなさい。

5　１番目の数と２番目の数を足したものを３番目の数とし，２番目の数と３番目の数を足したものを４番目の数とします。このような作業をくり返して数の並びを作ります。

１番目の数と２番目の数をそれぞれ１とすると，数の並びは１，１，２，３，５，…となります。この数の並びについて，次の問いに答えなさい。

(1)　10番目の数を求めなさい。

(2)　30番目の数は，32番目の数から31番目の数を引いた数です。１番目から30番目までの数の和を求めなさい。ただし，32番目の数は2178309です。

(3)　並んでいる数をそれぞれ４で割った余りを並べ，新たな数の並びをつくります。その数の並びの１番目から2024番目までの数の和を求めなさい。また，どのように考えたかもあわせて答えなさい。

【社　会】〈第１回試験〉（理科と合わせて50分）〈満点：50点〉

〔注意〕　特に指示のない場合，句読点等の記号は一字として数えるものとします。

〈編集部注：実物の入試問題では，一部の図を除いて色つきです。〉

1　以下の文章を読んで，各問いに答えなさい。

三田国際学園の東隣(どなり)には農園が広がっています。東京23区内の世田谷という住宅街ではなかなか想像できない方も多いのではないでしょうか。この農園では季節により様々な作物が栽培(さいばい)されています。なかでも特筆すべきはブドウです。８月末頃の収穫(しゅうかく)時期(2023年は８月26日)には，農園でブドウ狩りも楽しめ，毎年多くの方でにぎわっています。ご近所の方々はもとより，他県から来られる方もあるとのことです。この農園のホームページによると，ここでは「安芸(あき)クイーン」「高妻(こうづま)」という２つの品種が食用ブドウとして栽培されています。「安芸クイーン」は「身がぎゅっと締(し)まった糖度(とうど)の高い赤ブドウです。大粒で種無しです。」と，また「高妻」は「風味豊かで食べ応えのある黒ブドウです。大粒で種無しです。」と書かれています。

①ブドウとワインとの関係について調べてみると，一般(いっぱん)的には，食用ブドウと，ワイン用ブドウでは，品種に違いがあります。最もわかりやすい違いは，粒の大きさだそうです。食用ブドウの粒は一般的に大小様々ですが，ワイン用ブドウはおおむね小粒です。大粒の食用ブドウは水分量も多く食べると口いっぱいに甘さとみずみずしさが広がり美味(おい)しいのですが，ワイン作りには不向きです。食用のブドウは，皮は柔(やわ)らかく，種なしのものが市場では好まれています。一方で皮が厚く，種あり小粒のブドウは，味わいあるワインになるそうです。厚い皮も種もワインになる過程で様々に変化し，味わい深くなるのです。

先に書いた三田国際学園の隣にある農園で育てているワイン用のブドウは，「メルロー」という品種で，そのブドウを使った「世田谷メルローワイン」は大変美味しいと評価も高く，近隣のレストランでもふるまわれています。2022年物で作ったワインは，②2023年夏に販売が開始されました。

よりよいブドウが育つ条件とは，通常の農作物を育てる畑に求められる環境とは異なるようです。通常の農作物は，養分をしっかりと含んだ土地で育ってこそ，豊かな実りを与えてくれます。ブドウは水はけがよいやせた栄養分の少ない土地を好み，水と養分を求めて地中深く根をはり，様々な地層の栄養分を取り入れることで良質な果実となるのです。また，開花から収穫までの日照時間や，気温の一日の寒暖差，年間の降雨量も大事な要素となります。

これまで日本にはワインの品質を保証する法律がありませんでしたが，2018年にワイン法が制定され，日本国内に流通するワインは「日本ワイン，国産ワイン，輸入ワイン」という３つに分類されるようになりました。日本ワインとは，日本国産の原料だけを使ったものでその生産量(2020年)は，多い順に③山梨県，長野県，北海道となります。国産ワインとは，日本国内で生産されたワインで，原料は海外から輸入されたものも含みます。この国産ワイン生産量(2018年)では，多い順に，神奈川県，栃木県，山梨県となります。第一次世界大戦後にフランスで制定されたワイン法を皮切りに，世界各地で品質を保証するワイン法が誕生しています。日本ワインを世界に広める上で重要な法律といえます。

問１　下線部①に関連して，資料１・資料２を参考に，次の文中の（１）・（２）にあてはまる数字の組み合わせとして正しいものを，選択肢の中から１つ選び，記号で答えなさい。（ただし，アメリカのアラスカ州は除く。）

文

資料1の5つの国は，ブドウ栽培に適した気候である北緯(1)度から(2)度の間に位置していることから，ワインベルトとも呼ばれている。

資料1

ブドウ生産量 2018年		
1	中国	1340万トン
2	イタリア	851万トン
3	アメリカ	689万トン
4	スペイン	667万トン
5	フランス	620万トン
	世界計	7913万トン

〔出典：統計要覧2021〕

ワイン生産量 2014年		
1	イタリア	480万トン
2	スペイン	461万トン
3	フランス	429万トン
4	アメリカ	330万トン
5	中国	170万トン
	世界計	2911万トン

〔出典：統計要覧2021〕

資料2

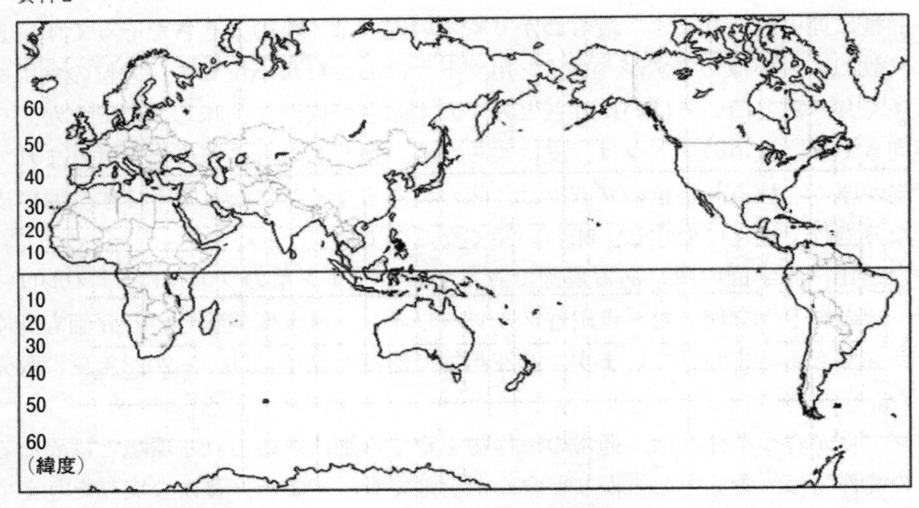

ア.（1） 10 （2） 30
イ.（1） 20 （2） 40
ウ.（1） 30 （2） 50
エ.（1） 40 （2） 60
オ.（1） 50 （2） 60

問2　下線部②に関連して，2023年4月，知事選挙と市区町村長(首長)選挙，市区町村議会選挙が一斉に行われた。このような形での選挙は1947年に初めて実施されてから，20回目となる。このような選挙は一般に何といわれているか。以下の空欄にあてはまる言葉としてふさわしいものを**漢字4字**で答えなさい。

全	国					選	挙

問3　下線部③に関連して，山梨県がブドウの生産量日本一であると考えられる理由を，地形の特徴を**2つ**あげて，40字程度の文章で答えなさい。

問4　次の資料のAからEは，本文に記されている道県名の品目の生産額・生産量の一覧である。資料中のB・C・Dにふさわしい道県名の組み合わせとして正しいものを，選択肢の中から

１つ選び，記号で答えなさい。

≪資料≫

	A	B	C	D	E	単位
米	1122	473	36	714	63	億円
野菜	2271	905	360	815	112	億円
果実	54	714	82	80	629	億円
乳用牛	5026	125	45	416	22	億円
業務用機械	66	4142	4628	3532	920	億円
そば	197	33.5	0.09	23.4	1.08	百 t
キャベツ	581	704	643	---	33	百 t
レタス	127	1978	---	51	---	百 t
きゅうり	159	137	110	118	48	百 t
トマト	610	162	121	347	59	百 t

（出典：データでみる県勢 2021より，
2018年または2019年のデータ）

ア．Ｂ―北海道　Ｃ―栃木　　Ｄ―山梨
イ．Ｂ―神奈川　Ｃ―長野　　Ｄ―北海道
ウ．Ｂ―長野　　Ｃ―山梨　　Ｄ―栃木
エ．Ｂ―神奈川　Ｃ―栃木　　Ｄ―長野
オ．Ｂ―長野　　Ｃ―神奈川　Ｄ―栃木
カ．Ｂ―北海道　Ｃ―神奈川　Ｄ―山梨

問５　以下の雨温図には，本文中に記載された道県以外のものが含まれている。その雨温図を選択肢の中から１つ選び，記号で答えなさい。

ア

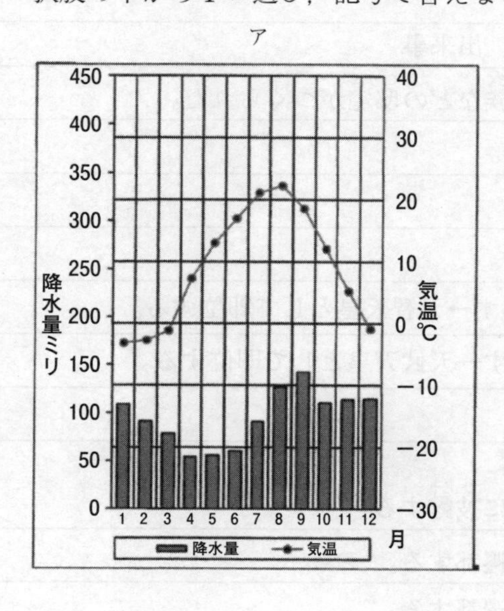

イ

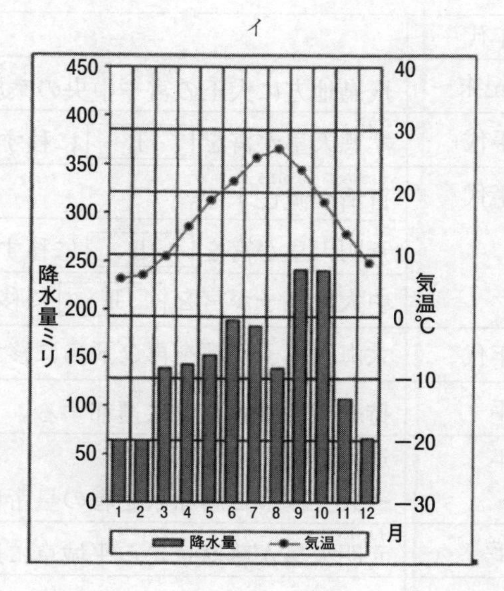

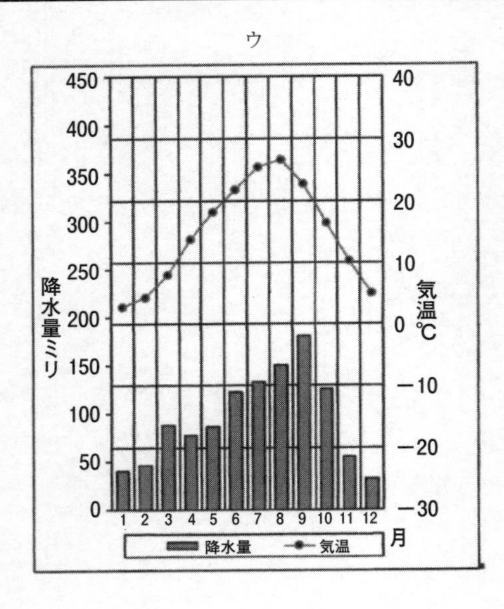

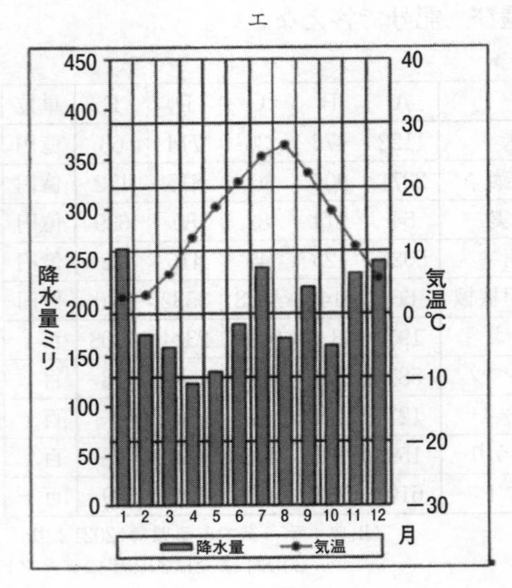

2 三田国際学園中学校で歴史のテーマ学習として，「日本の都市の歴史」について発表することになり，Ａさん・Ｂさん・Ｃさん・Ｄさんは，調べた内容をメモにしてまとめた。それぞれのメモを読んで，各問いに答えなさい。

Ａさんのメモ

◎古代の都が置かれた「大和」(現在の奈良県)

【関連する年表】

年代	出来事
6世紀末～	飛鳥地方に大王の宮や中央の豪族などの邸宅がつくられた。
640年代	孝徳天皇が宮を［Ⅰ］に移す。
660年代	百済が滅亡する。
	斉明天皇が宮を［Ⅱ］に移す。
	中大兄皇子が宮を［Ⅲ］に移す→天智天皇として即位する。
670年代	大海人皇子が都を再び飛鳥に移す→天武天皇として即位する。
694年	持統天皇が藤原京に遷都する。
702年	遣唐使を派遣する。 →大宝律令と藤原京を唐の皇帝に披露する。
710年	元明天皇が藤原京から平城京に遷都する。
784年	桓武天皇が平城京から長岡京に遷都する。

【調べて分かったこと】

●6世紀末～7世紀前半

・「宮」は天皇の代替わりごとに移っていった。

・国政の仕事は中央の有力豪族がそれぞれの邸宅で分散して行い，重要な内容は「宮」に集まり会議が開かれた。

●７世紀中頃

・国政の仕事を行う役人が集って行えるように，宮の構造に変化が見られた。

●７世紀末以降

・それまでの天皇の代替わりごとに宮を移す形式から，代替わりに関係なく都が置かれた。

・天皇の居住地域と役所が置かれた「宮」と，役人や民衆が居住する「京」で構成された。これを都城制という。

・都城制は，中国の都を参考にしてつくられた。

問１　年表中の Ⅰ ～ Ⅲ は，例外的に「大和」地方以外に置かれた宮の名称が入る。〔**地図**〕に示された宮が置かれた場所ａ～ｃと，宮を移した〔**理由**〕ｄ～ｆの組み合わせとして正しいものを選択肢の中から１つ選び，記号で答えなさい。

〔**地図**〕

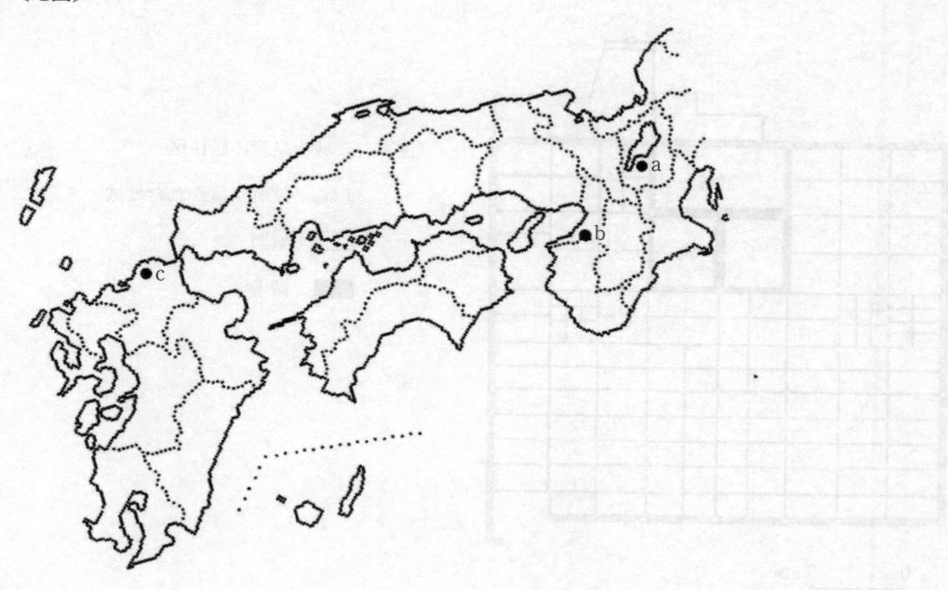

〔**理由**〕

ｄ　白村江の戦いに敗れたのち，敵国の襲来（しゅうらい）を恐れ，逃げ道を確保するために宮を移した。

ｅ　唐と高句麗の連合軍と戦うための前線基地として臨時的に宮を移した。

ｆ　蘇我氏が主導する政権を打倒し，政治を一新するために宮を移した。

ア． Ⅰ ＝〔地図〕―ａ　〔理由〕―ｅ
イ． Ⅰ ＝〔地図〕―ｂ　〔理由〕―ｆ
ウ． Ⅱ ＝〔地図〕―ｃ　〔理由〕―ｄ
エ． Ⅱ ＝〔地図〕―ａ　〔理由〕―ｆ
オ． Ⅲ ＝〔地図〕―ｂ　〔理由〕―ｄ
カ． Ⅲ ＝〔地図〕―ｃ　〔理由〕―ｅ

問２　Ａさんは，藤原京に都が置かれた時期が，後の平城京と比べて短いことに疑問を持ち，「藤原京」と「平城京」，唐の都「長安」の図を比較し，その理由となる**【仮説】**をたてた。下にある**【仮説】**の空欄に入る文章として最もふさわしいものを選択肢の中から１つ選び，記号で答えなさい。

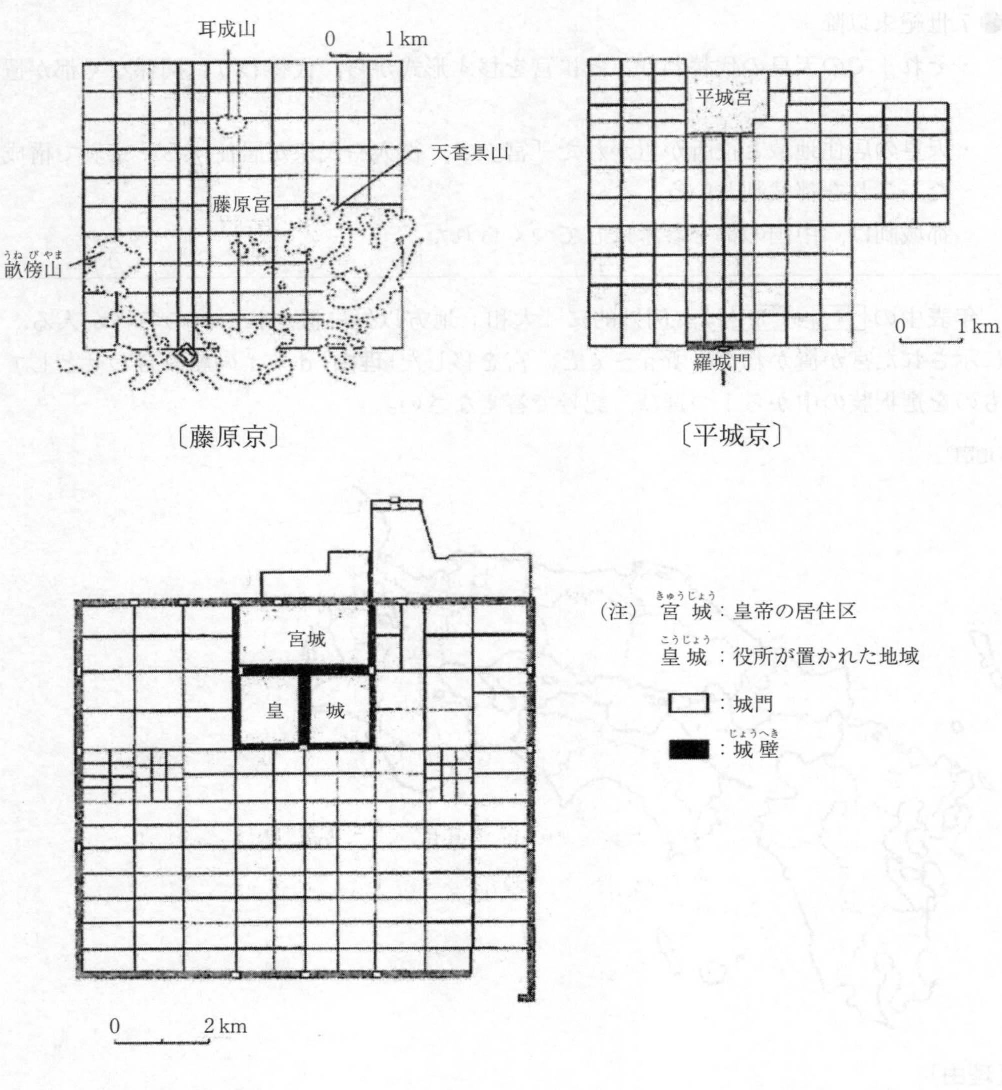

〔唐の長安城〕

> **【仮説】**
> 702年に遣唐使を派遣して唐の皇帝に藤原京の図を披露したとき，唐の皇帝から［　　　　　］を指摘されたため，それらを修正した平城京を造営したのではないか。

ア．都城の領域が非常にせまいこと
イ．都城の周囲が城壁で囲まれていないこと
ウ．都城の城門が１ヵ所しかないこと
エ．宮の位置が北辺ではなく中央にあること

Ｂさんのメモ

◎源頼朝が幕府を設置した「鎌倉」

【鎌倉の地図】

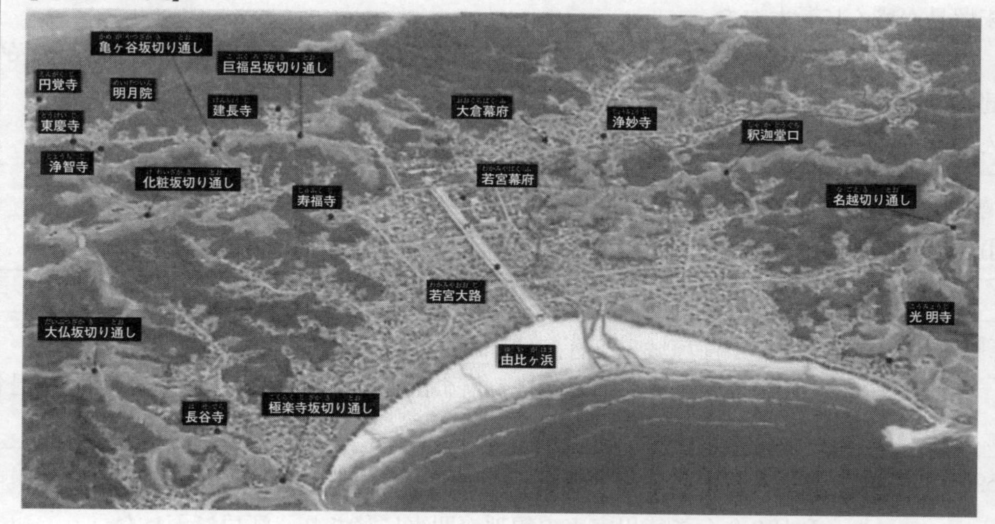

（出典：『アドバンス歴史』帝国書院）

【鎌倉大仏の写真】

（注）　大仏の周囲には，柱を支えるための礎石(そせき)と呼ばれる台座のみが残っている。

【調べて分かったこと】

●源頼朝が入る前の鎌倉

・鎌倉幕府の歴史書『吾妻鏡(あずまかがみ)』には，「もともと鎌倉はへんぴなところで，漁民や農民のほかには住む者が少なかった」と記されている。実際は，平安時代は交通の要所として機能していて，鎌倉には郡の役所があったとされている。

・源頼朝の先祖にあたる源頼義(よりよし)が鶴岡八幡宮を造営した。

●源頼朝が入った後の鎌倉

・平氏打倒の兵を挙げた源頼朝が鎌倉を本拠地とし，都市の整備が進められた。

・武士政権の拠点として外敵に対する防御(ぼうぎょ)機能や，物資の搬入(はんにゅう)を容易にするための港の整備が行われた。

・頼朝は，鶴岡八幡宮を源氏・鎌倉の守護神をまつる神社として敬った。

・大地震による津波や，大雨を原因とする洪水などの水害がたびたび起こった。

問３　「Ｂさんのメモ」を読んだ，Ａさんの意見として**誤っているもの**を選択肢の中から１つ選び，記号で答えなさい。

ア．朝廷のある平安京から離れた関東に独自の武士政権の拠点を定める際，頼朝が鎌倉を選んだ理由の一つとして，鎌倉が源氏ゆかりの地であることがあげられる。

イ．幕府のある鎌倉に陸上から進入するには，「切通し」とよばれるせまい道を通るしかなく，敵が攻めてくる際に，鎌倉が防御するには適していたと考えられる。
ウ．幕府の南方にある由比ヶ浜に港が整備されたため，鎌倉には多くの宋船がやってきて日宋貿易が盛んに行われた。
エ．鎌倉には建長寺や円覚寺など多くの寺院が建立されたが，災害などで倒壊した寺院の建物のなかには現在まで再建されていないものがある。

Ｃさんのメモ

◎徳川家康が幕府を設置した「江戸」

【関連する年表】

年代	出来事
室町時代	太田道灌が江戸城を築き，城下町として発展した。 →太田道灌が主君である(ア)鎌倉府の次官に暗殺されて以降，江戸は衰退した。
1590年	(イ)豊臣秀吉が北条氏を滅ぼす。 →秀吉の命令で徳川家康の領地が関東に移され，江戸に入った。
1603年	徳川家康が征夷大将軍となり，幕府を開く。 →(ウ)諸大名に江戸の都市開発の工事を命じた。
17世紀中頃	江戸で大火事が起こる（明暦の大火）。 →幕府は，江戸市中に広小路や火除地などを設けた都市整備を行なった。
18世紀前半	(エ)享保の改革の政策の一つとして，江戸に町火消が結成される。

【調べて分かったこと】

●徳川家康が江戸に幕府を開いて以降，諸大名に命令して都市の開発が進んだ。
・物資を運ぶための水路の開発を行なった。
・十分な平地がなかったため，神田山を切り崩して日比谷入江を埋め立てるなどの拡張工事を行なった。

●人口100万人の巨大消費都市
・町人の人口50万人のほか，武士の人口も50万人が集住する(オ)大消費都市として発達した。
・地震や放火などによる大火事がたびたび起こり，そのたびに幕府により対策が取られた。

問４　メモ中の下線部(ア)～(オ)に関する説明のなかから**誤っているもの**を選択肢の中から**すべて**選び，記号で答えなさい。
ア．鎌倉府は，室町幕府の地方機関として関東地方の統治をにない，その長官である鎌倉公方は代々足利氏一門が就任した。
イ．豊臣秀吉は，太閤検地や刀狩を行なって兵農分離を進める一方，南蛮貿易を進めるために，積極的にキリスト教の布教を認めた。

ウ．将軍直属で領地１万石以上の家臣である大名のうち，関ヶ原の戦い以前から徳川氏に仕えた大名を譜代大名といい，老中や六波羅探題などの要職に就いた。

エ．享保の改革で，８代将軍徳川吉宗は，大名１万石ごとに100石を幕府に納めさせる代わりに，参勤交代の江戸滞在期間を半分にする上げ米の制を定めた。

オ．江戸に暮らす人々の生活を維持するために，大阪から多くの商品や原料が輸送されたことから，江戸は「天下の台所」とよばれた。

Ｄさんのメモ

◎明治時代以降の「東京」

【関連する年表】

時代	出来事
明治時代	明治天皇が江戸に移り，江戸を東京に改め首都とした。 銀座一帯の火事をきっかけに，煉瓦(れんが)街にする構想がもちあがった。
大正時代	関東大震災が起こり，京浜一帯で甚大(じんだい)な被害となった。 →震災をきっかけに，防災上の役割を考えた都市公園の整備などの復興事業が推進された。
昭和（戦中）	東京大空襲により，一晩で10万人以上が死亡した。
昭和（戦後）	１回目の東京オリンピックが開催される。
平成時代	東日本大震災が起こる。 →①東京電力の福島第一原子力発電所の稼働(かどう)停止により，都内の一部地域で計画停電が実施された。

【調べて分かったこと】

●東京を煉瓦街にする構想

・銀座は煉瓦街として建設され，ガス灯や鉄道馬車も開通した。

→しかし，煉瓦街は日本人にはなじまず，東京中に広げる計画は実現しなかった。

●関東大震災の被害

・地震による家屋の倒壊や火災などにより，10万人以上が死亡した。

・「朝鮮人や中国人が井戸に毒を投げ込んだ」というデマが広がり，多数の朝鮮人や中国人が殺害された。

●１回目の東京オリンピック開催

・開催に向けて，東海道新幹線や高速道路などの交通網が整備された。

・高度経済成長期の人口増加に対応するため，多摩ニュータウンなどが建設された。

問５　下線部①に関連して，2023年，福島第一原子力発電所にたまる処理水を海洋放出する計画が国際基準に合致しているとする報告書をある国際機関が公表した。この国際機関の名称をアルファベット４字で答えなさい。

問６　ＡさんからＤさんの発表を聞いたＥさんが，日本の歴史における，都（政治の中心・首都）を置いた場所の特徴について以下のように考察した。空欄［Ｘ］には15字程度で，［Ｙ］には25字程度の短文を入れて，文章を完成させなさい。

【Ｅさんの考察】

鎌倉時代以降に置かれた政治の中心地には，地形的な特徴を受け，［　X　］ということから，多くの人口をかかえていました。そのことで，常に［　Y　］という歴史的な問題点をかかえ続けています。

3　以下の文章は「首都移転」に関連した３人の生徒の<会話文>である。この<会話文>を読んで，問１，問２に答えなさい。

<会話文>

サラさん：「首都移転」という言葉を聞くけど，実際に東京に住んでいる私たちは，いまいちイメージができないよね。何か問題があるのかな。

カイさん：インドネシアが2024年に首都を移転するというニュースをやっていたよ。日本と同じ問題をかかえているのではないかな。

エマさん：これまでに首都を移転した国ってあるのかな。

サラさん：よし，みんなで調べてみようか。

例えばカザフスタンは2023年に首都の名前をアスタナに戻したみたいだね。

カイさん：1960年にブラジルがリオデジャネイロからブラジリアに首都を移しているね。

エマさん：マレーシアも1999年に首都機能の一部をクアラルンプールからプトラジャヤというところに移したみたいだよ。エジプトも今後，カイロから首都の移転を検討しているみたい。

サラさん：それらの国の首都はどんな問題をかかえていたのか，先生とChat GPTで調べてみよう。【以下Chat GPTによる答え】

首都移転は歴史的な背景や政治的な要因，地理的な理由などに基づいて行われることがあります。以下は，首都移転の主な理由のいくつかです。

1．**地政学的な要因**：
- **中央集権化**：国土の中央に首都を配置することで，国内の統治が均等に行われ，地方の発展を促進(そく)するため。
- **安全性**：既(き)存の首都が国境に近いなどの理由から，安全性の向上を図るため。

2．**経済的な要因**：
- **新都市の経済発展**：新しい首都を建設し，それに伴(ともな)って新しい都市が発展することで，経済を活性化するため。

3．**政治的な要因**：
- **中立性の確保**：既存の首都がある地域に政治的な影響(えいきょう)が強い場合，中立な場所に首都を移転することで政治の中立性を保つため。
- **歴史的・文化的な象徴**：新しい首都が国家の歴史や文化において重要な場所である場合，それが国家のアイデンティティを強化するため。

4．**人口の集中分散**：
- **過密都市の緩(かん)和**：既存の首都が人口密度が高く，インフラが追いつかない場合，新しい首都建設によって人口を分散し，都市の過密を緩和するため。

５．**地理的な要因**：
・**自然災害のリスク回避**：既存の首都が地震や洪水などの自然災害のリスクが高い場所にある場合，それを回避するため。

カイさん：インドネシアの現首都ジャカルタは過密化が指摘されているから，「人口の集中分散」が第一の要因じゃないかな。ブラジルやエジプトも同じだと思う。
エマさん：それは日本にもあてはまる問題だよね。日本も東京から首都移転するならどこがいいのかな。これまでに検討された場所を調べてみよう。
サラさん：栃木・福島地域，岐阜・愛知地域，三重・畿央地域がこれまでに検討されているみたいだね。①そもそも首都に求められる条件って何だろう。
カイさん：資料をもとに考えると，僕は［　X　］と［　Y　］が必要な条件だと思うよ。
エマさん：資料から，②首都移転するならどこがよいのか考えてみよう。

問１　下線部①に関連して，本文と資料１～資料６をもとに，文中の［X］と［Y］にあてはまるように，あなたが考える「首都に求められる条件」をそれぞれ述べなさい。

問２　下線部②に関連して，あなたが首都移転するのにふさわしいと思う地域を本文と資料１～資料６をもとに考え，以下の首都移転先候補地Ａ～Ｃから１つ選び，その理由を地域の特性をふまえながら，具体的な例を入れて２つ述べなさい。
首都移転先候補地：Ａ　栃木・福島地域　　Ｂ　岐阜・愛知地域　　Ｃ　三重・畿央地域

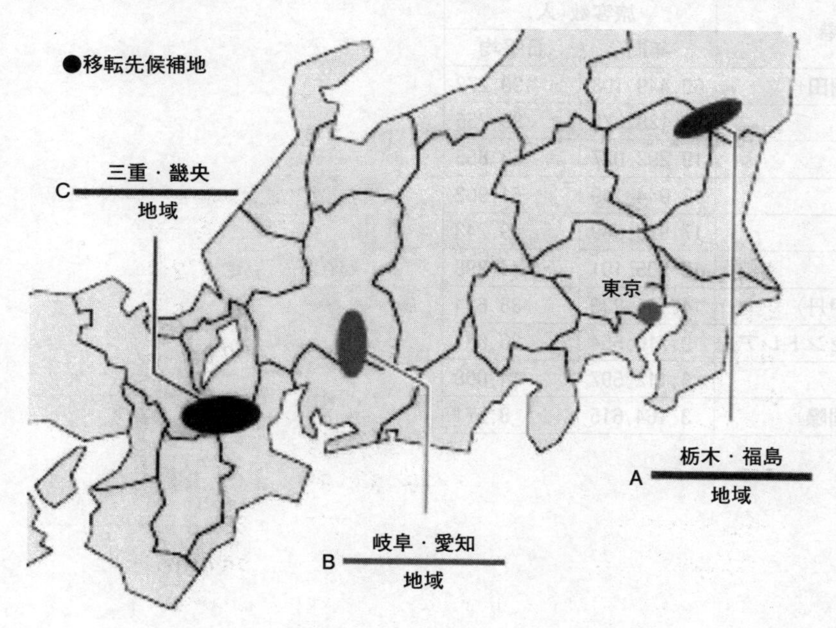

資料１

資料２　年間利用者数上位10位の日本の空港(2018年度)

順位	空港	旅客数(人)	
		年間	日平均
1	東京国際(羽田)	69,449,108	190,272
2	成田国際	33,125,275	90,755
3	福岡	19,292,027	52,855
4	新千歳	18,944,149	51,902
5	関西国際	17,973,549	49,243
6	那覇	16,205,191	44,398
7	大阪国際(伊丹)	14,101,239	38,634
8	中部国際(セントレア)	9,716,554	26,621
9	鹿児島	5,112,597	14,008
10	仙台(仙台国際)	3,164,615	8,671

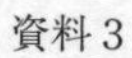

資料３

今後30年間に大地震（震度６弱以上）が起きる確率

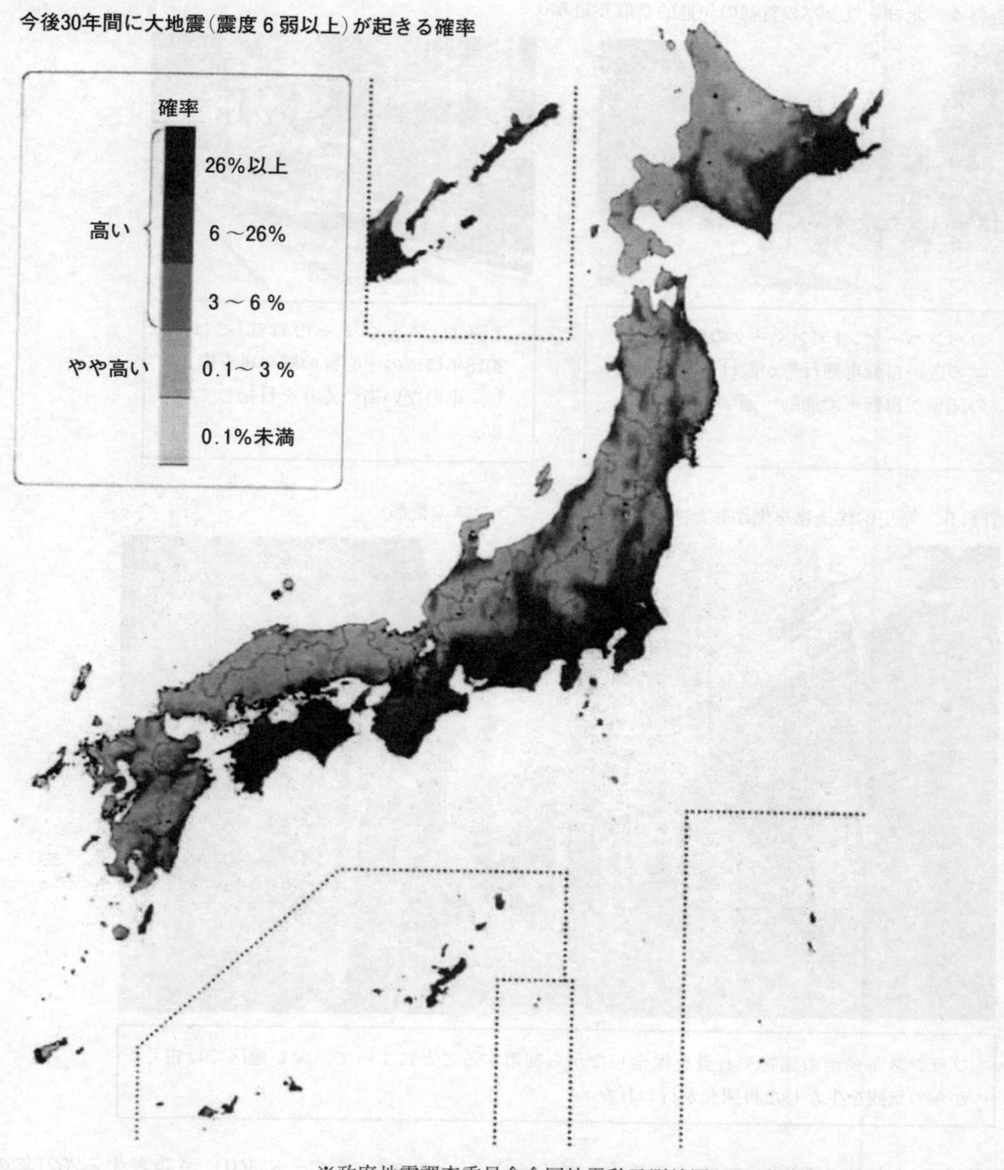

※政府地震調査委員会全国地震動予測地図 2020年度版より

※弊社のホームページにて，この図のカラー印刷のものを
収録しています。必要な方はアクセスしてください。
なお，右の二次元コードからもアクセスできます。

資料４　北ヨーロッパの首都の先進的な取り組み

コペンハーゲン(デンマークの首都)では，幅の広い自転車通行帯が設けられ，市民の55％が自転車で通勤・通学している。

オスロ(ノルウェーの首都)では，2018年に市の中心部の駐車場を廃止し，車のない街づくりを目指している。

資料５　歴史的建造物を生かしたマレ地区(パリ　フランスの首都)

フランス革命前の建物や石畳を保全しながら利用することによって，マレ地区では古くからの景観を生かした再開発が行われた。

資料６　イギリスのザ・エコノミスト・インテリジェンス・ユニット(EIU)が発表する2021年の『Safe Cities Index』(世界安全都市・カテゴリー別ランキング)

サイバーセキュリティ

順位	都市名
1	シドニー
2	シンガポール
3	コペンハーゲン
4	ロサンゼルス
5	サンフランシスコ

医療・健康環境の安全性

順位	都市名
1	東京
2	シンガポール
3	香港
4	メルボルン
5	大阪

インフラの安全性

順位	都市名
1	香港
2	シンガポール
3	コペンハーゲン
4	トロント
5	東京

個人の安全性

順位	都市名
1	コペンハーゲン
2	アムステルダム
3	フランクフルト
4	ストックホルム
5	ブリュッセル

環境の安全性

順位	都市名
1	ウェリントン
2	トロント
3	ワシントンD.C.
4	ボゴタ
5	ミラノ

※

日本の都市

北ヨーロッパの都市

を示している。

Safe Cities Index 2021より作成

【理　科】〈第１回試験〉（社会と合わせて50分）〈満点：50点〉

〈編集部注：実物の入試問題では，写真と大半の図表は色つきです。〉

1　次の文章を読み，あとの各問いに答えなさい。

屋久島は九州本土の南の海上にあり（図１），世界自然遺産に登録されている自然豊かな島である。図２は屋久島の地質を示している。これを見ると，a 島のほとんどが花こう岩でできていることがわかる。

屋久島の東には種子島がある。図３は屋久島と種子島の地形を示しており，島の地形に大きな違(ちが)いがあることがわかる。また，図４は屋久島と種子島の雨温図であるが，b 地形の違いがそれぞれの島の気候に大きな違いをもたらしていることがわかる。また，このような地形や気候の違いと関連して，屋久島では，島で使用する電力の99%が［　　　　］発電により供給されている。

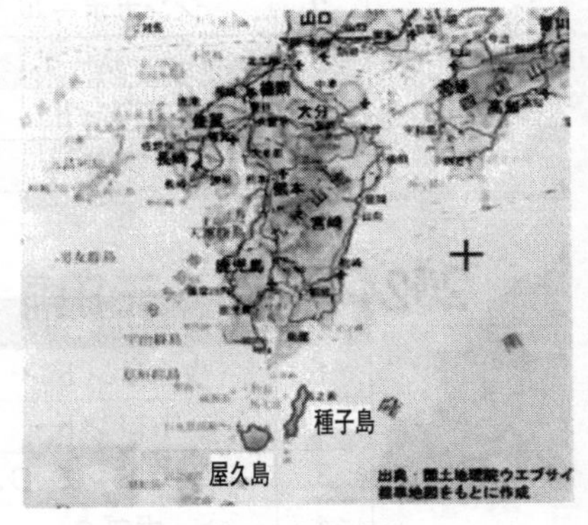

図１　屋久島と種子島の位置

c 屋久島には豊かな森林があり，縄文杉などのスギの巨木が有名である。縄文杉のような，d 屋久島の標高500メートル以上の山地に自生するスギで樹齢(じゅれい)が1000年以上のものを屋久杉という。屋久島で植林された杉は「地杉(じすぎ)」と呼び区別されている。地杉は，スギを大量に伐採(ばっさい)した後に植林されたもので，日光を十分に浴びて成長することができたと考えられる。一方で，屋久杉はあまり光が当たらない環境(かんきょう)で成長したと考えられている。図５は屋久杉と地杉の年輪を示しており，かなりの違いが見られることがわかる。

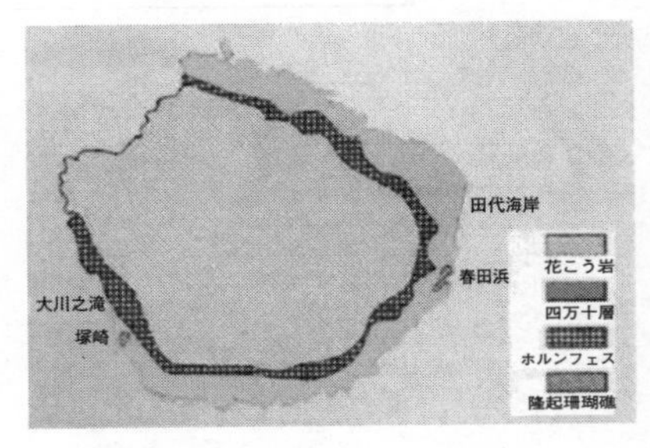

図２　屋久島の地質

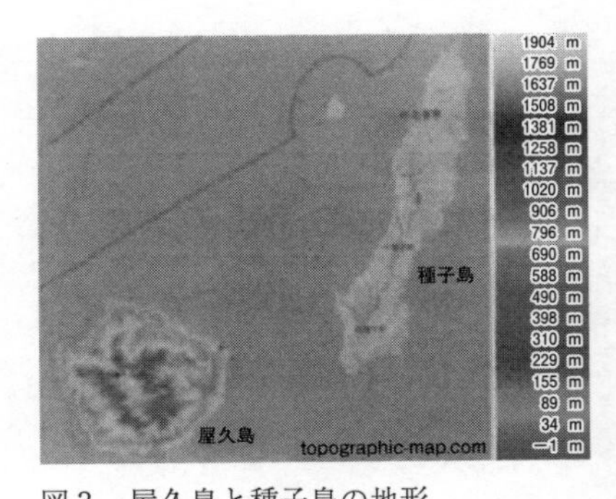

図３　屋久島と種子島の地形

屋久島の森林には，着生(ちゃくせい)植物が多く見られる。着生植物とは，樹木の上などで生活している植物のことである。ただし，寄生(きせい)植物とは異なり，植物から栄養を奪(うば)うことはなく，通常の植物と同様に，根から栄養を吸収して生きている。植物の生育には，光，水，二酸化炭素，窒素(ちっそ)やリンなどの物質が必要である。土壌(じょう)には，植物が利用できる窒素やリンが含(ふく)まれており，植物は根からこれらの物質を吸収している。このことを考えると，e 着生植物の生き方は他の植物と比べてデメリットがあるが，それを上回るメリットがあるため，屋久島では多くの着生植物が生育していると考えられる。

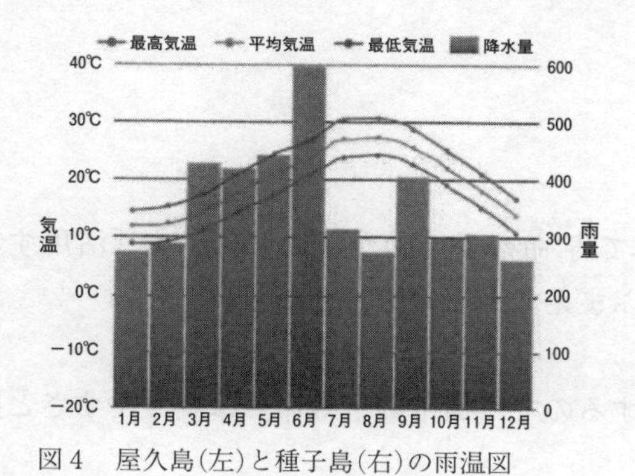

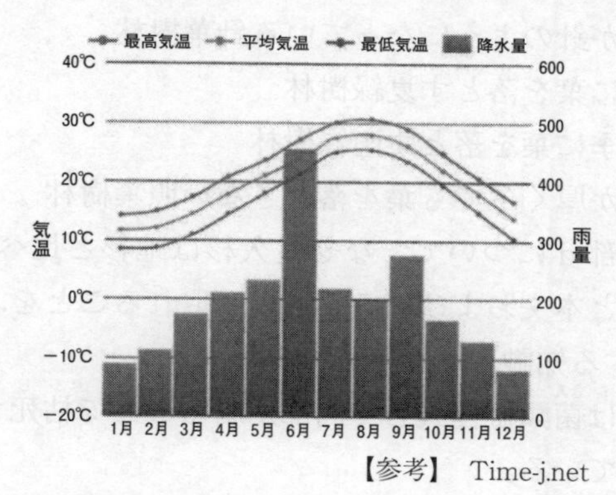

図4　屋久島(左)と種子島(右)の雨温図

【参考】　Time-j.net

図5　屋久杉(左)と地杉(右)の年輪

※弊社のホームページにて，図1～図5のカラー印刷のものを収録しています。必要な方はアクセスしてください。なお，右の二次元コードからもアクセスできます。

問1　下線部aについて，花こう岩に関する記述として正しい組み合わせを選択肢の中からひとつ選び，記号で答えなさい。

	岩石の種類	でき方
ア	火山岩	マグマが地表付近で急激に冷やされることでできる。
イ	火山岩	マグマが地下深くでゆっくりと冷やされてできる。
ウ	深成岩	マグマが地表付近で急激に冷やされることでできる。
エ	深成岩	マグマが地下深くでゆっくりと冷やされてできる。

問2　下線部bについて，

(1)　図4から，屋久島と種子島の雨温図にはどのような違いが見られるのか，簡単に答えなさい。

(2)　また，なぜこのような違いが見られるのか，図3から読み取れることをふまえて簡単に答えなさい。

問3　図3および図4を参考にして，本文中の空欄にあてはまる語句を答えなさい。

問4　下線部cについて，九州本土の低地に特徴的に見られる森林に関する記述として正しいものはどれでしょうか。選択肢の中からひとつ選び，記号で答えなさい。

ア　葉が針のようになっている針葉樹林
イ　冬に葉を落とす夏緑樹林
ウ　乾季に葉を落とす雨緑樹林
エ　葉が厚く冬でも葉を落とさない照葉樹林

問５　下線部ｄについて，なぜ屋久杉は地杉と比べて寿命が長いのか，以下に示す「活用する知識」と本文および図５から読み取れることをふまえて，簡単に答えなさい。

【活用する知識】

・樹木は菌類が侵入して内部が腐ることで枯死するので，樹木の「寿命」は腐りやすさと関係している。

・花こう岩には植物の成長に必要な養分があまり含まれていないため，植物の生育にはあまり適していない。

・成長が早い樹木では内部の密度は小さくなり，成長が遅い樹木では内部の密度は大きくなる。

問６　下線部ｅについて，着生植物には，地面に根を張る他の植物と比べてどのような短所・長所があると考えられるでしょうか。選択肢の中からひとつ選び，記号で答えなさい。

ア　着生植物は，地面に根を張ることができないので，樹上で何とか窒素やリンを吸収しなければならないが，樹木に着生することで高い場所で光を得ることができる。
イ　着生植物は，地面に根を張ることができないので，樹上で何とか窒素やリンを吸収しなければならないが，樹木に着生することで樹木からデンプンなどの養分を奪うことができる。
ウ　着生植物は，窒素やリンを得るために土壌まで根を伸ばさないと生育できないが，樹木に着生することで高い場所で光を得ることができる。
エ　着生植物は，窒素やリンを得るために土壌まで根を伸ばさないと生育できないが，樹木に着生することで樹木からデンプンなどの養分を奪うことができる。

2　次の文章を読み，あとの各問いに答えなさい。

摩擦は身の回りにたくさん潜んでいる。摩擦とは，ものとものとが擦れ合うことである。靴と地面とが擦れ合うことで摩擦力が生じ，われわれは歩くことができる。今みなさんが行っているように，紙と鉛筆が擦れ合うことで，鉛筆の芯が紙にくっつき字が書ける。このように，ａわれわれは摩擦からさまざまな恩恵を受けている。一方，大きなスケールでは，ｂ断層面と断層面が擦れ合うことで地震が生じることもあり，災害の原因となることもある。

摩擦は，熱，電気，音などさまざまなものに変化する。木と木をたくさん擦り合わせるとｃ火が生じる。下敷きと髪の毛を擦り合わせると電気が生じる。バイオリンでは，弦と弓を擦り合わせるとｄ音が生じる。滑り台を滑るとおしりが熱くなり，摩擦による熱が生じていることがわかる。大人と子供では滑り台での摩擦はどのように異なるのだろうか。ｅ実験により，滑り台の上を滑る物体の運動を解析して考えよう。

直方体の段ボールを質量や面の向きを変えながら，滑り台の上を滑らせた。図１のように，滑り台と接している面(摩擦力を受ける面)の面積を底面積，滑り落ちていく方向の面(空気抵抗力を受ける面)の面積を前面積と呼ぶ。質量は段ボールの中におもりを追加することで変えていった。測定項目を表１に示した。なお，Gは段ボールではなく，おもりを持った人間が滑り台を滑った場合を示している。また，滑り台はローラー式のものと金属板式のものの２種類で実験した。

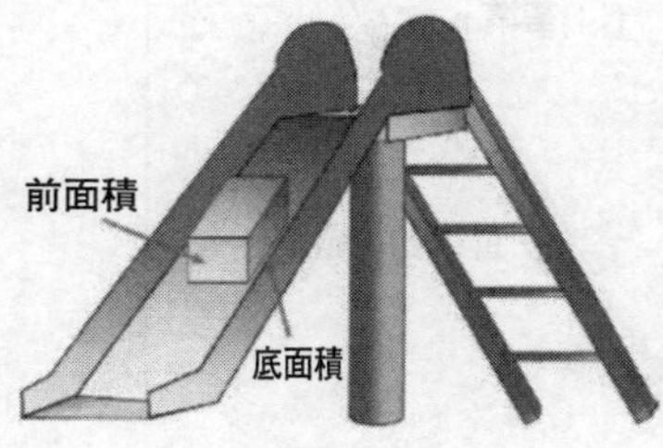

図１　滑り台と滑り下りる物体

表１　測定項目（質量・底面積・前面積）

記号	質量〔kg〕	底面積〔cm^2〕	前面積〔cm^2〕
A	1.0	650	605
B	2.2	650	605
C	4.2	650	605
D	6.2	650	605
E	4.2	650	1045
F	4.2	1045	605
G	95.5	荷物を持った人間が滑った場合	

段ボールには，あらかじめLED照明が取り付けられており，夜に段ボールが滑り台を滑る様子を撮影し，照明の位置を確認しながら運動を解析した。その結果，ローラー式滑り台の場合は図２と図３，金属板式滑り台の場合は図４と図５のような結果になった。

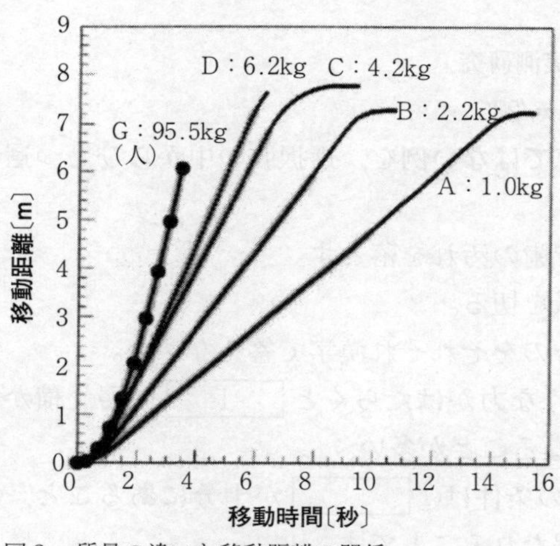

図２　質量の違いと移動距離の関係
（ローラー式）

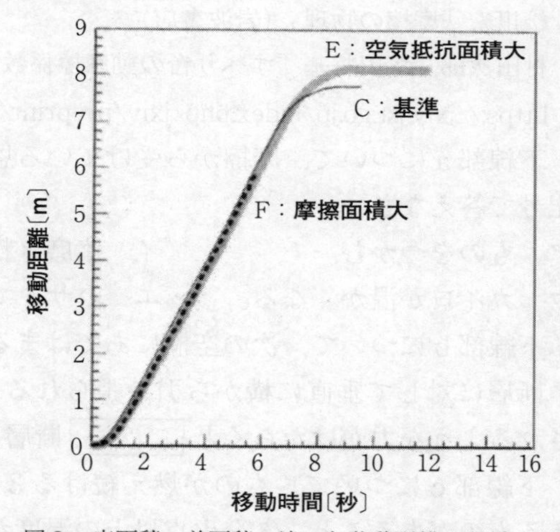

図３　底面積・前面積の違いと移動距離の関係
（ローラー式）

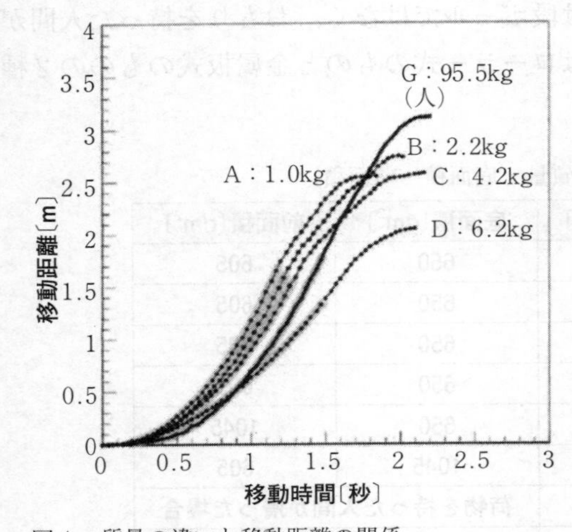

図４　質量の違いと移動距離の関係
（金属板式）

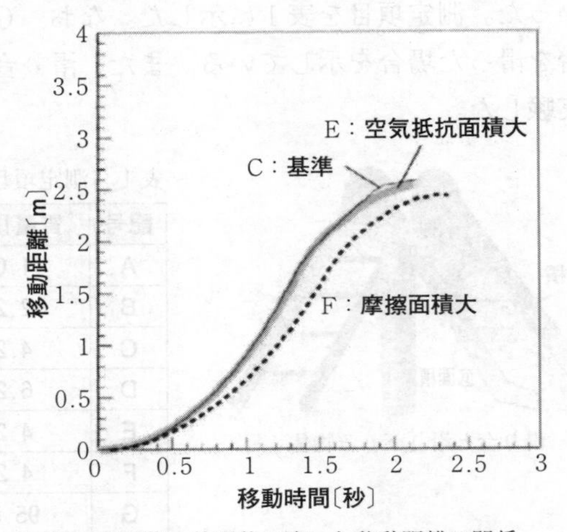

図５　底面積・前面積の違いと移動距離の関係
（金属板式）

【参考】

・田中幸，結城千代子「摩擦のしわざ」（太郎次郎社エディタス）

・松川宏「摩擦の物理」（岩波書店）

・村田次郎，塩田将基「すべり台の動摩擦係数の実測研究」
https://jxiv.jst.go.jp/index.php/jxiv/preprint/view/236/

問１　下線部ａについて，摩擦から受けている恩恵**ではない例**を，選択肢の中からひとつ選び，記号で答えなさい。

ア　ものをつかむ。　　　　イ　歯磨き粉で歯の汚れを落とす。

ウ　カイロが温かくなる。　エ　ハサミで紙を切る。

問２　下線部ｂについて，次の空欄にあてはまるものをそれぞれ漢字で答えなさい。

断層に対して垂直に横から引っ張られるような力がはたらくと［　１　］断層，横から押されるような力がはたらくと［　２　］断層になることが多い。

問３　下線部ｃについて，ものが燃え続ける３つの条件は①［　　］が十分にあること，②燃えるものがあること，③発火点以上の温度が保たれることです。

(1)　空欄にあてはまる言葉を選択肢の中からひとつ選び，記号で答えなさい。

ア　窒素　　イ　酸素　　ウ　二酸化炭素　　エ　水蒸気

(2)　芯の無いろうそくに火をつけても，ろうが溶けるだけで火がつきませんでした。①～③の条件のうち，この現象について**関係のないもの**をひとつ選び，番号で答えなさい。

問４　下線部ｄについて，次の文章中の空欄にあてはまる言葉の組み合わせを選択肢の中からひとつ選び，記号で答えなさい。

弦を指ではじくことを考える。同じ弦でも，強くはじくほど［　１　］音が出る。また，同じ強さではじいても，太い弦ほど振動しにくく［　２　］音が出る。

ア　［１］大きい　［２］高い　　イ　［１］大きい　［２］低い

ウ　［１］小さい　［２］高い　　エ　［１］小さい　［２］低い

問５　下線部ｅについて，次の各問いに答えなさい。

(1)　滑り台との接触面積と摩擦力がどのように関係しているのかを確かめるためには，どの実験(測定項目)を比較すればよいでしょうか。「ＡとＢ」のように，表１中のアルファベットを組み合わせて答えなさい。

(2)　次の文章は，実験から読み取れることをまとめたものです。空欄に入る言葉を選び，答えなさい。

［　1　］の場合，重いほど滑る間の速さが速い。また，［　2　］の場合，底面積が大きいほど滑る間の速さが遅い。さらに，［　3　］の場合，前面積の大きさと滑る間の速さとの間に関係は見られない。

ローラー式滑り台においてＡが滑り出しから１ｍ進むのにかかる時間は，金属板式滑り台と比べて［　4　］である。金属板式滑り台の長さがもっと長かったとすると，ローラー式滑り台の場合と同じようにグラフが直線になる時間が［　5　］かもしれない。

［1］，［2］，［3］の選択肢

ア　ローラー式滑り台と金属板式滑り台

イ　ローラー式滑り台のみ

ウ　金属板式滑り台のみ

［4］の選択肢

ア　半分以下　　イ　２倍以上

［5］の選択肢

ア　増えた　　イ　減った

問６　次の文章を読み，あとの問いに答えなさい。

重力や摩擦力は速度や時間・場所などによってそれらの大きさは変わらないとする。また，空気抵抗力は速度が速くなるほど大きくなるとする。この条件において地球上では，物体が受ける力が重力のみで摩擦力や空気抵抗力がない場合，図６のＸのような曲線となる。また，重力と空気抵抗力のみはたらき摩擦力がはたらかない場合，図６のＹのような前半が曲線で後半が直線となる。さらに，重力と摩擦力のみはたらき空気抵抗力がはたらかない場合，図６のＺのような曲線となる。

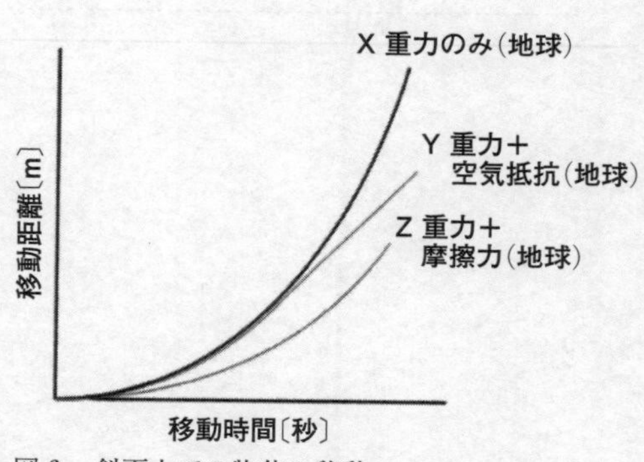

図６　斜面上での物体の移動

【問い】　このとき，次の場合それぞれのグラフを解答用紙のグラフに追加しなさい。

(1)　月の上で，重力のみがはたらく場合のグラフを**実線**Ｐで示しなさい。

(2)　地球上で，重力と摩擦力と空気抵抗力の３つを同時に受ける場合のグラフを**点線**Ｑで示しなさい。

問八　【文章B】を読んだ上で、あなたなら、小学校低学年の子どもに対して、どのようなメッセージを込めた作品を作りますか。次の【資料】をふまえた上で答えなさい。

【資料】

〔編集部注…ここには、養老孟司・宮崎駿『虫眼とアニ眼』（新潮文庫　二〇〇八年一月発行）九ページ「養老さんと話して、ぼくが思ったこと」が【資料】として取り上げられていましたが、著作権上の都合により掲載できません。〕

三　後の二つの漢字には、共通の部首（偏）をつけることで、二字熟語が出来ます。その二字熟語を書きなさい。

（例）幾戒→機械

① 乎及
② 也或
③ 月音
④ 言壬
⑤ 岡失

（注）千と千尋…宮崎駿監督のアニメ映画『千と千尋の神隠し』
方法序説…十七世紀のフランスの哲学者デカルトが書いた哲学書

問一 【Ⅰ】～【Ⅲ】に入る語句を、本文中から抜き出して書きなさい。【Ⅰ】は四文字、【Ⅱ】は四文字、【Ⅲ】は二文字で、書き抜くこと。

問二 A ～ C に入る語句として最も適切なものを次の中から選び、それぞれ記号で答えなさい。**ただし、同じ選択肢を二度答えることはできません。**

ア では　イ たとえば　ウ しかし　エ それなら

問三 ――①「個性」とあるが、筆者が大切にしていることについて、四十五字以内で説明しなさい。

問四 ――②「評価されていない」とあるが、どういうことか、最も適切なものを次の中から選び、記号で答えなさい。

ア 知的障害のある人たちに特異な才能が見つかることがあり、日本では、そうした才能の多くは画家として認められることが多く、聴覚の才能が必要とされて音楽についても普及しているので、日本ではきちんと評価されていない、ということ。

イ 幕末から明治にかけて、浮世絵や大和絵が外国に流出してしまったことによって、日本のインテリ層の多くが、アニメやマンガなどを素晴らしいものと考えるようになったため、日本の視覚文化は過小評価されている、ということ。

ウ 日本語の音訓読みは、アルファベット圏の人たちは、ほとんど理解が出来ないので、日本のアニメなどの視覚文化は、英語で翻訳することが難しく、英語で世界を記述することができないことから、きちんと評価されていない、ということ。

エ 質が高いものが生まれる一因には量が多いこともあるのだが、日本人は、不十分なところに焦点を当てる傾向があり、マンガの一部には質が悪いものがあることなどから、自分たちの視覚文化を過小評価している、ということ。

問五 ――③「まさに文化なのである」とあるが、なぜか、四十五字以内で説明しなさい。

問六 X には、次のア～エの四つの文が入る。最も正しい順に並べ替えなさい。

ア どちらの世界が複雑か、すぐにわかるであろう。

イ 日本語なら、仮名だけで五十音ある。

ウ たとえば英語を使うなら言葉の世界は二十六文字で全部が書けてしまう。

エ その上に漢字が常用でも約二千。

問七 【文章B】を読んで、次のア～エの内容について、正しいものは「1」、正しくないものは「2」の番号で答えなさい。

ア アニメーションは、目的を持って描かれており、情報には限度がある。

イ 個性を尊重すれば、傷つきやすい子どもは生まれない。

ウ 素晴らしい可能性を失う目的は、つまらない大人になるためである。

エ 映画の台詞を正確にどれくらい言える子どもがいるかが、映画の力をはかる指標となる。

江光くらいではないだろうか。これは明らかに文化的なものだと、私は思っている。いまでは音楽は、過去に比較して、はるかに一般化している。だから聴覚的な才能が、いわゆる知的障害者のなかに、もっと多く見つかっていいはずである。これほど音楽が普及してもそうならないとすれば、そこにはなにか、文化的障害がある。これも自分のことはわからないという、もう一つの典型であろう。それはなにも「欠点」とはかぎらない。かつて芥川龍之介がいったように、自分の首の後ろは見えない。見ようとすれば、首の骨を折る。

日本の【Ⅱ】は、料理にも絵画にも表れている。それがなぜか、それこそ言葉にされたことはほとんどない。日本のアニメ、マンガは、鳥羽僧正の時代以来の伝統である。これは日本人のなかに、遺伝子として組み込まれているわけではないと思う。③まさに文化なのである。その一つの背景は、文字だということがわかっている。

音訓読みというのは、きわめて妙なシステムである。アルファベット圏の人たちは、ほとんどこれを理解しない。日本人は中国語を日本語で読む。アメリカ人に英語でそんなことを言おうものなら、英語が下手だから、間違ったことをいっていると決めつけられてしまう。しかし事実そうだというしかないではないか。私は何度か、欧米のインテリに音訓読みを説明したことがある。たいていは、途中で横を向かれてしまった。そもそも日本語の読みを理解したところで、かれらにはなんの得もないのである。そんな破天荒なことは、放っておいたら、かれらはまず思いつかないはずである。

同様に、われわれはアルファベット世界の常識がわからない。

［　　　　X　　　　］

物理や化学では、世界は百あまりの原子でできているとする。こういう考えは、日本人の直観にはじつはほど遠いものである。放っておけば、つまりアルファベット圏の影響がなければ、日本人はまず原子論を立てないであろう。全世界がまさか有限の記号で書けるとは信じていないからである。アルファベットを使っていれば、そう思って当たり前なのに。

文化の違いとは、ある意味では、これほど根元的なのである。それが結果的に脳の違いを形成する。その違いは生まれつきではない。つまり遺伝子の違いではない。なぜなら、後追いとはいえ、アルファベット圏の思考を、われわれも理解するからである。日本のアニメを、かれらも理解するからである。ヒトの脳のもっとも重要な機能は、ひょっとして一般に思われているかもしれないように、個性的な思考をすることではない。普遍的、つまり根本的にはだれにでも通用する、そういう思考をすることなのである。下手な英語で「外人」と語り、話が通じたと喜んでいる。それで「正しい」のである。重要なのは「通じる」ことだからである。それなら個性とはなにか。【Ⅲ】とはなにか。「通じない」ことか。

ドイツ人は日本人にバッハが理解できるか、という。日本人はアニメがドイツ人にわかるものかと思っている。たがいにそれは、誤解に過ぎない。違う脳は、違う風に反応するかもしれない。しかし反応することに変わりはないのである。

（養老孟司・宮崎　駿『虫眼とアニ眼』一部改変）

【文章Ｂ】

〔編集部注：課題文は著作権上の問題により掲載できません。作品の該当箇所につきましては次の書籍を参考にしてください。〕

・養老孟司・宮崎　駿『虫眼とアニ眼』（新潮文庫　二〇〇八年二月発行）

一五七ページ一三行目～一五九ページ五行目

二　次の【文章A】は、脳科学者の養老孟司さんが、アニメ映画監督の宮崎駿さんについて書いた文章です。【文章B】は、宮崎駿さんが、映画創作について書いた文章です。この【文章A】と【文章B】を読んだ上で、後の問いに答えなさい。

【文章A】

宮崎作品は、宮崎駿という人柄の表現でもあるが、それはアニメという方法を通して、結局は日本の伝統を語ることになる。方法自体が日本的であり、語られる内容が日本的だからである。『※千と千尋』の魔女は、姿かたちが西洋の魔女だが、そういうものを取り込んでしまうのも日本文化だと、だれでも知っている。しかもあの婆さんの部屋に行くまでの廊下の調度といえば、どう見ても中国の花瓶なのである。このゴタ混ぜが日本文化でなくて、なにが日本文化か。

伝統文化といえば、能だ歌舞伎だ茶の湯だという。それはそれでいい。しかし【Ⅰ】もまた、日本文化そのものである。能衣装を子細に見れば、どう見ても中近東由来じゃないかという、派手な唐草模様のパッチだったりする。茶の湯の袱紗さばきは、カトリックの聖体拝受と同じだという説が以前からある。知的所有権などというものは、特殊な時代の、特殊な世界の産物である。独創性とか、①個性とかいうが、真の独創なら、他人はそれを理解できない。他人に理解できるなら、それはべつに独創ではない。いずれだれかが考えるはずのこと、それをたかだか最初に思いついたというだけのことだからである。個性もまた同じ。まったく個性的ということは、他人の理解を超越することである。それなら精神病院に行くしかないではないか。

普遍性というのは、深さを備えた共通性である。アニメがそういう普遍性を帯びていることを、そろそろわれわれは自信を持って認めるべきであろう。「あんなものは」「所詮はマンガ」。その種の感覚は根強く残っている。西欧文明にはとくにその傾向が強い。イスラムもそうかもしれない。なぜならかれらは、聖書やコーランを持っている。それはまさしく言葉で書かれているのである。

『方丈記』は日本風の哲学書である。 A たいていの人はあれを哲学とはいわない。情感に満ちているからであろう。哲学は理屈だから、情緒が欠けているし、欠けて当然だと思っているらしい。

B 宮崎作品を思想だと思わないのも当然であろう。マルクス・エンゲルス全集のように、文字がいっぱい詰まって退屈でなければ、思想ではないと思っている。それならデカルトに情感はないか。逆であろう。 C 『※方法序説』は情感に満ちている。さすがに哲学者はそれがわかっているから、人によってはあれを浪花節と評するのである。

まとめてみれば、『千と千尋』の受賞がなぜ問題になるか、その背景には二つの事情がある。一つは多くの日本人、とくにいわゆるインテリが、あれを「よいもの」と見ていいのか、その確信がないことである。もう一つは、そこへ欧州からの評価が先に来てしまったことである。いってみれば、幕末から明治にかけて、浮世絵だの大和絵だののよいものが、外国に出てしまったのと似たような現象であろう。自分が持っているもののよさは、あんがいわからないものである。

マンガはあれだけはやっているし、それだけにくだらないものを多く含んでいる。しかしそれは裾野が広いということで、高い山は広い裾野を持つともいえる。こうした日本の視覚文化は、まだ基礎的な面からきちんと②評価されていない。「足りない」ものばかりを、われわれは気にしてきたからであろう。

知的障害のある人たちに特異な才能が見つかることがある。日本ではそれは多くは画家として認められる。山下清を知らない人はあるまい。それに対して、音楽の、つまり聴覚の才能が発掘されたのは、大いと考えを改めるようになったから。

ウ　一人称の使い方について迷いを感じ始め、混乱の真っ只中にいたが、夏実クラーク横山さんと話す中で、一人称の使い方に関する明確なアドバイスをもらえたことで、自分の認識の誤りに気付き、どんな一人称を使ったとしても自分は自分であるという事実を受け止めることが出来たから。

エ　自分を表現する適切な一人称がないことにいらだちを感じ、「わたし」という言葉を使うことを避けていたが、夏実クラーク横山さんと話す中で、一人称と自分が完全に一致していなくても、さほど気にする必要がないことに気付き、一人称の使い方にいい意味で適当になることが出来たから。

問九　本文中では、個人のイメージを決定する要素として「一人称」が例としてあげられていましたが、創作物の中では語尾を変化させることで個人の特徴づけが行われることもあります。以下の例を見て、語尾を変化させることの効果について、あなたの考えを述べなさい。

（例）シマリスくん（いがらしみきお『ぼのぼの』）……語尾の「です」を「でいす」に変えて話す特徴があります。

（いがらしみきお『ぼのぼの』１６巻　一部改変）

エ　ぜひ　　　オ　しっくり

問二　太線部ａ「ままならない」・ｂ「カルチャー・ショック」とありますが、言葉の意味として最も適切なものを後の中から選び、それぞれ記号で答えなさい。

ａ　ままならない
ア　理解できない　　イ　興味がない
ウ　説明できない　　エ　思い通りにならない

ｂ　カルチャー・ショック
ア　異なる文化に接したときに受ける戸惑い
イ　異なる文化に接したときに生じる不具合
ウ　異なる国の人と接したときに起こるすれ違い
エ　異なる国の人と接したときに感じる失望

問三　――①「保育園に通うようになって『おれ』を使いはじめました」とあるが、なぜ弟は一人称を変更したのか、文章の内容をふまえた上で理由を推察して、あなたの考えを述べなさい。

問四　――②「そんな疲労困憊の日々」とあるが、どういうことか、四十字以内で説明しなさい。

問五　[E]・[F]にあてはまる組み合わせとして、最も適切なものを次の中から選び、記号で答えなさい。なお、[F]は文中に二つありますが、どちらにも同じ言葉が入ります。

	E	F
ア	知らなーいっす	知らない
イ	決めてなーいっす	決めてない
ウ	オイラとあたしでーっす	オイラとあたし
エ	Ｉでーっす	Ｉ

問六　[G]に入る漢字二字の言葉を考え、答えなさい。

問七　――③「I like you」とあるが、この言葉からどのような様子が読み取れるか、最も適切なものを次の中から選び、記号で答えなさい。

ア　夏実クラーク横山さんの自由さに対して憧れの念を抱き、その気持ちを十分に表現できなくても、つたない言葉でなんとか伝えようとする小桜妙子の様子。
イ　会社との契約期間が終了しても自分に付き合って英語を教えてくれることに感謝の思いを感じ、彼女が教えてくれた英語を使って気持ちを表現しようとする小桜妙子の様子。
ウ　自分の感情を正確に発言したいという思いを理解していながら、それでも発言を強いることに対して、戸惑いを感じつつもなんとか食らいつこうとする小桜妙子の様子。
エ　英語を母語として流ちょうに口にする様子を目の当たりにして、自分もそれくらい英語が上達したいと感じ、その決意を口にして自分を勇気づける小桜妙子の様子。

問八　――④「小桜妙子は小桜妙子を『わたし』と呼ぶのが、あまり苦痛でなくなりました」とあるが、なぜか、理由として最も適切なものを次の中から選び、記号で答えなさい。

ア　日本語しか話せず、「わたし」という一人称とはなれることができないと思いこんでいたが、夏実クラーク横山さんと話す中で、英語がうまく話せないとしても「Ｉ」という一人称を使っても良いということに気付き、下手な英語を使いながらコミュニケーションを取ることに抵抗がなくなったから。
イ　自分にふさわしい一人称は一つしかないと思いこんでいたが、夏実クラーク横山さんと話す中で、その時々の自分を表現する一人称を使い分けても構わないということに気付き、「わたし」という一人称で表現されるものも、自分の一側面に過ぎなそれを持ち上げて、ぐっと一口飲んでみます。

いつもなら、

『小桜妙子はビールを飲んだ』

と考えるところです。それを、

『I drank beer.』

と考えてみました。

I

そのことばには、何の「ニュアンス」も「含み」もありませんでした。

年齢も性別も所属も、出自も性格も出身地方も、何も読み取れません。

『I』はただ、G。

I eat Karaage.（私は唐揚げを食べる）

I smell Yakitori.（私は焼鳥の匂いをかぐ）

ああ、なんて爽快。どうして今まで気付かなかったのでしょうか。

「小桜サン、カオ、すんごい真っ赤～」

夏実クラーク横山さんがけらけらと笑っています。

I see her.（私は彼女を見る）

She is smiling at me.（彼女は私に笑いかけている）

I feel good. So good.（私はいい気分だ。とてもいい気分だ）

夏実クラーク横山さんは程なくして契約期間が終わり、小桜妙子の職場には来なくなりました。でも、個人的にお友達になってもらったので問題はありません。

今、小桜妙子は月に数回、夏実クラーク横山さんに英語を教わっています。夏実クラーク横山さんのように頭の中で考えるときも英語がスイスイ出てくるようになるのが目標なのですが、それはネイティブじゃないと難しいとのことです。

授業はだいたい、一緒にごはんを食べたりお酒を飲んだりしながら行います。

「妙ちゃんはもっと発音気にしないでドンドン喋んなきゃだーよ。言いたいこと言ってこうぜ。なんでもいいよ。あちしになんでも言ってみなよ」

ビールとトマトジュースを混ぜたカクテル、レッドアイを飲みながら、夏実クラーク横山さんは鉄板餃子をばくばく食べています。日本語でも英語でも、一人称の迷宮のはるか上空をひらひらと飛んでいるその唇はまるで羽根のようにしなやかに動きます。

「③I like you（私はあなたが好きだ）」

「えーなんだよお嬉しい。でももっとフクザツな話をさー、しようよしてみようよー」

「わたしの語彙だとこれが限界だよ」

「うっそでしょ。もっとちゃんと教えてるよ！」

なぜでしょう、夏実クラーク横山さんの英語の授業を受け始めてから、④小桜妙子は小桜妙子を「わたし」と呼ぶのが、あまり苦痛でなくなりました。最近はたまに「気分」で自分を「僕」と呼んだり、幼子のときのように「オラ」と言ってみたりもします。

そのとき想像するのはいつも、彼女の羽根の生えた唇がわたしを摑んで迷宮の上を飛んで行く様です。

それを、その気持ちを英語で上手に説明できるようになるには、さらなる精進が必要だなと、小桜妙子は思っております。

（王谷　晶『小桜妙子をどう呼べばいい』一部改変）

問一　A～Dに入る語句として最も適切なものを次の中から選び、それぞれ記号で答えなさい。**ただし、同じ選択肢を二度答えることはできません。**

ア　こっぴどく　イ　ガラッと　ウ　まるで

「し」になるともういけません。腹の奥から力が抜けていくような、破れかぶれのたいへん荒んだ気持ちが脳味噌を覆います。

これを、「わたし」と発音し書くたびに繰り返しているわけです。疲れそうでしょう。実際、小桜妙子は疲れています。

夏実クラーク横山さんに会ったのは、②そんな疲労困憊の日々の中でした。

「あ、オイラはシャンディガフお願いします」

仕事の打ち上げの席で、小桜妙子の横に座った夏実クラーク横山さんは明るく大きな声でそう発言しました。店員さんが「そちら飲み放題メニュー外になりますが」と告げても、夏実クラーク横山さんは「うーん、でも飲みたいな、シャンディガフ」と譲りません。

「ビールとジンジャーエール頼んでセルフで混ぜるのはどうですか」

小桜妙子は横からついそんな余計なお世話を口に出してしまいました。が、夏実クラーク横山さんはぱっと顔を輝かせて

「あったまいー!」

と叫び、店員さんにビールとジンジャーエールを注文したのでした。

夏実クラーク横山さんは短期アルバイターの大学生で、お父さんがオーストラリアの方で、十四歳までアメリカのニュージャージー州で暮らしていたのだそうです。面接を担当したのは小桜妙子でした。そのときは確かに、夏実クラーク横山さんは自分を「わたし」と呼んでいたはずです。

「あたし、ビールそのまんまだと飲めないんすよね。でも何かで割るとだいっすき」

夏実クラーク横山さんは大きな目をぐりぐりとよく動かし、唐揚げやチーズ餃子、じゃこ海苔サラダを自分の皿にひょいひょいとよそってはがつがつと食べております。

「小桜サンはそれ、何飲んでるんすか」

「ただのビール……。あの、横山さんは普段自分のこと何て呼んでるの?」

「どゆこと?」

「自分を指す、一人称っていうか……ワタシ、とかボク、とかの」

「え、［E］」

［F］。

小桜妙子はあのコラムを読んだとき以来の衝撃を受けました。［F］って、そんなことがありうるのでしょうか。

「日本はー、それいっぱいあるじゃない?」

それ、とは一人称のことでしょう。小桜妙子は思わず力強くうんと頷きました。

「いっぱいあるから、気分で好きなの使うのね。『オレ』の気分のときとか、『わたくし』の気分のときとか、あるでしょ」

……あるかもしれない。

……気分かあ……。

これはｂカルチャー・ショックというものでしょうか。小桜妙子は頭の中をふらふらさせたまま、大きなイヤリングを揺らしながらゲソ揚げを噛みしめる夏実クラーク横山さんの横顔になおも疑問を投げかけました。

「それって、頭の中、混乱しない……?」

「しないす。アタマで考え事するときは全部英語なんで。I, My, Me しか使わない。かんたーん」

ね?とにっこり笑う夏実クラーク横山さんに、小桜妙子は返事をすることもできないでいました。

小桜妙子の手にはぬるくなったビールのグラスがあります。

雪ちゃん先生のノベル・コラム　ナメちゃいけない？！　差がつく「一人称」のハナシ

キャラクターの個性を光らせるためには、一人称を上手に使いこなそう！　そのキャラクターが自分をどう呼ぶかで、印象が［D］変わっちゃうノダ。

●男の子の一人称

◎俺………ワイルド、ぶっきらぼう、頼りになる、スポーツ万能、強いヤツ……etcのイメージ。カタカナで「オレ」にすると、ちょっとカルい男の子に？

◎僕………優しい、優等生、ガリ勉クン、上品、王子様、病弱……etcのイメージ。カタカナの「ボク」はキザなプレイボーイに。

●女の子の一人称

◎私………真面目、ふつうの子。「わたくし」「あたくし」だとタカビーなお嬢様に！

◎あたし…おきゃん、おてんば、ススんだ子。「アタシ」にするとスケバン風？

（眼鏡をかけた猫のイラストに大きな吹き出しが付いていてその中に手書き文字で）

その他にも一人称はこ～んなにたくさんあるヨ！　日本語ってムズカシ～！

オイラ、俺様、僕ちゃん、オラ、拙者、ワシ、やつがれ、ワイ、ワテ、あたくし、わらわ、あっし、アタイ、おいどん、朕、余、小生、わっち、我輩、それがし、麻呂、etc……☆

引用終わり。

このコラムを読んで、小桜妙子は強いショックを受けました。確かに、自分を「あたし」と呼ぶ子と「わたし」と呼ぶ子は、微妙に印象が違います。さらに文字にすると、同じ読みなのに「私」「わたし」「ワタシ」も全てニュアンスが変わって見えます。

一人称。それは個性であり、その人のイメージを決める要素の一つ。自分を何と呼ぶか。それは大きな、大切な問題。「わたし」は小桜妙子を表す的確な一人称なのか？

それを考え始めたらもうグルグルと止まらなくなってしまい、小桜妙子は知っている限りのあらゆる一人称で自分を呼んでみたのです。でも、どれも自分を表す呼び方ではない気がする。

そうこうしているうちに、恐ろしいことに、それまで何も考えずに使っていた「わたし」すらしっくりこなくなってしまい、小桜妙子は迷い込んでしまったのです。一人称の迷宮に。

実際問題、日常生活では小桜妙子はごく普通に一人称を使い、会話をしメールを書いたりしています。使っているのはさっきも申し上げたとおり、「わたし」です。でも、これが大変なんです。小桜妙子は小桜妙子を「わたし」と呼ぶのに納得していない。でもそう呼ばないと日常生活が立ち行かない。なので非常に頑張って、心を奮い立たせながら発音しているのです。

「わ」と口に出したときは、まだ元気です。やってやろうじゃないかという気が漲っています。

しかし「た」に差し掛かると早くも疲れが見えてきます。心の膝が折れかかっています。

2024年度

三田国際学園中学校

【国語】〈第一回試験〉（五〇分）〈満点：一〇〇点〉

〔注意〕特に指示のない場合、句読点等の記号は一字として数えるものとします。

〈編集部注：実物の入試問題では二つの図は色つきです。〉

一 次の文章を読んで、後の問いに答えなさい。

こんにちは。小桜妙子と申します。ちょっとした問題を抱えております。

一人称、ご存知でしょうか。ご存知ですよね。今検索してみましたらば、『一人称【いちにんしょう】人称の一つ。話し手自身を指す。』と出てまいりました。話し手が自分を呼ぶとき、自分を表すときに使う言葉です。

小桜妙子は、この一人称に疑問というか不自由というか、どうにも曖昧で申し訳ありませんけど、とにかく、aままならない思いを背負い込んでいるのです。

小桜妙子は、ここ日本で生まれ育ちました。埼玉は大宮の出身です。駅近くの、こう、ごちゃごちゃっとした住宅街で二十三歳まで暮らしました。三十歳現在は東京都大田区にて一人暮らし中。弟妹が一人ずつおります。長女です。

弟は幼い時分は一人称を「たっちゃん」としておりましたが、①保育園に通うようになって「おれ」を使いはじめました。妹は中学生くらいまでは「麻衣」を一人称として使い、高校に通い始めたら急に「あたし」となりました。父は「俺」、母は「私」または「お母さん」を使います。

それでは小桜妙子はどうかというと、ここで冒頭の「ちょっとした問題」に立ち返ります。

小桜妙子は、どの一人称を使えばよいか分からず悩んでいるのです。

どの一人称も［A］こなくて、どの一人称で自分を呼んでもそれは小桜妙子でない気がして、己のことは最早、小桜妙子と呼ぶしかありません。個人的な、小さなばかばかしい問題であります。しかし、小桜妙子にとっては非常に深刻な悩みなのです。

昔からこうだったわけではありません。小桜妙子も、幼少のみぎりは自己を「たーえー」と呼んでおりました。アクセントは「コーエー」と同じです。ゲームメーカーの。物心ついてからは主に「わたし」を、対外的には現在まで使用しております。

小桜妙子は、漫画や本をよく読む子供でした。ゲームでもよく遊びました。フィクションのキャラクターは多彩な一人称を使っています。小桜妙子もそれに憧れて、ごく小さいころに一人称を「オラ」にしてみたことがあります。結果、父に［B］叱られました。幼い小桜妙子はなぜそんなに怒られなければならなかったのか、［C］理解できませんでした。

その後いくつかの一人称の遍歴を経て、自己を「わたし」と呼ぶことに慣れてきたころ。あれは高校二年生のときでしたでしょうか。小桜妙子は昼休み、図書室で何気なく一冊の本を手に取りました。『貴・女・に・贈る……ジュニア・ノベルの書き方』という、昭和の時代に出版されたティーン向けの小説執筆ハウツー本です。著者・雪柳ゆめみ先生。なぜそんな本を手にしたか今もって謎なのですが、とにかく小桜妙子はぱらぱらめくってみました。そこに、一人称に関するコラムが載っていたのです。以下引用。

2024年度

三田国際学園中学校 ▶解説と解答

算　数　＜第１回試験＞（50分）＜満点：100点＞

解　答

1 (1) $1\frac{5}{6}$　(2) 70個　(3) ２時間24分　(4) 59個　(5) 22回　(6) ４cm²

2 (1) イ　(2) 12.5　(3) ６回　**3** (1) 18cm²　(2) 12.56cm　(3) 168.72cm²

4 (1) 3.225点　(2) ア　５　イ　２　(3) 19人　**5** (1) 55　(2) 2178308

(3) 2698

解　説

1 **逆算，場合の数，仕事算，方陣算，整数の性質，面積**

(1) $6\frac{2}{3}-1.25=\frac{20}{3}-\frac{5}{4}=\frac{80}{12}-\frac{15}{12}=\frac{65}{12}$より，$\left\{\frac{4}{7}\times(4.75-\square)+\frac{65}{12}\right\}\times\frac{12}{17}=5$，$\frac{4}{7}\times(4.75-\square)+\frac{65}{12}=5\div\frac{12}{17}=\frac{5}{1}\times\frac{17}{12}=\frac{85}{12}$，$\frac{4}{7}\times(4.75-\square)=\frac{85}{12}-\frac{65}{12}=\frac{20}{12}=\frac{5}{3}$，$4.75-\square=\frac{5}{3}\div\frac{4}{7}=\frac{5}{3}\times\frac{7}{4}=\frac{35}{12}$　よって，$\square=4.75-\frac{35}{12}=4\frac{3}{4}-\frac{35}{12}=\frac{19}{4}-\frac{35}{12}=\frac{57}{12}-\frac{35}{12}=\frac{22}{12}=\frac{11}{6}=1\frac{5}{6}$

(2)　８個の中から４個を選ぶ組み合わせの数と同じだから，$\frac{8\times7\times6\times5}{4\times3\times2\times1}=70$(個)となる。

(3)　１日目に三田くんがぬった時間は，８－２＝６(時間)なので，かべの面積を１とすると，三田くんが１時間でぬる面積は，$1\div6=\frac{1}{6}$となる。同様に，２日目に学くんがぬった時間は，12－8＝４(時間)だから，学くんが１時間でぬる面積は，$1\div4=\frac{1}{4}$とわかる。よって，２人でぬると１時間に，$\frac{1}{6}+\frac{1}{4}=\frac{5}{12}$だけぬることができるので，休まずにぬると，$1\div\frac{5}{12}=2\frac{2}{5}$(時間)かかる。これは，$60\times\frac{2}{5}=24$(分)より，２時間24分となる。

(4)　●が縦横に30個ずつ並んでいるとき，○は縦横に，30－１＝29(個)ずつ並んでいる。よって，●の個数は，30×30＝900(個)，○の個数は，29×29＝841(個)だから，その差は，900－841＝59(個)とわかる。

(5)　47÷５＝９余り２，47÷３＝15余り２より，47秒間でＡさんは，９＋１＝10(回)，Ｂさんは，15＋１＝16(回)手をたたく。また，５と３の最小公倍数は15なので，ＡさんとＢさんは15秒ごとに同時に手をたたく。このような回数は，47÷15＝３余り２より，３＋１＝４(回)ある。よって，手をたたいた音が聞こえるのは全部で，10＋16－４＝22(回)と求められる。

(6)　右の図で，OBとECは平行だから，三角形OBEと三角形OBCは，OBを底辺としたときの高さが等しく，面積も等しい。また，正方形ABCDの面積は，対角線AC，BDによって４等分される。よって，三角形OBCの面積は，$16\times\frac{1}{4}=4$ (cm²)なので，三角形OBEの面積も４cm²である。

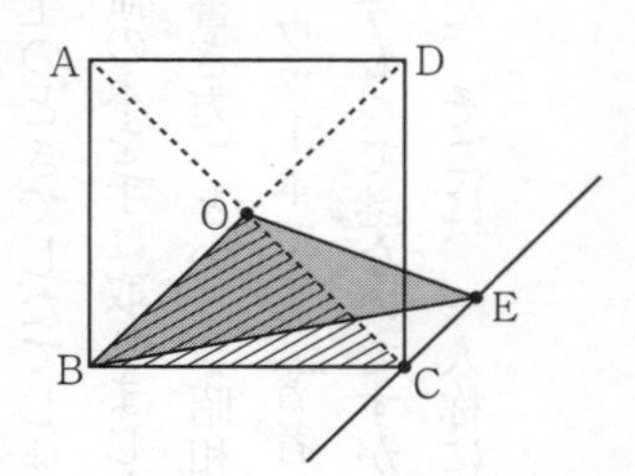

2 **平面図形―図形上の点の移動，面積**

(1)　点Pが出発してから０～５秒後は，点Pだけが辺AD上を動き，APの長さが一定の割合で長くなる。このとき，底辺をAPとしたときの三角形APQの高さは５cmで変わらないから，三角形APQの面積は一定の割合で増える。また，５～10秒後は，APの長さが一定の割合で短くなる。このときも，底辺をAPとしたときの三角形APQの高さは５cmで変わらないので，三角形APQの面積は一定の割合で減る。よって，グラフはイのようになる。

(2)　問題文中のグラフのXは，５秒後(点PがD，点QがBにいるとき)の三角形APQの面積である。つまり，三角形ABDの面積だから，$5\times5\div2=25\div2=12.5$(cm^2)とわかる。

(3)　点QがBを出発した後，点Qは右向き，点Pは左向きに同じ速さ(毎秒１cm)で動くので，下の図のように，三角形PRDと三角形QRBはつねに合同になる。かげをつけた三角形の面積は，点Qが出発してから０秒後は0cm^{2}で，その後しだいに増えていき，５秒後に，$25\div4=6.25$(cm^2)になる。よって，面積の値が整数になるのは｛1cm^2，2cm^2，3cm^2，4cm^2，5cm^2，6cm^2｝の６回ある。

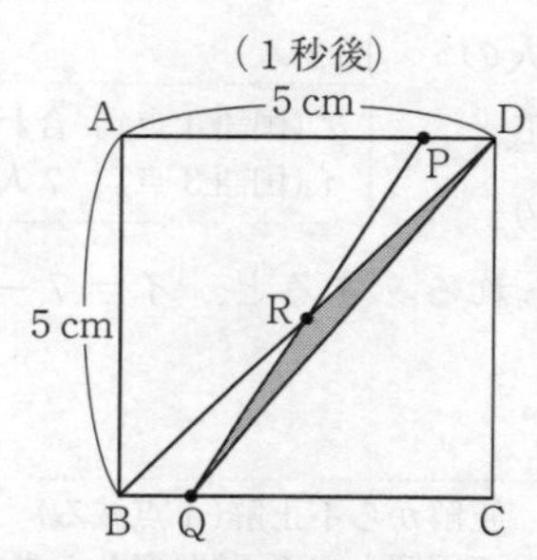

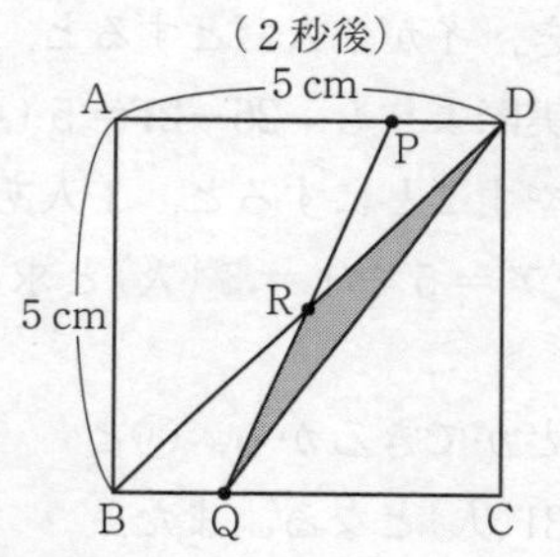

…

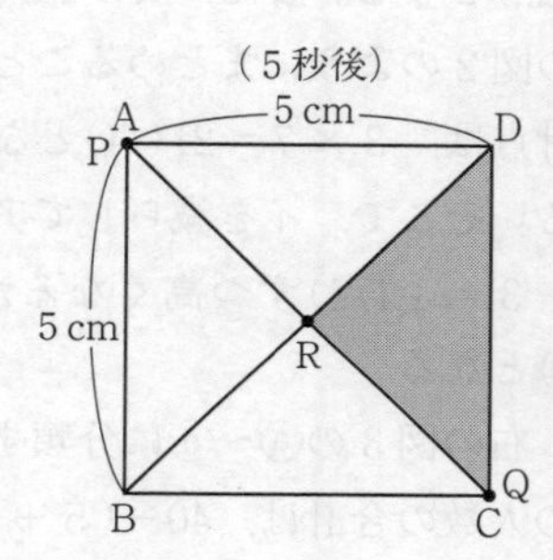

3　平面図形―図形の移動，長さ，面積

(1)　右の図①のように，AからBCと直角に交わる線APを引くと，角BAPの大きさは，$180-(30+90)=60$(度)なので，三角形BAPは１辺の長さが6cmの正三角形を半分にした形の三角形になる。よって，APの長さは，$6\div2=3$(cm)だから，三角形ABCの面積は，$12\times3\div2=18$(cm^2)と求められる。

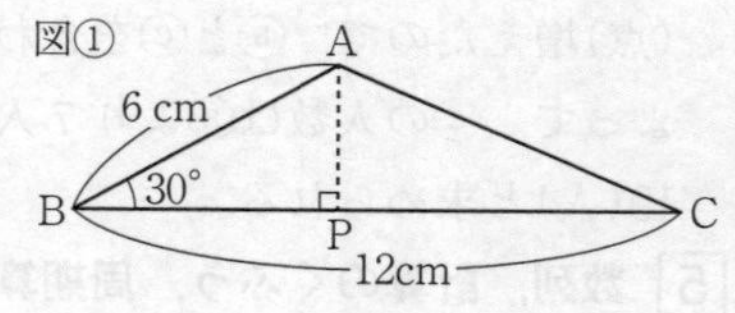

(2)　頂点Aは，右の図②の太線部分を動く。図②で，BCとDAは平行だから，角BADの大きさは角ABCの大きさと等しく30度である。さらに，三角形BADは二等辺三角形なので，角BDAの大きさも30度であり，角ABDの大きさは，$180-30\times2=120$(度)とわかる。よって，頂点Aが動いてできる線の長さは，$6\times2\times3.14\times\frac{120}{360}=4\times3.14=12.56$(cm)と求められる。

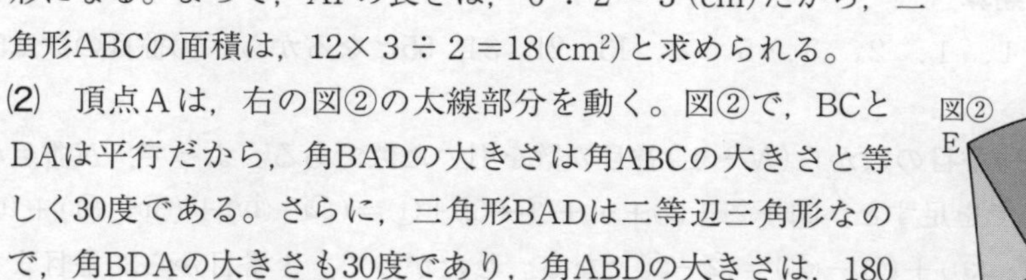

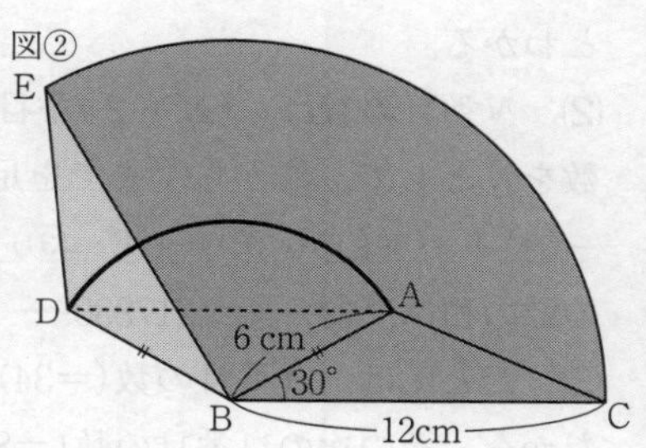

(3)　三角形ABCが通過したのは，図②のかげをつけた部分である。(2)より，三角形ABCは120度回転したから，角CBEの大きさは120度であり，濃(こ)いかげをつけたおうぎ形の面積は，$12\times12\times3.14\times\frac{120}{360}=48\times3.14=150.72$(cm^2)とわかる。また，(1)より，うすいかげをつけた三角形の面積は18cm^{2}である。よって，三角形ABCが通過した部分の面積は，$150.72+18=168.72$(cm^2)と求められる。

4　表―平均とのべ，つるかめ算

(1)　算数の得点ごとの人数の合計は，右の図１のウの列のようになる。クラスの人数は40人だから，★は，40－（９＋９＋７＋３＋２）＝10(人)とわかる。よって，算数の得点の合計は，５×９＋４×10＋３×９＋２×７＋１×３＋０×２＝129(点)なので，算数の平均点は，129÷40＝3.225(点)と求められる。

図１

算＼国	５点	４点	３点	２点	１点	０点	合計（ウ↓）
５点	3	4	2	0	0	0	9
４点	2	ア	イ	0	1	0	★
３点	3	2	3	1	0	0	9
２点	2	0	2	2	1	0	7
１点	0	0	1	0	1	1	3
０点	0	0	0	1	1	0	2
エ→ 合計	10	6＋ア	8＋イ	4	4	1	40

(2)　国語の得点ごとの人数の合計は，図１のエの行のようになる。(平均点)＝(合計点)÷(人数)より，(合計点)＝(平均点)×(人数)となるから，国語の合計点は，3.4×40＝136(点)とわかる。このうち，アとイの生徒以外の合計点は，５×10＋４×６＋３×８＋２×４＋１×４＋０×１＝110(点)なので，アとイの生徒の合計点は，136－110＝26(点)となる。また，★が10人だから，アとイの和は，10－（２＋１）＝７(人)とわかる。よって，右の図２のようにまとめることができ，イが７人だとすると，７人の合計点は，３×７＝21(点)となり，実際よりも，26－21＝５(点)低くなる。そこで，イを減らしてアを増やすことにすると，１人あたり，４－３＝１(点)ずつ高くなるから，ア＝５÷１＝５(人)と求められる。すると，イ＝７－５＝２(人)となる。

図２

ア(国語４点)｝合わせて
イ(国語３点)｝７人で26点

(3)　右の図３のⓐ～ⓓに分類することができるから，ⓐとⓒの人数の合計は，40－（５＋４）＝31(人)となる。また，採点しなおすことによって算数の合計点は，136－129＝７(点)増えたので，ⓐとⓒを合わせて７点増えたことになる。よって，ⓒの人数はⓐより７人多いから，(31＋７)÷２＝19(人)と求められる。

図３

ⓐ　正解から不正解(１点減る)
ⓑ　不正解から不正解(変わらず)→５人
ⓒ　不正解から正解(１点増える)
ⓓ　空らん(変わらず)→４人

5　数列，計算のくふう，周期算

(1)　10番目まで調べると，１，１，２，３，５，８，13，21，34，55となるから，10番目の数は55とわかる。

(2)　N番目の数は，(N＋２)番目の数から(N＋１)番目の数を引いた数である。よって，N番目の数をⓃとして，㉚から①までを足すと，㉚＋㉙＋㉘＋…＋③＋②＋①＝(㉜－㉛)＋(㉛－㉚)＋(㉚－㉙)＋…＋(⑤－④)＋(④－③)＋(③－②)＝㉜－②となる。したがって，１番目から30番目までの数の和は，㉜－②＝2178309－１＝2178308とわかる。

(3)　たとえば，９番目の数(＝34)を４で割った余りは２，10番目の数(＝55)を４で割った余りは３だから，その次の11番目の数(＝89)を４で割った余りは，（２＋３）÷４＝１余り１より，１とわかる。同様の考え方で，１番目の数から順に４で割った余りを調べると，{１，１，２，３，１，０}の６個のくり返しになる。2024÷６＝337余り２より，2024番目までにはこれを337回くり返し，さらに２個あることがわかるので，１番目から2024番目までの数の和は，（１＋１＋２＋３＋１＋０）×337＋１＋１＝2698と求められる。

社　会　＜第１回試験＞（理科と合わせて50分）＜満点：50点＞

解　答

1 **問１**　ウ　**問２**　統一地方　**問３**　（例）　昼と夜の寒暖の差が大きい甲府盆地に位置する，水はけのよい扇状地が栽培に適しているから。　**問４**　オ　**問５**　エ　**2** **問１**　イ　**問２**　エ　**問３**　ウ　**問４**　イ，ウ，オ　**問５**　IAEA　**問６**　**X**　（例）　海に面した低地に機能を集中させた　**Y**　（例）　火災や水害，地震による津波などの自然災害を受けやすい　**3** **問１**　**X**　（例）　交通の便がよく自然災害に強いこと　**Y**　（例）　さまざまな安全性を考えた都市計画　**問２**　**候補地**…Ａ　**理由**…（例）　東北新幹線や東北自動車道が通っているから。／豊かな自然と調和する都市を計画しやすいから。（**候補地**…Ｂ　**理由**…（例）　東京と大阪の間に位置しているから。／中部国際空港があり海外とも行き来しやすいから。）（**候補地**…Ｃ　**理由**…（例）　伝統文化の中心である京都・奈良に近いから。／東京とのちがいを示しやすいから。）

解　説

1 **ブドウとワインを題材とした問題**

問１　資料１のブドウ生産量とワイン生産量の第１位～第５位は，順位は異なるが，同じ５か国が占めている。これらの国（アメリカはアラスカ州を除く）の位置を資料２で確認すると，ほぼ北緯30度～50度にある。

問２　地方公共団体の首長（都道府県知事や市町村長）と地方議会議員の任期は４年で，1947年に初めて全国一斉に選挙が行われたことから，1947年以降，４年ごとに多くの地方公共団体で同時に選挙が行われる。これを全国統一地方選挙という。

問３　山梨県の中央部には，甲府盆地が位置している。盆地は山に囲まれた平地で，雨が少なく昼と夜の寒暖の差が大きい。また，盆地の周辺部には，日当たりや水はけがよい扇状地が発達している。ブドウ，ももなどの果樹は寒暖の差が大きく水はけがよい土地を好むため，甲府盆地では果樹栽培がさかんで，山梨県のブドウとももの生産量はいずれも全国第１位となっている（2022年）。

問４　本文に記されている道県は，山梨県，長野県，北海道，神奈川県，栃木県である。《資料》で，Ａは米と乳用牛の生産額がＢ～Ｅより多いので，北海道と判断できる。北海道は，米の収穫量が新潟県に次いで全国第２位，乳用牛の飼養頭数が全国第１位となっている。Ｂはレタスの生産量がほかの道県より多いので，長野県とわかる。長野県は高原野菜の栽培がさかんで，レタスの収穫量が全国第１位となっている。Ｃは業務用機械の生産額がほかの道県より多いので，神奈川県である。神奈川県は工業がさかんで，製造品出荷額が愛知県に次いで全国第２位となっている。Ｄは乳用牛の生産額が北海道に次いで２番目に多いので，栃木県と判断できる。栃木県は乳用牛の飼養頭数が北海道に次いで全国第２位となっている。Ｅは果実の生産額が長野県に次いで２番目に多いので，山梨県とわかる。

問５　雨温図のエは，冬の降水量（降雪量）が多い日本海側の気候の特徴を示している。問４の５道県に，日本海側の気候に属する道県はないので，エが選べる。なお，エは福井市，アは亜寒帯の気候に属する札幌市（北海道），イは太平洋側の気候に属する横浜市（神奈川県），ウは中央高地（内陸性)の気候に属する甲府市(山梨県)の雨温図である。

2 日本の都市の歴史についての問題

問１　年表中のⅠには，645年に孝徳天皇によって現在の大阪府に設けられた宮(難波宮，地図…b)が入る。これは，同年の乙巳の変によるものである(理由…ｆ)。Ⅱには，660年に斉明天皇によって現在の福岡県に設けられた宮(朝倉橘広庭宮，地図…ｃ)が入る。これは，百済を救うために朝鮮半島への遠征を進めるさいに宮が置かれたので，ｅの「高句麗」を「新羅」とすると，理由として正しくなる。Ⅲには，667年に中大兄皇子(後の天智天皇)によって現在の滋賀県に設けられた宮(近江大津宮，地図…ａ)が入る。これは，白村江の戦い(663年)に敗れたことで，唐(中国)と新羅の連合軍が襲来することを恐れたことなどが理由として考えられている(理由…ｄ)。よって，組み合わせはイが正しい。

問２　資料の〔藤原京〕の宮城(藤原宮)は都の中央に置かれているが，〔平城京〕の宮城(平城宮)と〔唐の長安城〕の宮城は都の北辺の中央に置かれている。よって，エがふさわしい。なお，平城京(奈良県)や平安京(京都府)は，中国の「天子は南に面する」という思想にもとづいてつくられたため，都の北辺の中央に宮城が置かれ，天皇は南を向いて座った。そのため，天皇から見て左側(東側)が左京，右側(西側)が右京となっている。

問３　ア　【調べて分かったこと】に「源頼朝の先祖にあたる源頼義が鶴岡八幡宮を造営した」「頼朝は，鶴岡八幡宮を源氏・鎌倉の守護神をまつる神社として敬った」とあるので，正しい。　イ　【鎌倉の地図】から読み取れる内容として正しい。　ウ　鎌倉時代には，平安時代から行われていた日宋貿易が継続して行われた。この貿易は，初めのころは博多(福岡県)，平清盛が実権をにぎっていたころは大輪田泊(現在の神戸港の一部)，鎌倉時代には再び博多が中心となったので，誤っている。　エ　【調べて分かったこと】に「大地震による津波や，大雨を原因とする洪水などの水害がたびたび起こった」とあり，【鎌倉大仏の写真】の(注)に「台座のみが残っている」とあるので，正しいと判断できる。なお，高徳院(神奈川県)の大仏(いわゆる「鎌倉大仏」)が屋外にあるのは，大仏を安置していた大仏殿が台風や津波によって倒壊し，その後も再建されなかったためである。

問４　ア　鎌倉府の説明として正しい。　イ　豊臣秀吉は，キリスト教に寛容だった織田信長の政策を当初は受け継いだが，九州征討のさい，長崎が教会領としてイエズス会に寄進されていることを知ったことなどから，キリスト教を警戒するようになり，1587年にバテレン追放令を出して宣教師を国外に追放した。よって，誤っている。ただし，貿易は奨励したため，禁教政策は徹底されなかった。　ウ　六波羅探題は1221年の承久の乱の後に鎌倉幕府が京都に置いた役職・機関なので，誤っている。なお，江戸幕府で京都の護衛や朝廷・公家の監察を担当したのは京都所司代である。　エ　上げ米の制の説明として正しい。　オ　「天下の台所」と呼ばれたのは大阪なので，誤っている。

問５　原子力の平和利用推進と，軍事に利用されないための保障措置を目的として国際連合のもとに設立された関連機関を，IAEA(国際原子力機関)という。

問６　古代の都は平城京や平安京のように内陸部の盆地に置かれたが，鎌倉時代以降の都は鎌倉，大阪，江戸(東京)など，海に面した低地に置かれた(京都に置かれた室町時代を除く)。都が海に面しているのは，都の建設や整備に必要な物資の搬入と，多くの人口をまかなうための食料の搬入を，海上輸送に頼らなければならなかったためである。そして，江戸時代までは，都の防衛を重視して，城や濠をめぐらした場所に行政機関などを集中させたので，人口密度が高くなった。そのため，都が火災に弱く，地震による津波や水害などの自然災害を受けやすくなっている。

3 首都移転についての問題

問１ 資料１，資料２は交通，資料３は自然災害，資料４，資料５は都市計画，資料６は安全性に関するものであり，本文でカイさんが「資料をもとに考えると」と発言していることから，X，Yには「交通の便がよく自然災害に強いこと」「さまざまな安全性を考えた都市計画」などが入る。

問２「理由」については，「２つ述べなさい」とあるので，問１のX，Yをふまえて述べるとよい。なお，地図で示されているA～Cは，国会などを移転する先の地域として，1999年に国会等移転審議会で実際に選ばれた候補地である。これらの地域は，①現在の首都・東京との距離がそれほど遠くない，②陸・海・空での国際的な将来性がある，③自然災害(地震・火山・津波など)が少ない，④広大な平地がある，⑤全国各地からの交通の便がよいという５つの条件にもとづいて選ばれた。

理　科 ＜第１回試験＞（社会と合わせて50分）＜満点：50点＞

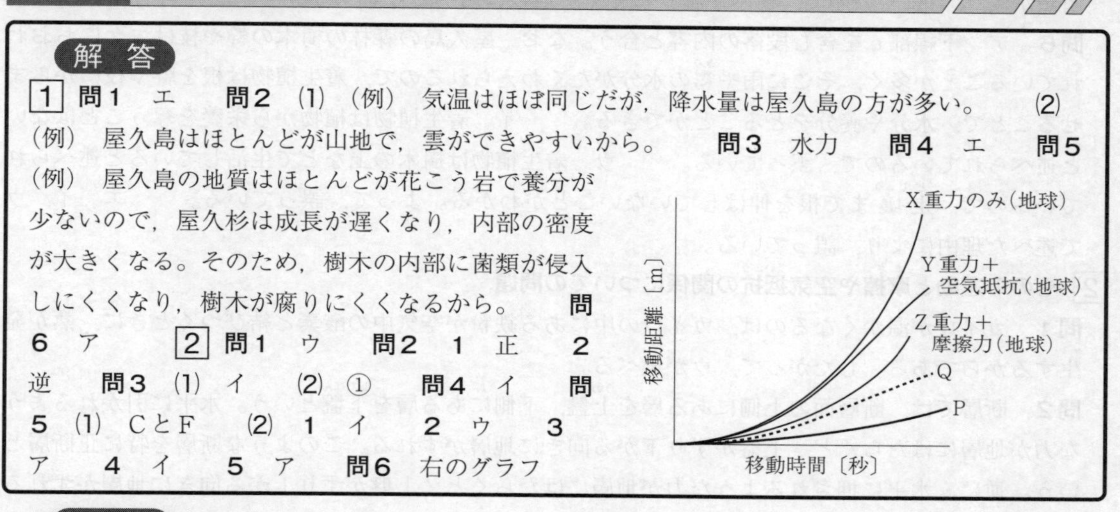

解　答

1 問１ エ　問２ (1) (例) 気温はほぼ同じだが，降水量は屋久島の方が多い。　(2) (例) 屋久島はほとんどが山地で，雲ができやすいから。　問３ 水力　問４ エ　問５ (例) 屋久島の地質はほとんどが花こう岩で養分が少ないので，屋久杉は成長が遅くなり，内部の密度が大きくなる。そのため，樹木の内部に菌類が侵入しにくくなり，樹木が腐りにくくなるから。　問６ ア　**2** 問１ ウ　問２ １ 正　２ 逆　問３ (1) イ　(2) ①　問４ イ　問５ (1) CとF　(2) １ イ　２ ウ　３ ア　４ イ　５ ア　問６ 右のグラフ

解　説

1 屋久島の気候や岩石，植物などについての問題

問１ マグマが冷えて固まってできた岩石を火成岩という。火成岩は，マグマが地下深いところでゆっくり冷えて固まってできた深成岩と，地上近くで急に冷えて固まってできた火山岩に分類される。深成岩は，ゆっくり冷えて固まるため鉱物の結晶が大きく成長しやすく，同じような大きさの結晶がつまったつくりになっている。深成岩には花こう岩，せん緑岩，斑れい岩などがある(この順に黒っぽくなる)。一方，火山岩は，急に冷え固まるため鉱物の結晶が大きくならず，結晶になっていない小さな鉱物の集まり(石基)のところどころに大きな結晶(斑晶)が散らばったつくりをしている。火山岩には流紋岩，安山岩，玄武岩などがある(この順に黒っぽくなる)。

問２ (1) 図４で，屋久島と種子島を比べると，気温はほぼ同じだが，降水量は１年を通じて屋久島の方が多いことがわかる。　(2) 図３を見ると，種子島の標高は700m以下でほとんどが平地

であるが，屋久島は1000m以上の山地が多いことがわかる。山地では，斜面に沿って空気が上昇するときに雲ができて雨が降るため，降水量が多くなる。

問３　屋久島では降水量が多く，高低差が大きいので，豊富な水資源を利用した水力発電が多いと考えられる。なお，水力発電や太陽光発電，風力発電，地熱発電のように，自然の力で回復し半永久的にくり返し使えるエネルギーを，再生可能エネルギーという。

問４　ア　葉が針のようになっている針葉樹林は，葉に雪が積もりにくいので，雪の多い地域に適している。そのため，針葉樹林は冬が長く寒さが厳しい北海道や高い山に多い。　イ　冬に葉を落とす夏緑樹林は，雪が降る冬や寒い冬を過ごすのに適している。そのため，夏緑樹林は東北地方や山地などに多い。　ウ　乾季に葉を落とす雨緑樹林は，乾季と雨季がある東南アジアやインドなどで見られ，日本では見られない。　エ　九州本土の低地に特徴的に見られる森林は，年間を通して温暖で降水量が多い地域に多い照葉樹林である。シイやカシなどの照葉樹は，冬でも葉を落とさず，厚く光沢のある葉によって水分のそう失を防いでいる。

問５　図２より，屋久島の地質のほとんどは花こう岩とわかる。花こう岩には植物の成長に必要な養分があまり含まれていないので，屋久杉は成長が遅い。そのため，樹木の内部の密度が大きく，菌類が侵入しにくいので，樹木が腐りにくく，地杉に比べて寿命が長い。

問６　ア　下線部ｅを含む段落の内容と合う。なお，屋久島の森林の樹木の幹や枝はコケにおおわれていることが多く，そこに雨や霧の水分がたくわえられるので，着生植物は根を幹や枝にからませることで，水分や養分をとることができる。　イ　着生植物は植物から栄養を奪うことはないと述べられているので，誤っている。　ウ　着生植物は樹木の上などで生活していると述べられているので，土壌まで根を伸ばしていないことがわかる。よって，誤っている。　エ　イ，ウで述べた理由により，誤っている。

２ ものの運動と摩擦や空気抵抗の関係についての問題

問１　カイロが温かくなるのは，カイロの中にある鉄粉が空気中の酸素と結びつくときに，熱が発生するからである。したがって，ウが選べる。

問２　断層では，断層面の上側にある層を上盤，下側にある層を下盤という。水平に引かれるような力が地層にはたらくと，上盤がずり下がる向きに地層がずれる。このような断層を特に正断層という。逆に，水平に押されるような力が地層にはたらくと，上盤がずり上がる向きに地層がずれる。このような断層を特に逆断層という。

問３　(1)　ものが燃えるには，①酸素が十分にあること，②燃えるものがあること，③発火点（燃える温度）以上の温度が保たれることの３つの条件が必要である。酸素には助燃性があって，自分自身は燃えないが，ほかの物が燃えるのを助ける性質がある。窒素，二酸化炭素，水蒸気には助燃性はない。　(2)　芯のあるふつうのろうそくに火をつけると，固体のろうが熱せられて液体になり，その液体のろうが芯を伝ってのぼっていき，芯の先で炎によりさらに熱せられて気体のろうになって燃える。芯の無いろうそくに火がつかないのは，ろうが気体になる場所がないためであり，酸素は空気中に十分あるので，①の条件が関係がない。

問４　１　弦を強くはじくと，弱くはじいた場合に比べ，音の高さは変わらないが大きい音が出る。
２　弦をはじいたときの音の高さは，弦が太いほど，振動する部分が長いほど，弦を張る力が弱いほど，弦が振動しにくくなるため，低くなる。

問５　(1)　滑り台との接触面積と摩擦力がどのように関係しているのかを確かめるためには，接触面積（底面積）の条件だけが異なる実験を比較すればよいので，ＣとＦが選べる。　(2)　**１**　重さと滑る間の速さの関係を確かめるためには，測定項目のＡ～Ｄを比較すればよい。図２のグラフの傾きはおおむねＤ＞Ｃ＞Ｂ＞Ａとなっているので，ローラー式滑り台の場合は重いほど滑る間の速さが速い。これに対して，図４のグラフの傾きはおおむねＡ＞Ｂ＞Ｃ＞Ｄとなっているので，金属板式滑り台の場合は重いほど滑る間の速さが遅い。　**２**　(1)より，測定項目のＣとＦを比較する。図３のグラフの傾きはおおむねＣ＝Ｆとなっているので，ローラー式滑り台の場合は底面積の大きさと滑る間の速さに関係が見られない。これに対して，図５のグラフの傾きはおおむねＣ＞Ｆとなっているので，金属板式滑り台の場合は底面積が大きいほど滑る間の速さが遅い。　**３**　前面積の大きさと滑る間の速さの関係を確かめるためには，測定項目のＣとＥを比較すればよい。図３でも図５でもグラフの傾きはおおむねＣ＝Ｅとなっているので，ローラー式滑り台，金属板式滑り台のどちらの場合も，前面積の大きさと滑る間の速さの関係が見られない。　**４**　Ａが滑り出しから１ｍ進むのにかかる時間は，図２より，ローラー式滑り台では約2.6秒，図４より，金属板式滑り台では約0.93秒とわかる。よって，ローラー式滑り台でかかる時間は，金属板式滑り台と比べて２倍以上である。　**５**　図４，図５を見ると，金属板式滑り台では，滑り始めと滑り終わりの速さが遅く，中間部分ではグラフが直線に近くなることがわかる。したがって，金属板式滑り台の長さがもっと長かったとすると，グラフが直線になる時間が増えたと考えられる。

問６　(1)　月面上での重力は地球上での重力の$\frac{1}{6}$なので，斜面上での物体の移動距離は，月面上では地球上の$\frac{1}{6}$になる。よって，Ｘのグラフを縦方向に$\frac{1}{6}$に縮めたグラフをかけばよい。　(2)　物体に重力と摩擦力がはたらく場合は，物体を下に引く力は，重力のみの場合と比べて摩擦力の分小さくなる。そのため，重力のみの場合と比べて，重力と摩擦力がはたらく場合の速さのグラフはゆるやかな曲線になる。これにさらに，速度が速くなるほど大きくなる性質がある空気抵抗力がはたらくと，物体を下に引く力と空気抵抗力がつり合ったところで，物体の速さは一定となってグラフは直線になる。この場合の速さは，重力と摩擦力のみがはたらく場合より遅く，グラフの直線部分の傾きは，重力と空気抵抗のみがはたらく場合より小さくなる。

国　語　＜第１回試験＞（50分）＜満点：100点＞

解　答

□一　**問１**　**Ａ**　オ　**Ｂ**　ア　**Ｃ**　ウ　**Ｄ**　イ　**問２**　**ａ**　エ　**ｂ**　ア　**問３**　（例）　自分が男の子であると意識するようになり，「強いヤツ」というイメージを表す「おれ」を使って，自分がすぐれた男であることを周囲に印象づけたいと思ったから。　**問４**　（例）　仕方なく「わたし」という一人称を使い続けているために疲れきっているということ。　**問５**　イ　**問６**　自分　**問７**　ア　**問８**　イ　**問９**　（例）　個性的な語尾により，シマリスくんが独自な考え方の持ち主であることが伝わる。まじめな性格が，一風変わったおもしろさをもつものとして特徴づけられてもいる。　□二　**問１**　Ⅰ　ゴタ混ぜ　Ⅱ　視覚文化　Ⅲ　独創　**問２**　**Ａ**　ウ　**Ｂ**　エ　**Ｃ**　イ　**問３**　（例）　他人に理解できないような個性や独創ではなく，だれにでも通じる普遍的な思考を大切にしている。 **問4** エ **問5** （例）外国の影響を受けゴタ混ぜで形成されてきた日本文化の特徴が，アニメやマンガに表れているから。
問6 ウ→イ→エ→ア **問7** ア 1 イ 2 ウ 2 エ 2 **問8** （例）「虫眼」を持つ養老さんのように，子どものころの純粋さや自由な好奇心を大人になっても持ち続けていいんだよという，夢のあるメッセージをこめた作品。 三 ① 呼吸 ② 地域
③ 明暗 ④ 信任 ⑤ 鋼鉄

解 説

一 **出典：王谷晶（おうたにあきら）「小桜妙子（こざくらたえこ）をどう呼べばいい」（『完璧（かんぺき）じゃない，あたしたち』所収）**。どのような一人称（しょう）を使えばよいかわからず悩（なや）んでいた小桜妙子は，同じ職場の夏実クラーク横山さんと話しているうちに，あることに気づく。

問1 **A** 続く部分に「どの一人称で自分を呼んでもそれは小桜妙子でない気がして」とあるので，“調和して安定する”という意味の「しっくり」を入れ，「どの一人称もしっくりこなくて」とすると合う。 **B** 直後に「叱（しか）られ」とあるので，「ひどい」を強めた語である「こっぴどい」を活用させた「こっぴどく」がふさわしい。 **C** 続く部分に「ません」があるので，後に打ち消しの語をともなって“まったく〜ない”という意味を表す「まるで」が選べる。 **D** 直後に「変わっちゃう」とあるので，ある状態がすっかり変わるようすを表す「ガラッと」があてはまる。

問2 **a** 「ままならない」は，“自分の思い通りのままにならない”という意味。 **b** 「カルチャー」は“文化”，「ショック」は“衝撃（しょうげき）”という意味の英語で，「カルチャー・ショック」は，自分と異なる文化に接して精神的な衝撃を受けること。

問3 「おれ」（俺）という「男の子の一人称」について，少し後で「ワイルド，ぶっきらぼう，頼（たよ）りになる，スポーツ万能（ばんのう），強いヤツ……etcのイメージ」があると書かれていることに注意する。保育園に通うようになった弟は，自分が男の子であると意識するようになり，「強いヤツ」というイメージを表す「おれ」を使って，自分がすぐれた男であることを周囲に印象づけたいと思ったのだと考えられる。

問4 「そんな」とあるので，前の部分に注目する。「小桜妙子は小桜妙子を『わたし』と呼ぶのに納得（なっとく）していない。でもそう呼ばないと日常生活が立ち行かない。なので非常に頑張（がんば）って，心を奮い立たせながら発音しているのです」とあり，これが「疲労困憊（ひろうこんぱい）」の原因なので，「『わたし』という一人称を無理に使い続けることで，毎日疲（つか）れているということ」のようにまとめる。

問5 夏実クラーク横山さんは，一人称は「気分で好きなの使う」と言っているので，空らんEには「決めてなーいっす」が合う。すると，空らんFには「決めてない」が入り，小桜妙子が夏実クラーク横山さんの発言に驚（おどろ）いて心の中で繰（く）り返す流れになり，文意が通る。

問6 直前に「ただ」とあり，本文の最初に一人称は「話し手が自分を呼ぶとき，自分を表すときに使う言葉です」と書かれているので，「自分」がふさわしい。

問7 直前に「日本語でも英語でも，一人称の迷宮のはるか上空をひらひらと飛んでいるその唇（くちびる）はまるで羽根のようにしなやかに動きます」とあり，夏実クラーク横山さんの自由さに対して，小桜妙子が憧（あこが）れの念を抱（いだ）いていることがわかる。また，後に「わたしの語彙（ごい）だとこれが限界だよ」とあるから，小桜妙子が自分の英語のつたなさを自覚していることがわかる。よって，アが選べる。

なお,「語彙」は，その人が使える語の総量のこと。

問８　直後の一文に「最近はたまに『気分』で自分を『僕』と呼んだり，幼子のときのように『オラ』と言ってみたりもします」とある。小桜妙子が,「気分で好きな」一人称を使う夏実クラーク横山さんと話すうちに,「その時々の自分を表現する一人称を使い分け」るようになったようすを表現しているイがあてはまる。

問９　一人称と同じように日本語には多様な語尾があり，語尾を変えることによって話し手のイメージを変えることができる。示されている漫画では，ふつうは使われない「でぃす」という語尾が用いられている。これにより，シマリスくんが独自な考え方の持ち主であることが伝えられ，まじめな表情や仕草などもあいまって，その個性が強調されている。

二　出典：養老孟司・宮崎駿『虫眼とアニ眼』。養老さんは宮崎さんについて語り，宮崎さんは映画創作について語っている。

問１　**Ⅰ**　直前の段落に「このゴタ混ぜが日本文化でなくて，なにが日本文化か」とあり，空らんⅠの直後に「もまた，日本文化そのものである」とあるので,「ゴタ混ぜ」がぬき出せる。**Ⅱ**　少し前で,「マンガ」は「日本の視覚文化」であると述べられている。また，空らんⅡに入るのは,「日本のアニメ，マンガ」だけでなく,「料理にも絵画にも表れている」ものであり，これらは目で見るものについて表れているものといえる。よって,「視覚文化」が合う。　**Ⅲ**　空らんⅢをふくむ三文に「それなら個性とはなにか。【Ⅲ】とはなにか。『通じない』ことか」とあり，これらの文と似た内容の「独創性とか，個性とかいうが，真の独創なら，他人はそれを理解できない」という一文が【文章Ａ】の第二段落にある。よって,「独創」がふさわしい。

問２　**Ａ**　「『方丈記』は日本風の哲学書」だが「たいていの人はあれを哲学とはいわない」という文脈なので，前のことがらを受けて，それに反する内容を述べるときに用いる「しかし」が入る。**Ｂ**「哲学は理屈だから，情緒が欠けているし，欠けて当然だと思っている」ならば,「宮崎作品を思想だと思わないのも当然」だという文脈なので,“そうであるなら”という意味を表す「それなら」が選べる。　**Ｃ**　「デカルトに情感」があることを説明するために,「『方法序説』は情感に満ちている」という例をあげる文脈なので，具体的な例をあげるときに用いる「たとえば」があてはまる。

問３　傍線①をふくむ一文に「独創性とか，個性とかいうが，真の独創なら，他人はそれを理解できない」とあるように，筆者は「独創性とか，個性とか」に疑問を持っている。また,【文章Ａ】の最後の方で筆者は,「ヒトの脳のもっとも重要な機能」は「個性的な思考をすることではな」く,「普遍的，つまり根本的にはだれにでも通用する，そういう思考をすることなのである」と述べている。これをふまえ,「他人が理解できない個性や独創性ではなく，だれにでも通用する普遍的な思考を大切にしている」のようにまとめる。

問４　傍線②をふくむ段落では,「高い山は広い裾野を持つ」,「『足りない』ものばかりを，われわれは気にしてきた」,「マンガはあれだけはやっているし，それだけにくだらないものを多く含んでいる」と述べられている。よって，これらをそれぞれ「質が高いものが生まれる一因には量が多いこともある」,「日本人は，不十分なところに焦点を当てる傾向があり」,「マンガの一部には質が悪いものがある」と言いかえているエがよい。

問５　傍線③は,「日本のアニメ，マンガ」について述べたものである。【文章Ａ】の前半では,

「ゴタ混ぜもまた，日本文化そのものである」と述べられており，宮崎駿のアニメ作品がその例とされている。また，傍線③に続く部分には，日本人は，漢字に複数の読みをあてて中国語を日本語に取りこみ，それらをいっしょくたに使ってしまうような「破天荒」さをもっているとあり，これが日本文化の「一つの背景」であることが説明されている。これをふまえ，「日本のアニメやマンガは外国の影響を受けゴタ混ぜで形成される日本文化の一つだから」のようにまとめる。

問６　四つの文をみると，英語と日本語が比較されていると推測できる。よって，空らんＸの直前の文に続き英語について述べたウ，日本語について述べたイ，エ，結論を述べたアの順に並べると，英語は使う文字が少ないが，日本語は仮名だけでも英語より多く，そのうえ漢字も多いので複雑だと述べる流れになり，文意が通る。

問７　**ア**　「アニメーションのワンショットで表現しているものというのは，しょせんその場で，ある目的のために才能と時間の制約の中で描いた絵が動いているだけです」，「情報ということだったら，隅から隅まで見たところで限度があるんです」と述べられているので，ふさわしい。　**イ**　「今は傷つきやすい子どもをいっぱい育てているんですね。たぶんそれは，ゆとりのある教育をすればいいとか，個性を尊重すればいいとか，そういう問題ではないと思うんです」と述べられているので，あてはまらない。　**ウ**　「ぼくは，子どもの本質は悲劇性にあると思っています。つまらない大人になるために，あんなに誰もが持っていた素晴らしい可能性を失っていかざるをえない存在なんです」とあるように，筆者は「素晴らしい可能性を失っていかざるをえない」ことを「悲劇」と言っているので，合わない。　**エ**　「美術館」で「湯婆婆のせりふを言い出す子」を見て「自分たちの映画がすごかったと思っているスタッフがときどきいますが，とんでもない錯覚です」と述べられているので，誤っている。

問８　【文章Ｂ】では，大人になると「素晴らしい可能性を失っていかざるをえない」が，「子どもたちがつらさや苦しみと面と向かって生き」る力になれるなら，アニメーションは「存在する理由を見出せる」と述べられている。また，【資料】には，大人になっても「虫眼」を持っている養老さんのことが描かれており，心の純粋さや好奇心を失わないように生きていくこともできるという内容となっている。これをふまえ，自分なりに作品にこめるメッセージを考える。

三　漢字の知識

①　くちへんをつけると，「呼吸」という熟語になる。　②　つちへんをつけると，「地域」という熟語になる。　③　ひへんをつけると，「明暗」という熟語になる。　④　にんべんをつけると，「信任」という熟語になる。　⑤　かねへんをつけると，「鋼鉄」という熟語になる。

2024年度 三田国際学園中学校

※この試験はインターナショナルサイエンスクラス・インターナショナルクラス受験生対象です。

【算　数】〈第２回試験〉(50分)〈満点：100点〉

〔注意〕 1．線や円をかく問題は，定規やコンパスは用いずに手書きで記入してください。

2．円周率は3.14として解答してください。

1 次の［　　］にあてはまる数を答えなさい。

(1) $12 \div \left\{2 + 5\frac{3}{5} \div \left(\boxed{} - \frac{2}{5}\right)\right\} = \frac{2}{3}$

(2) 500mL入りの缶に入ったペンキを使って1.6m^2の木の板をぬると，ちょうど３分の１のペンキが残りました。この板20m^2分の面積をぬるには，全部で［　　］mLのペンキが必要です。

(3) 遊園地のチケット売り場に120人並んでいて，その列は１分間に６人の割合で増えていきます。１つの窓口で売ったら20分で列がなくなるとき，はじめに３つの窓口で売り始めると［　　］分で列がなくなります。

(4) １辺の長さが３cmの正方形が，次の図のように直線にそってすべることなくアの位置まで転がるとき，辺ABが通過してできた部分の面積は［　　］cm^2です。

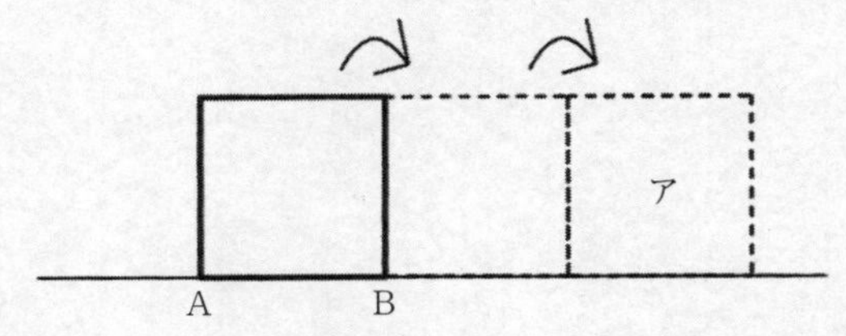

(5) 右の図のように正五角形が平行線の間にあるとき，アの角の大きさは［　　］度です。

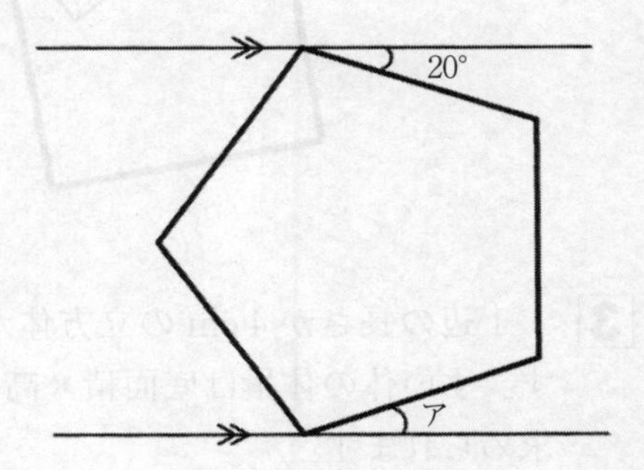

(6) ある地点から同じ向きに２人が同時にスタートします。道のりのちょうど中間の地点まで時速８kmで走った後に時速４kmでゴールまで歩いた人と，スタートからゴールまで時速［　　］kmで歩いた人は，同時にゴールします。

2　四角形 ABCD は１辺の長さが２cm の正方形です。次の図１のように，辺 AD のちょうど真ん中の点をEとして，CとEを結んだ線を１辺とする正方形ECGF をつくります。

図１

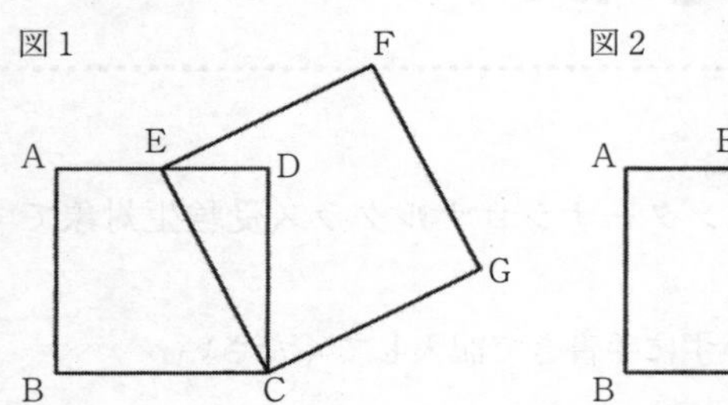

図２

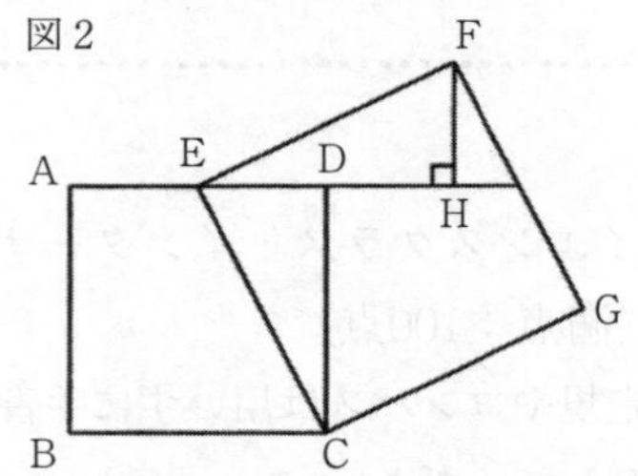

(1)　上の図２のように，辺 AD を延長した線と，その線に垂直な線のうちFを通る直線とが交わる点をHとします。

①　FH の長さを求めなさい。

②　正方形 ECGF の面積を求めなさい。

(2)　次の図３のように，大きさが異なる４つの正方形を重ねました。正方形の頂点X，Y，Zはすべて，他の正方形の辺のちょうど真ん中の点です。太い線で囲まれた図形の面積を求めなさい。

図３

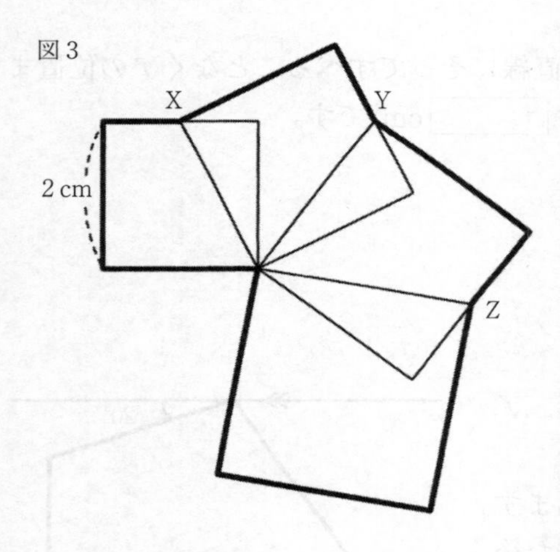

3　１辺の長さが４cm の立方体があります。すい体の体積は底面積×高さ÷３で求められます。

(1)　この立方体の各面の対角線が交わる点どうしを結んで右の図１のような立体をつくるとき，この立体の体積を求めなさい。

(2)　この立方体の各辺のちょうど真ん中の点どうしを通る平面で切断したところ，右の図２のような立体が残りました。この立体の体積を求めなさい。

図１　図２

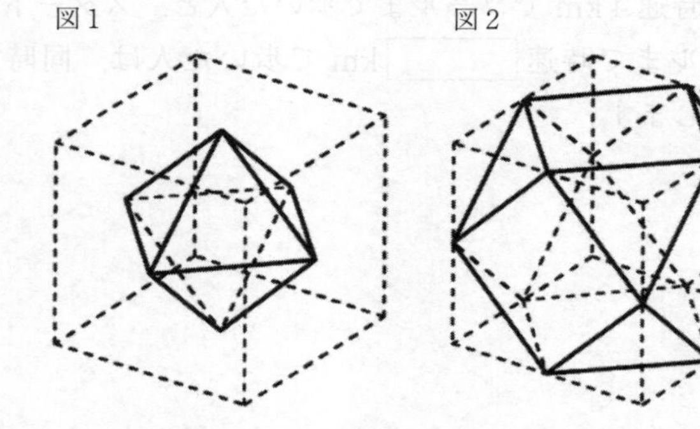

(3)　(2)で切り落とした部分の立体の１つを，切断した面を下にして置いたら高さが1.15cm と読

み取れました。高さを1.15cm として，(2)の立体の表面積を求めなさい。

4 　右の表は，2024年１月のカレンダーです。このカレンダーの①～⑤の週から１日ずつ，同じ曜日が重ならないように日付を選び，その５日分の日付の和を計算します。

	日	月	火	水	木	金	土
①		1	2	3	4	5	6
②	7	8	9	10	11	12	13
③	14	15	16	17	18	19	20
④	21	22	23	24	25	26	27
⑤	28	29	30	31			

(1)　和が最大になるときと，最小になるときの差を求めなさい。

(2)　和が89になるときの日付の選び方は全部で何通りありますか。

(3)　和が81になるように日付を選ぶとき，選ばれない曜日を全て答えなさい。また，どのように考えたかもあわせて書きなさい。

5 　１から順に整数が１つずつ書かれたカードがあり，これらのカードを書かれた数の和が等しくなるように分けます。

例えば，１から３のカードを２つに分ける場合，次のように分けられます。

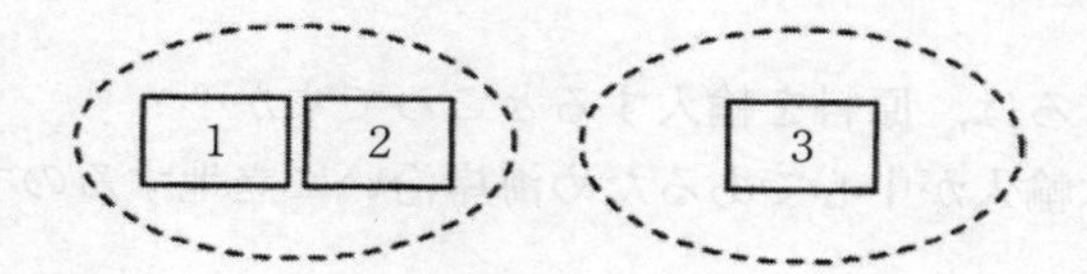

このときの分け方は，（１，２），（３）のように表すことができ，カードの分け方はこの１通りしかありません。

また，１から４のカードを２つに分ける場合は，次のように分けられます。

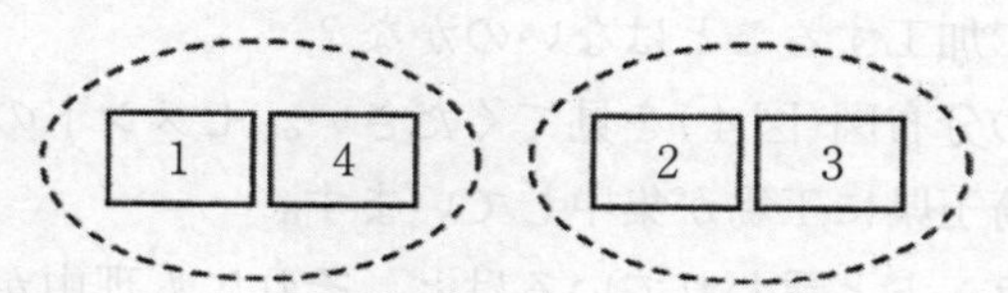

この場合も，カードの分け方はこの１通りしかありません。

(1)　１から７のカードを２つに分ける場合，カードの分け方は何通りありますか。

(2)　１から９のカードを３つに分ける場合，分けられたカードの枚数が同じになるような分け方は何通りありますか。

(3)　１から30のカードを７つに分けようとしたら，できませんでした。そこで，30枚のカードの中から１枚を抜き出し，抜き出したカードに書かれた数の２倍の数が書かれたカードを入れたところ，７つに分けることができました。このとき，抜き出したカードに書かれた数として考えられる最大の数を答えなさい。また，どのように考えたかもあわせて書きなさい。

【社　会】〈第２回試験〉（理科と合わせて50分）〈満点：50点〉

〔注意〕 特に指示のない場合，句読点等の記号は一字として数えるものとします。

〈編集部注：実物の入試問題では，**1**の図８を除いた写真・グラフ・図表はすべて色つきです。〉

1 以下の授業中の先生と生徒たちの対話文を読んで，各問いに答えなさい。

※図１～６，図８は2010年代の工場分布である。

先　生：今日の授業では，「工業」について考えていきましょう。

さっそくですが，自動車の生産台数が第一位の都道府県はどこでしょうか？

Ｍさん：愛知県です！

先　生：では，なぜ①愛知県に多いのでしょうか？

Ｉさん：材料の鉄が多く作られているからですか？

先　生：では実際に自動車工場と②製鉄工場の分布図を比べてみましょうか。

自動車工場の分布図（図１）と製鉄工場の分布図（図２）を見てください。

Ｓさん：あれ，全然ちがう…なんでだろう。

先　生：では，製鉄工場の分布と似た③石油化学工場の分布図（図３）を見てみましょう。なぜ似ていると思いますか？

Ｍさん：石油化学工場と製鉄工場の似ているところは，原料を輸入するところですか？

先　生：その通りです。石油も鉄鉱石も日本では輸入が中心であるため海岸沿いに立地するのです。

ちなみに自動車の生産が愛知県で多いのは，東京と大阪の中間地点であることや，港や空港，高速道路などのインフラが発達していることが要因です。

Ｉさん：日本には資源が少ないから，海岸沿いに工場が多いことは納得できます！

Ｓさん：現代では，鉱産資源を掘って近くの工場で加工することはないのかな？

先　生：そんなことはありません。セメント工場の分布図（図４）を見てください。セメントの原料である石灰岩が豊富な山口県や福岡県，埼玉県に工場が集中しています。

Ｍさん：そういえば，九州地方は④シリコンアイランドと言われているけど，それにも理由があるのでしょうか。

先　生：それでは半導体工場の分布図（図５）を見てみましょう。やはり，他の分布図に比べ九州地方に工場が集中していることがわかるかと思います。それは，九州地方が他の地方に比べて［　　　　　　］ということが理由です。

Ｉさん：他に特徴的な分布となる工場は何かありますか？

先　生：それではビール工場の分布図（図６）を見て，分布の特徴を考えてみましょう。

Ｓさん：ビールの原料は麦だから麦がとれる場所だと思ったけど…東京や大阪の近くになるはずがないよね。

Ｍさん：麦は軽いから，ビールを飲む人が多い都心の近くで作られることが多いんじゃないかな？

先　生：その通りです！　工場の立地がわかってきましたね。

図１

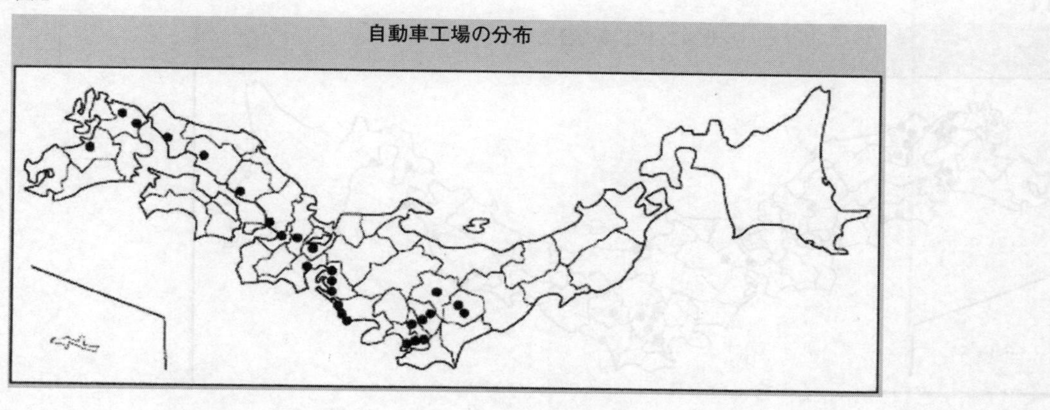

図２

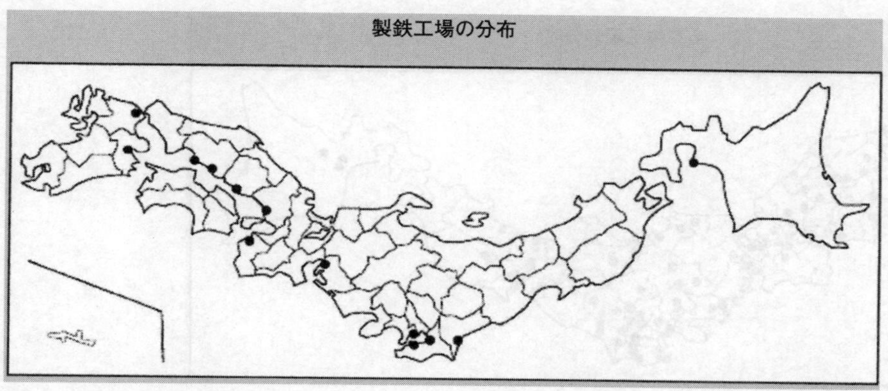

図３

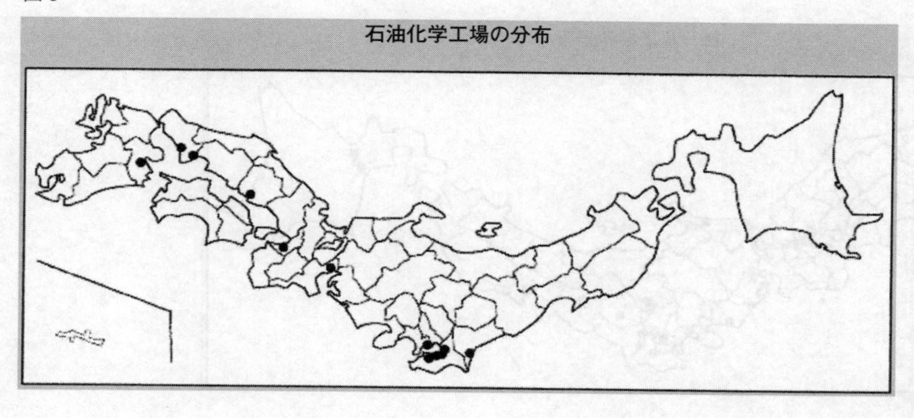

図４

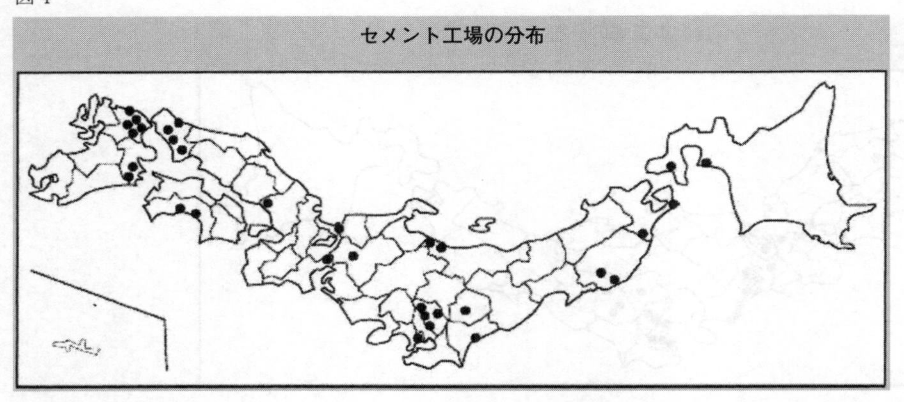

図５

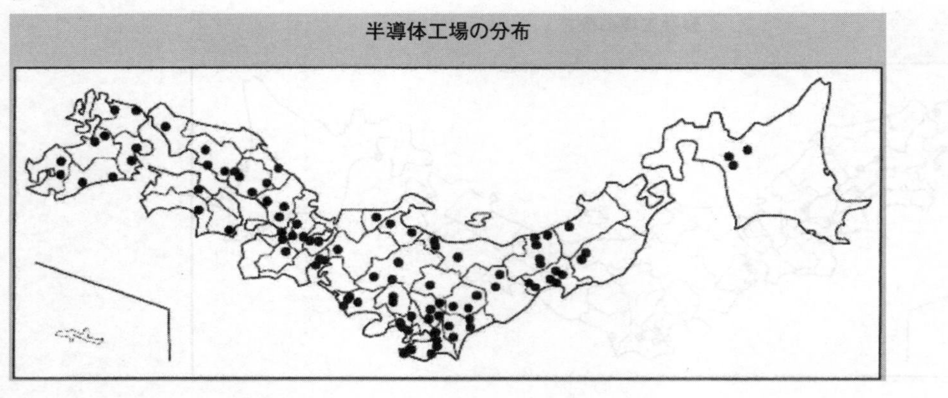

図６

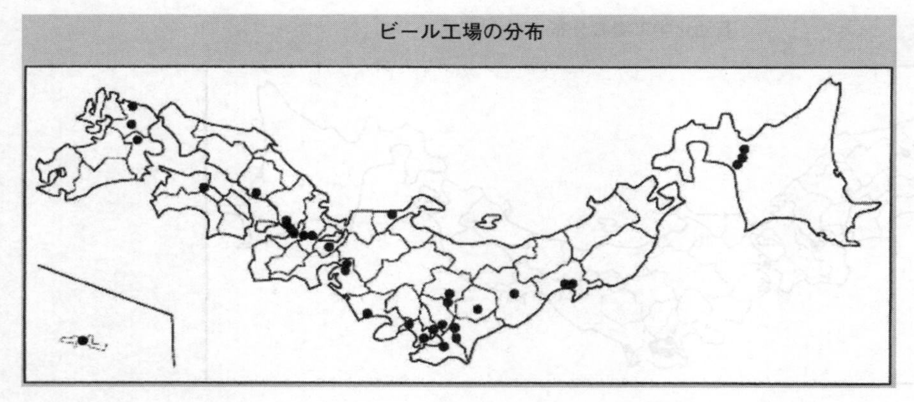

問１　下線部①に関連して，愛知県には図７に青(左側)と緑(右側)で示したように２つの半島がある。青で示した半島の名前を答え，その半島に該当する事柄の組み合わせとして正しいものを，下の選択肢ア～クの中から１つ選び，記号で答えなさい。

図７

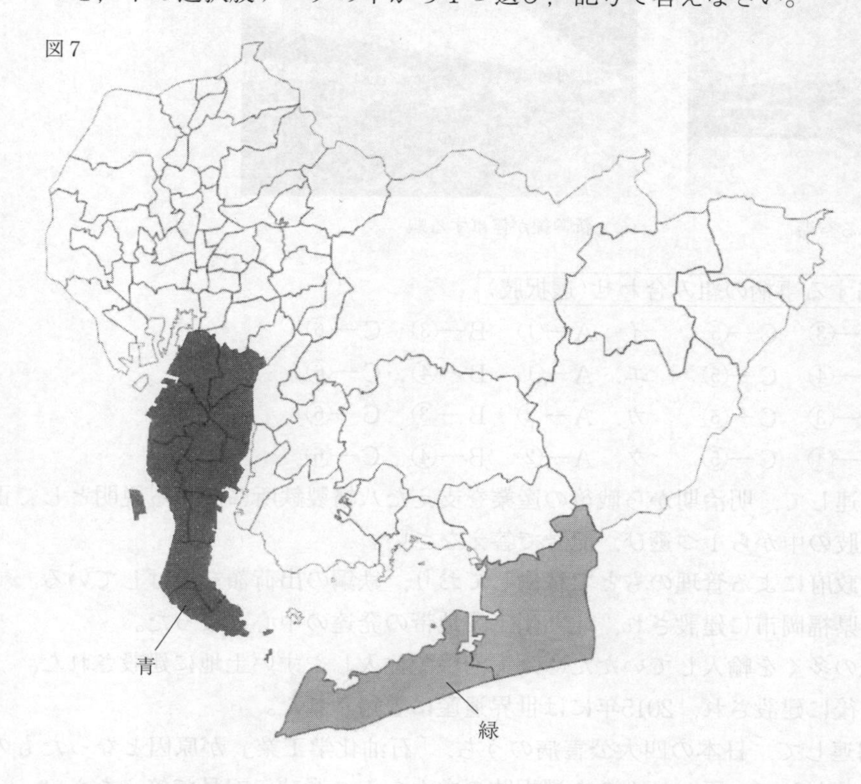

A　県内での地域の特色

①　キャベツの生産がとくに盛んな地域

②　鉄鋼の生産がとくに盛んな地域

B　特徴的な産業

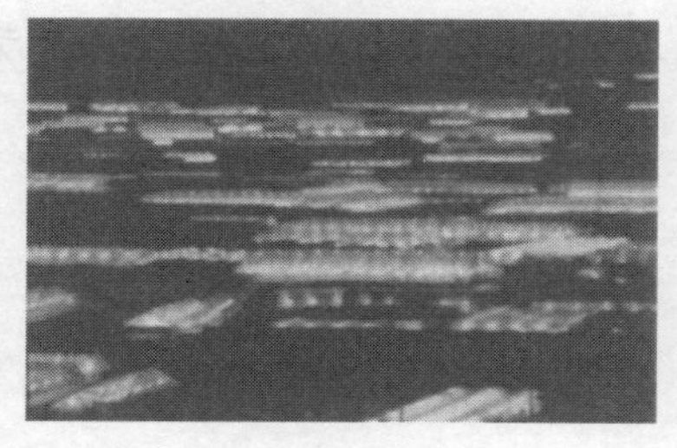

③　花の抑制栽培

④　陶磁器の生産

C　存在する交通手段

⑤　国際線が発着する空港

⑥　新幹線が停車する駅

青の半島に該当する事柄の組み合わせ(選択肢)

ア．A—①　B—③　C—⑤　　イ．A—①　B—③　C—⑥
ウ．A—①　B—④　C—⑤　　エ．A—①　B—④　C—⑥
オ．A—②　B—③　C—⑤　　カ．A—②　B—③　C—⑥
キ．A—②　B—④　C—⑤　　ク．A—②　B—④　C—⑥

問2　下線部②に関連して，明治期から戦後の産業を支えた八幡製鉄所に関する説明として正しいものを，選択肢の中から1つ選び，記号で答えなさい。

ア．現在も日本政府による管理のもとで稼働しており，鉄鋼の出荷額を伸ばしている。
イ．現在の福岡県福岡市に建設され，北九州工業地帯の発達の中心となった。
ウ．燃料の石炭の多くを輸入していたため，海沿いで輸入しやすい土地に建設された。
エ．日清戦争の後に建設され，2015年には世界遺産に登録された。

問3　下線部③に関連して，日本の四大公害病のうち，「石油化学工業」が原因となったものに関する組み合わせとして，正しいものを選択肢の中から1つ選び，記号で答えなさい。

選択肢	おもな症状	原因物質	発生した県
ア	手足がしびれて不自由になる，言語障害	カドミウム	富山県
イ	せきやたんなど呼吸器のひどい障害	カドミウム	三重県
ウ	手足がしびれて不自由になる，言語障害	有機水銀	富山県
エ	骨が非常にもろくなりすぐ折れてしまう	有機水銀	熊本県
オ	骨が非常にもろくなりすぐ折れてしまう	亜硫酸（ありゅうさん）ガス	熊本県
カ	せきやたんなど呼吸器のひどい障害	亜硫酸ガス	三重県

問4　下線部④に関連して，九州地方がシリコンアイランドと呼ばれている理由について，本文中の［　　　　］の授業内容を先生は以下のようにスライドにまとめた。先生のスライドの空欄X・Yにあてはまる言葉を答えなさい。

先生のスライド

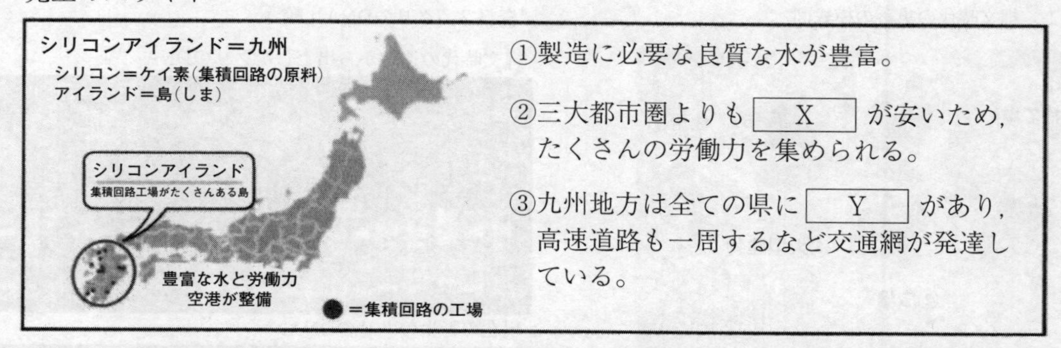

問５　本文と図１～図６をふまえ，次の図８が何の工場を示しているのか，選択肢の中から１つ選び，記号で答えなさい。また，なぜそのように考えたのか，理由を２つ，それぞれ20字程度で答えなさい。

図８

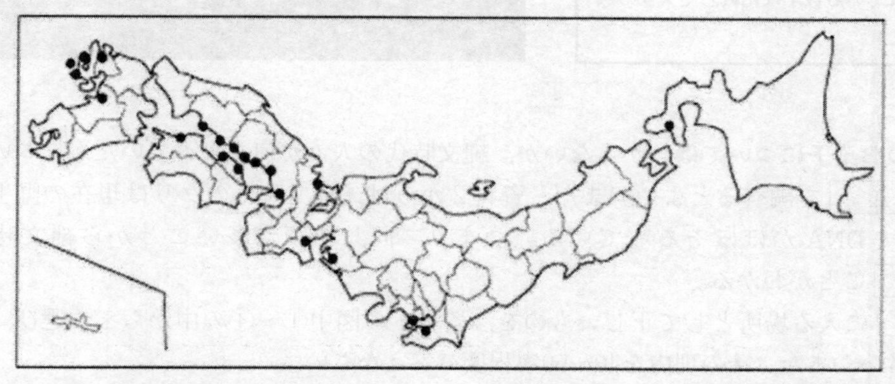

ア．製紙工場　　イ．印刷工場　　ウ．造船工場　　エ．繊維工場

2　以下の文章と資料や地図を見て，各問いに答えなさい。
＊なお，問題文中の資料は必要に応じて書き改め，出典は省略しています。
三田さんは「日本のお菓子の発展」について問いを立て考察することにしました。

MQ：日本のお菓子はどのように発展してきたのだろうか？

SQ1：縄文時代の人々が食べていたお菓子は何だろうか？

MQ(Main Question)…主題　　SQ(Sub Question)…主題のための問い

資料１　縄文時代の集落の模式図

＊資料２の補足

DNAの上部に書かれている数字は比較したクリの数を示している。

*資料２　クリのDNA比較

縄文時代の遺跡から出土したクリのDNA

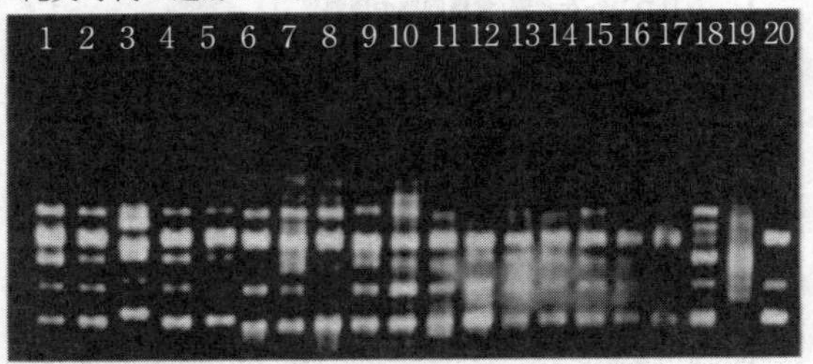

現在の野生のクリのDNA

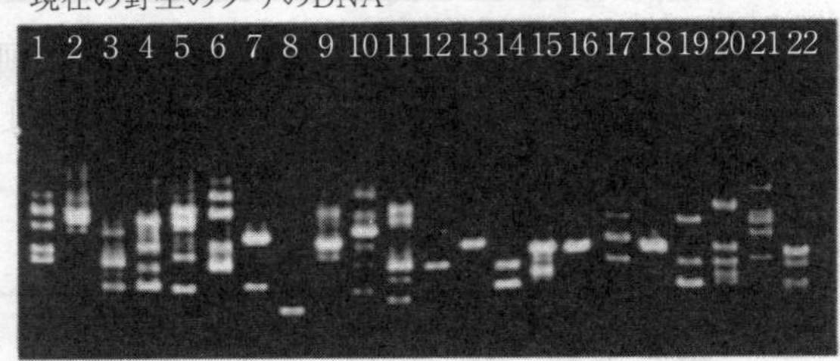

SQ1の考察

縄文時代のお菓子についてはわからないが，縄文時代の人々が何を食べていたかについては資料１の［　A　］を調べるとよい。また，資料２からは，縄文時代のクリは現在の野生のクリと比較してDNAがほぼそろっている。つまり，同じ種類が多いことから縄文時代は［　B　］ことがわかる。

問１　空欄［A］に入る場所として正しいものを，資料１の図中①～④の中から１つ選び，番号で答えなさい。また，その理由を40～50字程度で答えなさい。

問２　空欄［B］に入る記述としてもっともふさわしいものを，選択肢の中から１つ選び，記号で答えなさい。

ア．縄文時代の野生のクリは一種類しかなかった
イ．縄文時代にクリを栽培していた可能性がある
ウ．縄文時代には野生のクリがない
エ．縄文時代の人々がクリを焼いて食べていた

SQ2：日本のお菓子は海外からどのような影響を受けてきたのだろうか？

資料３　ようかん(左)とまんじゅう(右)

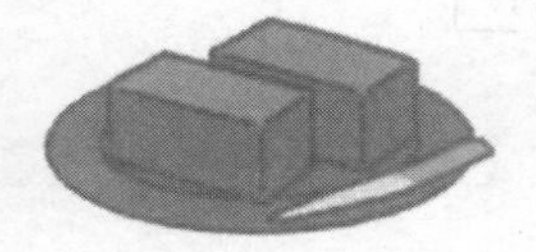

資料４　カステラ

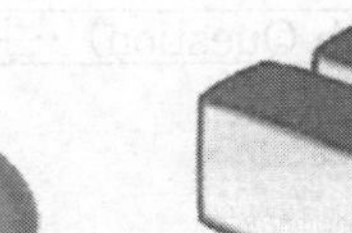

SQ2の考察

日本のお菓子は，中国から伝来したものが非常に多いが，中世には，資料３の原型となるお菓子が中国から伝わった。これらは①臨済宗を開いた人物がもたらした茶に合うように，日本独自に進化した。また，資料４は戦国時代にヨーロッパ人によって持ち込まれたお菓子が基礎となり，日本で独自の発展を遂げた。

問３　下線部①の人物が生きた13世紀頃に完成したものとして正しいものを，選択肢の中から１つ選び，記号で答えなさい。

ア

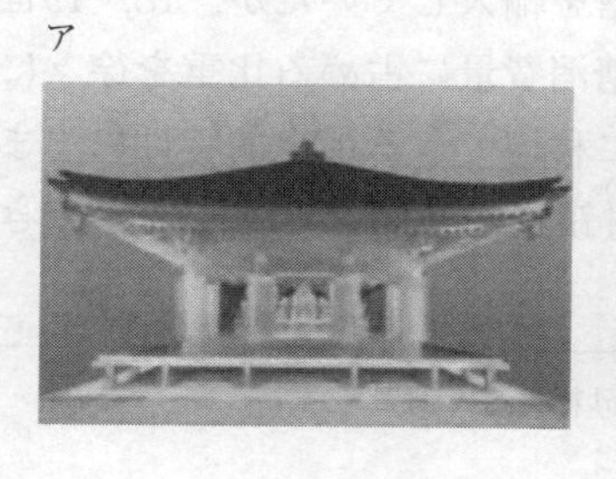

イ

ウ

エ

SQ3：お菓子の原料の砂糖はどのように手に入れたのだろうか？

資料５　日本とオランダの貿易の変化

日本がオランダから輸入した品目

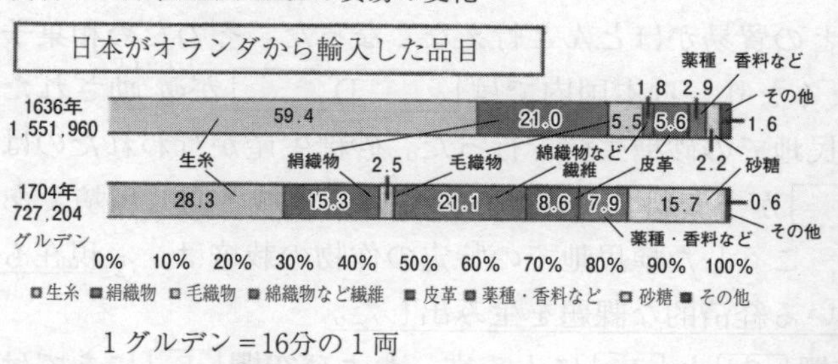

１グルデン＝16分の１両

オランダへ日本が輸出した品目

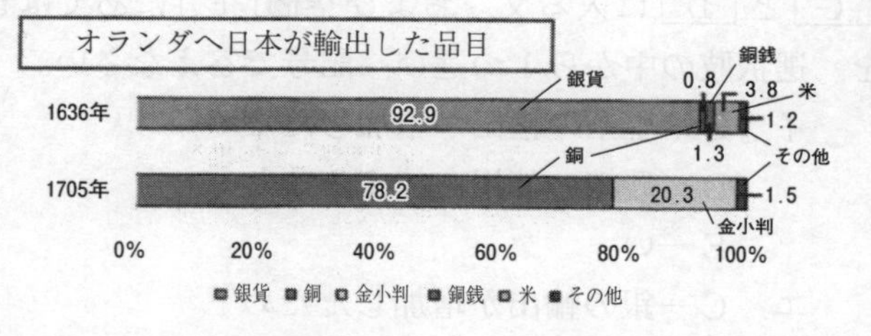

資料６　和三盆（高級な砂糖）の生産

資料７　江戸時代の経済の動向

＊川勝平太は，こうした[江戸時代の]経済発展の結果，日本が経済的な「＊＊脱亜(だつあ)」を達成したことを近代の経済発展の前提として高く評価した。…その根拠のひとつが，かつて輸入に頼っていた砂糖（琉球の黒糖と瀬戸内海地域などの白糖）や高級生糸・絹織物の国内生産がこの時期に発展し，自給が可能になった…

＊　歴史学者。現静岡県知事

＊＊　アジアへの依存から脱(ぬ)けること

資料８　砂糖から見た「鎖国」の評価

…17世紀末日本は毎年約350万斤から500万斤以上もの砂糖を輸入していたが，18，19世紀には150万斤から160万斤に低下し，国産糖が…国内の砂糖消費量に占める比重を徐々に高めた…。日本の場合は，輸入していた物産を国内の土壌に移植できる風土的特性に恵まれ，近世期に国内自給に成功し…その結果，「鎖国」という封鎖経済体制をとることができたということができる。

資料９　日本の植民地

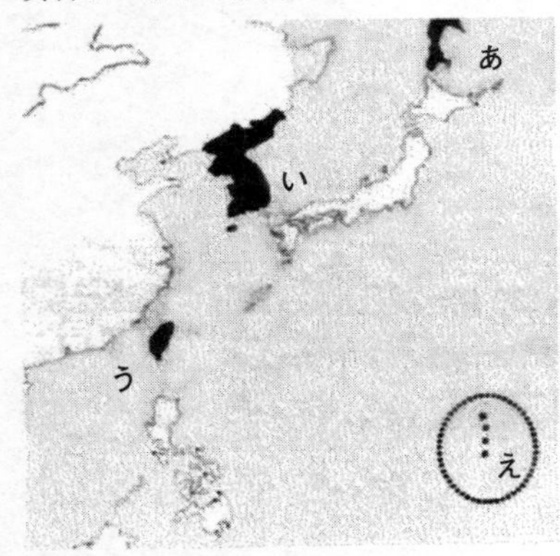

資料10　日本と［E］での砂糖生産と消費

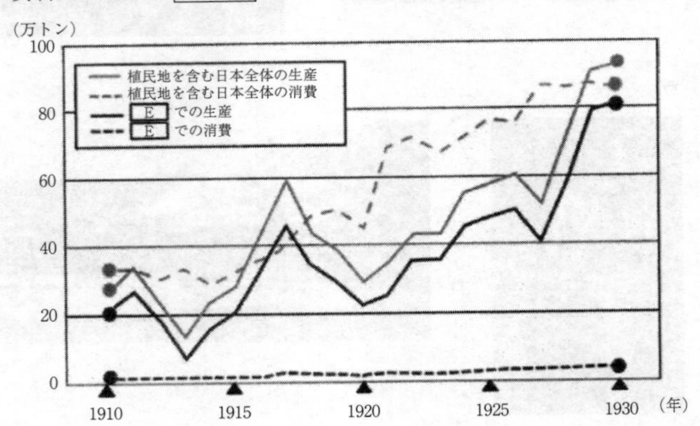

SQ3の考察

17世紀前半に，江戸幕府は「鎖国」を行ったが，その理由の一つは［　C　］であった。この鎖国政策によって，日本は海外との貿易がほとんど行えなくなった。そのため和菓子の原料に欠かせない砂糖の輸入も出来なくなり，日本国内では［　D　］が奨励された。その後，明治時代に入ると，日本は植民地での砂糖生産を行った。砂糖生産が行われたのは主に［　E　］であったが，これは［　E　］が，資料７で述べられている地域と同じ環境であったことが大きな理由と思われる。なお，こうした植民地での特定の作物の栽培は，②現在も先進国と発展途上国の間で問題となっている経済的な課題を生み出した。

問４　資料５～資料10を参考にして空欄［C］と［D］に入る文，および空欄［E］にあてはまる場所の組み合わせとして正しいものを，選択肢の中から１つ選び，記号で答えなさい。

ア．C―生糸の輸出が増加したため
　　D―砂糖の使用を控えること
　　E―あ

イ．C―生糸の輸出が増加したため
　　D―砂糖の使用を控えること
　　E―い

ウ．C―銀の輸出が増加したため
　　D―砂糖を国内で生産すること
　　E―う

エ．C―銀の輸出が増加したため
　　D―砂糖の使用を控えること
　　E―え

オ．C―生糸の輸出が増加したため
　　D―砂糖の使用を控えること
　　E―え

カ．C―生糸の輸出が増加したため
　　D―砂糖を国内で生産すること
　　E―う

キ．C―銀の輸出が増加したため
　　D―砂糖を国内で生産すること
　　E―い

ク．C―銀の輸出が増加したため
　　D―砂糖の使用を控えること
　　E―あ

ケ．C―生糸の輸出が増加したため
　　D―砂糖を国内で生産すること
　　E―い

コ．C―生糸の輸出が増加したため
　　D―砂糖の使用を控えること
　　E―う

問５　三田さんは下線部②について考えるために必要な資料Ａ～資料Ｄを集めた。下線部②の問題を考えるために，**もっともふさわしくないと考えられる資料**を，選択肢の中から１つ選び，記号で答えなさい。

資料Ａ　世界の経済格差地図

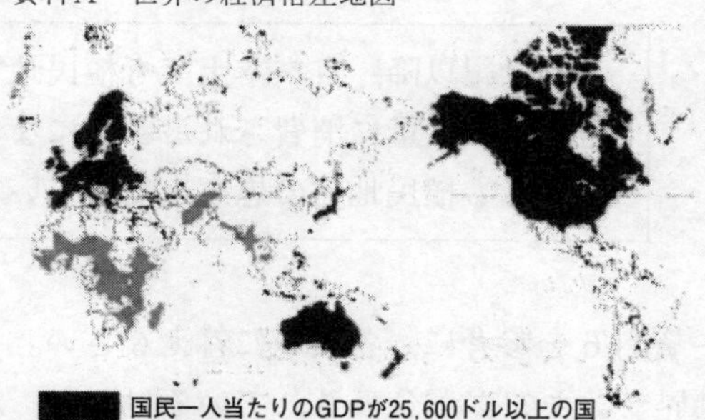

資料Ｂ　OECD諸国の肥満率(単位：％)

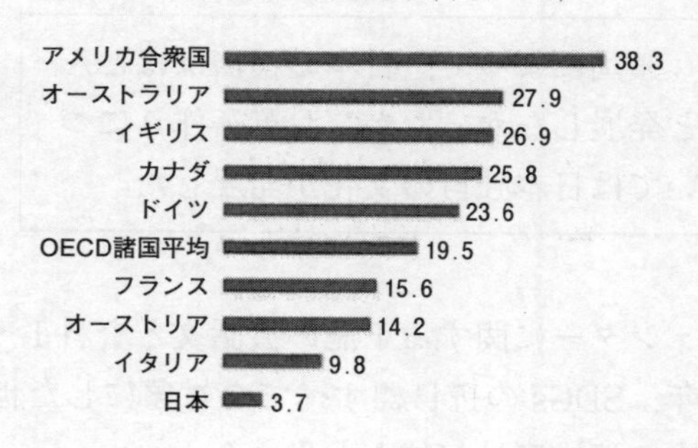

資料Ｃ　現代のアフリカの貿易輸出品目

国名	貿易輸出品目(％)		
アルジェリア	**原油**	天然ガス	その他
	38	21	41
リビア	**原油**	天然ガス	その他
	84	6	10
エジプト	**金**	原油	その他
	12	8	80
エチオピア	**コーヒー豆**	野菜	その他
	41	15	44
マラウイ	**たばこ**	砂糖	その他
	46	9	45
ボツワナ	**ダイヤモンド**	ニッケル鉱	その他
	88	3	9
ザンビア	**銅**		その他
	74		26
ナイジェリア	**原油**	液化天然ガス	その他
	73	9	18
ガーナ	**金**	カカオ豆	その他
	42	18	40

＊赤(太字)：輸出１位品目，緑(灰色の字)：輸出２位品目

資料Ｄ　先進国と発展途上国の経済関係についての＊風刺画(ふうし)

＊資料Ｄの補足

＊風刺画とは政治や社会などを漫画などの形式で遠回しに批判する表現方法。大笑いしている人々は吹き出しのジョークを聞いた先進国の投資家たち。左から２番目は発展途上国の国民。

＜選択肢＞

ア．資料Ａ　　イ．資料Ｂ　　ウ．資料Ｃ　　エ．資料Ｄ

問６　三田さんはこれまでのSQの考察や資料からMQを考察するための内容をカード①～④にまとめました。カードの内容が正しいものを，選択肢の中から１つ選び，記号で答えなさい。

ア．カード①

日本では縄文時代にクリを使って砂糖を製造することが始まり，お菓子を作る材料として用いてきた。

イ．カード②

日本のお菓子作りは海外の影響を受けて発展して来た。例えば16世紀以降，卵がお菓子の材料として使われ始めたことがあげられる。

ウ．カード③

鎖国によって，日本の経済はほとんど発展しなかったが，お菓子作りについては日本独自の文化が発展した。

エ．カード④

20世紀以降，日本本土でも植民地でも砂糖が大量に消費されるようになり，両者とも植民地化の恩恵を受けている。

3 ジェンダーに関する下記の会話文と資料１～資料６を参考に，各問いに答えなさい。

娘(むすめ)：毎年，SDGsの17目標すべてを対象にした世界ランキングが公表されているけれど，2023年の日本の達成度は何位だと思う？

母：日本はあまり上位ではなかったと思うわ。

父：ニュースで確認したけれど，全体で21位だから上位とはいえないね。

母：特に日本がどの分野の達成度が低いかは理解しているかしら？

娘：日本は，目標５の「ジェンダー平等を実現しよう」が低いと授業で習ったわ。

父：その通り。2023年の日本のジェンダーギャップ指数は世界125位だから，世界と比較(かく)するとジェンダー平等が順調に進んでいるとはいえない状況だね。

娘：ジェンダーギャップ指数って，そもそもなんだろう？

父：ジェンダーギャップとは，男女の違いにより生じる格差のことをいうんだ。ジェンダーギャップ指数とは，毎年公表しているもので，経済活動や政治への参画度，教育水準，出生率や健康寿命などから算出される，男女格差を示す指標のことだよ。

娘：日本は，ジェンダーギャップ指数を世界と比べると，ジェンダー平等が進んでいないってことなんだね。

母：ただジェンダー平等が進んでいる分野もあるわね。例えば，［　ア　］ということで進んでいるといえるわね。

父：確かにそうだよね。

母：一方で，ジェンダー平等が遅れている分野も確かにあるわ。例えば，［　イ　］

娘：そうなのね。どうすれば，日本のジェンダー平等を世界水準に変えられるかな。

父：じゃあ，みんなでジェンダー平等を実現する提案を考えてみないか。

［　提案　］

問１　空欄［ア］にあてはまる文を１つ考えて述べなさい。

問２　空欄［イ］にあてはまる文を２つ考えて述べなさい。

問３　空欄［提案］にあてはまるジェンダー平等実現に向けて，自分が考える具体的な提案を述べなさい。

資料１　最大限の育児給付金が給付される育児休業期間(国別)

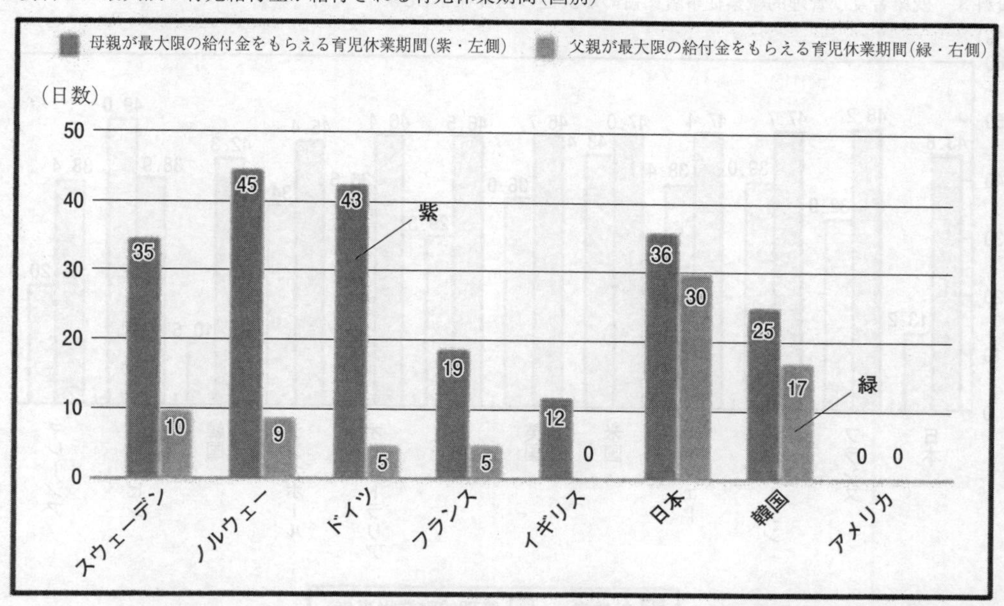

[UNICEFによる先進国31カ国への調査より]

資料２　男女別に見た生活時間(週全体平均)(１日当たり，国際比較)

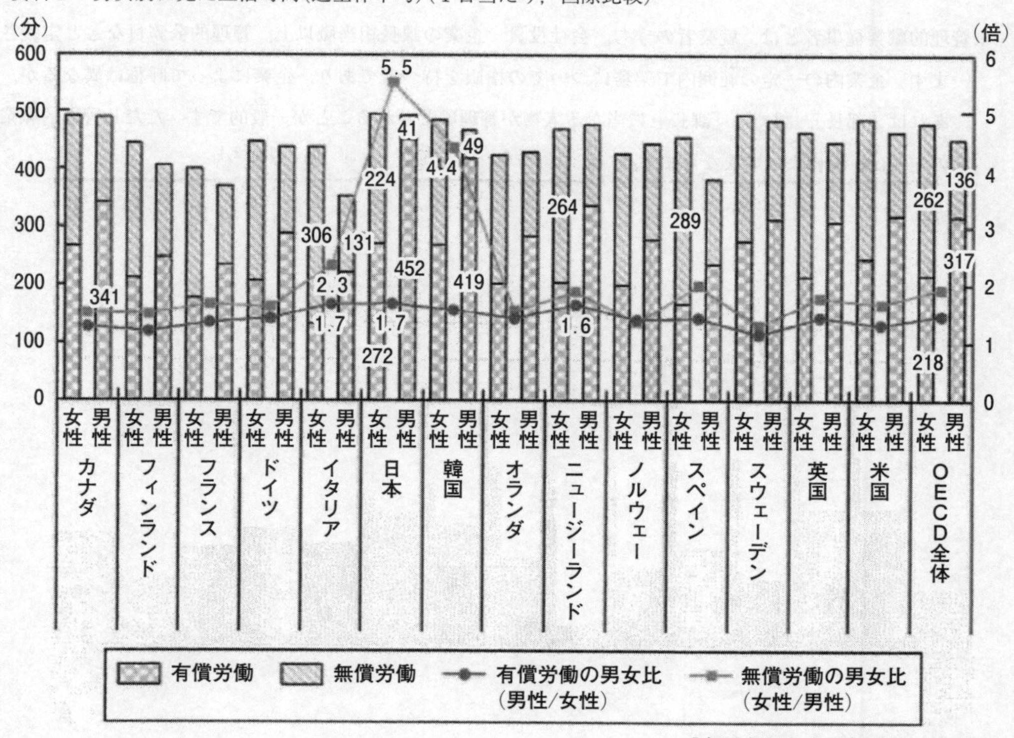

[内閣府男女共同参画局のHPより]

※有償(しょう)労働は，すべての仕事の時間・通勤時間や求職活動の時間などの合計時間

※無償労働は，日常の家事・買い物・ボランティア活動などの合計時間

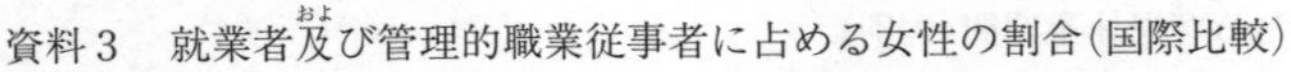

資料３　就業者及(およ)び管理的職業従事者に占める女性の割合(国際比較)

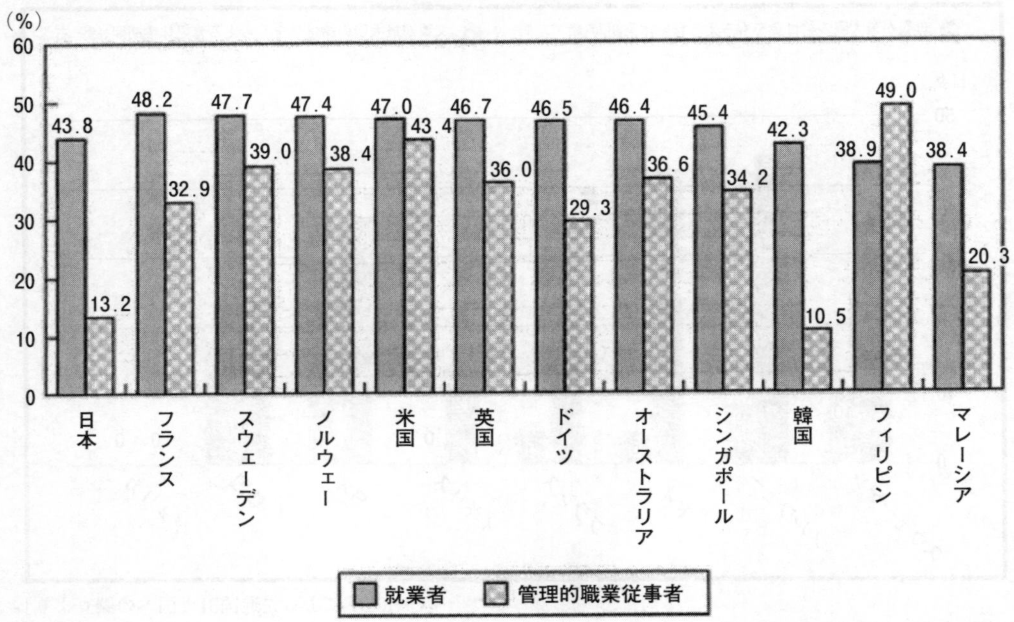

[内閣府男女共同参画局のHPより]

※管理的職業従事者とは，就業者のうち，会社役員，企(き)業の課長相当職以上，管理的公務員などと定義されています。企業内の一定の範(はん)囲内で業務についての権限を持つ者であり，企業によって呼称は異なるが，部門であれば「部長」，課では「課長」に当たる人物が管理職とされることが一般(ぱん)的です。ただし管理的職業従事者の定義は，国によって異なります。

資料4　男女間賃金格差の国際比較

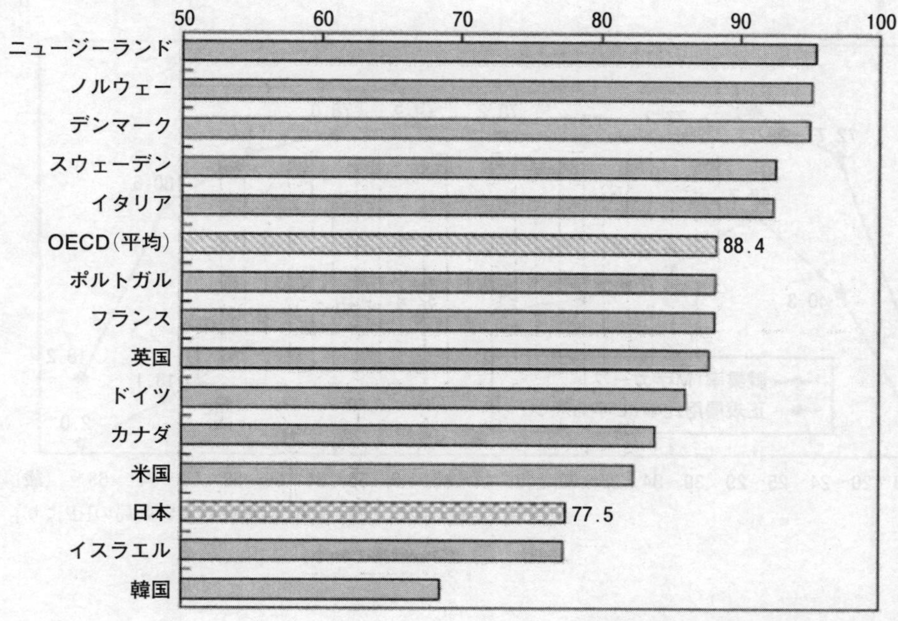

［内閣府男女共同参画局のHPより］

資料5　女性の年齢階級別労働力率の推移

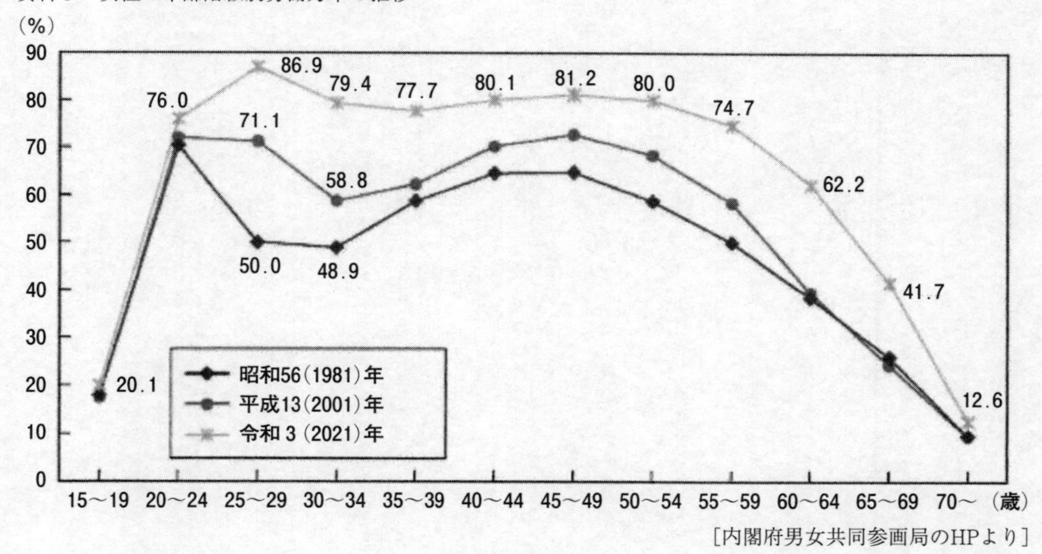

［内閣府男女共同参画局のHPより］

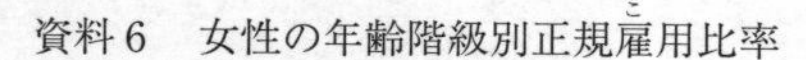

資料６　女性の年齢階級別正規雇用比率

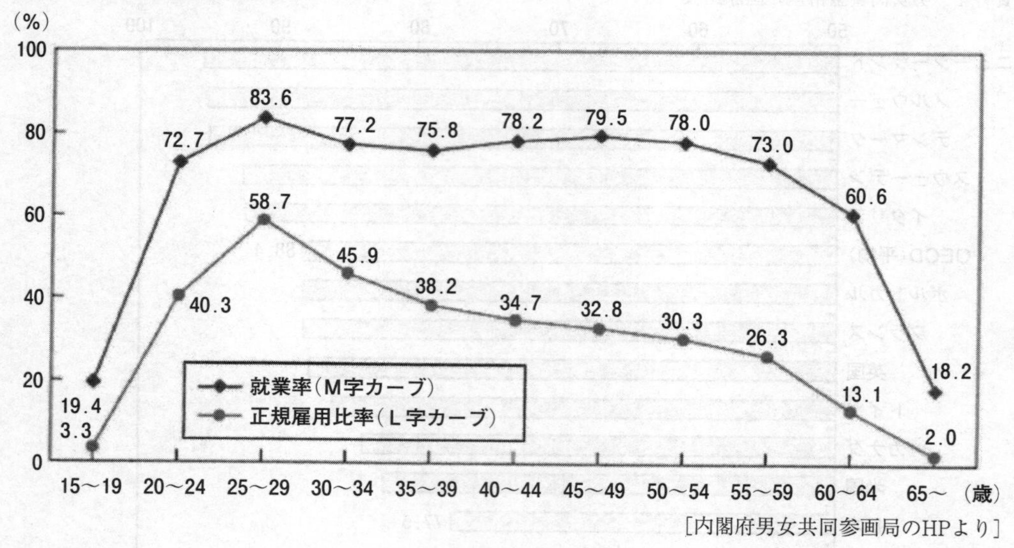

［内閣府男女共同参画局のHPより］

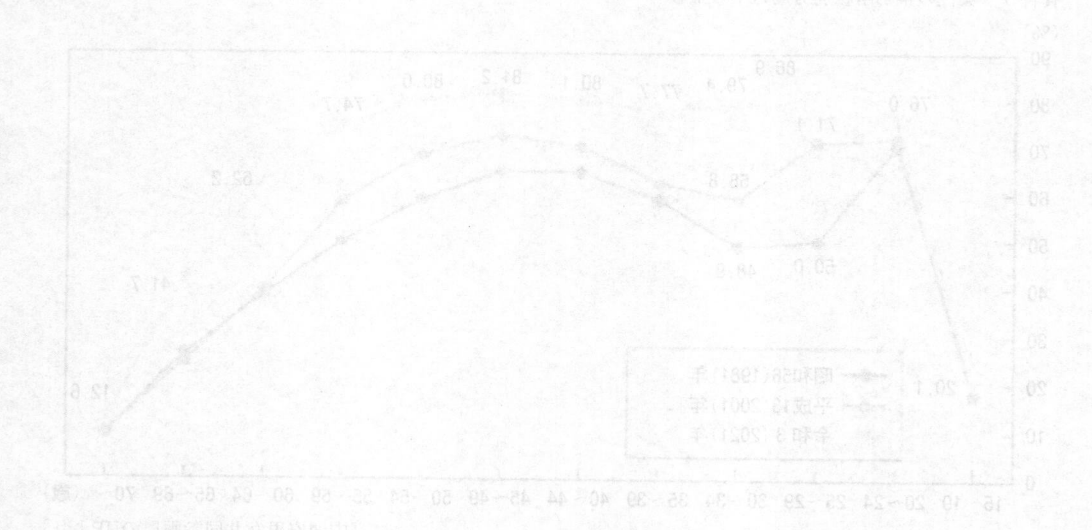

【理　科】〈第２回試験〉（社会と合わせて50分）〈満点：50点〉

〈編集部注：実物の入試問題では，写真や図のすべてが色つきです。〉

1　次の文章を読み，あとの各問いに答えなさい。

昨年は「10年に１度」とメディアで報道されるほどの強い寒波が日本列島を襲った。日本海側を中心に大雪となり，１月25日午前７時までの24時間における降雪量は，鳥取県で92cm，岡山県で91cm，兵庫県で55cmを記録した。この降雪量もアメダスが計測している。また，京都市や神戸市など普段雪の少ない都市圏でも降雪が確認された。東京での気温は－2.9℃を記録し，三田国際学園周辺では雪こそ降らなかったが小川が凍り，道端には霜柱ができていた（図１）。

図１　凍った小川

翌々日の１月27日は，南岸低気圧と呼ばれる日本列島の南側を通過する低気圧が冷たい空気をもたらした影響で，三田国際学園周辺にも雪が降った。

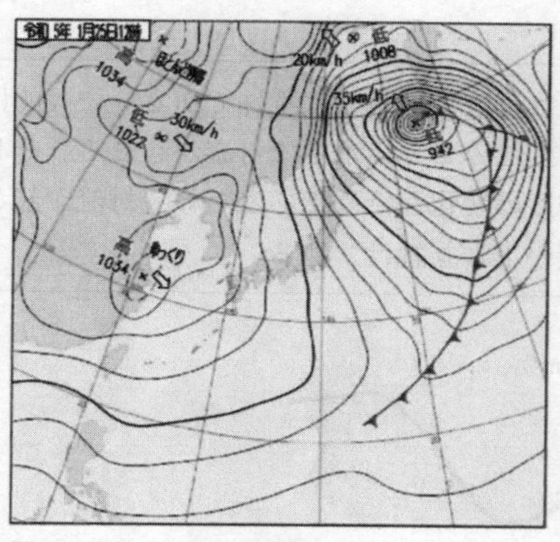

図２　１月25日の天気図

（気象庁HPより）

図３　１月25日の衛星画像

（気象庁HPより）

問１　下線部について，アメダスが計測するものとして**間違っている**ものを選択肢の中からひとつ選び，記号で答えなさい。

ア　風速　　イ　気圧　　ウ　気温　　エ　湿度

問２　１月27日の低気圧の位置とその風向きとして正しく表しているものを選択肢の中からひとつ選び，記号で答えなさい。

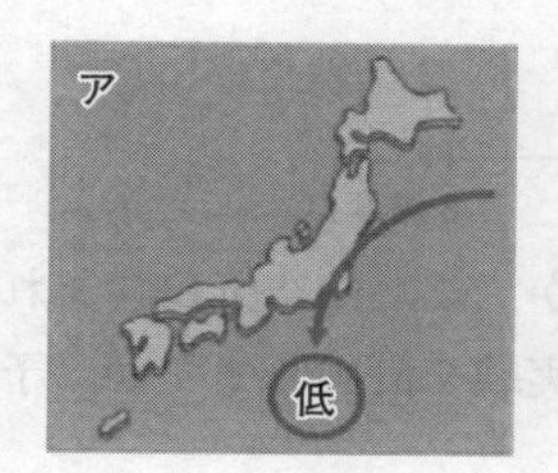

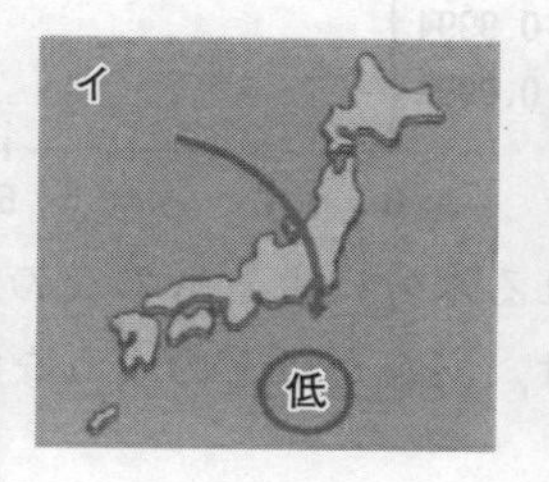

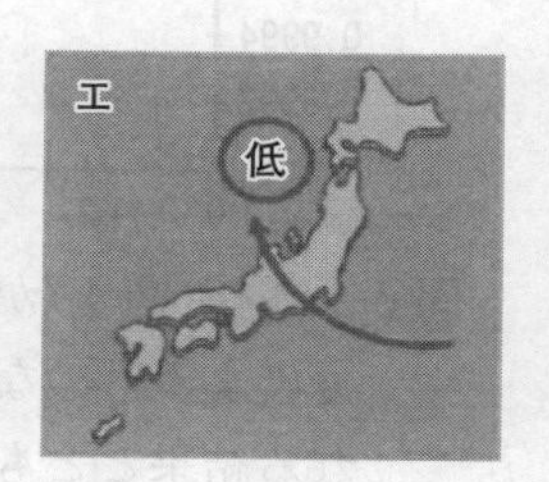

問３　１月25日には三田国際学園周辺では雪が降りませんでした。その過程を説明した文章のうち**間違っている**ものを下線部の中からひとつ選び，記号で答えなさい。ただし，その際に図２と図３を参考にすること。

ア西高東低の気圧配置により等圧線が南北に密に並び，強い北風が吹いている。イ中国大陸上で発生した雲が北風に運ばれることで，筋状の雲が日本列島まで続く。ウ日本海側の山脈に雲がぶつかり上昇すると，温度が下がって雪が降る。エ雪を降らせ水蒸気量が減った空気が，山を越えた関東平野に吹くため雪が降りにくい。

問4　氷は大きな圧力が加わると融点(凝固点)が下がって溶けるという性質があります。それを踏まえて，同じ体重の人が履いて氷上を歩いた場合，もっとも氷が溶けにくいと考えられる靴はどれでしょうか。表を参考に，選択肢の中からひとつ選び，記号で答えなさい。

表　靴の接地面積

靴の種類	靴底の接地面積(cm^2)
スケートシューズ	10
スニーカー	200
スパイクシューズ	5
スキー板	2000

ア　スケートシューズ　　イ　スニーカー
ウ　スパイクシューズ　　エ　スキー板

問5　次の文章を読み，水の密度と温度の関係を表したグラフとして正しいものを選択肢の中からひとつ選び，記号で答えなさい。

> 図1の写真のように水は表面から凍るが，これは液体としては特殊である。一般的に液体は表面で冷やされた部分の密度が大きくなり沈みこみ，水中で対流が起こる。そして，全体の温度が均一になる。しかし，水は密度の変化が特殊であるため，対流が起こらなくなる。よって，外気にあたる水面の温度が下がり続け，凍る。

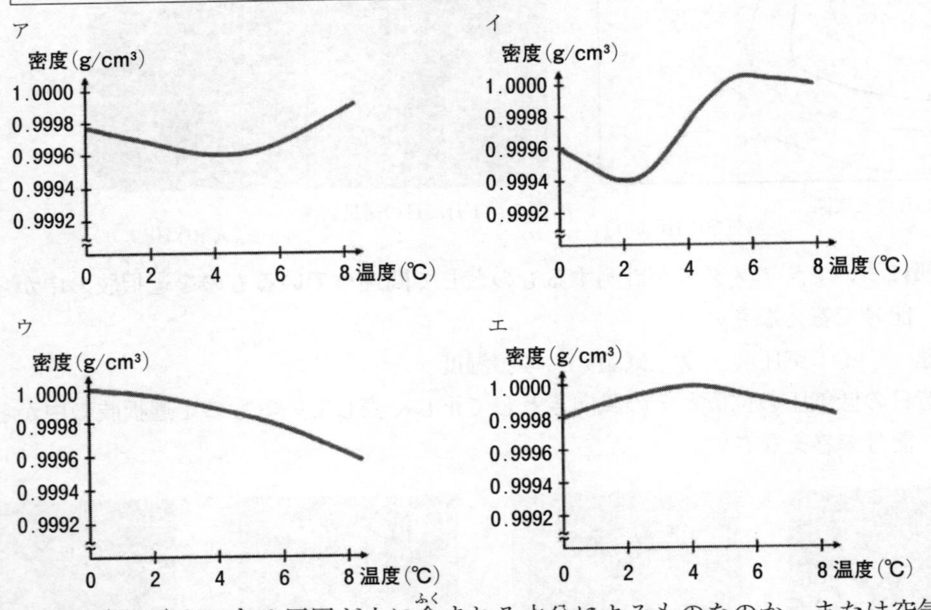

問6　霜柱(図4)ができる原因が土に含まれる水分によるものなのか，または空気に含まれる水分によるものなのかを確かめるためには，あなたはどのような実験を計画しますか。予想される結果とともに答えなさい。

図4　霜柱

2　次の文章を読み，あとの各問いに答えなさい。

山に関する災害について考えてみよう。記憶に新しいのは2021年に熱海市伊豆山地区で起こった$_a$土石流災害である。記録的な大雨により多数の民家が流された映像が衝撃的であった。

火山による災害も忘れてはならない。2014年の御嶽山の噴火による立ち入り規制が昨年7月に緩和され，ニュースになった。この御嶽山の火山灰は関東での鍵層(手がかりになる地層)として知られており，顕微鏡で観察すると$_b$光を反射し，褐色で板状の脆い鉱物が観察できる。

歴史的に見ると炭鉱による災害もある。ガス・粉塵爆発やメタンガスの突出や落盤などが挙げられる。$_c$岩石中に石炭が含まれるのは植物が泥の中に堆積し温度と圧力によって石炭が生成されるためである。

世界的には$_d$山火事の被害も続出している。オーストラリアやカナダなどもともと山火事の多い地域もあるが，2019年のインドネシア，2020年のオーストラリア，カナダなど，これまでにないほど大規模な山火事が起きていることが知られている。

山火事の規模拡大によって，二酸化炭素の排出過多による温暖化促進や，森林で生活する生物種の絶滅の危機などが懸念されているが，山火事が雲の形成や気候変動に及ぼす影響も大きい可能性が指摘されている。

問1　下線部aについて土砂が流れ出すのを防ぐ役割をしているものを選択肢の中からひとつ選び，記号で答えなさい。

ア　砂防ダム　　イ　貯木池　　ウ　水制工　　エ　堤防

問2　下線部bで説明される鉱物を選択肢の中からひとつ選び，記号で答えなさい。

ア　カンラン石　　イ　キ石　　ウ　カクセン石　　エ　クロウンモ

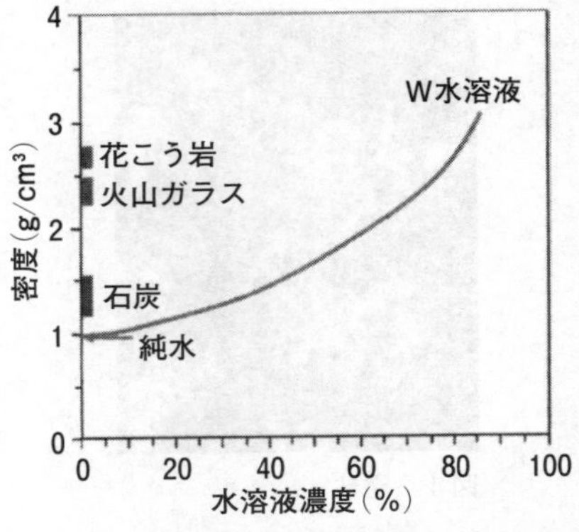

図１　W水溶液の濃度と密度の関係

問３　下線部ｃについて，泥の中の石炭を取り除くのに重液を利用する場合があります。重液とは水よりも密度が大きい液体のことです。今，重液のひとつであるW水溶液を用いて，泥から石炭を分けようと考えました。何％のW水溶液を用いれば良いか，図１を参考に正しいものを選択肢の中からひとつ選び，記号で答えなさい。ただし，泥は直径0.06mm 以下の粒のものをいいますが，この泥は火山ガラスと花こう岩が細かく砕かれてできているものとします。

ア　20％　　イ　40％　　ウ　60％　　エ　80％

問４　下線部ｄについて，山火事は発火後に葉や枝が燃焼して燃え広がっていくことによって起こることが知られています。燃焼に必要な気体について，正しく説明しているものを選択肢の中からひとつ選び，記号で答えなさい。

ア　空気よりも軽い。
イ　植物が光合成を行う際に使われる。
ウ　線香を近づけると，ぽんと音をたてて燃える。
エ　生物の呼吸に使われる。

問５　下線部ｄについて，以下の資料を読み問いに答えなさい。

> オーストラリアでは山火事が多いことが知られている。オーストラリアは乾燥しており，降水量が少ないことに加え，森林にはユーカリやティーツリーなどのフトモモ科の植物が多く生えていることが知られている。
>
> これらの植物は良質な油を含んでおり，とても燃えやすい。これは山火事が広がりやすい原因のひとつとなっている。オーストラリアのフトモモ科の植物は山火事に適応している。たとえば焼かれることに強い分厚い表皮を持ち維管束が保護されている。自身で燃えやすくしているのに，自身が火災に適応しているという不思議な生態を持っていると捉えることもできる。

この不思議な生態には生物学的な意味があると考えられる。それについて**間違っている**ものを選択肢の中からひとつ選び，記号で答えなさい。

ア　火災を引き起こすことで世代交代をうながしている
イ　火災に対応していない生物を環境から追い出している
ウ　自身の表皮などを新しいものにすることをうながしている
エ　火災を引き起こすことで自身の栄養分を確保しようとしている

問６　山火事によって森林が燃えるとその土地は，裸地(らち)や荒(あ)れ地になってしまいます。しかし森林が裸地や荒れ地になる原因は山火事だけでなく，台風や土砂くずれといった様々な災害によっても引き起こされます。裸地や荒れ地となった土地に生えてくる植物は，もともとが成熟した森林（植物Ｂ群）だった場合，これまで生育していたものとは異なる種類の植物（植物Ａ群）が生えてくることが多いです。Ａ群の植物が先に生えてくる理由と，その植物の特徴(とくちょう)を答えなさい。ただし，図２，図３を参考にすること。

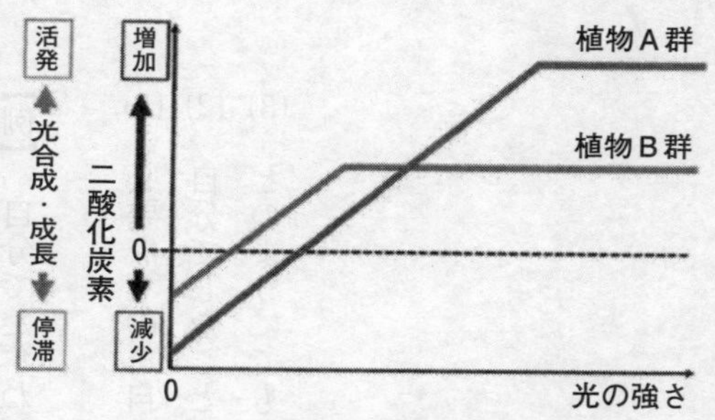

図２　光の強さと植物の成長との関係

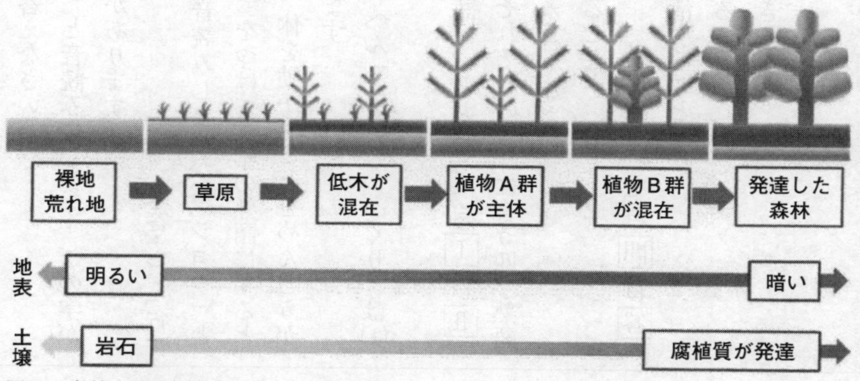

図３　森林の形成過程とそれぞれの性質

三　次の問いに答えなさい。

問一　次の文は、それぞれ「ある一文字の漢字」について説明しています。説明を読んで、その漢字を答えなさい。

【例】この字は、「コウ」「ギョウ」と音読みをします。この字がもとになった漢字の「へん」があります。

（答え）「行」

(1)　この字は、ふつう「セイ」と音読みしますが、「ショウ」と読む場合もあります。上に「不」をつけて二字の熟語にすると、「ちょっとしたことをするにも、体を動かすことをめんどうがる」という意味を持つ語になります。

(2)　この字は、「心」という字が「へん」となり、「つくり」は(1)の字と同じです。

問二　次の(1)～(3)の意味を持つ四字熟語は、どちらも「自 Ⅰ 自 Ⅱ 」という組み立てになっています。それぞれの意味に合う四字熟語となるよう、□に適切な漢字一字を答えなさい。

【例】自分でたずねて自分で答えること。

（答え）「自 問 自 答 」

(1)　必要なものを自分で作って生活すること。

(2)　自分でしたことを自分でほめること。

(3)　どのようにでも思うままにできること。

（斉木久美子『かげきしょうじょ！！』一部改変）

《中略》

《中略》

皆にももう一回
言っておくけど
君らはまだ何も
習っちゃいないいん
だから
今回は気負うことなく
とにかく思うがまま
演じてみて
そして言われたことを
あまり思いつめないように
それじゃ次は
ティボルト
はいっ！
渡辺
はいっ
あんなふうに
憑依できる
とはね
ザワーッ
一種の才能
だな

それは蛹から蝶などというものではなく
例えるのならば一晩で幼虫から蝶への変化に等しく
ジュリエットの手を取っていた…
ロミオ
許さない！
ティボルト様!!物騒な事はおやめ下さい！
そしてそれは
おいおいこれは…
今日 人に見られるということで
よりいっそう
ばあや！

《中略》

一夜にして生まれ変わった

ロミオ
あいつはただの
悪党だ
ゾクッ
渡辺さらさは——

我がキャピュレット家の
パーティーに
やって来るとは
なんという
厚顔無恥
視線は
二階席
白目に
ライトが入る
斜め45度か
おい小僧
今すぐ俺の剣を
持ってこい
ティボルト様
なにを…！
大人しくしておりますよ
良いではないですか

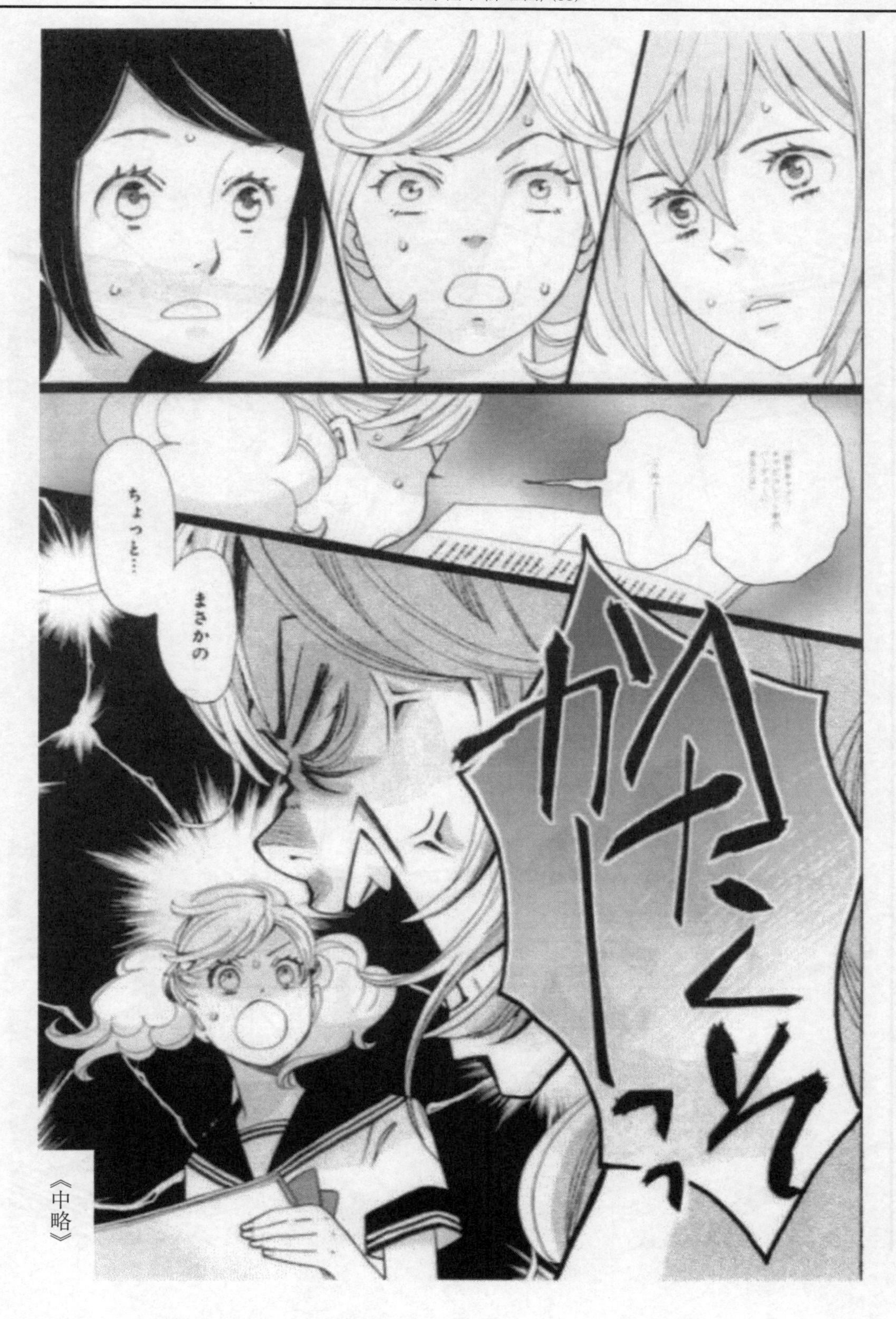

《中略》

コクサイくん：マンガの内容をじっくり読んで考えてみようかな。

先生：答えは出ましたか？　問題文にあるようなジャックインによる身体拡張の研究は、人々の生活を便利で豊かにするものです。ただ、他者と簡単につながれることはもしかしたら良いことばかりではないのかもしれません。もし⑤未来に「簡単に他者とつながり、他者になれる技術」が実用化されるとしたら、あなたはどのようなものであるべきだと考えますか？

(1) [エ] にあてはまる内容として最も適切なものを次の中から選び、記号で答えなさい。

ア　人が個人を特定する時に顔を最も重視するため、その場にいるかどうかにかかわらず顔の持ち主が優先されるから。

イ　人は自分の体であっても他者との関係の中で存在感を確認しているので、他者の判断が自分の感覚にも影響するから。

ウ　人はシンプルな仕掛けほど不思議な感覚にとらわれるため、自分の体を離れて他者に没入する感覚を持ちやすくなるから。

エ　人はただ通信技術によってつながる場合とは違って、仮面という設定になると「変身」の感覚を強く持つようになるから。

(2) ――④の問いについて、あなたならどのように答えますか。その理由も含めて答えなさい。

(3) ――⑤の問いについて、問題文や会話文、マンガの内容を参考にしながらあなたの考えを具体的に書きなさい。

問六　――③「私たちの感覚にバグのようなものを引き起こしています」とあるが、バグとは「不具合」や「誤り」などの意味である。画面に顔が映し出される側の人にはどのようなバグが起きるのか六十字以内で説明しなさい。

問七　次の会話文は、本文(伊藤亜紗『体はゆく』)をもとに授業をしている三田国際学園での一場面である。会話文や付属するマンガを読んで後の(1)(2)(3)に答えなさい。

先生：まずはマンガを読んでみてください。このマンガは、女性だけで構成される歌劇団に入団する子たちの学校が舞台です。演劇の授業でグループ演技をしているところですね。

ミタコさん：演目は『ロミオとジュリエット』なんですね。主人公の**渡辺**(わたなべ)**さらさ**さんは最初は演技が苦手そうに描(えが)かれていますね。セリフが小さくて内容がよくわかりませんが、ボソボソしゃべっているということですよね。でもその後急に…？

先生：そう、急に上手な演技になっていますね。実はさらささんは歌劇団トップスターの**里美星**さんの映像を何度も見て勉強したんです。そして本番では里美星さながらの演技をする――。さて、問題文とマンガの内容を比較(ひかく)して何か気づくことはありますか？

コクサイくん：あ、これってもしかしてジャックインじゃない？さらささんが「一夜にして生まれ変わった」のってイヤホンガイドで突然歌舞伎通になるのと似てない？

先生：そうですね。「演じる」という行為は他者になる行為と言えるから、問題文にあるようなジャックインして他者になるのと共通点はありますね。逆に相違(そうい)点はありますか？

ミタコさん：問題文のイヤホンガイドやカメレオンマスクは技術によってジャックインしているけれど、マンガでは自分の努力で他人になっています。

コクサイくん：演劇は役柄(やくがら)になりきるという意味での「変身」もあるよね。だとするとこのマンガでさらささんには二人の人物がジャックインしていると言えるんじゃないかな。

ミタコさん：役柄である『ロミオとジュリエット』の登場人物と、里美星さんだよね。

コクサイくん：それが、さらささんが自分の演技を見失ってしまったことにつながるんじゃないかな。マンガの後半四ページは演劇の先生から講評をしてもらっているところですよね。

先生：二人ともいいところに気づきましたね。テクノロジーにより他者とつながるというジャックインの研究はいかにも最先端技術のように思えます。ただ、演劇のようなかたちで人間は以前から他者になるという行為を続けてきたとも言えます。未来では他者に変身するということがもっと身近になっていくかもしれませんね。それではもう少し、他者に変身するとはどういうことか考えてみましょう。では変身した後の体は誰(だれ)のものになるのでしょう？

ミタコさん：問題文ではカメレオンマスクの箇所でそのことが書かれています。本来の体の持ち主であるAさんはBさんに体を貸している感覚になるって。

先生：それはなぜですか？

ミタコさん：［　　　］ですね。

先生：では、マンガのさらささんはどうですか？　④さらささんがトップスターの星さんさながらにロミオとジュリエットの登場人物(ティボルト)を演じている時は、誰の体だと言うべきでしょうか？

ミタコさん：うーん、どう考えればいいんだろう。

問一 [A]・[B]・[C] にあてはまる言葉として最も適切なものを次の中から選び、それぞれ記号で答えなさい。
ア しかし　イ たとえば　ウ あるいは　エ つまり

問二 太線部a「原風景」・b「往年」の意味として最も適切なものを後の中から選び、それぞれ記号で答えなさい。

「原風景」
ア 人間が心の奥に元々持っている景色で、個人の考え方や感じ方に影響をおよぼすもの。
イ 人間によって開発される前の景色のことで、主に自然あふれる様子をあらわすもの。
ウ 人間が景色を感じる元になる要素で、物体を色彩や形状などにより分類したもの。
エ 人間の思考や発想の元になるもので、景色のように目で見て感じとれるもの。

「往年」
ア その年に最も人気があるもののこと。
イ もうじき訪れる近未来のこと。
ウ 何年も繰り返し続けること。
エ 過ぎ去ってしまった昔のこと。

問三 ――①「0を1にするような発想」とありますが、スマートスキンの開発においてはどのような点にそれがあらわれていますか。最も適切なものを次の中から選び、記号で答えなさい。
ア スマホが人間にとってより使いやすいものになるように、以前のスマホよりも人間の感覚に合った二本の指での操作方法を新たに生み出した点。
イ スマホの画面は人間には小さくて見づらいことに気づき、二本の指で簡単に拡大することで人間に最適なサイズにできるようにした点。
ウ 人間の本来の体の使い方に合っていないマウスに疑問を持ち、複数の指で操作するという今までになかった技術を生み出した点。
エ 一本の指で操作するマウスの不自然さに気づき、二本の指を使ってより自然な動きができる技術を開発してマウスを進化させた点。

問四 ――②「『強烈な新鮮さ』を感じた」とあるが、その理由として最も適切なものを次の中から選び、記号で答えなさい。
ア イヤホンを使った情報のやりとりがスパイドラマのようで、空想的な技術が実用化されるほどの現実世界の進歩におどろかされたから。
イ これまで詳しくなかったはずの人が突如歌舞伎通に変身してしまうことは、周囲の他人から見ても衝撃を受けるような変化だったから。
ウ 自ら探し求めなくても状況に合わせて必要な情報が入ってくることが、あたかも知識を整理する脳の機能が拡張されたように感じたから。
エ 今思えばアナログな技術ではあるものの、遠隔操作によって必要な情報がすぐに手に入ることがいかにも最先端技術らしく感じられたから。

問五 【Ⅰ】・【Ⅱ】にあてはまる語句の組み合わせとして最も適切なものを次の中から選び、記号で答えなさい。
ア Ⅰ：時宜を得た情報提供　Ⅱ：他者の乗り移り
イ Ⅰ：能力の拡張　Ⅱ：他者の介入
ウ Ⅰ：自己の能力の拡張　Ⅱ：他者の能力の拡張
エ Ⅰ：他者からの情報提供　Ⅱ：自力での学習

使っている技術はアナログだが、「これは革命的なインターフェースだ」とさえ私は思った。コンピュータの前でキーボードを叩きながら情報を得るのではなく、ふつうに生活をしながら目の前の状況に合わせて必要な情報が入ってくる。それによって、人間は本来の自分より「賢く」なれるわけだ。「能力の拡張」である。

変化する状況に応じて情報を与えるウェアラブルコンピュータのことを、学術的には「コンテクストアウェア」と呼ぶ。その場その場の「文脈（コンテクスト）」に合った情報が手に入るということだ。（前掲書より）

暦本さんの面白いところは、歌舞伎のイヤホンガイドを、単なる「【 Ⅰ 】」ではなく、「【 Ⅱ 】」としてとらえているところです。壺を見た瞬間に壺の意味を教えてくれる技師はまるで私にとっての「外付けの脳」であり、しかもそれがイヤホンという頭部に装着する小型のデバイスを通じてダイレクトに語りかけてくるならば、技師からの耳打ちはもはや私が「思う」「思い出す」に等しいのではないか。技師という他なる存在が私の「見て・思う」回路に入り込むことによって、私は歌舞伎通へと「変身」していきます。

この感覚をひとことであらわすのが、先の引用の冒頭にもあった「ジャックイン」という言葉です。暦本さんがしばしば使うこの言葉は、もともとウィリアム・ギブスンのサイバーパンク小説『ニューロマンサー』などに登場するもの。自分が今いるところとは異なる場所にいる人や人工物、空間などとテクノロジーを介してつながることで、「本当にそこに行っている」ような没入感を体験している状態を指します。

たとえば、暦本さんたちが作った実験的な作品に「カメレオンマスク」というものがあります。物理的な仕掛けとしては、ある人の顔にiPadをつけて、その画面に別の人の顔を映すというもの。iPadはインターネットにつながっており、顔をリアルタイムで映し出し、また声もとどけてくれます。物理的な体はここにいるAさんだけど、顔と声はここにいないBさんのもの。文字通り、自在に変化する他者の仮面をかぶった状態です。iPadと顔のあいだにiPhoneを仕込んで目の前の景色を映し出しているので、Aさんも前方の様子をiPhoneの画面を通して見ることができます。

このシンプルな仕掛けが、不思議な身体感覚をもたらします。まず、まわりの人が、その人をここにいないBさんとして扱うようになるのです。役所で手続きをすれば担当者はBさんについての書類を出したつもりになり、親戚の家に行けばBさんとして受け入れられる。物理的に体がここにあるAさんよりも、ここにいないけれどiPadを介して顔と声がとどいているBさんの存在感のほうが優先されるのです。

身体感覚は社会的な関係に大きく左右されます。まわりの人がその人をBさんとして扱えば、Bさんはそこに行っているように感じられ、逆にAさんは、Bさんのために体を貸しているように感じられるようになります。

ここに、自分の生身の体を離れて「ここではないどこか」に没入するジャックインの関係が生まれます。Bさんは iPadを介してジャックインすることでそこに存在する人になり、Aさんはジャックインした Bさんの代理人になる。iPadを手にもってウェブ会議をしているだけなら、「つながる」という技術的な通信の問題にすぎなかったものが、「仮面」という設定を用いることによって、「人格」や「存在感」についての③私たちの感覚にバグのようなものを引き起こしています。

（伊藤亜紗『体はゆく』）

たりの言葉です。ＳＦ小説に出てきそうな空想的なアイディアを、意外な方法で具体的なガジェットに落とし込む。単に効率をよくしたり、精度を高めたりするのとは違う、まさに①０を１にするような発想が、暦本さんからは常にあふれ出ています。

これまでに一〇〇以上の特許を取得し、その中には私たちが日々使っているようなものも含まれています。［Ａ］スマートスキン。スマホなどに表示されたテキストや画像が小さくてよく見えないとき、二本の指でそれをピンチング（つまみ、押し広げる動作）すると、自在に拡大することができます。あの技術は暦本さんが開発したものです。

そのときのことを、暦本さんは著書でこう語っています。

私は、何にどう使うかは、あまり具体的にイメージできていなかった。［Ｂ］、指先でコンピュータの画面を拡大できたら、そのほうがマウスよりも自然だろうという感覚は持っていた。いや、現実世界ではものを一本指で操作することのほうがめずらしいのに、なぜマウスでは常に一本指ですべてを操作するような「不自然さ」を当たり前のように受け入れているのだろうか。そういう自分自身の素朴な疑問から始まったのが、スマートスキンの開発だったのである。

（暦本純一『妄想する頭　思考する手』より）

実は、暦本さんがスマートスキンを開発したのは、二〇〇一年。［Ｃ］、スマホが世に出るよりも前のことです。その後二〇〇七年に初代iPhoneが発売されたとき、暦本さんが論文で発表した技術がスマホの機能として搭載されていました。スマートスキンのアイディアは、「スマホを便利にしよう」というような今ある技術の延長で生まれたわけではないのです。

「ものを一本指で操作するほうが不自然なのではないか？」。言われてみれば確かにそうです。でも、マウスを当たり前に受け入れてしまうと、なかなか気づきそうにありません。デジタル空間と物理的な空間を同じように扱うこと、そしてそれらを行き来する体の実感にヒントを求めること、これらが暦本さんの発想の根底には常にあるように思えます。

そんな暦本さんが、人間の能力の拡張について発想するとき、「ａ原風景」ならぬ「原技術」として繰り返し立ち返るイヤホン型のデバイスがあります。

それは歌舞伎のイヤホンガイドです。歌舞伎に詳しくない観客のために、舞台の進行にあわせて物語の背景や舞台上の小道具の意味などを「耳打ち」してくれるガイドです。

暦本さんが歌舞伎のイヤホンガイドを初めて体験したのは一九九二年のことでした。当時のイヤホンガイドは、まだリアルタイムの解説ではありませんでした。ナレーションがあらかじめオープンリールのテープに録音されており、それを技師が舞台の進行を見ながら手作業で少しずつ再生していたのです。

今から見るときわめてアナログな仕掛けですが、暦本さんは②「強烈な新鮮さ」を感じたと言います。それはまるで、遠隔で密かにバックアップセンターのサポートを受けながら活動するｂ往年のスパイドラマの主人公のようではないか、と。

いわば（技師が）観客に耳を通して「ジャックイン」している。そのサポートを受けた観客は、突如「歌舞伎通」に変身する。もし隣の妻がイヤホンガイドの存在を知らなければ、歌舞伎のことなど知らないはずの私が「あの壺はね……」などと小声で解説を始めたらビックリするにちがいない。

ものらしいことに対して満足をしていた。

エ　当初の理想とは異なり、自分は取るに足りない存在であると思いこんでいたのに、実は自分の中には宝のようなものが存在していたことに対して満足をしていた。

問八　――線部「やはり、夢はついに本当になろうとしているのです。この土には世の中でつとめるべき立派な役わりがあったのです」とありますが、

(1)　「この土」の「世の中でつとめるべき立派な役わり」とは何だったのですか。本文全体をふまえて六十字以内で具体的に説明しなさい。

(2)　この物語は「寓話」という「たとえばなし」のひとつだと考えられますが、この物語はどのようなことをたとえようとしたのだと思いますか。次の【参考資料】の内容をふまえて、あなたの考えを述べなさい。ただし、――線部の内容（人はこの世ではたすべき立派な役わりがある）は、採点の対象外とします。

【参考資料】

ベストセラー小説家で、ノーベル文学賞候補の呼び声も高い村上春樹氏は、自分が小説を書きはじめたきっかけをこのように語っています。

なぜ小説を書きはじめたかというと、なぜだかぼくもよくわからないのですが、ある日突然書きたくなったのです。いま思えば、それはやはりある種の自己治療のステップだったと思うのです。

これは、村上氏が臨床心理学者・河合隼雄氏と対談したときの言葉です。

別の本では、そのときの対談を振り返って、次のように書いています。

僕は二十年間小説を書き続けてきましたが、僕にとっての「小説の意味」みたいなものをきちんと総合的にずっと理解し、正面から受け止めてくれた人は河合先生一人しかいませんでした。「物語」というのが我々の魂にとってどれほど強い治癒力をもち、また同時にどれほど危険なものであるかということを、非常に深いレベルで把握しておられる方です。

人間は自分の人生が無意味であって欲しくない、意味が欲しい。だから自分の魂を肯定してくれる物語を求めて、ある人は物語をつくり、ある人はつくられた物語を欲する。「人間存在のもっとも根源的なことにかかわることが、神話に語られている」とは、村上氏の対談相手だった河合氏が著作で繰り返し伝えているメッセージです。

人間が最初につくった「物語」が神話であり、それが今も受けつがれているのは、神話の中に「自分の意味を示す物語」を見た人が多かったからでしょう。

（内田麻理香『科学との正しい付き合い方』）

二　次の文章は、テクノロジーにより人間の能力を拡張する研究に取り組んでいる暦本純一氏とその研究について述べたものである。この文章を読んで、後の問いに答えなさい。

革命的かつロマン的。確かに暦本さんの研究を言い当てるにはぴっ

ぞれ漢字一文字で答えなさい。

問三 ――①「土は、しかし、土手の中にねて」とありますが、このときの「土」の気持ちの説明として、**正しいものには1**、**正しくないものには2**で、それぞれ答えなさい。

ア 春が来てさまざまな生命が目覚め活動を始めているにもかかわらず、土は眠気がおさえられないことをもどかしく思う気持ち。

イ 自分だけは特別な土だと思っていたにもかかわらず、他の土と同じように扱われていることをやりきれなく思う気持ち。

ウ 花がいっせいに開いて、皆から注目を浴びているにもかかわらず、土は誰からも注目されないことを悔しく思う気持ち。

エ 雪どけ水によって川が新しい力を感じて元気づいているにもかかわらず、土は全く変化がないことを悲しく思う気持ち。

オ 水が工場の水車をまわしたり海に船を浮かべたりしているにもかかわらず、土はそんな力がないことを空しく思う気持ち。

問四 ――②「何か知らぬ力が、土を押しつけ型をつけました」とありますが、これは何が何のためにしたことですか、その説明として最も適切なものを次の中から選び、記号で答えなさい。

ア 川から流れてきた水が、さまざまな土を混ぜて、美しい花を咲かせるのに必要な栄養のある土を作るため。

イ 土手にある土を掘り返した人が、土をただの土から変質させ、人々の役に立つ粘土のような状態にするため。

ウ 桶の中でこねられた土を加工する担当の人が、その土を材料にして、花を植えるための容器を作るため。

エ 美しい花を教会に飾る人が、土から作りあげた器を変形させて、花を飾るのにふさわしい形にするため。

問五 ――③「楽しみは目の前にあります」とありますが、このときの土の気持ちの説明として最も適切なものを次の中から選び、記号で答えなさい。

ア 長い間誰からも顧みられることなく放っておかれていたものの、いつかは周囲からうらやましがられるような、注目を浴びる存在になれると完全に浮かれている。

イ もともといた土地にとどまることが出来ず、険しい道を通って移動させられたものの、険しさの裏に輝かしさがあると確信し、その苦労をむしろ自分から望んでいる。

ウ こねられたり踏みつけられたりしてひどい目にあったものの、その苦労に見合うだけのすばらしいできごとが待っているはずだと期待に胸をふくらませている。

エ まわされたり型にはめられたりして、自分の自由がうばわれたものの、これらの苦労が終わった後は、自分が思い描く姿となり、自由気ままにふるまえると満足している。

問六 ――④「ごそごそした茶色の死んだようなもの」とは何ですか。本文中の記述を参考にして、漢字二文字で答えなさい。

問七 ――⑤「これを聞いて土は満足し」とありますが、土は何に対して満足をしていたのですか。その説明として最も適切なものを次の中から選び、記号で答えなさい。

ア 自分が、いろいろなことがあったものの最終的には美しい音楽や美しい花々でいろどられた大きな教会の中で飾られることになったことに対して満足をしていた。

イ かつての自分が思い願っていた通りに、さまざまな苦しいできごとの後にとても輝かしいできごとが起こり、自身の予想が的中したことに対して満足をしていた。

ウ 自分の鉢の中に入っていた百合の花は自分に見ることはできないのだが、周囲の他の百合と比べてもひときわ美しく見事なそれから誰のともわからぬ手が、土を窯に入れ、そのまわりに火を入れました。その火は身を貫くようにはげしく、土がそれまで川の土手で浴びたどの夏の陽よりも熱いものでした。しかし、こういうすべての苦しみを、土はすばらしい未来を信じて我慢しました。

「私のために皆がこんなに骨を Ⅲ というのは、私がよほど立派なものになるからにちがいない。多分、お寺のお飾りか、さもなければ、王様のテーブルの上に置く花びんなのだろう。」

ついに火入れは終わりました。土は窯から取り出されて、青空の下の涼しいところに、板を敷いて置かれました。苦しみは過ぎました。③楽しみは目の前にあります。

土の乗せられた板の傍らに水たまりがありました。深くはなく、水も澄んではいませんでしたが、しかし、小波もたたず平らかでしたので、その上に落ちる物の影を、すべて公平にありのまま映し出していました。土は、板から持ち上げられた時、初めてその水の上に自分の新しい姿を見ました。あれほどの忍耐と苦痛の報いとして得たもの、今までの希望の実現――それはまっすぐで、ぎごちない、赤くみにくい、つまらない植木鉢なのでした。土はその時、悟りました。彼の運命は王様の御殿へゆくのでも、芸術の宮殿を飾るのでもありません。なぜなら、その植木鉢には輝かしいところも美しいところも、また何の威厳もなかったからです。

土はかくれた造り主に小さい声で怨みをのべました。

「なぜ、私をこのようにお造りになったのです。」

土は不満を抱いてすねた幾日かを過ごしました。するとある日、その植木鉢に泥がつめられ、それから何か――土は何だか知りませんでした、しかし、④ごそごそした茶色の死んだようなものがその中に埋められ、またその上に泥がかけられました。この新しいはずかしめには、土も腹がたちました。

「ごみとくずをつめるなんて、これはひどい。今までは、まさか、これほどではなかった。私は出来そこなったのにちがいない。」

しかし、間もなく鉢は温室へ入れられましたが、そこではあたたかい陽がその鉢の上にあたり水が注がれました。こうして幾日か土が待つうち、ある変化が起こり始めました。何かが鉢の中でかすかに動いています――新しい希望のようなものです。けれども、土はまだ何も知りません。その希望が何であるかも知りません。

ある日、土はまたその場所から持ち上げられて、大きな教会に連れてゆかれました。やはり、夢はついに本当になろうとしているのです。この土には世の中でつとめるべき立派な役わりがあったのです。喜びに満ちた音楽がまわり中に流れました。周囲は美しい花で埋まっています。しかし、土にはまだわけがわかりません。そこで、すぐわきの、自分と同じような鉢に小さな声で聞いてみました。

「その人たちは、なぜ私をここへ連れて来たのでしょう。そしてなぜ皆が、私たちの方を見るのでしょう。」

もう一つの鉢は答えました。

「あなた、御存じないのですか。あなたは百合の中でも王様といっていいような美しい百合を持っていらっしゃる。その百合の花びらの白いことは雪のようで、芯はまるで純金のようです。皆がこちらを見るでしょう、それはあなたの百合が世界で一番見事だからです。その花の根をあなたは御自分のまん中に持っていらっしゃるのです。」

⑤これを聞いて土は満足し、ひそかに造り主に感謝しました。なぜなら、土の器であっても、そのような宝を自分の中に抱くことが出来たのですから。

（ヘンリー・ヴァン・ダイク 著、石井桃子 訳『一握りの土』）

問一　Ⅰ ～ Ⅲ に入る言葉を、それぞれ二文字で書きなさい。

問二　波線部A・Bの動作の「主語」にあたるものは何ですか。それ

2024年度 三田国際学園中学校

【国語】〈第二回試験〉（五〇分）〈満点：一〇〇点〉

〔注意〕特に指示のない場合、句読点等の記号は一字として数えるものとします。

一 次の文章を読んで、後の問いに答えなさい。

ある川の土手に、一握りの土がありました。それは、きたない、ねばねばした、ただの土くれでした。が、しかし、その土は、自分をたいへん立派なものだと思い、そのうちに自分の値打ちが他の人たちにわかる時が来たら、世の中でえらい働きをしようなどという、すばらしい夢を数々持っていました。

頭の上では春の陽を浴びながら、木々が喜び合っています。やさしい花が開き、若芽が伸び、またルビーやエメラルドの粉がふわふわした雲になって地上にかかったのではないかと思われるほど、明るい澄んだ色に森中の輝くよい時が来たからです。

花はこの不意にやって来た美しさで上気して頭をたらして、近くの花によりそいました。するとそのそばを風が撫でて通り、そしていうのでした。

「娘さんたち、あなた方は、なんてきれいになったのでしょう。おかげで、世の中が明るくなります。」

川は新しい力を感じて元気づき、あちらから、こちらからと、水が流れ寄っていっしょになるのを喜んで、岸辺に歌いかけました。氷の足枷からはなたれ、雪の山をＡとっとと逃げて来たこと、またこれから大急ぎで行ってしなければならぬ大きな仕事――水はたくさんの工場の水車をまわし、海に大きな船を浮かべるでしょう、そういうことをみな歌って聞かせたのです。

①土は、しかし、土手の中にねて、わき見もせずにじっと待ちながら、大きな理想で自分をなぐさめていました。

「いつか時期が来る。いつまでもいつまでも、ここにこうして知られずに過ぎてしまうはずではないのだ。光栄と美と名誉は、時が来れば私の手に入るのだ。」

とうとうある日のこと、土は長いこと辛抱強く待ったその場所から持ち上げられるのに気づきました。鉄の薄い刃がぐさとその土の下にささり、土を持ち上げ、他の土くれと一しょに荷車の中にＢほうりこみました。それから、何だか、ひどくでこぼこした、石のある道をゆられてゆきましたけれども、土はこわがりもしなかったし、失望もしませんでした。土は自分にこういいました。

「［Ⅰ］がないのさ。輝かしいところへ行きつくには、いつも険しい道を通らなければならないのだ。さて、これで私ももうじきえらい仕事にとりかかれるというものだ。」

しかし、このつらい旅も、その後につづいた難儀、苦痛に比べたら、何でもありませんでした。土は桶に入れられたと思うと混ぜられ、こねられ、掻きまわされ、踏みつけられたのでした。この仕打ちはもう我慢が出来ないほどでした。けれども、これほどの大騒ぎをするからには、あとで何か非常にいいことが起こるのにちがいないということがせめてもの慰めでした。だから、今は我慢さえすれば、その後にはすばらしい、いい報いが待っていると、土は信じました。

それから土は、轆轤にのせられ、くるくるまわされて、しまいには、これでは四方［Ⅱ］にとびちって、めちゃめちゃになるのではないかと思ったほどでした。そうしてまわっているうちに、②何か知らぬ力が、土を押しつけ型をつけましたが、この目のまわる苦しみの中に、土は自分が形を変えつつあることを感じたのでした。

2024年度

三田国際学園中学校　▶解　答

※　編集上の都合により，第２回試験の解説は省略させていただきました。

算　数　<第２回試験>（50分）<満点：100点>

解　答

[1] (1) $\frac{3}{4}$　(2) $4166\frac{2}{3}$mL　(3) ４分　(4) 14.13cm^2　(5) 16度　(6) 時速$5\frac{1}{3}$km

[2] (1) ①　1 cm　②　5cm^2　(2) $19\frac{1}{4}\text{cm}^2$　[3] (1) $10\frac{2}{3}\text{cm}^3$　(2) $53\frac{1}{3}\text{cm}^3$

(3) $75\frac{19}{23}\text{cm}^2$　[4] (1) 10　(2) 48通り　(3) **選ばれない曜日**…木，土／**考え方**…(例)

日曜日の日付の和は70なので，ここから５日分の日付の和を11増やせばよい。すると，11＝0＋1＋2＋3＋5より，日曜日から日付が４増える木曜日と，６増える土曜日は選ばれないことがわかる。　[5] (1) ４通り　(2) ２通り　(3) **最大の数**…25／**考え方**…(例)　抜き出したカードの数だけ和が増えることになり，この和が７の倍数になればよい。１から30までの和は465で，465を７で割った余りは３だから，７で割った余りが４の数のカードを抜き出す。よって，30以下であてはまる最大の整数は25となる。

社　会　<第２回試験>（理科と合わせて50分）<満点：50点>

解　答

[1] **問１**　**半島名**…知多半島　**記号**…キ　**問２**　エ　**問３**　カ　**問４**　**X**　労働費(賃金)(給料)　**Y**　空港　**問５**　**記号**…ウ　**理由**…(例)　波のおだやかな湾や瀬戸内海に面しているから。／原料の鉄鋼を得やすい工業地域の近くにあるから。　[2] **問１**　**記号**…①　**理由**…(例)　食べていたものを知る手がかりとなる動物の骨や貝がら，植物の種子などが見つけられるから。　**問２**　イ　**問３**　イ　**問４**　ウ　**問５**　イ　**問６**　イ　[3] **問１**　(例)　最大限の育児給付金が給付される育児休業期間の男女差が小さい　**問２**　(例)　男性に比べて女性の無償労働時間が長い。／管理的職業従事者に占める女性の割合が低い。　**問３**　(例)　管理的職業従事者に占める女性の割合や女性の正規雇用率について政府が数値目標を定め，達成した企業に対して減税などを行う。

理　科　<第２回試験>（社会と合わせて50分）<満点：50点>

解　答

[1] **問１**　イ　**問２**　ア　**問３**　イ　**問４**　エ　**問５**　エ　**問６**　(例)　**実験方法**…

霜柱ができていた地面の一部に，夜のうちにビニールシートをかぶせ，翌朝にその部分にも霜柱ができているかを調べる。　**結果**…霜柱は土に含まれる水分が固まったものなので，ビニールシートをかぶせた部分にも霜柱ができる。　**2**　**問１**　ア　**問２**　ウ　**問３**　ウ　**問４**　エ　**問５**　ウ　**問６**　**理由**…(例)　土砂崩れなどでＢ群の植物が失われると，植物のかげになっていた地表が明るくなる。また，腐植質の土が流されて土壌の養分が乏しくなるため，Ｂ群の植物は育ちにくくなり，Ａ群の植物が育ちやすい環境になるから。　**特徴**…(例)　Ａ群の植物は，土壌の養分が少なくても，強い日光があれば活発に光合成をして，成長することができる植物である。また，冬は落葉し，落葉が分解されることで腐植質の土壌を作り上げるものが多いと考えられる。

国　語　＜第２回試験＞（50分）＜満点：100点＞

解　答

一　**問１**　Ⅰ　仕方　Ⅱ　八方　Ⅲ　折る　**問２**　**Ａ**　川　**Ｂ**　人　**問３**　**ア**　２　**イ**　２　**ウ**　１　**エ**　１　**オ**　２　**問４**　ウ　**問５**　ウ　**問６**　球根　**問７**　エ　**問８**　(1)　(例)　自分が主役として活躍するのではなく，特に世界で一番美しい百合を土の器としてしっかりと支えていくこと。　(2)　(例)　たとえ自分が理想とした環境で生きられなくても，自分が活躍すべき場所はあり，必要とされる日も来るので希望を持ち続けるべきだということ。　**二**　**問１**　**Ａ**　イ　**Ｂ**　ア　**Ｃ**　エ　**問２**　**ａ**　ア　**ｂ**　エ　**問３**　ウ　**問４**　ウ　**問５**　ア　**問６**　(例)　実際にいなくてもいるように扱われるため，自分の実際の存在が必要なのか疑問に感じ，実際に物事に触れる感覚も鈍ってくること。　**問７**　(1)　イ　(2)　(例)　技術によってジャックインしているわけではなく演じているだけなので，体はさらささんだといえる。　(3)　(例)　もし，簡単に他者になれるとしたら，それを多用すると本来の自分がどのようなものかを見失う可能性も高いので，そういった技術を使うときには本当の自分というものを大切に意識していくような心構えも必要だと思う。　**三**　**問１**　(1)　精　(2)　情　**問２**　（Ⅰ，Ⅱの順で）(1)　給，足　(2)　画，賛　(3)　由，在

Dr.福井の
入試に勝つ！脳とからだのウルトラ科学

記憶に残る“ウロ覚え勉強法”とは？

人間の脳には，ミスしたところが記憶に残りやすい性質がある。順調にいっているときの記憶はあまり残らないが，まちがえて「しまった！」と思うと，その部分がよく記憶されるんだ(これは，脳のヘントウタイという部分の働きによる)。その証拠に，おそらくキミたちも「あの問題を解けたから点数がよかった」ことよりも，「あの問題をまちがえたから点数が悪かった」ことのほうをよく覚えているんじゃないかな？

この脳のしくみを利用したのが“ウロ覚え勉強法”だ。もっと細かく紹介すると，テキストの内容を一生懸命覚え，知識を万全にしてから問題に取り組むのではなく，テキストにざっと目を通した程度(つまりウロ覚えの状態)で問題に取りかかる。もちろんかなりまちがえると思うが，それを気にすることはない。まちがえた部分はよく記憶に残るのだから……。言いかえると，まちがえながら知識量を増やしていくのが“ウロ覚え勉強法”なのである。

ここで，ポイントが２つある。１つは，ヘントウタイを働かせて記憶力を上げるために，まちがえたときは「あ～っ！」とわざとらしく驚くこと。オーバーすぎるかな……と思うぐらいでちょうどよい。

もう１つのポイントは，まちがえたところをそのままにせず，ここできちんと見直すこと(残念ながら，驚くだけでは覚えられない)。問題の解説を読んで理解するのはもちろんだが，必ずテキストから見直すようにする。そうすれば，記憶力が上がったところで足りない知識をしっかり身につけられるし，さらにその部分がどのように出題されるかもわかってくる。頭の中の知識を実戦で役立てられるようにするわけだ。

Dr.福井(福井一成〔ふくいかずしげ〕)…医学博士。開成中・高から東大・文Ⅱに入学後，再受験して翌年東大・理Ⅲに合格。同大医学部卒。さまざまな勉強法や脳科学に関する著書多数。

2024年度 三田国際学園中学校

※この試験はメディカルサイエンステクノロジークラス受験生対象です。

【算　数】〈ＭＳＴ試験〉（60分）〈満点：100点〉

〔注意〕 1．線や円をかく問題は，定規やコンパスは用いずに手書きで記入してください。
2．円周率は3.14として解答してください。

1 次の□にあてはまる数を答えなさい。

(1) $24+35+46+57+68+79+90+101=$□

(2) 30ｇの食塩と□ｇの水をよく混ぜると濃度が15％の食塩水になります。

(3) 下の図は中心が同じ４つの円を重ねたものです。かげをつけた部分の面積は□cm^2です。

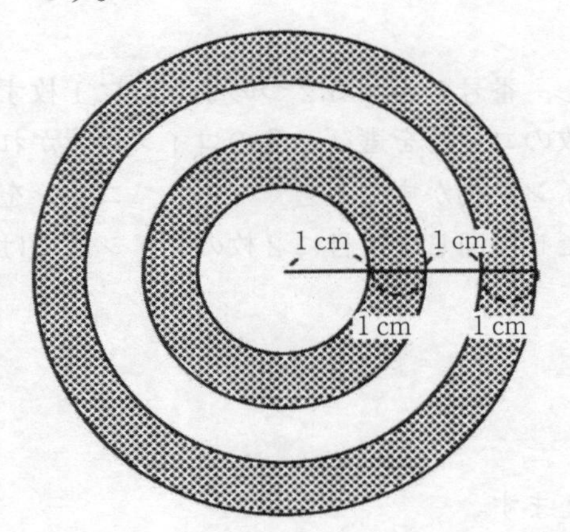

(4) Ａ君，Ｂ君，Ｃ君に６個のりんごを配るとき，配り方は全部で□通りあります。ただし，３人とも少なくとも１個はりんごをもらうとします。

(5) １，４，９の３つの数字を使ってできる整数を小さい順に並べると，

１，４，９，11，14，19，41，44，49，91，94，99，111，……

となる。1449は左から数えて□番目です。

(6) １から13まで書かれたカードがそれぞれ１枚ずつあり，その中からカードを１枚ひいて，出た数が１以上10以下の奇数だったら３点，１以上10以下の偶数だったら５点，また11，12，13のいずれかだったら10点を得られるゲームをしました。ひいたカードは見てからもどすとします。このゲームを50回くり返したところ，３点を得られた回数と10点を得られた回数が同じで，合計が313点になりました。このとき，５点を得られた回数は□回です。

2 ある船で54kmの川を上るのに６時間かかりました。この船のエンジンを新しくしたところ，水の流れがないときの速さは1.2倍になり，川を上る時間が４時間半になりました。

(1) エンジンを新しくしたときの，川を上る速さは，時速何kmか求めなさい。

(2) 川の流れの速さは，時速何kmか求めなさい。

(3)　エンジンを新しくしたときの，川を下るのにかかる時間は，何時間か求めなさい。

3　右の図は１辺の長さが17cmの立方体で，辺EF，EH上にそれぞれ点Ｐ，Ｑがあり，EP＝8cm，EQ＝9cmです。この立方体を３点Ａ，Ｐ，Ｑを通る平面で切断したときに頂点Ｅをふくむ方の立体を立体Ｘとします。すい体の体積は底面積×高さ÷３で求められます。

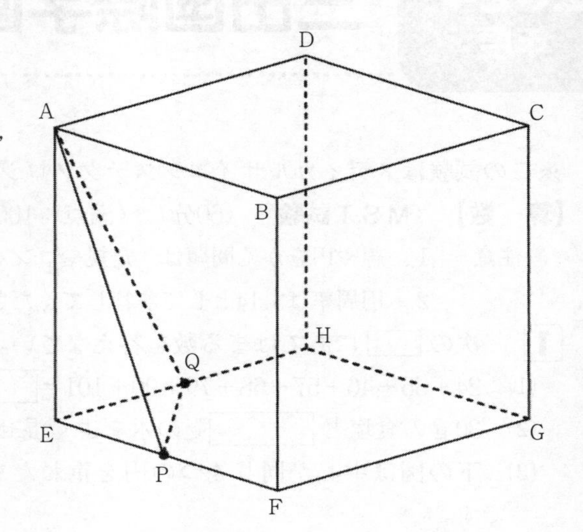

(1)　立体Ｘの体積を求めなさい。

(2)　立体Ｘの展開図を利用することで，立体Ｘの表面積を求めなさい。ただし，どのように考えたかも合わせて答えなさい。

(3)　立体Ｘの三角形APQを底面としたときの高さを求めなさい。

4　下の図のように整数で番号をつけたます目を用意し，番号の異なる２つのます目に１枚ずつコインを置きます。２人で１人ずつ順にどちらか１枚のコインを選び，そのコインが置かれたます目より左（小さい番号）の空いているます目にコインを動かすことをくり返し，コインを動かせなくなった人が負けになるゲームをします。ただし，同じます目に２枚のコインは置けないものとします。

1	2	3	4	5	6	7	8

例えば次のようにコインが置かれていた場合を考えます。

1	2	3	4	5	6	7	8
	●	●					

このとき先手が３番のます目のコインを１番のます目へ移動させると

1	2	3	4	5	6	7	8
●	●						

となり，後手はコインを動かすことができないため，先手の勝ちとなります。

(1)　下の図のようにコインが置かれた状態からゲームを始める。先手が勝つようなコインの動かし方は１通りだが，先手の最初のコインの動かし方は全部で何通りあるか求めなさい。

1	2	3	4	5	6	7	8
		●		●			

先手がどのようにコインを動かしても後手が勝つようにコインを動かすことができるときに「後手が必勝である」という。また，後手がどのようにコインを動かしても先手が勝つように

コインを動かすことができるときに「先手が必勝である」という。

(2)　下の図のようにコインが置かれた状態からゲームを始めるとき，先手と後手のどちらが必勝となりますか。解答用紙に必勝となる方に丸をし，理由も合わせて答えなさい。

1	2	3	4	5	6	7	8
		●	●				

(3)　下の図のようにコインが置かれた状態からゲームを始めるとき，先手と後手のどちらが必勝になるか答えなさい。

1	2	3	4	5	6	7	8
		●					●

5　３つの整数「１，２，３」のように，１ずつ大きくなる３つの整数の組を連続３整数ということにします。例えば，６は$6=1\times2\times3$なので，６は連続３整数の積ということができます。2024という数は，以下のように積の形で

$2024=2\times2\times2\times11\times23$

と表すことができます。2024を６倍した数をAとするとき，以下の問いに答えなさい。

(1)　(ア)　あなたが誰かに「Aの数は面白い数です」と紹介するなら，あなたはそれをどのように表現しますか。文章で説明しなさい。

(イ)　連続３整数の積で表される異なった３つの整数を小さい順に○，△，□として，A＝◯＋△＋□ の形で表すことができます。□にあてはまる数を答えなさい。ただし，必要ならば以下の表を用いてもよいものとする。

連続３整数の積	2×3×4	3×4×5	4×5×6	5×6×7	6×7×8
その値を６で割った数	4	10	20	35	56
連続３整数の積	7×8×9	8×9×10	9×10×11	10×11×12	11×12×13
その値を６で割った数	84	120	165	220	286
連続３整数の積	12×13×14	13×14×15	14×15×16	15×16×17	16×17×18
その値を６で割った数	364	455	560	680	816
連続３整数の積	17×18×19	18×19×20	19×20×21	20×21×22	21×22×23
その値を６で割った数	969	1140	1330	1540	1771

(2)　５つの整数「１，２，３，４，５」のように，１ずつ大きくなる５つの整数の組を連続５整数ということにします。たとえば，120は$120=1\times2\times3\times4\times5$なので，120は連続５整数の積ということができます。○から始まる連続５整数の積を《○》で表すことにします。たとえば，《３》は３から始まる５連続整数の積なので，

《３》$=3\times4\times5\times6\times7=2520$

です。

2024を120倍した数をBとし，異なる３つの整数を小さい順に○，△，□とすると

B＝《◯》＋《△》＋《□》であって，◯＋△＋□＝14

となるとき，□にあてはまる数を答えなさい。ただし，必要ならば以下の表を用いてもよいも

のとする。

連続５整数の積	1×2×3×4×5	2×3×4×5×6	3×4×5×6×7
その値を120で割った数	1	6	21
連続５整数の積	4×5×6×7×8	5×6×7×8×9	6×7×8×9×10
その値を120で割った数	56	126	252
連続５整数の積	7×8×9×10×11	8×9×10×11×12	9×10×11×12×13
その値を120で割った数	462	792	1287
連続５整数の積	10×11×12×13×14	11×12×13×14×15	12×13×14×15×16
その値を120で割った数	2002	3003	4368

【理　科】〈ＭＳＴ試験〉（60分）〈満点：100点〉

〈編集部注：実物の試験問題では，**3**の図１と図２以外は色つきです。〉

1　次の文章を読み，あとの各問いに答えなさい。

地球上から天体を観測するためには a 望遠鏡を使用する。できるだけ遠くの天体を見るためには，どのような条件で観測するとよいだろうか。その条件とは，観測地点から目的の天体までの間の空間に，できるだけ障害物が無い状態にすることだと考えられる。では，観測地点としてどこが適切なのだろうか。もし地球上で観測するのであれば，大気中に浮かぶ雲が障害物となることは容易に予想されるだろう。例えば，すばる望遠鏡(図１)はハワイにあるマウナ・ケアという山の頂上に建設されている。この山は標高4205mで山頂は空気が澄んでおり b 晴天率が高く，天体観測に非常に適している。しかし，より適した観測地点として考えられるのは，宇宙空間である。その発想により，現在，宇宙空間には観測用の宇宙望遠鏡が打ち上げられており，数多くの天体が観測されている。

図１　すばる望遠鏡

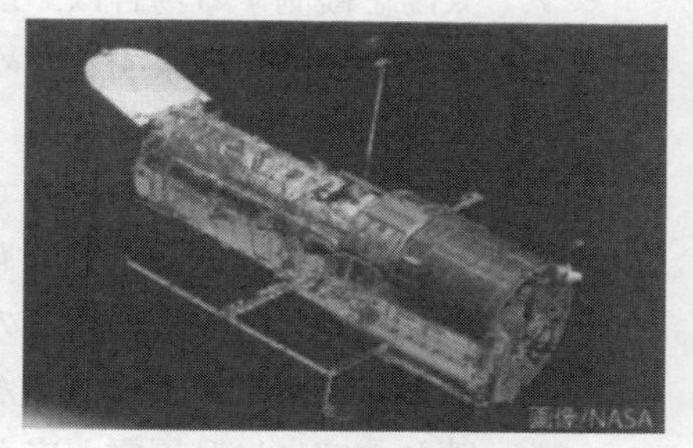

図２　ハッブル宇宙望遠鏡(HST)

1990年４月に打ち上げられたハッブル宇宙望遠鏡(以下 HST，図２)により，宇宙に広がる天体の素晴らしい画像が非常にたくさん公開されてきた。とても大きな成果を残してきたが老朽化が進んだため，次世代の宇宙望遠鏡として開発されたジェイムズ・ウェッブ宇宙望遠鏡(以下 JWST，図３)が後継機として活躍し始めた。このJWSTは1996年に開発の提言がなされたが，当時は次世代宇宙望遠鏡(NGST)という名称であった。開発の難しさから計画が大幅に遅れ，打ち上げられたのは2021年12月になった。

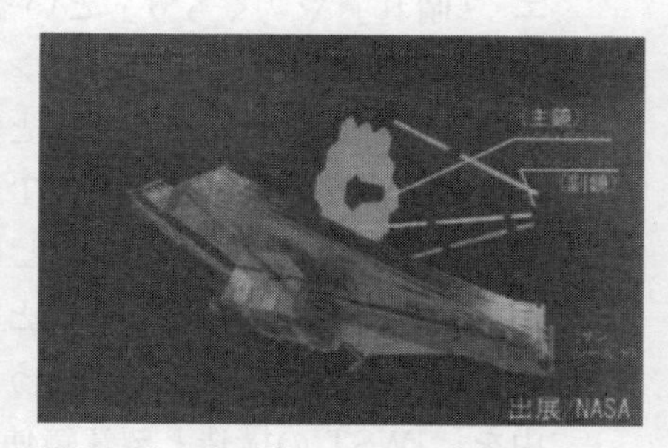

図３　ジェイムズ・ウェッブ宇宙望遠鏡(JWST)

典型的な望遠鏡の形に近いHSTに比べ，JWSTはパラボラアンテナ(図４)のような電波望遠鏡に近い形をしている。その姿は，太陽光を遮るサンシールドを下部に敷き，18枚の分割鏡からなる主鏡とその前面にある副鏡がむき出しになっている。このユニークな形をロケットに搭載するため，JWSTは折りたたまれた状態で打ち上げられた。打ち上げられた後，周回軌道へ移動し，さらにサンシールドや主鏡を展開といった調整に半年以上かけ，2022年７月にようやくJWST撮影による天体のカラー画像３枚が初めて公開された。

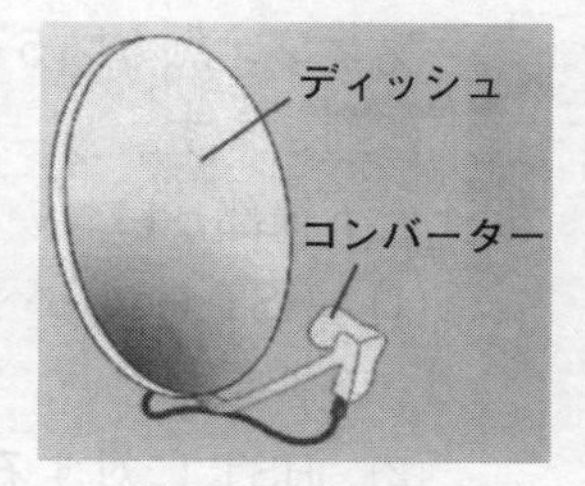

図４　パラボラアンテナ

HSTとJWSTとの違いは，その外観だけではない。周回軌道の高度がそれぞれ異なり，HSTでは約600kmであるが，JWSTでは約150万kmである。また，JWSTが位置するのは c ５つあるラグランジュ点(図５)のうちのL_2点である。 d JWSTの主鏡の面積はHSTの７倍以上であるにもかかわらず，JWSTの主鏡のほうが軽く，その重さはHSTの主鏡の重さの半分程度である。HSTは可視光(目に見える電磁波)を使った観測であったが，JWSTは e 赤外線という目に見えない電磁波を使って観測する。

【参考】

1．KoKaNet＞JWST短期連載①～④
https://www.kodomonokagaku.com/jw_1～4

2．国立天文台野辺山宇宙電波観測所＞電波天文学入門＞でんぱ天文学のひみつ＞電波望遠鏡ってなに？
https://www.nro.nao.ac.jp/entry/04.html

問1　下線部aについて，正しいものを選択肢(せんたくし)の中からひとつ選び，記号で答えなさい。

ア　太陽を観測する場合は，遮光板(しゃこうばん)を望遠鏡に取り付けて直接観察するとよい。

イ　太陽の黒点を観察するためには，望遠鏡は適していない。

ウ　太陽投影板(とうえいばん)を使う場合は，望遠鏡と太陽の間に設置する。

エ　失明する可能性があるので，絶対に太陽を望遠鏡で見てはいけない。

問2　下線部bについて，正しいものを選択肢の中からひとつ選び，記号で答えなさい。

ア　積雲(わた雲)がそのままの状態なら晴れるが，発達すると積乱雲になる。

イ　雲の量を雲量とよび，0から20までの数字で表される。

ウ　晴れの空には乱層雲が広がることがある。

エ「晴れ」や「くもり」という天気は，空をおおう雲の量だけでは決まらない。

問3　下線部cについて，ラグランジュ点とは太陽と地球の重力バランスがとれる地点で，5つの地点があります。JWSTが位置しているL_2点はこれらのうちのどこでしょうか。図5の中の選択肢からひとつ選び，記号で答えなさい。またそのように答えた理由を，JWSTの構造と望遠鏡使用の際の注意事項(じこう)をふまえて簡単に答えなさい。ただし，地球の公転にしたがって，5つのラグランジュ点も図5の配置を保ったまま同時に動きます。

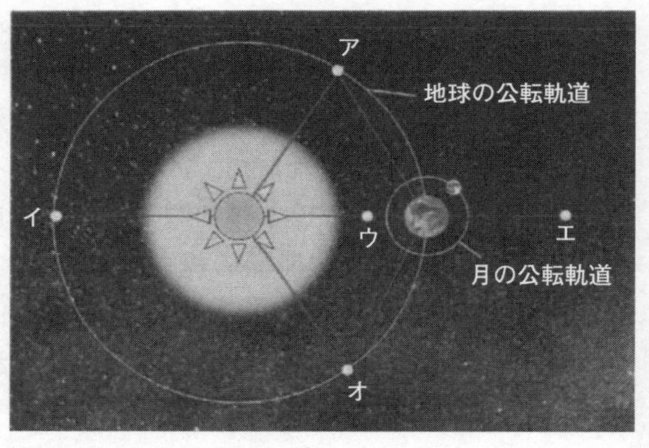

図5　5つのラグランジュ点

問4　下線部dについて，

(1)　HSTにくらべてJWSTの主鏡の密度は，大きいといえるか小さいといえるか，いずれか答えなさい。

(2)　HSTに対するJWSTの主鏡の密度の比に最も近い値を示すのは，どの物質の組合せでそれぞれの主鏡を作ったときでしょうか。選択肢の中からひとつ選び，記号で答えなさい。ただし，主鏡の体積比は面積比と同じとみなして考えなさい。

表1　4つの物質の特徴(とくちょう)

物質	A	B	C	D
質量〔g〕	56	18	4.2	1.0
体積〔cm^3〕	7.3	6.2	8.5	9.8

ア　AとB　　イ　AとC　　ウ　AとD　　エ　BとC　　オ　BとD　　カ　CとD

問５　下線部ｅについて，表２と図６の資料を用いてJWSTが可視光ではなく赤外線を使う理由を簡単に答えなさい。

表２　電磁波の種類とその特性など

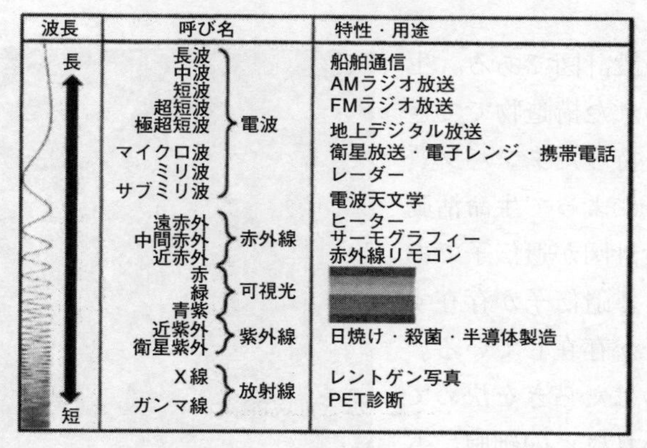

波長	呼び名		特性・用途
長	長波	電波	船舶通信
	中波		AMラジオ放送
	短波		FMラジオ放送
	超短波		地上デジタル放送
	極超短波		衛星放送・電子レンジ・携帯電話
	マイクロ波		レーダー
	ミリ波		電波天文学
	サブミリ波		
	遠赤外	赤外線	ヒーター
	中間赤外		サーモグラフィー
	近赤外		赤外線リモコン
	赤	可視光	
	緑		
	青紫		
	近紫外	紫外線	日焼け・殺菌・半導体製造
	衛星紫外		
	X線	放射線	レントゲン写真
短	ガンマ線		PET診断

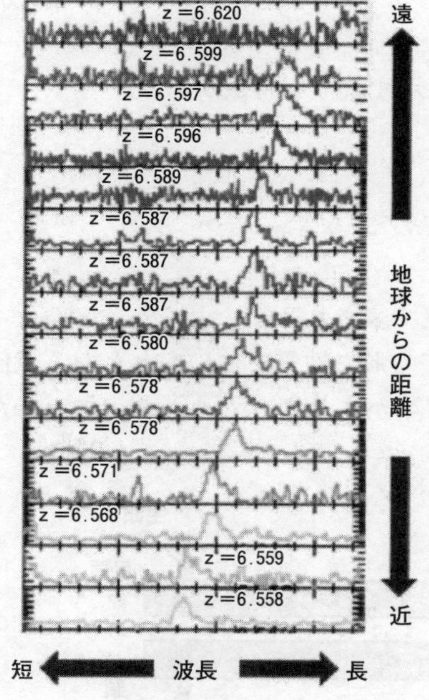

【図の説明】
・すばる望遠鏡がとらえた宇宙領域を，上から遠い順に示している。
・山のように盛り上がった部分は，その場所にある銀河が発した電磁波を示している。

【電磁波の特徴】
★波長が長いと，
・障害物の裏側にも回り込みやすい
・地形に沿ったり，遠くまで届いたりする
★波長が短いと，
・直進しやすくなる
・障害物に反射しやすくなる

図６　すばる望遠鏡がとらえた宇宙領域

【参考】

１．柏川伸成(2012年) SDFで探る128億光年かなたの銀河たち＞国立天文台ニュース

２．月刊FBニュース＞2017年５月号＞＞第５回「周波数によって変わる，電波の特徴」

2　次の文章を読み，あとの各問いに答えなさい。

日本国内では2020年初頭から2023年５月まで，新型コロナ感染症(COVID-19)が猛威をふるい，われわれはその感染を防ぐためにマスク着用を余儀なくされる生活を送ってきた。感染防止や感染した場合の症状を抑えるために，ワクチンを接種した人も多いであろう。今ここで受験をしている人たちの中にも，新型コロナウイルスの感染が疑われ，検査した人もいるかもし

れない。この検査にはいくつかの種類がある。中でも有名なのが「PCR 検査」である。PCRとは，「ポリメラーゼ連鎖反応(Polymerase Chain Reaction)」の略で，狙った遺伝子の部分だけを限定して増やすことができる技術である。現在，PCR は生命科学分野になくてはならない技術である。

遺伝子とは何か。簡単に言うと生物の設計図である。生物のからだは細胞という小さな膜で囲われた構造物でできている。細胞の中にはさまざまな機能を持ったタンパク質があり，はたらいている。このはたらきによって生命活動は維持されている。このタンパク質の設計図が遺伝子であり，ひとつひとつのタンパク質に対応する遺伝子が存在する。生物には，非常にたくさんの遺伝子が存在している。からだの形を決めているのも，からだのはたらきを決めているのも遺伝子である。$_a$<u>同じ生物であればどの細胞にも同じ遺伝子が入っている</u>。ひとつの細胞だけでできている生物もあり，$_b$<u>ゾウリムシ</u>(図１)はその代表である。

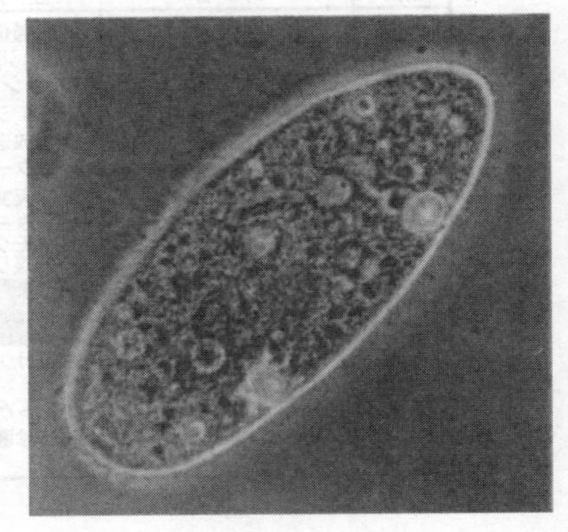

図１　ゾウリムシ(Photo by Barfooz.)

遺伝子はDNA とよばれる物質でできており，以下に示すような特徴がある。

①　DNA は，２本の鎖でできている
②　それぞれの鎖には方向がある(頭と尻尾)
③　２本の鎖は頭と尻尾が互い違いになって向き合っている
④　それぞれの鎖は弱い力で引き合っている
⑤　遺伝子の種類はＡ，Ｃ，Ｇ，Ｔで示す物質の組合せで表される

図２は，これらをまとめたものである。生物のすべての形や性質などのもととなる遺伝子は，それぞれに対応するDNA でできている。それらのDNA がまとまってつながっているため，非常に長い鎖のようになっている。

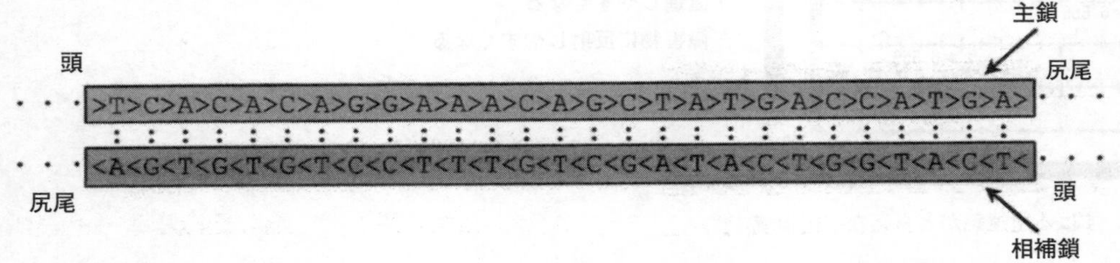

図２　DNAの構造：Ａ，Ｔ，Ｇ，Ｃの間の「＞」や「＜」は，これらの物質の結合の方向性を示している。また，主鎖と相補鎖はA-TとG-Cの間の結びつき(「：」で示してある)によって弱く結合している。

PCR は非常に長い鎖の一部だけを限定して増やす技術である。詳細は図３に示すが，簡単に説明すると

①　加熱して２本の長い鎖を１本ずつにはなす
②　限定した幅の頭と尻尾の位置に短い鎖の断片(プライマー)をつける
③　短い鎖を頭に見たて，そこから尻尾の方向に鎖を長く伸ばす(伸ばすのは，DNA ポリメラーゼという酵素のはたらきによる)

の繰り返しである。①～③を30回程度繰り返すと，$_c$<u>限定した幅の頭から尻尾までの部分だけ</u>

の二本鎖DNAが大量に得られる。

新型コロナ感染症かどうかのPCR検査の対象は，患者（かんじゃ）である人間の遺伝子ではなく，原因である新型コロナウイルスの遺伝子である。もし感染していなければ新型コロナウイルスの遺伝子は増えてこないが，感染していたら狙った遺伝子が増えるため感染しているかどうか検査することができる。

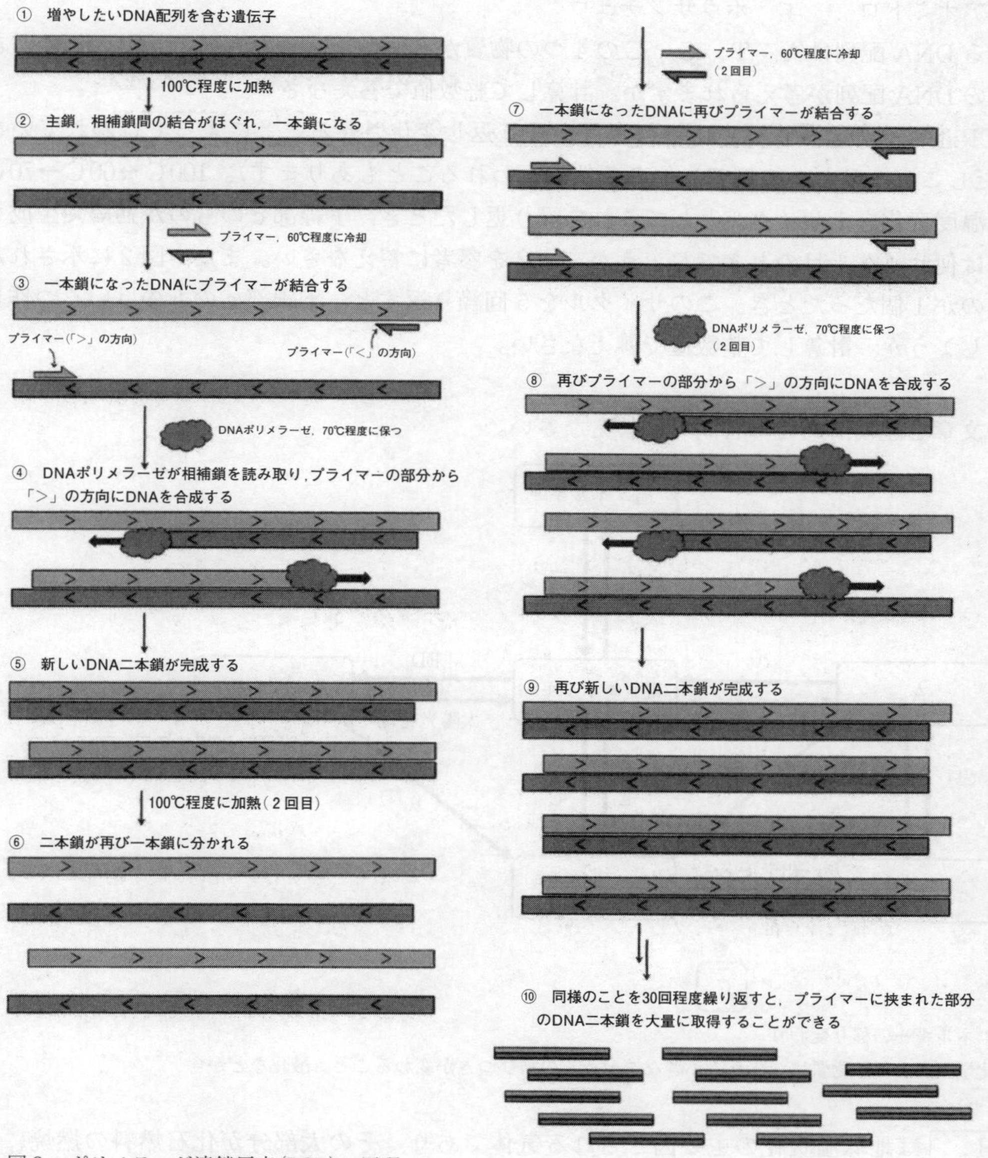

図３　ポリメラーゼ連鎖反応(PCR)の原理

問１　下線部ａについて，同じ種類の生物であっても持っている遺伝子の組合せが違う場合があります。その場合として**間違っている**例と考えられるものを選択肢（せんたくし）の中からひとつ選び，記号で答えなさい。

ア　黄色と白い種子を含むトウモロコシと，黄色い種子のみを含むトウモロコシ

イ　同じ種イモから成長した２つのジャガイモどうし

ウ　同じ両親から生まれた１年違いのハムスターの兄弟姉妹

エ　アサガオの花Ａから取れた種が成長してできた花Ｂと，もとの花Ａ

問２　下線部ｂについて，ゾウリムシと同様，ひとつの細胞でできている生物を選択肢の中からひとつ選び，記号で答えなさい。

ア　ミドリムシ　　イ　ミジンコ

ウ　アオミドロ　　エ　ホウサンチュウ

問３　あるDNA配列はA，T，G，Cの４つの物質が６個つながったものでした。このとき何種類のDNA配列が考えられますか。計算して整数値で答えなさい。

問４　PCRは図３のように，反応液の温度を繰り返し変化させることによって行われています(ただしこれはひとつの例で，他の条件で行われることもあります)。100℃→60℃→70℃という温度変化を１サイクルとしてこれを繰り返したとき，下線部ｃのものが初めて生成されるのは何サイクル目のときでしょうか。図２を参考に答えなさい。また，図２に示された①のものが１個だったとき，このサイクルを５回繰り返すと，下線部ｃのものはいくつ作られるでしょうか。計算して整数値で答えなさい。

3　下の文章を読み，あとの各問いに答えなさい。

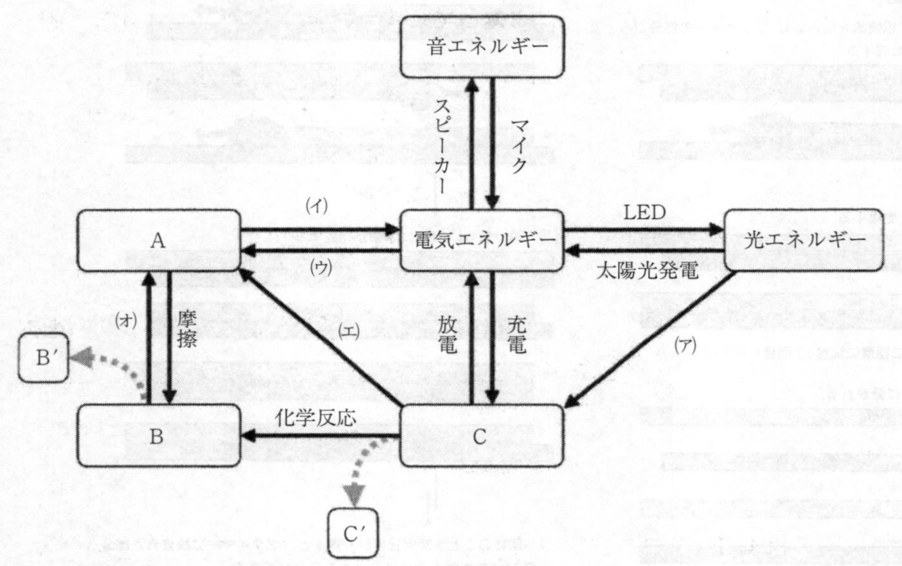

図１　エネルギーの移り変わり
化学反応とは，物質に含まれる小さな粒どうしの結びつきが変わること。酸化などが含まれる。

［　1　］は地球温暖化の主要因とされる気体であり，その大部分が化石燃料の燃焼によって排出(はいしゅつ)されている。過去10年間に化石燃料を燃やすことで排出された［　1　］は，その55％が大気に蓄積(ちくせき)し，約25％が海に，約20％が陸上の［　2　］に吸収されたと推定されている。そのため海水は年を追うごとに［　3　］性になる傾向(けいこう)にある。図１は，エネルギーの移り変わりとその具体例を簡単に示したものである。化石燃料は図１のＣを持ち，そのエネルギーを発電や輸送など人類の活動のために利用している。化石燃料の消費量を抑(おさ)えるための技術が日々開発されており，例えば車の大部分を占(し)めるガソリン車は，ハイブリッドカーや電気自動

車へと移行しつつある。

問１　文章中の空欄にあてはまる語句の組合せとして正しいものを選択肢の中からひとつ選び，記号で答えなさい。

ア　1 酸素　2 岩石　3 酸
イ　1 酸素　2 岩石　3 アルカリ
ウ　1 酸素　2 生物　3 酸
エ　1 酸素　2 生物　3 アルカリ
オ　1 二酸化炭素　2 岩石　3 酸
カ　1 二酸化炭素　2 岩石　3 アルカリ
キ　1 二酸化炭素　2 生物　3 酸
ク　1 二酸化炭素　2 生物　3 アルカリ

問２　図１のＡ，Ｂ，Ｃにあてはまる語句の組合せを選択肢の中からひとつ選び，記号で答えなさい。

ア　Ａ　運動エネルギー　Ｂ　化学エネルギー　Ｃ　熱エネルギー
イ　Ａ　運動エネルギー　Ｂ　熱エネルギー　Ｃ　化学エネルギー
ウ　Ａ　化学エネルギー　Ｂ　熱エネルギー　Ｃ　運動エネルギー
エ　Ａ　化学エネルギー　Ｂ　運動エネルギー　Ｃ　熱エネルギー
オ　Ａ　熱エネルギー　Ｂ　運動エネルギー　Ｃ　化学エネルギー
カ　Ａ　熱エネルギー　Ｂ　化学エネルギー　Ｃ　運動エネルギー

問３　図２はハイブリッドカーの駆動システムを簡単に示したものです。図２の①～③の過程をエネルギー変換の具体例としたとき，それらに対応するものを図１の(ア)～(オ)の中からひとつずつ選び，それぞれ記号で答えなさい。ただし，エンジンの構造とその動くようすについては図３を参考にして下さい。

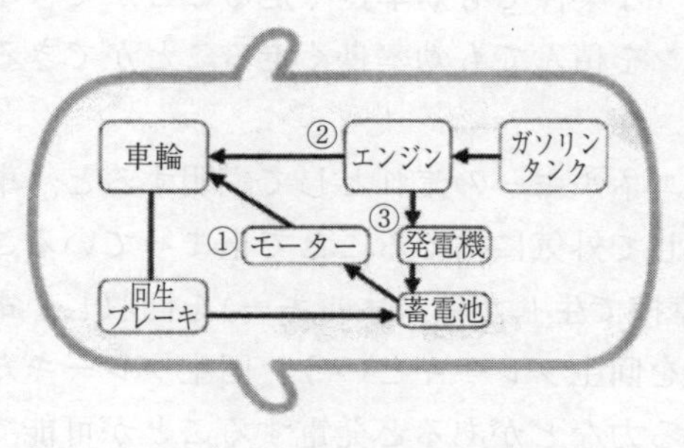

図２　ハイブリッドカーの駆動システム

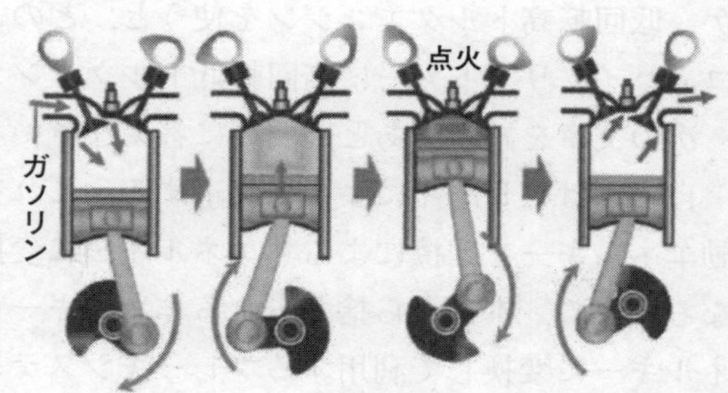

図３　エンジンの構造と動き

問４　図１のＢ′，Ｃ′は，それぞれ(オ)と化学反応において変換し損ねたエネルギーを表しています。ハイブリッドカーの駆動システム上で生じるＢ′とＣ′は，その具体例としてどのようなものが考えられるでしょうか。それぞれ簡単に答えなさい。

問５　図４はモーターとエンジンそれぞれの特性を表したグラフです。図５はエンジンの特性とエネルギー効率(燃焼効率，燃費)の関係を表したグラフです。トルクとはモーターやエンジンがタイヤを回す力の大きさです。回転数はモーターやエンジンが１分間に回転する回数のことです。これらのグラフの情報だけからわかることを下の選択肢の中から**３つ**選び，記号で答えなさい。

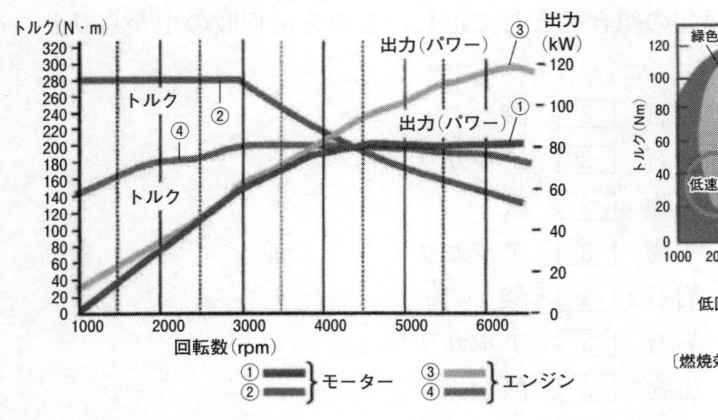

図４　自動車エンジンの特性

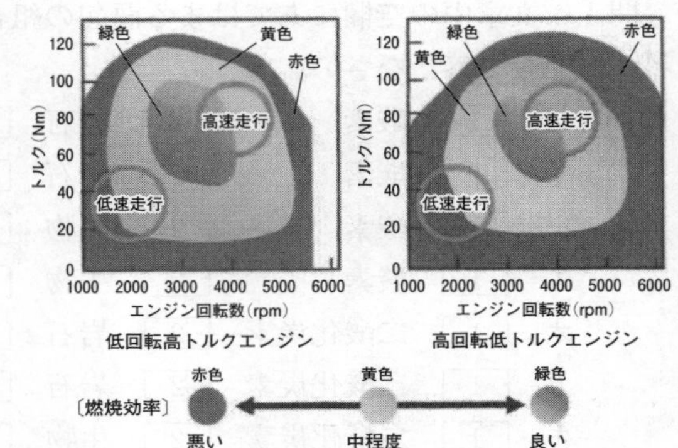

図５　トルクと回転数と燃焼効率の関係

ア　トルクとは，出力(パワー)と回転数との積で表される。

イ　出力(パワー)とは，トルクと回転数との積で表される。

ウ　トルク，出力(パワー)，回転数には比例や反比例の関係はない。

エ　回転数が6000までの間，モーターとエンジンではエンジンの方が，エネルギー効率が良い。

オ　回転数が6000までの間，モーターとエンジンではモーターの方が，エネルギー効率が良い。

カ　エネルギー効率を良くするためには，街中をゆっくりと走行した方が良い。

キ　街中を走るよりも高速道路を法定速度(違反(いはん)にならない速さ)で走行した方が，エネルギー効率が良い。

ク　自動車エンジンの種類にかかわらず，効率良く走るための回転数の幅(はば)はあまり変わらない。

ケ　低回転高トルクエンジンを使うと，どのような条件でも効率良く走ることができる。

コ　ハイブリッドカーに高回転低トルクエンジンを積んでも効率良く走ることができる。

問６　次の文章を読み，あとの問いに答えなさい。

自動車はブレーキによって停車する。これをエネルギーの流れとして説明すると，車の運動エネルギーを摩擦(まさつ)による熱エネルギーに変換して外気に捨てることで止まっていることになる。この，本来なら捨てられるエネルギー(摩擦で生じた熱エネルギー)を回収し，電気エネルギーに変換して利用するブレーキシステムを回生ブレーキという。回生ブレーキだけではなく，他の例でも温度差や高低差，急にかかる力などがあると発電することが可能である。

【問い】　回生ブレーキとは異なる例について，(1)「本来捨てられるエネルギー」と(2)「捨てられずに変換された後のエネルギー」を考察して答えなさい。異なる例は〔語群〕の中からひとつ選び，解答用紙にある語群に○をつけること。

〔語群〕　地下鉄，廃棄物(はいき)，クレーン，温泉

4 次の文章を読み，あとの各問いに答えなさい。

SFの世界では，人間によく似たロボットや人間が操作する巨大ロボットが活躍している。そして現実世界でも多種多様なロボットが活躍し，我々の生活を支えている。しかし，大部分のロボットは a特定の作業に特化した形状をしていて，すべて機械で作られ人の手あるいはコンピューターで制御されている。これらは主に産業用ロボットとよばれるタイプのものである。b自動車や医薬品の製造工場など，いろいろな工場で活躍している。

ロボットの動作により柔軟性を持たせるためには，動物が持つ筋肉組織(筋肉を作っている部分)を活用した生体構造をとることがひとつのアイデアである。ここ数年，このアイデアをロボットに応用する研究が進められてきている。例えばハーバード大学の研究では，動力源をラット(野生のドブネズミを改良して作られた実験用のネズミ)の心筋細胞(心臓の筋肉を作っている部分)としたボディを持つ，エイの1/10スケールのロボット(図１)を開発した。この心筋細胞は光の合図に反応するように遺伝子操作されているため，ロボットは光を追跡しながら水中を泳ぐことが可能である。

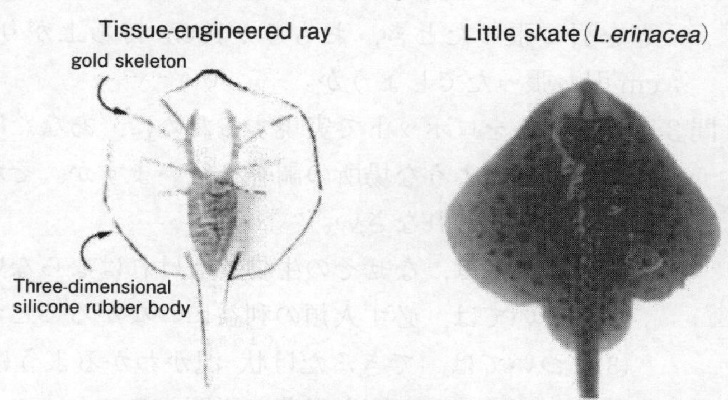

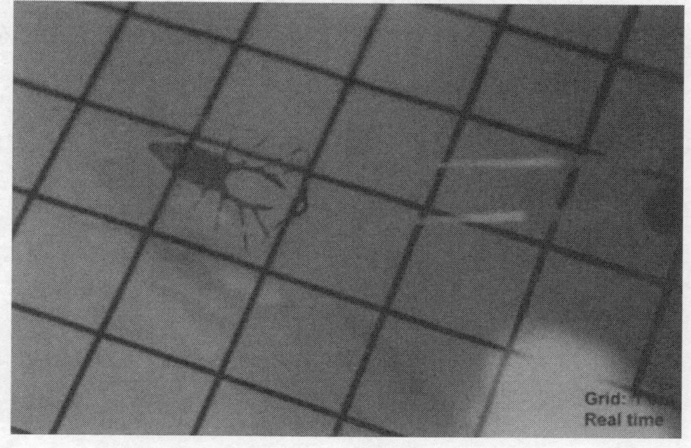

図１　エイ型ロボット(左上，下)とアカエイ(右上)

これとは逆の発想で，生物に機械部品を埋め込んだサイボーグ生物の開発も研究が進められている。例えば，カイコガの脳の信号で動く「におい探査ロボット」の開発や，ゴキブリに無線移動制御モジュールとバッテリーを装着して自由に動きを操作し制御する研究がある。サイボーグ生物の研究の問題には，技術的な側面だけではなく倫理的な側面もある。しかし，それらがクリアされれば，この研究は c人間が入り込めない場所の調査などに大きく貢献すると期待される。

【参考】

1．Park, et al., Phototactic guidance of a tissue-engineered soft-robotic ray, *Science*, 353, 158-162(2016)

問１　下線部ａについて，次の実験器具はどのような作業に適した形状をしているでしょうか。もっとも適当なものを選択肢の中からひとつずつ選び，記号で答えなさい。ただし，同じ記号を繰り返し答えてはいけません。

(1)　試験管

(2)　三角フラスコ

(3)　丸底フラスコ

ア　加熱や高圧・減圧などの操作

イ　少量の薬品を用いた溶解(ようかい)，加熱，冷却(れいきゃく)などの操作

ウ　蒸発しやすい薬品の小分けや加熱，冷却などの操作

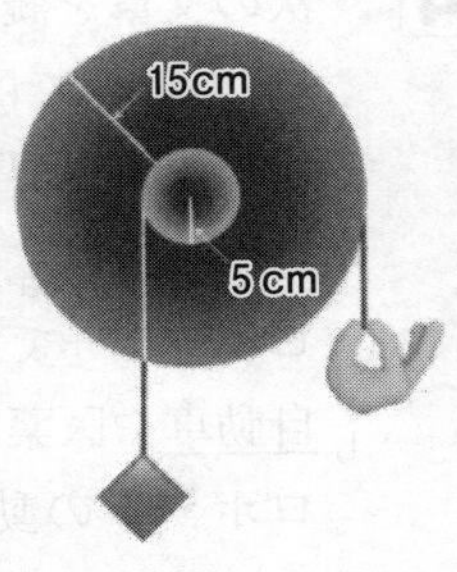

図２　輪軸

問２　下線部ｂについて，その方向を変えるのに使われるハンドルは輪軸(りんじく)というしくみを使っています。図２のような輪軸で輪に取り付けたひもを引っ張ったとき，おもりが10cm 持ち上がりました。ひもを何cm 引っ張ったでしょうか。

問３　下線部ｃをロボットで実現するために，あなたは(1)どのような生物をモデルにして(2)何のために(3)どのような場所の調査を行いますか。それぞれ具体的に答えなさい。その際，以下について必ず触(ふ)れなさい。

(1)については，なぜその生物でなければならないのか。

(2)については，必ず人類の利益につながることが含(ふく)まれること。

(3)については，できるだけ状況(じょうきょう)がわかるように，場所を明らかにした上でロボットの形状をデザインした図と言葉で説明すること。

・ロボットの形状については(1)で示した生物を真似ているかどうか

・状況については(2)で示した目的をかなえることを前提にしているかどうか

を評価の対象とします。

2024年度

三田国際学園中学校 ▶解説と解答

算 数 <MST試験>（60分）<満点：100点>

解 答

1 (1) 500 (2) 170 g (3) 31.4cm² (4) 10通り (5) 54番目 (6) 8回
2 (1) 時速12km (2) 時速 6 km (3) $2\frac{1}{4}$時間 3 (1) 204cm³ (2) 289cm²
(3) $5\frac{139}{217}$cm 4 (1) 5通り (2) 後手 (3) 先手 5 (1) (ア) （例） 22, 23, 24の連続3整数の積で表せる。 (イ) 9240 (2) 10

解 説

1 数列，濃度，面積，場合の数，つるかめ算

(1) 8個の数は11ずつ増えているから，$24+35+46+57+68+79+90+101=(24+101)\times8\div2=500$と求められる。

(2) （食塩の重さ）＝（食塩水の重さ）×（濃度）より，できた食塩水の重さを□gとすると，□×0.15＝30(g)と表すことができる。よって，□＝30÷0.15＝200(g)なので，加えた水の重さは，200－30＝170(g)である。

(3) 内側のかげをつけた部分は，半径が2cmの円から半径が1cmの円を除いたものだから，面積は，$2\times2\times3.14-1\times1\times3.14=(4-1)\times3.14=3\times3.14$(cm²)とわかる。また，外側のかげをつけた部分は，半径が4cmの円から半径が3cmの円を除いたものなので，面積は，$4\times4\times3.14-3\times3\times3.14=(16-9)\times3.14=7\times3.14$(cm²)となる。よって，合わせると，$3\times3.14+7\times3.14=(3+7)\times3.14=10\times3.14=31.4$(cm²)と求められる。

(4) はじめに3人に1個ずつ配ると，残りは，$6-1\times3=3$(個)になる。これを3つに分ける方法は，㋐(3個，0個，0個)，㋑(2個，1個，0個)，㋒(1個，1個，1個)の場合がある。さらに，これらをA君，B君，C君に分ける方法は，㋐の場合は3通り，㋑の場合は，$3\times2\times1=6$(通り)，㋒の場合は1通りあるから，全部で，$3+6+1=10$(通り)と求められる。

(5) 1けたの整数は3個ある。また，どの位にも3通りの数字を使うことができるので，2けたの整数は，$3\times3=9$(個)，3けたの整数は，$3\times3\times3=27$(個)あることがわかる。次に，4けたの整数のうち，千の位が1，百の位が1の整数は，2けたの整数と同様に9個あるから，1400未満の整数の個数は，$3+9+27+9=48$(個)とわかる。さらに，1400以上の整数は左から順に，1411，1414，1419，1441，1444，1449，…となるので，1449は左から数えて，$48+6=54$(番目)とわかる。

(6) 3点と10点の回数が同じだから，これらは平均すると，$(3+10)\div2=6.5$(点)となり，右のようにまとめることができる。6.5点を50回得たとすると，$6.5\times50=325$(点)となり，実際よりも，$325-313=12$(点)多くなる。6.5点と5点を交換すると1回あたり，$6.5-5=1.5$(点)少なくなるので，5点を得た回数は，

6.5点 5点	合わせて 50回で313点

12÷1.5＝８(回)とわかる。

2 流水算

⑴　エンジンを新しくしたときに上りにかかった時間は４時間半(＝4.5時間)だから，このときの上りの速さは時速，54÷4.5＝12(km)である。

⑵　はじめの上りの速さは時速，54÷６＝９(km)である。また，エンジンを新しくする前と後の静水での速さの比は，１：1.2＝５：６なので，右の図のように表すことができる。この図で，①にあたる速さは時速，(12－９)÷(６－５)＝３(km)だから，はじめの静水での速さは時速，３×５＝15(km)となり，流れの速さは時速，15－９＝６(km)と求められる。

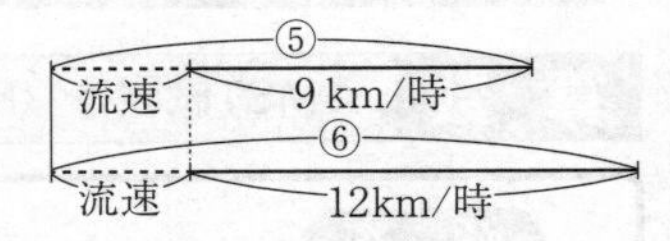

⑶　エンジンを新しくしたときの静水での速さは時速，３×６＝18(km)なので，このときの下りの速さは時速，18＋６＝24(km)になる。よって，下りにかかる時間は，$54\div24=\frac{9}{4}=2\frac{1}{4}$(時間)とわかる。

3 立体図形―体積，表面積

⑴　三角形EPQの面積は，８×９÷２＝36(cm²)だから，立体Xの体積は，36×17÷３＝204(cm³)となる。

⑵　立体Xの展開図は右の図１のようになる。図１で三角形EPQの向きをかえると，図２のような正方形になる。よって，立体Xの表面積は図２の正方形の面積と等しく，17×17＝289(cm²)と求められる。

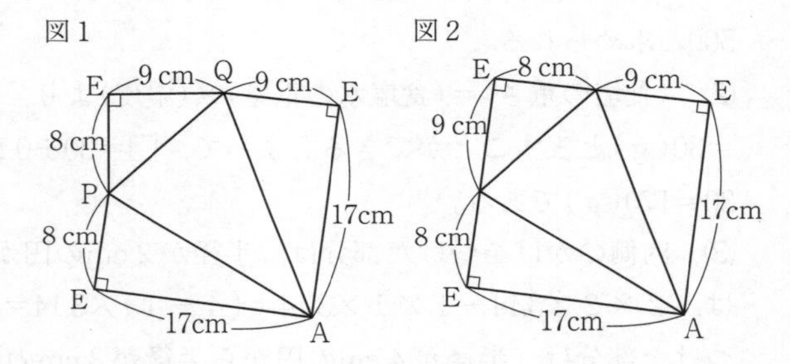

⑶　問題文中の図で，三角形EPQの面積は36cm²，三角形PEAの面積は，17×８÷２＝68(cm²)，三角形QEAの面積は，17×９÷２＝76.5(cm²)だから，三角形APQの面積は，289－(36＋68＋76.5)＝108.5(cm²)とわかる。よって，三角形APQを底面としたときの高さを□cmとすると，108.5×□÷３＝204(cm³)と表すことができるので，$□=204\times3\div108.5=\frac{1224}{217}=5\frac{139}{217}$(cm)と求められる。

4 条件の整理

⑴　３番にあるコインを動かす場合は１番，２番の２通り，５番のコインを動かす場合は１番，２番，４番の３通りがある。よって，先手の最初のコインの動かし方は，２＋３＝５(通り)ある。

⑵　右の図１のように，２つのコインをA，Bとする。アのように，先手がAを選んで２番に動かしたとすると，後手はBを１番に動かすことで勝つことができる。また，イのように，先手がAを選んで１番に動かしたとすると，後手はBを２番に動かすことで勝つことができる。さらに，ウのように，先手がBを選んで２番に動かしたとすると，後手はAを１番に動かすことで勝つことができ，エのように，先手がBを選んで１番に動かしたとすると，後手はAを２番に動かすことで勝つことができる。よって，後手が必ず勝つことができる。

図１

	1	2	3	4	5	6	7	8
			A	B				
ア		A		B				
イ	A			B				
ウ		B	A					
エ	B		A					

⑶　下の図２の状態で，オのように先手がBを選んで４番に動かすと，図１の最初の状態と同じに

なる。すると，オの状態から次に動かす人(後手)は負けてしまう。よって，図２の状態で必ず勝つことができるのは先手とわかる。

図２

	1	2	3	4	5	6	7	8
			A					B
オ			A	B				

5 条件の整理，調べ

(1) (ア) Aは2024を６倍した数だから，$A=2\times2\times2\times11\times23\times6=(2\times11)\times23\times(2\times2\times6)=22\times23\times24$となる。つまり，$A$は連続３整数の積で表すことができる数である。 (イ) $A=2024\times6$なので，$\frac{A}{6}=2024$となる。また，$A=○+△+□$だから，$\frac{A}{6}=\frac{○}{6}+\frac{△}{6}+\frac{□}{6}=2024$とわかる。つまり，○，△，□をそれぞれ６で割った数の和が2024になるので，問題文中の表から「その値を６で割った数」の和が2024になる組み合わせをさがせばよい。すると，$120+364+1540=2024$という組み合わせが見つかるから，$□=1540\times6=9240$とわかる。

(2) (1)の(イ)と同様に考える。$B=2024\times120$なので，$\frac{B}{120}=2024$となる。また，$B=《○》+《△》+《□》$だから，$\frac{B}{120}=\frac{《○》}{120}+\frac{《△》}{120}+\frac{《□》}{120}=2024$とわかる。つまり，《○》，《△》，《□》をそれぞれ120で割った数の和が2024になるので，問題文中の表から「その値を120で割った数」の和が2024になる組み合わせをさがせばよい。すると，$1+21+2002=2024$という組み合わせが見つかる。これは，○＝１，△＝３，□＝10だから，○＋△＋□＝14という条件にも合う。よって，□＝10である。

理　科 <MST試験>（60分）<満点：100点>

解　答

1 **問１** エ　**問２** ア　**問３** **記号**…エ　**理由**…(例) 太陽から離れているほど，太陽光による影響が小さくなって観測しやすくなるから。　**問４** (1) 小さい　(2) イ　**問５** (例) 地球から遠く離れているところほど，届く光の波長が長くなるので，可視光より波長が長い赤外線を使うと，より遠くの宇宙領域の観測ができるから。　**2** **問１** イ　**問２** ア (エ)　**問３** 4096種類　**問４** ３サイクル目／22　**3** **問１** キ　**問２** イ　**問３** ① (ウ)　② (オ)　③ (イ)　**問４** (例) B′は，エンジンを通して熱が発散されたり，排気ガスに熱が含まれて排出されたりする。C′は，燃焼のさいに出る光や音に化学エネルギーの一部が使われる。　**問５** イ，キ，ク　**問６** 解説を参照のこと。　**4** **問１** (1) イ (2) ウ　(3) ア　**問２** 40cm　**問３** 解説を参照のこと。

解　説

1 宇宙望遠鏡についての問題

問１ 望遠鏡は光を集めて天体などの対象物を観察するものなので，太陽を望遠鏡で見ると強い光が目に入り，わずかな時間でも目を傷めて，失明するおそれもある。よって，絶対に太陽を望遠鏡で見てはいけない。

問２ イについて，雲量は空全体を10として，空全体に対する雲がおおっている割合を０から10までの整数値で表す。ウについて，乱層雲(らんそう)は空一面を厚くおおう雨雲なので，ふつう乱層雲が見られるときには「晴れ」とはならない。エについて，「晴れ」か「くもり」かは雲量で決まり，雲量が

8以下なら「晴れ」，9以上なら「くもり」となる。

問3　JWST(ジェイムズ・ウェッブ宇宙望遠鏡)は，はるか遠くの天体からやって来る非常に弱い光(赤外線)を集めることで観測するので，太陽光の影響ができるだけ小さくなるような位置，つまり太陽からできるだけ離れた位置にあるとよい。よって，エが選べる。

問4　(1)　下線部dで述べられていることから，HST(ハッブル宇宙望遠鏡)とJWSTの主鏡を比べたとき，体積比は1：7，重さの比は2：1と考えられる。よって，密度の比は，(2÷1)：(1÷7)＝14：1となるので，主鏡の密度はJWSTの方が小さい。なお，密度は1 cm^3あたりの重さであり，重さ(質量)を体積で割ることで求められる。　(2)　表1で，それぞれの密度は，Aが，56÷7.3＝7.67…，Bが，18÷6.2＝2.90…，Cが，4.2÷8.5＝0.49…，Dが，1.0÷9.8＝0.10…となる。よって，Dの密度の14倍はおよそ，0.1×14＝1.4，Cの密度の14倍はおよそ，0.5×14＝7，Bの密度の14倍はおよそ，2.9×14＝40.6であることから，AとCの組合せが選べる。

問5　図6より，地球から遠いところであるほど，届く電磁波の波長が長いことがわかる。したがって，赤外線を使うと，可視光では観測できなかったさらに遠くの宇宙領域の観測が可能になる。

2　遺伝子とPCR検査についての問題

問1　同じ種イモから成長した2つのジャガイモは，同じ種イモのDNAからできるので，持っている遺伝子の組合せは同じになる。

問2　ひとつの細胞でできている生物を単細胞生物といい，ここではアのミドリムシとエのホウサンチュウがあてはまる。イのミジンコは体がたくさんの細胞からできている。ウのアオミドロは細胞がつながったつくりをしている。

問3　配列の1個目から6個目までのすべての場合において{A，T，G，C}の4通りが考えられるから，A，T，G，Cが6個つながったときのDNA配列は，4×4×4×4×4×4＝4096(種類)となる。

問4　図3で，1サイクル目の⑤では，一方の一本鎖はもとの長さで，もう一方の一本鎖は片側だけ短くなったDNA二本鎖(以下，Xタイプと呼ぶ)が2本できる。2サイクル目の⑨では，Xタイプが2本できるほかに，一方の一本鎖は片側だけ短く，もう一方の一本鎖は両側とも短くなった(つまり限定した幅となっている)DNA二本鎖(以下，Yタイプと呼ぶ)が2本できる。3サイクル目は右の図のようになり，Xタイプが2本，Yタイプが4本できるほかに，両方の一本鎖とも限定した幅となっているDNA二本鎖(以下，Zタイプと呼ぶ)が2本できる。このZタイプが下線部cにあたるものである。次に，ここまでのことから，「Xタイプ2本は，次のサイクルでXタイプ2本とYタイプ2本になる」「Yタイプ2本は，次のサイクルでYタイプ2本とZタイプ2本になる」という規則性が見つかる。また，Zタイプはすでに限定した幅となっているため，次のサイクルでは2倍にふえる。よって，4サイクル目では，Xタイプ2本からXタイプ2本とYタイプ2本ができ，Yタイプ4本からYタイプ4本とZタイプ4本ができ，Zタイプ2本からZタイプ4本ができる。まとめると，Xタイプ2本，Yタイプ6本，Zタイプ8本となる。そして，5サイクル目では，Xタイプ2本からXタイプ2本とYタイプ2本ができ，Yタイプ6本からYタイプ6本とZタイプ6本ができ，Zタイプ8本は2倍の16本になる。つまり，Xタイプ2本，

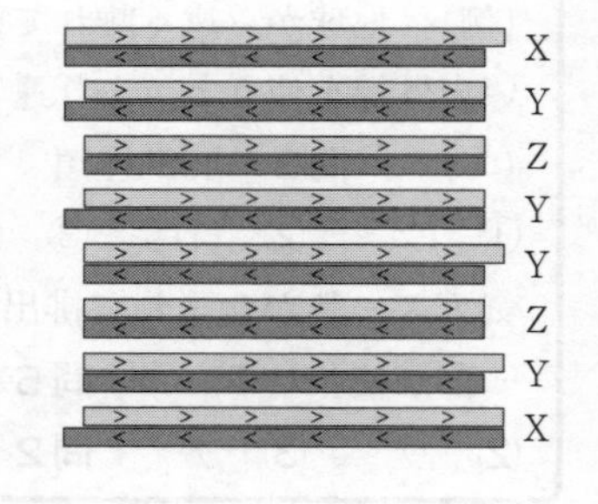

Ｙタイプ８本，Ｚタイプ22本となる。

3 エネルギーとその利用についての問題

問１　１について，地球温暖化はいくつかある温室効果ガスの増加によって引き起こされており，中でも二酸化炭素の増加が主な原因とされている。２について，大気中の二酸化炭素の一部は，植物が行う光合成によって吸収されている。３について，二酸化炭素の水溶液（炭酸水）は酸性を示す。よって，海水に二酸化炭素が溶けこみ続けると，海水が酸性化していくことになる。

問２　摩擦は物体の運動により生じ，そのさい熱を発生する。よって，図１で，ＡからＢへの移り変わりで摩擦が挙げられていることから，Ａは運動エネルギー，Ｂは熱エネルギーである。また，Ｃは化石燃料が持つものと述べられていることから化学エネルギーとわかる。充電するときには物質の化学反応によって電気エネルギーを化学エネルギーに変えている。逆に放電するときには化学エネルギーが電気エネルギーに変換される。

問３　①　モーターは，電流を流すことで軸を回転させるものなので，電気エネルギーを運動エネルギーに変えている。　②　エンジンは，燃料を燃焼させることで発生する熱エネルギーを運動エネルギーに変えている。　③　発電機は，モーターの逆の作用を行っていて，軸を回転させることで発電するので，運動エネルギーを電気エネルギーに変えている。

問４　Ｂ′は，熱エネルギーを運動エネルギーに変換するときに，変換し損ねたエネルギーである。図２ではエンジンを動かすさいの熱の損失にあたり，たとえばエンジン本体を通して熱が放出されたり排気ガスに熱が含まれたりする。また，Ｃ′は，化学エネルギーを熱エネルギーに変換するときに，変換し損ねたエネルギーである。ものが燃えると熱だけでなく光や音も発生するが，これはエンジン内での燃料の燃焼でも同様に起こる。

問５　図４で，トルクが一定のところでは，出力が回転数におよそ比例しているので，出力はトルクと回転数との積で表されると考えられる。図５では，高速走行の方が低速走行よりも燃焼効率がよいことがわかる。つまり，エネルギー効率は街中での走行よりも高速道路での走行の方がよいと考えられる。また，燃焼効率のよい部分のエンジン回転数の値はどちらのエンジンにおいても3000～4000くらいで大きく違わない。

問６　ここでは例として廃棄物をとり上げて述べる。燃やすことができる廃棄物は化学エネルギーを持っているが，これを捨てることなく燃料として利用すると熱エネルギーが得られる。また，廃棄物が焼却炉で燃やされるときに発生する熱エネルギーは本来なら捨てられるが，この熱を回収して発電に利用し，電気エネルギーに変換するということも考えられる。

4 ロボット技術についての問題

問１　試験管は薬品を少量だけ入れ，ものを溶かしたり（溶解），熱を加えたり（加熱）するなどの操作を行うときに用いる。三角フラスコは口が細くなっているので，中の薬品が蒸発しにくい。丸底フラスコは薬品が入る下の方が圧力に強い球形をしているので，中の圧力が変化しやすい操作で使う。

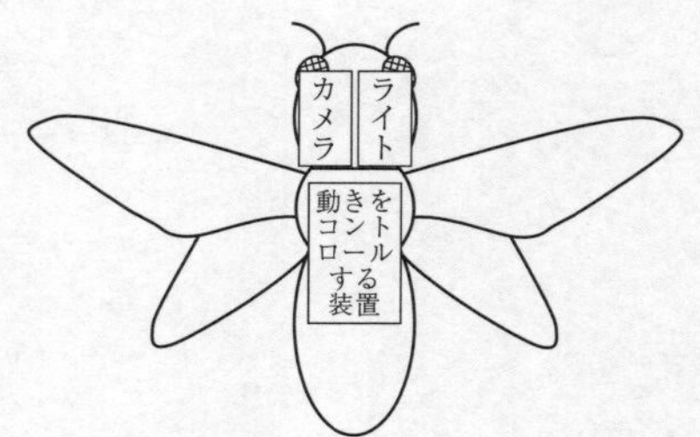

問２　図２で，輪軸の小さい輪の半径は５cm，大きい輪の半径は，５＋15＝20(cm)である。よって，（小さい輪のひもが引かれた長さ）：（大きい輪のひもを引いた長さ）＝５：20

＝1：4となるので，大きい輪のひもは，10×4＝40(cm)引いたとわかる。

問3　たとえば，ハチのような素早く飛ぶ小さなこん虫をモデルとしたロボット(上の図)を考える。これは，地震(じしん)などで倒壊(とうかい)した建物の中などで，人が閉じこめられていないかどうかを調査し，救助に役立てるものである。ハチなどの昆虫であれば，体が小さく，飛ぶことができるので，小さな隙(すき)間や人間では届きにくい高い所にも行くことができる。

2023年度 三田国際学園中学校

※この試験はインターナショナルサイエンスクラス・インターナショナルクラス受験生対象です。

【算　数】〈第１回試験〉（50分）〈満点：100点〉

〔受験上の注意〕１．線や円をかく問題は，定規やコンパスは用いずに手書きで記入してください。
　　　　　　　　２．円周率は3.14として解答してください。

1 次の[　　]にあてはまる数を答えなさい。

(1) $\left\{\left(2.75+3\frac{1}{2}\right)\times 0.08-\frac{1}{8}\right\}\div 1.125=$[　　]

(2) ある数を７倍するところを誤って70倍してしまい，正しい答えより441大きくなりました。ある数は[　　]です。

(3) ７を2023個かけたときの一の位の数は[　　]です。

(4) 図１の形をした紙を図２のように折りました。アの角の大きさは[　　]度です。

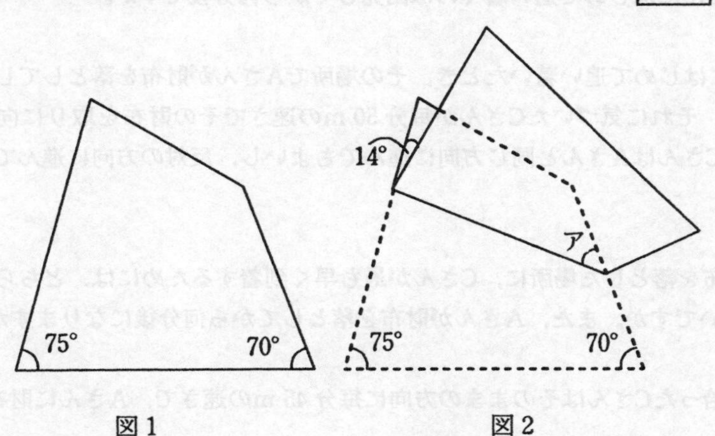

図１　　図２

(5)　50円，10円，5円の硬貨がそれぞれたくさんあります。これらの硬貨を使って200円を支払う方法は全部で［　　］通りです。ただし，使わない硬貨があってもよいものとします。

(6)　4000 Lの水が入っている水そうがあります。毎分20 Lの量の水をじゃ口から注ぎながら，同時にポンプで水をぬきます。4台の同じポンプで水をぬくと40分で空になり，2台のポンプで水をぬくと［　　］分で空になります。

2　池の周りに1周400 mの道があります。
この道にAさんとBさんとCさんの3人がやってきました。

AさんとBさんはこの道を同じ地点から同時に，そして同じ方向に歩き始め，Cさんは，2人が出発した地点で立ち止まり，2人の移動を見守っています。

Aさんは毎分75 m，Bさんは毎分55 mの速さで歩き続けます。

(1)　AさんがBさんにはじめて追い着くのは出発してから何分後ですか。

AさんがBさんにはじめて追い着いたとき，その場所でAさんが財布を落としてしまいました。そのとき，それに気づいたCさんが毎分50 mの速さでその財布を取りに向かいます。このとき，CさんはAさんと同じ方向に進んでもよいし，反対の方向に進んでもよいものとします。

(2)　Aさんが財布を落とした場所に，Cさんが最も早く到着するためには，どちらの方向に進めばよいですか。また，Aさんが財布を落としてから何分後になりますか。

Aさんの財布を拾ったCさんはそのままの方向に毎分45 mの速さで，Aさんに財布を届けに向かいます。

(3)　財布を拾ったCさんが，Aさんと出会うのは，Cさんが財布を拾ってから何分何秒後になりますか。

3 次の問いに答えなさい。

(1) 図１のように半径３cmの円を，直線上をすべることなく１回転させたとき，円の中心は何cm移動しますか。

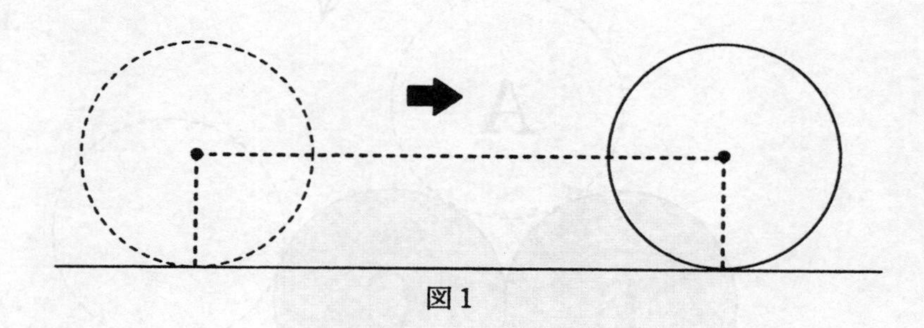

図１

(2) 図２のように半径３cmの円ＡとＢを用意し，円Ｂを動かないように固定します。円Ａを円Ｂの周に沿ってすべることなく転がします。円Ａがもとの位置にもどるまでに円Ａは何回転しますか。

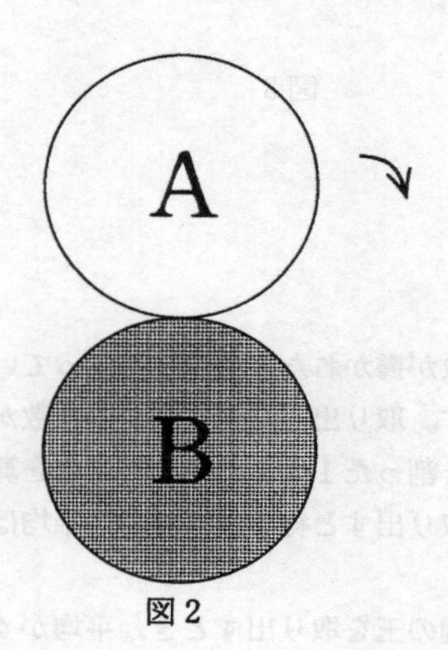

図２

(3)　図３のように半径３cmの３つの円ＡとＢとＣがたがいにふれあっています。円ＢとＣを動かないように固定し，円Ａをその図形にふれながらすべることなく転がします。円Ａがもとの位置にもどるまでに円Ａは何回転しますか。

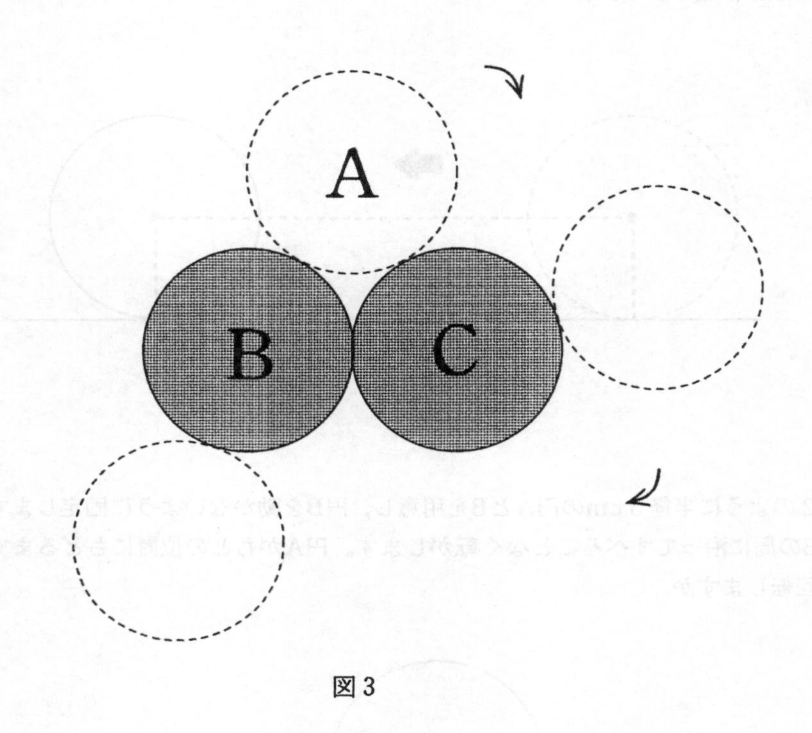

図３

4　中身の見えない箱に１から９の数が書かれた９個の玉が入っています。三田くんはこの箱からいくつかの玉を取り出します。取り出した玉に書かれた数が三田くんの得点となり，取り出した玉の個数でその得点を割った１個あたりの平均点を算出します。例えば，１が書かれた玉と７が書かれた玉を取り出すと得点は８点で，平均は４点です。

(1)　三田くんが箱から同時に３個の玉を取り出すとき，平均が４点となる玉の取り出し方は何通りありますか。

(2)　平均を５点以上にしたい三田くんは，箱の中からあらかじめ２個の玉を選んで取り出しておき，３個目だけを残りの７個の中から取り出すことにしました。三田くんが３個目にどのような玉を取り出したとしても，必ず平均が５点以上になるためには，最初にどのような２個の玉を取り出せばよいか，具体的にすべて答えるか言葉で説明しなさい。

次に三田くんは，9個の玉が入った箱から玉を1個取り出して得点を記録してから，元にもどす操作を25回くり返しました。このとき，取り出した玉に書かれた数とその玉が取り出された回数は次の表のようになりました。

取り出した玉に書かれた数	1	2	3	4	5	6	7	8	9
その玉が取り出された回数	1	ア	2	1	イ	4	1	3	ウ

(3)　25回の操作の平均が5.04点であるとき，表のア，イ，ウにあてはまる数の組をすべて答えなさい。ただし，どのように考えたかも合わせて答えなさい。

5　縦と横がともに a マスの方眼を「$a \times a$ の方眼」ということにします。この用紙に a 個の○を，どの2個も同じ列になく，どの2個も同じ行になく，どの2個も主対角線に並ばないように置きます。この配置を「MITA配置」と呼びます。
ただし，主対角線とは，$a \times a$ の方眼でできる正方形の対角線の中で最も長いものをいいます。2×2 の方眼の○の置き方は，次のように6通りあり，すべてMITA配置にはなりません。

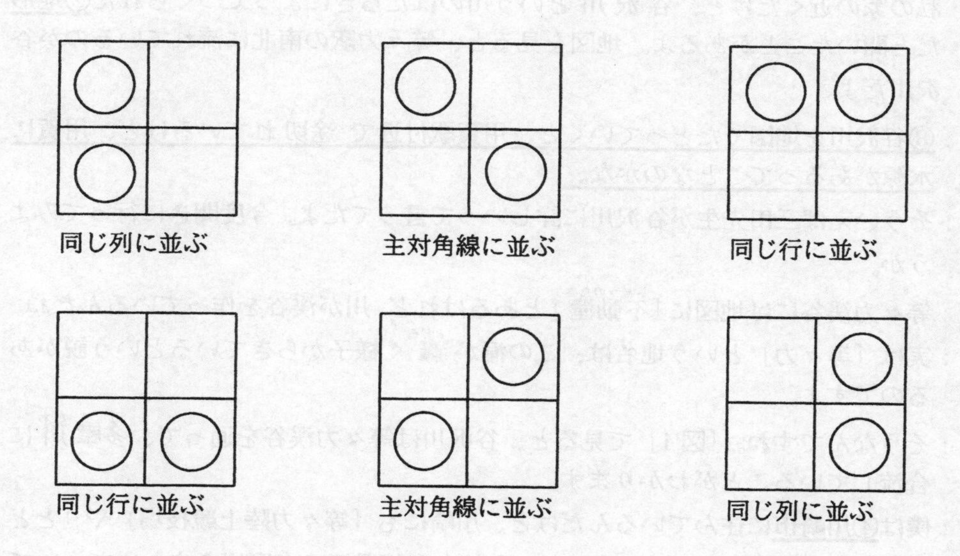

(1)　3×3 の方眼ではMITA配置は全部で何通り作ることができますか。ただし，回転したり，裏返して同じ配置になるものは，違う配置として数えるものとします。

(2)　4×4 の方眼でのMITA配置を具体的に1つ示しなさい。

(3)　a が3以上のときは必ずMITA配置を作ることができます。このことを図や言葉を使って説明しなさい。

【社　会】〈第１回試験〉（理科と合わせて50分）〈満点：50点〉

〈編集部注：実物の入試問題では，一部の図を除いて色つきです。〉

1　以下の授業中の先生と生徒たちの対話文と図１に関する問いに答えなさい。

先　生：3 学期の社会の授業では、①学校（三田国際学園）から写真の「等々力渓谷（とどろきけいこく）」へフィールドワークに行こうと思います。今日の授業では地図（次ページの図1）を見ながら、等々力渓谷周辺のことを調べてみましょう。

等々力渓谷の写真

（出典：https://commons.wikimedia.org/wiki/File:TodorokiKeikoku.JPG）

ゆ　う：等々力渓谷には初めて行くんだけど、どのようにしてできた場所なんだろう。

かおる：私の家の近くだけど、谷沢川（やざわがわ）という川のはたらきによってつくられた②地形だと聞いたことがあるよ。地図を見ると、等々力駅の南北に流れているのが谷沢川だよ。

ゆ　う：③谷沢川を地図でたどっていくと、用賀駅付近で途切（とぎ）れているけど、用賀に水源があるってことなのかな。

かおる：そういえば三田先生が谷沢川に詳しいって言ってたよ。今度聞きに行ってみようか。

ゆ　う：等々力渓谷には地図に「不動滝（ふどうのたき）」とあるけれど、川が渓谷を作っているんだね。

先　生：実は「等々力」という地名は、この滝が轟（とどろ）く様子からきているという説があるのですよ。

かおる：そうなんですね。「図 1」で見ると、谷沢川は等々力渓谷を通って、多摩川（たまがわ）に合流していることがわかります。

ゆ　う：僕は④川崎市に住んでいるんだけど、川崎にも「等々力陸上競技場」や「とどろきアリーナ」など「等々力」という地名が都県境の多摩川をまたいでついているのはなぜだろう。

かおる：言われてみればそうだね。等々力駅のとなりには上野毛（かみのげ）駅があるけど、川崎にも「下野毛（しものげ）」という地名があるね。

ゆ　う：先生、これってどういうことでしょうか。

先　生：面白い問いですね。⑤それではヒントをあげるので考えてみましょうか。

図１

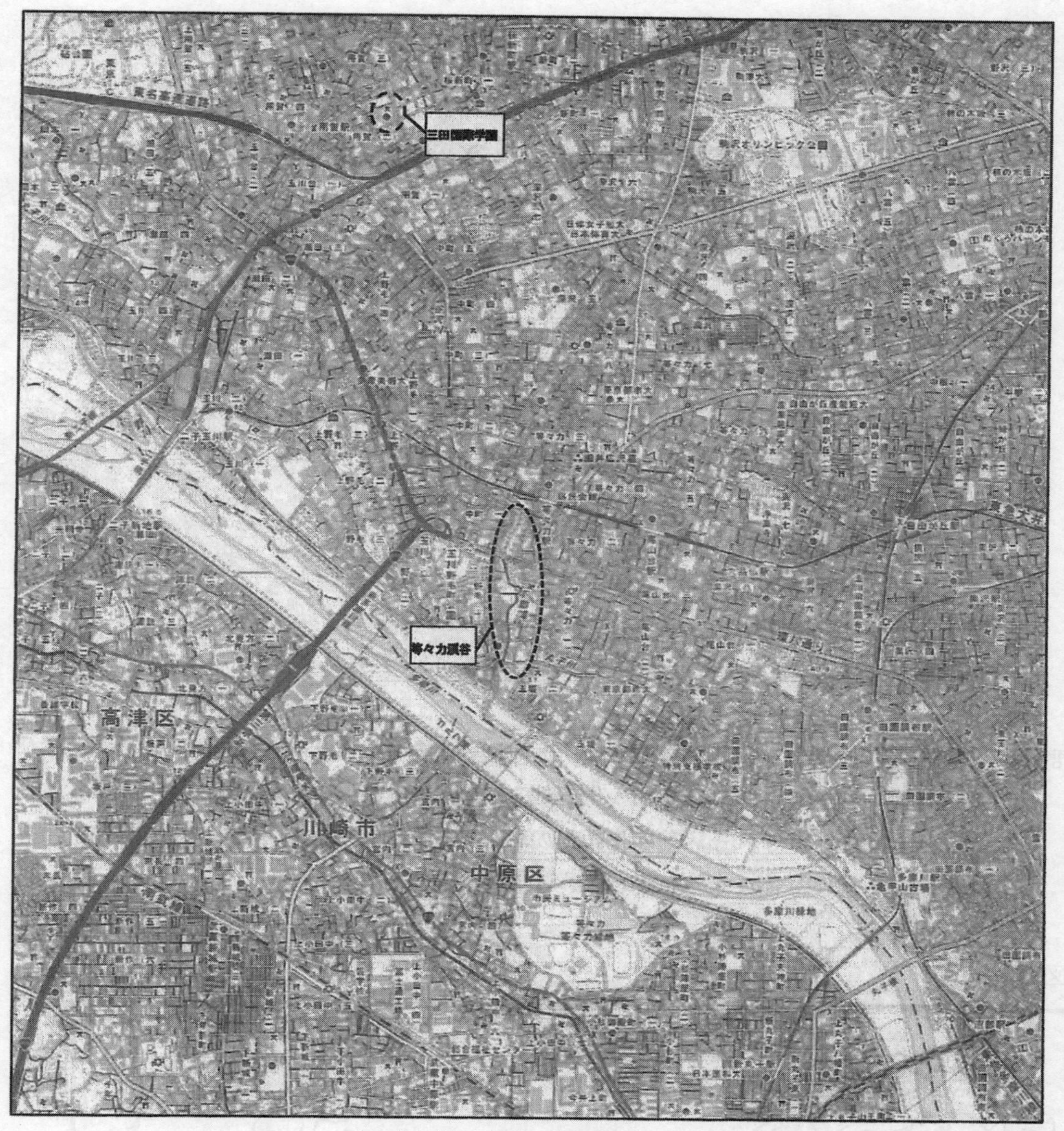

（出典：国土地理院　２万５千分の１地形図　東京西南部）

問１　下線部①に関連して、学校に関する時事についての以下の文章を読み、空欄Ｘ・Ｙにあてはまる語句の正しい組み合わせを選択肢の中から選び、記号で答えなさい。なお、同じアルファベットには同じ語句が入ることとする。

2022年6月15日の参議院本会議にて、［Ｘ］設置法案が可決、成立し、2023年4月1日に［Ｘ］が創設されることになりました。

近年では、家族に介護などのケアが必要な人がいるため、家事や家族の世話などを日常的におこなっている［Ｙ］という子どもがいることが問題となっています。［Ｙ］は、学校の遅刻・早退・欠席が増える、勉強する時間が取れないなど、本来子どもが持つ権利が守られていないことがあります。［Ｘ］は、そのような子どもたちが直面しているさまざまな問題に対して、政府の中の子ども政策の司令塔（しれいとう）として取り組むことが期待されています。

ア．Ｘ－公安調査庁　　Ｙ－ヤングケアラー
イ．Ｘ－公安調査庁　　Ｙ－スチューデントケアラー
ウ．Ｘ－こども家庭庁　　Ｙ－ヤングケアラー
エ．Ｘ－こども家庭庁　　Ｙ－スチューデントケアラー

問２　下線部②に関連して、以下の図２・３は地形と産業のかかわりについて表したものである。図２は、ある生産物の生産地を、図３は、その生産物が取れる場所の様子を示したものである。その生産物の名称を答え、生産物とその地域に関する説明として正しいものを選択肢の中から選び、記号で答えなさい。

図２

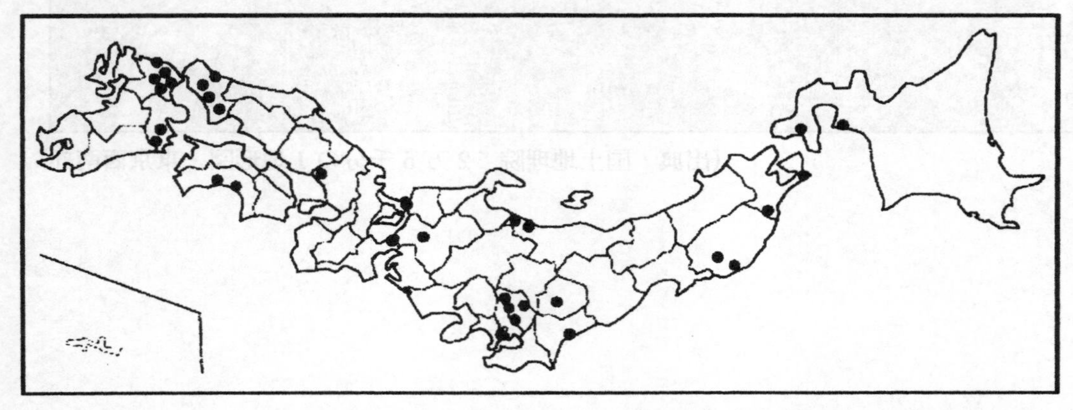

（出典：http://www.azeta.jp/11-12_tiri/21/kougyouritti.html）

図３

(出典：
https://commons.wikimedia.org/wiki/File:The_Ogre's_Washboard_in_Hiraodai_Karst_Plateau.jpg　）

＜地域に関する説明＞

ア．この地域の近くには戦前より大規模な製鉄所が立地しており、この生産物が産業に多く利用されている。

イ．この地域では三角州であることや水を得やすいという土地の特徴を生かして、この生産物が多く生産されている。

ウ．この地域は、古生代には海であったと考えられており、隆起（りゅうき）した際に海底から出てきた物質がこの生産物に関係している。

エ．この地域は、夏と冬や昼と夜の寒暖差が大きく、気温差を生かしてこの生産物が多く生産されている。

問３　下線部③に関連して、三田先生は以下の図**４・５**と谷沢川の謎は「扇状地と同じ仕組みだよ」というヒントを提示した。それに対する、ゆうさんとかおるさんの考察文の空欄に当てはまる文章の正しい組み合わせを選択肢の中から選び、記号で答えなさい。

図４

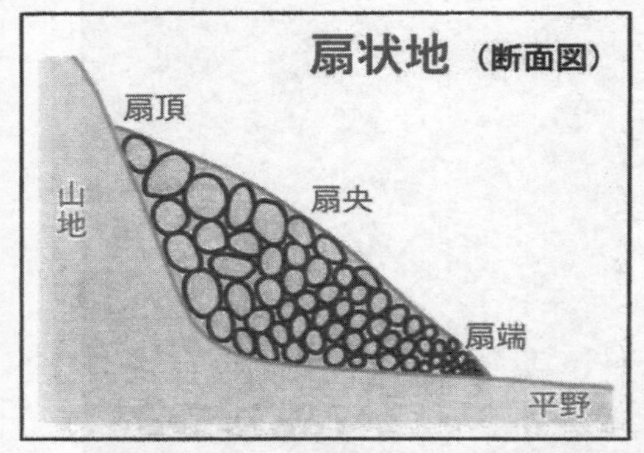

（出典：https://juken-geography.com/systematic/alluvial-plain/）

図５

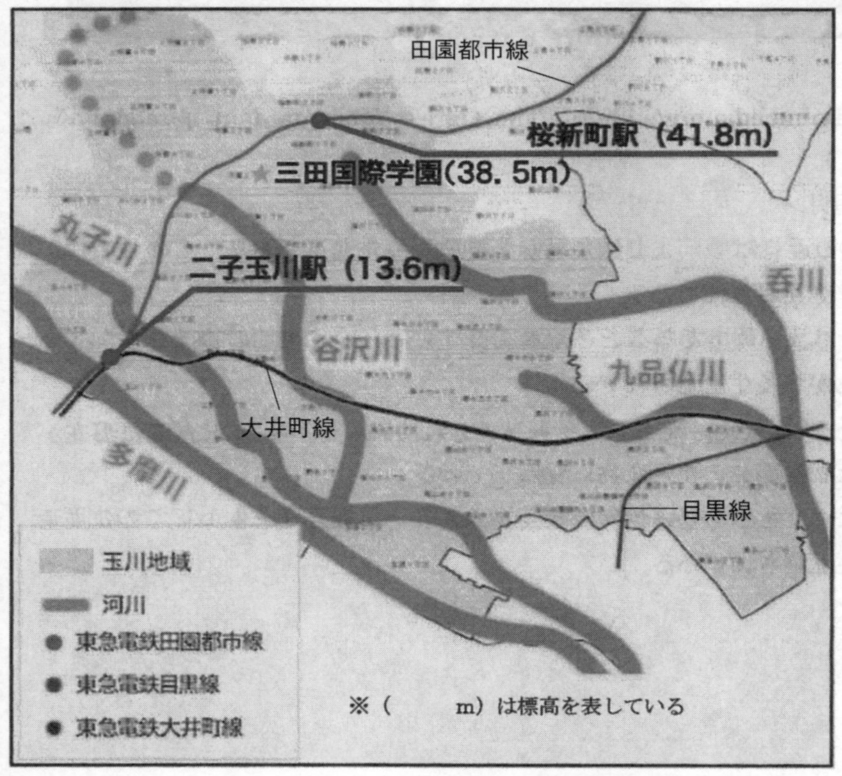

（出典：https://diamond-fudosan.jp/articles/-/1110871）

ゆうさんの考察

扇状地は土砂の［Ａ］から、［Ｂ］のような利用に適しているのではないか。

かおるさんの考察

扇状地における水のゆくえから考えると、谷沢川も三田国際学園付近から北西方向に「⋯⋯⋯⋯」となっているのは、［Ｃ］からではないか。

ア．Ａ－粒(つぶ)の大きさが扇頂から扇央にかけて大きい
　　Ｂ－水はけが悪く、水田など
　　Ｃ－河川水が土砂の下に潜(もぐ)り込(こ)んでいる
イ．Ａ－粒の大きさが扇央から扇端にかけて小さい
　　Ｂ－水はけが悪く、水田など
　　Ｃ－河川水が土砂の上に広がって見えなくなっている
ウ．Ａ－粒の大きさが扇頂から扇央にかけて大きい
　　Ｂ－水はけが悪く、水田など
　　Ｃ－河川水が土砂の上に広がって見えなくなっている
エ．Ａ－粒の大きさが扇央から扇端にかけて小さい
　　Ｂ－水はけが良く、畑など
　　Ｃ－河川水が土砂の下に潜り込んでいる
オ．Ａ－粒の大きさが扇頂から扇央にかけて大きい
　　Ｂ－水はけが良く、畑など
　　Ｃ－河川水が土砂の下に潜り込んでいる
カ．Ａ－粒の大きさが扇央から扇端にかけて小さい
　　Ｂ－水はけが良く、畑など
　　Ｃ－河川水が土砂の上に広がって見えなくなっている

問４　下線部④に関連して、川崎市は政令指定都市であるが、県庁所在地ではない。同じような市に相模原市、浜松市、堺市、北九州市があるが、以下の表中のＡ～Ｄ市はこれらの４市のいずれかを表している。以下の表中におけるＡ市とＣ市の組み合わせとして正しいものを選択肢の中から選び、記号で答えなさい。

表

政令指定都市	人口(1965年)	人口(2020年)	昼夜間人口比率(2020年)	属する都道府県名と県庁所在地名の一致
川崎市	854,866人	1,538,262人	87.3%	×
Ａ市	1,042,388人	939,029人	102.1%	○
Ｂ市	466,412人	826,161人	94.1%	○
Ｃ市	392,632人	790,718人	99.1%	○
Ｄ市	163,381人	725,493人	88.9%	×

※昼夜間人口比率は、常住(じょうじゅう)人口（夜間人口）100人当たりの昼間人口の割合であり、100を超(こ)えているときは人口の流入超過(ちょうか)、100を下回っているときは流出超過を示している。

（出典：国勢調査1965年、2020年）

ア．Ａ市－相模原市　Ｃ市－浜松市
イ．Ａ市－相模原市　Ｃ市－堺市
ウ．Ａ市－浜松市　Ｃ市－北九州市
エ．Ａ市－浜松市　Ｃ市－相模原市
オ．Ａ市－堺市　Ｃ市－北九州市
カ．Ａ市－堺市　Ｃ市－相模原市
キ．Ａ市－北九州市　Ｃ市－浜松市
ク．Ａ市－北九州市　Ｃ市－堺市

問５　下線部⑤に関連して、以下は授業中の先生と生徒たちの対話文である。対話文と図６を見て、文中の［　X　］に共通して当てはまる文章を20字程度で答えなさい。

図６

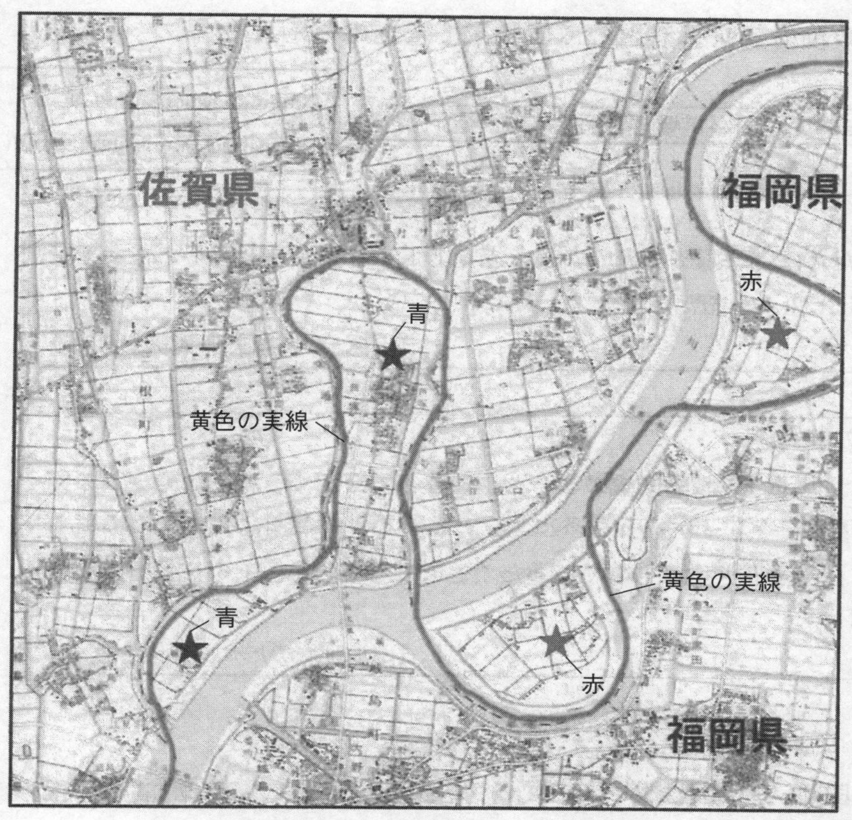

（出典：https://ameblo.jp/chizumania/entry-12718225320.html）

先　生：多摩川をはさんで両岸に等々力や野毛という地名がある理由について、図６を見ながら考えてみましょう。この福岡県と佐賀県の県境の部分を見て何か気がつくことはありますか。

ゆ　う：県境は黄色の実線であらわされているところですよね。なぜ筑後川に沿って境界になっていないのですか。

かおる：赤い★の部分は佐賀県、青い★の部分は福岡県ってことですよね。飛び地になっていてこれではとても不便ではないでしょうか。

先　生：それこそが多摩川の謎を解くカギになります。不便ですよね。では福岡県と佐賀県が誕生した時からこのような境界だったと思いますか。

ゆ　う：あ、そういうことか。［　X　］からこのような境界になっているのですね。

かおる：ということは東京都と神奈川県は、［　X　］から多摩川の両岸に同じ地名が存在することになったのですね。

2 以下の文章と資料①～⑪を見て、各問いに答えなさい。
＊なお、問題文中の資料は必要に応じて書き改めている。
Ｍさんは「政治と権力」について問いをたて、考察することにしました。

MQ：政治は何を基盤として展開してきたのだろう？

MQ(Main Question)…主題
SQ(Sub Question)…主題のための問い

SQ１：なぜ、古代において占いが重要視されたのだろうか？

資料①卑弥呼の政治

…そこで諸国の王たちは合意して一人の女子を立てて王とし卑弥呼と呼んだ。女王は占いなどをよくして人々をしたがえた。

(出典：『魏志』倭人伝より)

資料②古代ギリシアの儀式

それから将軍たちは供儀[宗教的儀式のこと]を執り行ったが、それにはアルカディア出身の占い師アレクシオンが立ち会った。…ところが供儀をした将軍たちに出た生贄の結果は、出発を非とするものであった。そこでもちろん、その日の出発はとりやめとなった。

(出典：『アナバシス』より)

SQ１の考察

資料①は＜**あ.奴国／い.邪馬台国**＞の女王について述べたもので、資料②は古代ギリシアで将軍たちの軍隊の出発について述べたものである。これらの資料から読み取れるのは、古代では権力者が＜**う.神の権威に頼る／え.神を超える存在と示す**＞ことで自らの権力の基盤や政治の指針としたと考えられる。

問１ SQ１の解答の組み合わせとして正しいものを選択肢の中から選び、記号で答えなさい。

ア. あ・う　イ. あ・え　ウ. い・う　エ. い・え

SQ２：宗教と政治はどのような関わりを持ったのだろうか？

資料③聖武天皇の政治思想
自分は…天皇という重い任務をうけついだが、まだ政治・教化でこれという成果があがらず…悩んでいる。自分の願いは、尊い仏法がわれわれをかばい護ってくれる恩恵が、現世・来世ともに及んで満ちわたることである。
（出典：『続日本記』より）

資料④平城京の模式図　　資料⑤平安京の模式図

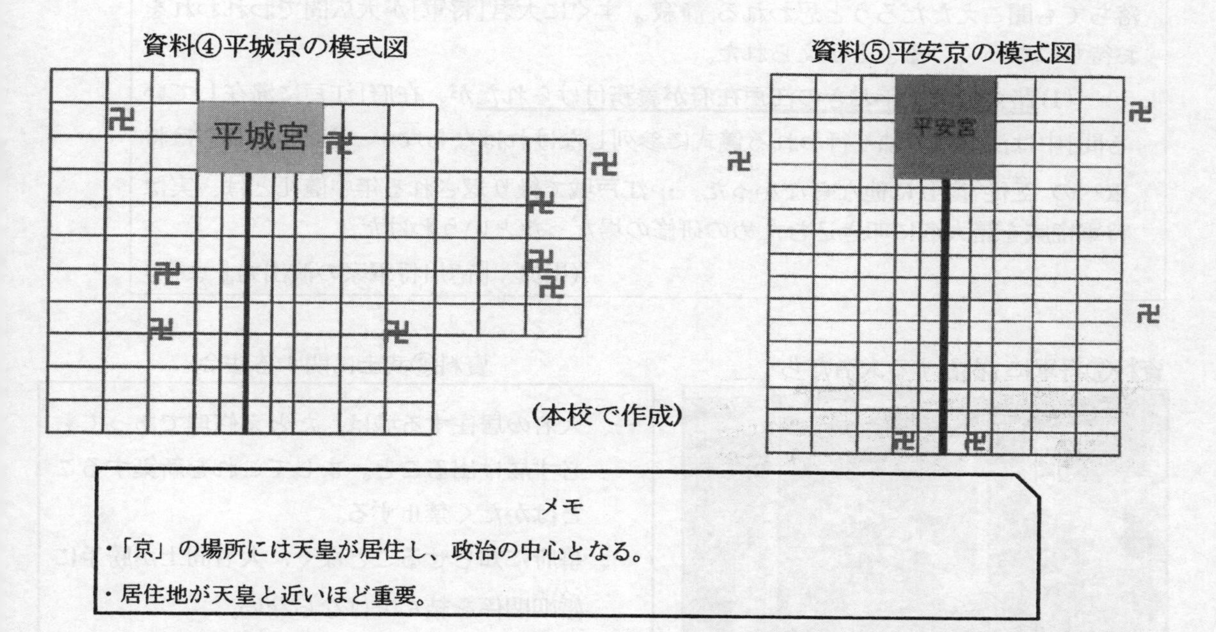

（本校で作成）

メモ
・「京」の場所には天皇が居住し、政治の中心となる。
・居住地が天皇と近いほど重要。

SQ２の考察
　奈良時代の初期、聖武天皇など歴代の天皇は仏教の勢力を借りて国を統治することを考えた。しかし、仏教勢力はだんだんと政治に対して介入するようになった。そこで、桓武天皇は都をうつす際に［　　A　　］。ちなみに現代の日本国憲法では政治と宗教は明確に切り離す［　B　］が憲法で定められている。

問２　桓武天皇が仏教勢力に対して行った政策の目的を寺院の配置の変化に着目して、空欄（らん）［　　A　　］に 30～50 字で具体的に答えなさい。その際、資料④・⑤やメモなどを参考にすること。

問３　空欄［　B　］に入る語句を**漢字４字**で答えなさい。

SQ３：徳川家はどのようにして、大名たちを従えていたのだろうか？

資料⑥大名と将軍の関係

そのとき、…全員の顔が一瞬のうちにまじめになり、身体も強張った姿勢をとった。それほどまでに驚異的な影響をもたらしたその音は「シーッ」というような声で、城の内部の座敷から発せられ、口から口へ、何百人もの宮廷人(幕府の上位層)やら兵士やらでいっぱいだった回廊を抜け…沈黙にとって代わられた。止め針一本、地に落ちても聞こえただろうと思われる静寂。すぐに大君[将軍]が大広間でわれわれをお待ちになっている、と伝えられた。

…(1)諸大名は１年おきの江戸在府が義務付けられたが、在府[江戸に滞在している間]中は江戸城で執り行われる儀式に参列しなければならなかった。…これらは将軍への臣従儀礼に他ならなかった。…江戸城で繰り返される年中儀礼とは、実は将軍権威を諸大名に叩き込むための研修の場だったというわけだ。

(出典：『徳川将軍家の演出力』より)

資料⑦将軍に謁見する大名たち

(出典：『徳川盛世録』より)

資料⑧武士に関する法令

一、大名の居住する城は、たとえ修理であっても必ず届け出ること。ましてこれを新築することはかたく禁止する。

一、幕府に知らせることなく、大名同士が勝手に婚姻関係を結んではならない。

(出典は問題の解答に関連するため、明記しない)

SQ３の考察

江戸幕府を開いた徳川家は、圧倒的な軍事力を持って諸大名を従えた。しかし、後には法と権威の両方によって諸大名を統制した。具体的には［　C　］によって大名を法的に統治し、［　D　］で将軍の権威を見せつけていたと考えられる。

問４　下線部(1)の制度の名称を**漢字**で答えなさい。

問５　空欄［　C　］・［　D　］に当てはまる文章として正しいものを選択肢の中から１つずつ選び、記号で答えなさい。

空欄［　C　］

ア．武家諸法度を定め、関ヶ原の戦い以降に徳川家に従った、大名を多く取りつぶすこと

イ．御成敗式目を定め、関ヶ原の戦い以降に徳川家に従った、大名を多く取りつぶすこと

ウ．武家諸法度を定め、関ヶ原の戦い以前に徳川家に従った、大名を多く取りつぶすこと

エ．御成敗式目を定め、関ヶ原の戦い以前に徳川家に従った、大名を多く取りつぶすこと

空欄［　D　］

カ．厳粛（げんしゅく）な雰囲気の儀式に参加し、将軍の前で静かにひれ伏すこと

キ．にぎやかな雰囲気の儀式に参加し、将軍に対して積極的に言葉をかけること

ク．厳粛な雰囲気の儀式に参加し、将軍に対して一人ずつ話しかけること

ケ．にぎやかな雰囲気の儀式に参加し、将軍に話しかけてもらうこと

SQ４：なぜ、明治時代に入り、天皇の素顔が民衆に公開されるのだろうか？

資料⑨天皇の描写の変化

明治初年に京都から東京へ向かう天皇を描いた版画
（出典：『ル・モンド・イリュストレ』より）

憲法発布の日に皇居を出発する天皇を描いた版画
（出典：憲法発布宮城二重橋御出門之図より）

資料⑩天皇と国民

たしかに、じっと立って見送ったのでは天皇との一体感など生まれようもない。「天皇陛下万歳」といっせいに大声を出して両手や帽子を挙げ、そのなかを天皇が会釈（えしゃく）や微笑をしながら通ればどうなるか。たまたま隣り合わせた群衆のあいだにすら共通の感情が生まれ、その共有された空間のなかで一人一人の‘祝意，が天皇につながっていく。共属感覚の創出、いわば冷やかしの客から神輿（みこし）の担ぎ手への変身である。

（出典：『民権と憲法』より）

資料⑪大日本帝国憲法の発布の勅語（ちょくご）

国を治める権限は、朕（ちん）[天皇の一人称]が先祖から受け継ぎ、子孫に伝えるものである。朕および朕の子孫はこの先、この憲法の条文に定めるところにしたがい、よくこれをおこなうこととする。

朕は国民の権利および財産の安全を尊重し、これを保護し、この憲法および法律の範囲内においてその権利と安全を受けられることを宣言する。

（出典：『日本史資料集』より）

SQ４の考察

明治時代に入ると、徳川家に代わって天皇に政治の実権が戻ったが、実際は薩摩や長州出身の人々が明治政府の中心となった。この時代、天皇は積極的に民衆の前に現れたが、これは明治政府の意向があったと思われる。資料から考えると政府は図［　E　］を理想として国家のかたちを整えようとしたのではないだろうか？

問６　空欄［　E　］にあてはまる図として正しいものを選択肢の中から選び、記号で答えなさい。

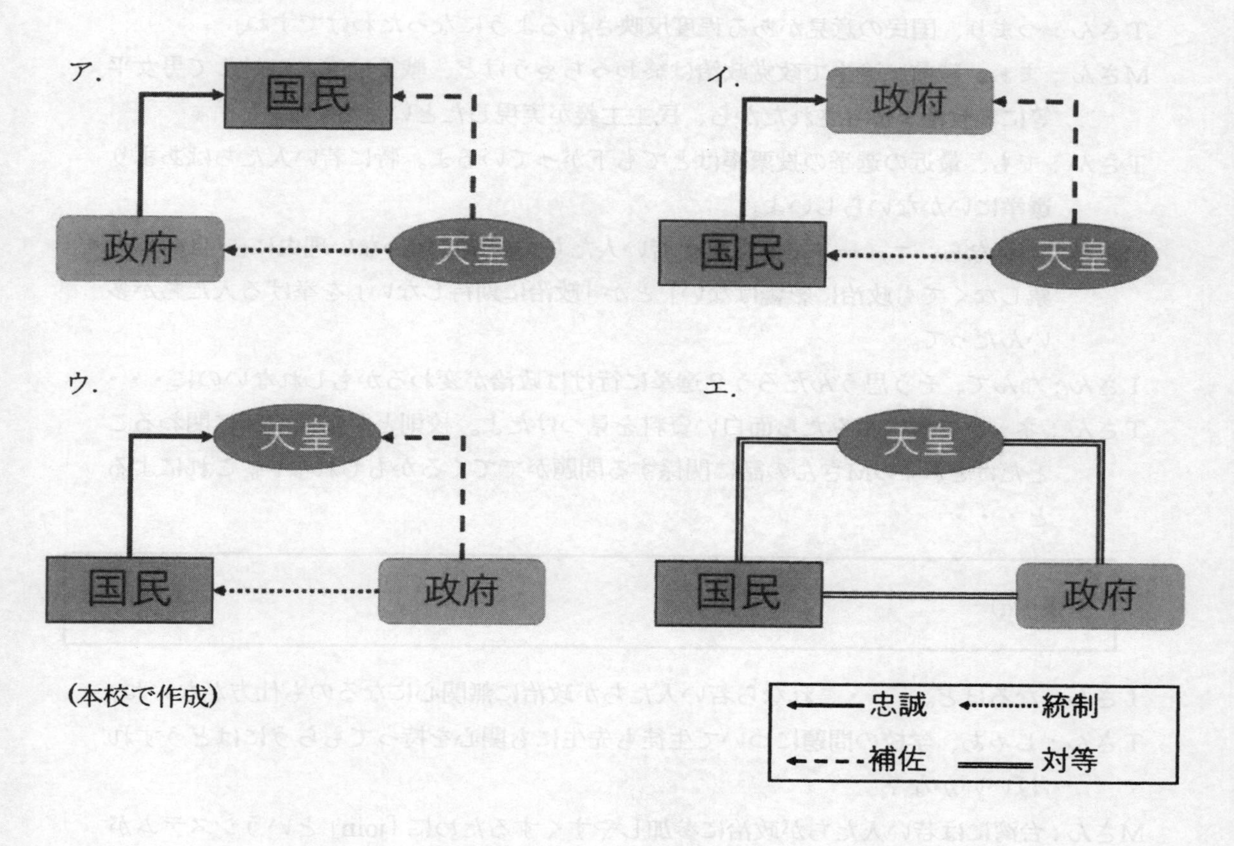

(本校で作成)

問７　以下の文章は主題に関連した３人の生徒の<会話文>である。この<会話文>を読んで問い（ア）、（イ）に答えなさい。

<会話文>

Ｍさん：・・・というわけで、明治時代以降は憲法が政治を行う上での基盤となったんだ。つまり、現代的な政治の仕組みが出来上がったんだ。

Ｉさん：でも、明治憲法では天皇が主権者だったんだよね。

Ｍさん：その通り！でも、大正時代以降、男性にも参政権が与えられて政党政治が本格的に成立すると、政府も政治を行う上で国民の意向を無視できなくなったんだ。

Ｔさん：つまり、国民の意見がある程度反映されるようになったわけですね。

Ｍさん：まぁ、戦前は途中で政党政治は終わっちゃうけど、戦後は成人に対して男女平等に参政権が付与されたから、民主主義が実現したといえるかな。

Ｔさん：でも、最近の選挙の投票率はとても下がっているよ。特に若い人たちはあまり選挙にいかないらしいよ。

Ｍさん：それなら、ニュースで見たよ！若い人たちが選挙に行かない理由に、「自分が投票しなくても政治に影響はない」とか「政治に期待しない」を挙げる人たちが多いんだって。

Ｉさん：なんで、そう思うんだろう？選挙に行けば政治が変わるかもしれないのに・・・

Ｔさん：ネットで調べてみたら面白い資料を見つけたよ。校則とか学校生活に関わることだけど、今のＭさんの話に関係する問題がでてくるかもしれない。これによると・・・

主張（α）

Ｉさん：なるほど。・・・これなら若い人たちが政治に無関心になるのも仕方がないね。

Ｔさん：じゃあ、学校の問題について生徒も先生にも関心を持ってもらうにはどうすればいいかな？

Ｍさん：台湾には若い人たちが政治に参加しやすくするために「join」というシステムがあるらしいけど、これがヒントにならないかな？

Ｔさん：それなら知ってる！確か「join」で16歳の高校生の提案がきっかけで、台湾では2019年からプラスチックストローの使用が禁止されたんだよね。

Ｉさん：本当！？そんなシステムがあれば、選挙権がない僕らでも政治に興味が持てそうだし、Ｔさんが指摘した課題も解決するんじゃないかな？

Ｍさん：ただ、便利なシステムができても、学校で皆がいろいろなことを好き勝手に主張し始めたら、上手くいかないんじゃないかな？そうならないためにはどうすればいいかな？

Ｉさん：うーん・・・そうだね・・・

主張（β）

問い

（ア）資料(1)～(4)を参考にして、対話文中の主張［　(α)　］に、前文のＭさん、Ｉさんの発言に対応するように、資料から読み取った内容を具体的に３つ述べなさい。

（イ）主張［　(β)　］について、資料(5)・(6)を参考に学校内における問題解決のために、生徒、教員一人ひとりの意識のあり方はどのようにあるべきか、あなたの意見を具体的に２つ述べなさい。

※資料(1)～(4)はいずれも「学校内民主主義」に関する生徒(回答学生779名)へのアンケート結果

資料(1)児童生徒が声をあげて学校が変わると思いますか？

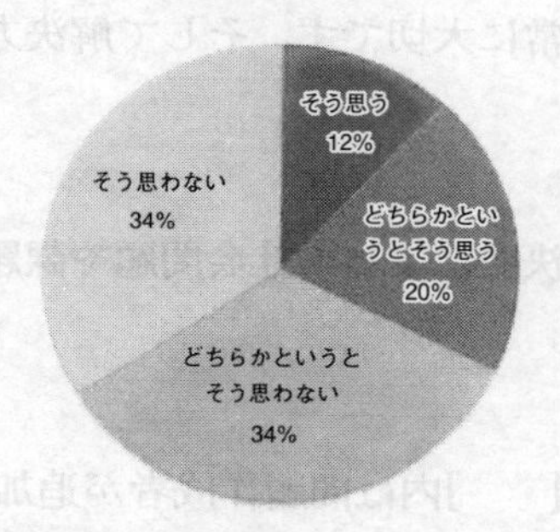

資料(2)学校に関することを児童生徒が意見を表明したり議論したりする場はありますか？

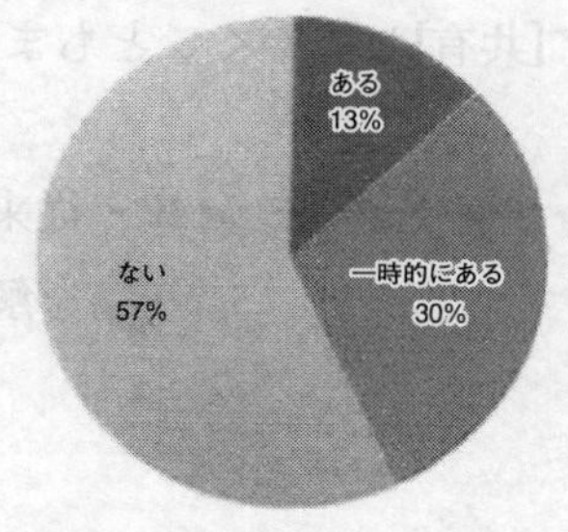

資料(3)生徒会は児童生徒の声を回収できていますか？

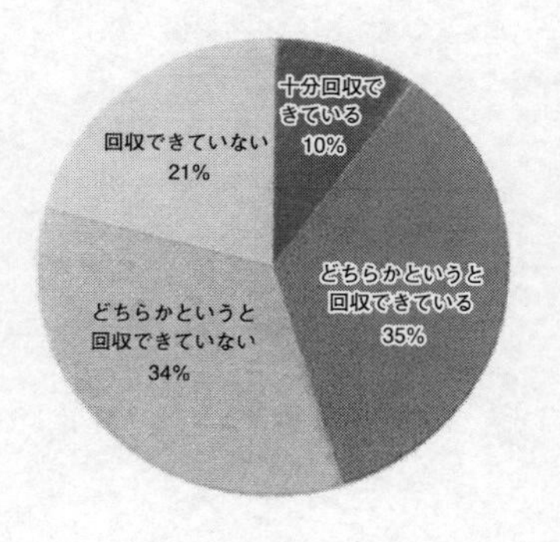

資料(4)もし学校に関することで児童が意見を表明できる場があるとしたら何について要望したいですか？　（複数選択可）

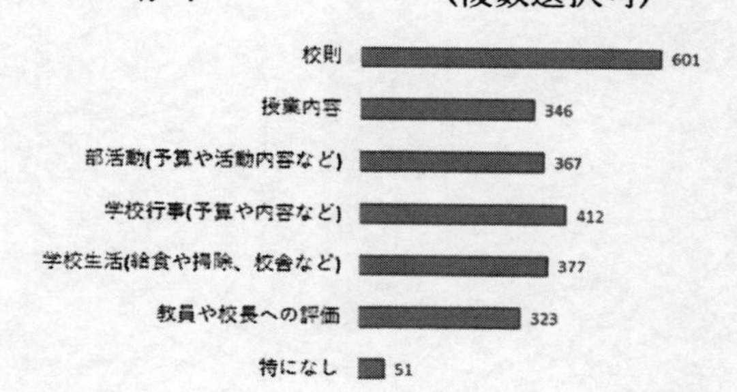

（出典：「学校内民主主義」に関する生徒/教員向けアンケート結果まとめ2020より）

資料(5)台湾の join(ジョイン)の仕組み

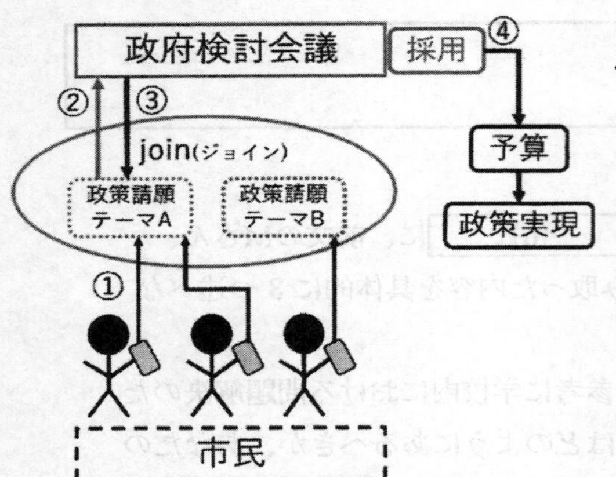

join：市民の誰もが行政に対して自由・公正に政策を提案できるオンライン請願(せいがん)システム

①スマートフォンなどを使って政策を請願

②5000 人以上の賛成が得られた請願については政府が検討

③審議の過程は join に表示され、200 日以内に結論がでる

④採用されると予算がつき、政策として実施

(『図解でわかる 14 歳から考える民主主義』を参考に本校で作成)

資料(6)　ソーシャルイノベーション*による社会問題の解決

「ソーシャルイノベーション」において大切になるのは「共通の価値観」でつながり、連帯していくことだと思います。社会問題とは誰かが解決してくれるのを待っていたり、自分一人で解決しようとしても永遠に一部分しか解決できません。異なる能力をもっていたり異なる角度で物事を見る人が、自分とは異なる部分の問題を解決できるのです。だからこそ、皆で分担して問題を解決するということが非常に大切です。そして解決方法をシェア[共有]していくこともまた、とても大切です。

＊ソーシャルイノベーション：従来とは異なる創造的な解決法によって社会問題や課題を解決するという考え方

[　　]内は問題作成者が追加

(出典：『まだ誰も見たことのない「未来」の話をしよう』より)

【理　科】〈第1回試験〉（社会と合わせて50分）〈満点：50点〉

〈編集部注：実物の入試問題では，写真や図表はすべて色つきです。〉

1　次の文章を読み、あとの各問いに答えなさい。

深海とは、一般的には200 m より深い海域帯を指す。深海には a光合成に必要な太陽光が届かないため、表層とは環境や生態系が大きく異なる。b深海に生息する生物は、高水圧・低水温・暗黒などの過酷な環境条件に適応して独自の進化を遂げており、チョウチンアンコウや、ダイオウグソクムシなど表層の生物からは想像できないほど特異な形態・生態を持つものも存在する。

ところが、cオーストラリア南部のタスマニア島にある dバサースト湾という海では、わずか水深5 m の浅瀬に深海生物が生息する。バサースト湾は内陸部に深く切り込んでおり、その湾を上から見てみると岸辺の付近の海水は赤く染まって見え、海の中も真っ赤である(図1)。eその海の色が原因で、バサースト湾では深海生物が進化してきたと考えられている。また光の条件だけではなく、1年を通して水温が安定していることや、波がなく穏やかであることも深海生物の進化を助長していると考えられている。

バサースト湾の水が赤い理由は、紅茶やワインに含まれるポリフェノールの一種「タンニン」である。タスマニアにはこのタンニンを含む植物が多い。タンニンは空気に触れると赤くなる。このタンニンが川を経て、バサースト湾に流れ込み、海の上層部を赤色に染めている。

図1　バサースト湾（Google Earth より）

【参考】

Burckney, R.T. and Tyler, P.A., Chemistry of Tasmanian Inland Waters., *Int. Revue Ges. Hydrobiol*, **58**, 61-78 (1973)

G. J. Edgar and G. R. Cresswell, Seasonal Changes in Hydrology and The Distribution of Plankton in The Bathurst Harbour Estuary, Southwestern Tasmania, 1988-89, *Papers and Proceedings of the Royal Society of Tasmania*, **125**, 61-72 (1991)

問１　下線部aについて、光合成をするときに使うもので外から取り入れられるものを選択肢(せんたくし)の中から**すべて**選び、記号で答えなさい。

ア　葉緑体　　イ　酸素　　ウ　二酸化炭素　　エ　窒素(ちっ)　　オ　でんぷん
カ　糖　　キ　水　　ク　リン

問２　下線部bについて、深海生物のひとつにオウムガイ（図2）が知られています。オウムガイと同じ仲間と考えられる生物を選択肢からひとつ選び、記号で答えなさい。

ア　クラゲ　　イ　サザエ　　ウ　マグロ　　エ　イルカ　　オ　フナムシ

図２　オウムガイ

問３　下線部cについて、南半球でも台風のような熱帯低気圧（サイクロン）が発生しますが、どのようになるでしょうか。回転方向と経路に着目して最も近いものを選択肢の中からひとつ選び、記号で答えなさい。赤の矢印は移動経路を示しています。〈編集部注：図中の矢印が赤で示されています。〉

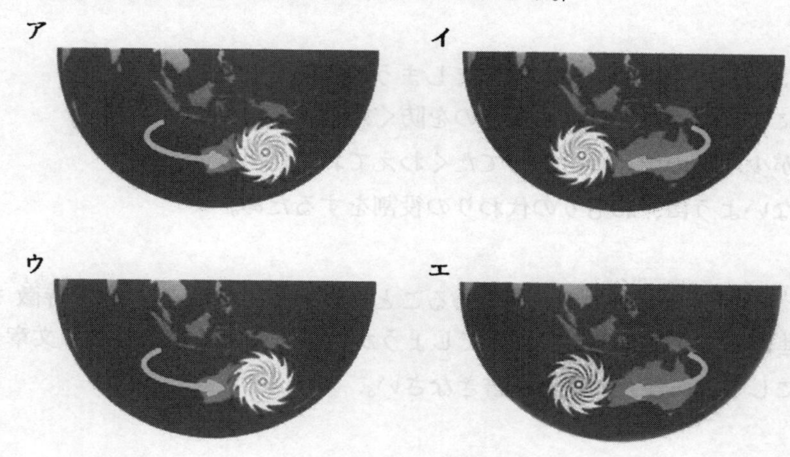

問４　下線部dについて、同じ湾である東京湾での高潮について述べた文として正しいものを選択肢の中からひとつ選び、記号で答えなさい。なお、東京湾は南に開いています。

ア　台風が東京湾の東側を進むときは、風が湾から海の方向に吹くため、高潮が起きやすい。

イ　台風が東京湾の西側を進むときは、風が湾から海の方向に吹くため、高潮が起きやすい。

ウ　台風が東京湾の東側を進むときは、風が海から湾の方向に吹くため、高潮が起きやすい。

エ　台風が東京湾の西側を進むときは、風が海から湾の方向に吹くため、高潮が起きやすい。

問５　一般的な魚の体内には浮き袋があり、その中は空気で満たされています。この中の空気の量を調節することによって、浮いたり沈んだりすることができます。しかし、ある種の深海魚では、浮き袋がワセリンや脂肪で満たされています。これはなぜでしょうか。最も適切なものを選択肢からひとつ選び、記号で答えなさい。

ア　浮き袋が水圧によって膨張して破裂してしまうのを防ぐため。
イ　浮き袋が水圧によってつぶされてしまうのを防ぐため。
ウ　深海では栄養が少ないので、養分としてたくわえておくため。
エ　体が浮きすぎないように、おもりの代わりの役割をするため。

問６　下線部ｅについて、なぜ海水が赤色であることによって、深海と同様の特徴を持つ生物が進化してきたと考えられるでしょうか。以下にある光の特徴の文章と図３を参考にして、あなたの考えを書きなさい。

<光の特徴>
光には、青い光や赤い光があり、太陽光や一般的な光はいくつもの色の光が組み合わさっているものである。それぞれの光は波長を持ち、その波長によって吸収されやすさと散乱されやすさが異なる。波長の長い光は、吸収されやすく散乱されにくい。また波長の短い光は、吸収されにくく散乱されやすい。吸収されることによって、その色の光は減衰し、散乱することによって、その色の光は見やすくなる。つまり、水中に入った光は、波長の長い赤色の方から吸収され、波長の短い青の方が残っていく。また青はよく散乱するので水は全体に青く見える。

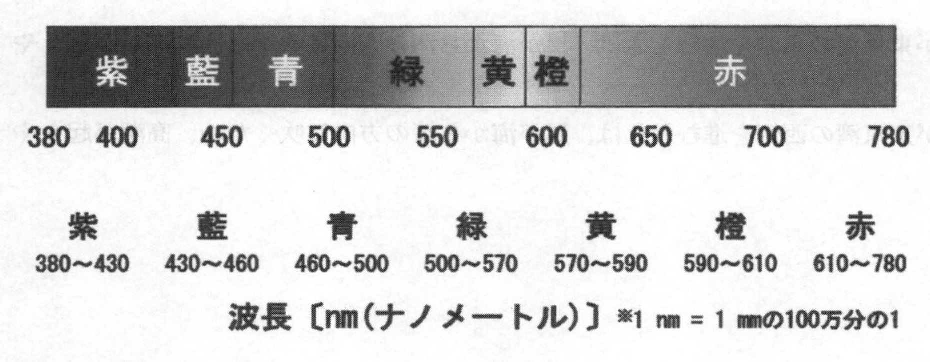

図３　光の色と波長

2　次の文章を読み、あとの各問いに答えなさい。

海で魚を探すために、魚群探知機が使われている。ａ魚群探知機は超音波を発信し、それが物体に反射して戻ってくるまでの時間を計測することでその物体までの距離を推測することができ、水深や魚群までの深さを知ることができる。

ある魚群探知機では低周波（50 kHz）と高周波（200 kHz）の２種類の周波数を使い分けている。この２種類の音波は広がり方と届く深さに違いがある。それぞれの広がり方と届く深さは図１のようになる。

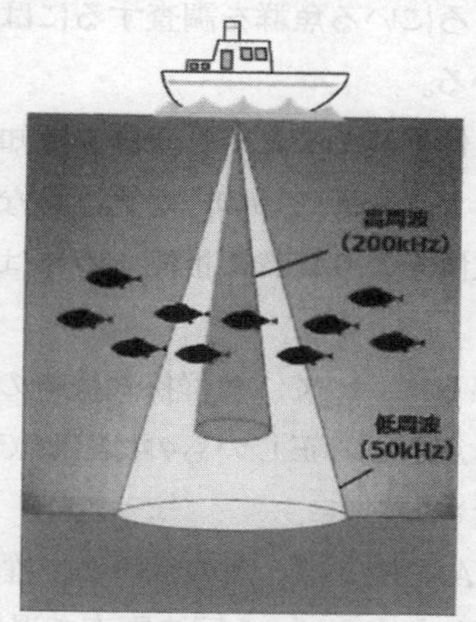

図１　高周波と低周波の広がり方と届く深さ

魚群探知機は、単に漁で魚を捕まえるために使われるのではなく、魚が海にどのくらい存在するのかを調査するためにも使われてきた。ただ、このような調査にはお金や時間がかかることが課題だった。そこで、近年では新しい方法として環境DNAを使う方法が研究されている。

生物は皆、親から子に情報を伝える遺伝物質としてDNAという物質を使っている。そして、このDNAがそれぞれの生物ごとに特徴的な情報を持っているため、DNAを調べれば、それがどの生物のものなのかを調べることができる。海水中には、海にいる様々な生物のDNAが浮遊している。そこで、ｂ海水をとってきてそこにどんなDNAがどのくらい含まれるのかを調べることで、どんな種類の魚がどのくらい存在しているかを推測しようとしている。環境DNAから推測された魚の分布が魚群探知機で推測した魚の分布と似ていたという研究も報告されている。

【参考】ネオネットマリンホームページ＞GPS魚群探知機の基礎知識

問１　下線部ａについて、魚群探知機から発信された超音波が海底で反射し0.5秒後に戻ってきたとするとき、海底の深さは何mと考えられるか答えなさい。ただし、音波は水中で１秒間に1500 mの速さで進むものとします。

問２　魚群探知機と同じ原理で見られる現象として**適切でないものを**選択肢の中からひとつ選び、記号で答えなさい。

ア　山に向かって大きな声を出すと、やまびこがかえってくる。
イ　コウモリが超音波を使って周囲の状況を把握する。
ウ　花火が見えてからしばらくして音が聞こえる。
エ　エコー検査で胎児のようすを知ることができる。

問３　図１を参考に、２種類の音波について**適切でないものを**選択肢の中からひとつ選び、記号で答えなさい。

ア　浅いところにいる魚群を調査するには、音波の広がりの小さい高周波が適している。

イ　深いところにいる魚群を調査するには、深いところまで音波が届きやすい低周波が適している。

ウ　高周波と低周波でそれぞれ魚群を探知したとき、誤差が生じるが、その誤差は深いところより浅いところの方が大きくなる。

エ　魚群の位置をより正確に推測するには、広がりの小さい高周波が適している。

問４　下線部ｂについて、魚群探知機での調査に比べて環境DNAを使った調査が優れている点として正しいものはどれでしょうか。選択肢の中からひとつ選び記号で答えなさい。

ア　環境DNAを使えば、魚の種類まで推定することができる。

イ　環境DNAを使えば、１回の調査で過去数百年のようすを調べることができる。

ウ　環境DNAを使えば、１か所での調査で広い範囲の魚の分布を調べることができる。

エ　環境DNAを使えば、存在するのが稚魚なのか成魚なのかを調べることができる。

問５　環境DNAは海水だけでなく土壌(どじょう)でも調べられています。土壌中の環境DNAを使うと、土壌を顕微(けんび)鏡で調べたり、DNA以外の成分を分析(ぶんせき)したりする方法ではできなかった研究が可能になります。環境DNAを使わないとできないと考えられる具体的な研究テーマの一例を、DNAを調べたい生物を具体的にイメージして書きなさい。テーマには生物の具体例を書き、何を調べたいのかを分かるようにすること。

3　次の文章を読み、あとの各問いに答えなさい。

食品を長期間保存する方法のひとつに、ａ冷凍（れいとう）保存が挙げられる。現在、さまざまな冷凍食品が販売（はんばい）されているが、これは冷凍技術が向上したことにより、おいしいままで保存することが可能となったからである。冷凍技術が進化した大きな要因のひとつとして、温度を素早く下げることができるようになったことが挙げられる。

食品の材料はｂ生物でできている。そして、生物の体には水分が多く含（ふく）まれている。しかし、その水分は一カ所に固まっているわけではなく、さまざまな部分に散らばっている。また、ｃ水は凍（こお）ると体積が大きくなることが知られている。時間を掛（か）けて食品を凍らせると、食品内部のさまざまな領域に含まれる水分を含む氷結晶（けっしょう）の体積が少しずつ増加して大きくなる。その結果、食品を大きく傷つけてしまう。この水分が凍り始めてから-1℃から-5℃までの間は最大氷結晶生成帯とよばれ、この間、温度低下の速さが必ず遅くなる。冷凍技術の向上は、この最大氷結晶生成帯をいかに素早く通過させ、氷結晶を小さいままで止められるかにかかっている。図１は、家庭用冷凍庫における最大氷結晶生成帯を示している。ｄ業務用冷凍庫では、家庭用冷凍庫に比べるとはるかに素早くこの温度帯を通過させている。

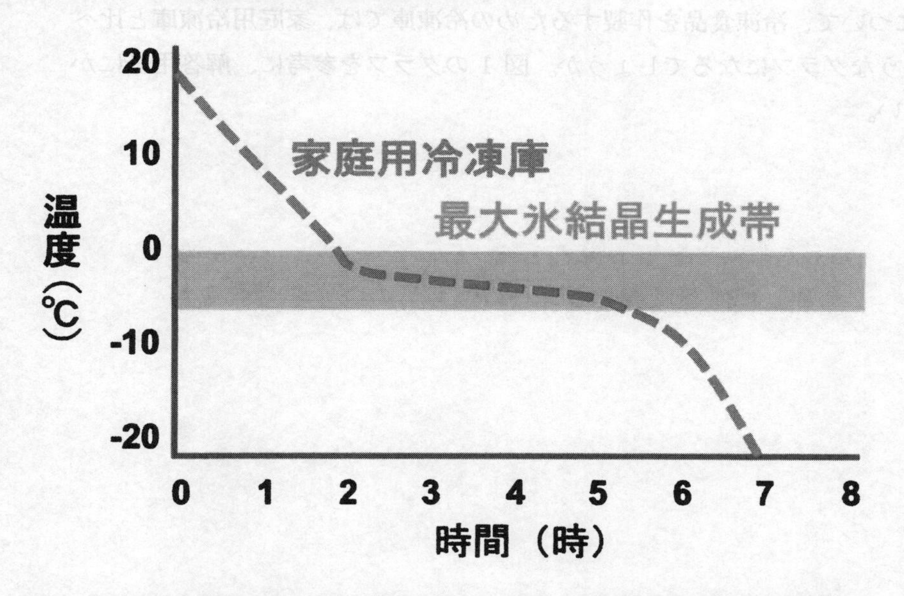

図１　家庭用冷凍庫における温度下降と時間の関係と最大氷結晶生成帯

【参考】公益社団法人氷温協会ホームページ＞氷温基礎講座

問１　下線部ａについて、純粋（じゅんすい）な水が凍り始めるときの温度の名称（めいしょう）を答えなさい。

問２　純粋な水に対して、不純物が溶けている水溶液が凍り始めるのは、問１のときの温度と比べてどうでしょうか。選択肢（せんたくし）の中からひとつ選び、記号で答えなさい。

ア　高い　　　イ　低い　　　ウ　全く同じ

問３　下線部ｂについて、「①食べる：②食べられる」の関係にあるものを選択肢の中から最も適切なものをひとつ選び、記号で答えなさい。

ア　①バッタ：②カマキリ　　　イ　①アリ：②アブラムシ
ウ　①モズ：②カエル　　　エ　①ダンゴムシ：②モグラ

問４　下線部ｃについて、その現象を観察するための方法と結果を簡単に答えなさい。ただし実験の前後で結果が明確に分かること、家庭用の冷凍庫でも簡単に検証できるものであることに限ります。

問５　下線部ｄについて、冷凍食品を作製するための冷凍庫では、家庭用冷凍庫と比べるとどのようなグラフになるでしょうか。図１のグラフを参考に、解答用紙にかき加えなさい。

問二　⑴～⑸のことわざと対の意味を持つことわざとして最も適切なものを次の**語群Ｂ**から選び、それぞれ記号で答えなさい。

語群Ｂ

サ　後は野となれ山となれ

シ　覆水盆（ふくすいぼん）に返らず

ス　盗人（ぬすっと）を見て縄をなう

セ　船頭多くして船山にのぼる

ソ　血は水よりも濃し

タ　能ある鷹（たか）は爪を隠す

チ　虎穴（こけつ）に入らずんば虎子（こじ）を得ず

ツ　思い立ったが吉日（きちじつ）

テ　腹が減っては戦（いくさ）ができぬ

ト　まかぬ種は生えぬ

三　次のことわざについて、後の問いに答えなさい。

(1) 弱い［　］ほどよく吠える
(2) 立つ［　］後を濁さず
(3) 転ばぬ先の［　］
(4) 待てば海路の［　］あり
(5) ［　］危うきに近寄らず

問一　［　］に入る言葉として最も適切なものを次の**語群Ａ**から選び、それぞれ記号で答えなさい。

語群Ａ
ア　名人　イ　猫　ウ　鳥　エ　犬　オ　好日
カ　剣　キ　日和　ク　君子　ケ　鹿　コ　杖

問九　次の【文章Ⅲ】は竹原ピストルの『よー、そこの若いの』という歌の歌詞の一部である。この中にある――ⅰ・――ⅱは矛盾のあるメッセージに読めますが、このような矛盾と読めるメッセージを入れることにはどのような効果があるか、【文章Ⅰ】と【文章Ⅱ】の内容を踏まえた上で、あなたの考えを述べなさい。

【文章Ⅲ】

よー、そこの若いの
こんな自分のままじゃいけないって
頭を抱えてるそんな自分のままで行けよ
よー、そこの若いの
君だけの汗のかき方で
君だけの汗をかいたらいいさ
よー、そこの若いの
ⅰ俺の言うことをきいてくれ
ⅱ「俺を含め、誰の言うことも聞くなよ。」
よー、そこの若いの
君だけの花の咲かせ方で
君だけの花を咲かせたらいいさ
君だけの汗をかいたらいいさ

（竹原ピストル『よー、そこの若いの』一部抜粋）

三田さん　つまり、ニュージーランドの大人は子供たちに従順さを求めないから優れていると筆者は暗に言っているみたいだけど、大人の許可をもらってストライキを行うことも、結局は権威に従っていると言えるんじゃないかと私は思う。

国際さん　僕は単純に日本は権威に従順な人が多いのだなと納得したのだけど。でも三田さんの論理だと、法律に従うことさえも権威に従順だとして批判されてしまうんじゃないのかな。

三田さん　もちろん何でもかんでも反抗するのが良いとは思っていない。でも筆者のような大学の教授が、なにかを素晴らしい行動だと称えることが、また別の権威になってしまうことの危険性は考えるべきだと思う。

国際さん　でもそう考えると、みんなが自分の信じる通りに生きるべきという結論に行き着いて、みんなにとって正しい主張なんてないからと、誰も政治的な行動をしなくなってしまうんじゃないかな。

三田さん　そんなふうに考えて政治的な行動をしなくなる人がいたとしたら、疑いを持たない従順な人よね。

ア　三田さんは、ニュージーランドの抗議デモ活動は大人が子どもたちを自分たちの理想に近づけようとコントロールするために仕組まれたものと考えていて、日本の子どもたちは大人にだまされてデモには行かないようにと主張している。

イ　国際さんは三田さんの意見とは異なり、文章Ⅰの筆者が従順であることへ警告することは日本の事情に即したものだと理解しており、従うべきものと従ってはいけないものを見定めるバランス感覚を養うのが大切だと考え始めている。

ウ　三田さんは学校や親から許可をもらわなくてもやるのが本当の抗議活動だと考えており、市民として社会に関わることよりも、抵抗を続けることでしか、権威主義から抜け出して新しい世界を作ることはできないのだと信じている。

エ　国際さんはニュージーランドの抗議デモ活動に共感しているが、従うことの全てに疑問を持ってしまうと、多くの人が自分の正しさだけを信じるようになり、政治的に主張することを避けるようになるのではないかと心配している。

問七　――④「私たちの日々の生活を生き抜くことが、まさに『政治』そのものであること」とありますが、その説明として最も適切なものを次の中から選び、記号で答えなさい。

ア　人に従順さや服従を求める力が、ふだん何気なく送っている日々の中に満ちており、そこで感じる困難さに対して正しい決断をとれるかどうかが、日本人の課題であること。

イ　パワハラやセクハラは許されない行為であり、そのような行為を見て見ぬふりをしない勇気のある者だけが、環境問題の背景に潜(ひそ)んでいる大きな理不尽さに立ち向かえること。

ウ　政界や財界のリーダーに抗議することだけでなく、毎日の中で感じる困難さから抜け出そうとすることも、権威に対して服従するかしないかという問題へつながっていること。

エ　従順であるということは自由を奪われることなので、自分より上の立場からの言葉に可能な限り批判的でいることが、結果的に自分の権利を守り社会を少しずつ良くすること。

問八　次の【文章Ⅱ】は、【文章Ⅰ】を読んだ三田さんと国際さんの会話である。この文章の内容の説明として最も適切なものを、後に続く選択肢(せんたくし)の中から選び、記号で答えなさい。

【文章Ⅱ】

三田さん　ニュージーランドの学生たちのデモについて、私は疑問があるな。
国際さん　どうして？　頑張(がんば)っている学生たちも、それを認めている大人たちも、僕はすごいと思ったけどね。
三田さん　考えてみて。筆者は、学校や親から承認をとって学生たちは活動をしていると書いているけど、もし学校や親が反対したら学生たちはデモをしちゃいけないってことなの？
国際さん　何を言いたいの？

問四　A ～ D に入れる語の組み合わせとして、最も適切なものを次の中から選び、記号で答えなさい。

	A	B	C	D
ア	ですから	しかし	さらに	実は
イ	さらに	実は	しかし	ですから
ウ	実は	しかし	さらに	ですから
エ	ですから	さらに	しかし	実は

問五　〈Ｘ〉〈Ｙ〉に入る語として、適切なものを次の中から二つ選び、記号で答えなさい。ただし、順不同です。

ア　学校　　イ　家庭　　ウ　国際機関　　エ　日本社会　　オ　国会議事堂　　カ　日本以外の国

問六　〈Ｚ〉に入る語として、最も適切なものを選び、記号で答えなさい。

ア　抵抗（ていこう）　　イ　圧力　　ウ　運動　　エ　未従順

治」そのものであることも見えてくると思います。政治とは避けようにも避けて通れないものなのです。

（将基面貴巳『従順さのどこがいけないのか』）

（注）

ストライキ……要求を通すために、申し合わせて授業や勤務を放棄すること。

問一 ――①「このような運動」とありますが、その説明として**適切でないもの**を次の中から一つ選び、記号で答えなさい。

ア スウェーデンの高校生たちによる、地球温暖化に反対する環境運動。

イ 環境問題に強い関心を持つ高校生たちが連携して行う学生主導のデモ。

ウ 大勢の生徒たちが授業ストライキして、街の目抜き通りを行進すること。

エ 大人たちが真剣に取り組んでいない環境問題に、生徒の立場でも抗議すること。

問二 ――②「日本の大人たちはたいてい呆れかえるのではないでしょうか」とありますが、日本の大人たちはなぜ呆れかえるのか、四十字以内で説明しなさい。

問三 ――③「理不尽な校則」とありますが、その内容の説明として最も適切なものを次の中から選び、記号で答えなさい。

ア 生徒が命の危険にさらされそうな時に、一時的に強い指示を出して服従を強制するもの。

イ 先生が勝手な理想を追求しすぎて厳しくなり、誰も守らなくなってしまった有名無実さ。

ウ 勝たなければならない事情がある時に、生徒に規律を徹底させるために使う体罰のこと。

エ ルールの内容に意義を見出すことが困難なので、先生の威厳によって守らせているもの。

C 、先生がある一人の生徒に対してパワハラやセクハラ行為を行っているのを、生徒であるあなたが目撃したとしましょう。それを見て見ぬふりして通り過ぎてしまっても良いのでしょうか。

D 、このような状況もすべて「政治」なのです。

「政治」とは、〈 X 〉や〈 Y 〉で行われていることだけではありません。

「権威」として現れる存在に服従することや従順であることが要求される状況は、すべて「政治」です。

学校の先生は、正当な指示をしたり処罰をしたりする限りでは、生徒にとって「権威」として立ち現れています。

しかし、先生に服従したり従順であることが間違いであると考えられる場合には、不服従の意思を表明する必要があるのではないでしょうか。

「権威」に対して従順であるかどうか、ということが「政治」であると理解すれば、冒頭で紹介した「気候変動学校ストライキ」も全く同様の「政治」行動であることがわかります。

政治や財界のリーダーである大人たちが環境問題に有効な対策を講じていないことに対して、黙っていないで抗議することは不服従の意思を示すことに他ならないからです。

本書では、「政治」という現象を、「服従」や「従順さ」、そしてそれとは反対の「不服従」や「〈 Z 〉」というキーワードを中心に考えてみたいと思います。

いまの日本社会には、私たち一人ひとりが、従順であることを要求する心理的圧力が充満しています。

ひょっとするとあなたはそんな社会に息苦しさを感じているかもしれません。

「服従」と「不服従」をめぐって思考を整理すれば、その息苦しさから抜け出すための糸口を見出すことができるでしょう。

しかし、もしあなたが、従順であることに何の疑問も抱かないでいるとすれば、「服従」について考えを深めることは、これまで見えなかった恐るべき落とし穴があることに気づくことになるでしょう。

いずれにしても、従順さや不服従といった問題を解きほぐしてゆくことで、④私たちの日々の生活を生き抜くことが、まさに「政ところが、ニュージーランドの教師や親たちは、学校の授業で通常科目を学ぶだけが勉強ではない、と考えています。

高校生たちが大人になるための準備とは、学業を修めることだけではなく、就職して経済的に自立することだけでもありません。大人になるということは、一人の市民（有権者）として公正な社会を築くことに貢献するために、政治や社会の諸問題に強い関心を持ち、積極的に関わっていくことも意味する、と理解しているのです。

ですから、高校時代から、環境問題だけでなく、女性や性的マイノリティ（LGBT）に対する差別、人種偏見に基づく差別、あるいはもっと身近ないじめの問題などに関して、現状に対する理解を深め、対策をどう講じるべきか、を授業や課外活動を通じて論じ合い、実際に行動を起こすのが当たり前となっているわけです。

環境問題や差別問題などは、日本でも連日のように新聞などのメディアで論じられている「政治」問題です。

しかし、若い読者のみなさんにとって、「政治」はあまり身近な事柄ではないとお考えではないでしょうか。

国会議事堂や霞が関で、一部の「偉い」大人たちが行うことであって、みなさんとはあまり関係のないこととお考えではありませんか。

ところが、実は、「政治」とは私たちの日常生活の中で毎日のように経験することなのです。

いま日本の学校では、問題が続発しています。

運動部員の生徒をコーチの先生が殴って怪我をさせるといった事件が相次いでいます。女子生徒に対して男性教師が性的な嫌がらせをするセクハラ事件も後を断ちません。

一般常識とはかけはなれた③理不尽な校則がまかり通っています。

学校では、先生は生徒に向かってあれこれ命令する存在です。

[A]、生徒は、先生に服従するのが、当たり前だと考えられています。

[B]、こうした問題は、先生が生徒に向かって理不尽な要求や処罰をすることから生じているのです。

理不尽な命令や処罰には黙って服従しなければならないのでしょうか。

二　次の文章を読んで、後の問いに答えなさい。

【文章Ⅰ】

私が住むニュージーランド南島のダニーデンという街では、近年、毎年のように高校生たちが「気候変動学校※ストライキ」という抗議デモを行っています。

スウェーデンの環境運動家グレタ・トゥンベリーがはじめた、地球温暖化に反対する運動の一環です。環境問題に強い関心を持つ学生たちがリーダーとなり、地元の他校の高校生たちと連携することで行われる学生主導のデモです。

こうして大勢の生徒たちは、教室を出て街の目抜き通りを、プラカードを掲げて行進しながら、異常気象への対策に大人たちが真剣に取り組んでいない現状に抗議して声を上げるのです。

①このような運動はダニーデンに限った話ではありません。

首都ウェリントンでは、リーダーの学生たちが国会議事堂の前で演説し、南島の都市クライストチャーチでは、学生たちが市長と直談判する場面もありました。

「学校の授業を放棄して高校生がデモ行進するなんて、そんなメチャクチャな話があるか」

「学校の教師や生徒の親たちはいったい何をしているのか」

そんな声が聞こえてきそうです。

実は、この抗議デモ活動は、学校の承認を経て行っているもので、また、デモに生徒が参加するにあたって、学校は生徒の親たちから参加の承認を取り付けています。

つまり、学校も生徒の親たちもこうした運動をサポートしているのです。

こう聞くと、②日本の大人たちはたいてい呆れかえるのではないでしょうか。

日本の常識ではおよそ考えられないことだからです。

問八　以下の記事は、筆者の村田沙耶香とミュージシャンの岡村靖幸の対談の一部を抜き出したものです。彼らは「迷わなくていい」ことには価値があると述べていますが、「迷う」ことに価値があるとしたらどのようなものか、あなたの考えを八十字以上百字以内で述べなさい。

村田　私は、小説の書き方を宮原昭夫先生に学んだんです。宮原先生の教えを本当にそのまま、背かずにやった結果、いまの自分があるんです。（中略）
　私は、宮原教の信者だとすごく思っているし、弟子だと思ってもらえてないのに盲信している。いまでも本当は先生のおっしゃることを全部録音したいんです。嫌がられるから、しつこくしないように我慢してますが（笑）。

岡村　結局、盲信の快楽って、「迷わなくていい」という快楽なんですよね。人間って根源的な恐怖や不安を抱えているじゃないですか。自分は何歳まで生きるのか、子どもが生まれたら元気に育つのか、お金に不自由したりしないか。未知数なものがあればあるほど不安になるし、何かに頼りたい、信じたいと思ってしまう。だから、パワーストーンみたいなものでも一喜一憂してしまうし。

（週刊文春ＷＯＭＡＮ　二〇二二　秋号『断食道場でプログラムをこなすうちにハイに…』
岡村靖幸が作家・村田沙耶香と話す〝信じる快楽〟」一部改変）

問五　――③「私はとてもうれしかった」とありますが、この時のミキの心情として最も適切なものを次の中から選び、記号で答えなさい。

ア　妹が救われた喜びと同時に、自分の正しさを妹がようやく感じることになり、気分が盛り上がっている。

イ　小さい頃から詐欺がこの世から無くなることを望んでいたため、静かに深い達成感にひたっている。

ウ　心から大事にしている妹が詐欺から救われることとなり、ようやくほっとして緊張感(きんちょう)から解き放たれている。

エ　自分が発見したYouTubeの動画がもとで詐欺が告発され、自分の見る目が証明されて喜びを感じている。

問六　本文全体を通じて、ミキとそれ以外の人々では、「現実」のとらえ方に違いがあることが読み取れます。ミキ以外の人々は、「現実」において幸せや夢を追い求めることを重視していますが、それに対してミキは「現実」において何を重んじているか、あなたの考えを述べなさい。

問七　本文中の波線部にあるように、ミキの行動は親しい友人や家族を幸せにしようという気持ちから行われたものですが、必ずしもその人のためになっているとは言えない部分があります。本文中の「★」でくくられた範囲でのミキとユカのやり取りを例に取り、ミキはどのように行動するのが最善だったのか、あなたの考えを述べなさい。

問二　――②「けれど成長するにつれて友達はだんだんと、私のこの言葉を嫌がるようになった」とありますが、なぜか、理由として最も適切なものを次の中から選び、記号で答えなさい。

ア　ミキばかりが町内会の人々にほめられるため、大人にこびを売る姿に嫌気が差してきたから。
イ　頭の良さをひけらかすミキを目の当たりにして、それに対する嫌悪感がつのってきたから。
ウ　金額の大小ばかりを問題にするミキとは違い、必ずしも金額だけに価値を見出しているわけではないから。
エ　お金を無駄に支払ったことに気付かされ、自分が損しているという事実に向き合わされるのが嫌だから。

問三　〈Ｘ〉にあてはまる言葉を、文中から二字で抜き出しなさい。

問四　太線部ａ「サメル」・ｂ「サメテ」とありますが、それぞれにあてはまる漢字と同じ漢字が含まれるものを次の中から選び、それぞれ記号で答えなさい。

ア　受験会場には、行き方を調べてカクジ向かうように。
イ　考えてもわからないときは、カンカクで動こう。
ウ　日直の人は、早くゴウレイをかけましょう。
エ　未経験者が合格するなんて、イレイのことだ。
オ　そんなレイショウ的な態度だと、友達をなくすよ。
カ　カクメイを起こすのは、しいたげられた人々だ。

最後に会った日の、妹の言葉が頭から離れなかった。私の現実はカルト。そうなのだろうか。言われてみると、私の姿が、※浄水器や天動説セラピーに勧誘する人間の姿とどこが違うのかわからなくなっていた。

（村田沙耶香『信仰』）

（注）

マツキヨ……ドラッグストア「マツモトキヨシ」のこと。

カルト……小規模で熱狂的な信者の集まりのこと。

浄水器や天動説セラピー……カルト的な活動の事例。

問一 ――①「この部屋の中にいつも漂っていた、妹の匂いはもう部屋から消えかけていた」とありますが、この表現からどのようなことが読み取れるか、最も適切なものを次の中から選び、記号で答えなさい。

ア 詐欺騒動により家を出た妹は、ミキともはや縁遠くなってしまい、心の距離感が出来ているということ。

イ 詐欺にだまされ落ち込んだことで、家を去っていった妹に対して、今でも後悔する気持ちを持っていること。

ウ 詐欺まがいのセミナーにうつつを抜かした妹に対して、絶縁を突きつけて匂いすらも感じたくないと思っていること。

エ ミキは詐欺から妹を守ろうとしたが、不出来な妹を恥じる父母がその存在を記憶からも消したいと感じているということ。

妹が帰らなくなったのはその日からだった。会社のお昼休みに、妹がお金をつぎ込んでいる起業女子向けのセミナーが詐欺として告発されたというニュースがネットで拡散されているのを発見したとき、③私はとてもうれしかった。やっぱり詐欺だった。ほらみなさい。私が正しかったでしょ？　ああ、よかった。私はこれでやっと妹が帰ってくると思った。私の愛する「現実」へ、妹が帰ってくる。

「結局、ああいうのって、痛い目を見て帰ってくるんですよねー。まあ、勉強料だと思えば仕方ないですけどねー。まあ、これで少しは現実を見て、懲りてくれると思うんですけどねー」

どこかはしゃいだような口調で、会社の人にうきうきと話したのを覚えている。あのとき、私は、ついに私の「現実」が勝ったと思った。現実こそが真の幸福だと、やっと妹が思い知ったのだと思うと最高に高揚するのだった。

しかし実際には、その日の夜から妹は家へ帰ってこなくなった。

私の電話番号は着信拒否されていた。両親にだけは翌日の朝に連絡があり、セミナーの料金はしっかり自分で働いてローンで返す、でもアクセサリーショップの起業の夢はあきらめない、と言っていた、と聞かされた。お姉ちゃんのいる家には帰りたくないからしばらく友達の家に厄介になる、とも。

「なんで？　なんで私とは会おうともしないの？」

母は言いにくそうに、

「あの子ね、『お姉ちゃんといると、人生の喜びの全てを奪われる』って言ってたのよ。まあ、あの子もほら、夢見がちなところがあって、心配する気持ちもわかるけどねえ、少しは、ほら、あの子の可能性っていうかね、そういうものを、もっと認めてあげてもねえ……」

私は呆然とした。私は妹が損をしないように、騙されないように、現実を見せてあげようとしただけだ。奪ったのは詐欺師たちのほうじゃないか。しかし、妹はそうは思っていないらしく、私のいる家には決して帰ってこない。

私はいつも、会う人会う人を「現実」へ「勧誘」していた。それが全ての人の幸福だと信じて疑っていなかった。

「ありがとう。私の大切な幻想をまったく尊重せず、片っ端からぶち壊してくれて本当にありがとう。これから私はエステに行っても、ネイルに行っても、ホテルで食事をしていても、いつもあなたの押し付けてきた『現実』が頭にうかぶ人生を送るわ。それが私の本当に幸せな人生だと思ってくれているなら、本当にありがとう」

★

七歳下の妹は、私とは正反対の夢見がちな性格だった。妹は大学を途中で辞めて、ずっとアルバイトをしながら引きこもっていた。それだけならいいが、ネットで出会った友達とアクセサリーショップを開くと言いだし、起業をするために高額のセミナーに通っていると、困りきった母から電話があったのだ。

妹をほとんど軟禁するために、私は意気揚々と家へ帰ってきた。妹を幸福にしようという正義感に満ちた私はとてつもなく生き生きとしていた。

私は毎朝、セミナーへ行こうとする妹の横で大声でいかに妹が騙されているか騒ぎ立て、似たような起業セミナーの詐欺にあった人のブログをプリントアウトしてトイレの壁にびっしりと貼り、セミナー詐欺が取り上げられたニュースを録画して夕食から妹が寝る時間まで延々流し続けた。

最後に妹に会った日のことは、よく覚えている。その日は平日で、私は東京で開かれるセミナーへ出かけようとする妹を止めるため、朝から玄関で待ち構えていた。iPhone の画面を妹に向けながら YouTube で見つけた「キラキラ女子がハマる、起業セミナー詐欺の実態！　逮捕の現場に潜入！」という動画を大音量で流し、ドアの前で騒ぎ立てる私に、妹が冷たく言い放った。

「お姉ちゃんの『現実』って、ほとんど※カルトだよね」

私は妹の意味不明な言葉に首をかしげた。

「え、何言ってるの？　カルトの手口に陥りかけてるのはあんたじゃない。私はこんなに！　こんなに！　私、あんたのためを思って言ってるのに！」

妹は私の言葉に返事をせず、私を突き飛ばし、金切り声をあげる私を置いてセミナーへと走っていった。

いものにお金を払って騙されて、通帳を見て後悔するのは友達なのだ。何度そう説得しても、みな、溜息をついて無視をした。嫌悪感を露わにする友達すらいた。

就職してから会社の飲み会で親しくなり、初めてできた恋人は、私のそういうところを「堅実で好きだ」と言ってくれた。けれど、ロマンチックなレストラン、高いアクセサリー、上品な高級旅館などでいちいち「これ、高すぎない？」「場所代ってなに？　ぼったくられてない？」と口にする私に、恋人はだんだんと疲れてきたようだった。

ディズニーランドでは私はほとんど朝から晩までヒステリーだった。「えっ、このポップコーンがこの値段!?　このカチューシャ、こんなに高いの!?　原価いくら!?　みんな騙されてるよ！　信じられないよ！」私は行く先々で叫び、シンデレラ城の前で子供がミッキーの形をした高額な風船を買っているのを見て金切り声をあげた。

「なんか、疲れちゃって。少しぐらい騙されてるほうが幸せじゃないかって、思うようになったんだ」

結婚しようと話し合ったはいいが、式場のあまりのぼったくりに目を剥いて「あの値段、信じられる!?　詐欺だよあんなの、詐欺」と吐き捨てた私に、彼は言った。

★

私の唯一の理解者だった幼馴染のユカも、ユカが通うエステの値段やネイルサロンの値段を聞きだし、「そんなのやめなよ、ね、ほら、詐欺じゃない？」と証拠の資料を見せながら繰り返す私に、ある日、「限界がきた。もう、ちょっと無理」と途切れ途切れの小さなうめき声を絞り出した。

「そりゃ、ミキが正しいのかもしれないよ。でも、それがなおさら嫌なの。『現実』って、もっと夢みたいなものも含んでるんじゃないかな。夢とか、幻想とか、そういうものに払うお金がまったくなくなったら、人生の楽しみがまったくなくなっちゃうじゃない？」

「私は、大好きなユカを幸せにしたくて、騙されて欲しくなくて……」

ユカは私をまっすぐに見つめた。

「ありがとう、私、あっちの高いお店でかき氷買っちゃうとこだったよ。こっちの町内会の出店のほうがずっと安いね！」

「ミキちゃんありがとう！」

感謝の言葉は、私をうっとりと満たした。私は友達や家族、愛する人たちがうっかり騙(だま)されて損をしないように、どんどん目を光らせるようになった。

「原価いくら？」

という言葉が、私の一番好きな言葉になった。

②けれど成長するにつれて友達はだんだんと、私のこの言葉を嫌(いや)がるようになった。

かわいいブランドのアクセサリーや、ブランドものの洋服などで着飾(かざ)る友達を、私はもっと幸福にしたかった。友達が騙されているのが我慢(がまん)できなかった。

「そのブランドのバッグ、原価いくら？同じようなの、３０００円でアメ横で売ってたよ」

「このカフェのコーヒー、この量で８００円って高くない？」

「え、化粧水が１万円？嘘(うそ)でしょ？ほらここ、成分見てみなよ。私が※マツキヨで買った４００円のやつと、成分ほとんど同じでしょ？」

私は友達を幸せにしたくて言っているのに、皆、私の指摘(してき)に表情を曇(くも)らせた。皆、目に見えないきらきらしたものにお金を払うのが大好きだった。私がそれはぼったくりだといくら言っても、皆、絶対に、目に見えない〈　Ｘ　〉にお金を使うのをやめないのだった。

「ミキといると、なんかａサメル」

大学のとき、友達が吐(は)き捨てるように言ったのをよく覚えている。やっと無駄遣(むだづか)いをさせる悪人たちが見せる夢からｂサメテくれたのか、と思ったが、せっかくテンションが上がって幸せな気持ちなのにつまらない、ということらしかった。けれど、目に見えな

2023年度

三田国際学園中学校

【国　語】〈第一回試験〉（五〇分）〈満点：一〇〇点〉

〔受験上の注意〕特に指示のない場合、句読点等の記号は一字として数えるものとします。

一　次の文章を読んで、後の問いに答えなさい。

家に帰ってドアを開くと中は薄暗く、誰もいなかった。定年になった父はボランティアに目覚めて休日は遊歩道のゴミ拾いに参加していることが多い。母は体が動くうちは老後のために稼いでおきたいとパートをしている。

私は「ただいま」と小さく呟き、二階へ上がった。早足で自分の部屋の前を通り過ぎ、その奥にある妹の部屋のドアを開けた。

ここに、半年前まで妹が住んでいた。家具も本棚もそのままになっている部屋へ入り、ベッドに横たわった。①この部屋の中にいつも漂っていた、妹の匂いはもう部屋から消えかけていた。

私は子供のころから、「現実」こそが自分たちを幸せにする真実の世界だと思っていた。

私は自分だけでなく、周りの人にもそれを勧め続けた。

小学校のころのお祭りなど、私の最高の活躍の場だった。光るヘアバンドを買おうとする友達に、「やめなよ。あんなの、原価100円くらいだよ。ぼったくりだよ」と注意し、「ミキちゃんはしっかりしてるわねえ」と町内会中のおじさんおばさんに褒められた。

「え、型抜き一回200円？　ぜったいおかしいよ」

「このかき氷、氷とシロップだけで500円なんて、ぼったくりだよ。あっちのお店にいこ、200円だったよ」

てきぱきとぼったくり料金を暴く私を、友達の女の子たちは、「ミキちゃんあたまいい、すごーい」と褒め称えた。

2023年度 三田国際学園中学校 ▶解説と解答

算 数 ＜第１回試験＞（50分）＜満点：100点＞

解 答

[1] (1) $\frac{1}{3}$ (2) 7 (3) 3 (4) 48度 (5) 55通り (6) 100分 [2] (1) 20分後 (2) Ａさんと反対向きに２分後 (3) ２分５秒後 [3] (1) 18.84cm (2) 2回転 (3) $2\frac{2}{3}$回転 [4] (1) ７通り (2) （例） 解説を参照のこと。 (3) （ア，イ，ウ）＝（７，２，４），（３，９，１） [5] (1) ４通り (2) （例） 解説の図４，図５を参照のこと。 (3) （例） 解説を参照のこと。

解 説

[1] 四則計算，相当算，周期算，角度，場合の数，ニュートン算

(1) $\left\{\left(2.75+3\frac{1}{2}\right)\times0.08-\frac{1}{8}\right\}\div1.125=\left\{\left(2\frac{3}{4}+3\frac{1}{2}\right)\times\frac{8}{100}-\frac{1}{8}\right\}\div1\frac{1}{8}=\left\{\left(\frac{11}{4}+\frac{7}{2}\right)\times\frac{2}{25}-\frac{1}{8}\right\}\div\frac{9}{8}=\left\{\left(\frac{11}{4}+\frac{14}{4}\right)\times\frac{2}{25}-\frac{1}{8}\right\}\div\frac{9}{8}=\left(\frac{25}{4}\times\frac{2}{25}-\frac{1}{8}\right)\div\frac{9}{8}=\left(\frac{1}{2}-\frac{1}{8}\right)\div\frac{9}{8}=\left(\frac{4}{8}-\frac{1}{8}\right)\div\frac{9}{8}=\frac{3}{8}\times\frac{8}{9}=\frac{1}{3}$

(2) ある数を①とすると，ある数を７倍した数は⑦，70倍した数は(70)となる。この差は，(70)－⑦＝(63)なので，(63)＝441より，①＝441÷63＝７と求められる。よって，ある数は７である。

(3) 一の位の数だけを計算すると，7，７×７＝49，９×７＝63，３×７＝21，１×７＝7，…となるから，７を何個かかけた数の一の位は{7，９，３，１}の４個の数のくり返しになる。したがって，７を2023個かけたときの一の位の数は，2023÷４＝505余り３より，３個かけたときの一の位と同じで３とわかる。

(4) 右の図Ⅰで，●印をつけた２つの角の大きさは等しく，その和は，180－14＝166(度)だから，１つ分の大きさは，166÷２＝83(度)とわかる。さらに，かげをつけた四角形の内角の和は360度なので，○印をつけた角の大きさは，360－(75＋70＋83)＝132(度)と求められる。よって，アの角の大きさは，180－132＝48(度)である。

図Ⅰ

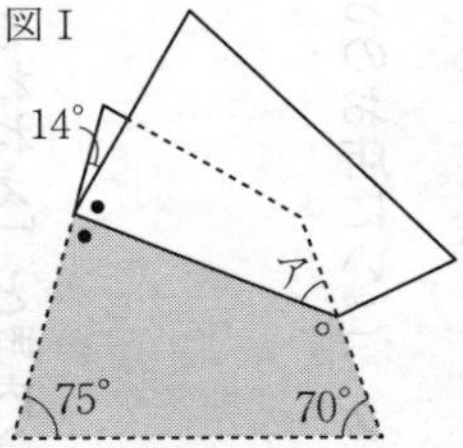

14°
ア
75°
70°

(5) 50円硬貨(こうか)の枚数で場合分けをする。50円硬貨が０枚のとき，10円硬貨は０枚から20枚までの，20＋１＝21(通り)の場合が考えられ，どの場合も残りを５円硬貨で支払(しはら)えばよいので，下の図Ⅱのアは21通りとなる。同様に，50円硬貨の枚数が１枚のとき(イ)は，15＋１＝16(通り)，50円硬貨の枚数が２枚のとき(ウ)は，10＋１＝11(通り)，50円硬貨の枚数が３枚のとき(エ)は，５＋１＝６(通り)，50円硬貨の枚数が４枚のとき(オ)は１通り考えられる。よって，支払う方法は全部で，21＋16＋11＋６＋１＝55(通り)と求められる。

図Ⅱ

	ア				イ				ウ				エ				オ
50円硬貨(枚)	0	0	…	0	1	1	…	1	2	2	…	2	3	3	…	3	4
10円硬貨(枚)	0	1	…	20	0	1	…	15	0	1	…	10	0	1	…	5	0
５円硬貨(枚)	40	38	…	0	30	28	…	0	20	18	…	0	10	8	…	0	0

(6)　4台のポンプが水をぬく割合は毎分，4000÷40＋20＝120（L）だから，2台のポンプが水をぬく割合は毎分，$120\times\frac{2}{4}$＝60（L）である。よって，2台のポンプで水をぬくと，水そうの水は毎分，60－20＝40（L）の割合で減るので，空になるまでの時間は，4000÷40＝100(分)と求められる。

2　旅人算

(1)　AさんがBさんにはじめて追い着くのは，AさんがBさんよりも池1周分(＝400m)多く歩いたときである。また，AさんはBさんよりも1分間に，75－55＝20(m)多く歩く。よって，AさんがBさんにはじめて追い着くのは出発してから，400÷20＝20(分後)とわかる。

(2)　Aさんが20分で歩く道のりは，75×20＝1500(m)である。1500÷400＝3余り300より，これは3周と300mなので，財布を落としたのは，出発地点からAさんの進行方向とは反対向きに，400－300＝100(m)の地点とわかる。よって，CさんはAさんと反対向きに進むと，100÷50＝2(分後)に到着(とうちゃく)する。

(3)　右の図のように，Cさんが財布を拾うまでの2分間で，Aさんは，75×2＝150(m)歩く。よって，Cさんが財布を拾ったときの2人の間の道のり(点線部分の道のり)は，400－150＝250(m)とわかる。この後，2人の間の道のりは毎分，75＋45＝120(m)の割合で縮まるから，AさんとCさんが出会うのは，$250\div120=2\frac{1}{12}$(分後)と求められる。これは，$60\times\frac{1}{12}$＝5(秒)より，2分5秒後となる。

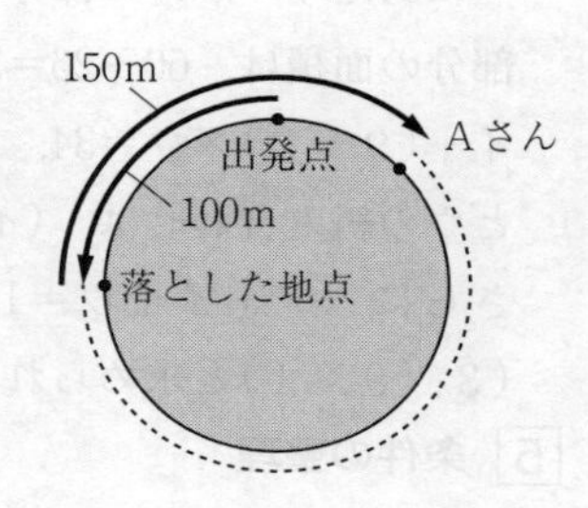

3　平面図形―図形の移動

(1)　問題文中の図1のように円が1回転すると，円の中心は円のまわりの長さの，3×2×3.14＝6×3.14＝18.84(cm)だけ移動する。

(2)　問題文中の図2のような場合，円の回転数は，(円の中心が移動する距離(きょり))÷(円のまわりの長さ)で求められる。右の図Ⅰで，円Aのまわりの長さは(6×3.14)cmである。また，円Aを円Bの周に沿って転がすときに中心が移動する距離(太点線の長さ)は，(3＋3)×2×3.14＝12×3.14(cm)である。よって，円Aはもとの位置にもどるまでに，(12×3.14)÷(6×3.14)＝2(回転)する。

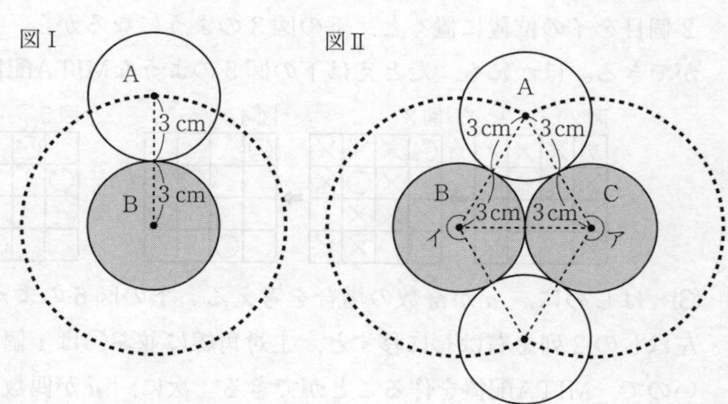

(3)　(2)と同様に考える。右上の図Ⅱで，ア，イの角の大きさの合計は，(360－60×2)×2＝480(度)だから，円Aを円B，Cの周に沿って転がすときに中心が移動する距離(太点線の長さ)は，$6\times2\times3.14\times\frac{480}{360}$＝16×3.14(cm)である。よって，円Aはもとの位置にもどるまでに，(16×3.14)÷(6×3.14)＝$2\frac{2}{3}$(回転)する。

4　平均とのべ，場合の数，つるかめ算

(1)　(平均)＝(合計)÷(個数)より，(合計)＝(平均)×(個数)となるから，3個の平均が4点になるのは，3個の合計が，4×3＝12(点)になるときとわかる。よって，取り出す3個の玉の組み合わ

せは，右の図１の７通りある。

⑵　３個目に１を取り出したとしても３個の合計が，５×３＝15(点)以上になればよいので，最初に，合計が，15－１＝14(点)以上になるような２個を取り出せばよい。また，そのような２個の玉の組み合わせは，右の図２の６通りある。

図１

（１，２，９）
（１，３，８）
（１，４，７）
（１，５，６）
（２，３，７）
（２，４，６）
（３，４，５）

図２

（５，９）
（６，８）
（６，９）
（７，８）
（７，９）
（８，９）

⑶　２点，５点，９点を除いた回数の合計は，１＋２＋１＋４＋１＋３＝12(回)だから，ア＋イ＋ウ＝25－12＝13(回)である。また，２点，５点，９点を除いた得点の合計は，１×１＋３×２＋４×１＋６×４＋７×１＋８×３＝66(点)であり，25回の得点の合計は，5.04×25＝126(点)なので，２点，５点，９点の得点の合計は，126－66＝60(点)とわかる。よって，右の図３で，図形全体の面積が60点にあたり，かげの部分の面積が，２×13＝26(点)だから，斜線(しゃせん)部分の面積は，60－26＝34(点)となる。したがって，(５－２)×イ＋(９－２)×ウ＝34，３×イ＋７×ウ＝34より，考えられるイとウの組み合わせは，(イ，ウ)＝(２，４)，(９，１)とわかる。さらに，ア＋イ＋ウ＝13より，(ア，イ，ウ)＝(７，２，４)，(３，９，１)と求められる。

図３

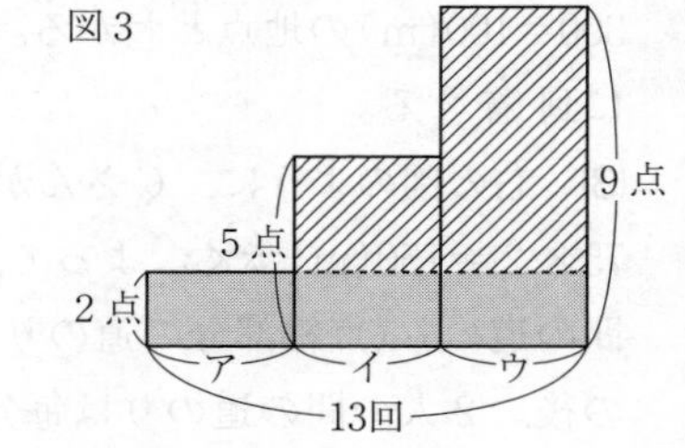

5　条件の整理

⑴　条件に合うMITA配置は，右の図１の４通りある。

図１

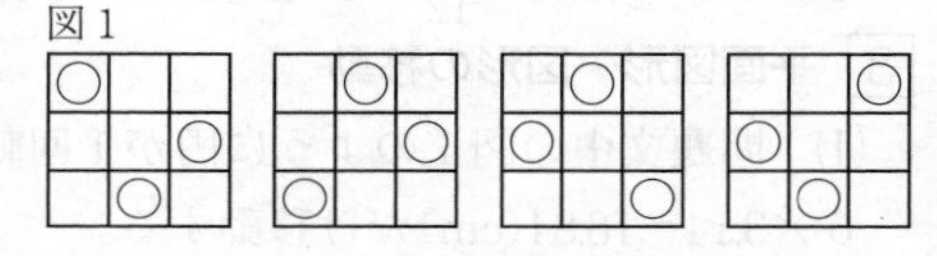

⑵　下の図２で，１個目をアの位置に置いたとすると，×をつけたマスには置くことができなくなる。そこで，２個目をイの位置に置くと，下の図３のようになるから，下の図４のようなMITA配置を作ることができる。ほかにも，たとえば下の図５のようなMITA配置が考えられる。

図２　図３　図４

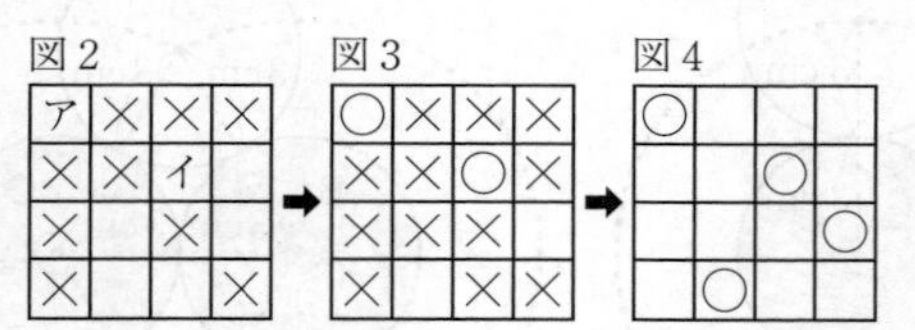

図５

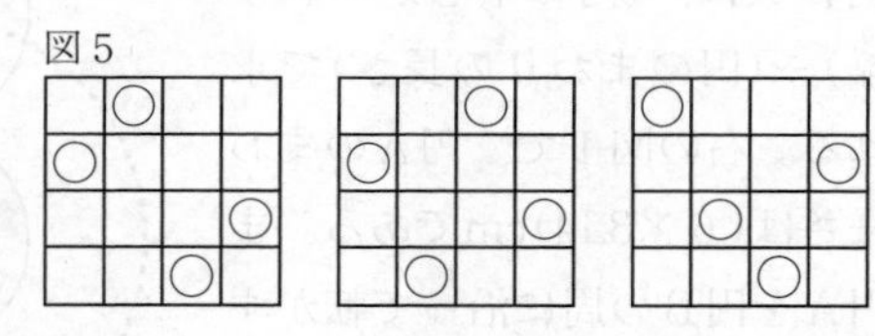

⑶　はじめに，aが奇数(きすう)の場合を考える。下の図６のように，方眼の主対角線に○を並べてから，左はしの２列を右はしに移すと，主対角線に並ぶ○は１個になる。また，どの○も同じ列や行にないので，MITA配置を作ることができる。次に，aが偶数(ぐうすう)の場合を考える。下の図７のように，方眼の主対角線に○を並べてから，左はしの２列を右はしに移すと，どの○も主対角線に並ばない。また，どの○も同じ列や行にないので，MITA配置を作ることができる。これは３×３以上の方眼にすべてあてはまるから，aが３以上のときは必ずMITA配置を作ることができる。

図６

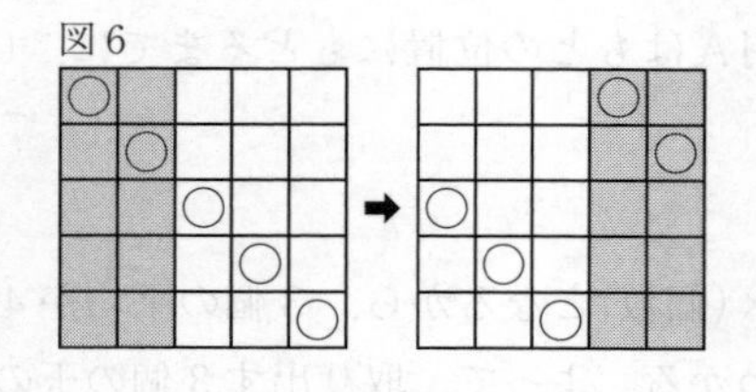

図７

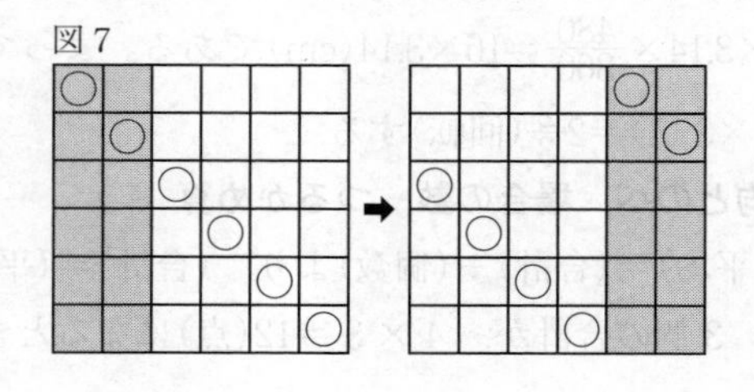

社　会　＜第１回試験＞（理科と合わせて50分）＜満点：50点＞

解　答

[1] 問１　ウ　　問２　生産物…セメント（石灰，石灰岩，石灰石，コンクリート）　　説明…ウ　　問３　オ　　問４　キ　　問５　（例）　川の流路を基準に，都道府県の境界を定めた

[2] 問１　ウ　　問２　（例）　仏教勢力が政治に介入することを防ぐため，都の中に寺院を建てることを制限した　　問３　政教分離　　問４　参勤交代　　問５　Ｃ　ア　　Ｄ　カ　　問６　ウ　　問７　(ア)　（例）　声をあげても学校は変わらないと考えている児童生徒が多く，そういった意見を表明したり議論したりする場もないと思っている。また，生徒会に対しても児童生徒の声を回収できていないと感じている。　　(イ)　（例）　誰でも自由・公正に提案できるようにするとともに，皆で分担して問題を解決し，その方法をシェアするべきである。

解　説

[1] 学校周辺の地形図を題材にした問題

問１　Ｘ　子どもを取りまくさまざまな課題に対応するため，2023年４月，「こども家庭庁」が創設された。なお，公安調査庁は法務省の外局で，昭和時代に設置された。　Ｙ　病気や障がいのある家族や親族の介護などをしている子どもたちを，「ヤングケアラー」という。「ヤング」は“若い”，「ケアラー」は“介護者”という意味の英語である。

問２　図２をみると，埼玉県や山口県，福岡県などに多く分布しているので，石灰石（セメントやコンクリートの原料として採掘される石灰岩）と判断できる。また，石灰岩地域が雨水や地下水などで侵食されてできた特殊な地形をカルスト地形といい，図３は平尾台（福岡県）のカルスト台地に横たわる「鬼の洗濯岩」とよばれるものである。石灰岩は，石灰質のからだを持つサンゴやウミユリ，フズリナなどの古生代の生物の死がいにふくまれる石灰質や，海水中の石灰分が固まってできた堆積岩なので，ウが選べる。

問３　扇状地は，河川が山地から急に平地に出たところに土砂が堆積してできた，扇形のゆるやかな傾斜地である。図４をみると，扇頂から扇央にかけて粒の大きい石，扇端は粒の小さい石が堆積していることがわかる。扇央は水はけがよいことから，かつては桑畑などに利用されてきたが，現在は果樹園として利用されることが多い。また，扇央では川が伏流水となって地下を通り，扇端で水が湧き出るので，図５の点線は伏流水を表していると推測できる。よって，オがあてはまる。

問４　相模原市は神奈川県，浜松市は静岡県，堺市は大阪府，北九州市は福岡県にある政令指定都市である。神奈川県の県庁所在地は横浜市で，静岡県，大阪府，福岡県は府県名と府県庁所在地名が同じなので，表のＤ市は相模原市とわかる。川崎市と相模原市の昼夜間人口比率が低いのは，昼間に通勤・通学で人が東京や横浜市に移動するためである。また，Ａ市は1965年から2020年にかけて人口が大きく減っているので，北九州工業地域に位置する北九州市と判断できる。残った浜松市と堺市を比べると，堺市は北に隣接する大阪市への通勤・通学者が多いと考えられるので，昼夜間人口比率がより低いＢ市が堺市となり，もう一方のＣ市が浜松市となる。

問５　図６をみると，県境に重なっている細い水路が多くあることがわかる。これは筑後川の旧流路で，福岡県と佐賀県が誕生したときにはこの蛇行に合わせて県境が決められたが，その後の治水

事業で流路が変わったため，飛び地ができたと考えられる。また，多摩川の両岸に同じ地名が存在するのも，同じ理由と推測できる。

2 「政治と権力」についての考察を題材にした問題

問１　資料①は，３世紀に存在した邪馬台国の女王卑弥呼について述べたものである。また，資料①，②に「占い」や「占い師」が出てくることから，古代では権力者が神の権威に頼っていたことがわかる。よって，組み合わせはウが正しい。

問２　資料③からは，聖武天皇が仏教の力で国を治めようとしたことがわかる。その政治思想は，資料④で平城京(奈良県)の中に多くの寺院が分布していることにも表れている。一方，資料⑤をみると，平安京(京都府)では寺院が少なく，平安宮(皇居)から遠ざけられていることがわかる。このことから，桓武天皇は平安京に都をうつすさい，仏教勢力が政治に介入することがないように，都の中に寺院を建てることを制限したと考えられる。

問３　政治と宗教を分離し，国家に宗教的な中立を求めることを，政教分離という。日本国憲法第20条は，国民の信教の自由と国の政教分離の原則を定めた条文である。

問４　下線部(1)の制度は参勤交代である。1635年，江戸幕府の第３代将軍徳川家光は，大名を統制するための法令である武家諸法度を改定し，参勤交代を制度化した。これにより，大名は１年おきに江戸と領地(藩)に住むことを義務づけられ，大名の妻子は人質として江戸に置くことを命じられた。

問５　**C**　江戸時代の大名は，徳川将軍家の一族である親藩，関ヶ原の戦い以前から家臣であった譜代大名，関ヶ原の戦い以降に家臣になった外様大名に分けられ，支配された。徳川家にとって外様大名は信用が置けない存在だったので，アがふさわしい。なお，御成敗式目は最初の武家法で，鎌倉幕府の第３代執権北条泰時が1232年に出した。　**D**　資料⑥，⑦から，儀式で諸大名が将軍にひれ伏していることがわかるので，カが選べる。なお，将軍に謁見するさいには，顔を上げて将軍の顔を直接みることや直接話しかけることは，原則として禁止されていた。

問６　資料⑩，⑪から，国民は天皇を「担ぎ」，天皇は国民を「保護」する関係とわかる。また，大日本帝国憲法では，天皇は国の元首・主権者とされており，政府は国会(帝国議会)や裁判所と同様に，天皇の政治を助ける機関とされていた。よって，ウが選べる。

問７　**(ア)**「どちらかというと」という人もふくめると，資料(1)では児童生徒が声をあげて学校が変わると「思わない」という回答が多く，資料(2)では児童生徒が意見を表明したり議論したりする場が「ない」という回答が多く，資料(3)では生徒会は児童生徒の声を「回収できていない」という回答が多い。また，資料(4)からは「校則」についての要望が多いことが読み取れる。　**(イ)**　資料(5)には，「市民の誰もが行政に対して自由・公正に政策を提案できるオンライン請願システム」とある。また，資料(6)では，「皆で分担して問題を解決する」ことで自分とは異なる部分の問題を解決でき，「解決方法をシェア[共有]していくこと」が大切だと説明されている。

理 科 ＜第１回試験＞（社会と合わせて50分）＜満点：50点＞

解 答

1 **問1** ウ，キ　**問2** イ　**問3** ウ　**問4** エ　**問5** イ　**問6** （例） 赤くなったタンニンが青色や緑色の光を吸収し，海水が赤色の光を吸収するため，海中が深海と同じような暗さになるから。　**2** **問1** 375m　**問2** ウ　**問3** ウ　**問4** ア　**問5** （例） 森林の土と野原の土に含まれるミミズの環境DNAをそれぞれ調べて，ミミズの種類や数の違いを推測する。　**3** **問1** ぎょう固点(ゆう点)　**問2** イ　**問3** ウ　**問4** （例） **方法**…水面の位置に印をつけたビーカーを冷凍庫に入れる。　**結果**…できた氷の上面が，印の位置よりも高くなる。　**問5** （例） 右のグラフ

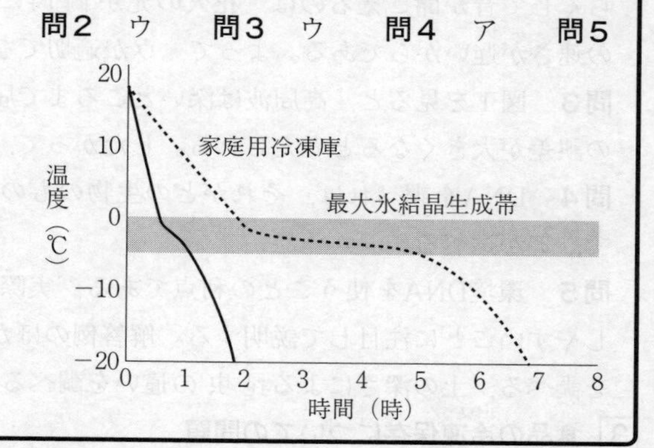

解 説

1 **深海の生物と環境についての問題**

問1 植物は，体内にある葉緑体で光のエネルギーを利用して，外から取り入れた二酸化炭素と水を材料に，養分(でんぷん)をつくり出している。このはたらきを光合成といい，このとき酸素もつくり出されて放出される。

問2 オウムガイとサザエは軟体動物(貝やタコなどの仲間)である。なお，クラゲは刺胞動物(イソギンチャクやサンゴなどの仲間)，マグロは魚類，イルカは哺乳類，フナムシは甲殻類(エビやカニなどの仲間)に属する。

問3 台風など，北半球で発生する低気圧の地表付近では，中心に向かって反時計回りに風が吹き込む。また，日本にくる台風は，ふつうは南西から北東の向きに進む。しかし，地球の自転の影響により，北半球と南半球では，空気の動き方の南北が逆になるので，サイクロンには時計回りに風が吹き込み，経路は北西から南東の向きになると考えられる。よって，ウが選べる。

問4 高潮は台風や強い低気圧が接近した場合に海面が上昇する現象で，海に面している地域に被害をもたらす。問3で述べたように，北半球で台風のさいには，地表付近で中心に向かって反時計回りに風が吹き込む。そのため，台風が東京湾の西側を進むときは，海水が南からの強風によって湾の奥に吹き寄せられるので，高潮が起きやすい。

問5 袋に入れたワセリンや脂肪に力を加えたときの体積の変化は，非常に小さい。そのため，深海魚の浮き袋の中がワセリンや脂肪で満たされていると，浮き袋が強い水圧によってつぶされてしまうのを防ぐことができる。

問6 太陽光などの白色光は，赤色，緑色，青色の三色を含んでいる(この三色を，光の三原色という)。赤色のタンニンは，緑色と青色の光を吸収し，赤色の光だけを反射するので，赤く見える。また，光の特徴の文章と図3より，波長の長い赤色の光は，海水に吸収されやすい。そのため，バサースト湾では赤色，緑色，青色の光がどれも吸収され，浅い海であっても海中に光が届きにく

いので，深海と同様の特徴をもつ生物が進化してきたと考えられる。

2 魚群探知機や環境DNAについての問題

問１　魚群探知機から発信された超音波は，船から海底までの間を１往復する。したがって，海底の深さは，1500×0.5÷２＝375(m)と求められる。

問２　花火を打ち上げている場所と花火を見ている場所が離れているとき，花火が見えてからしばらくして音が聞こえるのは，花火の光が瞬時に目に届くほど速いのに対して，空気中を伝わる音の速さが遅いからである。よって，ウが適切でない。

問３　図１を見ると，高周波は深いところまで届きにくいため，深いところの方が高周波と低周波の誤差が大きくなると考えられる。したがって，ウが適切でない。

問４　DNAを調べれば，それがどの生物のものなのかを調べることができると述べられているので，アが選べる。

問５　環境DNAを使うことの利点である，実際にその生物をとらえなくてもその種類と数を推測しやすいことに注目して説明する。解答例のほかにも，日なたの土と日かげの土にすむ菌類の違いを調べる，土の深さによる昆虫の違いを調べるなどのテーマがあげられる。

3 食品の冷凍保存についての問題

問１　純粋な水が凍りはじめるときの温度はふつう０℃で，この温度をぎょう固点という。また，この温度は，氷がとけはじめるときの温度でもあるので，ゆう点ともいう。

問２　純粋な水に食塩や砂糖などの不純物が溶けていると，水が氷になるのを不純物がさまたげるので，ぎょう固点が０℃より低くなる。

問３　ア　バッタはイネ科の植物などを食べる。なお，カマキリはバッタなどを食べる。　イ　アブラムシは植物から吸い取った栄養の一部(汁)を尻から出してアリにあたえ，アリは汁をもらうかわりにテントウムシなどの天敵からアブラムシを守っている。このように，おたがいに助け合って生活する関係を共生(相利共生)という。　ウ　モズは20cmくらいの鳥で，カエルや昆虫などをとらえて食べる。なお，モズはとらえたエサを木の枝などに突き刺しておく「はやにえ」をおこなうことで知られている。　エ　ダンゴムシは落ち葉などを食べる。なお，モグラはダンゴムシなどを食べる。

問４　実験のさいの注意点としては，水が凍ったときに変形したり割れたりしないような容器を用いることなどがあげられる。

問５　業務用冷凍庫は冷却能力が高いので，最大氷結晶生成帯を通過する時間を含め，冷凍にかかる時間が全体的に短くなる。

国　語　＜第１回試験＞（50分）＜満点：100点＞

解　答

一　**問１**　ア　**問２**　ウ　**問３**　幻想　**問４**　a　オ　b　イ　**問５**　ア　**問６**　(例)　人生において道をふみ外すような危険をさけること。　**問７**　(例)　金額面で損かどうかを判断せず，ユカが人生の楽しみや幸せを感じる気持ちを尊重するのが最善だった。　**問８**

（例）　迷うことは，根源的な恐怖や不安と向き合うことでもあるので，苦労が多い。しかし，失敗や後悔を経て自分なりの正解を見つけられれば，「どんなに困難なことでも乗りこえられる」という自信がつくと思う。　**二** **問１**　ア　**問２**　（例）　高校生が授業を放棄して抗議を行い，それを大人が認めることは日本では非常識だから。　**問３**　エ　**問４**　ア　**問５**　**X**　ウ（オ）　**Y**　オ（ウ）　**問６**　ア　**問７**　ウ　**問８**　エ　**問９**　（例）　文章Ⅱでは，文章Ⅰの主張を素直に受け止める国際さんと，疑う三田さんが議論していた。文章Ⅲのⅰ，ⅱには，ある意見を参考にはしてもそれだけが正しいとは思わず，自分の頭で考え続けるべきだと念をおす効果があると思う。　**三** **問１**　⑴　エ　⑵　ウ　⑶　コ　⑷　キ　⑸　ク　**問２**　⑴　タ　⑵　サ　⑶　ス　⑷　ツ　⑸　チ

解説

一 **出典は村田沙耶香の『信仰』による。**子供のころから「原価いくら？」が口癖で，友人や恋人にも現実を見せようとつとめてきた「私」（ミキ）は，妹が音信不通になったことをきっかけに自分の生き方をふり返る。

問１　本文の後半で，妹は参加していた起業セミナーが詐欺の疑いで告発されて以来家に帰っておらず，「私」の前から姿を消したことが書かれているので，アがふさわしい。

問２　少し後に，「皆，目に見えないきらきらしたものにお金を払うのが大好きだった」とあるので，「必ずしも金額だけに価値を見出しているわけではない」とあるウがよい。

問３　後のほうに，「夢とか，幻想とか，そういうものに払うお金」という，「目に見えない〈X〉にお金を使う」と似た表現があるので，「幻想」が抜き出せる。

問４　**a**　ここでは“感情の高まりが薄らぐ”という意味なので，「冷める」となる。同じ漢字がふくまれるのは，オの「冷笑」である。　**b**　直前に「夢から」とあるので，“心のはっきりはたらく状態にもどる”という意味の「覚める」となる。同じ漢字がふくまれるのは，イの「感覚」である。　なお，アは「各自」，ウは「号令」，エは「異例」，カは「革命」。

問５　続く部分に「ほらみなさい。私が正しかったでしょ？」とあるので，「自分の正しさを妹がようやく感じることになり」とあるアがふさわしい。

問６　「私」は「友達や家族，愛する人たちがうっかり騙されて損をしないよう」に注意する人生を送ってきたのだから，生きるうえで道をふみ外すような危険をさけることを重視しているといえる。

問７　ユカは「夢とか，幻想とか，そういうものに払うお金がまったくなくなったら，人生の楽しみがまったくなくなっちゃう」と言っており，そのような幻想を「まったく尊重せず，片っ端からぶち壊してくれ」る「私」を非難している。したがって，「私」の行動としては，金額面で損かどうかを判断せず，ユカが人生の楽しみや幸せを感じる気持ちを尊重するのが最善だったと考えられる。

問８　「迷わなくていい」ことの価値は，「根源的な恐怖や不安」と向き合わないですむ点にある。したがって，逆に「根源的な恐怖や不安」と向き合って迷い，失敗や後悔を経て自分なりの正解を見つけられれば，どんなに困難なことでも自分の力で乗りこえられるという自信がつくはずである。

二 **出典は将基面貴巳の『従順さのどこがいけないのか』による。**ニュージーランドでの高校生の

デモを例にあげながら，社会で生きる一人ひとりにとって政治は身近なものであると述べている。

問１　直後の「ダニーデン」は，本文の最初から「ニュージーランド」の街とわかるので，「スウェーデン」とあるアが適切でない。

問２「日本の大人たち」が「呆れかえる」理由については，直後で「日本の常識ではおよそ考えられないことだからです」と述べられている。また，その「日本の常識」は，「学校の授業を放棄して高校生がデモ行進するなんて，そんなメチャクチャな話があるか」，「学校の教師や生徒の親たちはいったい何をしているのか」といったものである。これらの内容をふまえてまとめる。

問３「理不尽」は“理屈に合わないむちゃなこと”という意味なので，「ルールの内容に意義を見出すことが困難」とあるエがあてはまる。

問４　A　ここでは，「学校では，先生は生徒に向かってあれこれ命令する存在」なので「生徒は，先生に服従するのが，当たり前だ」という論理が説明されている。よって，前のことがらを理由・原因として，後にその結果をつなげるときに用いる「ですから」がよい。　B「生徒は，先生に服従するのが，当たり前だ」とされているが，学校内での暴力やセクハラなどの問題は「先生が生徒に向かって理不尽な要求や処罰をすることから生じている」と述べる文脈である。よって，前のことがらを受けて，それに反する内容を述べるときに用いる「しかし」があてはまる。　C　一般的な状況の説明に「あなた」の話をつけ加える文脈なので，前のことがらに別のことがらを加えるときに使う「さらに」がふさわしい。　D　続く部分では，学校内で生徒が先生に服従することを求められる状況も「政治」だとする筆者の主張が書かれている。よって，読者にとって意外と思われる事実を明かすときに用いる「実は」が合う。

問５　X，Y　少し前で筆者は，「政治」は「国会議事堂や霞が関」だけでなく「私たちの日常生活の中で毎日のように経験することなのです」と述べている。よって，空欄X，Yには通常の意味での「政治」が行われる「国際機関」や「国会議事堂」が入るとわかる。

問６「服従」や「従順さ」とは「反対」の語なので，「抵抗」が選べる。

問７　前に「『権威』に対して従順であるかどうか，ということが『政治』である」，「『服従』と『不服従』をめぐって思考を整理すれば，その息苦しさから抜け出すための糸口を見出すことができる」とあるので，これらの点にふれているウがふさわしい。

問８　国際さんは，ニュージーランドの学生たちのデモについて「すごいと思った」と述べたうえで，三田さんのように従順さを批判し始めると「誰も政治的な行動をしなくなってしまう」と心配しているので，エがよい。なお，アの「日本の子どもたち」，イの「バランス感覚」，ウの「新しい世界」は，【文章Ⅱ】では話題になっていない。

問９【文章Ⅰ】で筆者は，権威が間違っているときに「不服従」や「抵抗」の意思を示すことの大切さを説いている。また，【文章Ⅱ】では，【文章Ⅰ】の主張を素直に受け止める国際さんと疑う三田さんが議論しており，三田さんは【文章Ⅰ】の筆者のような「大学の教授」も権威であると指摘している。これらの内容を踏まえると，【文章Ⅲ】のⅰ，ⅱには，ある意見を参考にはしてもそれだけが正しいとは思わず，自分の頭で考え続けるべきだと念をおす効果があるといえる。

三　ことわざの完成と意味

問１　(1)「弱い犬ほどよく吠える」は，実力のない者ほど自分を大きく見せようとすること。
(2)「立つ鳥跡を濁さず」は，水鳥が飛び去ったあとの水面がきれいであることから，“人も立ち去るときには，後始末をしっかりしてから行くべきだ”という意味。　⑶「転ばぬ先の杖」は，用心に用心を重ねてものごとを行うことのたとえ。　⑷「待てば海路の日和あり」は，しばらく待っていれば航海に適した好天になるということから，あせらずに待っていれば，やがて幸運がやってくるという意味を表す。　⑸「君子(は)危うきに近寄らず」は，立派な人間は自分から危険なことをしようとはしないという意味。

問２　⑴「能ある鷹は爪(を)隠す」は，実力のある者は，軽々しくそれを見せつけることはしないというたとえ。　⑵「後は野となれ山となれ」は，目先のことさえどうにかなれば，後はどうなろうとかまわないという意味。　⑶「盗人を見て縄をなう」は，事が起きてからあわてて対策をとること。　⑷「思い立ったが吉日」は，思いついたらすぐに実行するべきだということ。　⑸「虎穴に入らずんば虎子を得ず」は，“危険をおかさなければ大きな成果は得られない”というたとえ。

Dr.福井の
入試に勝つ！脳とからだのウルトラ科学

寝る直前の30分が勝負！

みんなは，寝る前の30分間をどうやって過ごしているかな？　おそらく，その日の勉強が終わって，くつろいでいることだろう。たとえばテレビを見たりゲームをしたり――。ところが，脳の働きから見ると，それは効率的な勉強方法ではないんだ！

実は，キミたちが眠っている間に，脳は強力な接着剤を使って海馬(かいば)（脳の，知識をためる倉庫みたいな部分）に知識をくっつけているんだ。忘れないようにするためにね。もちろん，昼間に覚えたことも少しくっつけるが，やはり夜――それも“寝る前”に覚えたことを海馬にたくさんくっつける。寝ている間は外からの情報が入ってこないので，それだけ覚えたことが定着しやすい。

もうわかるね。寝る前の30分間は，とにかく勉強しまくること！　そうすれば，効率よく覚えられて，知識量がグーンと増えるってわけ。

では，その30分間に何を勉強すべきか？　気をつけたいのは，初めて取り組む問題はダメだし，予習もダメ。そんなことをしても，たった30分間ではたいした量は覚えられない。

寝る前の30分間は，とにかく「復習」だ。ベストなのは，少し忘れかかったところを復習すること。たとえば，前日の勉強でなかなか解けなかった問題や，1週間前に勉強したところとかね。一度勉強したところだから，短い時間で多くのことをスムーズに覚えられる。そして，30分間の勉強が終わったら，さっさとふとんに入ろう！

ちなみに，寝る前に覚えると忘れにくいことを初めて発表したのは，アメリカのジェンキンスとダレンバッハという2人の学者だ。

Dr.福井（福井一成(ふくいかずしげ)）…医学博士。開成中・高から東大・文Ⅱに入学後，再受験して翌年東大・理Ⅲに合格。同大医学部卒。さまざまな勉強法や脳科学に関する著書多数。

2023年度 三田国際学園中学校

※この試験はインターナショナルサイエンスクラス・インターナショナルクラス受験生対象です。

【算　数】〈第２回試験〉（50分）〈満点：100点〉

〔受験上の注意〕１．線や円をかく問題は，定規やコンパスは用いずに手書きで記入してください。
　　　　　　　２．円周率は3.14として解答してください。

〈編集部注：実物の入試問題では，１の(6)の図は色つきです。〉

１　次の□にあてはまる数を答えなさい。

(1)　$19\times3.14\times2+9.42\times47-7.9\times31.4=$□

(2)　５枚のカード［0］［1］［2］［3］［4］の中から４枚を選び，それらを並べて４けたの整数を作ります。作ることのできる４けたの整数のうち小さい方から数えて78番目の整数は□です。

(3)　大中小３つのさいころを同時に投げるとき，最も大きい目が４となる目の出方は全部で□通りです。

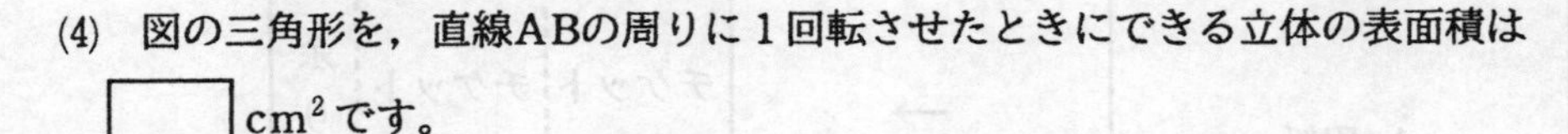

(4)　図の三角形を，直線ABの周りに１回転させたときにできる立体の表面積は□cm^2です。

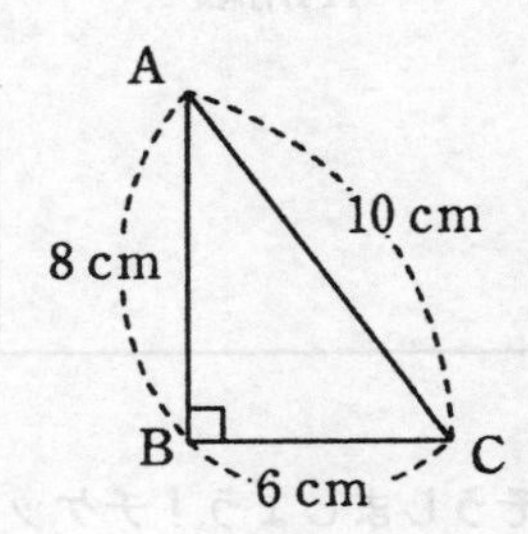

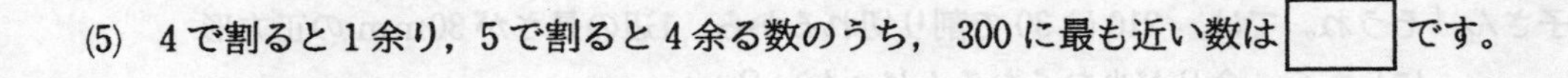

(5)　４で割ると１余り，５で割ると４余る数のうち，300に最も近い数は□です。

(6)　１辺の長さが等しい正六角形と正方形を図のように並べていくと，内側には正[　　]角形が現れます。

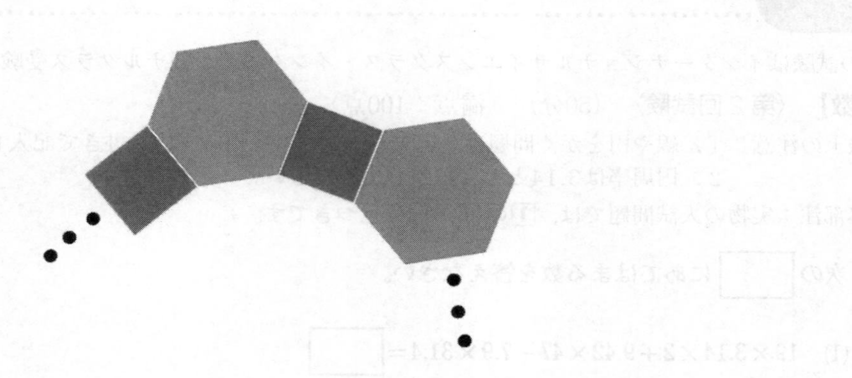

2　太郎くんと花子さんは，学園祭でのイベントに向けて準備をしています。

太郎くん「ねぇ花子さん，今から今度やるイベントのチケットを作らない？」

花子さん「そうね。そろそろ用意しておいた方がよさそうね。紙はあるの？」

太郎くん「先生からA4サイズのコピー用紙をもらってきたよ。この紙の辺に平行に切ってチケットを作ろう。図のように切ったら，１枚の紙から６枚とれるよ。」

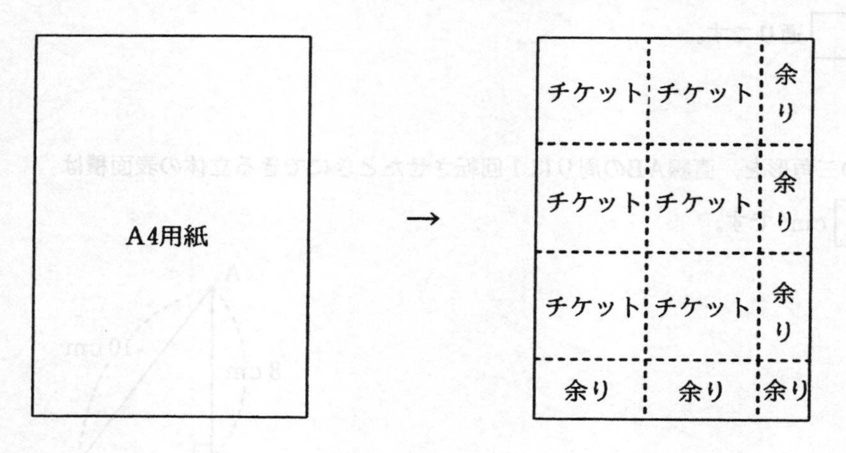

花子さん「そうしましょう！チケットの大きさはどのくらいがいいかな？」

太郎くん「A4の大きさが 210mm × 297mm らしいんだけど，1枚のコピー用紙からなるべく多くのチケットを作りたいよね？」

花子さん「そうね。では，210 は 30 で割り切れるから，1辺の長さが 30mm の正方形にしたら，余りが少なくなるんじゃない？」

太郎くん「よし，この案で先生に一度見てもらおう！」

―職員室前にて―

太郎くん「先生，このデザインをコピーしていただきたいのですが，お願いできますか？」

先生　「デザイン作成ありがとう。ちょっと見せてもらうね。」

「デザインはよくできていますね！ただ，残念ながらこのままだと正しくコピーできません。」

花子さん「どうしてですか？」

先生　「コピー機には，印刷可能な範囲(はんい)が決められていて，学校のコピー機は用紙の上下左右に3mm以上の余白をとらないといけないんだ。つまり，用紙の端から3mmには印刷されないんだよ。」

太郎くん「え！そうだとしたら，用紙の端まで使ってデザインしてしまうと，チケットは正しく印刷されないんですね。」

先生　「ごめんね。最初に伝えておけばよかったね。」

花子さん「大丈夫です。もう一度大きさを変えてデザインをしたものを持ってきますね。」

(1) 余白をとらなくてもよいと考えたとき，A4用紙1枚から1辺の長さが30mmの正方形のチケットは最も多くて何枚作ることができますか。

(2) 余白を3mmとるとき，1辺の長さが30mmの正方形のチケットは最も多くて何枚作ることができますか。

(3) 余白を3mmとるとき，A4用紙1枚から正方形のチケットを85枚以上作りたい。なるべく大きなチケットを作るには，1辺の長さを何mmにすればよいですか。ただし，答えは整数とします。

3　１から７までの異なる７個の数が並んでいます。この数の列に対して次の操作をくり返し行い，なるべく少ない操作回数で，１から７までの数が小さい順に並ぶようにします。

（操作）

となり合って並ぶ４つの数を□で囲み，囲まれた４つの数を小さい方から順に並べ替えます。

（例1）１　２　３　７　６　５　４と並んだ数の列の場合

１２３［７６５４］　→　１２３４５６７

１回の操作で，１から７までの数が小さい順に並ぶようになります。

（例2）１　６　７　３　２　５　４と並んだ数の列の場合

１［６７３２］５４　→　１２３［６７５４］

→　１２３４５６７

２回の操作で，１から７までの数が小さい順に並ぶようになります。

(1)　次の①から④の数の列のうち１回の操作で１から７までの数が小さい順に並ばないものを１つ選び，番号で答えなさい。

①　１　５　４　３　２　６　７　　　②　１　２　６　５　４　３　７

③　１　２　７　６　５　４　３　　　④　４　３　２　１　５　６　７

(2)　７　２　３　４　６　５　１は３回の操作で１から７までの数が小さい順に並ぶようになります。その方法を例にならって答えなさい。

(3)　７　６　５　１　２　３　４の数の列を，なるべく少ない操作で１から７までの数が小さい順に並ぶようにするためには，何回の操作が必要ですか。

4 次の問いに答えなさい。

(1) 図１の図形は正三角形です。アとイの長さの比 ア：イを最も簡単な整数の比で表しなさい。

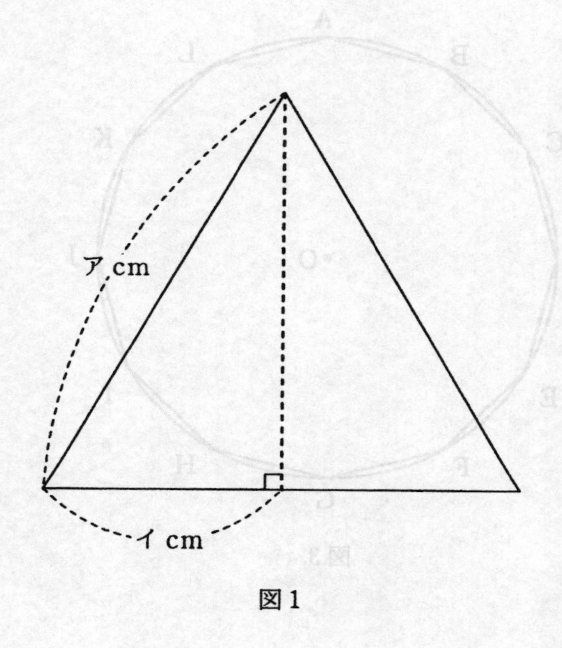

図１

(2) 図２の図形は辺ＡＢと辺ＡＣの長さがともに８cm である二等辺三角形です。この二等辺三角形の面積を求めなさい。

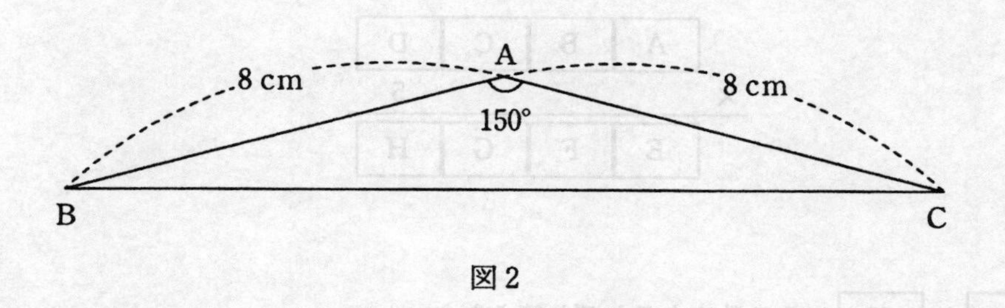

図２

(3)　図３の図形は正十二角形と，その頂点をすべて通る円です。この正十二角形の面積は，円の半径を使って，半径×半径×３cm^2で求めることができます。その理由を説明しなさい。

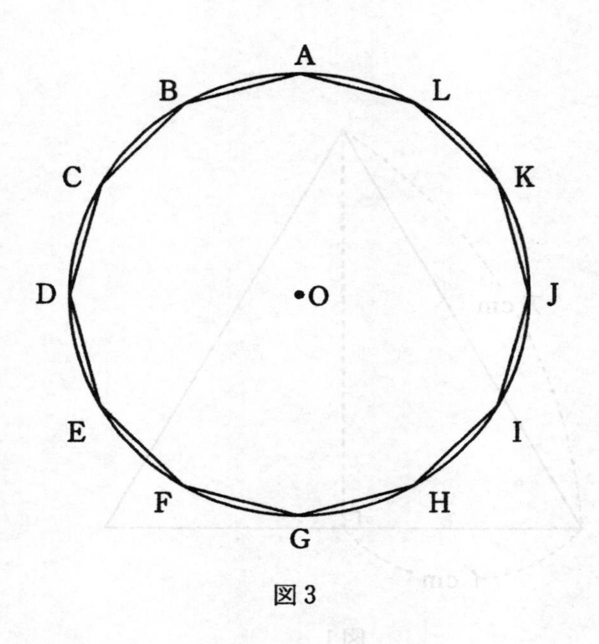

図３

5　次の図はかけ算の筆算を表しています。 A から H に，１から８までの数字を１つずつ入れ，式が正しくなるようにします。ただし，同じ数字は１度しか使えません。

	A	B	C	D
×				5
	E	F	G	H

(1)　 A と H に入る数字をそれぞれ答えなさい。

(2)　 G に入る数と，その数字が入る理由を答えなさい。

(3)　 A から H に数字を入れ，完成した式を１つ書きなさい。

【社　会】〈第２回試験〉（理科と合わせて50分）〈満点：50点〉

〈編集部注：実物の入試問題では，写真・グラフ・図表はすべて色つきです。〉

1　次の文章を読んで、各問いに答えなさい。

河川をせき止めて水をためるための構造物のうち、日本ではその構造物の高さが 15m 以上のものを「ダム」と呼んでいます。

「ダム」の役割は洪水調節、水資源の確保、発電、河川環境の保全（流水の正常な機能維持）の４つです。近年では観光資源としても活用されるようになっており愛好家の間では「ダムカード」の収集が流行し、これを手に入れるためにダムを訪れる人も多数いるようです。

財団法人ダム水源地環境整備センターが選定する「ダム湖百選」の中から特徴深いダムを見ると、まず堤高（ていこう）が 186 メートルと日本一高いことで知られる富山県の黒部ダムが挙げられます。このダムは、建設中に海外で起こったダム事故の影響から、安全性を考え当時の優れたアーチ式ダムの建設技術を結集して作られました。美しく弧を描いたダムの堤体（ていたい）が特徴（とくちょう）的で、圧倒的な存在感を持っており、立山・黒部アルペンルートの一部をなす日本を代表する観光地の一つとなっています。そしてこのルートには黒部渓谷を渡る<u>①長さ日本一のワンスパンロープウェイ</u>があり、多くの観光客が季節ごとの景観を楽しんでいます。

東京都では奥多摩町にある小河内（おごうち）ダムが選ばれています。奥多摩町の他に山梨県丹波（たば）山村（やまむら）、小菅（こすげ）村、<u>②甲州市</u>からの水を集め、ダム直下の多摩川第１発電所で発電に使用後多摩川に放流されています。

広い地域への影響といえば、高知県にある早明浦（さめうら）ダムは西日本最大の貯水池をもっています。このダムは<u>③四国４県</u>に水を供給すると共に、台風による大量の雨水を貯めて人々を洪水からまもり、「四国のいのち」と呼ばれています。

「ダム湖百選」とは異なりますが、毎年「日本ダムアワード」が開催されており、様々な観点でその年に優れたはたらきをしたダムを選出するとともに、最も印象に残ったダムを「ダム大賞」として選定しています。2016 年のダム大賞に選ばれたのは北海道の金山ダムで、安定した水の供給と水力発電による電力の供給で<u>④地域の農業や工業を支えています</u>。また、兵庫県の一庫（ひとくら）ダムは 2021 年に「低水管理賞」に選ばれました。低水管理とは、川の水量確保のために水源や他の河川などから水の供給を行うことで、人々の生活の安定に大きくつながるものです。またこのダムについては、周辺の環境に対する取り組みとして、貯水池の資質保全対策や土砂の供給といった関連する河川の環境の改善も行っています。

2021 年には［　A　］の地方支分部局である四国地方整備局の吉野川ダム統合管理事務所が、管理ダムとしては日本で初めて SDGs に向けた取り組みを行うことを発表しました。このようにダムは時代の変化に応じながらこの先も人々の生活と密接に関わり続けていくのだと思います。

問１　下線部①のワンスパンロープウェイとは、出発点から終点までの間に通常あるはずの支柱が全くないロープウェイです。次の資料の説明を読み、それぞれの資料を参考にして、なぜ立山ロープウェイがワンスパンロープウェイになっているのか、について「フェーン現象」の語句を使用して30字程度で説明しなさい。

[資料の説明]

資料１は立山ロープウェイの起点と終点、長さ、標高差を示した図です。
資料２はAが立山ロープウェイのある地点を示しています。
資料３はAの地点を拡大した地形図で、青の矢印は冬に多く吹く風の方向です。

<資料１>

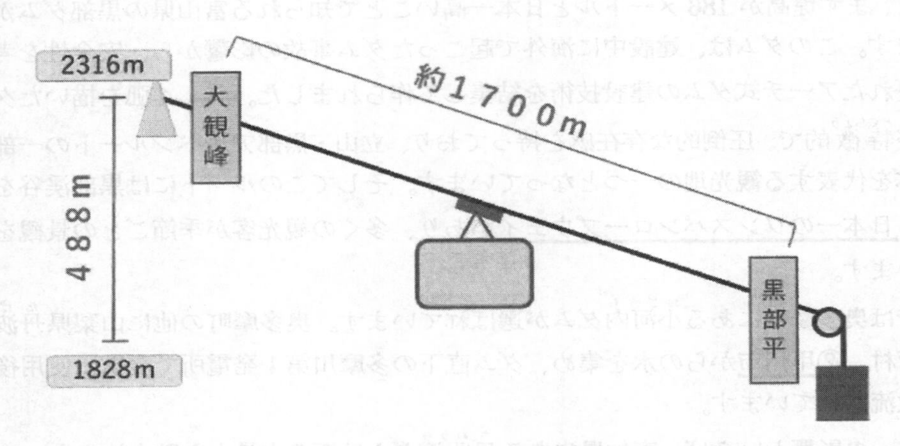

（出典：立山黒部アルペンルートHP）

<資料２>

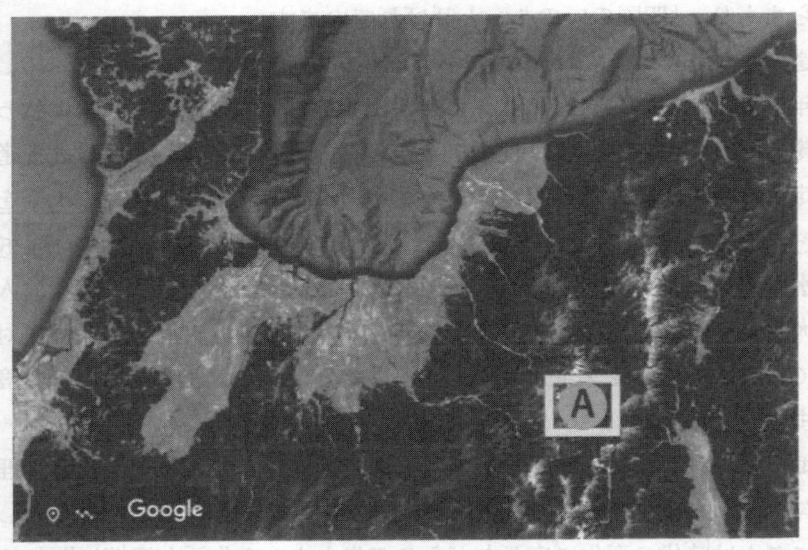

（出典：Google earth）

＜資料３＞

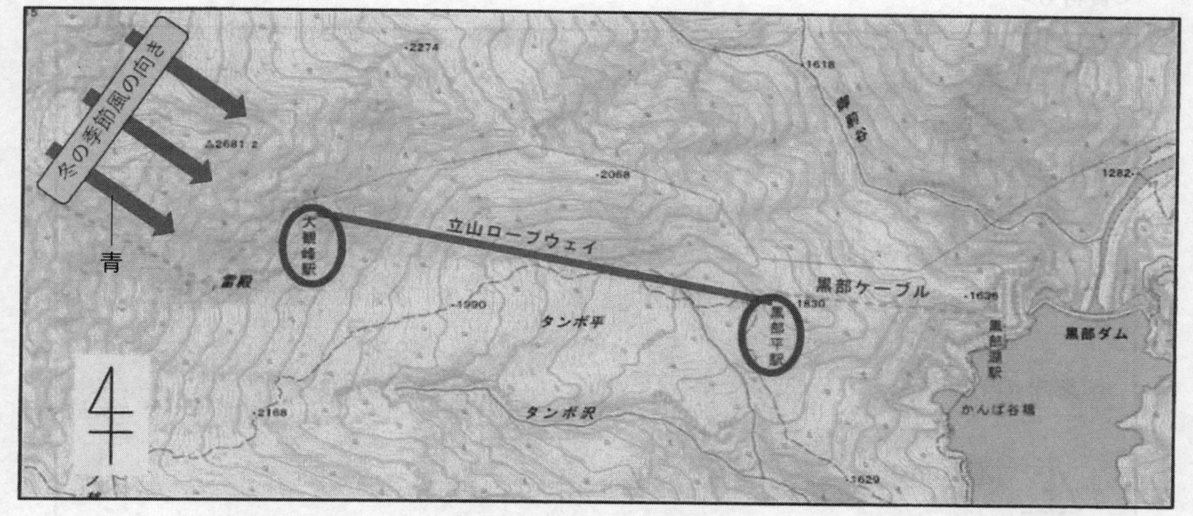

（出典：地理院地図）

問２　下線部②の甲州市から見る富士山は＜資料４＞のように左右対称に近い形で見えるようです。一方で＜資料５＞のように、場所によっては明らかに左右が非対称な富士山の姿を見ることもできます。＜資料６＞の富士山の地形図を参考にして、＜資料５＞のように見える都市を選択肢の中から選び、記号で答えなさい。
※富士山への視界をさえぎるものは想定せずに解答すること。

＜資料４＞

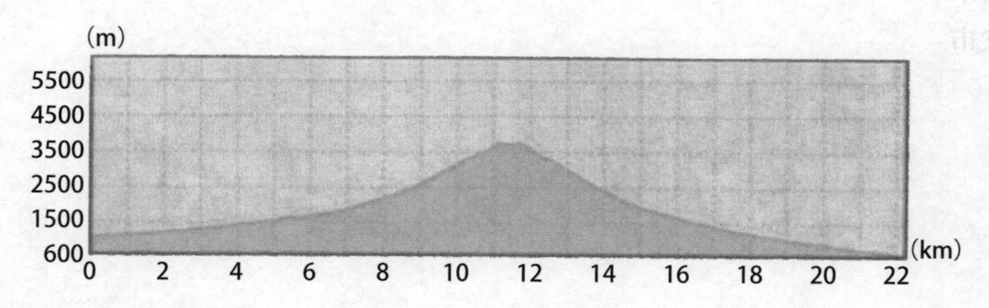

＜資料５＞

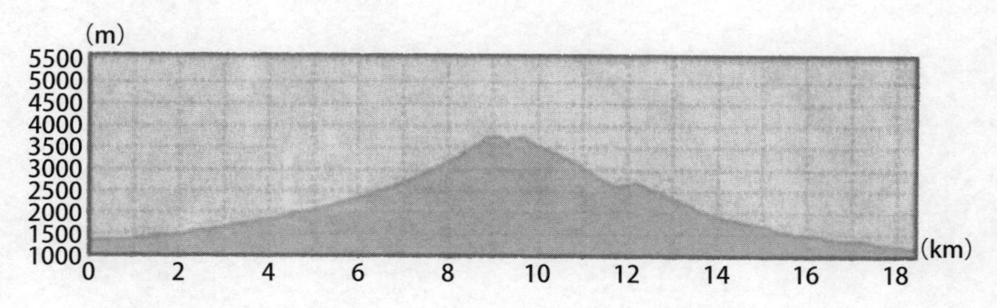

<資料６>

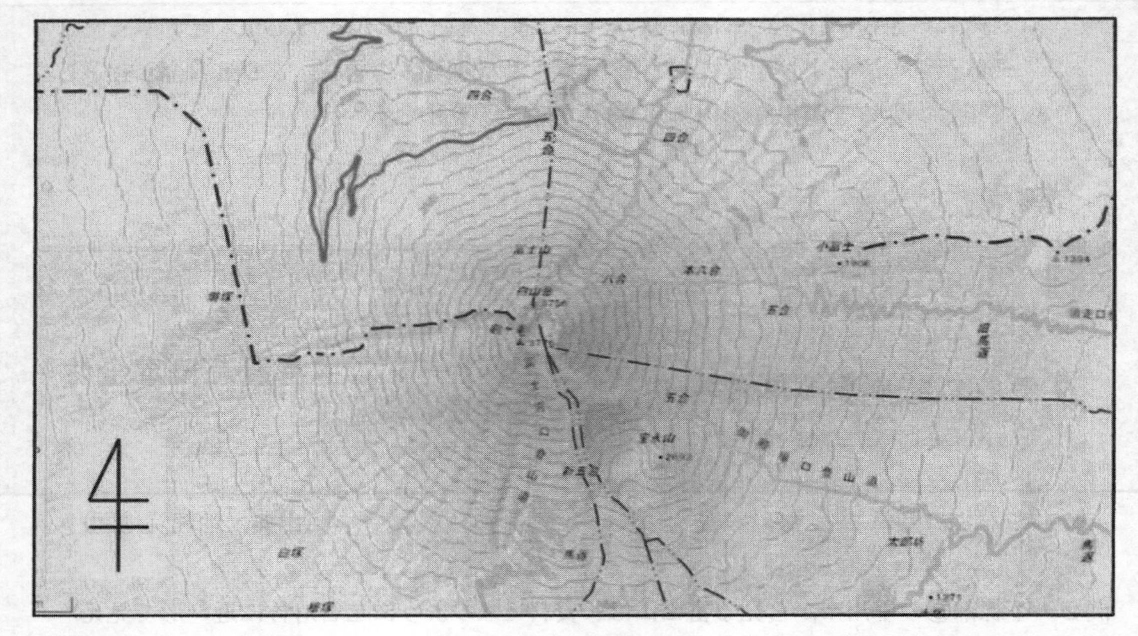

(資料４、資料５、資料６いずれも出典：地理院地図)

ア．静岡市

イ．小田原市

ウ．甲府市

エ．秩父市

問３　下線部③に関して、四国を訪れた際に三田君が４つの県を調べ、大きな特徴とそれぞれの県庁所在地の雨温図をカードにまとめたものが＜資料 7＞です。
それぞれのカードが示している県を資料８の地図より選び、その組み合わせとして正しいものを選択肢の中から選び、記号で答えなさい。

＜資料 7＞

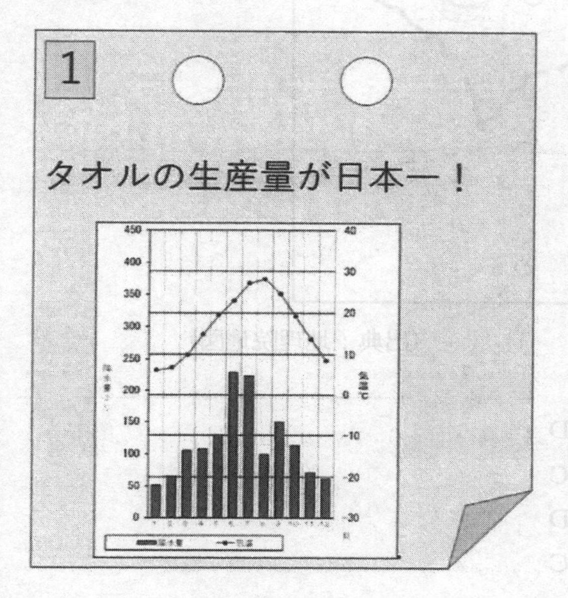

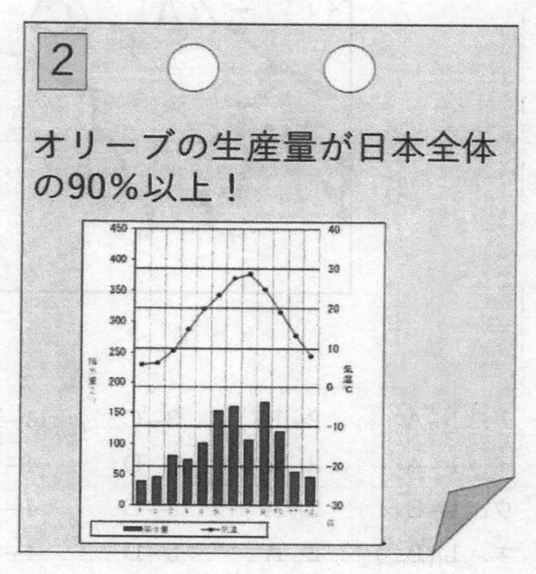

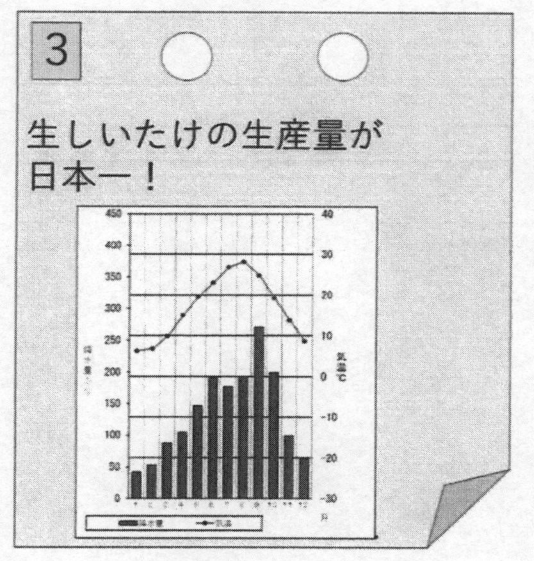

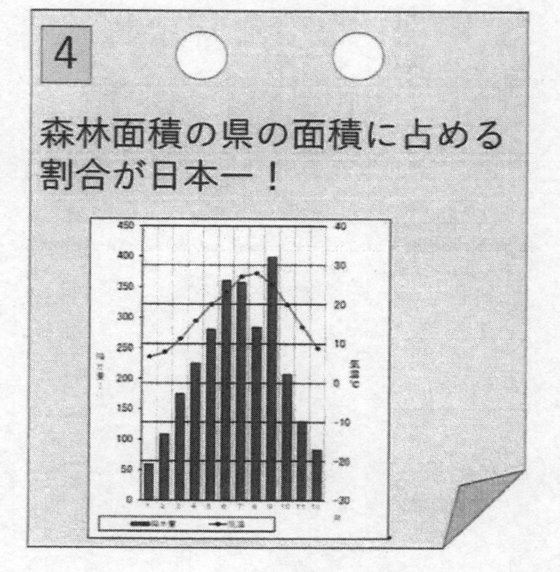

（出典：気象庁 HP 平年値）

＜資料８＞

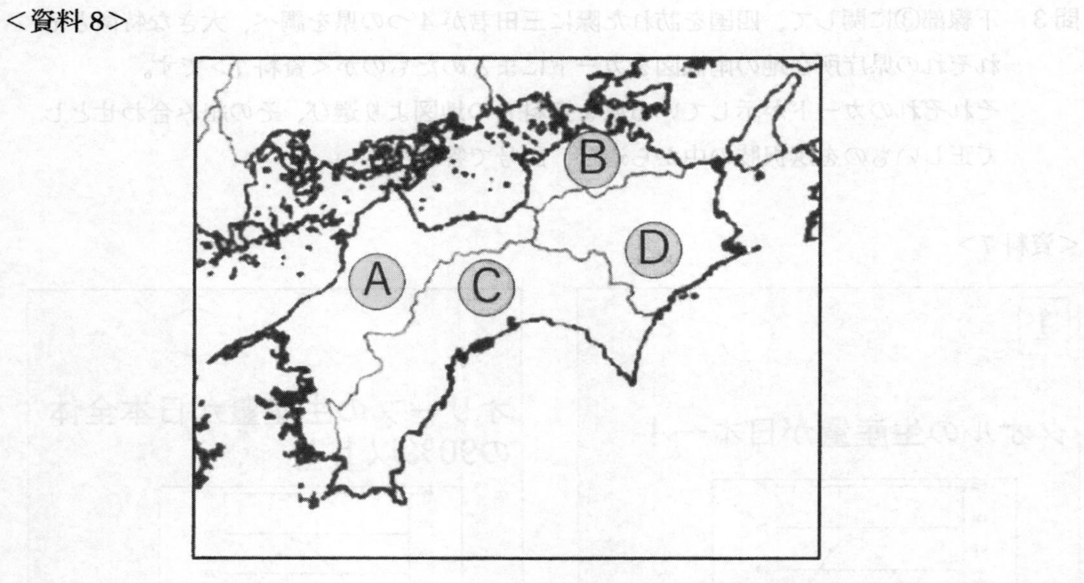

（出典：地理院地図）

ア．1―A　2―B　3―C　4―D
イ．1―A　2―B　3―D　4―C
ウ．1―B　2―A　3―C　4―D
エ．1―B　2―A　3―D　4―C

問４　下線部④に関して、次のグラフは北海道と東京都の 2019 年の業種別出荷額の割合を示しています。ＡとＢに入る工業業種として最もふさわしいものを選択肢の中から選び、記号で答えなさい。

北海道の工業　業種別出荷額割合

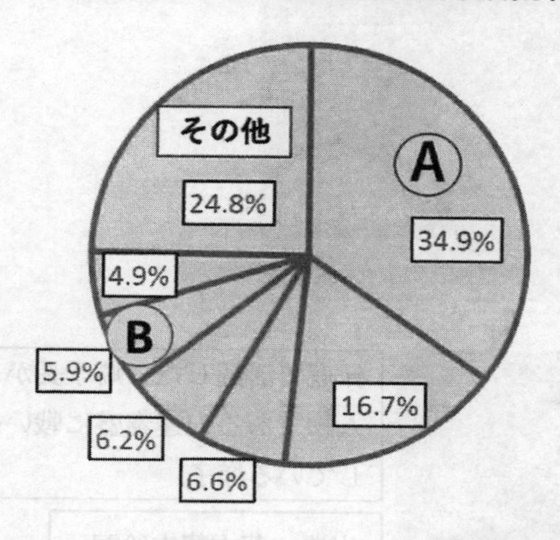

東京都の工業　業種別出荷額割合

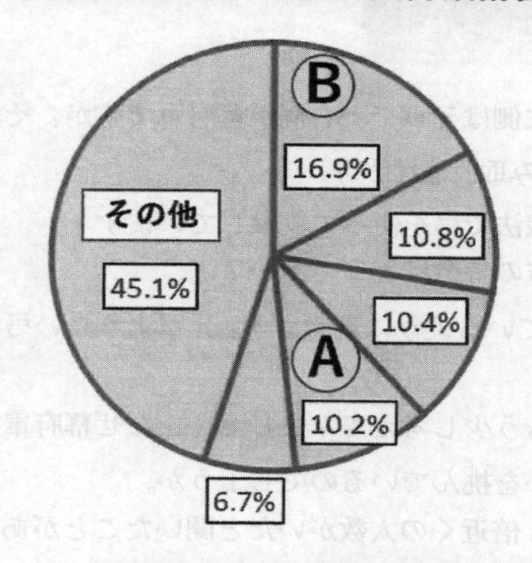

（出典：経済産業省 2020 年産業別統計表工業統計調査）
※統計は 2019 年のもの

ア．金属製品　　イ．パルプ・紙・紙加工品　　ウ．石油製品・石炭製品
エ．輸送用機械　オ．鉄鋼　　カ．食料品

問５　本文中［　Ａ　］に入る省庁の名前を答えなさい。

2 次の【A】～【D】の文章は、中学校の社会で戦争・内乱や、兵器に関する授業を行ったときの会話文です。これらの文章を読んで、各問いに答えなさい。

【A】

図1

図2

元寇で活躍した竹崎季長が、幕府の中心人物である安達泰盛に戦いの成果を報告している様子。

出典：蒙古襲来絵詞

先　生：この図1に描かれた左側は元軍で、右側が幕府軍ですが、それぞれの戦い方の特徴(とくちょう)はこの絵から読み取れますか？

蓮(れん)くん：はい！元軍は、集団戦法で弓を使って攻撃しています！

先　生：では、幕府軍の戦い方の特徴はどうですか？

紬(つむぎ)さん：幕府側は個人で戦っているように見えます。元軍より長い弓を使って馬に乗っています。

先　生：そうですね。では、もう少し考えてみましょう。なぜ幕府軍は集団で戦う元軍に対して、個人で戦いを挑(いど)んでいるのでしょうか。

紬さん：元軍の方が幕府軍の4倍近くの人数がいたと聞いたことがあります。幕府軍側は人数が足りなくて個人で戦うしかなかったのでしょうか。

蓮くん：でも、それだけだとなんだかしっくりこないなあ。図2を見て、当時の武士社会を考えると、［　①　］だと思います。

先　生：二人ともありがとう。確かに人数の問題もあったかもしれないけど、蓮くんの言うように当時の社会背景を考えてみるといいですね。

問1　空欄(らん)［　①　］に入る文章を、当時の武士社会をふまえて30～40字程度で答えなさい。

【Ｂ】

先　生：この絵は知っていますか？

出典：長篠合戦図屏風

凛(りん)さん：武田軍から長篠城を解放したときの『長篠合戦図屏風』です！

蒼(あおい)くん：織田信長の鉄砲隊は柵で身を守って、交代しながらの一斉射撃(しゃげき)で武田軍を敗走させたんですよね。

先　生：信長は鉄砲に早くから興味を持ち、②<u>貿易と産業育成によっていち早く鉄砲隊を作ることに成功しました</u>。しかし、新しい武器を取り入れたからというだけではなく、長槍隊など従来の戦術の中に組み込むことができたことでより威力を発揮しましたね。

問２　下線部②に関連して、この時代の貿易を表した図として最も適切なものを、選択肢の中から選び、記号で答えなさい。

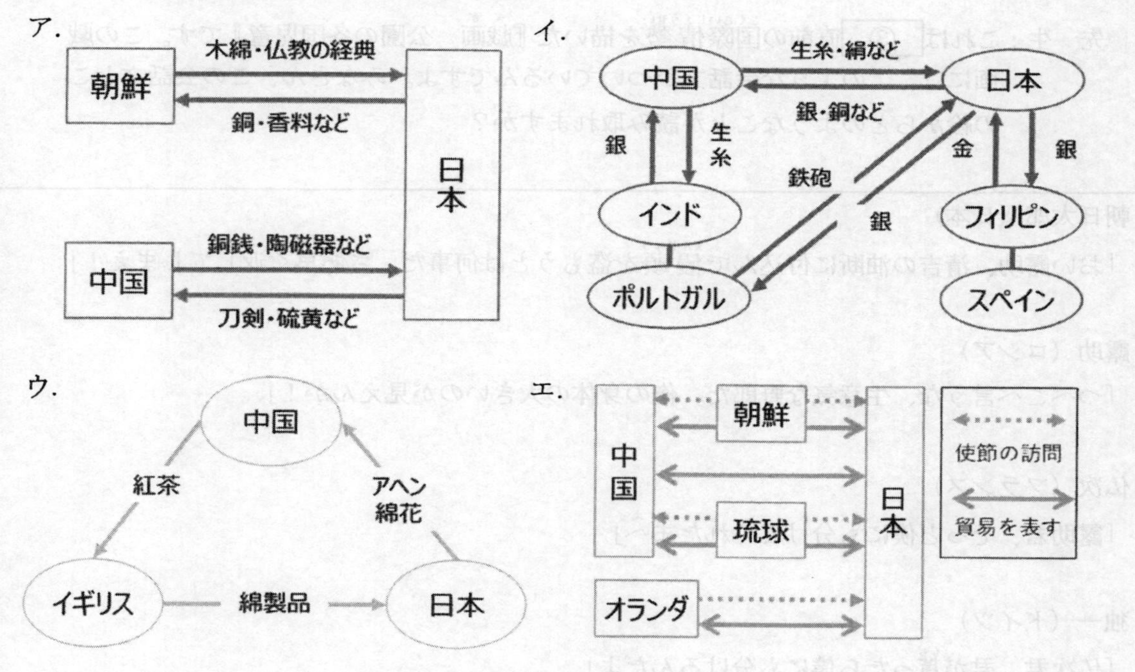

【Ｃ】

蓮くん：先生！昨日曾祖父の部屋でこんな絵を見つけました。これって何を描いている絵なんですか？日本の国旗やアメリカの国旗が見えるので、歴史についての作品じゃないかと思って持ってきたんです。

出典：戯画　公園の各国児童

先　生：これは［　③　］直前の国際情勢を描いた『戯画　公園の各国児童』です。この戯画には、このような会話文がついているんですよ。みなさん、この会話文とこの絵からどのようなことが読み取れますか？

朝日太郎（日本）
「おい露助、清吉の油断に付込んで饅頭を盗もうとは何事だ、さあ早く返してしまえ！」

露助（ロシア）
「つべこべ言うな、生意気な野郎だ。俺の身体の大きいのが見えんか！」

仏次（フランス）
「露助君、そっと僕にも分けてくれたまへ」

独一（ドイツ）
「仏次君、君が貰ったら僕にも分けるんだよ」

米蔵(アメリカ)
「これは面白い。露助のやつ強そうなことを言っているが、朝日太郎に負けるんじゃないかな」

英子(イギリス)
「露助の顔の憎らしいこと、有夫さん、その艦を朝日太郎さんに上げなさいよ!」

有夫(アルゼンチン)
「そうだ、早くやろう!」(アルゼンチンより軍艦2隻を購入)

韓坊(韓国)
「太郎兄ちゃん恐いよ、僕を守って!」

清吉(中国)
「グウ・・」

問3 会話文中の空欄 ③ に入る語句X・Yと、『戯画 公園の各国児童』から読み取れることについての生徒の発言Ⅰ～Ⅳの組み合わせとして正しいものを選択肢の中から選び、記号で答えなさい。

③ に入る語句

X 日清戦争　　Y 日露戦争

Ⅰ 凛さん:イギリスはロシアが清と戦うことを望んでいます。
Ⅱ 蓮くん:日本は満州への進出を目指してロシアと戦争しようしています。
Ⅲ 紬さん:戯画を見ると、アメリカが驚かせたことで中国がぐったりしているので、直前に米中間での戦争が起きたことがわかります。
Ⅳ 蒼くん:戯画を見ると、韓国が中国にしがみついている様子から、清は朝鮮を保護していることが読み取れます。

ア. X－Ⅰ　イ. X－Ⅱ　ウ. X－Ⅲ　エ. X－Ⅳ
オ. Y－Ⅰ　カ. Y－Ⅱ　キ. Y－Ⅲ　ク. Y－Ⅳ

【D】

先　生：今日の授業では、第一次世界大戦から現代までの戦争がどのようなものか見てみましょう。1980年代まで続いた世界の支配権を巡る各国の競争は1914年から始まります。④技術の発達と、大量生産という二つの観点から見ると、恐るべき規模の破壊力が新たに生み出されました。

（出典は省略：左上から時計順に
https://www.weblio.jp/wkpja/content/%E7%AC%AC%E4%B8%80%E6%AC%A1%E4%B8%96%E7%95%8C%E5%A4%A7%E6%88%A6_%E8%BB%8D%E4%BA%8B%E6%8A%80%E8%A1%93、
http://blog-imgs-66.fc2.com/k/h/1/kh16549/Dump_of_18_pounder_shell_cases.jpg
https://www.mkheritage.org.uk/the-womens-land-army-in-northamptonshire-during-the-first-world-war/
https://www.wikiwand.com/ja/%E5%83%8D%E3%81%8F%E5%A5%B3%E6%80%A7#Media/%E3%83%95%E3%82%A1%E3%82%A4%E3%83%AB:1915-1916_-_Femme_au_travail_dans_une_usine_d'obus.jpg）

蒼くん：あっ！機関銃だ！毎分450発も撃つことができたんですよ！

紬さん：右上の写真は使い終わった薬莢（やっきょう）(鉄砲で弾丸を打ち出すための火薬の容器)かしら。ものすごい量の物資が必要だったのですね。

先　生：その通りです。当初はすぐに決着がつくと思われていましたが、機関銃の威力の前に突撃はできなくなり、1918年まで戦争は続きます。

蓮くん：そういえば戦争が終わってすぐにヨーロッパやアメリカでは参政権が拡大し

ていますね。戦争と何か関係があるのですか？
先　生：面白い質問ですね。みなさん、なぜ参政権が拡大したのか考えてみましょう。

問４　下線部④に関連して、第一次世界大戦後では新兵器が戦争に用いられました。次のア～オのうち、この時期に用いられた兵器として、**誤っているもの**を一つ選びなさい。ただし、**すべて適切な場合は、解答用紙にカを記入しなさい。**

ア．潜水艦　　イ．飛行機　　ウ．ミサイル　　エ．毒ガス　　オ．戦車

先　生：第一次世界大戦の終結で、世界は平和に向かうと思われましたが、1929年の世界恐慌を機に世界は再び戦争へと向かいました。日本における第一次世界大戦と第二次世界大戦との違いは何があるでしょうか。
蓮くん：第二次世界大戦では日本も直接的な戦闘に参加しました。
先　生：そうですね。日本も日中戦争を開始し、真珠湾攻撃に知られるように、アメリカとの太平洋戦争で第二次世界大戦に直接的に関わっています。
紬さん：小さいころ広島の祖母の家によく行っていたときに原爆資料館に行ったり、親戚のおじいさんは神風特攻隊に任命されかけたんだ、という話を聞いて、今の平和な時代に生まれて本当に良かったと思いました。
先　生：貴重な体験をしていますね。知っての通り、⑤広島と長崎に原子爆弾が投下され日本の敗戦で第二次世界大戦は終結しました。しかし、戦後もすぐに平和が訪れたわけではなかったのです。
蓮くん：冷戦、ですよね！アメリカとソ連の対立が世界を巻き込んでいったわけだ。
先　生：よく知っていますね、その通りです。戦後も世界は約40年間にわたり第三次世界大戦が起きるのではないかという恐怖にさらされました。
蒼くん：でも、最近は大きな戦争も起きていないし、国際連合のもと世界平和が守られるようになったってことなのかな。
凛さん：そうとも言えないわよ。この前ロシアがウクライナに侵攻したことがニュースで放送されていたし、国同士の戦争は減っても⑥各地の紛争はなくなっていないってことじゃない。
先　生：争いをなくすにはどうしたら良いか、みなさんも考えていく必要がありますね。

問５　下線部⑤に関連して、第二次世界大戦で核爆弾が使用された反省として、戦後には核の使用を制限しようとする動きが国際的に高まりました。核制限や核廃絶に関する記述として**誤っている文章**を選択肢の中から２つ選び、記号で答えなさい。

ア．1950年に核兵器禁止の国際的運動が高まり、原子力発電所の事故をきっかけに日本でも広島で原水爆禁止世界大会が開催された。

イ．日本では、日米安全保障条約を締結した内閣のもと、非核三原則が表明された。

ウ．NPTとは核拡散防止条約の略称で、今後の核保有国の増加を防ぐ目的で締結された。

エ．CTBTとは包括的核実験禁止条約の略称で、あらゆる核実験を禁止している。

オ．核兵器禁止条約は核兵器に関わるあらゆる活動を禁止し、批准国（ひじゅんこく）は50か国をこえたが、日本は批准していない。

問6　下線部⑥に関連して、湾岸戦争を機に日本は国連との連携を強め、1992年にはカンボジア、2002年には東ティモールに自衛隊を派遣しました。これらの活動のことを何というか。アルファベット3文字で解答用紙に記入しなさい。

問7　会話文【D】中の波線部に関連して、生徒たちは女性の参政権と社会進出についての発展課題にグループで取り組んでいます。続く会話文を読み、資料1～4を参考に会話文中の空欄（１）～（４）に当てはまる文章を考え、解答用紙に記入しなさい。

蓮くん：・・・・・よし、じゃあまとめると、参政権が女性にも拡大したのは、大戦という国の危機に女性も大きく貢献したから、で良いかな？

紬さん：そうね。実際日本が直接大戦に関わるようになったのは第二次世界大戦からだったと習ったし、女性の活躍する機会という点で考えると、年代的にも戦争の中心となった欧米が第一次世界大戦の前後で、日本は第二次世界大戦後に導入されたというのは理解がしやすいね。

凛さん：でも、女性に参政権が与えられたとしても、男女平等はなかなか達成できていないってお父さんが言っていたよ。資料1の各国の女性議員の割合を見てよ。

蒼くん：本当だ。僕たちの発展課題の発表は、女性の社会進出について扱おう！

凛さん：日本の女性の社会進出について見てみると、日本では（１）という問題点が読み取れるね。

蒼くん：確かにこの状況は見過ごしておいてはダメな気がするね。資料4の国々にならって、日本でもクオータ制を導入してみたら日本にとってどんな良い影響があるかなあ？

紬さん：そうね、きっと日本にクオータ制を導入してみると、（２）のようなメリットがあるんじゃないかなあ。

蓮くん：そっか、じゃあそれが実現出来たら女性の社会進出も進歩しそうだね！

蒼くん：確かにクオータ制の導入は女性の社会進出の助けの一部にはなるかもしれないけど、そんなに簡単にはいかないよ。だってクオータ制の導入のデメリットとして（　３　）のような問題だって考えられるじゃないか！

紬さん：そうね。でも、この問題にもクオータ制の導入以外の問題に対しても、（　４　）のように対応していけば女性の社会進出全体の進歩につながりそうじゃない？

凛さん：では、これまでの話をいくつかまとめて課題発表としましょう。

資料１　諸外国の国会議員に占める女性割合の推移

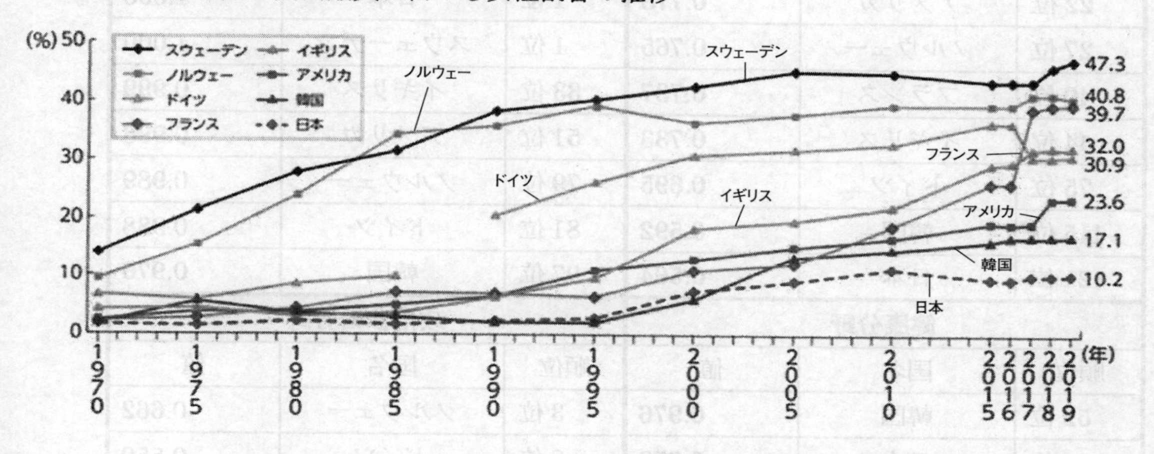

（出典：内閣府男女共同参画局を参考に作成）

資料２　ジェンダーギャップ指数

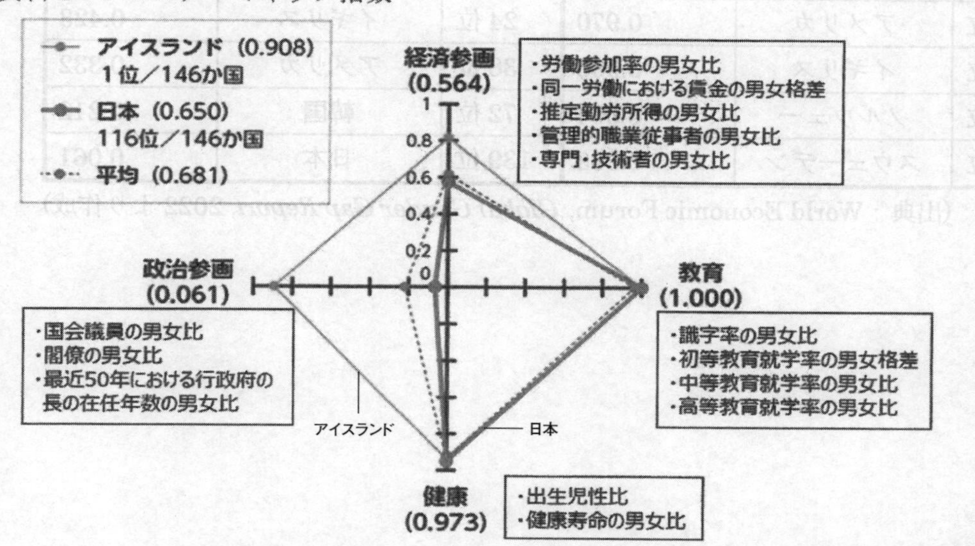

（出典：内閣府男女共同参画局「共同参画」2022年８月号より作成）

資料３　分野別ジェンダーギャップ指数ランキング(資料１の国々のみを抜粋)

＊ジェンダーギャップ指数とは、男女格差を数値化したもので、0〜1 で評価されます。1 を男女完全平等都市、0 を男女完全不平等とするため、1 に近い数値であるほど男女格差が小さく、0 に近くなるほど男女格差が大きいことを示します。

経済参画分野			教育分野		
順位	国名	値	順位	国名	値
5 位	スウェーデン	0.812	1 位	フランス	1.000
22 位	アメリカ	0.778	1 位	日本	1.000
27 位	ノルウェー	0.765	1 位	スウェーデン	1.000
40 位	フランス	0.737	33 位	イギリス	0.999
44 位	イギリス	0.733	51 位	アメリカ	0.996
75 位	ドイツ	0.695	79 位	ノルウェー	0.989
115 位	韓国	0.592	81 位	ドイツ	0.988
121 位	日本	0.564	97 位	韓国	0.976
健康分野			**政治参画分野**		
順位	国名	値	順位	国名	値
52 位	韓国	0.976	3 位	ノルウェー	0.662
63 位	日本	0.973	8 位	ドイツ	0.550
70 位	ドイツ	0.972	10 位	スウェーデン	0.515
81 位	フランス	0.970	20 位	フランス	0.457
83 位	アメリカ	0.970	24 位	イギリス	0.423
105 位	イギリス	0.965	38 位	アメリカ	0.332
119 位	ノルウェー	0.964	72 位	韓国	0.212
124 位	スウェーデン	0.963	139 位	日本	0.061

(出典：World Economic Forum, *Global Gender Gap Report*, 2022 より作成)

資料４　クオータ制を導入している国の地図と施策例

＊クオータ制：少数派の人々への格差是正を目的とした、ポジティブ・アクション(積極的な機会の提供)の方法の一つ。

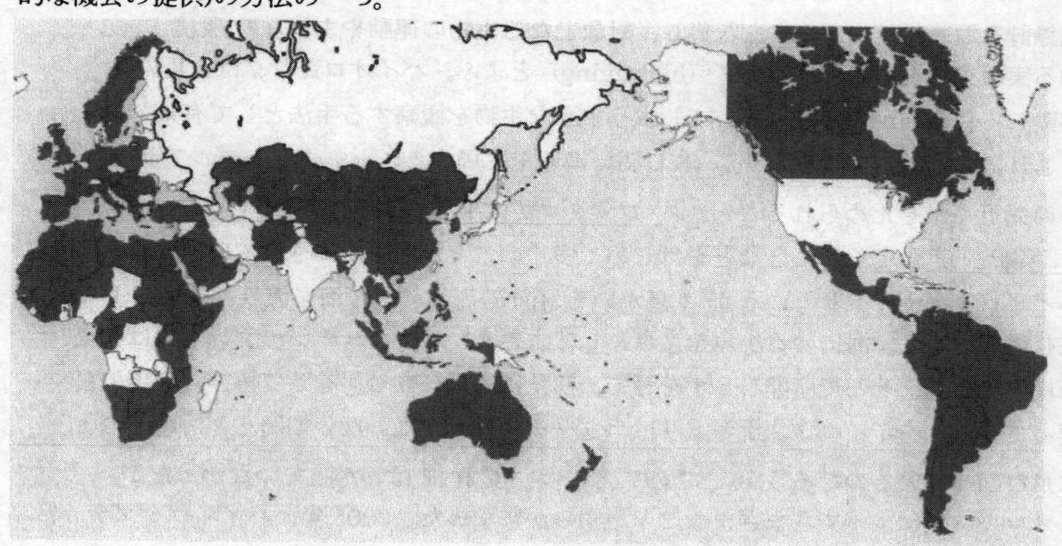

(出典：中日新聞 2022/9/4 を参考に作成)

フランスの事例	韓国の事例
2000 年のパリテ法で政党に男女 50%ずつの候補者擁立を義務付け。下院選では 50%から離れるほど政党助成金を減額。	**公職選挙法で国会、地方共に比例代表候補の 50%以上を女性に。小選挙区は選挙区の 30%以上に女性推薦の努力義務。**

【理　科】〈第２回試験〉（社会と合わせて50分）〈満点：50点〉

〈編集部注：実物の入試問題では，一部の図を除いて色つきです。〉

1 次の文章を読み、あとの各問いに答えなさい。

記録計を取り付けてデータを収集し、対象となる生物の運動やまわりの環境（かんきょう）について知る実験方法をバイオロギング（biologging）とよぶ。バイオロギングは、鳥のように移動して目の前からいなくなってしまうような生物を観察する手法として有効である。これによって、アホウドリが46日間で地球を１周すること、ウェッデルアザラシが１時間近く息を止められること、aクロマグロが太平洋の端（はし）から端まで（約8000 km）横断し戻（もど）ってくることなどをはじめ、多くのことが明らかにされている。

ハイイロミズナギドリという渡（わた）り鳥がいる（図１）。この鳥は海を渡り、季節によって住む場所を変え、海にいる小魚をえさにして生きている。ニュージーランドでは初夏の海岸で見られ、そこで産卵しヒナを育て、初秋には飛び立つ。そして再び、翌年の夏に戻ってくる。ハイイロミズナギドリはニュージーランドにいない期間、どこをどのように飛び回っているのだろうか。 このことについて詳細（しょうさい）はわかっていなかったが、バイオロギングによってさまざまなことが明らかになった。2005年、ハイイロミズナギドリにb記録計を取り付けて、滞在（たいざい）場所や時間のデータを収集するという実験が行われた。その結果、cニュージーランド、日本近海、アリューシャン列島付近、南アメリカ大陸西側沿岸の４か所に、「風」に乗って移動し、滞在していることがわかった。また11月から翌５月は南半球、６月から10月は北半球に滞在していることが明らかとなった。つまり、ハイイロミズナギドリは常に夏を過ごしているのである。

バイオロギングによって、従来の観察手法ではわからなかった野生動物の生態や行動が明らかになるだけではなく、地球環境の未来予測に有用な情報を得られるといったメリットもあり、さまざまな分野でのデータ利用が期待されている。

図１　ハイイロミズナギドリ

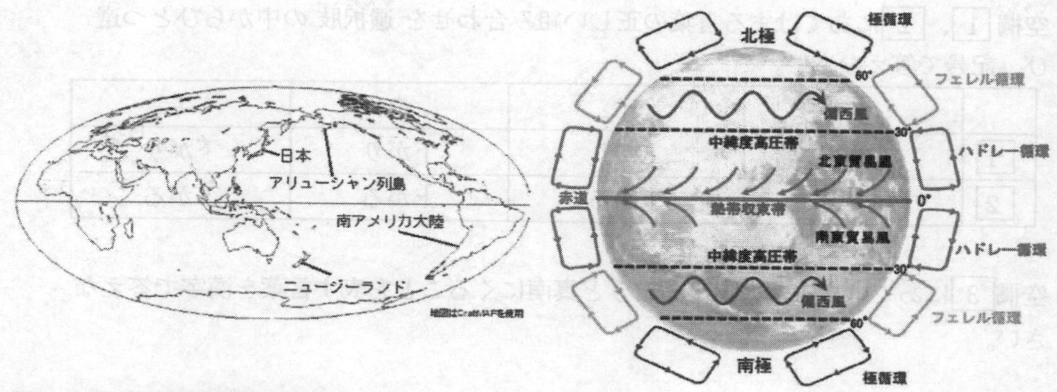

図2　世界地図と大気の移動

〈編集部注：図2について、それぞれの循環は左右対称になっています。〉

問1　下線部aについて、クロマグロは8000 kmを48日間で移動することがわかっています。止まることなく直進したとするとき、クロマグロが移動する速さは時速何 kmでしょうか。四捨五入して整数で答えなさい。

問2　下線部bについて、バイオロギングに用いられる記録計にはさまざまな種類があり、動物の大きさや生息している場所などによって使い分けられています。ハイイロミズナギドリの追跡(ついせき)に用いられているものは、ジオロケータ（geolocator）とよばれる記録計です。ジオロケータに関する次の文章を読み、あとの問いに答えなさい。

ジオロケータは数分に1回程度、周りの明るさ（照度）を記録することで、これを取り付けた動物の位置（緯(い)度と経度）に関するデータを記録し、移動経路を算出している。どのように算出しているのか具体的に考えてみよう。

まず、日の出には照度が急に［ 1 ］、日の入りには照度が急に［ 2 ］。このことから昼間の長さがわかる。また、そのちょうど半分の時刻が［ 3 ］の時刻ともわかる。

昼間の長さは緯度によって変化する。たとえば、日本では高緯度地域ほど夏は昼間が［ 4 ］、冬は高緯度地域ほど昼間が［ 5 ］。このようにして、照度のデータから昼間の時間を算出し、緯度がわかる。また、［ 3 ］の時刻は経度によって変化するため、［ 3 ］の時刻から経度がわかる。

ジオロケータは質量が3 g程度の超(ちょう)小型記録計で渡り鳥の追跡に適しているというメリットがある。一方で、［ 6 ］の日は昼も夜も12時間であり、緯度による差が見られないため、前後2週間くらいは緯度が推測できないというデメリットもある。さらに、位置情報に関して約200 km程度の誤差があるため、動物の移動スケールが［ 7 ］ときに利用する必要がある。

(1)　空欄 1 、 2 にあてはまる言葉の正しい組み合わせを選択肢の中からひとつ選び、記号で答えなさい。

	ア	イ	ウ	エ
1	上がり	上がり	下がり	下がり
2	上がる	下がる	上がる	下がる

(2)　空欄 3 にあてはまる、太陽がちょうど真南にくることを表す言葉を漢字で答えなさい。

(3)　空欄 4 、 5 にあてはまる言葉の正しい組み合わせを選択肢の中からひとつ選び、記号で答えなさい。

	ア	イ	ウ	エ
4	長く	長く	短く	短く
5	長い	短い	長い	短い

(4)　空欄 6 にあてはまる言葉を選択肢の中から**すべて**選び、記号で答えなさい。
ア　春分　　イ　夏至　　ウ　秋分　　エ　冬至

(5)　空欄 7 にあてはまる言葉を選択肢の中からひとつ選び、記号で答えなさい。
ア　大きい　　イ　小さい

問３　下線部ｃにおいて、ハイイロミズナギドリは４つの地点をどのような順序で移動しているでしょうか。選択肢の中からひとつ選び、記号で答えなさい。なお、地球上で風は図２のように吹いています。参考にしなさい。

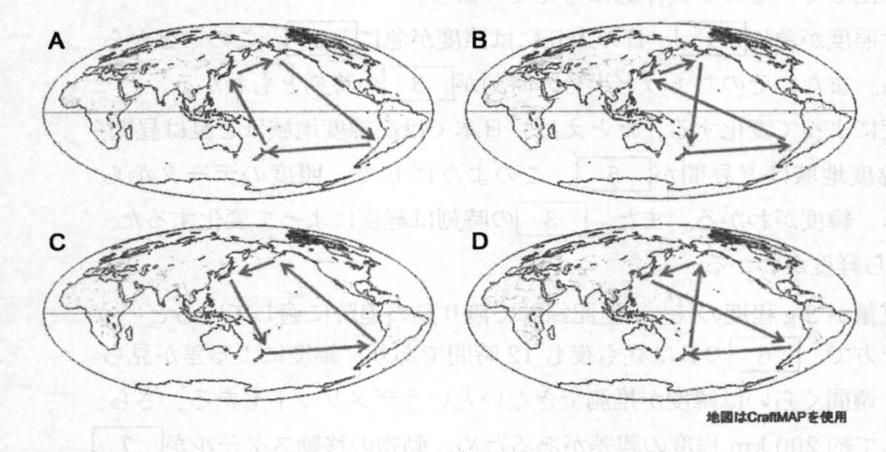

【参考】「ペンギンが教えてくれた物理のはなし」渡辺佑基

2 次の文章を読み、あとの各問いに答えなさい。

世の中にはさまざまな嗜好品(しこうひん)があるが、そのひとつにお茶がある。お茶といってもさまざまな種類があり、紅茶、緑茶、中国茶などが知られている。また、これらそれぞれがさらに複数の種類に分類され、世界中に多種多様なお茶が存在している。これらはすべてチャノキという$_a$植物の葉から作られている。緑茶と紅茶では色が全く異なるが、これは発酵(はっこう)の段階で茶葉に含(ふく)まれるカテキンという成分が $_b$酸化されることで無色からオレンジ色や赤色に変化するためである。

お茶に使われるのは、新葉とよばれる若い葉である。新芽の成長とともに主成分であるカフェイン、カテキン、アミノ酸（テアニン）などが増加するが、育ちすぎるとこれらの成分が急激に減少する。カフェインやカテキンは苦みを、テアニンを代表とするアミノ酸はうまみを担う成分なので、これらが減少すると品質の低下につながる。よって、茶摘み(ちゃつみ)（摘採(てきさい)）のタイミングを見極めることはとても重要である。また、製造されたお茶をおいしく煎(い)れるための最適なタイミングもある。

お茶に含まれるカテキンにはいくつか種類がある。緑茶に最も多く含まれるエピガロカテキンガレート（EGCG）は、渋(しぶ)みが強く、エピガロカテキン（EGC）のはたらきを打ち消すことが知られている。EGCは、渋みが弱く、免疫(めんえき)系のはたらきをよくする効果がある。免疫とは、風邪(かぜ)やインフルエンザなどの感染症(しょう)に対する抵抗(ていこう)力を獲得(かくとく)することである。

$_c$お茶は煎(い)れるときの水の温度によって抽出(ちゅうしゅつ)される物質の濃(のう)度が変化する。図1は10℃、0.5℃で抽出したときの物質の量を示したものである。ただし、たて軸(じく)は80℃で2分間入れたとき、溶(と)け出した各物質の量を100としたときの割合となっている。

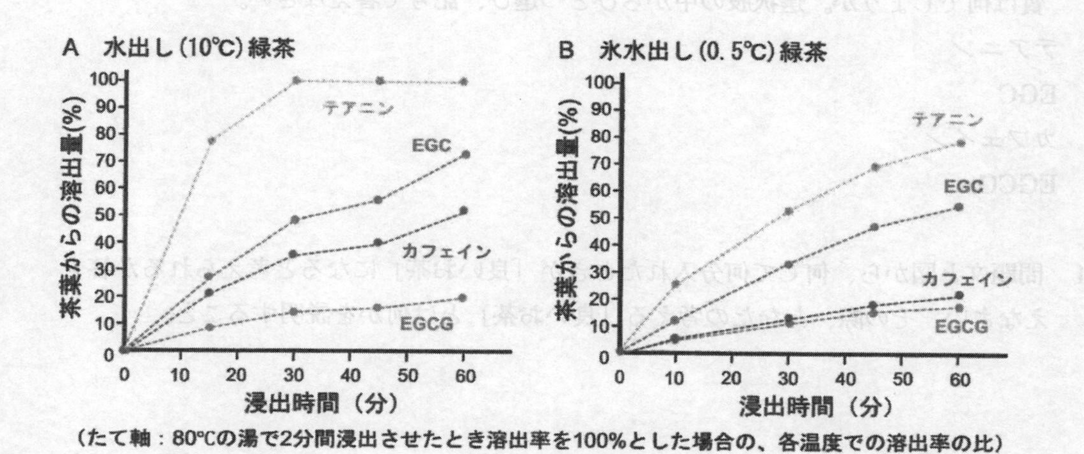

図１　溶出する物質の量と温度の関係

【参考】

農研機構、なるほど・ザ・水出し緑茶！(詳しい解説)

https://www.naro.go.jp/laboratory/nifts/t_contents/mizudashi_ryokucha/detail.html

伊藤園、お茶百科

http://www.ocha.tv/

問１　下線部aで行われる光合成では、ある物質を作り葉や地下茎(けい)に貯蔵します。ある物質の性質として正しいものを選択肢の中からひとつ選び、記号で答えなさい。

ア　消化液によって分解され、アミノ酸になる。

イ　ヨウ素液と反応し、緑色になる。

ウ　常温の水には溶けにくい。

エ　植物の体内で道管を通って運ばれる。

問２　下線部bに関して、酸化が関係する身近な例として**適切でないもの**を選択肢の中からひとつ選び、記号で答えなさい。

ア　十円玉が、時間がたつと黒っぽく変化する。

イ　塩酸と水酸化ナトリウムを混ぜると食塩ができる。

ウ　紙に火をつけると燃える。

エ　使い捨てカイロをこすると温かくなる。

問３　下線部cに関して、水出しと氷水出しで、30分以内の溶出量の差が最も大きい物質は何でしょうか。選択肢の中からひとつ選び、記号で答えなさい。

ア　テアニン

イ　EGC

ウ　カフェイン

エ　EGCG

問４　問題文と図から、何℃で何分入れたときが「良いお茶」になると考えられるか答えなさい。その際、あなたの考える「良いお茶」とは何かを説明すること。

3 次の文章を読み、あとの各問いに答えなさい。

私たちは、インターネットを通じてパソコンやスマートフォンなどを使って遠く離れた人と連絡をとることができる。このインターネットは、世界中の人たちと容易につながることができる便利なツールである。このようにやりとりができるのは、a光ファイバーでできている海底ケーブルが世界中の海に張り巡らされているからである。光ファイバー技術は1900年代から2000年代にかけて開発され、ガラス繊維の中に光を通し通信を行う光回線に応用され、世界中に普及した。

光通信の技術が確立される前は、b電信技術が主流であった。1800年頃、電気が導線中を高速で伝わることがわかり、これを通信に使えないかということで技術が発達したのである。

このような技術が開発されるはるか昔から、さまざまな方法で遠くの人との通信が試みられてきた。最も古い通信方法は狼煙といわれ、c木の葉などを燃やし、その煙を目印にして遠方に情報を伝えるものであった。狼煙に使われる煙には白と黒があり、これらを使い分けることでより細かい情報を仲間に伝達していた。そのほかにも、太鼓や法螺貝など、d大きな音を出すことで遠くまで知らせを伝える文化もあった。

問1 下線部aの光ファイバーを説明した以下の文章中の空欄にあてはまる言葉を漢字で答えなさい。

光ファイバーは胃カメラにも応用されている。光は［ 1 ］するという特性を持つために、口から胃までの曲がった道筋を通ることができない。そのために人は口を覗いて胃の中を眺めることはできない。しかし光をガラス繊維の中に通すと、光はこの中で［ 2 ］反射を繰り返す。その結果、図1のように曲がった経路を進むことができ、胃の中を観察することができるようになる。

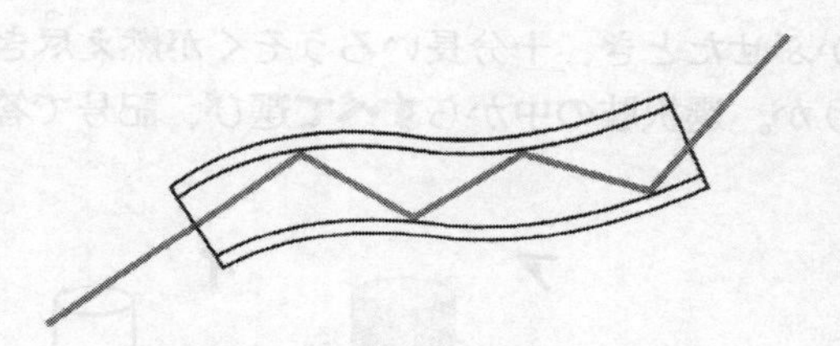

図1 光ファイバーの内部

問2 下線部bに関する次の文章を読み、問いに答えなさい。

図2上のA地点からB地点へ情報を送ることを考える。電信は、A地点とB地点を電気回路で繋ぐことによって行われた。A地点でスイッチのオン、オフを切り替えると、B地点の電球が点滅する。そこでオンとオフの組み合わせに暗号を割り振っておけば、AからBへと瞬時に情報を送ることができるようになる。

〔問〕回路に電球を新たに１つ組み込むことで、ＡからＢだけでなく、図２下のＣ地点にも同時に同様の暗号を伝えることができます。その様子を解答欄に作図しなさい。ただし、図の場合よりも電球Ｂの光が弱くならないような回路にすること。

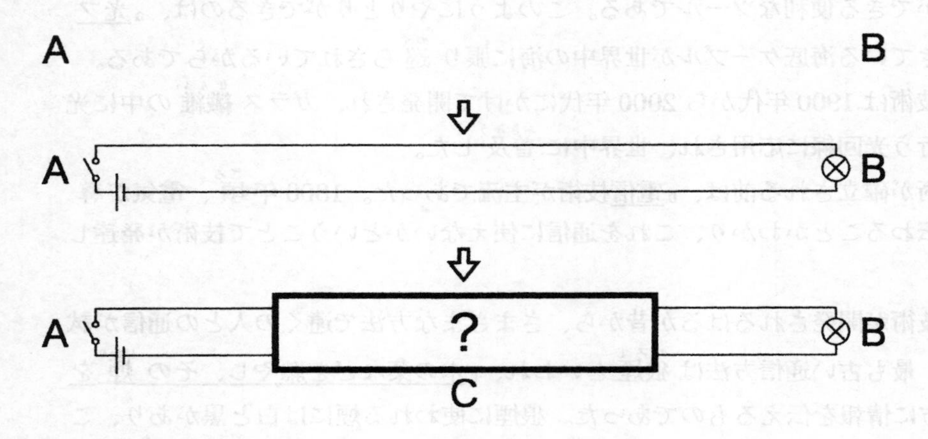

図２　電信の回路図

問３　下線部cのように、狼煙はものの燃焼を利用しています。燃焼に関する以下の各問いに答えなさい。

(1) 図3のように、火のついたろうそくに底を切り取ったペットボトル4種類をそれぞれかぶせたとき、十分長いろうそくが燃え尽きる前に、火が消えるものはどれでしょうか。選択肢の中から**すべて**選び、記号で答えなさい。

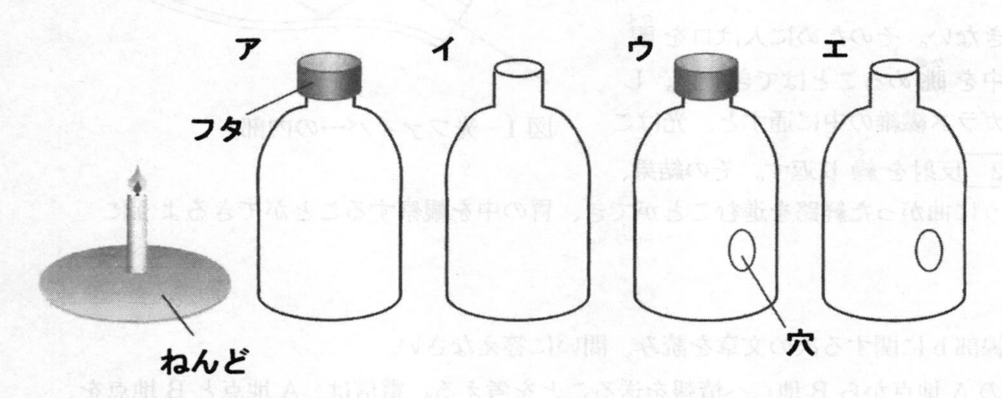

図３　ろうそくと４種類のペットボトル

(2) 白い煙は、燃えるものに多くの水分が含まれることで発生します。一方で、黒い煙はそれとは異なる理由で発生します。黒い煙が発生する理由を簡単に答えなさい。なお、この理由は、ろうそくからすすが発生する理由と同じです。

問４　下線部dについて、次の文章を読み、あとの各問いに答えなさい。

音の波形を図4のように表したとき、音の大きさはグラフの振幅(しんぷく)として表れる。音には大きさのほかに、高さという要素もある。高さは1秒間に音波が振動(しんどう)する回数、すなわち振動数で決まる。図4上の音波は1秒間に2回振動しているようすが表されているので2 Hzの音波、下の波は6 Hzの音波である。音が空気中を伝わる速さは1秒間に約340 mであるが、この速さは気温によって変化することがわかっており、気温と音速の関係は図5のようになる。音速と違(ちが)い、音波の振動数は気温によって変わらない。

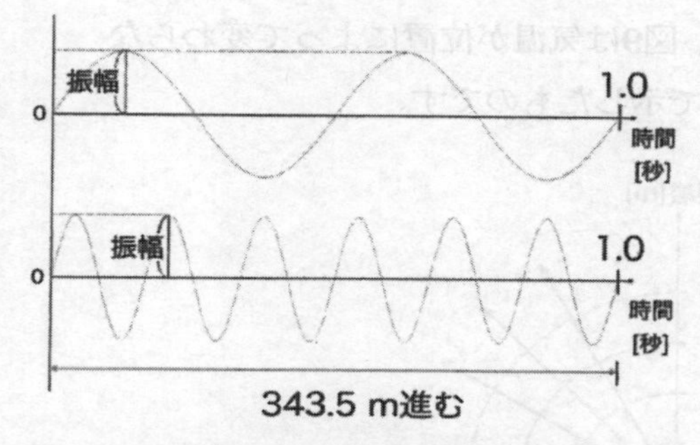

図４　2 Hzと6 Hzの音の波形（気温20℃）

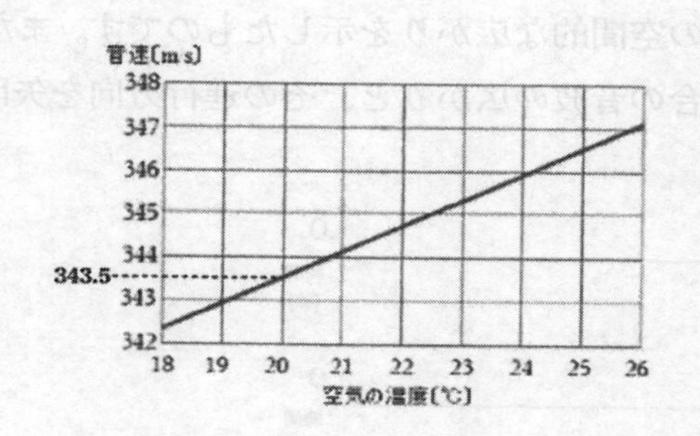

図５　音速と気温の関係

(1) 図4における6 Hzの音波について、気温が4℃上昇(しょう)するとどのような波形としてグラフに表せるでしょうか。図6のA、Bにあてはまる数値の正しい組み合わせを選択肢の中からひとつ選び、記号で答えなさい。

ア　A 1.0 、B 343.5
イ　A 1.2 、B 343.5
ウ　A 0.8 、B 345.9
エ　A 1.0 、B 345.9
オ　A 1.2 、B 345.9

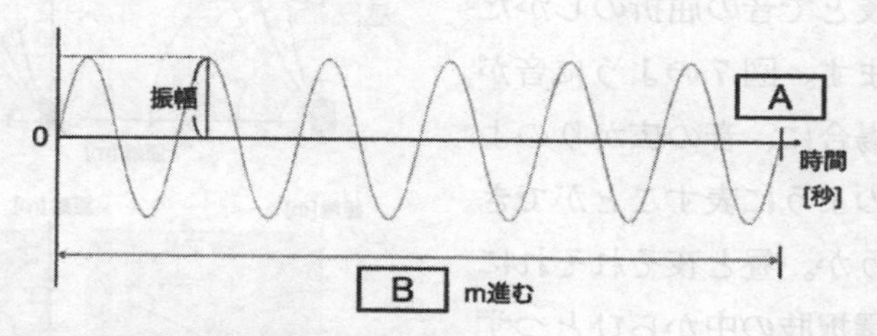

図６　24℃での6 Hzの音の波形

(2) 地上で発された音は、昼間よりも夜の方が遠くまで聞こえることが知られています。それは音が地表と上空の気温差によって屈折(くっ)することに由来します。空気中から水中へ斜(なな)めに入射した光は水面で屈折しますが、これは水中より空気中の方が光は速く伝わるからです。音の屈折も同様に考えて、図7のように音の進行方向が曲がるとき、図7中のX、Yにあてはまる言葉は[暖気・冷気]のいずれかですが、その組み合わせとして正しいものを選択肢から選び、記号で答えなさい。

ア X 暖気　 Y 冷気
イ X 冷気　 Y 暖気

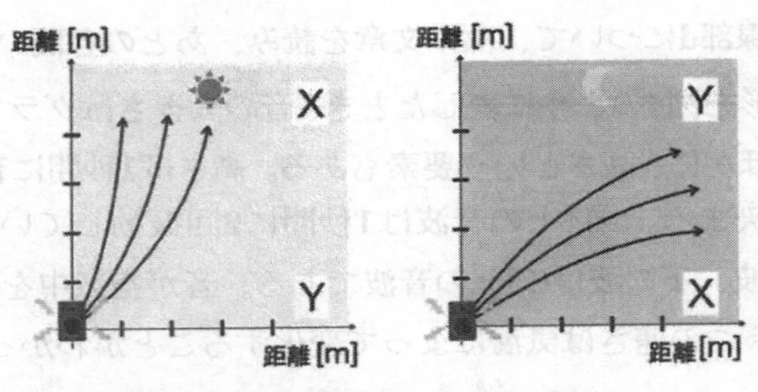

図７ 昼と夜における音の屈折のしかたの違い

(3) 音は音源から周りの空気へ球状に広がって伝わります。図8は、2 Hz、6 Hzそれぞれの音の空間的な広がりを示したものです。また、図9は気温が位置によって変わらない場合の音波の広がりと、その進行方向を矢印で示したものです。

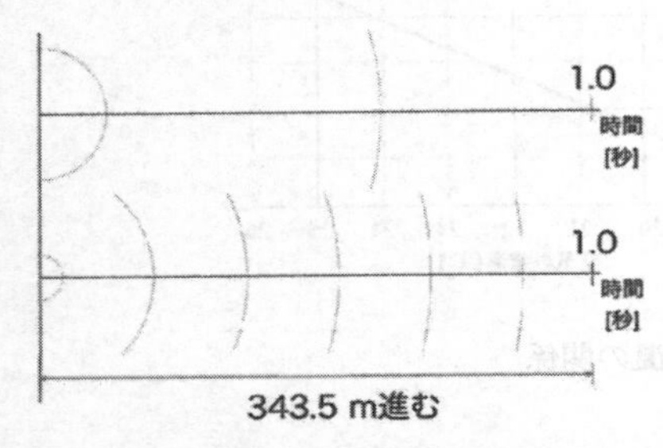

図８ 2 Hzと6 Hzの音の空間的な広がり(気温 20℃)

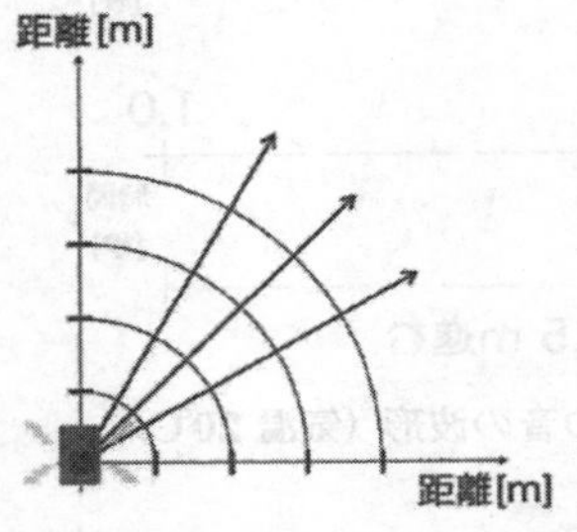

図９ 気温が一定な場合の音の広がりと進行方向

地表と上空の気温差によって音速は変化します。この現象のため、昼と夜とで音の屈折のしかたが異なります。図７のように音が屈折する場合に、音の広がりのようすはどのように表すことができるでしょうか。昼と夜それぞれについて、選択肢の中からひとつずつ選び、記号で答えなさい。

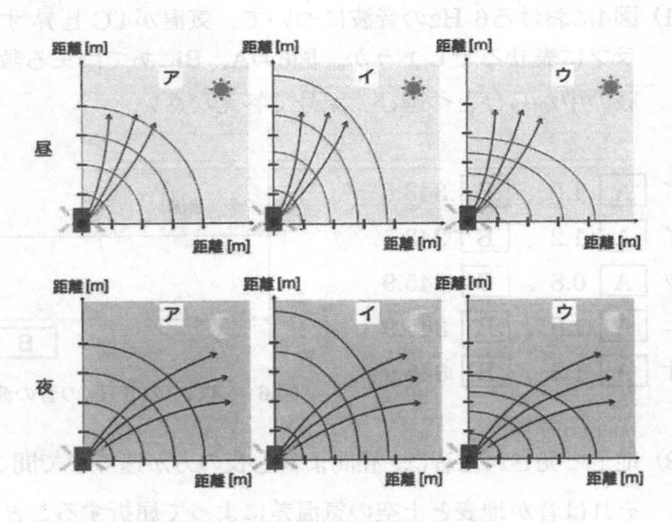

図 10 昼と夜それぞれの音の広がるようす

三　四字熟語(じゅくご)の①～⑩に入る漢字一字を、（　）内の意味になるように答えなさい。

一①一②（一生に一度だけの機会）

諸③無④（この世の万物は常に変化して、ほんのしばらくもとどまるものはないこと）

温⑤知⑥（古いものをたずね求めて、新しい事柄を知ること）

自⑦自⑧（自分のした行為を、自分で褒めること）

七⑨八⑩（何度失敗してもくじけず、立ち上がって努力すること）

問三　――②「区別して考えていこうと思っています」とありますが、なぜか、分かりやすく説明しなさい。

問四　［ア］に入る語句を自分で考え、三文字で答えなさい。

問五　［Ｘ］、［Ｙ］、［Ｚ］に入る語句として最も適切なものを次の中から選び、それぞれ記号で答えなさい。**ただし、同じ選択肢を二度答えることはできません。**

ア　聞き手が発言を聞き返すこと　　イ　ひとつの発言でその両方
ウ　話し手が発言をおこなうこと　　エ　切り離された営み

問六　［イ］に入る語句を本文中から漢字三文字で見つけ、書き抜きなさい。

問七　――③「ふたつのニュアンスが込められている」とありますが、どういうことか、分かりやすく説明しなさい。

問八　あなたの身近なマニピュレーションの例をあげた上で、話し手の意図を答えなさい。

くれは　おや…　患者の数が足りないようだが…？

ドルトン　逃げ出しましたよ　…あなたの言いつけを守らずにね…

くれは　そうかい…　困った奴らだ…

(同前)

わざわざ「守らず」が傍点(ぼうてん)で強調されているところには、③ふたつのニュアンスが込められていると言っていいでしょう。

(三木那由他『会話を哲学する』一部改変)

問一　［A］、［B］、［C］に入る語句として最も適切なものを次の中から選び、それぞれ記号で答えなさい。**ただし、同じ選択肢を二度答えることはできません。**

ア　そんなわけで　　イ　例えば　　ウ　けれど

問二　――①「グライスのこの方針」とありますが、どういうことか、最も適切なものを次の中から選び、記号で答えなさい。

ア　何かを信じさせようと意図して発話を行うことだけで、約束事になっている行為と捉(とら)えて、コミュニケーションを理解しようとする方針。

イ　ひととひとのあいだで、約束事を積み重ねることは、マニピュレーションよりも大切では無いと捉えて、コミュニケーションを理解する方針。

ウ　話し手が発言や身振りをすることで、聞き手の心理や行為に影響力を与えようとする行為と捉えて、コミュニケーションを理解する方針。

エ　どんな意図を持っていたかより、話し手が約束を交わすマニピュレーションの方が重要であると捉えて、コミュニケーションを理解する方針。

文脈が大事なので長めに引用しましたが、注目したいのはＤｒ．くれはの最後の台詞です。これはいったい、どういう発言になっているのでしょう?

まず、コミュニケーションという観点から見てみましょう。「いいかい小娘　……いいね　決して　逃げ出すんじゃないよ!!」という発言で、いったいＤｒ．くれははどのようなコミュニケーションをおこなっているのでしょうか?

この発言によってどのような［イ］が生まれるのかを見てみると、それは〈Ｄｒ．くれははナミが逃げ出してはいけないと思っている〉といったような［イ］になっていそうに思えます。この次のエピソードでのくれはとドルトンの台詞はこの点で示唆的です。

© 尾田栄一郎／集英社

いいかい小娘
あたしはこれから
ちょっと下に
用事があって
部屋をあけるよ
奥の部屋に
あたしのコートが
入ってるタンスが
あるし
別に誰を
見はりにつけてる
わけでもない
それに
背骨の若僧の治療は
もう終わってるんだが
!
いいね
決して
逃げ出すんじゃ
ないよ!!
お前達
ちょっと
来な
力仕事だ
ガチャ
は……
はい!!
…コート着て
サンジ連れて
今のうちに
逃げ出せ
ってさ…
私にも…
そう
聞こえた
バタン…
………
………?

"武器庫"の鍵
キラン
必要なんでしょーう？
な……君がなぜその鍵を⁉
本物なのかい⁉どういうこった
スったの
このあたしに条件をつきつけるとはいい度胸だ
ホンットに呆れた小娘だよお前は
ふふ
……いいだろう治療代はいらないよ
チャリ…
ただしそれだけさもう一方の条件はのめないね
医者として
バッ
…！
！
ちょっと待ってそれじゃ鍵は渡せないわよ返して‼

どうしようとあたしの勝手さね
どびっ
あの鍵は昔からワポルが携帯していたので
ずっとそう
なら…ワポルと一緒に空へ

なに本当かい？
困ったね

ドクトリーヌ？
ウチの船員の治療代なんだけど…タダに!!
…それと私を今すぐ退院させてくれない？
ん？

そりゃ無理な頼みだとわかって言ってみただけかい
治療代はお前達の船の積荷とあり金全部
お前はあと２日ここで安静にしててもらうよ
ナミさんそうよ！ちゃんと診てもらわなきゃ…
平気よだって死ぬ気がしないもん
それは根拠にならないわよっ

ドルトン　な……　君が　なぜその鍵を⁉
くれは　本物なのかい⁉　どういうこった
ナミ　スったの
くれは　このあたしに条件をつきつけるとはいい度胸だ　ホンットに呆れた小娘だよ　お前は
ナミ　ふふ（くれはに鍵を渡す）
くれは　……いいだろう　治療代はいらないよ　ただしそれだけさ　もう一方の条件はのめないね　医者として
ナミ　ちょっと待って　それじゃ鍵は渡せないわよ　返して‼
くれは　いいかい小娘　あたしはこれからちょっと下に用事があって部屋をあけるよ　奥の部屋にあたしのコートが入ってるタンスがあるし　別に誰を見はりにつけてるわけでもない　それに背骨の若僧の治療はもう終わってるんだが　いいね　決して　逃げ出すんじゃないよ‼

（尾田栄一郎『ONE PIECE』⑰）

の発言によって話し手は何を狙ったのかという別の顔を持ってもいるわけです。

（中略）

『ONE PIECE』に、とても面白い会話の場面があります。ルフィが冒険のなかで出会った仲間たちとともに、いよいよ「ひとつなぎの大秘宝(ワンピース)」を目指すための航路「偉大なる航路(グランドライン)」に突入してから少ししたあたりでのことです。

冒険のさなかに、仲間のひとり、航海士のナミが突然の高熱で倒れてしまうという話があります。ルフィたちは慌(あわ)てて近くの島で医者を探すことにします。そうして、ルフィたちはかつて「ドラム王国」と呼ばれていた国にたどり着きます。ドラム王国は以前は医療大国として知られていたものの、圧政的な王のもとで医者が追放され、もはやほとんど医者がいなくなっており、とある海賊(かいぞく)団の襲撃によって王政が崩れたいまも満足に医者が見当たらない状況です。けれどそのドラム王国でただひとり治療を続けている医者がいました。Ｄｒ.くれは(ドクトリーヌ)という、高額の医療費と引き換えに高度な技術で治療をおこない、「魔女」とも呼ばれる人物です。

その後、ルフィたちは国を取り戻すために現れたかつての王ワポルと戦うことになるのですが、取り上げたいのはそのあとの場面、治療がほぼ終わったナミとＤｒ.くれはとの会話です。途中で出てくるビビというのはアラバスタ王国という国の王女で、ルフィたちとともに冒険している仲間です。ドルトンというのはルフィたちとともに戦った、元ドラム王国守備隊長です。

ナミ　ドクトリーヌ？　ウチの船員(クルー)の治療代なんだけど…タダに!!　…それと私を今すぐ退院させてくれない？

くれは　ん？　そりゃ無理な頼みだとわかって言ってみただけかい　治療代はお前達の船の積荷とあり金全部　お前はあと２日ここで安静にしててもらうよ

ビビ　ナミさん　そうよ！　ちゃんと診てもらわなきゃ…

ナミ　平気よ　だって死ぬ気がしないもん

ビビ　それは根拠にならないわよっ

ナミ　（くれはに）〝武器庫〟の鍵　必要なんでしょーう？

り、グライスもどうもコミュニケーションを約束事の積み重ねのように見ること自体には同意しているように思えます。

[B]、約束事というものを、話し手が約束を交わすときにどんな意図を持っていたかによって分析するというのは、無茶に思えないでしょうか？　まさかそんな約束をすることになるなんて思いもしないで約束事を交わすといったことが日常には溢(あふ)れています。十分な説明を受けないで交わした契約などは、こうした点でトラブルになったりしますよね。

一般的に言って、約束事というのはひととひととのあいだのことであって、これはどうしたって、私ひとりの意図でどうこうできないような次元を含むものとなります。コミュニケーションにおける約束事もそうで、これはあくまで話し手と聞き手がふたり（かそれ以上）で交わすものなのに、そうした約束事を「話し手はどういう意図を持っていたか」という観点だけで理解しようというのは、あまりうまいやりかたではないように思います。

[C]、私としては会話を通じて構築されていく話し手と聞き手のあいだの約束事という側面に関わるコミュニケーションと、コミュニケーションを通じて話し手が聞き手に対しておこなおうと意図していることというマニピュレーションとを、しっかり②区別して考えていこうと思っています。

（中略）

コミュニケーションはいわば話し手がおこなった発言の表の姿であり、それによって話し手が堂々と伝達し、聞き手とのあいだの大っぴらな約束事としているような、主音声的なものとなっています。けれど話し手はしばしばその裏で、まったく別の企(たくら)みのもとで聞き手にメッセージを届けたり、聞き手の心理や行動を一定の方向に導いたりもします。これがマニピュレーションなのですが、こちらは話し手がおこなった発言の表の姿だけからは見えてこず、しかし話し手の心理を深く推察するなどしたならば、まるで音声切り替えしたように聞こえ始める、[ア]的なものとなっています。

重要なのは、これらはまったく[X]というわけではない、ということです。コミュニケーションもマニピュレーションも、[Y]を通じて遂行することです。そしてしばしば、話し手は[Z]をおこなっています。言い換えると、ひとつの発言でも、それが表向きでどのようなコミュニケーションとなっているかという顔を持ちつつ、その裏には、そ

二 次の文章を読んで、後の問いに答えなさい。

コミュニケーションとマニピュレーションの関係は簡単にはまとめられないものとなっていることがわかります。ただ、少し抽象度を上げるなら、コミュニケーションとマニピュレーションの関係をうまく捉える(とら)こともできるかもしれません。

[A]、「マニピュレーションとは、話し手がコミュニケーションをおこなうことによって、聞き手に何らかの影響を与えようとする行為である」とでもすれば、これまで見てきた例のいずれにも当てはまりそうです。言い換えると、「マニピュレーションとは、コミュニケーションを媒介(ばいかい)にすることで話し手から聞き手になされる行為である」とでもいえることになります。

哲学研究の話をすると、実はこのようにコミュニケーションとマニピュレーションを分けるという発想は、そこまで一般的なものではありません。私が研究において主に参照しているのは二十世紀以降の英語圏の哲学で登場した概念や理論なのですが、この領域ではイギリスの哲学者であるポール・グライスが会話に関する重要で哲学的な議論をおこなっていて、いまでも会話に関して哲学的に論じるなら、まずはグライスを参照しないとならないというくらいには大きな影響力を持っています。関連する文献は、清塚邦彦(きよつかくにひこ)訳『論理と会話』(勁草(けいそう)書房、一九九八年)に収められています。

そのグライスは、コミュニケーションをいわば一種のマニピュレーションだと捉えていました。どういうことかというと、コミュニケーションを、何らかの発言や身振りをすることで、聞き手の心理や行為に影響を与えようとする行為として理解していたのです。

具体的には、コミュニケーションとは、聞き手に何かを信じさせようと意図して発話をおこなう行為だと考えたうえで、これだけではコミュニケーションの分析としては不十分なので、これにさらに「こんな意図も持っていなければコミュニケーションにはならない」「あんな意図も持っていなければコミュニケーションにはならない」といろいろと条件を付け足していくことで、グライスはコミュニケーションというものを理解しようとしていました。

ここでは詳細を述べませんが、私は①グライスのこの方針は、コミュニケーションを理解するにはまるで適していないものだったと考えています。コミュニケーションはそれによって約束事を積み重ねていく行為だと述べましたが、挙がっている例などを見る限

問七　太線部「苦しいところを乗り越えるエネルギー源は、言葉だと思っている」について、これまであなたが言われた言葉で一番エネルギーになった言葉は何ですか。その言葉とあなたにエネルギーをくれた理由を答えなさい。

問八　次の会話は、三田国際学園中学校入学直後のある生徒同士の会話である。「絶対」などの強い表現を使うことは、この会話のように危険でもあります。この会話における「絶対」という言葉について、あなたの考えを述べなさい。

生徒Ａ　「ねえ、私たちって本当に仲良しだよね」
生徒Ｂ　「うん！　本当にＡちゃんと同じクラスで、友達になれてよかった」
生徒Ａ　「そう言ってくれて嬉しいな。そうだ、来月の日曜に一緒にディズニーランドに行かない？　私たちが仲良くなった記念！」
生徒Ｂ　「わぁ嬉しい！　ありがとう。でも……日曜日は毎週塾があって、うちの親、厳しいんだ。……でも、Ａちゃんとディズニーランドに行きたい！　私、絶対親を説得して、塾を休むね」
生徒Ａ　「私のためにそこまでしてくれるなんてＢちゃん大好き！　私たち絶対一生友達でいようね」
生徒Ｂ　「うん！　絶対約束ね」
（一カ月後）
生徒Ｂ　「ねえＡちゃん……」
生徒Ａ　「Ｂちゃんどうしたの？　元気ないね。ほら、来週は約束していたディズニーランドだよ。楽しみだね」
生徒Ｂ　「……その話なんだけど、やっぱりどうしても塾を休めなくて……行けなくなっちゃった。ごめんね」
生徒Ａ　「は？　なんで？　Ｂちゃん絶対親を説得するって言ってたじゃん！　絶対って言ったのに嘘ついたってこと？　私、楽しみにしてたのに、あり得ない。もう友達やめる！」
生徒Ｂ　「そんな……。私、頑張ったんだよ。Ａちゃんだって、絶対一生友達でいようねって言ってくれたじゃん。あれは嘘だったのね。私が嘘つきなら、Ａちゃんも嘘つきだよ！」

イ　大地が『花は咲く』を弾く姿を見て、家族全員が揃い、大地と母親が一緒に弾いていた三年前が思い出されるとともに、大地が今も母親を思いながら演奏していることを感じたから。

ウ　会場中の大地を応援する声にきちんと応えず、母親への思いを自分に知らせるためにわざとマイナス・ワンで演奏する大地を見て、③せっかくの機会を台無しにした大地に怒りを覚えたから。

エ　発表会に出ることが絶望的な状況から、菜々子の懸命(けんめい)な処置や大地の努力によって無事に発表の日を迎え、緊張しながらも素晴らしい演奏をする大地に言いようもない感動を覚えたから。

問五　――④「言ってはならない――そうは思った。けれど、今日だけは解禁する」とありますが、この時の菜々子の心情を七十五字以内で説明しなさい。

問六　波線部A～Dで菜々子が電話の向こう側の大地から感じていることの説明として、**正しいものには1、正しくないものには2**でそれぞれ答えなさい。

A　発表会を乗り越え、自信をつけた大地は、苦しい抗癌剤治療に立ち向かえるほど気力が充実している。

B　以前は答えてくれなかった母親に関する質問に答えてくれるほど、大地との間に信頼関係が築けている。

C　母が泣きながら言った言葉を思い出し、大地は母に捨てられたという現実から目を背けようとしている。

D　母親との別れは悲しいだけのものではなく、大地に新たな目標を与え、大地は前に進もうとしている。

問二 ――②「ねえ、ママはもう帰ってこないの？」とありますが、この時の歩夢の心情の説明として、最も適当なものを選び、記号で答えなさい。

ア 菜々子との会話がきっかけで母親を思い出し、思い切って母親がいればなと父親に話しかけたが、聞こえていなかったようなので、もう一度はっきりと伝えようと思っている。

イ 病気の兄を見舞った帰り道で、思わず母親への思いを口にしたことで、今まで抑えてきた母親への感情があふれ出し、父親を責めることで不安をやわらげようと思っている。

ウ 菜々子との会話の中で母親がいた頃を思い出し、母親がいればと思わず口に出したことでさらに不安になってしまい、父親から答えをもらって安心させてほしいと思っている。

エ 兄の病気や母親の不在など、日々の生活に不安を抱えて生活しているが、自分以上にさみしがっている父親を心配し、母親が帰ってくることを確認して励まそうと思っている。

問三 X に入る慣用表現として、最も適切なものを次の中から選び、記号で答えなさい。

ア 水を打った　イ 嵐の前の　ウ 針(はり)を落とした　エ 花散る前の

問四 ――③「舞台袖で大地の父がうつむき、肩を震わせた」とありますが、なぜか。その理由として最も適切なものを次から選び、記号で答えなさい。

ア 大地が弾く『花は咲く』を聞いて、大地は生きている間に演奏できるのはこれが最後になると思って演奏していることを感じ、大地の病気が原因で母親がいなくなったことに責任を感じたから。

援を引き受けてよかったと改めて思う。

（南杏子『希望のステージ』一部改変）

（注）

宇佐美……大地の主治医。大地の外出には断固として反対している。

涼子……大地の通う、長尾音楽教室のピアノ教室の先生。

問一 ――①「はっとした」とありますが、この時の菜々子の説明として、最も適当なものを次から選び、記号で答えなさい。

ア 医師としての立場から、大地が発表会に出るのをあきらめるよう説得にきたが、大地の発言を聞いて、医師として大切なことは患者のいまの時間を大切にすることだと考えを改めている。

イ 自分の質問のせいで親子の時間を気まずくさせたと思っていたが、大地が泣きながら「死ぬんでしょ！」と言ってきたので、実は大地を不安にさせてしまっていたのだと自分を責めている。

ウ 何も知らずに発表会に出たいとわがままを言っていると思っていたが、白血病の五年生存率を知っていた大地の発言を聞いて、小学六年生で専門的な知識を持っている大地に驚いている。

エ どうしても発表会に出たいと言う大地の理由がわからずにいたが、大地の発言を聞いて、治療のことだけを考えるのではなく、患者の気持ちに寄り添うことが大切であると気付かされている。

A大地の声が、急に大人びて聞こえた。菜々子は思い切って尋ねる。
「どうして無理に発表会に出たの？」
大地は、間髪入れずに答えた。
「お母さんに聞かせたかったんだよ」
B大地の少し荒くなった息遣い(づか)が、スマートフォンの向こうから聞こえる。
『花は咲く』――かつて母親と連弾したその曲に乗せて、大地は母親に離婚しないでほしいと訴(うった)えたかったのか。隣(となり)に座ってよ、お母さん――そう大地は会場の母親に語りかけたのだ。
「お母さん、戻ってくるといいね」
菜々子は声が湿っぽくなってしまうのを咳(せき)払いでごまかす。
「違うよ、先生。僕、お母さんを励(はげ)ましたんだよ」
大地に勘違いを指摘され、菜々子は戸惑った。
「一カ月前、お母さんから電話が来たんだ。やっぱりオーストリアの仕事をあきらめきれないから行くって。でも、どこにいてもお母さんはあなたのお母さんよ、って」
Cスマートフォンから聞こえる声が、ほんの少し小さくなった。
「お母さん、すごく泣いてた。だから、僕なら大丈夫だよって安心させたくて弾いたんだ。じゃないとお母さん、行かないって言い出しそうだったから」
大地の母はピアニストとして海外で活躍(かつやく)するチャンスを得た。その出発は来月だという。だから、だったのか。あのとき発表会に出てあの曲を弾くことを、大地が何よりも優先したかったのは。
「先生、ありがとう。僕もお母さんみたいに世界で活躍するピアニストになる。だから治療、頑張ります」
Dふっきれたような大地の声。抗癌剤治療のつらさに立ち向かう気力は、あの舞台のおかげでもあったのだ。菜々子は、大地の支き飛ばしてくれる。

治療を頑張ったら、どんな景色が待っているか。苦しい治療に耐えたら、どうなるのか。

「絶対によくなるから」

この言葉は、患者の治ろうという力を引き出してくれる。いや、生きる力を引き出すと言ってもいい。毎日の診療で、ずっと肌で感じてきたことだ。

絶対かどうかなど医師の自分にも分からない。けれど、どんなに正確な情報であっても、患者の心に届かなければ意味がない。患者を鼓舞できなければ、いっしょに「治療」という山には登ってもらえないではないか。

だがあるとき「先生が、絶対などと言わなければ……」と、菜々子が担当した患者の両親に責められた。訴訟を受け、さらに病院の臨床研究チームからは外された。「絶対」などと口にする軽率な医師は切り捨てられたのだ。

④言ってはならない——そうは思った。けれど、今日だけは解禁する。

「うん、絶対に。大地君には力強い応援団がふたりもいるから、絶対に大丈夫」

剛太と歩夢の二人は、顔を見合わせた。それから「ネバギバ大地！」と叫ぶと、笑い声をあげながらホワイエを走り抜けて行った。

その日の夜、菜々子のスマートフォンが鳴った。

「菜々子先生、次の抗癌剤治療の日程が決まったよ」

大地からだ。声は明るい。化学療法ができるくらい、正常な血球が増えたのだ。

「順調でよかった！　教えてくれてありがとう。ほっとしたよ。治療、頑張ってね」

八〇パーセント前後が完全に治癒するとは言え、白血病治療の道のりは平坦ではない。抗癌剤治療を受けるとは、吐き気や高熱、ふらつきといった、さまざまな副作用と闘う日々が始まるということでもあった。

「うん、僕、頑張るよ」

シャボン玉が舞台から客席へと次々と降り落ちる。

「あのころ、我が家は何も問題なかったのに……」

③舞台袖で大地の父がうつむき、肩を震わせた。

大地の演奏が終わった。さざなみのような拍手が起こり、それは長いこと止まなかった。

(中略)

翌週。菜々子は市民会館へ新しい依頼の打ち合わせに行く。正面エントランスには、来週末に開かれる玉手市産業まつりと菊花展のポスターが何枚も並べて貼られていた。

「せんせーい！」

歩夢と剛太の声がした。図書室で勉強した帰りだという。ついこの間会ったばかりというのに、さらにたくましくなって見える。

「来月、サッカー大会があるんだけど、大地も出させてくれない？」

剛太が両手を合わせた。

「いくらなんでも、それは無理よ」

菜々子は苦笑する。

「でもいつかきっと、大地君は皆とサッカーできる日が来るから、待っててあげて」

「絶対？」

また絶対か――。医療に絶対はない。それは身に染みていた。

苦しいところを乗り越えるエネルギー源は、言葉だと思っている。

たとえば山登り。あともう少しで山頂に到達する直前、リーダーが言うセリフは決まっている。

「あとちょっと。絶対に感激するから」

もう十分に綺麗な景色だと思うが、そして、あとちょっとが、ちょっとであった例はないのだが、へたりこみそうな気持ちを吹なんと、剛太たちが口にしているのは声援（せいえん）だった。

会場の連呼に促（うなが）されるように、大地は譜面（ふめん）に向き合った。

意を決した表情で、大地がピアノを弾き始める。優雅（ゆうが）な指使い、繊細（せんさい）な音。

だが、菜々子には何の曲か分からなかった。何か旋律（せんりつ）が欠けているようだ。会場が再びざわつき始める。

「……あれは、マイナス・ワンです」

特効装置の前に立った涼子がつぶやいた。

本来なら二人で連弾する曲から、一人分のパートだけを弾いている状態だという。

じっと耳を澄（す）ませているうちに、その曲は、『花は咲く』だと気づいた。

♪叶えたい夢もあった

　変わりたい　自分もいた

「三年前の発表会で、大地君がお母さんと連弾した曲です。今の大地君なら、フルで弾けるはずなのに……」

涼子によると、大地はあえてマイナス・ワンで弾いているのだという。

主旋律が聞こえ始めてきた。大勢の観客が歌詞を口ずさんでいる。

　♪今はただ　なつかしい

　あの人を　思い出す

やがて会場全体が、優しい主旋律で満ちた。

今度ははっきりと口に出し、父を見上げる。

「ほら、バスが来たぞ」

父親が歩夢の背中を軽く押す。うつむいた歩夢の表情を見ることはできなかった。

【文章Ｂ】

「――それではプログラムの番外、長尾音楽教室、木場大地君です。どうぞ！」

大地がステージ中央へ進み出た。

ところがその後、なかなか演奏の態勢には入らない。

大地はピアノの前に立ち、演奏もせずに客席を見渡していた。舞台の中央に直立するマスク姿のピアニスト。その光景は、まるで特別なパフォーマンスのようだった。

※涼子の合図で、ようやく大地はピアノの前に座る。だが、それでもまだ演奏に入らなかった。神経質そうに椅子(いす)に座り直し、また客席を見渡してはペダルの位置を確認する。続いて大きく深呼吸をした。大地は、極度に緊張(きんちょう)しているようだ。

会場は［Ｘ］ように静まり返る。

そのとき、客席の中央から子供の叫(さけ)び声が上がった。剛太の声だ。

「ネバ木場！ネバ木場！ネバ木場！」

ややくぐもりながらも大きな声が響(ひび)く。ほかの子供たちも声をそろえた。

ネバネバという言葉が会場に広がる。からかわれた大地は、さぞ悲しい気持ちになっていることだろう。そう思いながら、下手袖(しもてそで)にいる歩夢を見る。すると彼も、兄に対して同じように大声を上げているではないか。

もう一度耳をそばだてる。

「ネバ・ギバア！ネバ・ギバアッ！ネバー・ギブアップ！」

感染のリスクを超えて発表会に出させる——そんなことが本当にできるだろうかと菜々子自身も分からなかった。医師としてどうすればいいのか、ついさっきまで迷っていた。

だが、大地の言葉が胸に刺さった。何とかしてあげたいと強く思った。

菜々子たちは、病院前のバス停でバスを待つ。

菜々子は腰に鈍い痛みを感じていた。昨夜、クマやんに泣きつかれて手を出した舞台掃除のせいだ。

三人とも黙っていた。

「カンセンって何？」

歩夢が尋ねる。

「ウイルスやバイ菌にやられちゃうことだよ。特に今のお兄ちゃんは、周りの人からインフルエンザとかをうつされないように気をつけないといけないの」

「知ってる。お兄ちゃんに会うときは、よく手を洗わないとダメなんだよね」

歩夢はまっすぐ前を向いていた。バイオリンを手にした大人びた姿が思い起こされる。

「偉い偉い、歩夢君はよく知ってるね」

「うん！　ママが言ってたから……」

そこまで言うと、歩夢は右腕で目をこすり始めた。

——ママがいてくれればな。

歩夢が、声にならない声を漏らした。彼はまだ九歳だ。

父親は無言のままだった。

「②ねえ、ママはもう帰ってこないの？」

しばらく待っても、答えはない。

「おい、大地。先生が聞いたことに答えろ！」

父親が強い口調で言う。だが、大地は身動きすらしない。

「お兄ちゃん、寝ちゃったのかな？　こちょこちょお」

歩夢が兄に近づき、布団の上からくすぐる真似をする。大地は布団を固くかぶり直した。

さらに無言のまま、時間が過ぎた。言いたくない訳があるのだろう。せっかくの親子の時間を気まずくさせてしまったようで、申し訳ない気になる。

「大地君、変なこと聞いちゃってごめんね。今日は帰るね」

菜々子が大地の父親にも挨拶をし、病室を出ようとしたときだった。

「ネットで調べたよ！」

大地が叫ぶように言った。

「二〇パーセントは死ぬんでしょ！」

布団から出た大地の顔は、濡れていた。

「だったら今年、弾かせてよ！」

①はっとした。大地は五年生存率のことを言っている。十五歳までの急性リンパ性白血病は、五年以上の長期生存率が約八〇パーセントだ。治療は日々進歩しているとはいえ、逆に言えば二〇パーセントは五年以内に亡くなることになる。

二〇パーセントとは、五人にひとりだ。

確かに治療だけを考えれば、医師として外出を許可できる状況ではない。けれど、いまの時間を大切にすることも、大地にとってはかけがえのない貴重なことなのだ。

「大地君、分かった。分かったよ」

2023年度

三田国際学園中学校

【国　語】〈第二回試験〉（五〇分）〈満点：一〇〇点〉

〈受験上の注意〉特に指示のない場合、句読点等の記号は一字として数えるものとします。

〈編集部注：実物の入試問題では、三の漫画は色つきです。〉

一　次の文章は南杏子『希望のステージ』の一節である。都心の大病院を辞め、兄の経営する個人病院に籍を置く菜々子は、地元市民会館のステージで、さまざまな病気を抱える出演者への医療(いりょう)サポートを請け負っている。小学六年生の木場大地は、白血病の治療で入院中でありながら、どうしてもピアノの発表会に出たいと言う。通常では外出が許可されない中、菜々子はどうすれば大地が発表会に出られるかを考えることになった。次の【文章A】【文章B】を読んで、後の問いに答えなさい。

【文章A】

「こんにちは、大地君。そんなに発表会に出たいの？」

「出たい出たい出たい！　先生、お願い！　※宇佐美に頼んで！」

大地はいきなりベッドの上に正座して、額を膝(ひざ)にくっつけるようにして頭を下げた。

「でもね、大地君。感染リスクがあるのは知ってるよね？」

一般的に化学療法を行う前には、治療の効果はもちろん、副作用についても話がされているものだ。

大きく目を見開き、大地はうなずいた。

「そこまでして出演したいのは、どうして？」

大地は、頭まで布団をかぶり、黙(だま)ってしまった。

2023年度 三田国際学園中学校 ▶解　答

※　編集上の都合により，第２回試験の解説は省略させていただきました。

算　数 ＜第２回試験＞（50分）＜満点：100点＞

解　答

1 (1)　314　(2)　4032　(3)　37通り　(4)　301.44cm^2　(5)　309　(6)　正十二角形　**2** (1)　63枚　(2)　54枚　(3)　25mm　**3** (1)　③　(2)　(例)　[7234]651→234[7651]→[2341]567→1234567　(3)　４回　**4** (1)　２：１　(2)　16cm^2　(3)　(例)　下の図１で，APの長さは円の半径の半分だから，三角形OABの面積は，(半径)×$\left(\text{半径}\times\frac{1}{2}\right)\times\frac{1}{2}$＝(半径)×(半径)×$\frac{1}{4}$(cm^2)になる。すると，正十二角形の面積は，三角形OABの面積の12個分だから，(半径)×(半径)×$\frac{1}{4}$×12＝(半径)×(半径)×３(cm^2)となる。　**5** (1)　***A***…１，***H***…５　(2)　***G***…３／**理由**…(例)　*A*が１，*H*が５だから，*D*は残りの奇数の３か７である。*D*が３のとき，*C*を偶数にすると*G*が１になるので，*C*は奇数の７となる。さらに，*B*を偶数にすると*F*が３になるので，*B*は奇数になるが，あてはまる奇数はない。よって，*D*は７である。このとき*C*を奇数の３にすると，残りの偶数で*B*，*E*，*F*，*G*をうめることができない。したがって，*C*は偶数だから，*G*は３になる。　(3)　(例)　右の図２

図１

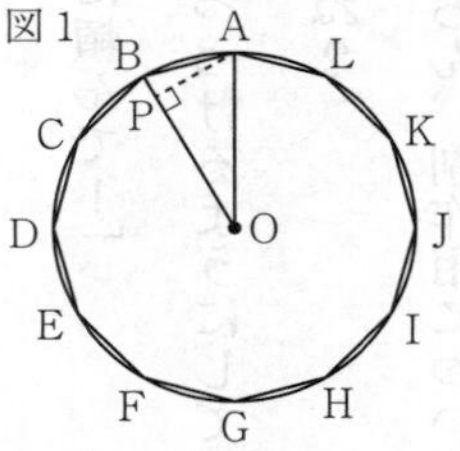

図２

```
  1647
×    5
  8235
```

社　会 ＜第２回試験＞（理科と合わせて50分）＜満点：50点＞

解　答

1 **問１**　(例)　フェーン現象による高温でかわいた風が雪崩を発生させるから。　**問２**　ア　**問３**　イ　**問４**　**A**　カ　**B**　エ　**問５**　国土交通省　**2** **問１**　(例)　御恩としての領地を得るためには，手がらをあげたのが誰かを明確にする必要があったから　**問２**　イ　**問３**　カ　**問４**　ウ　**問５**　ア，イ　**問６**　PKO　**問７**　(1)　(例)　特に政治参画の分野で進んでいない　(2)　(例)　国会議員にしめる女性の割合が高まり経済参画の分野での格差を是正する法律が制定されること　(3)　(例)　政治に対する意欲があり，知識や経験も豊富な男性の立候補がさまたげられること　(4)　(例)　識字率や就学率には男女格差がないので，学校でジェンダー教育を充実させること

理科 ＜第２回試験＞（社会と合わせて50分）＜満点：50点＞

解答

1 **問１** 時速７km **問２** (1) イ (2) 南中 (3) イ (4) ア，ウ (5) ア
問３ B **2** **問１** ウ **問２** イ **問３** ア **問４** （例） **温度・時間**…0.5℃，60分／テアニンが多く，EGCの割合に対するEGCGの割合が小さいので，うまみが強く，免疫系のはたらきをよくするお茶になると考えられるから。 **3** **問１** **1** 直進 **2** 全
問２ 右の図 **問３** (1) ア，イ，ウ (2) （例） 燃えるものに含まれる炭素が，不完全燃焼しているから。 **問４** (1) エ (2) イ (3) **昼**…ウ **夜**…イ

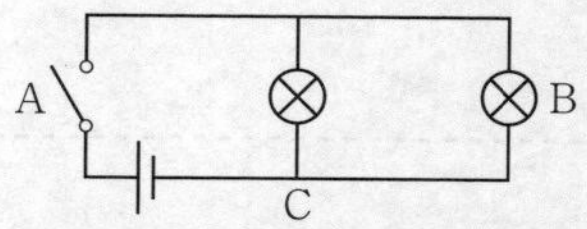

国語 ＜第２回試験＞（50分）＜満点：100点＞

解答

一 **問１** エ **問２** ウ **問３** ア **問４** イ **問５** （例） 医師として絶対という言葉は言ってはいけないと思いながらも，今日だけは剛太と歩夢を勇気づけ，二人が大地を支える力になればいいと思っている。 **問６** **A** １ **B** ２ **C** ２ **D** １ **問７** （例） 運動会でリレーの代表に選ばれたとき，自分がチーム全体を背負っているようで重圧を感じていたが，みんなから「リレーはみんなでバトンをつなぐものだからアンカーだけが責任を負うものではない」と言われ，安心して走ることができた。 **問８** （例） はっきりとはわからない未来のことを「絶対」と表現してしまい，それが思うようにならなかった場合，人間関係にも影響してしまうと思います。だから，強い表現である「絶対」という言葉を使うときにはそれがそのように本当に言えるのかをよく考えてからにしたいと思いました。 **二** **問１** **A** イ **B** ウ **C** ア **問２** ウ **問３** （例） 話し手と聞き手がふたりで交わす約束事を，話し手の意図の観点だけで理解するのは，適切な方法ではないから。 **問４** 副音声
問５ **X** エ **Y** ウ **Z** イ **問６** 約束事 **問７** （例） 逃げてはいけないという表の意味に対してそれを守らなかったということと，その裏にある逃げていいという意味を感じ取ってその通りにしたということの両方がそこに込められているということ。 **問８** （例） 話し手が「そんなに急ぐことではないので時間のあるときにお願い」と言っているときは，実際は「無理しない範囲でいいけどなるべく早くやってもらいたい」と思っていると考えて，聞き手はなんとか早目にやってしまおうとするなどの例があげられる。 **三** ① 期 ② 会 ③ 行 ④ 常 ⑤ 故 ⑥ 新 ⑦ 画 ⑧ 賛 ⑨ 転 ⑩ 起

Memo

2023年度 三田国際学園中学校

※この試験はメディカルサイエンステクノロジークラス受験生対象です。

【算　数】〈ＭＳＴ試験〉（60分）〈満点：100点〉

〔受験上の注意〕1．線や円をかく問題は，定規やコンパスは用いずに手書きで記入してください。
2．円周率は3.14として解答してください。

1 次の［　　］にあてはまる数を答えなさい。

(1) $2\frac{1}{3}-1.75\div\left\{3-\left(1.6-\frac{1}{4}\right)\div4\frac{1}{2}\times\frac{16}{3}\right\}=$［　　］

(2) 221 をある整数 n で割ると，商と余りが等しくなります。このような整数 n のうち最も小さいものは［　　］です。

(3) 下の図で，AD と CE は平行です。○印をつけた角の大きさが等しいとき，BD の長さは［　　］cm です。

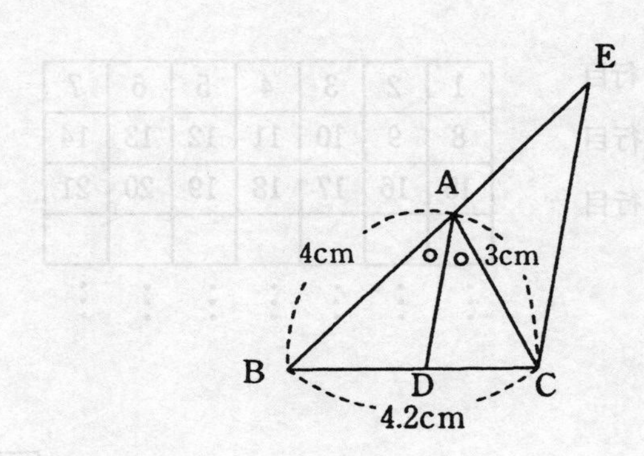

(4)　右の図のように，縦の長さが 3 cm，横の長さが 3 cm，高さが 9 cm の直方体があります。辺 CG 上に点 P があり，辺 BF 上に点 Q があり，CP = 3 cm，BQ = 4 cmです。3 点 D , P , Q を通る平面と辺 AE が交わる点を R とするとき，AR の長さは □ cmです。

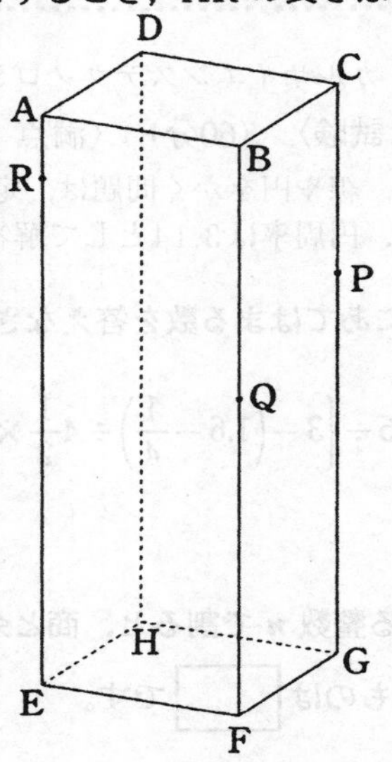

(5)　1 から始まる整数が表のように並んでいます。7 つの数の和が 959 となるのは □ 行目です。

1行目	1	2	3	4	5	6	7
2行目	8	9	10	11	12	13	14
3行目	15	16	17	18	19	20	21
	⋮	⋮	⋮	⋮	⋮	⋮	⋮

(6)　下の図で，A 地点から B 地点まで行く最短経路は全部で □ 通りです。

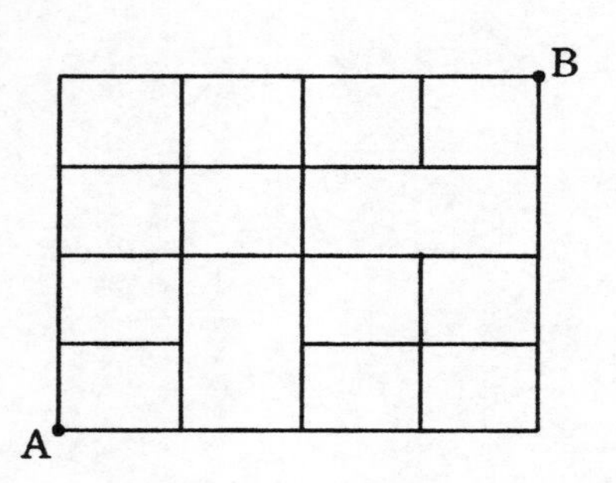

2　次の問いに答えなさい。

(1)　７人の生徒が１対１のカードゲームで対戦します。どの人とも１回だけ対戦するとき，

(ア)　７人の中の１人であるＡ君は何回対戦しますか。

(イ)　全部で何回の対戦がありますか。

(2)　ある整数を０より大きい２つの整数ＡとＢの和に分け，そのときの２つの数の積Ａ×Ｂをつくります。さらに，分けた２つの数ＡとＢについてもそれぞれが２つの整数の和に表せる場合，同じように２つの整数に分け，その２つの整数の積をつくります。これ以上分けることができない数になるまで積をつくり，つくったすべての積の合計を□とします。

　例えば，７を３と４に分けると３×４ができます。３を１と２，４を１と３のように分けるとそれぞれ１×２と１×３ができます。さらに，１はこれ以上分けられないため，２を１と１，３を１と２に分けると１×１，１×２ができます。最後に２は１と１に分けられるので，１×１ができます。□はつくったすべての積の合計だから

$$\square = 3\times4+1\times2+1\times3+1\times1+1\times2+1\times1=21$$

となります。

19について，□の値を答えなさい。また，その値になる理由を(1)を参考にして答えなさい。

3 下の図のような，正三角形を４つ用いてできる立体ABCDがあります。この立体の４つの面にそれぞれ整数を書き，書かれた数によって，次のように各頂点のMITA数と各辺のMITA数を定めます。

頂点のMITA数→その頂点に集まる３つの正三角形に書かれた数の最小公倍数

辺のMITA数→その辺をつくる２つの正三角形に書かれた数の最小公倍数

例えば，立体ABCDの面ABCに２，面ACDに３，面ADBに５，面BCDに７と書いてあるとき，頂点ＡのMITA数は２，３，５の最小公倍数である30となり，辺CDのMITA数は３，７の最小公倍数である21となります。

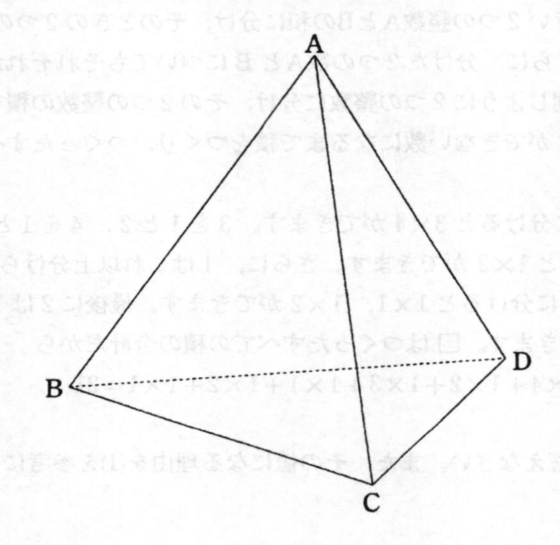

(1) 立体ABCDの面ABCに２，面ACDに３，面ADBに５，面BCDに７と書いてあるとき，(各辺のMITA数の積)÷(各頂点のMITA数の積)を求めなさい。

(2) 立体ABCDの面ABCに２，面ACDに３，面ADBに４，面BCDに５と書いてあるとき，(各辺のMITA数の積)÷(各頂点のMITA数の積)を求めなさい。

(3) 立体ABCDの面ABCに３，面ACDに５，面ADBに７と書いてあり，

(各辺のMITA数の積)÷(各頂点のMITA数の積)＝3

であるとき，面BCDに書いてある数として考えられる数のうち，小さい方から数えて２番目の数を求めなさい。

4　下の図は１辺の長さが12 cmの立方体で，点P，Qはそれぞれ辺CD，辺CGを１：１に分ける点です。点R，Sはそれぞれ辺AD，辺CDを１：２に分ける点です。

また，点Tは面AEFB上の点で直線ETが縦２cm，横１cmの長方形の対角線になっています。

(1)　点B，C，P，Qを頂点とする立体の体積を求めなさい。

(2)　３点R，S，Tを通る平面でこの立方体を切ったとき，切り口の図形はどのようになりますか。解答らんの図にかきなさい。

(3)　(2)の切り口の図形の頂点のうち，辺EF上にある点をUとするとき，EUの長さを求めなさい。

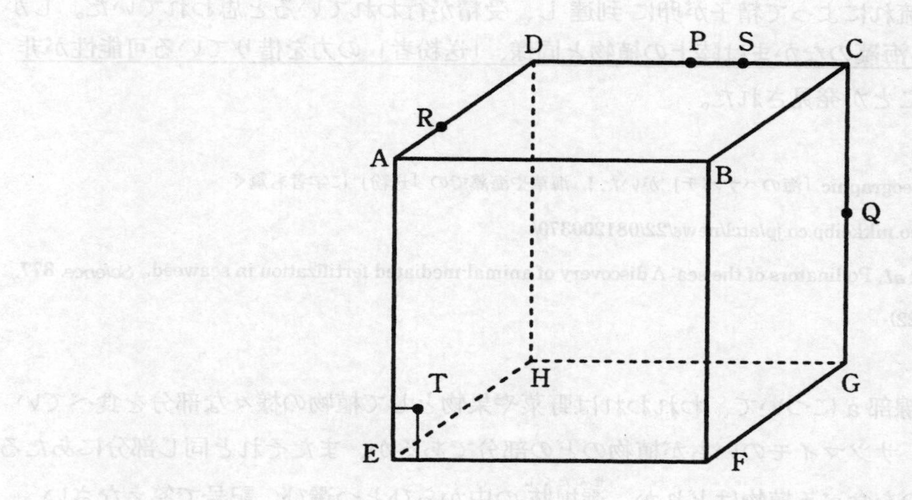

5　ホワイトボードに1から100までの100個の数が書かれている。この中から書かれている２個の数を選んで消し，消した２つの数の和に２を加えた数を新たに書き加えることを１回の操作とする。この操作をくり返し行う。

例えば，１と３を選んだとき，１と３を消して$1+3+2=6$を書き加え，20と23を選んだとき，20と23を消して$20+23+2=45$を書き加える。

(1)　１回目に３と９，２回目に７と14，３回目に８と88を消したとき，ホワイトボードに書かれている97個の数の和を求めなさい。

(2)　ホワイトボードに書かれる数が１つになるのは，何回目の操作を終えたときですか。

(3)　(2)のとき，ホワイトボードに書かれている数を求めなさい。また，どのように考えたかもあわせて答えなさい。

【理　科】〈ＭＳＴ試験〉(60分)〈満点：100点〉
〈編集部注：実物の試験問題では，4の図１以外は色つきです。〉

1　次の文章を読み、あとの各問いに答えなさい。

生物は、いくつかの方法を使ってなかまを増やしている。例えばサツマイモは、a栄養分をたくわえた「いも」から新たに自分の子孫を増やすことができる。これは親と全く同じ子孫が増えるパターンである。それ以外でよく知られている方法は、精子と卵による受精である。被子(ひし)植物ではこの精子に相当するのが花粉であり、ある種の植物は「送粉者」であるハチなどに受粉を手伝ってもらっていることが知られている。また、別の植物では水やb風によって運ばれて受粉し、受精する。では、海中にすむcワカメやコンブなどの海藻(かいそう)のなかまは、どのようにして子孫を残しているのだろう。これらも同様に、受精することによってなかまを増やしている。これまで海藻のなかまはすべて、潮の流れによって精子が卵に到達(とうたつ)し、受精が行われていると思われていた。しかし、dある海藻のなかまは陸上の植物と同様、「送粉者」の力を借りている可能性が非常に高いことが発見された。

【参考】

Natinonal Geographic「海のハナバチ」がいた！ 海草や海藻での「送粉」に学者も驚く

https://natgeo.nikkeibp.co.jp/atcl/news/22/081200370/

E. Lavaut *et al.*, Pollinators of the sea: A discovery of animal-mediated fertilization in seaweed., *Science*, **377**, 528-530 (2022)

問１　下線部aについて、われわれは野菜や果物として植物の様々な部分を食べている。サツマイモのいもが植物のどの部分であるか、またそれと同じ部分にあたるものを食べる植物はどれか、選択肢(せんたくし)の中からひとつ選び、記号で答えなさい。

	サツマイモのいも	サツマイモと同じ部分を食べる植物
ア	くき	ニンジン
イ	くき	ジャガイモ
ウ	根	ニンジン
エ	根	ジャガイモ

問２　下線部bと同じ方法で受粉が行われるものを選択肢の中からひとつ選び、記号で答えなさい。

ア　アブラナ　　イ　ツバキ　　ウ　スギ　　エ　レンゲソウ

問３　下線部cと異なるなかまを選択肢の中からひとつ選び、記号で答えなさい。

ア　アサクサノリ　　イ　ミズバショウ　　ウ　アオノリ　　エ　ヒジキ

問４　下線部ｄについて、イドテア（図１）とよばれる動物が送粉者を担っているという報告があります。この海藻とイドテアに関する情報を以下に示します。

【海藻とイドテアに関する情報】

① この海藻のなかまがいる環境には、イドテアとよばれる動物が非常にたくさん生息している。

② イドテアの体表には、この海藻のなかまの精子がたくさん付着している。

③ この海藻のなかまにはオスとメスがあり、オスでは造精器で精子が、メスでは造果器で卵がつくられる。

④ 造精器と造果器の数は生殖時期に応じて増減する。

イドテアが海藻の送粉を担っているかどうかを調べるために以下の実験が行われました。

(実験)　オスとメスの海藻を離して水槽に入れ、そこへイドテアを20匹放った。その後、メスの造果器の形成のしかたを観察した。

(実験の結果)　イドテアを入れた水槽では、イドテアを入れなかった水槽にくらべ、メスの海藻は20倍も造果器を形成した。

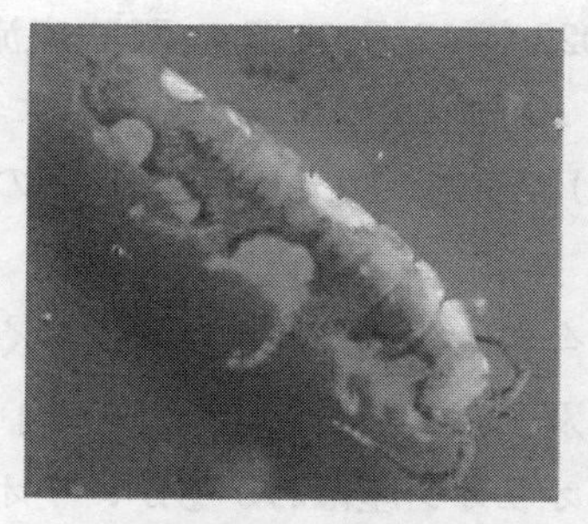

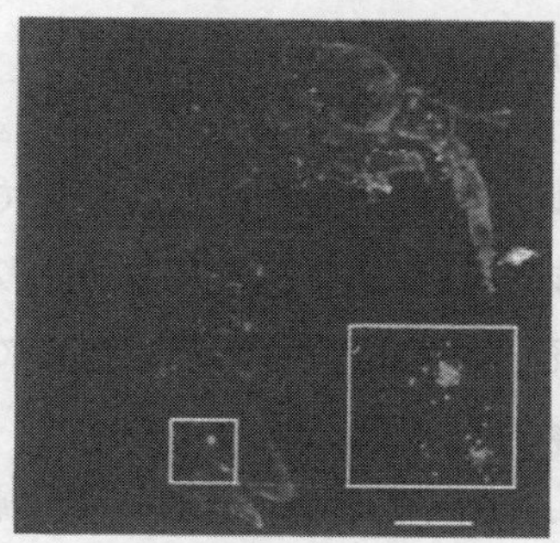

図１　イドテア
緑の点は、海藻のなかまの精子を示している。
〈編集部注：四角で囲まれた部分にあるのが緑の点です。〉

以上からイドテアがこの海藻の送粉者を担っていると推測できますが、このことをよりはっきりさせるために必要と考えられる実験として適切なものを**ふたつ**選び、記号で答えなさい。

ア　オスの海藻だけが入っている水槽にイドテアを放ち、２時間おく。その後すべてのイドテアを造精器のないオスの海藻だけが入っている水槽に移して造精器の形成のしかたを観察する。

イ　オスの海藻だけが入っている水槽にイドテアを放ち、２時間おく。その後すべてのイドテアを造果器のないメスの海藻だけが入っている水槽に移して造果器の形成のしかたを観察する。

ウ　メスの海藻だけが入っている水槽にイドテアを放ち、２時間おく。その後すべてのイドテアを造精器のないオスの海藻だけが入っている水槽に移して造精器の形成のしかたを観察する。

エ　メスの海藻だけが入っている水槽にイドテアを放ち、２時間おく。その後すべてのイドテアを造果器のないメスの海藻だけが入っている水槽に移して造果器の形成のしかたを観察する。

2 次の文章を読み、あとの各問いに答えなさい。

2022年12月14日の双子（ふたご）座流星群は観測条件もよく、三田国際学園周辺でも1時間に10個以上の流星が見られた。以下の会話は、三田国際学園周辺での三田さん（以下三）とお父さん（以下父）との会話である。

父「今年は観測条件も良く、多くの流れ星が期待できそうだね。」
三「双子座ってどこにあるの？」
父「オリオン座はわかるかい？オリオン座の2つの一等星の［X］とベテルギウスを結び、ベテルギウスの方に伸（の）ばしていくと明るい星が2つ見える。それが双子座のカストルとポルックスだよ。」
三「あれかぁ。あそこら辺を見ておけばいいの？」
父「あの辺りから四方八方に降り注ぐから、大きく空を見ておいた方がいいよ。」
三「そうなんだ。そもそもなんで流れ星がたくさん降る日があるんだろう？」
父「それは太陽の周りを周る彗（すい）星が通過するときに小さなチリの粒（つぶ）を軌道（きどう）上にたくさん放出するからだよ。その軌道上を地球が通るときに多くのチリの粒を引き寄せることによって起きるんだよ。」
三「わぁ、すごい流れた！」
父「お、こっちにも流れたぞ。今のは明るかったなぁ。火球とよべるかもね。」
三「あぁ、雲がかかってきちゃったね。」
父「大丈夫（だいじょうぶ）、すぐ風で流れるよ。」
三「よかった。寒さに我慢（がまん）すれば、ずっと見てられるね。」
父「そうだね。でも、残念ながら月が登ってくると月の明るさによって見づらくなってしまうから、それまでかな。」
三「それって何時頃（ごろ）？」
父「今日の月の出は21:48だから、24:00頃かな。その頃には寝なきゃね。」
三「天気や他の明るさを気にせず観測できたらいいのに。」

問1 文章中の空欄（くうらん）［X］にあてはまる星の名前として正しいものを選択肢（せんたくし）の中からひとつ選び、記号で答えなさい。

ア アルデバラン　　イ リゲル　　ウ プロキオン　　エ シリウス

問２　ベテルギウスは赤く、［Ｘ］は青白く輝（かがや）く星として有名です。これは星の表面温度と関係していますが、ベテルギウスと［Ｘ］と太陽の表面温度を低い方から並べたものとして正しいものを選択肢の中からひとつ選び、記号で答えなさい。

ア　ベテルギウス→［Ｘ］→太陽　　イ　［Ｘ］→太陽→ベテルギウス
ウ　太陽→ベテルギウス→［Ｘ］　　エ　［Ｘ］→ベテルギウス→太陽
オ　ベテルギウス→太陽→［Ｘ］　　カ　太陽→［Ｘ］→ベテルギウス

問３　この日の月の形として正しいものを選択肢の中からひとつ選び、記号で答えなさい。

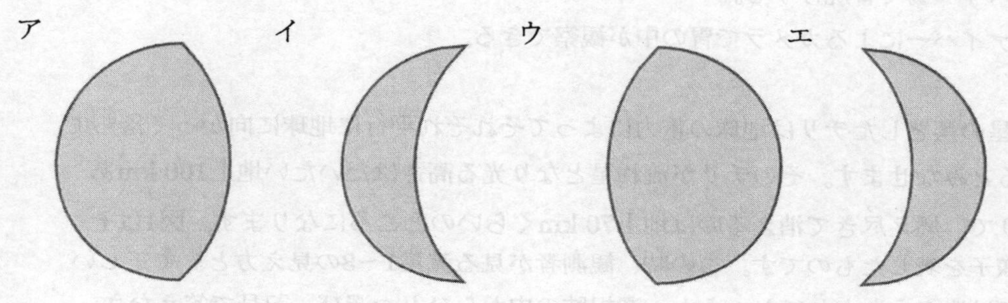

問４　三田さんは、雲が発生しないためにはどのような条件があればいいのかが気になったため、調べてみました。すると、以下のことが分かりました。

1. 雲は水滴（てき）や氷の粒（つぶ）が空気中に浮（う）いているものである。
2. 空気は温められると上昇（しょう）する。
3. 気温が下がると、空気が含（ふく）むことのできる水蒸気量が少なくなる。

この3つのことを使って、雲が発生しないための条件を説明した次の文章中の空欄にあてはまる組み合わせとして正しいものを選択肢の中からひとつ選び、記号で答えなさい。

空気の温度が［１］、空気の含む水蒸気量が［２］れば、雲ができにくい。

ア　［１］上がり　、［２］多け　　イ　［１］変わらず　、［２］多け
ウ　［１］下がり　、［２］多け　　エ　［１］上がり　、［２］少なけ
オ　［１］変わらず　、［２］少なけ　　カ　［１］下がり　、［２］少なけ

問５　下線部について、流星の電波観測というものがあります。ＦＭラジオの周波数を、普段(ふだん)は聞くことができない遠くの放送局に合わせておくと、時々放送が聞こえることがあります。これは、放送局の電波が流星で反射してラジオに届くからです。このように電波観測は電波の反射によって起こる現象を利用していますが、次の現象のうち電波や光（可視光）や紫外線(しがいせん)の反射とは異なる原理によって起こる現象はどれでしょうか。選択肢の中からひとつ選び、記号で答えなさい。

ア　人工衛星が夜空に輝く。

イ　虫眼鏡でテレビの画面を観察すると、赤・青・緑の線が見える。

ウ　冬場スキー場で日焼けする。

エ　光ファイバーによるカメラで胃の中が観察できる。

問６　彗星の落としたチリは地球の重力によってそれぞれ平行に地球に向かって落ちてくるとみなせます。そのチリが流れ星となり光る高さはだいたい地上100 kmあたりで、燃え尽(つ)きて消えるのは地上70 kmぐらいのところになります。図1はその様子を表したものです。この時、観測者が見る流星1～3の見え方として正しいものは次のうちどれでしょうか。選択肢の中からひとつ選び、記号で答えなさい。

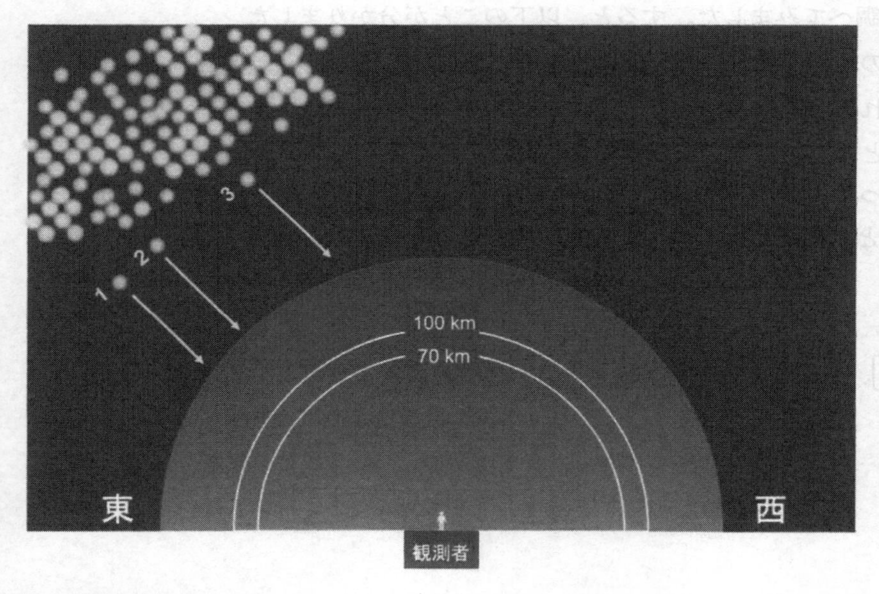

図１ 流星の見え方

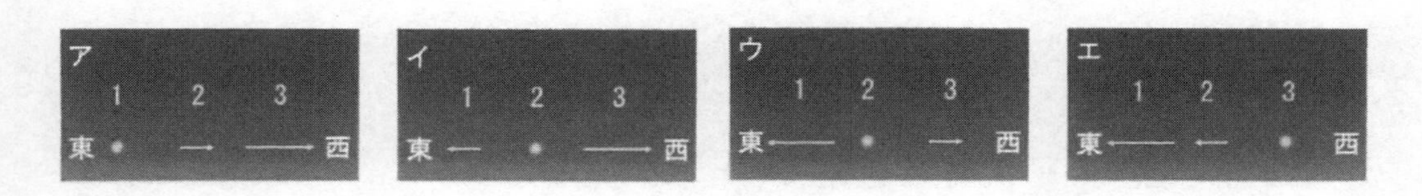

3 次の文章を読み、あとの各問いに答えなさい。

私たちの住む地球上では、何かと何かが一緒(いっしょ)に存在すればほぼ必ず結びつくという化学反応がある。例えば金属の鉄を空気中にそのまま置いておくと、酸素と結びついて酸化鉄（赤さび）ができる。同じように他の金属を空気中に置いておくと、金属の酸化物ができることが多い。アルミニウムは鉄よりも反応性が高いため、空気中に置いておくと速やかに酸素と結びつき、酸化アルミニウムができる。しかしアルミニウムでできている１円玉やアルミホイルが酸化鉄のようにボロボロになったところを見たことはおそらく無いだろう。これは表面にじょうぶな酸化アルミニウムの膜(まく)ができて内部のアルミニウムを保護しているからである。

問１　鉄と酸化鉄（赤さび）の性質の違(ちが)いについて、正しく書かれているものを**ふたつ**選び、記号で答えなさい。

ア　鉄は磁石につく性質があるが、酸化鉄には無い。
イ　鉄は磁石につかないが、酸化鉄は磁石につく。
ウ　鉄は水に溶(と)けやすいが、酸化鉄は水に溶けにくい。
エ　鉄は水に溶けにくいが、酸化鉄は水に溶けやすい。
オ　鉄には電流が流れやすいが、酸化鉄には流れにくい。
カ　鉄には電流が流れにくいが、酸化鉄には流れやすい。

問２　アルミニウムと酸素が結びついてできた酸化アルミニウムの中には、ルビーやサファイアといった宝石として用いられているものがあります。しかし、１円玉やアルミホイルが酸素と結びついても宝石のようなものが生じることは滅多(めった)にありません。その理由は以下の図１の関係と同じであると考えられています。図１の空欄(くうらん)にあてはまる言葉を使って、その理由を説明しなさい。

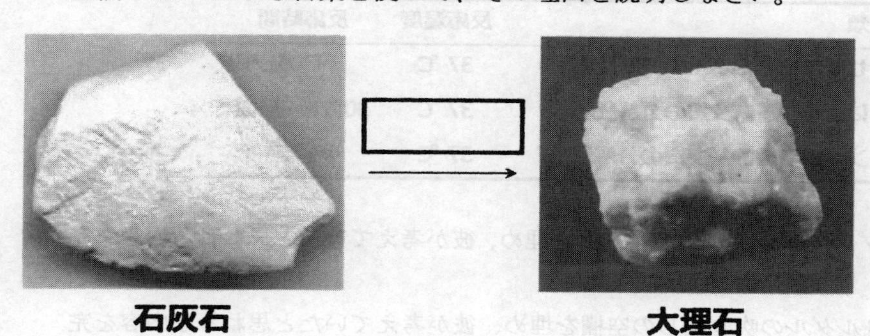

図１　石灰石と大理石の関係

石灰石の写真:
By James St. John - https://www.flickr.com/photos/jsjgeology/16610898008/

問３　2022年のノーベル化学賞は、鉄を空気中にそのまま置いておくと酸化鉄となるような、必ず同じことが起こる化学反応を人工的に開発した功績により、キャロライン・ベルトッツィ、モーテン・P・メルダル、バリー・シャープレスの３氏に与(あた)えられました。彼(かれ)らが開発した化学反応は特殊(とくしゅ)な形をもつ物質どうしを使って、あたかもシートベルトのバックルのように「カチッ」とはまる化学反応だったので、「クリック・ケミストリー」とよばれています。この反応は現在、生物の体内の様子を見えるようにしたり、薬を探したりする実験などに役立てられています。しかしこの反応自体は1961年（約60年前）、ロルフ・ヒュスゲンによってすでに発見されていたものでした。なぜこの化学反応は2002年、シャープレスが注目するまで使用されていなかったのでしょうか。以下にロルフ・ヒュスゲンが当時発表した化学反応を簡単にして図２に示します。また、生物の体内で起こる代表的な化学反応を表１にまとめました。以上を参考に、この反応を昔の論文から見出したシャープレスと、その後のメルダル、ベルトッツィが言っていたと思われるセリフを使って考察してみましょう。

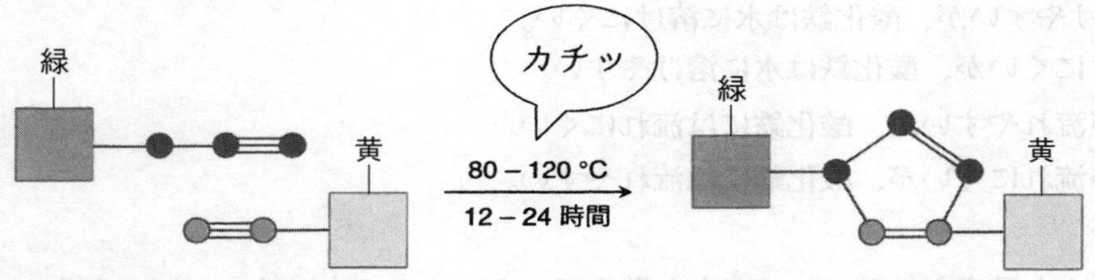

図２　ロルフ・ヒュスゲンが1961年に発表した化学反応の模式図

三つならんだ紺(こん)色の玉と、二つならんだオレンジ色の玉が選択的に五角形をつくり、緑色と黄色の物質がつながる。

表１ 生物の身体(からだ)の中で起こる代表的な化学反応の温度と時間

反応の種類	反応温度	反応時間
アミラーゼによるでんぷんの分解反応	37 ℃	約30分
ペプシンによるタンパク質の分解反応	37 ℃	30分 – 2時間
トリプシンによるタンパク質の分解反応	37 ℃	4時間 –

(1)　バリー・シャープレスの吹(ふ)き出しの空欄(くうらん)を埋め、彼が考えていたと思われる内容を完成させなさい。

(2)　モーテン・P・メルダルの吹き出しの空欄を埋め、彼が考えていたと思われる内容を完成させなさい。

(3)　３氏の考えをもとに、生物の体内の様子を調べる実験を行うときに利用できるクリックケミストリーの条件を**４つ**答えなさい。

ヒュスゲンさんが見つけてくれたこの化学反応，
他にいろいろなものが混ざっていても必ずこの2つだけで反応してくれるから，とっても良い化学反応なんだけどなぁ。これぞクリックケミストリーなんだけど，

(1)

バリー・シャープレス

シャープレスさんが困っていたところ，銅を使うことによって解決することができた！
これでいろいろなところにクリックケミストリーをつかうことができるよ！ただ，銅は

(2)

だから生物の身体の中に入れて反応させることができないんだ・・・。

モーテン・P・メルダル

メルダルさんが解決できなかったこと，私が解決させましたよ！ オレンジ色の粒の並びをちょっとゆがませることで，銅が無くても化学反応が起きるようにできたの。これで生物の身体の中でもクリックケミストリーを起こせるようになったわ！

キャロライン・ベルトッツィ

【出典】
・クリックケミストリーの概念と応用（化学と工業, 2007 年）
・Baskin, J. M. *et al. Proc National Acad Sci* **104**, 16793–16797 (2007)
・The Nobel Prize in Chemistry (nobelprize.org)

4 次の文章を読み、あとの各問いに答えなさい。

私たちは<u>雨が降る</u>と傘をさす。人類が傘を使い始めたのは約 4000 年前と言われている。古代エジプト、ペルシャなどの彫刻画や壁画に残っている。当時の傘は開きっぱなしのものであり、現在の形状の傘が発明されたのは 18 世紀のイギリスであった。この傘は日よけ用のものであったという。1958 年には浅草の傘メーカー「ホワイトローズ」がビニール傘を発明した。いまでは日本以外の国でも使われている。

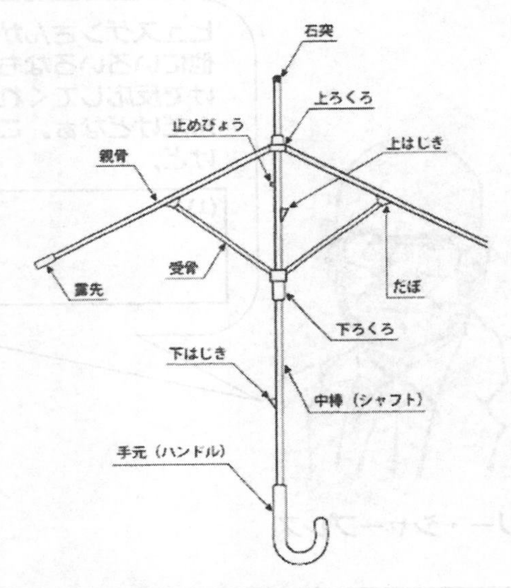

図１　傘の部品の名称

日常的に私たちが使っている傘は、洋傘とよばれるものであり、金属やプラスチックでできた骨と中棒（取っ手がついている軸）、布やビニールでできた傘布からできている（図 1）。

問１　下線部の雨が降る理由を選択肢からひとつ選び、記号で答えなさい。

ア　高気圧の中心に向かって風が吹き、水蒸気が上昇気流で持ち上げられるため
イ　高気圧から外側に風が吹き、上空の水蒸気が下降気流で落とされるため
ウ　低気圧の中心に向かって風が吹き、水蒸気が上昇気流で持ち上げられるため
エ　低気圧から外側に風が吹き、上空の水蒸気が下降気流で落とされるため

問２　傘の骨は６本か８本であることが多いです。傘を開いたとき、それぞれの傘の骨は傘布に沿って曲がることで傘を支えています。図２で示したのは傘を広げた図と上から見た図です。図２の傘布の青く示した部分を切り取り、平らなところに置いたとき、どんな形になるでしょうか。図にかいて示しなさい。

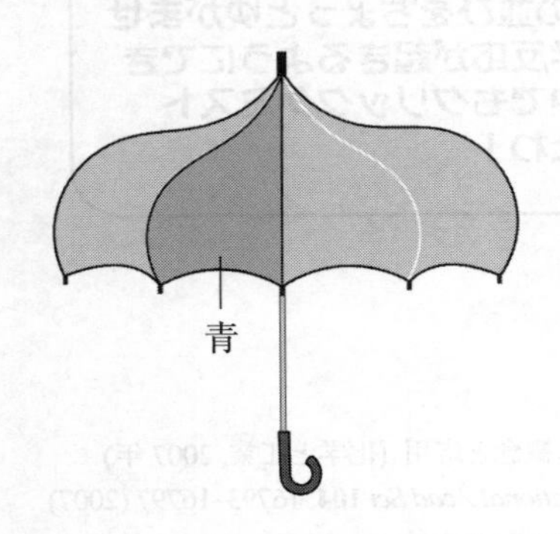

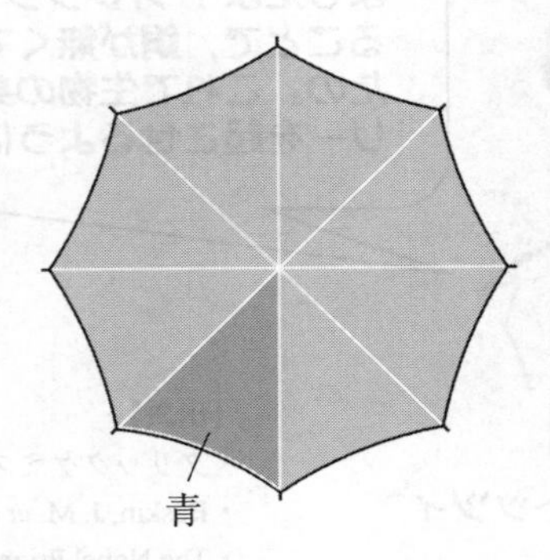

図２　傘を広げたところと、上から見たところ

問３　傘はその誕生から大きく進歩していないといわれています。近年では、持ち運びに便利な折りたたみ傘をはじめとして、逆さに開き濡れた面が内側になる傘、強い風に強い傘、石突が伸びてカバーになる傘、先端にゴム素材がついて立てかけやすい傘、傘布に強い撥水性（水をはじく力が強い）があるものなど、様々な工夫を凝らした傘が商品化されています。このことは、傘が不便だと感じている人の多さを表したものなのではないでしょうか。

あなたが普段傘を使っている中で、不便だと感じる点をひとつあげて、その欠点を克服する傘を考えなさい。わかりやすく絵と文章であなたの考える新しい傘を示しなさい。そのとき、上に示した傘の例にないものであること、デザイン性ではなく、機能的に不便であることを解決するものであるようにすること。

2023年度
三田国際学園中学校　▶解説と解答

算　数　＜MST試験＞（60分）＜満点：100点＞

解　答

1 (1) $1\frac{1}{12}$　(2) 16　(3) 2.4cm　(4) 1 cm　(5) 20行目　(6) 38通り　2 (1) (ア) 6回　(イ) 21回　(2) 171　3 (1) 1　(2) 2　(3) 6　4 (1) 72cm^3　(2) 解説の図2を参照のこと。　(3) 2 cm　5 (1) 5056　(2) 99回目　(3) 5248

解　説

1 四則計算，整数の性質，構成，数列，場合の数

(1) $2\frac{1}{3}-1.75\div\left\{3-\left(1.6-\frac{1}{4}\right)\div4\frac{1}{2}\times\frac{16}{3}\right\}=\frac{7}{3}-1\frac{3}{4}\div\left\{3-\left(\frac{8}{5}-\frac{1}{4}\right)\div\frac{9}{2}\times\frac{16}{3}\right\}=\frac{7}{3}-\frac{7}{4}\div\left\{3-\left(\frac{32}{20}-\frac{5}{20}\right)\div\frac{9}{2}\times\frac{16}{3}\right\}=\frac{7}{3}-\frac{7}{4}\div\left(3-\frac{27}{20}\times\frac{2}{9}\times\frac{16}{3}\right)=\frac{7}{3}-\frac{7}{4}\div\left(3-\frac{8}{5}\right)=\frac{7}{3}-\frac{7}{4}\div\left(\frac{15}{5}-\frac{8}{5}\right)=\frac{7}{3}-\frac{7}{4}\div\frac{7}{5}=\frac{7}{3}-\frac{7}{4}\times\frac{5}{7}=\frac{7}{3}-\frac{5}{4}=\frac{28}{12}-\frac{15}{12}=\frac{13}{12}=1\frac{1}{12}$

(2) 221をnで割ったときの商と余りをmとすると，$221=n\times m+m=(n+1)\times m$と表すことができる。また，221を2つの整数の積で表すと，1×221，13×17となるから，考えられるnとmの組は右上の図1のようになる。ここで，割り算の余りは割る数よりも小さいので，$n>m$となる。よって，最も小さいnの値は16とわかる。

図1

$n+1$	1	221	13	17
m	221	1	17	13
n	／	220	12	16

図2

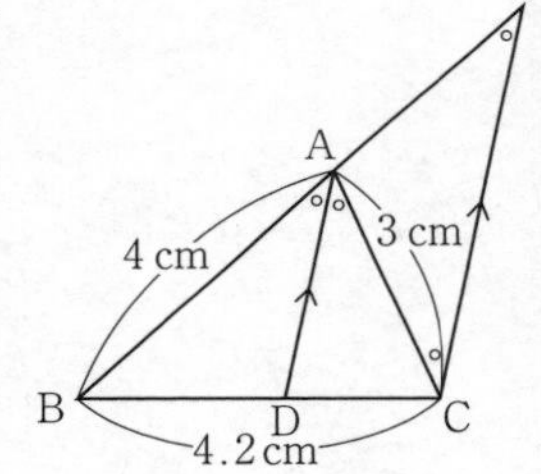

(3) 右上の図2で，ADとCEは平行だから，○印をつけた角の大きさはすべて等しい。すると，三角形ACEは二等辺三角形になるので，AEの長さは3cmとわかる。さらに，ADとCEは平行だから，BA：AE＝BD：DC＝4：3となる。よって，BDの長さは，$4.2\times\frac{4}{4+3}=2.4$(cm)と求められる。

(4) 直方体の切り口の向かいあう辺は平行になる。すると，DRとPQは平行なので，BQとCPの長さの差と，ARの長さは等しくなる。よって，ARの長さは，$4-3=1$(cm)と求められる。

(5) 1行目の7つの数の和は，$1+2+\cdots+7=(1+7)\times7\div2=28$である。また，1行増えるごとに7つの数がそれぞれ7ずつ大きくなるから，数の和は，$7\times7=49$ずつ大きくなる。よって，□行目の7つの数の和は，28＋49×(□－1)と表すことができる。これが959なので，28＋49×(□－1)＝959より，□＝(959－28)÷49＋1＝20(行目)と求められる。

(6) 交差点ごとにその地点まで行く最短経路の数を書きこんでいくと，右の図3のようになる。よって，A地点からB地点までは，全部で38通りとわかる。

図3

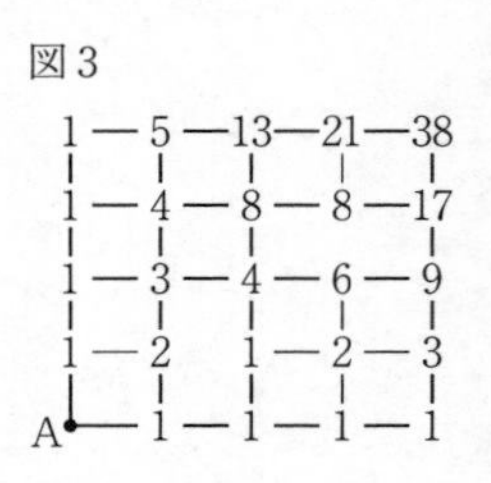

2 場合の数，条件の整理

(1) (ア) A君は自分以外の，7－1＝6(人)と1回ずつ対戦するから，A君が対戦する回数は6回となる。　(イ) 7人全員がA君と同様に6回ずつ対戦するので，7人が対戦する回数の合計は，6×7＝42(回)となる。ただし，この中には，「A君対B君」と「B君対A君」のように同じ対戦が2回ずつ含(ふく)まれているから，実際の対戦の数は，42÷2＝21(回)と求められる。なお，これは7人から異なる2人を選ぶ組み合わせの数と等しいので，$\frac{7\times6}{2\times1}$＝21(回)と求めることもできる。

(2) (1)の(イ)で求めた答えと(2)で述べられている方法で求めた□の値はどちらも21で一致(いっち)している。このことは次のように説明することができる。はじめに，7人をa組(3人)とb組(4人)に分けて，それぞれの人が自分の組以外の人と対戦する。これを1回戦とすると，1回戦の対戦の数は，3×4＝12(回)になる。次に，a組の3人をc組(1人)とd組(2人)に分けて，それぞれの人が自分の組以外の人と対戦する。同様に，b組の4人をe組(1人)とf組(3人)に分けて，それぞれの人が自分の組以外の人と対戦する。これを2回戦とすると，2回戦の対戦の数は，1×2＋1×3＝5(回)になる。この段階で，c組の1人とe組の1人は自分以外の6人との対戦を終えたことになる。さらに，d組，f組を2つの組に分けて対戦を続けると，3回戦は，1×1＋1×2＝3(回)，4回戦は，1×1＝1(回)となり，対戦の数は全部で，12＋5＋3＋1＝21(回)になる。このとき，7人全員が自分以外の6人との対戦を終えているから，(1)の(イ)で求めた答えとこの方法で求めた□の値は一致することになる。同様に考えると，どのように組を分けた場合でも，全員がどの人とも1回ずつ対戦する対戦の数と同じになる。よって，19の場合の□の値は，19人から異なる2人を選ぶ組み合わせの数と等しくなるので，$\frac{19\times18}{2\times1}$＝171と求められる。

3 素数の性質

(1) {2，3，5，7}には，どの2つの数の間にも1以外の公約数がないから，(各頂点)と(各辺)のMITA数は，それぞれ下の図1のようになる。図1で，(各頂点)と(各辺)には{2，3，5，7}がそれぞれ3回ずつ現れるから，これらの積は同じ値になる。よって，(各辺のMITA数の積)÷(各頂点のMITA数の積)＝1とわかる。

図1

(各頂点)	(各辺)
2×3×5	2×3
2×3×7	2×5
2×5×7	2×7
3×5×7	3×5
	3×7
	5×7

図2

(各頂点)	(各辺)
{2，3，4}→12＝2×2×3	{2，3}→6＝2×3
{2，3，5}→30＝2×3×5	{2，4}→4＝2×2
{2，4，5}→20＝2×2×5	{2，5}→10＝2×5
{3，4，5}→60＝2×2×3×5	{3，4}→12＝2×2×3
	{3，5}→15＝3×5
	{4，5}→20＝2×2×5

(2) 各面に書いてある数が{2，3，4，5}のときは，上の図2のようになる。図2で，3と5はどちらにも3回ずつ現れるが，2は(各頂点)には7回，(各辺)には8回現れるので，(各辺)の方が，8－7＝1(回)多く現れる。よって，(各辺のMITA数の積)÷(各頂点のMITA数の積)の値は

図3

(各頂点)	(各辺)
{3，3，5}→ 15＝3×5	{3，3}→3＝3
{3，3，7}→ 21＝3×7	{3，5}→15＝3×5
{3，5，7}→105＝3×5×7	{3，7}→21＝3×7
{3，5，7}→105＝3×5×7	{3，5}→15＝3×5
	{3，7}→21＝3×7
	{5，7}→35＝5×7

２とわかる。

(3)　各面に書いてある数を{3，5，7，□}とする。(1)，(2)より，（各辺のMITA数の積）÷（各頂点のMITA数の積）＝３となるのは，□が３の倍数のときと考えられる。各面に書いてある数が{3，3，5，7}の場合は上の図３，{3，5，6，7}の場合は下の図４のようになり，どちらの場合も３以外の数の個数は同じであり，３の数は（各辺）の方が１回多くなることがわかる。よって，どちらの場合も条件に合うから，□にあてはまる数として考えられる数のうち，小さい方から数えて２番目の数は６である。

図４

（各頂点）	（各辺）
{3，5，6}→ 30＝２×３×５	{3，5}→15＝３×５
{3，5，7}→105＝３×５×７	{3，6}→６＝２×３
{3，6，7}→ 42＝２×３×７	{3，7}→21＝３×７
{5，6，7}→210＝２×３×５×７	{5，6}→30＝２×３×５
	{5，7}→35＝５×７
	{6，7}→42＝２×３×７

４　立体図形―分割，体積，長さ

(1)　Ｂ，Ｃ，Ｐ，Ｑを頂点とする立体は，右の図１の三角すいB－CPQである。CPとCQの長さは，12÷２＝６(cm)だから，この三角すいの体積は，６×６÷２×12÷３＝72(cm^3)となる。

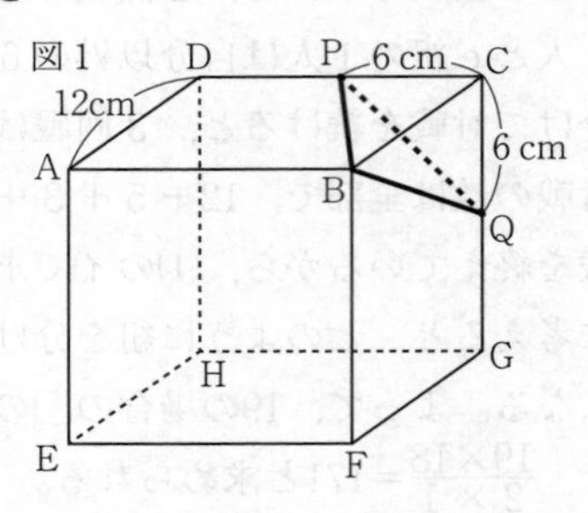

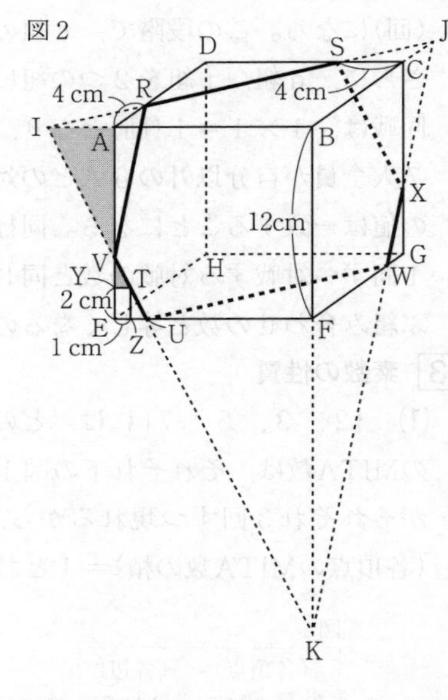

(2)　右の図２のように，はじめにＳとＲを結び，SRとBAを延長して交わる点をＩとする。また，RSとBCを延長して交わる点をＪとする。次にＩとＴを結び，ITとBFを延長して交わる点をＫとする。最後にＪとＫを結ぶ。すると，切り口は六角形SRVUWXになる。

(3)　ARとCSの長さは，$12\times\frac{1}{1+2}=4$(cm)である。三角形DRSは直角二等辺三角形なので，三角形ARIも直角二等辺三角形であり，AIの長さは４cmとわかる。また，三角形AIVと三角形YTVは相似であり，相似比は，AI：YT＝４：１だから，AV：YV＝４：１となる。さらに，AYの長さは，12－２＝10(cm)なので，YVの長さは，$10\times\frac{1}{4+1}=2$(cm)と求められる。すると，三角形YTVと三角形ZUTは合同になるから，EUの長さは，１＋１＝２(cm)とわかる。

５　条件の整理

(1)　１から100までの整数の和は，１＋２＋…＋100＝（１＋100）×100÷２＝5050である。また，１回の操作をするごとに，書かれている数の個数は１個ずつ減り，書かれている数の和は２ずつ増える。よって，３回の操作をすると，和は，２×３＝６増えるから，97個の数の和は，5050＋６＝5056になる。

(2)　１回の操作をするごとに書かれている数の個数が１個ずつ減るので，100－１＝99(個)減るのは99回目の操作を終えたときである。

(3) 99回の操作をすると書かれている数の和は，2×99＝198増えるので，99回目の操作をした後に書かれている数の和は，5050＋198＝5248になる。また，このときに書かれている数は1個だけだから，その数は5248である。

理科 <MST試験>（60分）<満点：100点>

解答

1 **問1** ウ　**問2** ウ　**問3** イ　**問4** イ，エ　**2** **問1** イ　**問2** オ　**問3** ア　**問4** オ　**問5** イ　**問6** イ　**3** **問1** ア，オ　**問2**（例）1円玉やアルミホイルが酸素と結びついても，ふつう地上の温度や圧力では変成することがないから。**問3** (1)（例）生物の身体の中で起こる代表的な化学反応と比べて，この反応を起こすには温度が高すぎ，時間も長くかかりすぎる。(2)（例）生物にとって有害だ。(3)（例）クリックケミストリーの反応が生物の身体の中の活動を変えないこと。／生物が生活している温度で反応が起きること。／生物の身体の中で起こる代表的な化学反応と比べて反応の時間が長すぎないこと。／生物にとって有害な物質を使わないこと。　**4** **問1** ウ　**問2** 右の図①　**問3**（例）**不便だと感じる点**…傘を立てかけて置けない場合にたおれてしまう点。／石突の部分が開いて，傘を立てられるようにする。（図は右の図②）

図①

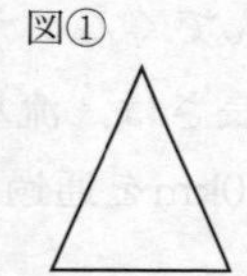

図②

解説

1 海藻(かいそう)の受精についての問題

問1 サツマイモのいもは根がでんぷんをたくわえてふくらんだものである。また，ふつうニンジンでは根がふくらんだ部分を食用とする。ジャガイモのいもは地下で枝分かれしてのびたくきの先がふくらんででき，これが食用となる。

問2 アブラナやレンゲソウは虫，ツバキは鳥，スギは風がそれぞれ花粉を運ぶ。

問3 アサクサノリ，アオノリ，ヒジキは海藻のなかまであるが，ミズバショウは湿原(しつげん)に白い花をさかせるサトイモ科の多年草である。

問4 はじめの実験ではメスの海藻の造果器の形成が増加したが，オスとメスの海藻が同じ水槽に入っているので，イドテア自体は精子を運んでいないが，存在していることで受精がさかんになったとも考えることができる。そこで，イの，精子が自力でメスの海藻にたどり着けない状況(じょうきょう)下で実験を行い，メスの海藻の造果器の形成が確認できれば，イドテアが精子を運んでいると考えることができる。また，イドテアの存在がメスの海藻の造果器の形成に影響(えいきょう)をおよぼしている可能性もあるので，エの，精子が付着していないイドテアを用いた実験を行い，その結果がはじめの実験と異なれば，その可能性を否定できる。

2 天体の観測についての問題

問1 南中時のオリオン座を見ると，左上に赤い1等星ベテルギウス，右下に青白い1等星リゲルがある。なお，アルデバランはおうし座の1等星，プロキオンはこいぬ座の1等星，シリウスはおおいぬ座の1等星である。

問２　星の色はその表面温度によって決まっていて，表面温度の低い方から順に，赤色→黄色→白色→青白色に見える。ベテルギウスは赤色，リゲルは青白色，太陽は黄色なので，オが適する。

問３　満月の月の出は18時頃，下弦の月の月の出は０時(24時)頃である。この日の月は，月の出がその間なので，アのように満月から右側が少し欠けた形と考えられる。

問４　気温について考えると，下がった場合は，空気が含むことのできる水蒸気量が少なくなり，含み切れなくなった水蒸気が水滴や氷の粒に変わって，雲が発生しやすくなる。一方で，上がった場合は，上昇気流が発生して雲が発生しやすくなる。よって，気温は上がりも下がりもしない方が，雲ができにくい。また，雲をつくるもととなる空気中の水蒸気量は少ない方が，雲ができにくい。

問５　アは，人工衛星が太陽光を反射するからである。イについて，テレビの画面はそれ自体が発光している。赤・青・緑の３色の発光具合を調節することで，あらゆる色をつくり出している。ウは，積もった雪が太陽光を反射するために起こる。エについて，光ファイバーは，ひも状のガラス(または透明なプラスチック)の中を光が反射しながら進むしくみになっている。

問６　図１で，流星２の矢印を延長した先に観測者がいる。よって，流星２は観測者に向かってまっすぐ進んでくるように見えるので，光のすじは見えず，光の点となって見える。また，流星の光のすじの長さは，流星が地上100km～70kmを通過する長さとなる。図１に流星１と流星３の地上100km～70kmを通過する線をかきこむと，流星３の方が長いことがわかる。以上のことからイが適する。

3　クリックケミストリーについての問題

問１　鉄は磁石につくが，酸化鉄(赤さび)は磁石につかない。また，鉄には電流が流れやすいが，酸化鉄には流れにくい。

問２　大理石は，石灰岩がマグマの熱によって変成(岩石のつくりが変化すること)してできた岩石である。よって，図１の空欄には「変成」が入る。地下深くにある酸化アルミニウムがマグマの熱でとかされ，それが冷えるときに酸化アルミニウムに別の物質が混入しながら再結晶化する(変成する)と，ルビーやサファイアができることがある。変成には高温や高圧が必要となるため，地上ではふつう酸化アルミニウムが変成して宝石となることはない。

問３　(1)　図２より，ヒュスゲンが見つけた化学反応は，80～120℃の温度で反応し，時間も12～24時間かかることがわかる。これは表１にある，生物の身体の中で起こる代表的な化学反応と比べ，温度が高すぎ，時間もかかっている。よって，このままでは生物の身体の中で使うことはできない。　(2)　メルダルは，ヒュスゲンが見つけた化学反応を，銅を触媒(それ自体は変化しないまま，反応をうながすはたらきをすること)に使うことで，生物に適した温度や時間で起こすことができることを発見した。しかし，銅は生物にとって有害なので，生物の身体の中でこの反応を使うには至らなかった。これを解決したのがベルトッツィで，銅を使わなくても室温ですみやかな反応を進められるように工夫した。　(3)　生物の身体の中の様子を調べる実験を行うには，その生物に影響をおよぼすことがないようにしなければならない。また，生物の身体の中という環境で反応が進む必要がある。このようなことを念頭に置いて考える。

4　傘についての問題

問１　雨を降らせる雲は，水蒸気を多く含む空気が上昇することで発生する。低気圧は，気圧が周囲に比べて低いから，周囲から中心に向かって反時計回りに風が吹きこみ，中心では上昇気流が起こっている。そのため，低気圧があるところでは雲が発生して，雨が降りやすい。

問２　傘布は，長細い三角形の布を円形に並べ，それらを縫い合わせてできていることが多い。よって，傘の骨が６本であれば，長細い三角形の布は６枚使われていて，並べると正六角形となり，傘の骨が８本の場合は正八角形になる。

問３　傘を使用する中で不便に感じたことをあげ，その解決策を考えて書くとよい。

Memo

MITA International School

2022年度　三田国際学園中学校

〔電　話〕　(03) 3707－5676
〔所在地〕　〒158－0097　東京都世田谷区用賀２－16－１
〔交　通〕　東急田園都市線「用賀駅」より徒歩５分

※この試験はインターナショナルサイエンスクラス・インターナショナルクラス受験生対象です。

【算　数】〈第１回試験〉（50分）〈満点：100点〉

〔受験上の注意〕１．線や円をかく問題は，定規やコンパスは用いずに手書きで記入してください。
２．円周率は3.14として解答してください。

1 次の□にあてはまる数を答えなさい。

(1) $1.5\times\left(2.3-\frac{3}{20}\right)-\left(2.75\div0.6-\frac{15}{4}\right)+\left(\frac{7}{20}+1.7\right)\times0.5=$ □

(2) ２つの整数ＡとＢは，和が289，差が61です。ＡがＢよりも大きいとき，Ａは□です。

(3) 次の図で印のついた角度の和は□度です。

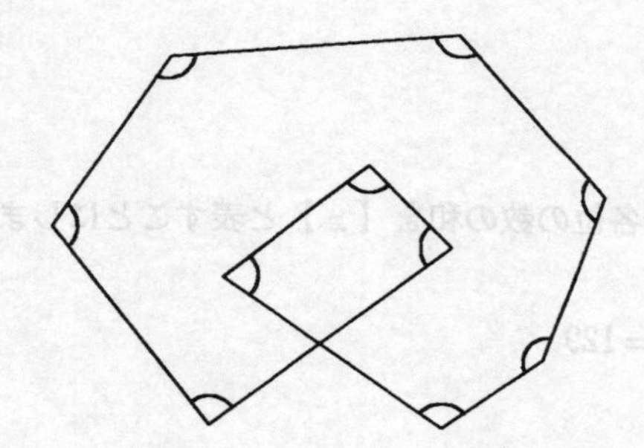

(4) ある本を読むのに，１日目は全体の$\frac{3}{7}$より10ページ多く読み，２日目は70ページ読み，３日目は残りの$\frac{1}{3}$より15ページ多く読むと，65ページ残ります。この本は全部で□ページです。

(5)　５色の絵の具をすべて使って，立方体の各面をぬります。ただし，どの面も１色のみでぬり，となり合う面は異なる色でぬります。回転させて同じ配色になるぬり方は１通りと考えるとき，ぬり方は全部で［　　］通りあります。

(6)　下の図のような１辺が１cmの正方形を組み合わせてできた図形を直線 l を軸として１回転させてできる立体の体積は［　　］cm^3 です。

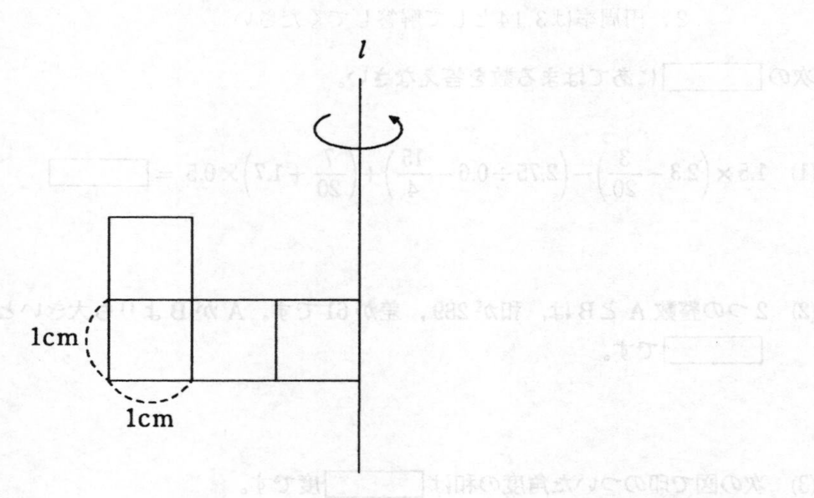

2　整数 x に対して，x 自身と x の各位の数の和を【x】と表すことにします。
例えば，

【123】＝123＋1＋2＋3＝129

です。

(1)　【2022】を求めなさい。

(2)　【【456】÷3】を求めなさい。

(3)　【A】＋1＝2022となる数Aは2014以外にもう１つあります。
その数を求めなさい。

3

(1)　次の図１の辺上の黒点は，それぞれの辺を４等分しています。斜線部分の面積の和を a cm^2，白い部分の面積の和を b cm^2 とするとき，比 a ： b を最も簡単な整数の比で表しなさい。

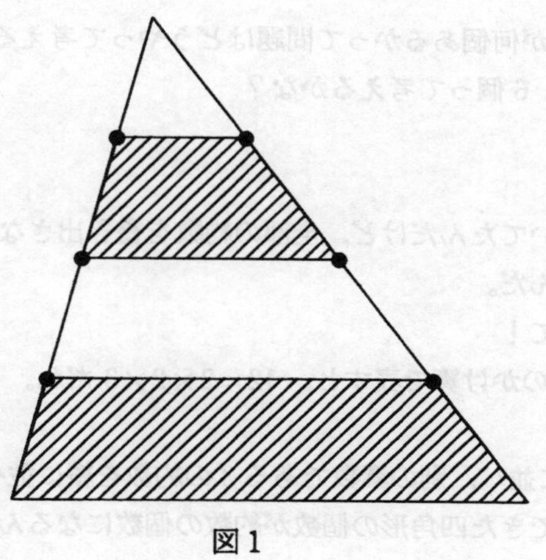

図１

(2)　次の図２と図３は１辺の長さが４cm の正方形で，辺上の黒点はそれぞれの辺を４等分しています。斜線部分の面積を A cm^2，かげをつけた部分の面積の和を B cm^2 とします。

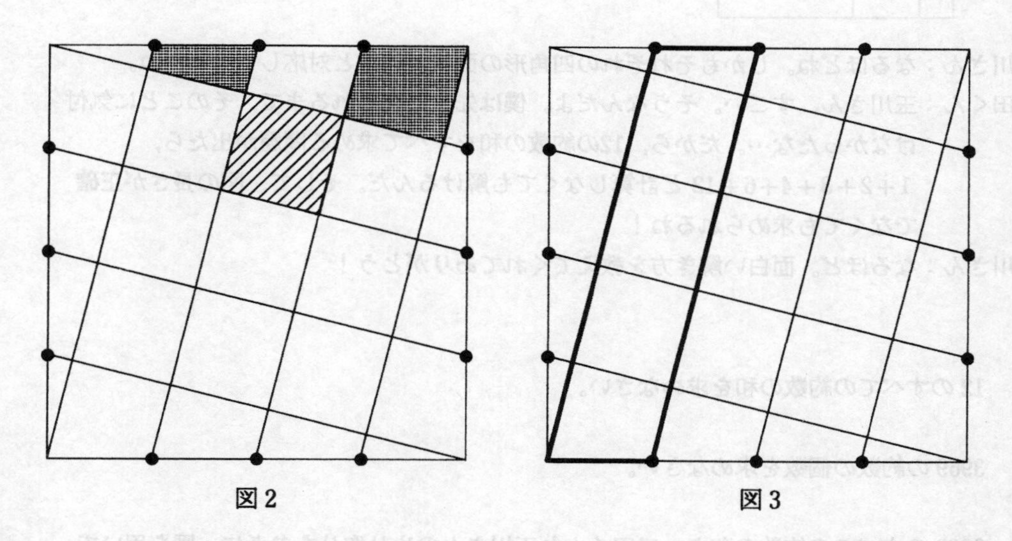

図２　　　　図３

(ア)　図２の正方形全体の面積を
「9×A＋□×B」 cm^2
と表すとき，□にあてはまる数を答えなさい。

(イ)　図３の太線で囲まれた四角形の面積を
「3×A＋△×B」 cm^2
の形で表せます。A の値を求めなさい。

4 三田くんと玉川さんが，約数について話をしています。

三田くん：ねぇ玉川さん，整数の約数について，先生から面白い話を聞いたんだ。
玉川さん：どんな話？
三田くん：例えば，12の約数が何個あるかって問題はどうやって考える？
玉川さん：こうやって書いて，6個って考えるかな？

12（1　2　3
　　12　6　4

三田くん：僕もそうやって解いてたんだけど，全部の約数を書き出さなくても分かる方法を教えてもらったんだ。
玉川さん：どうやるの？教えて！
三田くん：まずは，12を素数のかけ算で表すと，$12=2\times2\times3$ だね。
玉川さん：それで？
三田くん：2×2 の約数を横に並べ，別の素数である3の約数を縦に並べて長方形を区切ると，区切られてできた四角形の個数が約数の個数になるんだよ。

	1	2	4
1			
3			

玉川さん：なるほどね。しかもそれぞれの四角形の面積が約数と対応してるんだね。
三田くん：玉川さん，すごい。そうなんだよ。僕は先生に言われるまで，そのことに気付けなかったな…。だから，12の約数の和をすべて求める問題が出たら，$1+2+3+4+6+12$ と計算しなくても解けるんだ。そして，図の長さが正確でなくても求められるね！
玉川さん：なるほど。面白い解き方を教えてくれてありがとう！

(1)　12のすべての約数の和を求めなさい。

(2)　3969の約数の個数を求めなさい。

(3)　3969のすべての約数の和を，三田くんと玉川さんのやり取りを参考に，図を用いて求めなさい。どのように考えたかも合わせて答えなさい。

5 図のように，正三角形をしきつめる形にマッチ棒を並べていきます。図は，４段目まで完成させたものです。

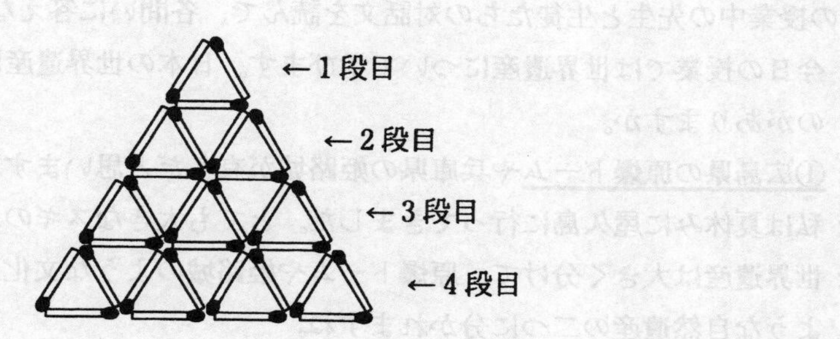

４段目まで完成させると，一番下の段である４段目には正三角形が７個でき，正三角形は全部で16個になります。また，そのときに必要なマッチ棒の本数は全部で30本です。次の表は，次の①～③の数を４段目までまとめたものです。

① 一番下の段にできる正三角形の個数
② 最も小さい正三角形の個数
③ 必要なマッチ棒の本数

段の数	1	2	3	4	…
①	1	3	5	7	…
②	1	4	9	16	…
③	3	9	18	30	…

(1) 段の数が10のときの①を求めなさい。

(2) 段の数がxのときの，①，②，③を，それぞれxの式で表しなさい。

(3) 2022本のマッチ棒を並べるとき，何段目までが完成していますか。どのように考えたかも合わせて答えなさい。

【社　会】〈第１回試験〉（理科と合わせて50分）〈満点：50点〉
〈編集部注：実物の入試問題では，写真・グラフはすべて，図も大半は色つきです。〉

1　以下の授業中の先生と生徒たちの対話文を読んで、各問いに答えなさい。

先生　：今日の授業では世界遺産について学びます。日本の世界遺産にはどのようなものがありますか。

ヒサシ：①広島県の原爆ドームや兵庫県の姫路城が有名だと思います。

ジュン：私は夏休みに屋久島に行ってきました。とても大きなスギの木がありました。

先生　：世界遺産は大きく分けて、原爆ドームや姫路城のような文化遺産と、屋久島のような自然遺産の二つに分かれますね。

タケシ：昨年もどこか新しく登録されたんじゃなかったっけ。

先生　：2021年には、②「北海道・北東北の縄文遺跡群」と「奄美(あまみ)大島、徳之島(とくのしま)、沖縄島北部及び西表島」の二つが新たに世界遺産に登録されました。

ジュン：私が行った屋久島と奄美大島は同じ鹿児島県の島ですが、屋久島だけ先に登録されたんですか。

先生　：たしかに、屋久島も奄美大島も自然遺産です。同じ鹿児島県の島だけど、奄美大島より南は琉球(りゅうきゅう)文化圏(けん)と呼ばれていて、昔は琉球王国の一部だったんだ。

タケシ：面白いですね。琉球王国ってことは、昔は外国だったってことですよね。焼失しちゃったけど、首里城も琉球王国の文化遺産ってことだよね。

ヒサシ：そういえば、③北海道に住む先住民族の文化も世界遺産に登録されていたと思います。

先生　：日本は少数民族の数が少なく、東京で暮らす私たちが日常生活で意識することはあまりありませんが、その地域の人々にとっては大切な文化が存在します。

ジュン：世界遺産という形で文化や自然が受け継(つ)がれているのですね。世界の国々はどうなのかな。

先生　：では世界に目を向けてみましょう。これらの世界遺産があるのはどこの国かな。

（ア）

（イ）

ヒサシ：(ア)の場所はいかにもヨーロッパのような街並みですね。
タケシ：(イ)の大きな建物は山の上に建てられているけど、ヨーロッパではなさそう。
先生　：(ア)と(イ)はどちらも中国の世界遺産の写真なのですよ。
ジュン：ということは、中国の世界遺産も他の民族が関わっているのでしょうか。
先生　：はい。(ア)はポルトガル領だったマカオ、(イ)はチベット仏教の聖地のラサと呼ばれる場所です。④それでは、みなさんも世界遺産について調べてみましょう。

問１　下線部①に関連して、原爆ドームのある広島市の市街地は河川によってつくられた地形に立地している。その地形の名称（めいしょう）（Ａ）と同じ地形に立地している都市（Ｂ）、その地形の地域で想定される災害(Ｃ)の最も適切な組み合わせを選択肢（せんたくし）の中から選び、記号で答えなさい。

	（地形）	（都市）	（災害）
ア．	Ａ－三角州	Ｂ－甲府市	Ｃ－土砂くずれ
イ．	Ａ－三角州	Ｂ－志摩市	Ｃ－津波
ウ．	Ａ－リアス海岸	Ｂ－大阪市	Ｃ－液状化
エ．	Ａ－扇状地	Ｂ－甲府市	Ｃ－土砂くずれ
オ．	Ａ－三角州	Ｂ－大阪市	Ｃ－液状化
カ．	Ａ－扇状地	Ｂ－大阪市	Ｃ－土砂くずれ
キ．	Ａ－リアス海岸	Ｂ－志摩市	Ｃ－津波
ク．	Ａ－扇状地	Ｂ－志摩市	Ｃ－津波

問２　下線部②に関連して、以下の３つの図から問いに答えなさい。

（Ａ）現在の三内丸山遺跡周辺の地図

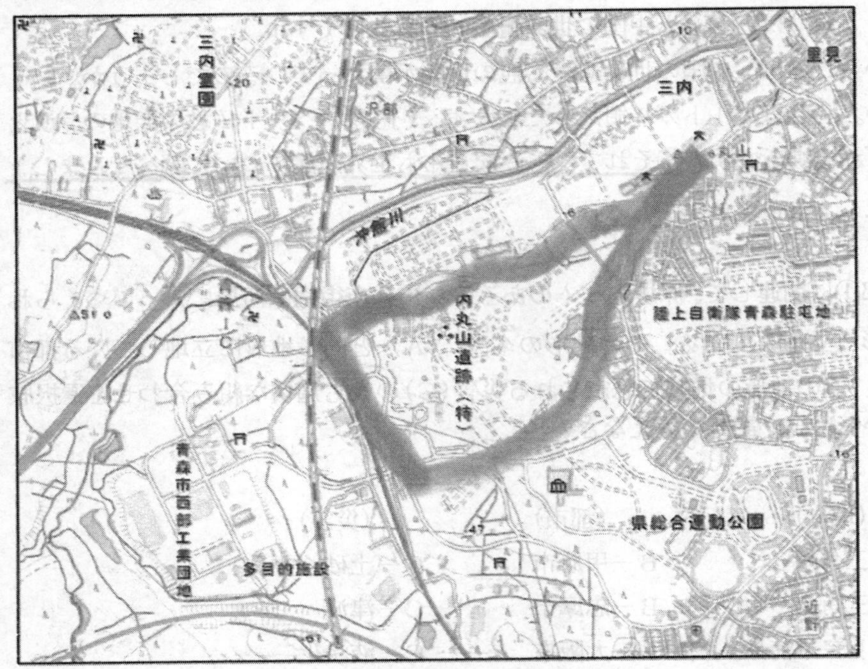

出典：「地理院地図」より作成

（Ｂ）当時の三内丸山遺跡の様子がわかる地図（区域はＡ図の太線内の地域とほぼ一致）

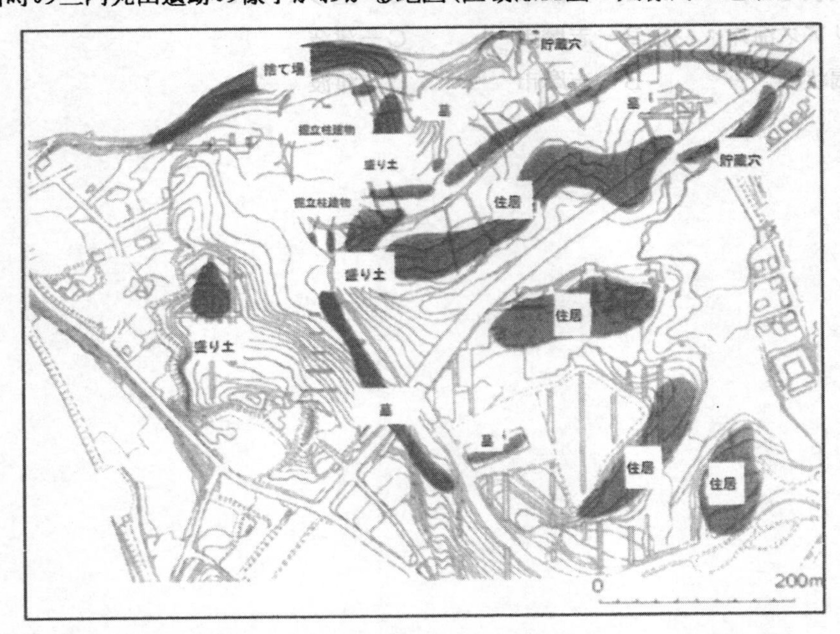

出典：「特別史跡　三内丸山遺跡」　公式サイトより作成

（C）縄文時代当時の海岸線をあらわした地図

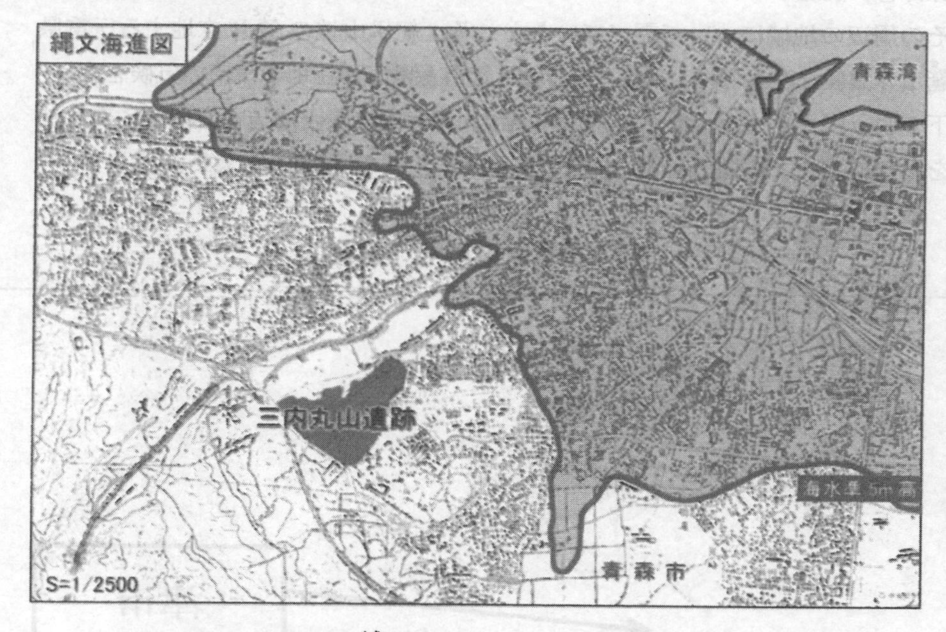

出典：「全国・遺跡旧蹟案内 青森三内丸山遺跡の旅」サイトより

※縄文海進：約 7000 年前に海水面が上昇したこと。現在のこの地域は当時よりも 5m海水面が低いため、海岸線が海側に移動している。

問い「北海道・北東北の縄文遺跡群」として登録された三内丸山遺跡周辺の現在の地図（A）と当時の様子がわかる地図（B）、当時の海岸線をあらわした地図（C）である。これらの地図から読み取れることとして、正しいものを選択肢の中から選び、記号で答えなさい。なお地図の縮尺は異なっているので注意すること。

ア．現在、遺跡跡の南側の斜面には針葉樹林が分布し、神社や図書館も立地している。
イ．現在、遺跡跡の西側には JR の列車が南北に走り、路線が河川に交わっている。
ウ．縄文時代当時、「捨て場」となっていた場所は当時の海岸線沿いに立地していた。
エ．現在の陸上自衛隊青森駐屯地の場所は、縄文時代当時はすべてが海底であった。

問３　下線部③に関連して、2019 年 5 月に施行された、「古来より北海道に住んでいた民族を『先住民族』と明記し、それらの人々が民族としての誇りを持って生活することができ、その誇りが尊重される社会の実現」を目的とした法令をなんというか答えなさい。

問４　下線部④に関連して、ジュンさんは日本の世界遺産の「紀伊山地の霊場と参詣道」とその周辺の地域について調べていたところ、紀伊山地の麓に立地する三重県尾鷲市の気候に注目した。ジュンさんは尾鷲市と県庁所在地の津市の気候を比べ、以下のようにまとめた。２つの都市の気温・降水量の表と周辺を立体的に表した図を参考にして、空欄［Ａ］に当てはまる文章を**40字程度**で答えなさい。

津市と尾鷲市の位置

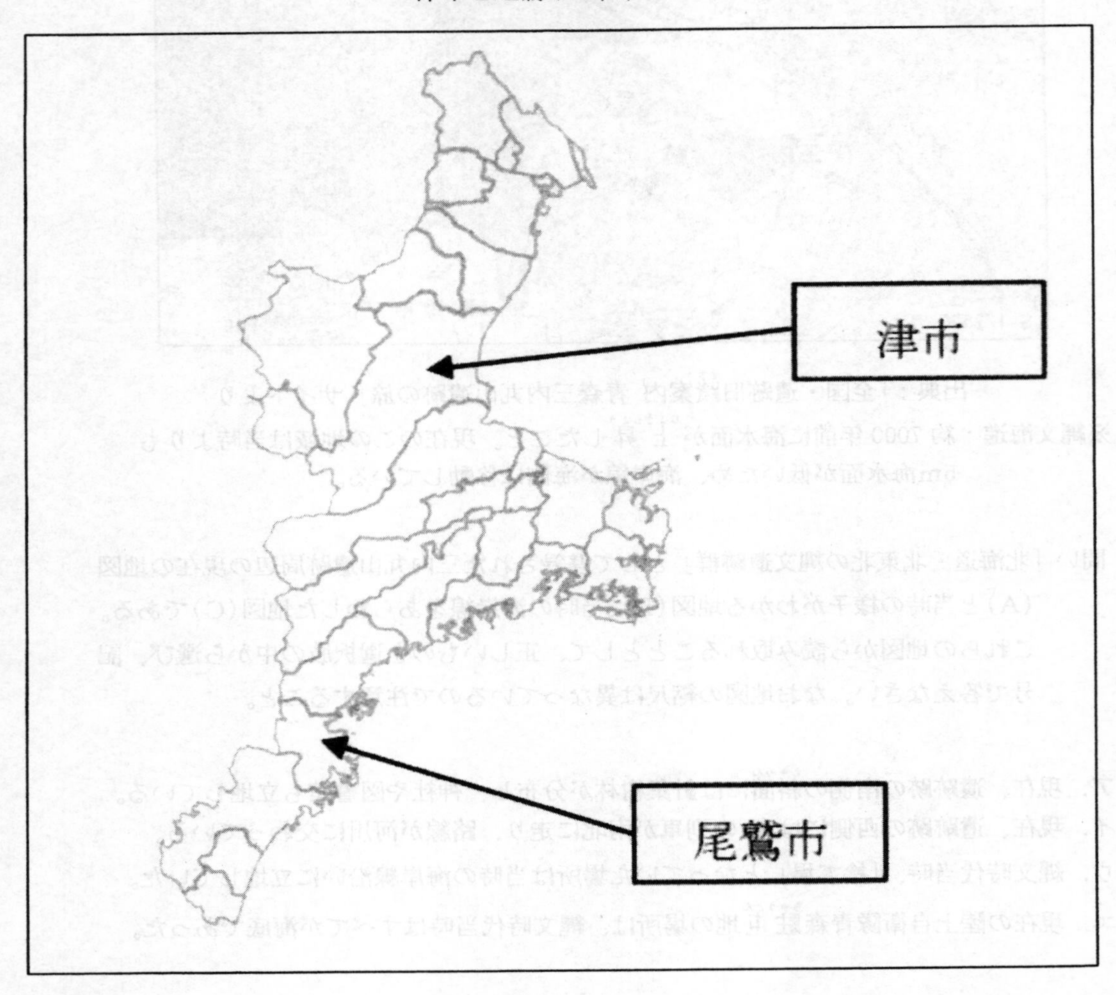

津市と尾鷲市の気温・降水量

津市　年平均気温：15.9 ℃　年降水量：1581.4 mm　統計期間：1981～2010年

	1月	2月	3月	4月	5月	6月	7月	8月	9月	10月	11月	12月
最高気温(℃)	9.2	9.7	12.9	18.4	22.6	26.0	30.0	31.2	27.7	22.2	16.9	11.9
平均気温(℃)	5.3	5.6	8.5	14.0	18.6	22.4	26.3	27.5	24.0	18.3	12.7	7.8
最低気温(℃)	1.9	2.0	4.7	9.9	14.9	19.3	23.4	24.4	21.0	14.8	9.0	4.2
降水量(mm)	43.9	59.0	109.9	127.9	177.1	200.4	180.3	137.0	273.1	150.7	83.5	38.5

出典：気象庁

尾鷲市　年平均気温：16.1 ℃　年降水量：3848.8 mm　統計期間：1981～2010年

	1月	2月	3月	4月	5月	6月	7月	8月	9月	10月	11月	12月
最高気温(℃)	11.3	12.0	14.9	19.4	22.8	25.5	29.2	30.4	27.7	23.0	18.5	13.9
平均気温(℃)	6.3	6.9	9.9	14.6	18.4	21.7	25.4	26.4	23.6	18.3	13.4	8.6
最低気温(℃)	1.6	2.1	4.9	9.8	14.1	18.4	22.4	23.1	20.3	14.3	8.8	3.8
降水量(mm)	100.7	118.8	253.1	289.4	371.8	405.7	397.2	468.2	691.9	395.7	249.8	106.5

出典：気象庁

津市周辺の立体図

出典：「地理院地図」より作成

尾鷲市周辺の立体図

出典：「地理院地図」より作成

ジュンさんの考察

【尾鷲市が津市に比べ、とくに夏季に降水量が多くなっている原因】

尾鷲市は［ A ］から津市に比べ降水量が多くなっていると考えられる。ただし９月に最も降水量が多くなるのは、台風の影響によるものだと考えられる。

問５　下線部④に関連して、ヒサシさんとタケシさんは海外の世界遺産について調べ、レポートにまとめるためにペアワークをしています。下の写真は２人が話し合っている遺産に関するものです。下の２人の対話の中の空欄に当てはまる組み合わせを選択肢の中から選び、番号で答えなさい。ただし、［ イ ］に関しては下のⅠ、Ⅱより選びなさい。

A

B

タケシ：世界遺産って ア によって登録されたらずっと世界遺産って呼ばれ続けるのかな。

ヒサシ：そういえば、2021年にどこかの世界遺産が ア によってリストから除外されたってニュースでやっていたよ。

タケシ：写真Ａの場所のイギリスのリバプールだね。その街のサッカークラブが好きだからそのニュース覚えてる。

ヒサシ：なんで世界遺産ではなくなっちゃったんだろう。

タケシ：なんでだろう。何か原因があるはずだし、 ア によって1994年から世界遺産に登録されている日本の「古都京都の文化財」と比べてみよう。

ヒサシ：写真Ｂのように、京都の街並みは、歴史的建造物以外もタイムスリップしたかのように、昔の街並みが残っているね。そういえば有名なチェーン店の看板もシンプルな色づかいになっていた気がする。

タケシ：それに比べて、リバプールは イ ことが指摘(してき)されて世界遺産リストから除外されたのかな。

ヒサシ：なるほど。日本も世界遺産を文化とともに大切にしていかないといけないね。

イ に該当する文

Ⅰ．周辺で計画されたウォーターフロントの再開発や高層ビル建設によって景観が損なわれた

Ⅱ．歴史的建造物の内部でのイベントの開催(かいさい)やライトアップによって建物の価値が損なわれた

選択肢

	①	②	③	④
ア	UNESCO	UNICEF	UNESCO	UNICEF
イ	Ⅰ	Ⅰ	Ⅱ	Ⅱ

2 以下の文章を読んで、各問いに答えなさい。

現在、世界中の人が住むほぼすべての場所で灯りがともされています。その灯りを灯すためのエネルギーも石油や石炭などの資源、またそれらの資源から生み出される電気など、さまざまになっています。

古代の日本の灯りは屋外では庭火やかがり火、さらに携帯用として松明が使われていました。庭火は地面に直接、薪を置いて燃やすもので最も古い灯りとされています。かがり火は①鉄製のかごを組んだ台の上に置いて薪を燃やすものです。どちらも松などの燃えやすい木材を燃やします。かがり火は現在でも神社の祭儀などで目にすることができ、火そのものが②宗教的な意味を持ち、尊ばれてきました。

松明は近代に至るまでの二千数百年間、唯一の携帯用灯火として用いられました。松明は細く割った松や竹杉の皮を束ねたものですが、油分の多い松を用いることが多かったため、「松明」の文字が当てられたようです。

灯りをともすのに油が使われるようになったのは、奈良時代からのようで、おもに椿などの果実油が使われていました。平安時代から室町時代になると、植物油の使用が増加しましたが、まだまだ庶民が使える灯りではありませんでした。江戸時代に入ると③菜種油の製造も始まり、植物油の使用は一般庶民の間にも普及し、これに伴ってさまざまな灯火道具が考案されました。一方で植物油は臭いも煤も少なく良質なものでしたが、庶民にとっては高価なものだったようです。

世界的に電灯が普及し始めたのは、1879年にエジソンが手軽に電気で光る白熱電球を開発したことがきっかけでした。日本でも、1882年に東京・銀座に灯された日本初の電灯（アーク灯）には、連日大勢の人が見物に訪れたようです。

その後、戦争の時代が約50年間あり、④軍需によって好景気が続き、工場動力の電化が進みます。東京中心部の家庭には電灯が完全普及し、ラジオ放送が始まり、百貨店も開店しました。

しかし、この間の関東大震災や戦争のなかで、電力は国家に管理され、太平洋戦争に突入した後には「ぜいたくは敵だ」の声のもとに電力消費規制が行われました。

戦後、日本国憲法の公布とともに生まれた新しい日本は、⑤豊かな生活を求めて目ざましい経済成長を遂げ、家庭には次々と電化製品が普及し、部屋の隅々を照らす蛍光灯が発展の象徴とされました。2000年代になると新たな発明により、蛍光灯より⑥消費電力が少なく、かつ長寿命のため、長期間ランプ交換が不要という利点のある照明が実用化され、急速に普及しました。

問１　下線部①に関連して、古代からかがり火に使う鉄製のかごなどが使われていましたが、この鉄が日本に流入した頃の記述として正しいものを選択肢の中から選び、記号で答えなさい。

ア．人々の多くは竪穴住居に住んでいたが、地面に穴を掘って、そこに柱を立てる掘立柱の建物も見られるようになった。住居内にはかまどが作られ、粟を主食に一日二食の生活をしていた。人々は一定の税を納めさせられ、貧しい生活をしていた。

イ．人々は、狩りをしながら移動生活を繰り返してきた。その後、半定住生活、竪穴住居での定住生活と変化し、中央広場を囲むような集落を作っていった。厚手の土器を作り、ドングリや木の実などのアク抜きをして食べていた。

ウ．人々は、水田を耕し土器を作り、多くの場合は竪穴住居に住み、倉庫として掘立柱の建物や貯蔵穴を作った。食事は米を炊いて食べていた。集落は居住する場所と墓とがはっきりと区別されるように作られ、居住域の周囲にはしばしば環濠が作られていた。

エ．人々は、6歳になると男女に田が与えられたことから、田畑に近い所に集まり、竪穴住居を建てて村を作った。食事は玄米に塩、わかめの汁などを食べていた。村には米をたくわえる高床倉庫などもあり、身分の高い人は色とりどりの服装をしていた。

問２　下線部②に関連して、仏教の宗派の名称と人物、関係の深い場所のある県の組み合わせとして正しいものを選択肢の中から選び、記号で答えなさい。

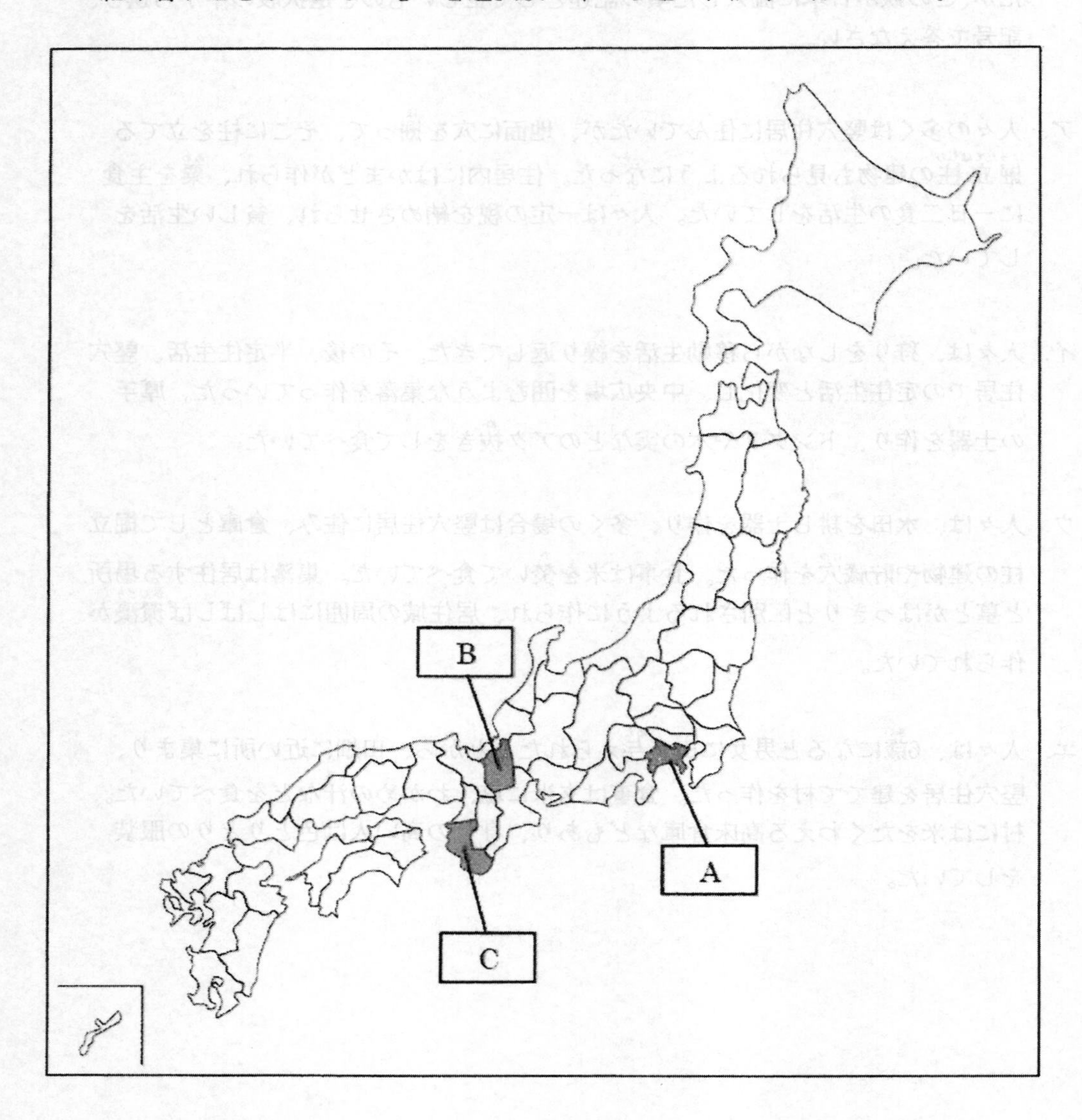

	宗派の名称		人物		県
ア．	天台宗	―	一遍	―	C
イ．	真言宗	―	空海	―	A
ウ．	時宗	―	最澄	―	B
エ．	天台宗	―	最澄	―	B
オ．	真言宗	―	一遍	―	A
カ．	時宗	―	空海	―	C

問３　下線部③のような商品は、図①の「カルテル」とよばれる商品価格や販売量、販売地域などの協定を結ぶしくみと似たしくみで販売をしていました。図①を参考にし、江戸時代にあった商品販売のしくみを示す図②中のＡ～Ｄに入る適当な言葉の組み合わせとして正しいものを選択肢の中から選び、記号で答えなさい。

図①　現代

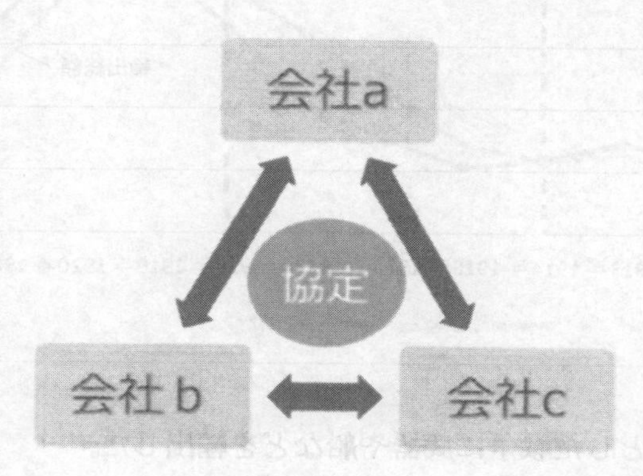

図②

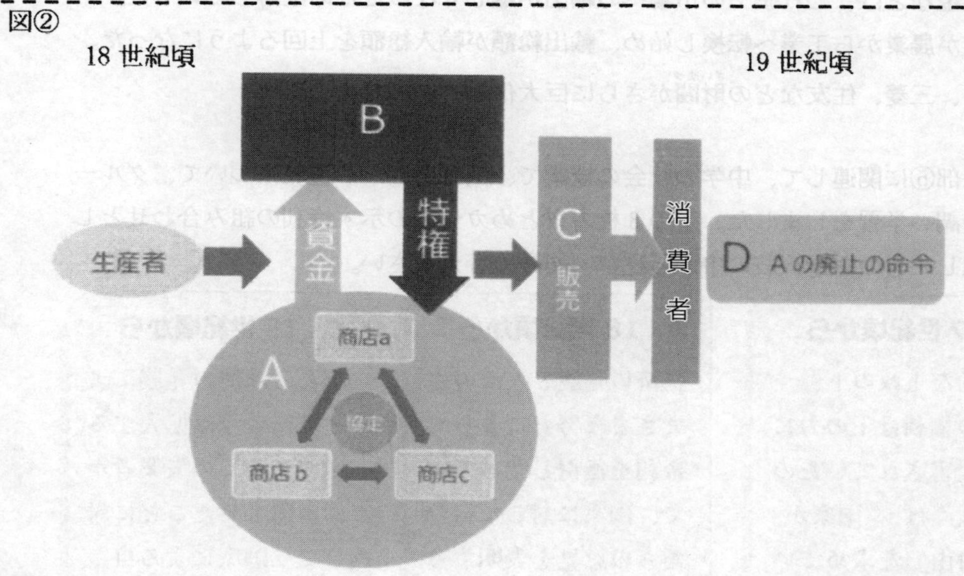

選択肢

ア.	A－座	B－公家・寺社	C－受注	D－天保の改革
イ.	A－座	B－公家・寺社	C－独占	D－楽市楽座
ウ.	A－座	B－幕府・藩	C－直接	D－享保の改革
エ.	A－株仲間	B－幕府・藩	C－受注	D－享保の改革
オ.	A－株仲間	B－幕府・藩	C－独占	D－天保の改革
カ.	A－株仲間	B－公家・寺社	C－直接	D－楽市楽座

問４　下線部④に関連して、次のグラフ中のＡ～Ｂの間の変化についての説明としてもっともふさわしくないものを選択肢の中から選び、記号で答えなさい。

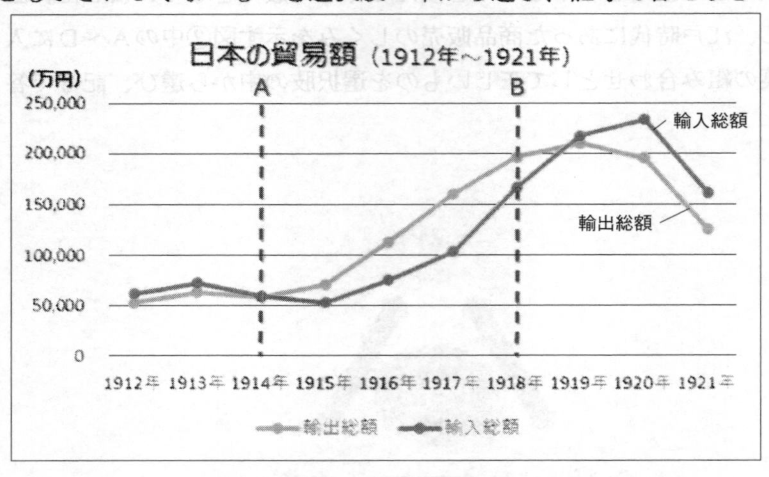

ア．ヨーロッパを主戦場とした戦争に武器や船などを輸出した。

イ．船成金などは、これまでの市場への輸出が難しくなったため没落していった。

ウ．産業が農業から工業へ転換し始め、輸出総額が輸入総額を上回るようになった。

エ．三井、三菱、住友などの財閥（ざいばつ）がさらに巨大化していった。

問５　下線部⑤に関連して、中学の社会の授業で、国家と人々の権利について、グループで調べ学習をしました。下の３枚のまとめカードの示す権利の組み合わせとして正しいものを選択肢の中から選び、記号で答えなさい。

Ａ　17世紀頃から
絶対的な王政の下、人々の権利は王の力により侵害されていたので、人々は、「国家からの自由」を求めていた。

Ｂ　18世紀頃から
経済の発展と人々のさまざまな努力によって権利を獲得し始める中で、国家に対して自分たちの意見を表明する「国家への自由」を求めた。

Ｃ　19世紀頃から
更なる経済の発展により貧富の差が拡大する中で、多くの失業者が産み出されたことに対して「国家による自由」を求めた。

ア．　Ａ－自由権　　Ｂ－平等権　　Ｃ－社会権
イ．　Ａ－平等権　　Ｂ－参政権　　Ｃ－新しい権利
ウ．　Ａ－自由権　　Ｂ－参政権　　Ｃ－社会権
エ．　Ａ－平等権　　Ｂ－社会権　　Ｃ－参政権

問６　下線部⑥に関連して、下のグラフを参考に、普及した照明器具の名称を挙げ、それが普及した理由を**40字程度**で述べなさい。

《日本の電力供給量の推移》

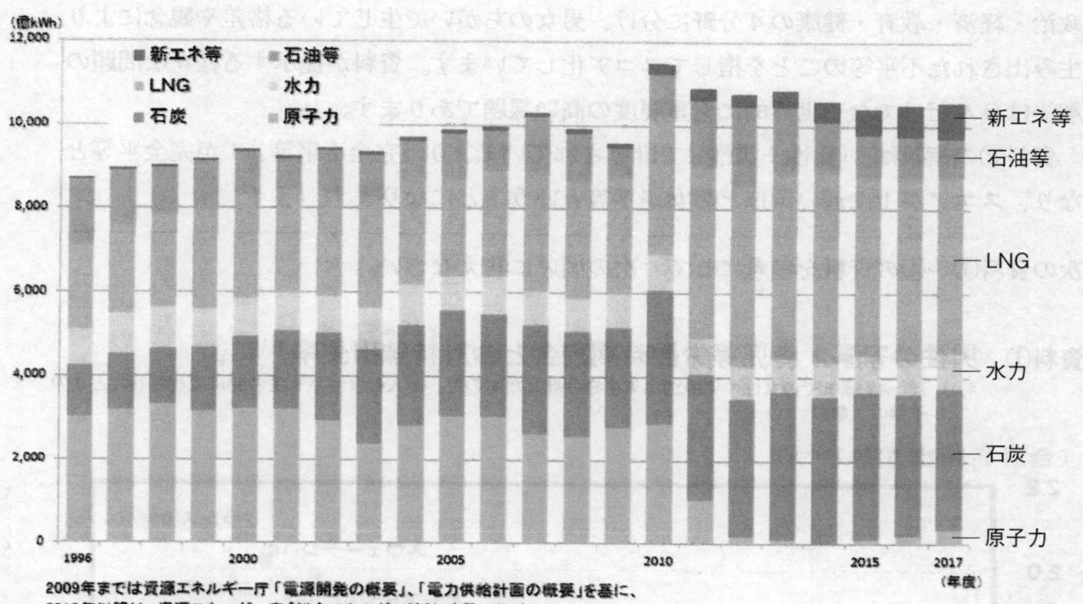

3 国連が定めた持続可能な開発目標（SDGs）のうちのひとつに「ジェンダー平等を実現しよう」があります。すべての女性が最大限に能力を発揮できる社会をつくること、性別にかかわらず平等に機会が与えられる社会をつくることが目的です。

世界経済フォーラムによるジェンダーギャップレポートでは、14の指標（小項目）を政治・経済・教育・健康の４分野に分け、男女のちがいで生じている格差や観念により生み出された不平等のことを指してスコア化しています。資料が提示する様々な問題の解決は日本だけでなく世界的にも重要度の高い課題であります。

資料②の指数は、「女性÷男性」で計算されていて、０が完全不平等、１が完全平等となり、スコアが１に近い国ほど男女が平等ということになります。

次の資料①～④の資料を参考にして、次の問いに答えなさい。

資料①　**男性の家事・育児等労働時間割合と合計特殊（とくしゅ）出生率＊1**

＊1）15～49歳までの女性の年齢別出生率を合計したもので、一人の女性が一生の間に産むとしたときの子供の人数。

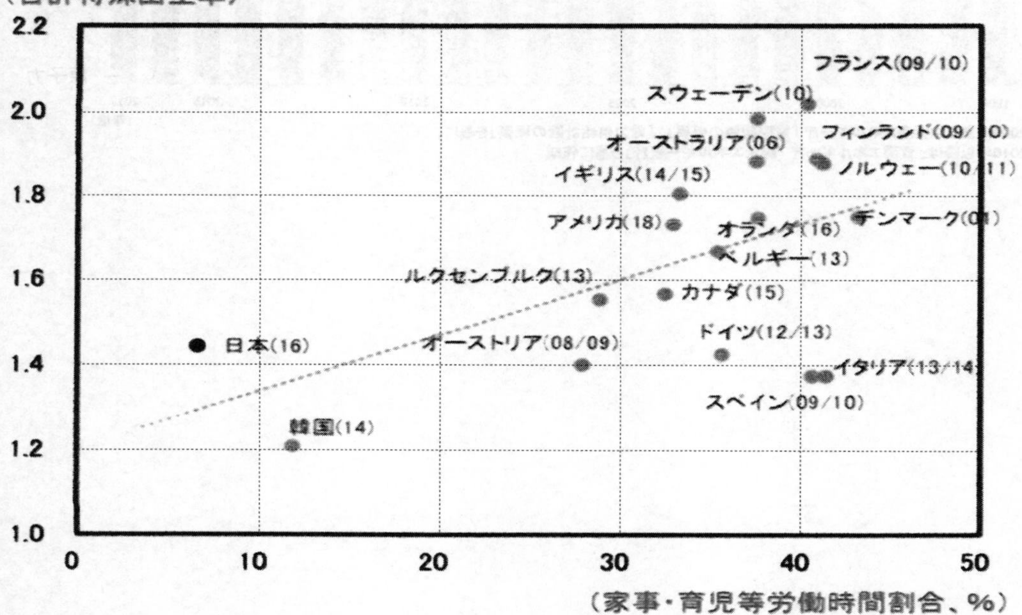

〔OECDFamily datebace、2020年４月内閣府資料より〕

資料② ジェンダーギャップ指数（総合）と合計特殊出生率との関係

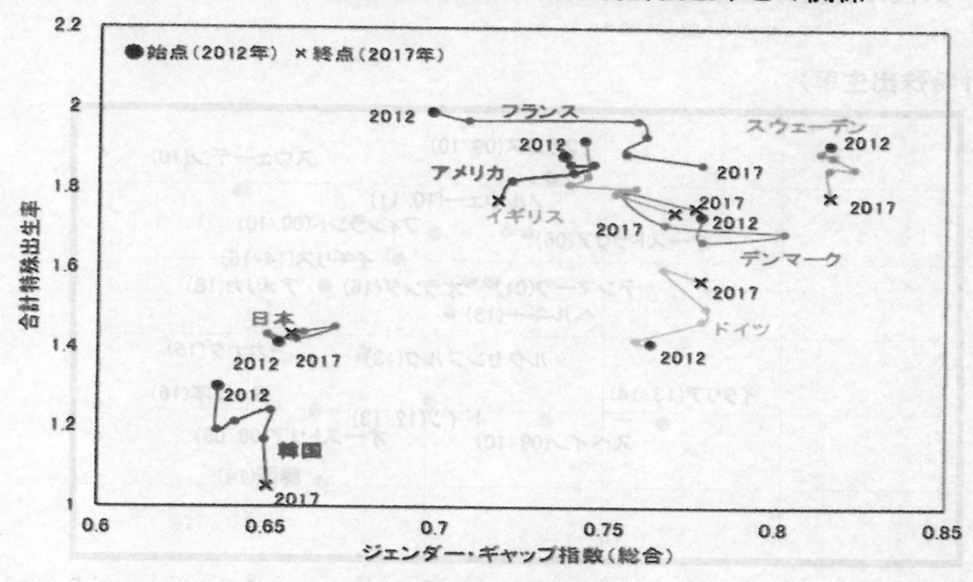

〔OECDFamily datebace、2020年４月内閣府資料より〕

資料③ 男性の有償（ゆうしょう）労働*2時間と合計特殊出生率との関係

＊2）対価を得ることができる労働

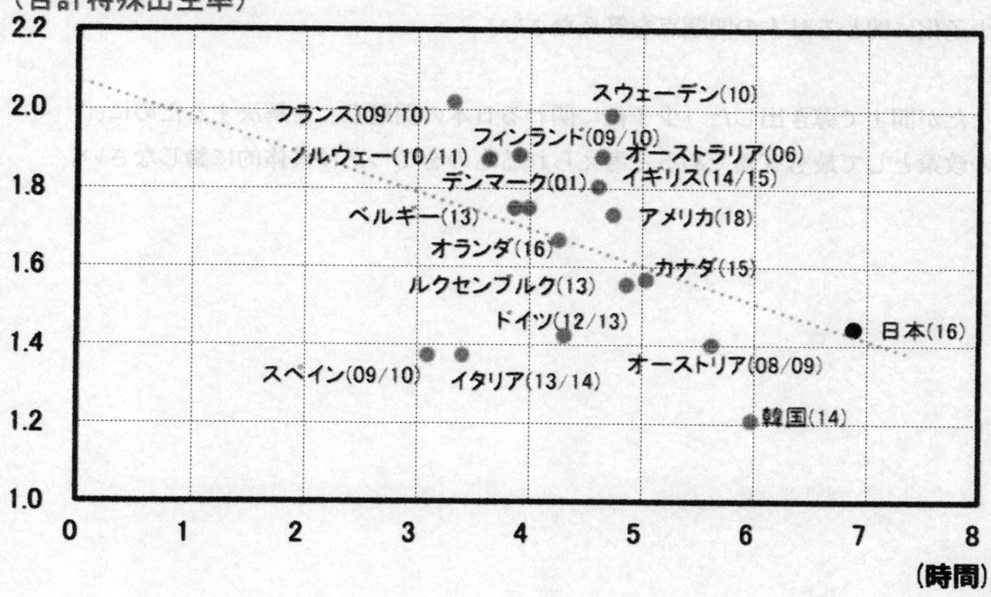

〔OECDFamily datebace、2020年４月内閣府資料より〕

資料④　女性の有償労働時間と合計特殊出生率との関係

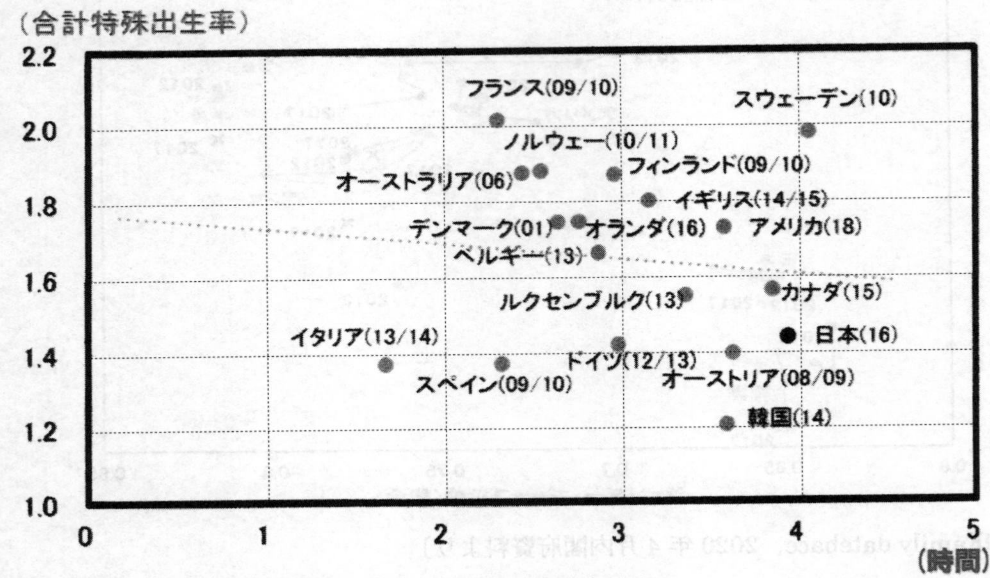

〔OECDFamily datebace、2020 年 4 月内閣府資料より〕

問１　資料①～④から、あなたが読み取れることを２つ示し、そこからあなたが導き出す少子化に関わる日本の問題点を答えなさい。

問２　あなたが問１で導き出した「少子化に関わる日本の問題点」を解決するために、国の政策として最も有効であると考えられるものを１つあげ具体的に論じなさい。

【理　科】〈第１回試験〉（社会と合わせて50分）〈満点：50点〉

〈編集部注：実物の入試問題では，写真や図表は一部を除いて色つきです。〉

1　次の文章を読み、あとの各問いに答えなさい。

背骨を持たない動物のうち、外骨格と関節を持つものを節足動物という。この節足動物には、エビやカニの仲間、クモやダニの仲間、ムカデの仲間、そして昆(こん)虫の仲間がいる。それぞれの仲間では体の節の数など共通する部分がある。昆虫の仲間のからだは頭、胸、腹の３つの部分に分かれる。昆虫の仲間は非常に多くの種類が確認されており、その a 食性（何を食べているかということ）も多様である。植物を食べる昆虫もいれば、昆虫などの動物を食べる昆虫もいる。昆虫が活動することにより、ほかの生物が成長できたり増えたりすることが可能となる。例えば、ミツバチなどが花に触(ふ)れ、花粉を運ぶことにより、その植物は b 受粉することができる。そして実を付け c 種子ができて、次の世代に命をつなぐことができるのである。

問１　下線部 a について、トンボと同じはたらきをする口の形とその説明を選択肢(たくし)の中からそれぞれひとつずつ選び、記号で答えなさい。

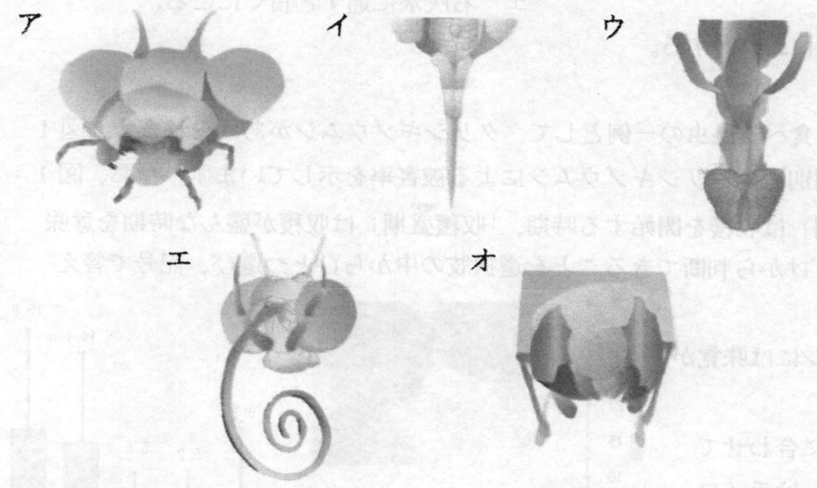

カ　木の幹の汁(しる)を吸うのに都合がよい。
キ　草をすり合わせて食べるのに都合がよい。
ク　えさをなめるのに都合がよい。
ケ　動物の体をかみ切るのに都合がよい。
コ　花の蜜(みつ)を吸うのに都合がよい。

問２　下線部 b について、あとの各問いに答えなさい。

(1) 花粉を運ぶ役目が昆虫ではない植物を選択肢の中から**すべて**選び、記号で答えなさい。

ア レンゲソウ　　イ マツ　　ウ ツバキ　　エ ツツジ　　オ セキショウモ

(2) 自家受粉を行う植物を選択肢の中からひとつ選び、記号で答えなさい。

ア トウモロコシ　イ エンドウ　ウ クロモ　エ サザンカ　オ レンゲソウ

問３ 下線部ｃについて、あとの各問いに答えなさい。

(1) 胚乳がない植物を選択肢の中からひとつ選び、記号で答えなさい。

ア イネ　イ カキ　ウ インゲンマメ　エ トウモロコシ　オ ムギ

(2) 胚乳がない植物の種子では、養分は、将来［ 1 ］になる部分にたくわえられる。空欄［ 1 ］にあてはまる語句を漢字で答えなさい。

問４ 植物は生育するために光合成を行っていますが、このときに必要な気体は何でしょうか。その気体の性質として正しいものを選択肢の中から**すべて**選び、記号で答えなさい。

ア 火を付けると音を立てて燃える。　イ 空気より重い。

ウ 水によく溶ける。　エ 石灰水に通すと白くにごる。

オ 鼻をつくようなにおいがする。

問５ 植物の種子を食べる昆虫の一例として、クリシギゾウムシがあげられます。図１は、クリの品種別でのクリシギゾウムシによる被害率を示しています。なお、図１中の「収穫始期」は収穫を開始する時期、「収穫盛期」は収穫が盛んな時期を意味します。図１だけから判断できることを選択肢の中からひとつ選び、記号で答えなさい。

ア クリシギゾウムシには味覚がない。

イ クリの収穫時期に合わせてクリシギゾウムシはライフサイクルを変えている。

ウ 収穫時期が早いクリの品種には、クリシギゾウムシに効く殺虫剤を使用する必要性は低い。

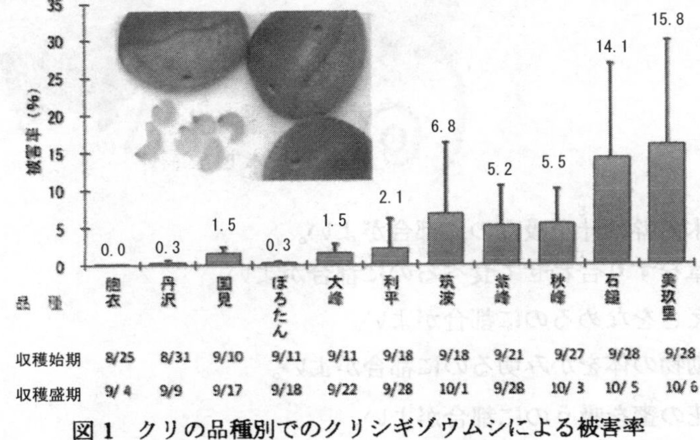

図１ クリの品種別でのクリシギゾウムシによる被害率

エ 胚乳の部分が多いほど、クリシギゾウムシの被害に遭いやすい。

【参考】神尾ほか（2020）岐阜県中山間農業研究所研究報告.クリのクリシギゾウムシに対する効果的な防除法.第15号：33〜40

2 次の文章を読み、あとの各問いに答えなさい。

電車に乗っていると「ガタンゴトン」という音が聞こえる。これは、線路のレールとレールのつなぎ目に隙間があるためである。固体は、液体や気体と同様にあたためると膨張し、冷やすと収縮する。そのため、金属でできたレールは夏と冬で長さが変化するのでレールとレールのつなぎ目の部分にあらかじめ隙間を空けて並べられている。１本のレールの長さが温度によってどのくらい変化するのかは、以下のように求めることができる。

金属でできた長さ１mの棒の温度を１℃上昇させたとき生じる長さの変化量を、その金属の「膨張率」とよぶ。「膨張率」は温度によらず一定であるとする。0℃のときの長さが１mの金属棒の温度を0℃から20℃に変化させるとき、以下の関係式が成り立つ。

(20℃のときの長さ) ＝ 1 ＋ 20 × (膨張率)　　[単位：m (メートル)]

「膨張率」の値は金属の種類によって異なる。アルミニウム、銅、鉄の「膨張率」の値を、表１にまとめた。例えば、銅と鉄を比べたとき、銅の方があたためるとよく伸びる。

表１　金属の膨張率

金属	膨張率
アルミニウム	0.000023
銅	0.000017
鉄	0.000012

問１　膨張に関する現象として**誤っているもの**を選択肢の中から選び、記号で答えなさい。

ア　つぶれたピンポン球をお湯で温めると、中の空気が膨張して元の丸い形に戻る。
イ　棒温度計は、ガラス管に封入した液体の膨張を利用して温度を測る。
ウ　ガラスのコップに熱湯を急に注ぐと割れてしまうことがあるのは、コップの内側が急激に温められて膨張するためである。
エ　氷が溶けて水になると、体積が膨張する。

問２　0℃のときに１mのアルミニウムの棒は、20℃のときに何mになりますか。

問３　ある線路のレールが、すべて鉄でできているとします。0℃のとき、レールの長さはすべて１mで、レールとレールの隙間が１mmでした。このレールがすべて20℃になったとき、隙間は何mmになるでしょうか。ただし、レールは均等に伸びたとします。

問４　膨張率の異なる金属を貼り合わせたものをバイメタルとよびます。バイメタルは、様々なところで利用されています。図１のように鉄（上面）と銅（下面）を貼り合わせたバイメタルについて、次の各問いに答えなさい。

図１　バイメタル

(1) 図１のバイメタルの温度を上げると曲がります。どの向きに曲がるでしょうか。正しい図を選択肢の中からひとつ選び、記号で答えなさい。

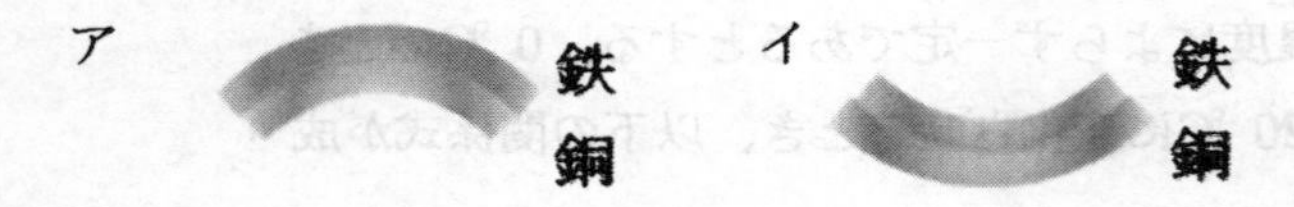

(2) 図１のバイメタルを、図２左のようにうずまき型にしました。これを高温にすると、図２右のように伸びる方向に変形したとします。この性質を利用して温度計を作るとき、正しい構造は次のうちどれでしょうか。選択肢の中からひとつ選び、記号で答えなさい。

図２　温度計に用いるバイメタル

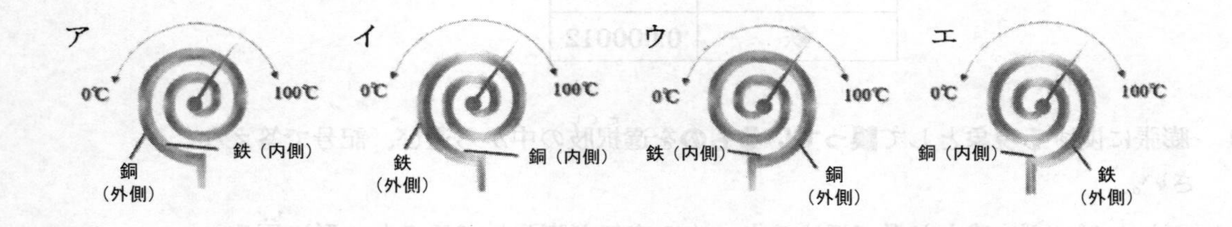

(3) バイメタルは、こたつやアイロンなどで温度調節のために利用されたり、炊飯器や卵ゆで器などで温度検出のために利用されたりしています[1]。他にも、クリスマスツリーなどに飾られるような、様々な色の光が点滅する電球であるイルミネーションランプにもバイメタルが使われています。以下の①、②の情報を使って、自動的に電球が点滅するバイメタルを用いた回路を答えなさい。その際、電球が点灯しているときと、消灯しているときの両方の図を作図すること。ただし、バイメタルに使用する金属は鉄と銅であるとし、まっすぐな鉄は白い長方形（▭）、まっすぐな銅は斜線で塗りつぶした長方形（▨）で表現しなさい。また、電源と電球は図３に示した回路図における記号を用いること。

① バイメタルに電気が流れると、バイメタルの温度は上がり、電気の流れが止まると温度が下がる。

② 使用するのは、「電源」「導線」「電球」「バイメタル」のみである。

(~)：電源

(×)：電球

図３　回路図における記号

[1] 日本GT「サーモスタットとは」 http://www.ngt.co.jp/technical/about_thermostat.html

3　次の文章を読み、あとの各問いに答えなさい。

凸レンズは空気とレンズとの境界面で光が［　1　］することを利用して、光を一点に集めて火をつけたり、拡大像を見たりすることのできる道具である。この性質を応用したのが望遠鏡や顕微鏡で、これらは２枚のレンズを組み合わせている。望遠鏡と顕微鏡はいずれも1600年頃に発明され、新たな天体や微生物の発見など、その後の科学の発展に重要な役割を果たしてきた。例えば、天文学者ガリレオは自作の望遠鏡を宇宙に向け、木星に衛星が存在することを発見した。そしてこれを地球が太陽の周りを回っているとする仮説、すなわち地動説を支持する証拠だと考えた。しかし当時、この考えはごく少数派であり、地球が宇宙の中心だとする天動説が広く信じられていた。

問１　空欄［　1　］にあてはまる語句を選択肢の中からひとつ選び、記号で答えなさい。

ア　直進　　イ　反射　　ウ　屈折　　エ　全反射　　オ　分散

問２　下線部について、ものが燃えるために必要な３つの条件のうち、凸レンズの効果によるものを選択肢の中からひとつ選び、記号で答えなさい。

ア　可燃物　　イ　酸素　　ウ　窒素　　エ　明るさ　　オ　熱　　カ　摩擦

問３　レンズを組み合わせた望遠鏡は大きく２種類に分けられます。凸レンズ２枚からなるケプラー式望遠鏡と、凸レンズと凹レンズ（真ん中がへこんでいるレンズ）からなるガリレオ式望遠鏡です（図１）。図２は肉眼で観察できる夜空の月をそのまま拡大したものだとします。望遠鏡の視野に月の像はどのように映るでしょうか。(1)、(2)の場合について選択肢の中からそれぞれひとつずつ選び、記号で答えなさい。

(1)　ケプラー式望遠鏡で観察したとき　　(2)　ガリレオ式望遠鏡で観察したとき

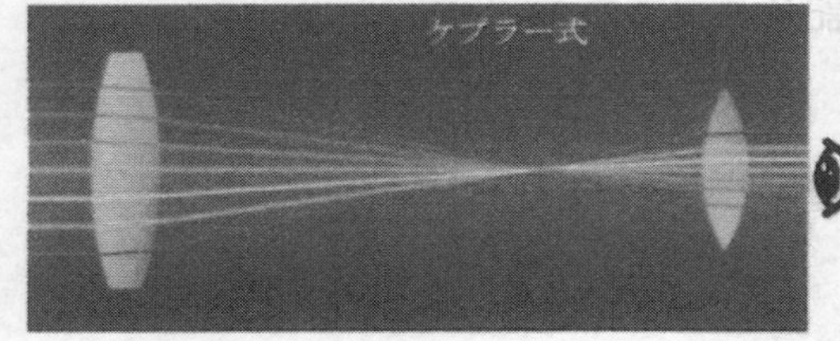

図１　望遠鏡のレンズ配置

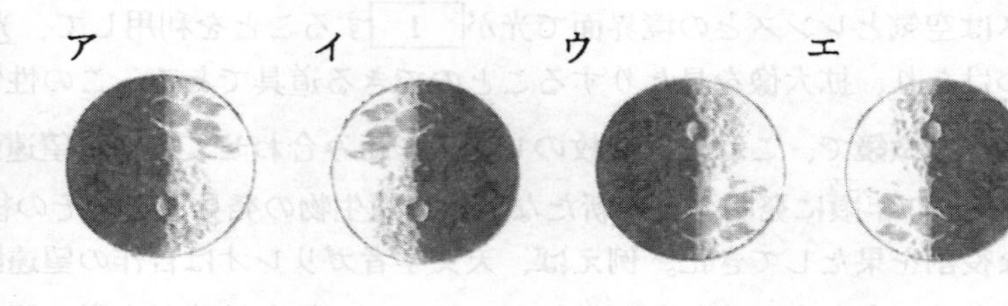

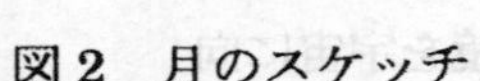
図２　月のスケッチ

問４　おうし座でもっとも明るい恒星「アルデバラン」が月に隠れて見えなくなるという星食現象がコペルニクスによって観測されました。この現象によりコペルニクスは天動説が誤っているのではないかと考えました。この星食において「アルデバラン」は、地球、月とどのような位置関係にあるでしょうか。地球と月に対する「アルデバラン」の位置を表しているものを選択肢の中からひとつ選び、記号で答えなさい。

ア　日食における月　　イ　日食における太陽

ウ　月食における月　　エ　月食における太陽

問５　天体そのものを望遠鏡として宇宙探索に活用する試みがあります。光の経路が天体の重力によって曲がることを利用し，その天体を巨大な凸レンズとみなすのです。これを重力レンズ効果といい，図３のように本来地球に届かなかったはずの光が曲げられることで，これまで遠すぎて見えなかった天体などが観測可能になります。

物理学者のアインシュタインは重力レンズを理論的に予測していました。彼の理論の正しさは，太陽の重力によって星の位置がずれてみえる現象の観測により支持されることになります。<u>この観測は1919年の皆既日食のときに行われました。</u>次の各問いに答えなさい。

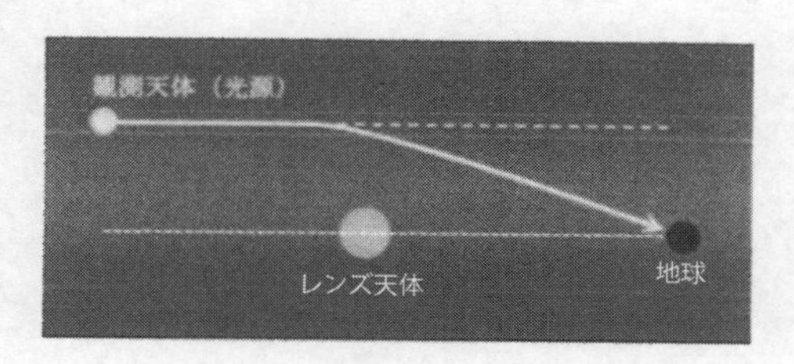

図３　重力レンズのしくみ

(1)　観測天体から出た平行光線が，レンズ天体の近くを通過したときの光の進み方を選択肢の中からひとつ選び，記号で答えなさい。このとき，レンズ天体に近づくほどその重力は強くなり，光の曲がり具合も大きくなります。

ア　イ　ウ　エ

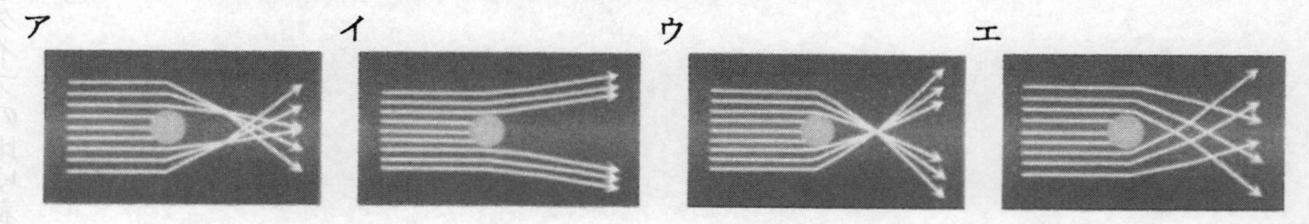

(2)　宇宙探索に活用するためのレンズ天体は，どのような特徴を持つ必要があると思いますか。特徴を２つあげ，それぞれの理由も答えなさい。その際，下線部について，図３のレンズ天体が太陽であった場合を考え，なぜ皆既日食のときに太陽の重力レンズ効果を観測する必要があったのかを考慮しなさい。なお，表１は各天体の重力の大きさを示したものである。

表１　各天体の重力の大きさ

天体	重力の大きさ（地球を１としたときの相対値）
地球	1
月	0.17
太陽	28

三　次の①～⑤の文には比ゆ表現が使われています。それぞれの文と同じタイプの比ゆ表現が使われているものを、後のア～オからそれぞれ選び、記号で答えなさい。（同じ記号は一回しか使いません）

① 烈火（れっか）のごとく怒（おこ）る。
② 彼女はみんなの女神だ。
③ 晩ご飯はお鍋（なべ）を食べよう。
④ 春になったら花見に行く。
⑤ 大型台風が日本で暴れる。

ア　焼き鳥が食べたいな。
イ　花びらが宙を舞（ま）う。
ウ　女王のようにふるまう。
エ　ＳＮＳの投稿（とうこう）が炎上（えんじょう）する。
オ　日直は黒板を消してください。

問七　――⑦「普段接していない人の『事情』」とありますが、ここではどのような「事情」が考えられるか、**あてはまらない**ものを次の中から選び、記号で答えなさい。

ア　夜遅くまで働くので、子どもにお弁当を用意できない。
イ　勉強をたくさんしていても、あまり成績があがらない。
ウ　お風呂が壊れても直せなくて、身体を清潔に保てない。
エ　持病を抱えているために、仕事に出ることができない。

問八　――⑧「そんな家庭があることの想像もつかない」とありますが、なぜ一部の人は「想像もつかない」のですか。筆者が考える理由を二十字以上三十字以内で答えなさい。

問九　――⑨「環境的に努力することもできない子どもたち」とありますが、筆者の考えに対して、貧困の原因は環境ではなく個人にあるとする「自己責任論」という考え方もあります。それでは受験において努力して「いい学校」に入ることは、個人のおかげでしょうか環境のおかげでしょうか。貧困についての自己責任論にも言及しながら、あなたの意見を八十字以上一〇〇字以内で答えなさい。

問四　――④「いつも『忘れた』と言い続ける」とありますが、なぜいつも「忘れた」と言い続けるのか、その理由を二十五字以上三十五字以内で答えなさい。

問五　――⑤「図２のように大きく差が開く」とありますが、図２から読み取れることとして最も適切なものを次の中から選び、記号で答えなさい。

ア　正社員では、学歴が高くなるほど男女での生涯賃金の差が縮まっていく。
イ　学歴が上がれば上がるほど、男女ともに生涯賃金が必ず高くなっていく。
ウ　中学卒でも正社員であれば高い給料を得られるが、就職機会は多くない。
エ　どの学歴・雇用形態においても、女性の方が男性よりも生涯賃金が低い。

問六　――⑥「生活保護は、そんなとき、ワンクッション入れるための制度だ」とありますが、「生活保護」の説明として最も適切なものを次の中から選び、記号で答えなさい。

ア　教育課程の一つ
イ　企業福祉の一つ
ウ　家族福祉の一つ
エ　公的福祉の一つ

問一　――①「１９９０年代のバブル崩壊以降の『失われた30年』は、家族からも余力を奪っていった」とありますが、この説明として最も適切なものを次の中から選び、記号で答えなさい。

ア　困った人達を助けるのは家族ではなく、政府が責任を担うべきものであるという意識が強まったということ。

イ　家族のキズナが年々弱まったことで、家族同士は助け合うべきだという考えが失われてしまったということ。

ウ　経済状況が悪化し、若者を支えてくれるはずの家族自体も、苦しい状況に置かれるようになったということ。

エ　これまでは機能をしていた経済的に苦しんでいる人達を助ける公的なシステムが崩れてしまったということ。

問二　――②「そのことが示す通り」とありますが、ここで「そのこと」が特に強く指しているものとして最も適切なものを次の中から選び、記号で答えなさい。

ア　生活が苦しいと答えた「母子世帯」の割合が８割を超えていること。

イ　日本に住む17歳以下の７人に１人が貧困の状態に置かれていること。

ウ　生活が苦しいと答えている世帯が半分以上の割合でいるということ。

エ　「児童がいる世帯」のうちの多くが「母子世帯」であるということ。

問三　――③「親が病気なので子どもが家族の世話をしなければならない」とありますが、病気の家族の世話をする子ども達を示す言葉を次の中から選び、記号で答えなさい。

ア　ヤング・ケアラー

イ　ケア・マネージャー

ウ　ホーム・ドクター

エ　エッセンシャル・ワーカー

ここに厳然たる事実がある。

それは、豊かな人の周りには困っている人はあまりいないけれど、生活に困っている人の周りには、困っている人が多くいるということだ。格差社会が常態化していくと、このように「棲み分け」が起きる。そもそもお金持ちは貧しい人と接したことがないし、貧しい人はお金持ちと接したことがないということが起きるのだ。

さて、あなたはどちらだろう。ここまで読んで「まったく理解できない、本当にそんなに貧しい人がいるの？」と思ったあなたは、相当恵まれているのかもしれない。

一方で「自分の近所の〇〇さん、まさにそんな感じだよな……」と思ったら、豊かではない階層にいるのかもしれない。どちらがいい悪いという話ではない。ただ、格差は⑦普段接していない人の「事情」をまったくわからなくさせる。そうして勝手なイメージで「怠けてるからだろ」と結論づけたりもする。それはまずいと、直感的に思う。

それはコロナ禍でも起きた。全国一斉休校によって、「授業なんかオンラインでやればいい」と言う人は多くいた。が、自宅にパソコンとネット環境があり、オンラインでいくらでも勉強できる子がいる一方で、この国にはパソコンやネット環境がない子もいる。ちなみにＮＰＯ法人しんぐるまざあず・ふぉーらむと専門家による調査チームが２０２０年７月に実施した調査によると、中学生以上の子どもがいるシングルマザー家庭の36・８％は自宅にパソコンやタブレット端末がなく、ネット接続のできない世帯や通信量が制限されている世帯も合わせて30％を超えた。

⑧そんな家庭があることの想像もつかない人が「オンラインで」と言うとき、貧しい家庭の子どもたちは排除されている。こんなことが繰り返されることで、学力には歴然たる差がついてくる。塾や習い事もそうだ。勉強できる、できないは本人の努力次第という前に、⑨環境的に努力することもできない子どもたちがいることを、決して忘れてはいけない。

（雨宮処凛『学校、行かなきゃいけないの？』一部改変）

ともある。

「頑張(がんば)れる」のは、頑張れる環境(かんきょう)があるから

　これを読んでいる人の中には、「仕事なんか選ばなければあるはず」「わがままなのでは」「怠(なま)けてるのでは」と思う人もいるかもしれない。が、私がコロナ禍の中、ＳＯＳを受けて駆(か)けつけた中には、すでに所持金が数百円や数十円の人が少なくなかった。住む場所もなく、携帯(けいたい)を止められている人も多い。その姿はまるで「災害に遭(あ)った直後の人」のような状態だ。

　もし、あなたが津波(つなみ)で家を流され、持ち物も携帯もすべて失い、あるのはポケットの中の小銭だけ、その上家族も友人も全員行方不明というとき、どうするだろう？　そこからどうやって自力で仕事を見つけるだろう？

　私たちが支援する人々はまさにそんな状態で、職探しなんかできる状況(じょうきょう)じゃない。住所がなければ仕事はなかなか決まらないし、そもそも履歴書(りれきしょ)に貼(は)る写真代もない。今日の食費も宿泊費(しゅくはくひ)もないのであれば最悪、餓死(がし)だ。運良く仕事が見つかっても、仕事に行く交通費もない。これでは最初の給料が出るまでにやはり餓死してしまう。ちなみにこの国では年間数十人が餓死しており、２０１7年には**22**人が「食糧(しょくりょう)の不足」で命を落としている。

　⑥生活保護は、そんなとき、ワンクッション入れるための制度だ。国から最低生活費を受け取れる上、住宅扶助(ふじょ)を受けてアパートも借りられる。そうすれば、安心して仕事を探せる。そうして給料が生活保護費を上回ったら卒業すればいい。そのようにして生活を立て直した人を私はたくさん知っている。

　このような話をすると、「なんで家族や友達に助けてもらわないの？」という人もいる。先に書いたように家族福祉がない人はまず頼ることなんてできないわけだが、「助けてくれる友達もいないの？」と素朴(そぼく)に思う人もいるだろう。私の知る範囲(はんい)で言うと、当人はすでに友達に助けを求めている。中には何度もお金を借りていて、返せないままなのでもう連絡(れんらく)ができないという人もいるし、借金が原因で縁(えん)を切られてしまったという人もいる。貧困は、ときに人間関係を壊(こわ)してしまう。また、周りの友人もみんな生活が苦しいので、助けを求めること自体できないという人もいる。

1　教育課程からの排除
2　企業福祉からの排除
3　家族福祉からの排除
4　公的福祉からの排除
5　自分自身からの排除

教育が一番はじめに挙げられているが、これはいじめや貧困などによって教育から排除され、低学歴になってしまうと安定した仕事になかなかつけないということだ。そして多くの場合、安定した仕事とは正社員を指す。

企業福祉からの排除というのは、非正規雇用が典型だ。正社員であればもらえる住宅手当てなどの福利厚生がなく、賃金も安く、いつクビを切られるかもわからない。社会保険や労働組合に加入できないケースもあり、正社員と比べてあまりにも不利だ。正社員が全身を鎧で守られているのに対し、非正規は薄着、というとわかりやすいだろうか。これではさまざまなトラブル・外敵から身を守れない。

家族福祉というのは、経済的、精神的に支えてくれる家族がいない、家族がそのような状態ではないこと。家族福祉が弱ければ、塾代や学費が払えないから希望する進路に進めないなど子どもの頃から選択肢はどうしても絞られてしまう。大人になって失業したときなどにも親にお金を借りる、一時的に実家に身を寄せるなどが難しい。親や兄弟も生活がギリギリだから助けることができないのだ。もちろん、頼るどころか小さな頃から親に虐待を受けているなどの場合も「家族福祉がない」状態だ。

公的福祉からの排除というのは、そんなふうに失業し、家族にも頼れない状態の人が役所に助けを求めても、「若いからまだ働ける」などと追い返されてしまうこと。本来であれば住む場所もお金もなければ生活保護が利用できるのだが、少なくない役所では窓口で追い返す「水際作戦」が横行し、制度利用に辿り着けないことも珍しくない。

そうして万策尽きたときに起こるのが「自分自身からの排除」。全部自分が悪い、もうダメだ、となり、自ら命を絶ってしまうこ

図１　15〜34歳の学歴別での正社員・非正規の割合

最終学歴	正社員	非正規
中学卒	35.4%	64.0%
高校卒	56.3%	43.2%
高専・短大卒	66.2%	33.8%
大学卒	80.9%	19.1%
大学院卒	84.3%	15.7%

図２　学歴別の正社員・非正規の生涯賃金

最終学歴	性別	正社員	非正規
中学卒	男性	2億円	1億4000万円
	女性	1億4000万円	1億1000万円
高校卒	男性	2億1000万円	1億3000万円
	女性	1億5000万円	1億円
高専・短大卒	男性	2億2000万円	1億3000万円
	女性	1億8000万円	1億1000万円
大学卒・大学院卒	男性	2億7000万円	1億6000万円
	女性	2億2000万円	1億2000万円

まれない思いをすることは多い。学校で必要なもの——習字の道具や絵の具セット、コンパスなど——が用意できず、④いつも「忘れた」と言い続けることはつらいに決まっているし、給食費を払(はら)えないことだって胸が痛むだろう。そうして貧しさゆえに学校から遠ざかってしまう子は、この国に一定数、確実に存在する。結果、学歴が中卒になると、安定した仕事に就くことは難しくなり、どうしても非正規雇用(こよう)で低賃金の仕事をせざるをえないケースが多くなる。ちなみに正社員と非正規とでどれほど年収が違(ちが)うかと言えば、正社員の平均年収は５０４万円。非正規は１７９万円（２０１８年、国税庁）。年間で３００万円以上の差がある。

厚生労働省が発表した「平成30年若年者雇用実態調査」によると、15〜34歳の正社員と非正規の割合は図１の通り。大学生、高校生のアルバイトなど在学中の若者を省いた数字だ。

また、『ユースフル労働統計２０１９労働統計加工指標集』によると、学校を卒業してフルタイムの正社員となり、60歳まで働いた場合と、同じ条件で非正規として働いた場合、生涯(しょうがい)賃金は⑤図２のように大きく差が開く。

もっとも大きな差が開いたのは大卒男性。正規か非正規かで１億円以上も違う。

貧困問題に取り組んできた東京大学特任教授の湯浅誠氏は、今から10年以上前、貧困は「五重の排除(はいじょ)」からなると指摘(してき)した。

二 以下の文章を読み、後の問いに答えなさい。

２０２０年の春から、私は新型コロナウイルス感染拡大の影響で失業したりアパートを追い出されてホームレスとなってしまった人たちの支援をしてきた。その中には、若者も多かった。日雇い派遣の仕事をしながらネットカフェで何年も暮らしてきたものの、コロナ禍で仕事がなくなり、初めて路上生活となったという20代には何人も会った。住む場所がなくなりＳＯＳをくれた中には10代の人もいた。「何日も食べてない」「なんとか路上生活から抜け出したい」。そんな人々の悲鳴に、今日も多くの支援者が対応している。

ひと昔前であれば、若者がホームレス化することなんてなかった。実家・親というセーフティネットがあったからだ。が、①１９９０年代のバブル崩壊以降の「失われた30年」は、家族からも余力を奪っていった。

そんな中、広がっているのが子どもの貧困である。２０１９年の国民生活基礎調査によると、17歳以下の子どもの貧困率は13・5％。日本に住む子どもの７人に１人が貧困という状態だ。同調査によると、「生活が苦しい」世帯は54・4％だが、「児童のいる世帯」に絞ると60・4％が「苦しい」と答えている。母子世帯では86・7％が「苦しい」と回答。②そのことが示す通り、この国の「ひとり親世帯」の貧困率は48・1％と約半分を占める。

親が貧困だったり病気や依存症を持っていると、子どもが学びから排除されるケースは残念ながらよくあることだ。

③親が病気なので子どもが家族の世話をしなければならない。親が酒を飲んで家で暴れていて勉強どころではない。家が狭く、自分の部屋どころか勉強机すらない。食事にも事欠くので学校に行く目的は給食で、勉強には全然ついていけない、などなど。

一方、貧しいことをからかわれたり、いじめに遭ったりして不登校になったという声もある。からかわれなくても、学校でいた

【資料二】小説『言の葉の庭』（著：新海誠）の一部

改めて雨の庭園を眺（なが）める。

さっきから雨はずっと変わらぬ強さで降り続いている。いろいろな形の松の木をじっと見ていると、それらが巨大（きょだい）な野菜とか未知の動物のシルエットみたいに見えてくる。

【資料三】映画『言の葉の庭』（監督：新海誠）のワンシーン

出所：『言の葉の庭』Makoto Shinkai / CoMix Wave Films

問五　――④「私も笑顔を作りながら」とありますが、この説明として最も適切なものを次の中から選び、記号で答えなさい。

ア　学生時代のことを思い出して、思わず楽しくなってしまった、ということ。

イ　普通の人との違いに気づいたが、共感をしたかのようにふるまった、ということ。

ウ　現実感がないと感じたが、人が話を合わせてくれて安心した、ということ。

エ　一人暮らしをしても変わらないことに対して、誇りを持っている、ということ。

問六　――⑤「まるで、足のつかない海で泳いでいることに気づいたときみたい」とありますが、どういうことか説明しなさい。

問七　空欄［Ａ］、空欄［Ｂ］に入る文字を本文中から、それぞれ一文字で抜き出して書きなさい。

問八　三田国際学園中学校の国語の授業では、小説や映像作品などの創作も行います。小説と映像では、表現について大きな違いがあります。そこで、映像表現と比べたときの文章表現の魅力について、本文ならびに、次の【資料一】～【資料三】を参考にしながら、あなたの考えを述べなさい。

※本文は、映画監督の新海誠の短編アニメーション作品『彼女と彼女の猫』を原作として、新たに小説として書かれたものです。

【資料一】　新海誠監督へのインタビュー記事

映像に関しては、もっとダイレクトに、絵で描けばいいと。百聞は一見にしかず的な強さはもちろんあります。雨が降った庭園の美しさを文字で表現しようとすると何行か費やさなければならないですが、映像であれば、ただそのように描けばいいんですね。それはそれなりに難しいことではあるんでしょうけれど、ダイレクトな情景描写が映像の得意なことでもありますし、そういうものが映画の強みですよね。

（宮澤諒「アニメーション監督・新海誠が語る――映像を文字にするということ」）

問二 ——①「僕はその一部になんてなれない」とありますが、この説明として最も適切なものを次の中から選び、記号で答えなさい。

ア 猫である僕は人間がつくった電車の音に強いあこがれを持つが、人間ではない自分には、人間のつくった完璧な世界の一員になる資格はない、ということ。

イ 自分の心と体を動かすのは胸の奥から聞こえるかすかな鼓動にすぎず、電車のような巨大で力強い世界の心臓の音に圧倒されている、ということ。

ウ 生きて世界とつながっていられたのは母親のおかげだったが、その母親が死んだことで、調和のとれた世界にとどまることができない、ということ。

エ 自分は、もともと人間中心の世界から切り離された存在であると感じ、強く大きく完璧な世界にい続けることはできない、ということ。

問三 ——②「同時に動き出した」とありますが、どういうことか詳しく説明しなさい。

問四 ——③「社会はほとんど言葉でできている」とありますが、この表現の説明として最も適切なものを次の中から選び、記号で答えなさい。

ア 仕事では書類のやりとりこそが重要で、書き言葉が最も大事なのだと分かったことを表現している。

イ 外にあるものを言葉にすることが得意な人が、社会の中で生き抜いていけるということを表現している。

ウ 自分の中に蓄えたものを言葉にして取り出すことで、社会は回っていることを表現している。

エ 周りの人と比べて、実体のない言葉を用いてやりとりすることが苦手であると実感したことを表現している。

かった。

彼の言葉に身をまかせて、漂うのは気持ちいい。けど、一人になると不安が押し寄せてくる。⑤まるで、足のつかない海で泳いでいることに気づいたときみたい。

『私たち、付き合ってるよね』

その一言がどうしても言えない。二人の関係を終わらせる答えが返ってきたら、私はきっと溺れてしまう。

私は今日も、人工衛星のように、本当に聞きたい言葉の周りをぐるぐる回って、彼の言葉に相槌を返す。

まるで、小学生だと思う。こういうことを小学生のうちに済ませておかなかったから、こんなことになってるのかも知れない。

結局、本当に聞きたいことを、彼は決して言ってくれないのだ。

彼の職場の近くで、別れた。次に会えるのはずいぶんと先だろうな、と思った。

駅に着いて、いつもと違う道で帰った。遠回りだけれど、［A］先の冷たい雨の中を、歩きたい気分だった。

そこで私は、［B］と出会った。

(著：永川成基　原作：新海誠『彼女と彼女の猫』一部改変)

問一　「吾輩は猫である。名前はまだ無い」という書き出しで、猫の視点から、苦沙弥先生などの人間を観察した様子などを書いた明治時代の小説の作者は誰か。最も適切なものを次の中から選び、記号で答えなさい。

ア　森鷗外　イ　芥川龍之介　ウ　夏目漱石　エ　太宰治

④私も笑顔を作りながら。普通の人は、こういうことを、とっくに済ませてきたんだと知った。

結局、一人暮らしをしたくらいじゃ、自分は何も変わらない。

引っ越しからしばらくして、ノブが一人で家に来た。

洗濯機（せんたくき）をつなぐ蛇口（じゃぐち）がガタガタで、ホースをつなぐ部分からしょっちゅう水漏（も）れしていた。それを珠希に愚痴（ぐち）ったら、珠希の計（はか）らいでノブがやって来たのだ。

てっきり珠希が来ると思っていた私は戸惑（とまど）ったけど、ノブはホームセンターでいろいろ買い込んできてくれて水漏れは無事に修理できた。私は水道の元栓（もとせん）を閉めるということも知らなかった。

こういう男の人が、ずっとそばにいてくれたらうれしいだろうな。そう思った私は自分でも驚くほどすんなりと、その気持ちを伝えることができた。

あんなに素直に自分の気持ちを出せたのは、あれがはじめてだった。

ノブはその日、うちに泊まっていった。

言葉は世界を変えるのだと思い、それが少し怖くもあった。

私たちは毎週のように、私の部屋で会うようになったけど、ノブの仕事が急に忙（いそが）しくなり、会う機会は減っていった。

私は、彼のことを恋人だと思っている。

彼が私のことをどう思っているのか、わざわざ言葉にしなくても、通じ合ってると思いたい。

小学生の頃、回し読みしていた雑誌の少女漫画（まんが）は、いつも恋人ができたところで終わってしまった。恋人ができれば女の子は幸せになれる。でも、現実はそこでは終わらないことを知った。

恋人がいた方が、いなかったときより余計に寂（さび）しくなることがある。

今日、ノブと会うのは三ヶ月ぶりだった。久しぶりにノブと会えた。春の雨の中を並んで歩く。彼は変わらずおしゃべりで、優し場では重宝されている。

人より書類に向かっている方が楽だ。喋(しゃべ)るのは得意じゃない。すぐに話す内容が尽(つ)きてしまう。私の友達は、みんなよく喋る。

短大時代からの友達の珠希と話していると、次から次に気の利(き)いた言葉が飛び出してきて、私はいつも大笑いする。

私が何も感じない景色から、珠希は次々といろんな意味を見つけ出してくる。まるで私の目に見えないものが見えているみたいだ。珠希はすごいな、と思う。

私は、たくさん喋る人が好き。

私の彼はノブという。一つ年下で、とてもたくさん喋る人だ。保険会社の仕事のこと、エスエフ映画や電子音楽のこと。中国の古い戦争のこと。いろいろな話をしてくれる。

おかげで、保険のシステムや、武将の名前に詳しくなってしまった。

珠希は、外にあるものを言葉にするのが上手(うま)くて、ノブは自分の中に蓄(たくわ)えたものを言葉にして取り出すのが上手だ。私はそのどちらもできない。

春になると、はじめて部屋を借りたときのことを思い出す。こんな雨の日は特に。

一人で不動産屋を回って、おそるおそる判をついて契約(けいやく)をした。はじめての一人暮らし。引っ越しの日は今日みたいな雨で、珠希が手伝いに来てくれた。そのとき、珠希が連れてきた後輩(こうはい)の男の子が、ノブだった。

二人に手伝ってもらって荷ほどきをして、棚(たな)を組み立ててから、近くの定食屋さんで食事をした。

友達と男の子に引っ越しを手伝ってもらって、一緒に食事をするなんてシチュエーションがはじめてで、まるでドラマの中の出来事みたいに現実感がなくて、それを上手く言い表せずにいると、珠希がこう言った。

「こういうのって、学生時代を思い出すね」

ノブが笑った。

彼女の髪も僕の身体も重く湿り、あたりは雨のとてもいい匂いで満ちた。

僕は苦労して首を持ちあげ、両目で真っすぐに彼女を見た。

彼女の瞳が揺れている。一瞬だけ目をそらし、それから意を決したように、しっかりと僕を見つめる。僕らは、そうして、しばらくの間見つめ合っていた。

地軸は音もなくひっそりと回転し、彼女と僕の体温は、世界の中で静かに熱を失い続けた。

「行こうか。一緒に」

氷のように冷え切った彼女の指先が、僕の身体に触れた。彼女は僕を軽々と抱きあげる。上から見おろす段ボール箱は驚くほど小さい。彼女はジャケットとセーターの間に僕を包み込んでくれた。彼女の体温は、信じられないくらい温かかった。

彼女の鼓動が聞こえた。彼女が歩き出し、電車の音が追い越していった。僕と彼女と、世界の鼓動が、②同時に動き出した。

その日、僕は彼女に拾われた。だから僕は、彼女の猫だ。

③社会はほとんど言葉でできている。

そう思うようになったのは、就職して社会に出てからだ。「これをやっておいて」とか「ナントカさんに伝えておいて」とか。あやふやで、すぐに消えてしまう言葉のやりとりだけで、仕事が進んでいく。みんな当たり前のようにしているけれど、私には、ほとんど奇跡みたいなことに思える。

私は書類のやりとりが好きだ。きちんと形になって残るから。周りが面倒くさがるこの手の仕事を率先してやるおかげで、今の職細かい雨粒が、音もなく同じ速度で落ちてくる。僕は段ボール箱の底に頬を張りつかせたまま、ゆっくりと上昇していくような錯覚に陥った。

空の彼方へ、どこまでものぼっていく。

やがて、ぷちん、と音がして、僕はこの世界から切り離されてしまうのだろう。

はじめ、僕を世界につなぎとめていたのは、母親だった。

母は温かく、優しく、僕の望むすべてを与えてくれた。

今はもう、いない。

どうしてそうなったのか、どうして僕が段ボールの箱の中で雨に打たれていることになったのかは、覚えていない。

僕らは、何もかもを覚えておくことはできない。覚えておくのは本当に大事なことだけだ。でも、僕には覚えておきたいものなんか一つもなかった。

やわらかい雨が降り注ぐ。

空っぽの僕は、ゆっくり、ゆっくりと、灰色の空へのぼっていく。

そして僕は目を閉じ、自分が世界から永遠に切り離される、その決定的な瞬間を待った。

電車の音が、大きくなった気がした。

まぶたを開くと、ヒトの女性の顔があった。大きなビニール傘を差して、上から僕をのぞき込んでいる。

いつから、いたんだろう。

女性はしゃがみ込み、ひざの上にあごをのせて、僕を見ていた。彼女の額に長い髪が垂れる。電車の音が傘にぶつかるせいで、いつもより大きく聞こえる。

MITA International School

二〇二二年度 三田国際学園中学校

【国　語】〈第一回試験〉(五〇分)〈満点：一〇〇点〉

〔受験上の注意〕特に指示のない場合、句読点等の記号は一字として数えるものとします。

〈編集部注：実物の入試問題では、三の資料三は色つきです。〉

一　以下の文章を読み、後の問いに答えなさい。

季節は春のはじめで、その日は雨だった。

霧(きり)のような雨が身体に降り注ぐ。僕(ぼく)は歩道の脇(わき)に横たわっていた。

通り過ぎるヒトたちは、僕をちらりと見ただけで、足早に離(はな)れていく。

やがて僕は、頭をあげる気力もなくなり、片目だけで鉛色(なまりいろ)の空を見あげていた。

あたりはとても静かで、電車の音だけが遠く、雷鳴(かみなり)のように響(ひび)いていた。

高架(こうか)を行く電車の音は、規則正しく、力強い。

僕はこの音に強い憧(あこが)れを持っていた。

胸の奥(おく)から聞こえるかすかな鼓動(こどう)が僕を動かしているのなら、この音はどれだけ大きなものを動かせるのだろう。

それはきっと、世界の心臓の音なんだろう。強く、大きく、完璧(かんぺき)な世界。でも①僕はその一部になんてなれない。

2022年度 三田国際学園中学校 ▶解説と解答

算 数 ＜第１回試験＞（50分）＜満点：100点＞

解 答

1 (1) $3\frac{5}{12}$　(2) 175　(3) 1080度　(4) 350ページ　(5) 15通り　(6) 43.96cm³
2 (1) 2028　(2) 170　(3) 1996　**3** (1) 5：3　(2) (ア) 6.4　(イ) $\frac{16}{17}$
4 (1) 28　(2) 15個　(3) 6897　**5** (1) 19　(2) (例) ① $x\times2-1$　② $x\times x$　③ $(1+x)\times x\times1.5$　(3) 完成するのは36段目まで

解 説

1 四則計算，和差算，角度，相当算，場合の数，体積

(1) $1.5\times\left(2.3-\frac{3}{20}\right)-\left(2.75\div0.6-\frac{15}{4}\right)+\left(\frac{7}{20}+1.7\right)\times0.5=\frac{3}{2}\times\left(\frac{23}{10}-\frac{3}{20}\right)-\left(2\frac{3}{4}\div\frac{3}{5}-\frac{15}{4}\right)+\left(\frac{7}{20}+\frac{17}{10}\right)\times\frac{1}{2}=\frac{3}{2}\times\left(\frac{46}{20}-\frac{3}{20}\right)-\left(\frac{11}{4}\times\frac{5}{3}-\frac{15}{4}\right)+\left(\frac{7}{20}+\frac{34}{20}\right)\times\frac{1}{2}=\frac{3}{2}\times\frac{43}{20}-\left(\frac{55}{12}-\frac{45}{12}\right)+\frac{41}{20}\times\frac{1}{2}=\frac{129}{40}-\frac{10}{12}+\frac{41}{40}=\frac{387}{120}-\frac{100}{120}+\frac{123}{120}=\frac{410}{120}=\frac{41}{12}=3\frac{5}{12}$

(2) 右の図１のように表すことができ，Aの２倍が，289＋61＝350だから，Aは，350÷２＝175とわかる。

図１

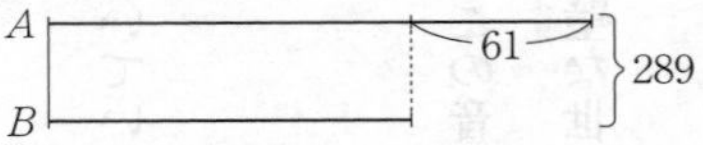

A，B，61，289

(3) 右の図２のかげをつけた２つの三角形で，●印をつけた角度は等しいから，黒くぬったアとイの角度の和と，ウとエの角度の和も等しくなる。よって，印のついた角度の和は，太線で囲んだ七角形の内角の和と三角形ABCの内角の和に等しくなる。ここで，N角形の内角の和は，180×（N－２）で求められるから，七角形の内角の和は，180×（７－２）＝900（度）となる。これに三角形ABCの内角の和を加えると，印のついた角度の和は，900＋180＝1080（度）と求められる。

図２

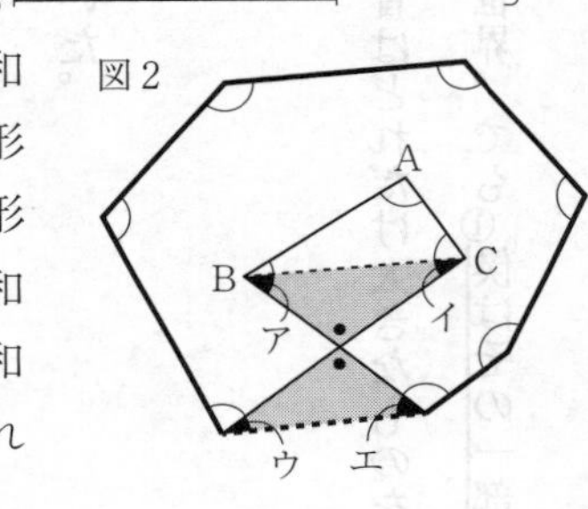

(4) 全体のページ数を１，２日目に読んだ後の残りのページ数を①として図に表すと，右の図３のようになる。図３より，$①-\boxed{\frac{1}{3}}=\boxed{\frac{2}{3}}$にあたるページ数が，15＋65＝80（ページ）とわかるので，①にあたるページ数は，$80\div\frac{2}{3}=120$（ページ）と求められる。すると，$1-\frac{3}{7}=\frac{4}{7}$にあたるページ数が，10＋70＋120＝200（ページ）になるから，１にあたるページ数，つまり，全体のページ数は，$200\div\frac{4}{7}=350$（ページ）と求められる。

図３

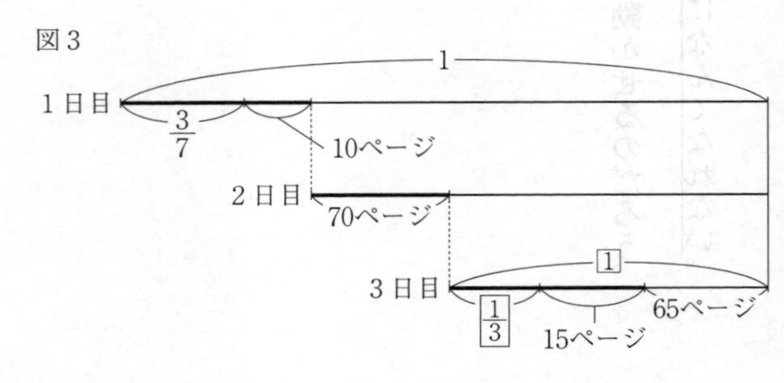

(5) ５色で立方体の６面をぬり，となり合う面は異なる色でぬるから，向かい合う１組の２面にだ

け同じ色をぬり，残りの４色で４面をぬることになる。そこで，向かい合う１組の２面にぬる色をA，残りの４色をB～Eとして展開図に表すと，下の図４のようになる。図４で，Aの色の選び方は５通りある。また，B～Eについて，㋐と㋕，㋑と㋓，㋒と㋔は，上下の向きを変えるとそれぞれ同じ並び方になるから，異なるぬり方は３通りとわかる。よって，ぬり方は全部で，５×３＝15(通り)と求められる。

図４

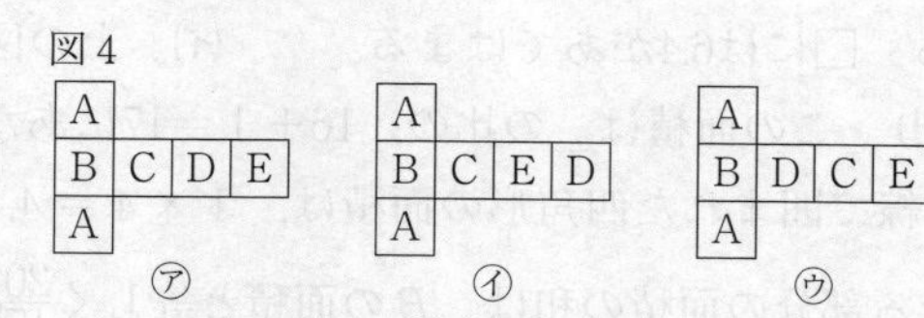

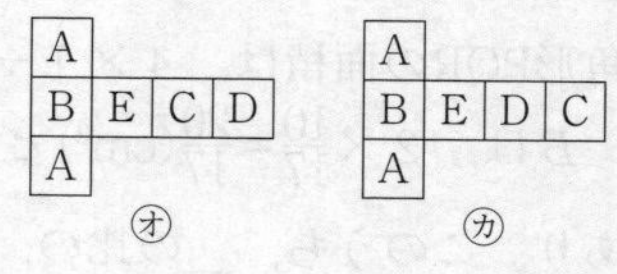

(6)　右の図５のように，底面の円の半径が３cmで高さが２cmの円柱から，底面の円の半径が２cmで高さが１cmの円柱をくり抜いた形の立体ができる。よって，体積は，３×３×3.14×２－２×２×3.14×１＝18×3.14－４×3.14＝(18－４)×3.14＝14×3.14＝43.96(cm³)と求められる。

図５

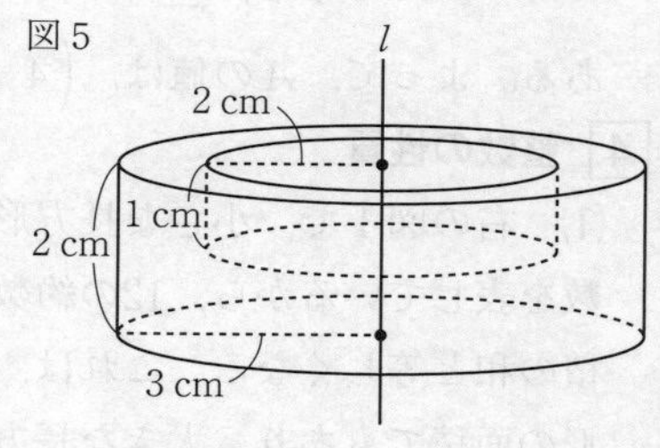

2　約束記号，条件の整理

(1)　約束にしたがって計算すると，【2022】＝2022＋２＋０＋２＋２＝2028となる。

(2)　【456】＝456＋４＋５＋６＝471より，【【456】÷３】＝【471÷３】＝【157】＝157＋１＋５＋７＝170と求められる。

(3)　【A】＋１＝2022より，【A】＝2022－１＝2021となるから，Aは2021未満の数である。そこで，A＝20PQとすると，右の図の㋐のようになる。これが2021となるから，2002＋11×P＋２×Q＝2021より，11×P＋２×Q＝2021－2002＝19とわかる。これにあてはまるのは，(P，Q)＝(１，４)の場合であり，これが問題文中にある2014となる。次に，A＝19PQとすると，㋑のようになる。これが2021となるから，1910＋11×P＋２×Q＝2021より，11×P＋２×Q＝2021－1910＝111とわかる。これにあてはまるのは，(P，Q)＝(９，６)の場合であり，A＝1996と求められる。

㋐【20PQ】＝20PQ＋２＋０＋P＋Q
＝2000＋10×P＋Q＋２＋P＋Q
＝2002＋11×P＋２×Q

㋑【19PQ】＝19PQ＋１＋９＋P＋Q
＝1900＋10×P＋Q＋10＋P＋Q
＝1910＋11×P＋２×Q

3　平面図形―相似，構成，消去算

(1)　下の図①で，三角形OCD，三角形OEF，三角形OGH，三角形OIJは相似であり，相似比は１：２：３：４だから，面積の比は，(１×１)：(２×２)：(３×３)：(４×４)＝１：４：９：16

図①

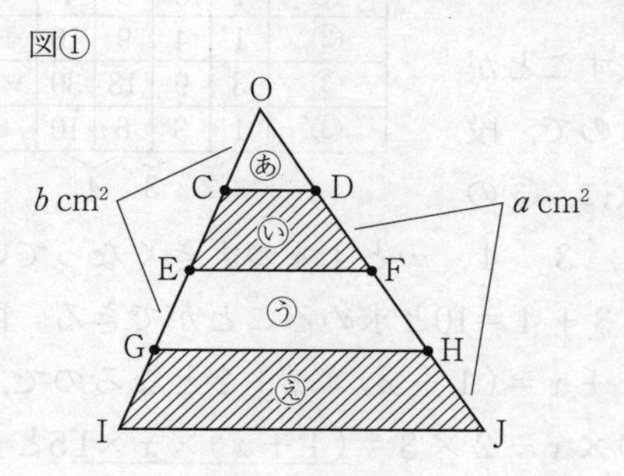

図②

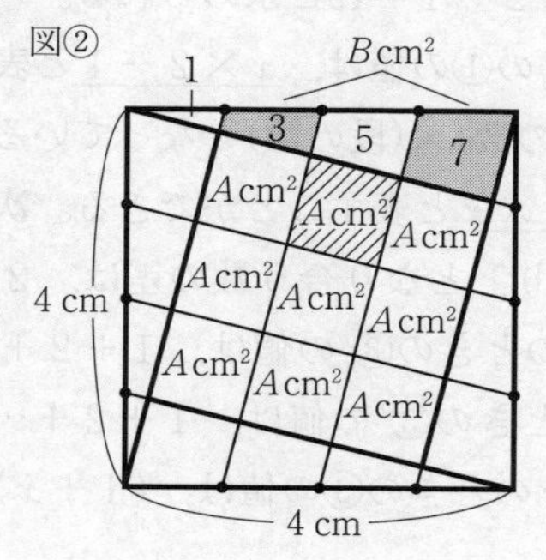

図③

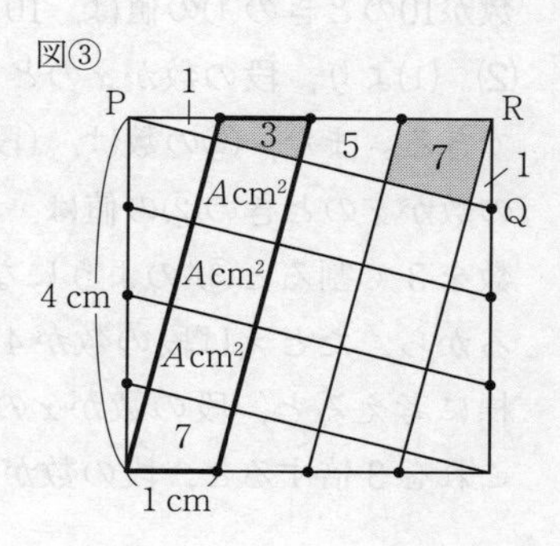

となる。よって，(あ)～(え)の部分の面積の比は，1：(4－1)：(9－4)：(16－9)＝1：3：5：7なので，a：b＝((い)＋(え))：((あ)＋(う))＝(3＋7)：(1＋5)＝5：3と求められる。

⑵　(ア)　上の図②のように太線で区切ると，中央には面積がA cm^{2}の正方形が9個集まった正方形ができ，その外側には4つの合同な直角三角形ができる。また，＿の比を用いると，1つの直角三角形の面積は，$B\times\frac{16}{3+7}=B\times\frac{16}{10}=B\times1.6$(cm^2)となる。よって，正方形全体の面積は，$A\times9+B\times1.6\times4=9\times A+6.4\times B$(cm^2)となるから，□には6.4があてはまる。　(イ)　上の図③で，三角形PQRの面積は，4×1÷2＝2(cm^2)であり，この面積は＿の比の，16＋1＝17にあたるから，Bは，$2\times\frac{10}{17}=\frac{20}{17}$(cm^2)とわかる。また，太線で囲まれた四角形の面積は，1×4＝4(cm^2)であり，このうち，＿の比の，3＋7＝10にあたる部分の面積の和は，Bの面積と等しく$\frac{20}{17}$cm^{2}である。よって，Aの値は，$\left(4-\frac{20}{17}\right)\div3=\frac{16}{17}$(cm^2)と求められる。

4 整数の性質

⑴　右の図1で，小さな長方形の面積はそれぞれ12の約数を表しているから，12の約数の和は6個の長方形の面積の和と等しくなる。これは，太線で囲んだ大きな長方形の面積でもあり，大きな長方形の縦の長さは，1＋3＝4，横の長さは，1＋2＋4＝7である。よって，12の約数の和は，4×7＝28と求められる。

図1

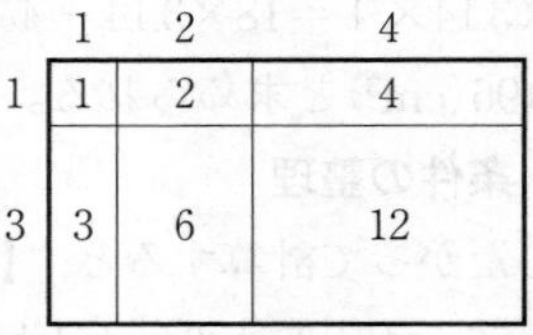

	1	2	4
1	1	2	4
3	3	6	12

図2

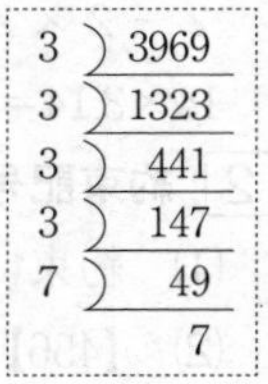

3) 3969
3) 1323
3) 441
3) 147
7) 49
　　 7

⑵　右上の図2より，3969を素数の積で表すと，3969＝3×3×3×3×7×7となる。そこで，右の図3のように，3×3×3×3の約数を横に並べ，7×7の約数を縦に並べて長方形を区切ると，区切られてできた小さな長方形の個数が3969の約数の個数になる。よって，3969の約数の個数は，3×5＝15(個)と求められる。

図3

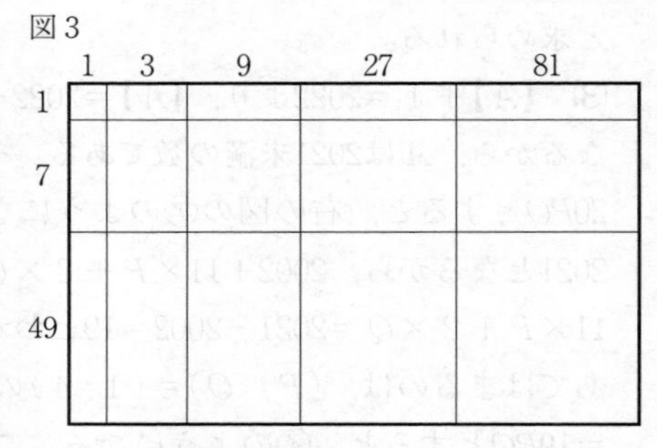

⑶　⑴と同様に考えると，3969の約数の和は，図3の太線で囲んだ大きな長方形の面積と等しくなる。そして，大きな長方形の縦の長さは，1＋7＋49＝57，横の長さは，1＋3＋9＋27＋81＝121である。よって，3969の約数の和は，57×121＝6897と求められる。

5 図形と規則，数列

⑴　右の表で，①の数は，(段の数)×2－1となっているから，段の数が10のときの①の値は，10×2－1＝19と求められる。

段の数	1	2	3	4	…
①	1	3	5	7	…
②	1	4	9	16	…
③	3	9	18	30	…
③′	1	3	6	10	…

（③′のとなり合う数の差：2　3　4）

⑵　⑴より，段の数がxのときの①の値は，$x\times2-1$と表すことができる。また，②の数は，(段の数)×(段の数)となっているので，段の数がxのときの②の値は，$x\times x$と表すことができる。次に，③の数を3で割ると③′のようになり，となり合う数の差は，2，3，4，…と1ずつ大きくなっているから，たとえば段の数が4のときの③′の値は，1＋2＋3＋4＝10と求めることができる。同様に考えると，段の数がxのときの③′の値は，$1+2+\cdots+x=(1+x)\times x\div2$となるので，これを3倍すると，段の数が$x$のときの③の値は，$(1+x)\times x\div2\times3=(1+x)\times x\times1.5$と表

すことができる。

(3)　$(1+x)\times x\times 1.5\leqq 2022$にあてはまる最大の$x$を求める。$2022\div 1.5=1348$より，この式は，$(1+x)\times x\leqq 1348$となる。また，$40\times 40=1600$より，$x$は40より少し小さいことがわかる。これを参考にすると，$37\times 36=1332$，$38\times 37=1406$より，最大のxは36と求められる。よって，36段目まで完成している。

社　会　＜第１回試験＞（理科と合わせて50分）＜満点：50点＞

解　答

1　**問１**　オ　　**問２**　イ　　**問３**　アイヌ新法(アイヌ民族支援法)　　**問４**　(例)　夏の湿った南東の季節風が市街地のすぐ西側にある山地にぶつかって雲をつくり，雨をふらせる　　**問５**　①　　**2**　**問１**　ウ　　**問２**　エ　　**問３**　オ　　**問４**　イ　　**問５**　ウ　　**問６**　(例)　電力の消費量を減らすため，消費電力が少なく寿命が長いLED電球が普及した。　　**3**　**問１**　(例)　日本では欧米諸国に比べ，男性は家事や育児をせず，女性の地位も低い。また，男女とも有償労働時間が長い。これらの理由から，日本は合計特殊出生率が低くなっている。　　**問２**　(例)　男性の家事・育児にかける時間を増やすため，企業に男性社員の育児休業取得を義務づける。(男女とも家事・育児に時間を取れるようにするため，企業に有償労働時間を減らすよう求める。)

解　説

1　**日本の世界遺産を題材とした問題**

問１　A　広島市は太田川の河口の三角州上に発達した都市で，中国地方の政治・経済の中心地となっている。三角州は川の水によって運ばれた土砂が河口付近に堆積してできた平地で，日本の平野の多くがこうして形成された。　B　大阪市は，淀川とその支流により形成された三角州上に発達した。　C　三角州は地盤が弱いため，液状化(現象)が起こりやすい。液状化は，地震の振動により，地盤が水の中に砂を混ぜたようになって流動してしまう現象である。海岸や川に近いゆるい地盤の地域で発生しやすく，建物が傾いたり，地中の水道管やガス管が破壊されたり，水や砂が地表に噴出して地盤沈下が起こったりする被害が生じる。　なお，扇状地は，河川が山地から急に平地に出たところに土砂が堆積してできる，扇形のゆるやかな傾斜地である。甲府市(山梨県)のある甲府盆地に多く見られ，大雨による土砂くずれが起きやすい。また，リアス海岸は，かつて山地であったところが海水面の上昇によって海面下に沈みこみ，尾根であったところが半島や岬に，谷であったところが入り江や湾になってできた海岸線の出入りの複雑な海岸地形である。志摩市(三重県)の沿岸部に多く見られ，津波の被害を受けやすい。

問２　ア　(A)で，三内丸山遺跡の南側の斜面には針葉樹林(Λ)が分布し，神社(⛩)や博物館(🏛)が立地しているが，図書館(📖)はない。　イ　(A)で，三内丸山遺跡の西側にはJR線(複線以上)を示す「▬▭▬」が南北に走っており，その路線は「沖館川」と交わっている。　ウ　(B)で，「捨て場」は三内丸山遺跡の北西部に位置する。また，(C)で，縄文時代当時の海は，三内丸山遺跡からはなれた北東の方角にある。　エ　(A)の「陸上自衛隊青森駐屯地」は三内丸山遺跡のすぐ東に広がっているので，(C)から，海底でなかった部分があるといえる。　　なお，三内丸山遺跡は，青森県で発見された日本最大級の縄文時代前～中期の遺跡である。最大で500人前後が住んでいたと考えられている集落跡で，大型掘立柱建物跡や大型竪穴住居跡などが発掘されているほか，クリやマメなどを栽培していたことが確認されている。

問３　アイヌは蝦夷地(北海道)や千島列島，樺太，東北地方などに古くから住んでいた先住民族で，狩りや漁をして暮らし，独自の生活習慣や文化を築きあげていた。明治時代になって北海道の本格的な開拓が始まると，本土から移住した日本人によって生活に欠かせない土地を奪われ，日本人への同化政策によりアイヌ固有の文化が失われていった。近年，その独自の文化を見直す動きが広まったことで1997年に「アイヌ文化振興法」が制定され，2019年には「アイヌ新法(アイヌ民族支援法)」が新たに制定されてアイヌが先住民族であることが初めて明記された。

問４　気温・降水量の表を比べると，尾鷲市の降水量は津市の２倍以上となっている。また，周辺を立体的に表した図を比べると，尾鷲市のほうが市街地がせまく背後に山地がせまっている。したがって，尾鷲市が津市に比べて特に夏季の降水量が多いのは，夏の湿った南東の季節風が市街地のすぐ西側にある山地にぶつかって雲をつくり，雨をふらせるからだと考えられる。

問５　ア　世界遺産の認定は，国際連合の専門機関であるUNESCO(国連教育科学文化機関)に属する世界遺産委員会が行う。なお，UNICEFは国連児童基金の略称で，紛争や飢えなどの困難な状況に苦しむ子どもたちを救済するために設けられた基金である。　イ　Ⅰの「ウォーターフロントの再開発」や「高層ビル建設」が行われた場合，損なわれた景観を元にもどすのは容易でない。しかし，Ⅱの「イベント」や「ライトアップ」は歴史的建造物を傷つけない。よって，Ⅰが選べる。なお，リバプールはイギリスの港湾都市で，大英帝国絶頂期の海洋交易拠点の姿を伝える世界文化遺産とされてきたが，近年の再開発により景観が損なわれたとして，世界遺産リストから除外された。

2 灯りの歴史を題材とした問題

問１　弥生時代になると，稲作が広がるとともに青銅や鉄でできた金属器も大陸から伝わり，青銅器はおもに祭りごとに，鉄器は工具や農具などに用いられた。弥生時代の記述として正しいのはウである。なお，アについて，掘立柱建物は縄文時代に見られるようになったが，このころに税はなかった。イは縄文時代のようす，エは奈良時代の律令社会。

問２　地図中のＡは神奈川県，Ｂは滋賀県，Ｃは和歌山県である。平安時代初め，唐(中国)で学んだ最澄は帰国後，比叡山(滋賀県・京都府)に延暦寺を建てて天台宗を広めたので，エが正しい。なお，同じころ，唐で学んだ空海は帰国後，高野山(和歌山県)に金剛峯(峰)寺を建てて真言宗を広めた。また，一遍は鎌倉時代に念仏札を配りながら諸国をめぐり歩き，踊念仏を広めた。

問３　図②は江戸時代後半の流通のしくみを描いたもので，商人らは株仲間(同業組合)を結成し，幕府や藩から特権を得て利益を独占していた。しかし，老中水野忠邦による天保の改革(1841～43年)で解散させられた。なお，座は室町時代に結成された同業組合で，公家や寺社から特権を得て利益を独占したが，織田信長が楽市楽座令を出してからはおとろえた。享保の改革(1716～45年)は江戸幕府の第８代将軍徳川吉宗による改革。

問４　資料中の1914～18年の期間は，第一次世界大戦と重なる。この大戦はヨーロッパが主戦場となったため，遠くはなれた日本は輸出を増やし，好景気となった(大戦景気)。特に，商船や鉄の需要が高まったことで船主や鉄工所の経営者はにわかに大金持ちになり，「船成金」「鉄成金」などとよばれた。よって，イがふさわしくない。

問５　人間が生まれながらにして持っている最も基本的な権利を基本的人権といい，平等権，自由権，社会権，基本的人権を守るための権利（参政権や請求権など）の４つに大きく分けられる。Aは国家権力の介入や干渉を排除して個人の自由を確保することなので自由権に，Bは国家に対して国民の意見を表明することなので参政権に，Cは経済的な格差などによって生活がおびやかされないよう国家に保障を求めるものなので社会権にあたる。なお，「新しい権利」は環境権や知る権利，プライバシーの権利などで，日本国憲法に規定されていないが，広く認められつつある。

問６　2000年代になると，消費電力が少なく寿命が長いLED電球が急速に普及した。また，資料のグラフから読み取れるように，2011年３月の東日本大震災と福島第一原子力発電所の事故の影響により，2011年以降は原子力発電の割合が急減して，それまできわめて小さかった新エネルギーの割合が少しずつ増えている。このように，電力の消費量を減らそうという意識や再生可能エネルギーに対する関心が高まったことも，LED電球の普及を後押しした。

3　ジェンダー平等についての問題

問１　資料①，②より，日本では欧米諸国に比べ，男性は家事や育児をせず，女性の地位も低いことがわかる。また，資料③，④より，男女とも有償労働時間が長いことがわかる。そして，いずれの資料でも日本の合計特殊出生率は低いので，男女が不平等であることや労働時間の長さが，日本の少子化に関係していると推測できる。

問２　問１であげた問題点を解決するためには，男女の不平等をなくす政策や，仕事の効率化（労働時間を減らす）を推進する政策などが，最も有効であると考えられる。

理　科　＜第１回試験＞（社会と合わせて50分）＜満点：50点＞

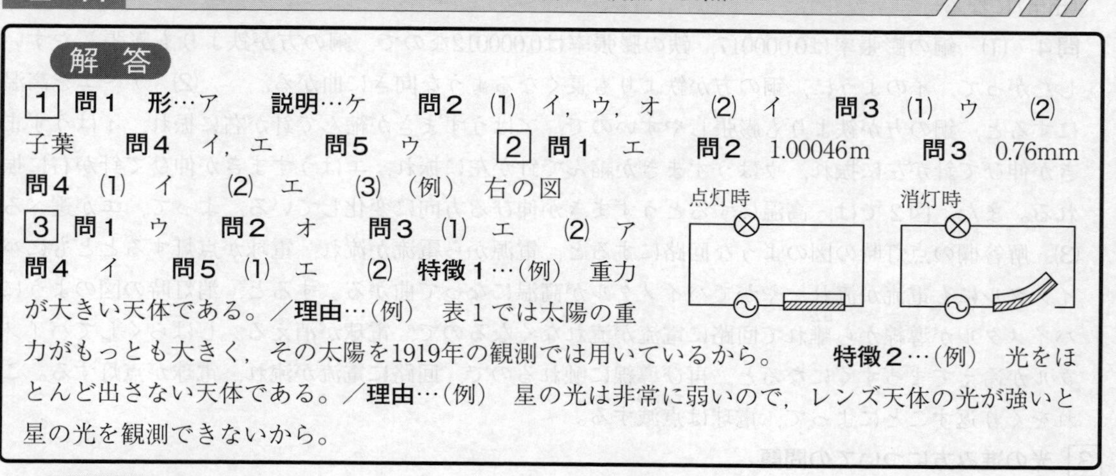

解　答

1　**問１**　形…ア　**説明**…ケ　**問２**　(1)　イ，ウ，オ　(2)　イ　**問３**　(1)　ウ　(2)　子葉　**問４**　イ，エ　**問５**　ウ　**2**　**問１**　エ　**問２**　1.00046m　**問３**　0.76mm　**問４**　(1)　イ　(2)　エ　(3)　（例）　右の図

3　**問１**　ウ　**問２**　オ　**問３**　(1)　エ　(2)　ア　**問４**　イ　**問５**　(1)　エ　(2)　**特徴１**…（例）　重力が大きい天体である。／**理由**…（例）　表１では太陽の重力がもっとも大きく，その太陽を1919年の観測では用いているから。　**特徴２**…（例）　光をほとんど出さない天体である。／**理由**…（例）　星の光は非常に弱いので，レンズ天体の光が強いと星の光を観測できないから。

解　説

1　動物や植物のつくりや生態についての問題

問１　アはカマキリの頭で，トンボやカマキリなどの口は小さな虫などをかみ切るのに適した形をしている。なお，イは木の幹の汁を吸うセミなどの口，ウはくさったものなどをなめるハエなどの口，エは花の蜜などを吸うチョウやガなどの頭，オは草をかみ切って食べるバッタなどの口である。

問２　(1)　マツの花粉は風，ツバキの花粉は鳥，セキショウモの花粉は水によって運ばれる。

(2)　エンドウは，花がさくときにおしべがめしべの柱頭に触れて，自分の花の花粉によって受粉(自家受粉)する。

問３　発芽のための養分を胚乳にたくわえている種子を有胚乳種子といい，子葉にたくわえている種子を無胚乳種子という。インゲンマメなどマメ科の植物は無胚乳種子，イネ，カキ，トウモロコシ，ムギなどは有胚乳種子である。

問４　植物は，体内にある葉緑体で光のエネルギーを利用して，二酸化炭素と水を材料に，養分(デンプン)をつくり出している。このはたらきを光合成といい，このとき酸素もつくり出されて放出される。二酸化炭素は，みずから燃える性質がなく，ものを燃やす性質(助燃性)もない。また，空気の約1.5倍の重さがあり，色やにおいはない。水に少し溶け，その水溶液(炭酸水)は酸性を示す。そして，二酸化炭素を石灰水に通すと白くにごる。

問５　図１より，クリシギゾウムシによる被害率は，収穫時期が早い品種では低く，収穫時期が遅い品種ほど高くなっていることがわかる。したがって，クリシギゾウムシに効く殺虫剤は，収穫時期が早い品種には使用する必要性は低く，収穫時期が遅い品種には使用する必要性が高いと考えられる。

2　金属の膨張についての問題

問１　氷がとけて水になると体積が約0.9倍になるので，エが誤っている。

問２　表１より，アルミニウムの膨張率は0.000023なので，０℃のときに１mのアルミニウムの棒が20℃になったときの長さは，１＋20×0.000023＝1.00046(m)と求められる。

問３　鉄の膨張率は0.000012なので，０℃のときに１mの鉄の棒が20℃になったときに伸びる長さは，20×0.000012×1000＝0.24(mm)である。よって，レールとレールの隙間は，１－0.24＝0.76(mm)になる。

問４　(1)　銅の膨張率は0.000017，鉄の膨張率は0.000012なので，銅の方が鉄よりも膨張しやすい。したがって，イのように，銅の方が鉄よりも長くなるような向きに曲がる。　(2)　ア～エを高温にすると，銅の方が鉄よりも膨張しやすいので，アはうずまきが縮んで針が右に振れ，イはうずまきが伸びて針が左に振れ，ウはうずまきが縮んで針が左に振れ，エはうずまきが伸びて針が右に振れる。また，図２では，高温にするとうずまきが伸びる方向に変化している。よって，エが選べる。

(3)　解答欄の点灯時の図のような回路にすると，電源から電流が流れ，電球が点灯するとともにバイメタルにも電流が流れ，やがてバイメタルが高温になって曲がる。すると，消灯時の図のように，バイメタルが導線から離れて回路に電流が流れなくなるので，電球が消える。しばらくしてバイメタルが冷えてまっすぐになると，再び導線に触れるので，回路に電流が流れ，電球が点灯する。これをくり返すことによって，電球は点滅する。

3　光の進み方についての問題

問１　光は，同じ物質中を進んでいるときは直進するが，異なる物質中に進むときはその境界面で道すじが折れ曲がって進むことがある。この現象を屈折という。光が空気中からガラス中へ境界面に対してななめに進むときは，境界面から遠ざかる向きに屈折する。また，光がガラス中から空気中へ境界面に対してななめに進むときは，境界面に近づく向きに屈折する。この性質により，凸レンズに入射する光は，レンズの軸(レンズの中心を通りレンズの面に垂直な直線)に近づく向きに屈折して進む。

問２ ものが燃えるには，燃える温度(発火点)以上になっていること，燃えるものがあること，酸素があることの３つの条件が必要である。

問３ (1) 図１を見ると，ケプラー式望遠鏡では，左側の凸レンズから入った光の上下が入れかわってから目にとどいているので，像の上下左右が反対になると考えられる。したがって，図２と上下左右が反対になっているエが選べる。 (2) 図１を見ると，ガリレオ式望遠鏡では，左側の凸レンズから入った光の上下が入れかわらずに目にとどいているので，像の上下左右が入れかわらないと考えられる。よって，図２と同じ向きのアがふさわしい。

問４ アルデバランが月に隠れて見えなくなるときには，地球―月―アルデバランがこの順で一直線上に並んでいる。これは，地球―月―太陽がこの順で一直線上に並び，地球から太陽が見えなくなる日食の状態と同じである。

問５ (1) 図３を見ると，光線はレンズ天体に近づくように曲がることがわかる。また，レンズ天体に近づくほど重力が強くなり，光の曲がり具合も大きくなると述べられている。したがって，エが正しい。 (2) 表１を見ると，太陽は重力が大きいので，レンズ天体としては重力が大きいものがふさわしいと考えられる。また，太陽が月に隠される皆既日食のときに，太陽の重力レンズ効果を観測する必要があったことから，レンズ天体は光をほとんど出さないという特徴もあると考えられる。

国語 ＜第１回試験＞（50分）＜満点：100点＞

解答

一 **問１** ウ　**問２** ウ　**問３** (例) 今にも死んでしまいそうな「僕」と，助けるかどうか迷っていた彼女が，二人とも世界の一員になることができるようになった，ということ。 **問４** エ　**問５** イ　**問６** (例) それまでは何ともなかったのに，一度彼との関係について考えてしまうと不安でたまらなくなるということ。 **問７** A 春　B 猫　**問８** (例) 文章表現の魅力は，読者の想像力をかき立てるところにあると思う。映像で見ると単なる背景でしかないものが，文章では言葉で表現され，それを読む人の想像力によって世界をつくり出すことができる。読者も受け身ではなく能動的に作品の世界を体験できるところがすばらしいと思う。

二 **問１** ウ　**問２** ア　**問３** ア　**問４** (例) 家が貧しくて学校で必要なものを買ってもらえないことを，かくしたいから。 **問５** エ　**問６** エ　**問７** イ　**問８** (例) その人の周りにはお金で困っている人がいないから。 **問９** (例) 個人の努力不足による貧困も考えられるが，子どもの貧困は本人の責任ではないはずである。いい学校に入るためには本人の努力だけでなく，受験勉強に専念できる環境が必要なので，個人と環境両方のおかげである。

三 ① ウ　② エ　③ オ　④ ア　⑤ イ

解説

一 **出典は永川成基の『彼女と彼女の猫(新海 誠 原作)』による。**春のはじめの雨の日，段ボール箱に入れて捨てられた猫(僕)と，人と喋るのが苦手な女性(私)が出会う。

問１　「吾輩は猫である。名前はまだ無い」という書き出しで始まる『吾輩は猫である』は夏目漱石の作品で，漱石の作品にはほかに『坊っちゃん』などがある。なお，アの森鷗外は『舞姫』など，イの芥川龍之介は『蜘蛛の糸』など，エの太宰治は『走れメロス』などで知られる小説家。

問２　続く部分に，「はじめ，僕を世界につなぎとめていたのは，母親だった」が「今はもう，いない」とある。猫の「僕」は，保護してくれる母親が死んでしまったために自分も「この世界から切り離されてしまう」，つまり，死んでしまうのだろうと感じているのだから，母親の死と自分の死を結びつけているウが選べる。なお，「僕には覚えておきたいものなんか一つもなかった」とあるように，死にかけている「僕」にとって「世界」と「人間」の関係はあまり重要ではないので，アとエはあてはまらない。また，「僕」は「電車の音」に「強い憧れを持っていた」のだから，「電車のような巨大で力強い世界の心臓の音に圧倒されている」とあるイも合わない。

問３　すぐ前に，「僕と彼女と，世界の鼓動が」とあることに注意する。この場面では，「僕」を助けるかどうか迷っていた彼女が決意したことで，死にかけていた「僕」だけでなく，助けた彼女も「世界につなぎとめ」られている。この一連のできごとが，「同時に動き出した」と表現されている。

問４　続く部分に，「あやふやで，すぐに消えてしまう言葉のやりとりだけで，仕事が進んでいく。みんな当たり前のようにしているけれど，私には，ほとんど奇跡みたいなことに思える」とあるので，エがふさわしい。なお，「私は書類のやりとりが好きだ」が，「仕事では書類のやりとりこそが重要」とまでは言っていないので，アは合わない。また，「外にあるものを言葉にする」という珠希の長所しかとらえていないので，イもふさわしくない。さらに，「自分の中に蓄えたものを言葉にして取り出す」というノブの長所しかとらえていないので，ウもあてはまらない。

問５　「笑顔を作り」という表現から，「私」が珠希やノブに合わせて無理に笑ったことがわかる。よって，「共感をしたかのようにふるまった」とあるイが選べる。

問６　傍線⑤が，すぐ前の「彼の言葉に身をまかせて，漂うのは気持ちいい。けど，一人になると不安が押し寄せてくる」をたとえた表現であることに注意する。「私は，彼のことを恋人だと思って」おり，一緒にいるときは「うれしい」が，一人でいるときは「彼が私のことをどう思っているのか」がわからず不安なのだから，「それまでは何ともなかったのに，一度彼との関係について考えてしまうと不安でたまらなくなるということ」のようにまとめる。

問７　Ａ，Ｂ　本文の「だから僕は，彼女の猫だ」までが猫(僕)の視点で，傍線③以降が女性(私)の視点で描かれていることに注意する。本文の最初に，猫と女性が出会った「季節は春のはじめで，その日は雨だった」とあるので，空欄Ａには「春」，空欄Ｂには「猫」が入る。

問８　【資料一】に「ダイレクトな情景描写が映像の得意なこと」であり「映画の強み」だとある。それに対して文章表現の魅力は何かを考えて書く。【資料二】と【資料三】は同じシーンだと考えられるが，それぞれ受ける印象が違うはずである。そこから考えてみるとよい。

二　**出典は雨宮処凛の『学校，行かなきゃいけないの？―これからの不登校ガイド』による。**筆者は，貧困問題について説明したうえで，格差社会が常態化すると自分の置かれている環境しか見えなくなるが，環境的に努力することもできない子どもたちがいることを忘れてはいけないと述べている。

問１　直前の二文に，「ひと昔前であれば，若者がホームレス化することなんてなかった。実家・

親というセーフティネットがあったからだ」とある。「セーフティネット」はもともと“工事現場などで誤って転落したときに受け止める安全網”を表す英語で，救済や支援をたとえた表現。つまり，「バブル崩壊以降」は親も我が子を助ける経済的な「余力」がなくなったのだから，ウがふさわしい。　ア，エ　傍線①は「家族」について述べており，「政府」や「公的なシステム」については述べていない。イ　ここでの「余力」は経済的なものなので，「キズナ」などの精神的な余力が残っていたとしても，解決策とはならない。

問２　直後では「ひとり親世帯」について述べられており，直前では生活が苦しいと答えた「母子世帯」が86.7％と説明されているので，「母子世帯」について述べているアが選べる。傍線②の前後で，「ひとり親世帯」と「母子世帯」がほぼ同じ意味で使われていることに注意する。なお，エも「母子世帯」について述べているが，本文からは読み取れない。

問３　病気や障害のある家族や親族の介護などをしている子どもたちを，「ヤング・ケアラー」という。「ヤング」は“若い”，「ケアラー」は“介護者”という意味の英語。なお，イの「ケア・マネージャー」（介護支援専門員）は，介護の計画（ケアプラン）を立て，介護施設などとの連絡や調整を行う人。ウの「ホーム・ドクター」は，けがをしたときや病気になったときに最初に相談する医師。エの「エッセンシャル・ワーカー」は，医療や物流など，人々の生活を維持するために必要（エッセンシャル）な仕事について働いている人々（ワーカー）。

問４　「学校で必要なもの」が「用意でき」ないのは家が貧しいからだが，それをかくすために「忘れた」とうそをつかなければならないのである。

問５　図２を見ると，最終学歴に関係なく，また正社員，非正規のどちらでも，女性のほうが男性よりも生涯賃金が低くなっているので，エが正しい。　ア　正社員の男女での生涯賃金の差は，中学卒で6000万円，高校卒で6000万円，高専・短大卒で4000万円，大学卒・大学院卒で5000万円となっているので，あてはまらない。　イ　非正規の中学卒～高専・短大卒の男女の生涯賃金の実態と合わない。　ウ「就職機会」は，図２からは読み取れない。

問６　少し前で，「公的福祉からの排除というのは，そんなふうに失業し，家族にも頼れない状態の人が役所に助けを求めても，『若いからまだ働ける』などと追い返されてしまうこと。本来であれば住む場所もお金もなければ生活保護が利用できる」と述べられているので，エがあてはまる。

問７　「普段接していない人」とは，「格差社会が常態化」したことによって起きる「棲み分け」で，「豊かではない階層」にいる人のことである。よって，経済状況とは無関係なイがふさわしくない。

問８　四つ前の段落で，「豊かな人の周りには困っている人はあまりいないけれど，生活に困っている人の周りには，困っている人が多くいる」という「棲み分け」が起きていることが説明されている。そして，「格差は普段接していない人の『事情』をまったくわからなくさせる」と述べられている。よって，「周りにお金で困っている人があまりいないから」のようにまとめる。

問９　「貧困の原因は環境ではなく個人にあるとする『自己責任論』」とは，“貧困は努力不足によるものなので，その人自身に責任がある”という考え方である。この考え方を「受験」の場合にあてはめながらまとめる。

三　比ゆ表現の知識

①「～のごとく」とあるので，「～のように」とあるウが同じ。どちらも，「～のようだ（な）」，

「～みたいだ(な)」などの，直接たとえを示す言葉を用いた比ゆの「直ゆ」である。 ② 「～のようだ」などを使わずに「彼女」を「女神」にたとえているので，“大問題となる”ことを「炎上」と表しているエが同じ。どちらも，直接たとえを示す言葉を使わない「隠ゆ」である。 ③ 「お鍋」は“お鍋で煮る料理”を表している。同じように，オの「黒板」は“黒板に書かれた文字”を表している。 ④ 「花見」というときの「花」は，花の中でも桜を表している。同じように，アの「焼き鳥」の「鳥」は，鳥の中でもにわとりを表している。 ⑤ 「台風」が「暴れる」のだから，「花びら」が「舞う」とあるイが同じ。どちらも，人間でないものを人間にたとえて言い表す「擬人法」にあたる。

2022年度　三田国際学園中学校

〔電　話〕　(03) 3707－5676
〔所在地〕　〒158－0097　東京都世田谷区用賀２－16－１
〔交　通〕　東急田園都市線「用賀駅」より徒歩５分

※この試験はインターナショナルサイエンスクラス・インターナショナルクラス受験生対象です。

【算　数】〈第２回試験〉（50分）〈満点：100点〉

〔受験上の注意〕１．線や円をかく問題は，定規やコンパスは用いずに手書きで記入してください。
２．円周率は3.14として解答してください。

1　次の［　　］にあてはまる数を答えなさい。

(1) $\frac{1}{10}+\frac{1}{40}+\frac{1}{88}+\frac{1}{154}+\frac{1}{238}=$［　　］

(2) 濃度５％の食塩水 200 g と濃度［　　］％の食塩水 100 g を混ぜ合わせると濃度７％の食塩水ができます。

(3) 大小２つのさいころを１回投げたとき，出た目の数の最大公約数が１になるのは全部で［　　］通りあります。

(4) １周 800 mの池の周りをＡさんは毎分 200 mの速さで走り，Ｂさんは毎分 80 mの速さで歩きます。２人が地点Ｐから，反対向きに同時に出発したあと，地点Ｐで２人が初めて出会うのはＡさんが池の周りを［　　］周走り終わったときです。

(5) 99 や 999 のような各位の数がすべて９であるような数のうち，13 で割り切れる最も小さい数は［　　］です。

(6)　次の図は，ある三角柱を正面から見た図と真上から見た図です。この三角柱の表面積が 264 cm^2 のとき，この三角柱の高さは□cmです。

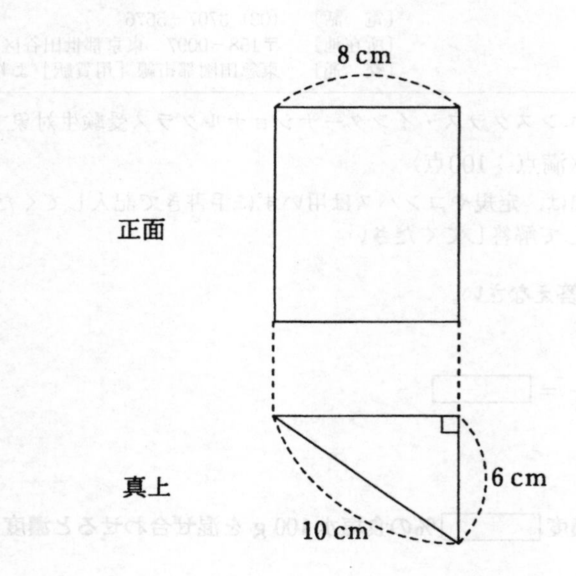

2　時計の短針，長針はそれぞれ一定の速さで動いているものとし，長針と短針の作る角は次の図のように，小さい方の角とします。

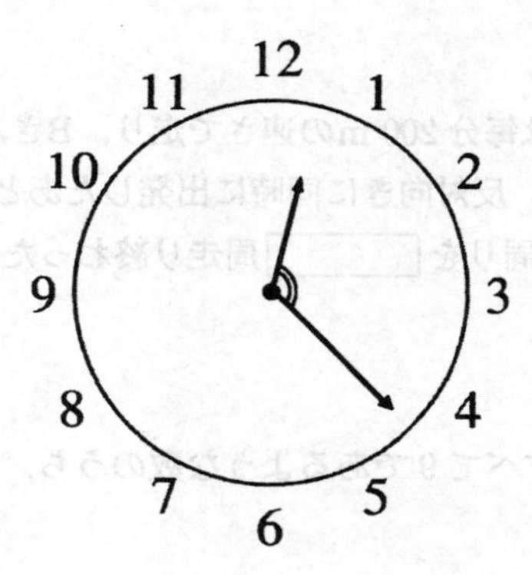

(1)　３時には短針と長針の作る角が直角になります。次に，短針と長針の作る角が直角になるのは，３時何分ですか。

(2)　０時から短針が１周するまでの間に長針と短針の作る角が直角になる回数は何回ですか。

(3)　短針と長針の作る角が 60°になってから，次に 60°になるまでにかかる時間を考えます。その時間は２通りあります。かかる時間が長いほうの時間は何分ですか。

3 図のように，面積が１cm^2の直角二等辺三角形のタイルがしきつめられています。このタイルの中から，下の図の中の直角三角形（あ），（い）のように，その直角をはさむ２辺の外側に正方形ＡとＢをつくり，残りの辺の外側にも正方形Ｃをつくります。Ａ，Ｂ，Ｃの面積をそれぞれS cm^2，T cm^2，U cm^2とします。

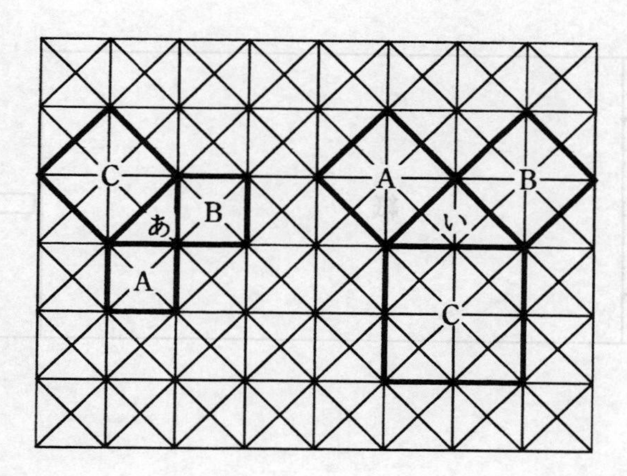

⑴　上図の直角三角形（あ），（い）について，解答用紙にある表の空らんをすべてうめなさい。ただし，単位のcm^2は省略しなさい。

⑵　次の図において，正方形Ｃの面積を求めなさい。

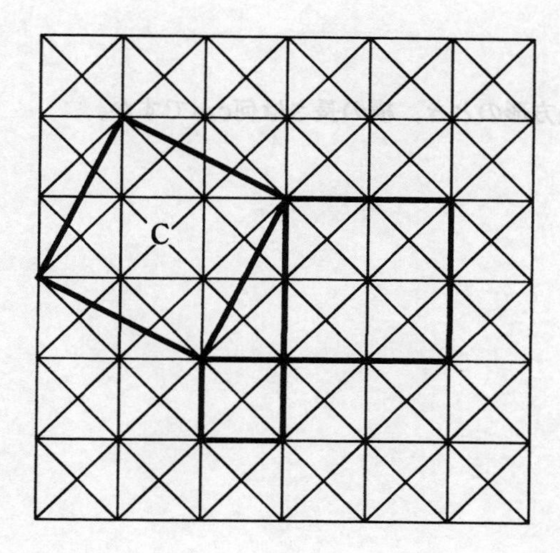

⑶　$S=2$，$T=18$，$U=20$となる正方形と直角三角形を解答用紙の図にかき加えなさい。

4 ある図形がかかれた紙の上に，何もかかれていない同じ大きさの紙を重ね，上の紙を矢印の方向に毎秒0.5 cmの速さでずらしていきます。次の図は，そのとちゅうの状態を表す図で，下のグラフは紙をずらし始めてからの時間と，見えている部分の図形の面積との関係を表したものです。

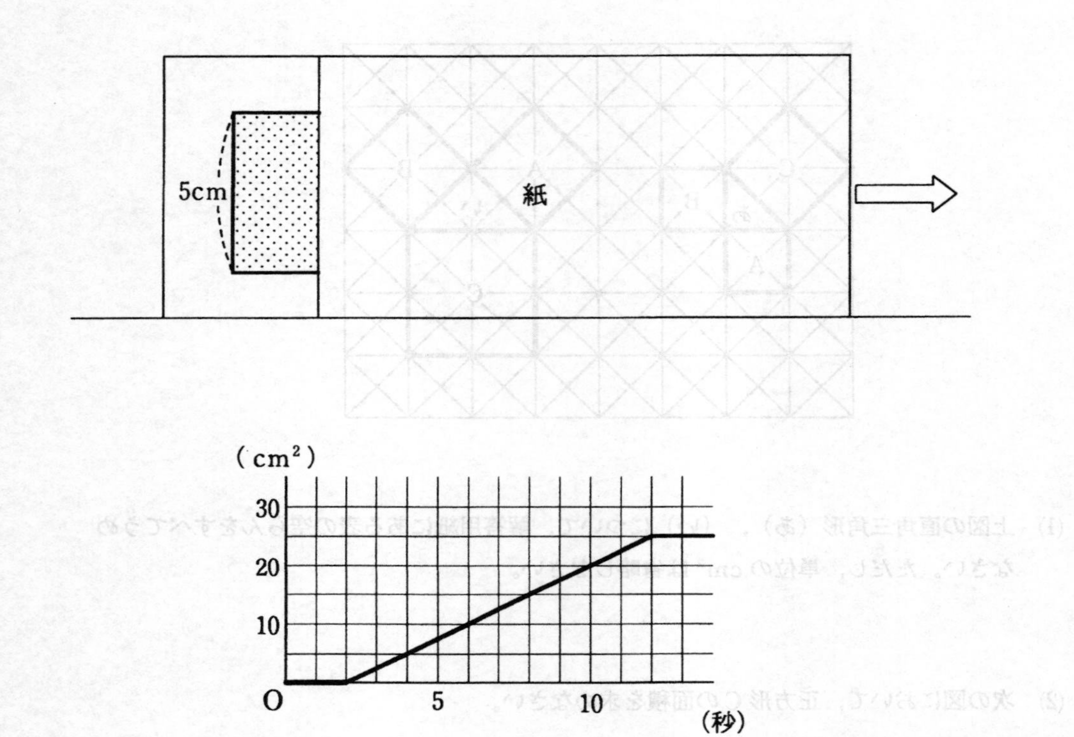

(1)　紙にかかれた図形が長方形のとき，横の長さは何cmですか。

(2)　次の①，②の図形でそれぞれ同じことをしたとき，グラフはどのような形になりますか。グラフの形として最も適切なものを下のアからカの中から１つずつ選び，記号で答えなさい。

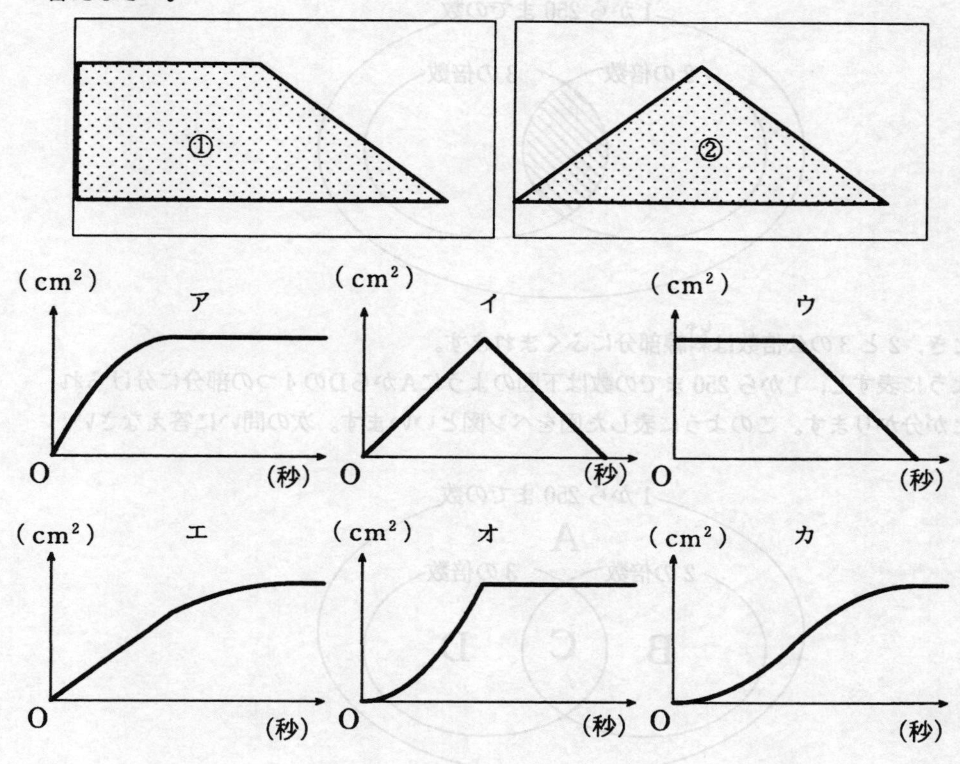

(3)　次の図のような図形で同じことをしたとき，グラフはどのような形になりますか。ただし，方眼の１目盛りは１cmとします。

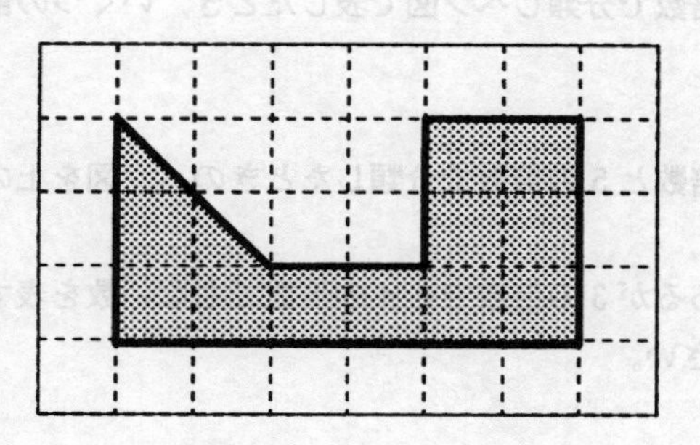

5 1から250までの数が，何の倍数であるかによって分類することを考えます。例えば，2の倍数と3の倍数で分類する場合は下図のようになります。

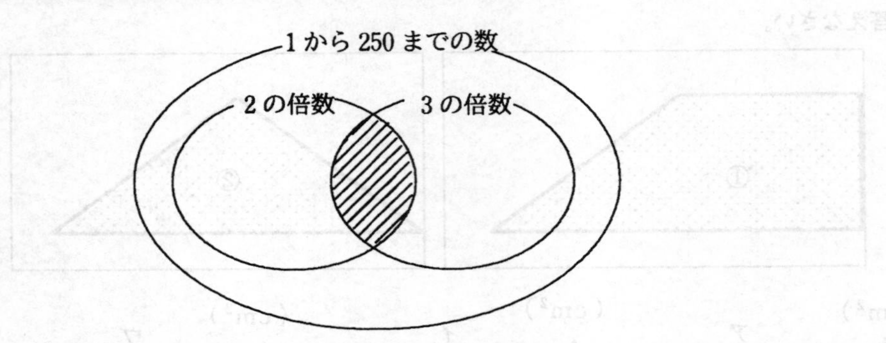

このとき，2と3の公倍数は斜線部分にふくまれます。
このように表すと，1から250までの数は下図のようにAからDの4つの部分に分けられることが分かります。このように表した図をベン図といいます。次の問いに答えなさい。

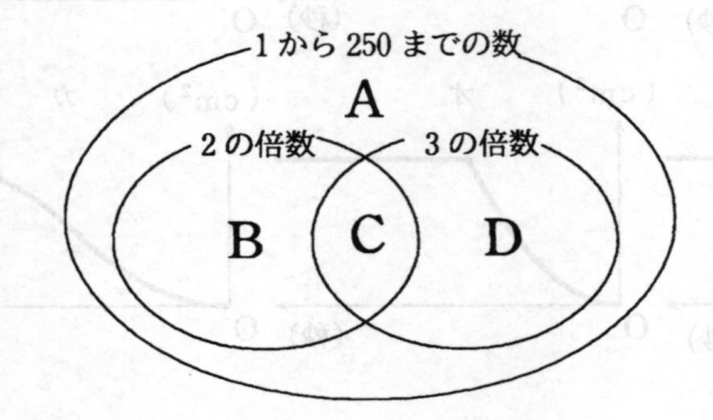

(1) 上の図で，Dにふくまれる数はいくつありますか。

(2) 2の倍数と3の倍数と5の倍数で分類しベン図で表したとき，いくつの部分に分けられますか。

(3) 2の倍数と3の倍数と4の倍数と5の倍数で分類したときのベン図を上の例にしたがってかきなさい。
また，2と5の公倍数ではあるが3の倍数でも4の倍数でもない数を表す部分にふくまれる数をすべて求めなさい。

【社　会】〈第２回試験〉（理科と合わせて50分）〈満点：50点〉
〈編集部注：実物の入試問題では，写真・グラフ・図表はすべて色つきです。〉

1　以下の会話文を読んで、各問いに答えなさい。

地名の成り立ちや由来にはさまざまな背景や意味があります。

民族的なものとして、北海道はアイヌ民族の言語に由来する地名が多いです。そもそも北海道の「カイ（海）」は自らの国との意味のアイヌ語の音をあてたものです。札幌の「ホロ（幌）」は大きいという意であり、文字通り人口190万人超の大都市です。また、百済からわたってきた渡来人の多くが住んだことから朝鮮語の「ナラ（国）」が由来との説もある奈良県は、日本のほぼ中央部に位置している<u>①内陸県（海なし県）</u>でもあり、南北で気候の差が大きい特徴があります。さらに沖縄のほとんどの地名は琉球語が背景にあり、「アガリ（東）」「イリ（西）」「グスク（城）」などと独特の読み方をします。沖縄県の特徴は、大小160の島で構成され、東西に約1,000キロ、南北に約400キロと広大な県域です。最大面積の島は<u>②沖縄本島</u>で、南北に細長く、最南端から最北端までの距離は約100kmあります。 沖縄県を囲むように流れる暖流の影響を受け、一年中温暖な気候です。

歴史由来のモノとしては、室町時代の蓮如の文献からついたといわれる大坂（現在の大阪）です。長い間、都の置かれていた京都と水運でつながれていたこともあり、ヒトやモノが盛んに往来したことにより商業の街として栄えてきました。また、四国の高松城や丸亀城の城下町として今日に至る高松市や丸亀市は、豊臣秀吉の家臣の生駒氏が名付けたことが由来となります。この県は、日本で一番［　③　］県で、温暖な気候とともに、讃岐うどんやアートの側面でも知られています。

自然が由来となった地名でみると、東京は谷が付く地名が多いです。<u>④渋谷</u>、四谷、日比谷、千駄ヶ谷、市谷、鶯谷、さらに三田国際学園の所在地の「世田谷」などです。若者が集まる渋谷の由来は、この地を流れる川の水が鉄分を多く含み、赤さび色の「シブ色」だったため「シブヤ川」と呼ばれていたとする説や、渋谷川の流域の低地がしぼんだ谷あいだったからとする説があるようです。谷の字が示すように、そこから上り坂の宮益坂、道玄坂があるところからも地形的に坂の下にある土地ということがわかります。

問１　下線部①に関連して、内陸県は全国に８県ありますが、ある県に隣接する４県の特徴の文を読み、この内陸県の名称を答えなさい。

≪隣接４県の特徴≫

＊この県の生産物で金属洋食器のシェアは95％で、2018年全国１位です。

＊この県の生産物でピアノのシェアは100％で、出荷額は2018年全国１位です。

＊この県は自動車関連企業が多くあり、工業生産額は2017年全国２位です。

＊この県の第２次産業従事者割合は、有業者55.4万人に対して33.9％で全国１位です。(※有業者とは、収入を目的として仕事をしている人)

問２　下線部②に関連して、沖縄県で進められている米軍基地移設については反対運動が起こっています。下の地図を参考にこの基地および移設先の地名・位置の組み合わせとして正しいものを選択肢より選び、記号で答えなさい。

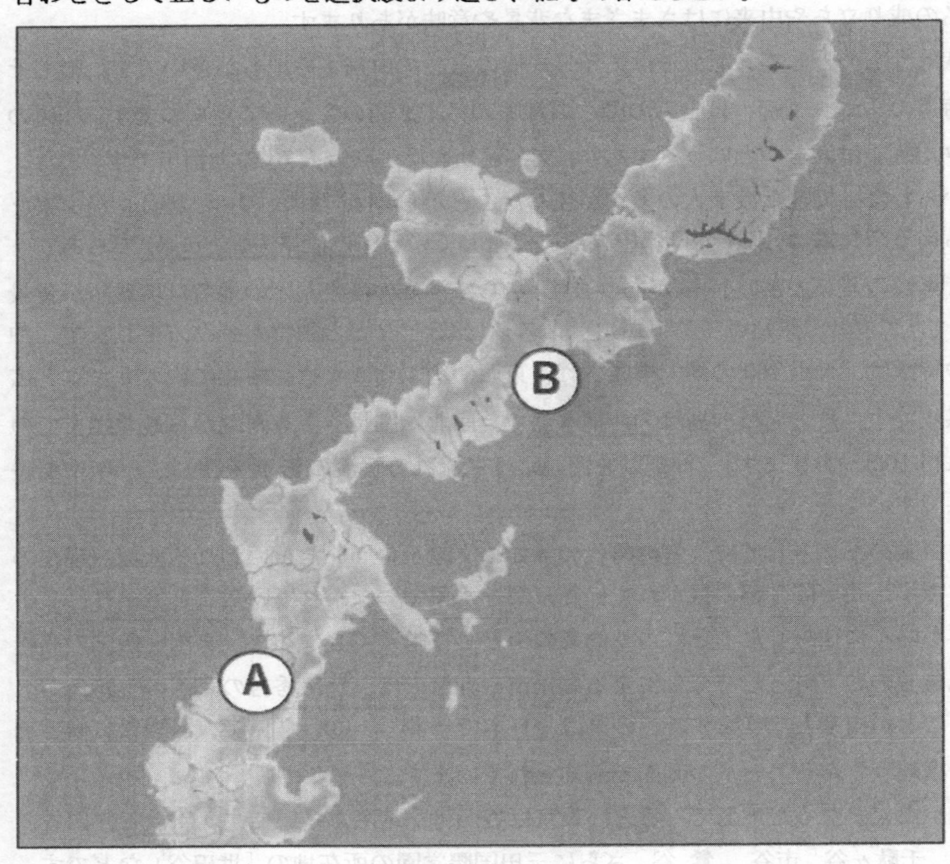

ア．普天間（ふてんま）（地図Ａ）　→　辺野古（へのこ）（地図Ｂ）
イ．辺野古（地図Ａ）　→　普天間（地図Ｂ）
ウ．普天間（地図Ｂ）　→　辺野古（地図Ａ）
エ．辺野古（地図Ｂ）　→　普天間（地図Ａ）

問３　空欄（くうらん）③の中に入る言葉としてふさわしいものを次のア～エから選び、さらに高松市の雨温図としてふさわしいものをオ～クから選び、それぞれ記号で答えなさい。

ア．日照時間が少ない　　　イ．人口が少ない
ウ．降水量が少ない　　　　エ．面積が小さい

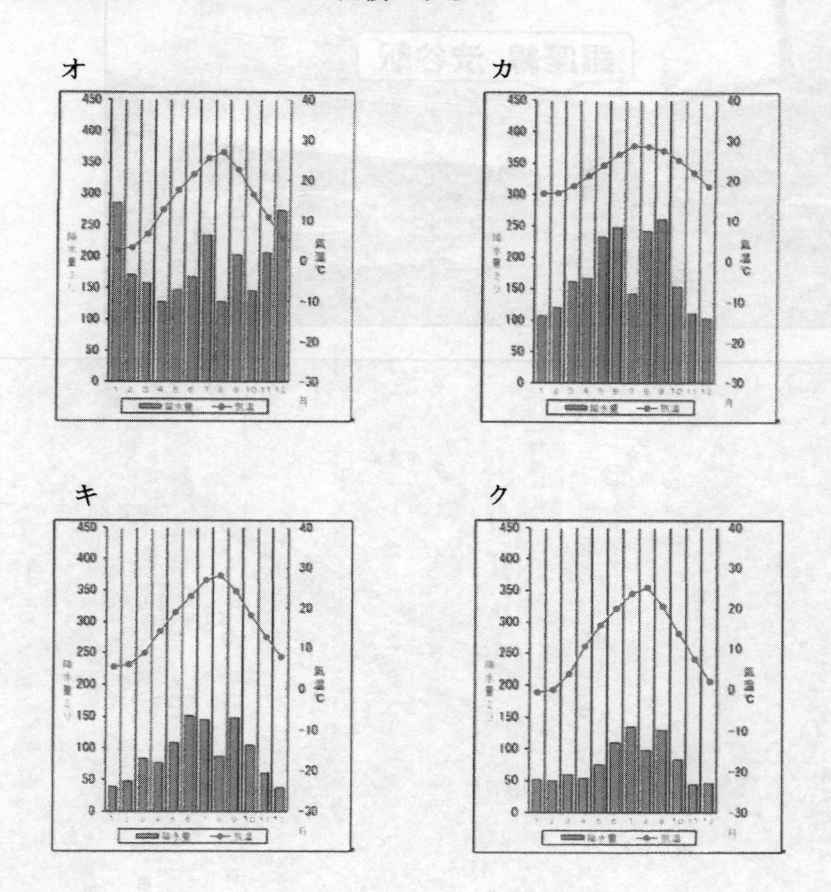

問４　下線部④に関連して、図１は地下鉄銀座線の渋谷駅である。銀座線は1927年浅草～新橋間で開通、その後1939年には新橋～渋谷が開通した。現在浅草方面への折り返しの始発駅となっている。図２は渋谷駅周辺の地形図、図３は図２Ａ～Ｂの断面図である。それぞれの図を参考に、地下鉄銀座線渋谷駅が高架（こうか）駅である理由を考え、**30～40字程度**で述べなさい。

図１

図２

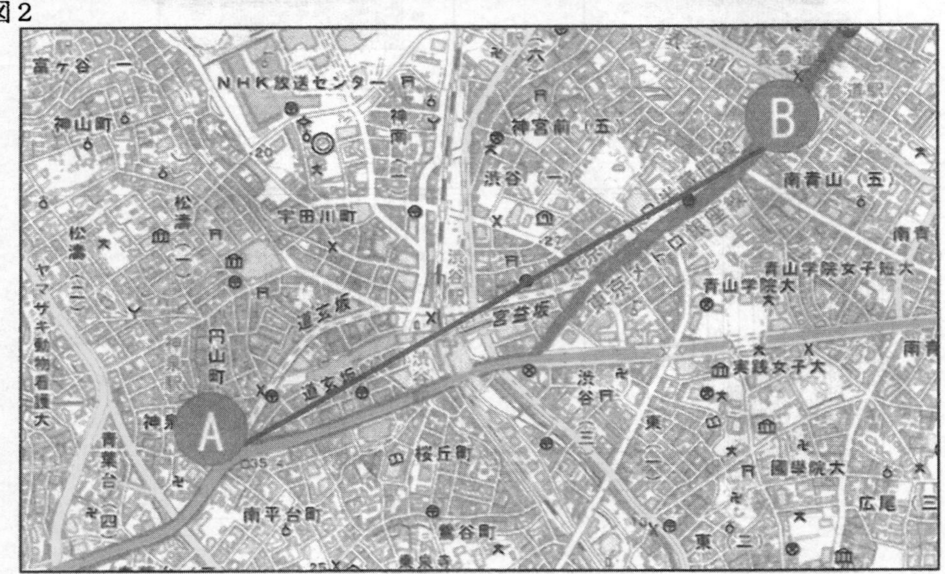

≪出典：国土地理院　地理院地図より作成≫

図３

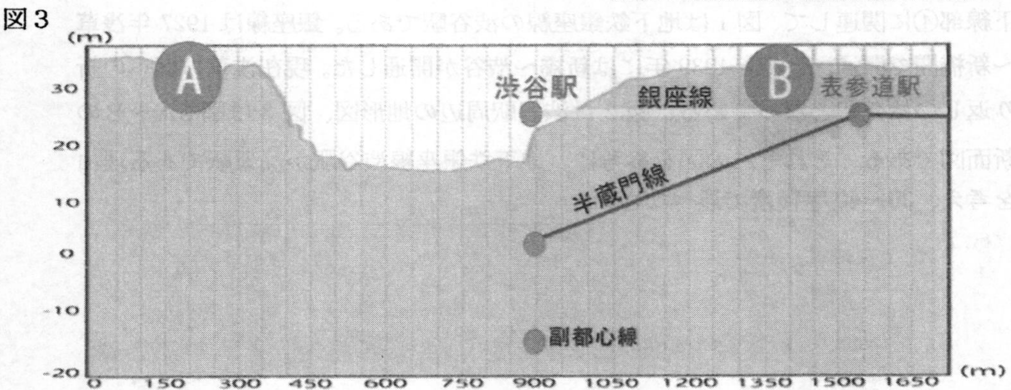

≪出典：国土地理院　地理院地図より作成≫

問５　以下の資料は、本文中の北海道・沖縄・大阪・京都・東京の2018年における製造品出荷額等の割合グラフと、製造品出荷額等総額を示したものである。グループの考察をヒントに、Ａ～Ｅの都道府県の組み合わせとしてふさわしいものを選択肢(せんたくし)の中から選び、記号で答えなさい。

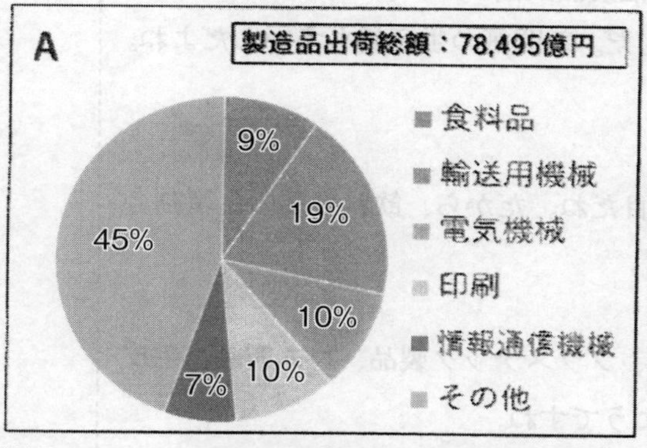

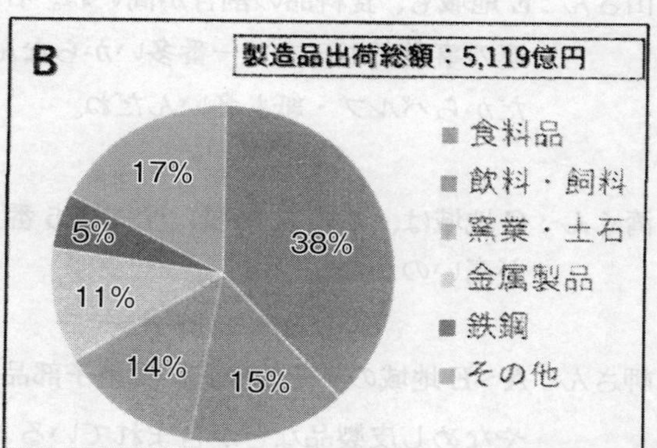

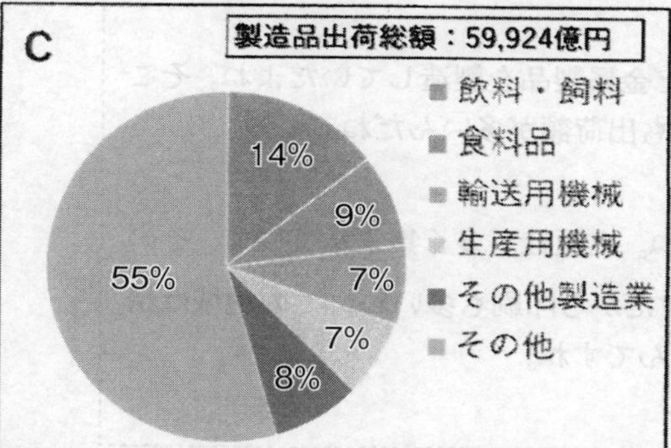

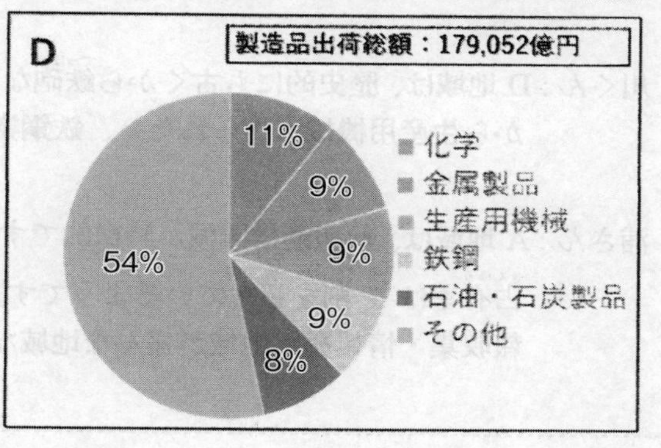

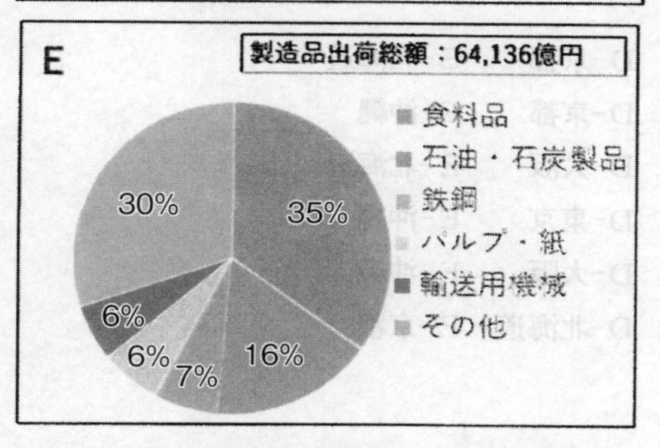

※円グラフ内の分布はいずれも時計回り

≪出典：経済産業省　工業統計調査（2019年）より≫

【グループの考察】

谷くん：B地域は、製造品の出荷額はけた違(ちが)いで少ないね。食料品の生産割合は高いけど、地域原産の自然食品などの加工なのかな。

山さん：E地域も、食料品の割合が高いね。石油製品が高いのは、この地域に石油関連の事業所が日本で一番多いからなんだ。新聞紙の生産量も多いんだよね。だからパルプ・紙も多いんだね。

湾くん：C地域は、茶の収穫(しゅうかく)量は全国で5番目だね。だから、飲料製品の生産割合が高いのかな。

岬さん：A～E地域の「その他」には電子部品、プラスチック製品、ゴム製品、毛皮やなめし皮製品などが含(ふく)まれているようですね。

川くん：D地域は、歴史的にも古くから鉄砲(てっぽう)など金属製品を製造していたよね。そこから生産用機械も作られたり、鉄鋼業も出荷額が多いんだね。

浦さん：A地域は、情報通信機械が特徴的ですね。出版社が多く集まっていて、その占有(せんゆう)率は7割を超(こ)えているようです。だから印刷も多いね。この地域は情報収集・情報発信地域が盛んな地域なんですね。

ア.	A-東京	B-沖縄	C-大阪	D-京都	E-北海道
イ.	A-大阪	B-北海道	C-東京	D-京都	E-沖縄
ウ.	A-東京	B-沖縄	C-京都	D-大阪	E-北海道
エ.	A-大阪	B-北海道	C-京都	D-東京	E-沖縄
オ.	A-東京	B-北海道	C-京都	D-大阪	E-沖縄
カ.	A-大阪	B-沖縄	C-東京	D-北海道	E-京都

2 以下の資料は、中学生の三田さんが、日本の歴史上で活躍した４人の女性に注目して集めたものです。次の各問いに答えなさい。

【資料A】

「みんな心を一つにして聞いてほしい。今は亡き右大将軍が朝敵(注１)を征伐して①幕府を開いてから、御家人の官位や俸禄(注２)が高くなったことを考えると、その御恩は山よりも高く、海よりも深いではないか。……名誉を大切にする武士は、……三代の将軍の事業である幕府を守ろうではないか。ただし、京都の上皇方へ参ろうとする者は、ただ今申し出よ。」

(注１) 朝敵：朝廷の敵。この場合は平氏を指す

(注２) 俸禄：給与。この場合は土地や収入となる年貢を指す

(『吾妻鏡』)

【資料B】

熟田津に　船乗りせむと　月待てば　潮もかなひぬ　今は漕ぎ出でな

(『万葉集』)

(意味) 熟田津(注３)から船出しようと月を待っていると潮の流れもちょうど良くなった。さあ、今こそ漕ぎ出でよう。

(注３) 熟田津：愛媛県にあった港

【資料C】

原始、女性は太陽であった。真正の人であった。今、女性は月である。他に依って生き、他の光によって輝く、病人のやうな蒼白い顔の月である。……私共は隠されて仕舞った我が太陽を今や取り戻さねばならぬ。

(『青鞜』)

【資料D】

春はあけぼの　やうやう白くなりゆく山ぎは　少し明かりて紫だちたる雲の細くたなびきたる。

(意味) 春は、夜がほのぼの明ける頃がよい。だんだんに白くなっていく山際が、少し明るくなり、紫がかった雲が細くたなびいているのがよい。

問１　**【資料Ａ】**の下線部①の組織図としてもっともふさわしいものを選択肢の中から選び、記号で答えなさい。

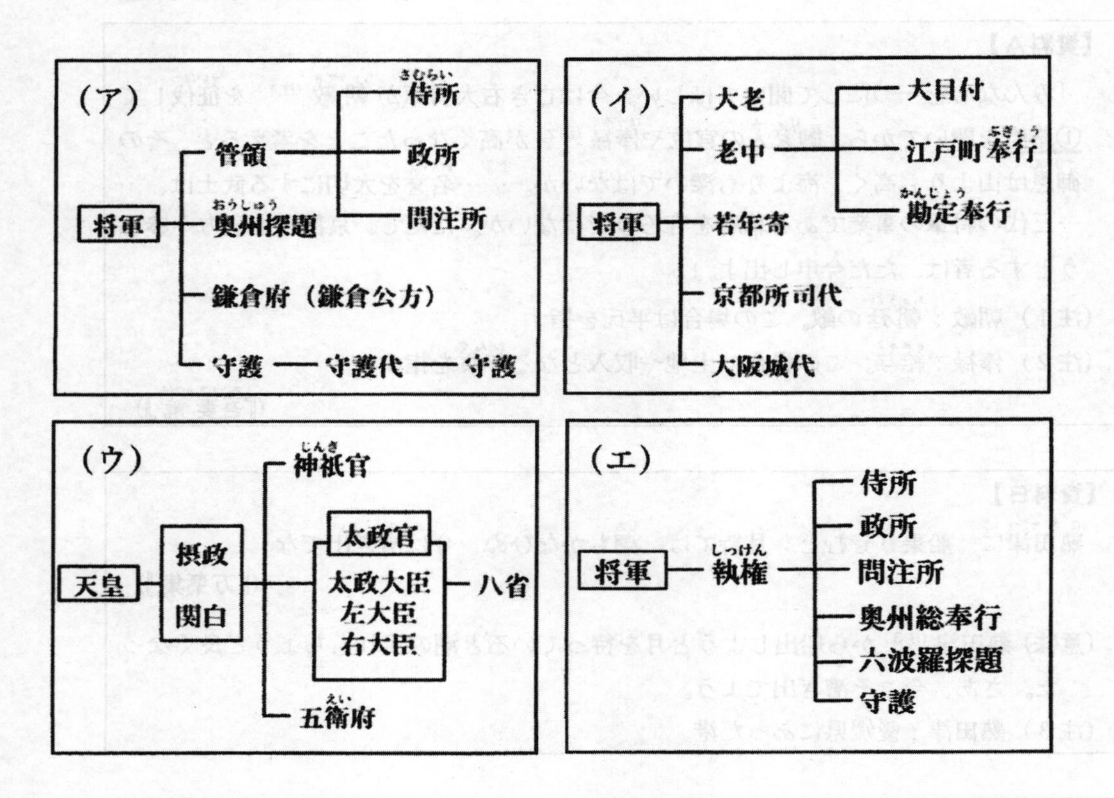

問２　次の文は**【資料Ｂ】**の和歌をよんだ人物の説明文です。この和歌と最もかかわりの深い出来事を選択肢の中から選び、記号で答えなさい。

〈説明文〉
はじめ大海人皇子と結婚をしましたが、のちに大海人皇子の兄である中大兄皇子（後の天智天皇）のきさきとなりました。この和歌は、滅亡した百済を救援する目的で九州に渡ろうとしていた斉明天皇の安全を祈った歌といわれています。

ア．磐井の乱　　イ．元寇（蒙古襲来）　　ウ．白村江の戦い　　エ．壬申の乱問3　以下の年表は、【資料C】を書いた人物についてまとめたものです。以下の問(1)(2)に答えなさい。

年齢	出来事
0歳	伊藤博文が初めて総理大臣になった翌年、東京で生まれる
20歳	日本女子大学を卒業する
24歳	雑誌『青鞜』に【資料C】を発表する
34歳	市川房枝とともに新婦人協会を設立。女性の解放・女性参政権の獲得を推進する運動を展開する
	ア
59歳	終戦を機に、女性運動とともに平和運動を始める
	イ
65歳	日米安全保障条約に反対する運動を起こす
	ウ
79歳	ベトナム戦争の反対運動（反戦運動）を起こす
	エ
85歳	沖縄返還協定が結ばれた年に、東京の病院で死去

(1) この人物は誰か答えなさい。

(2) 日本で女性参政権が初めて認められた選挙が行われた時期として、最もふさわしいものを、年表中の ア ～ エ の中から選び、記号で答えなさい。

問4　【資料D】を書いた人物は、藤原道隆の依頼で定子の家庭教師となり、和歌や礼儀作法などを教育しました。一方、藤原道長も『源氏物語』を書いた人物に、娘の彰子の家庭教師を依頼しました。道隆と道長はなぜ娘のために家庭教師を依頼したのか、**30～40字程度**で説明しなさい。

（家系図＝は夫婦関係を示している）

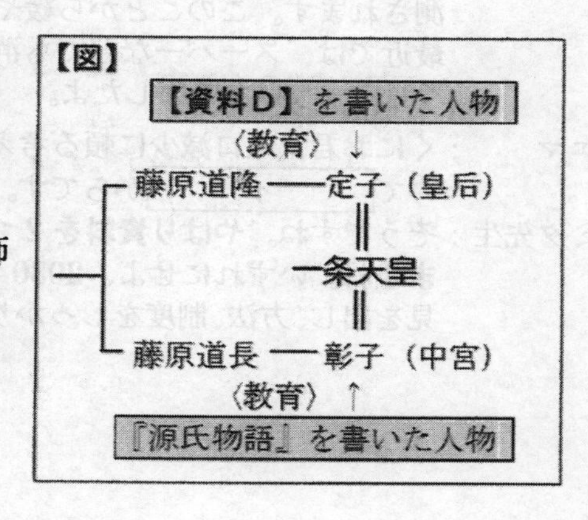

問5　【資料A】～【資料D】を古い順に並べかえたとき、最もふさわしいものを選択肢の中から選び、記号で答えなさい。

ア.　【資料B】－【資料A】－【資料D】－【資料C】

イ.　【資料B】－【資料D】－【資料A】－【資料C】

ウ.　【資料D】－【資料A】－【資料B】－【資料C】

エ.　【資料D】－【資料B】－【資料A】－【資料C】

3 以下の会話文と①～⑤の資料を使い、会話文中の［ア］には、前文に対応する適切な文章で答え、［イ］には、前文とつながるように、自分の考えを記入しなさい。

ミタ先生：今日は、日本人の食の変化について資料を使いながら考えてみたいと思います。みなさんも家庭での食事を振(ふ)り返りながら考えてみましょう。資料①を見ると日本の食事の内容が変化していることを読み取ることができると思うのですが、どうでしょうか？

くにお　：生鮮(せいせん)食品の支出額が減ってきているということは、日本人が魚嫌(きら)いになってきたことを表していると思います。

ミタ先生：なるほどね。そのほかの人はどうですか？

まなぶ　：くにお君の意見も間違(まちが)いではないと思うのですが、資料①と④から日本の食事は、［ア］という変化をしているのではないかと予測ができます。

ミタ先生：なるほどね。まなぶ君の意見を受けて今、話題になっている食品ロスについて考えてみたいのですが…食品ロスは、2015年9月に国際連合で採択(さいたく)された「持続可能な開発目標（SDGs：Sustainable Development Goals）のターゲットの1つで、2030年までに世界全体の一人当たりの食料の廃棄(はいき)を半減させることが目標とされています。日本も2030年を目標に2000年の廃棄量の半分にすることを目標に掲(かか)げています。

くにお　：先生、ぼくは、日本の食品ロスは無理をせずとも解決していくと考えています。なぜなら資料②を見ると、日本は2010年頃(ころ)を境に人口減少していることと、老年人口が増えていくので、食糧(しょくりょう)の消費量が自然に減っていくことが予測されます。このことから緩(ゆる)やかではあるけど解決していくと思うんです。最近では、スーパーなどでも消費期限直前の商品の値下げをしているのをよく見るようになりましたよ。

エマ　　：くにお君、人口減少に頼(たよ)る考えは楽観しすぎで反対かな。なぜなら日本において［イ］からです。

ミタ先生：そうですね。**やはり資料を2つ以上使って考えると問題点が明確になってきますね。**いずれにせよ、2030年までの10年の中で、さまざまな考え方で意見を出し、方法、制度をしっかりと整備して準備していくことが大切ですね。

資料①

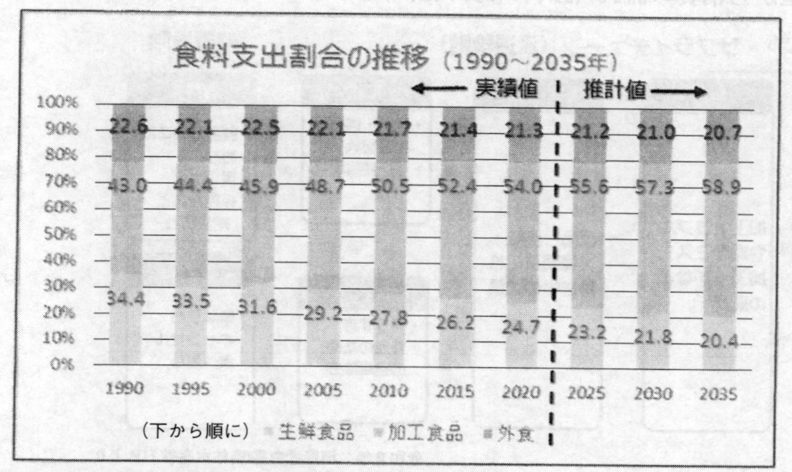

農林水産政策研究所「人口減少局面における食料消費の将来推計」より

注：外食は、一般外食と学校給食の合計。生鮮食品は、米、生鮮魚介、生鮮肉、牛乳、卵、生鮮野菜、生鮮果物の合計。
加工食品はそれ以外

資料②

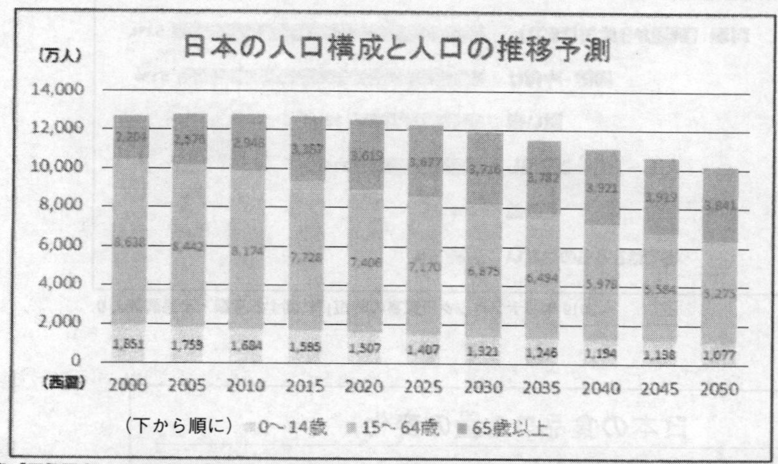

2010年は総務省「国勢調査」、2015年以降は国立社会保障・人口問題研究所「日本の将来推計人口（平成24年１月推計）」より

資料③　食品の生産から消費の流れ（図中の％表示は、サプライチェーンでの廃棄比率）

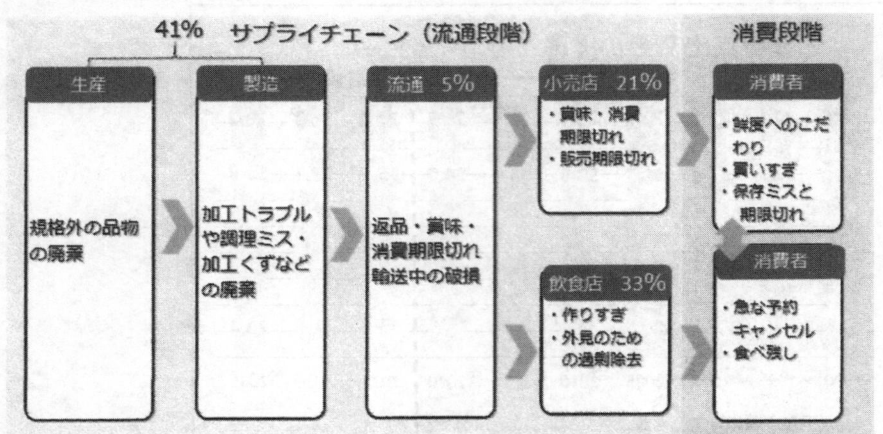

令和２年　消費者白書/農林水産省 HP より

資料④

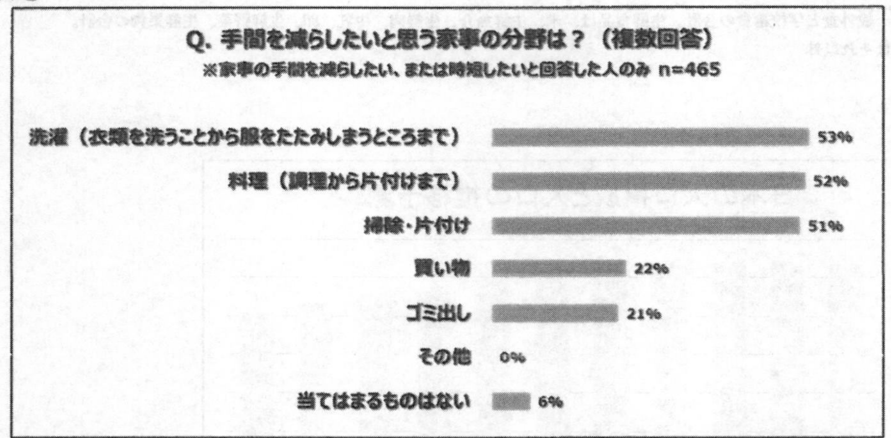

2019 年パナソニック「家事の時短」に関する意識・実態調査より

資料⑤

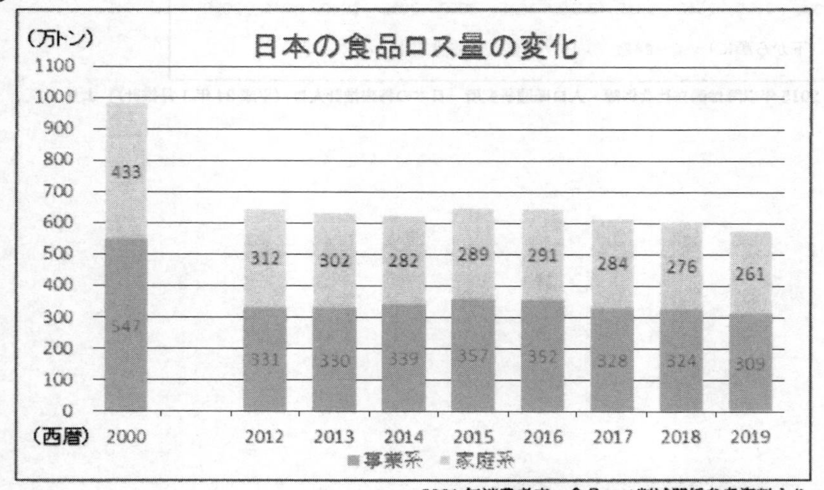

2021 年消費者庁　食品ロス削減関係参考資料より

【理　科】〈第２回試験〉（社会と合わせて50分）〈満点：50点〉

〈編集部注：実物の入試問題では，[1]の問５の図以外は色つきです。〉

[1]　次の文章を読み、あとの各問いに答えなさい。

ヒトの腎臓は血液中のアンモニアや尿素などの不要な物質を尿として排出し、体液の成分を一定に保っている。腎臓は不要物の排出だけでなく、体液の塩分濃度の調節にもはたらいている。例えば、尿として排出する水分や塩分の量を変化させることで体液の塩分濃度を一定に保つことができる。体液の塩分濃度は浸透圧というものに関係しており、浸透圧を一定に保つことは非常に重要である。

浸透圧とはどのようなものか見てみよう。半透膜と呼ばれる特殊な膜は、水は通すが、そこに溶けているものは通さない性質をもつ。図１のように、蒸留水と砂糖水を半透膜で仕切ると、蒸留水から水が砂糖水の方に移動する現象がみられる。一般に、半透膜で濃度の異なる液体が仕切られると、濃度の低い液体から濃度の高い液体へ水だけが移動する。このとき水を移動させるのにはたらく力を浸透圧と呼ぶ。

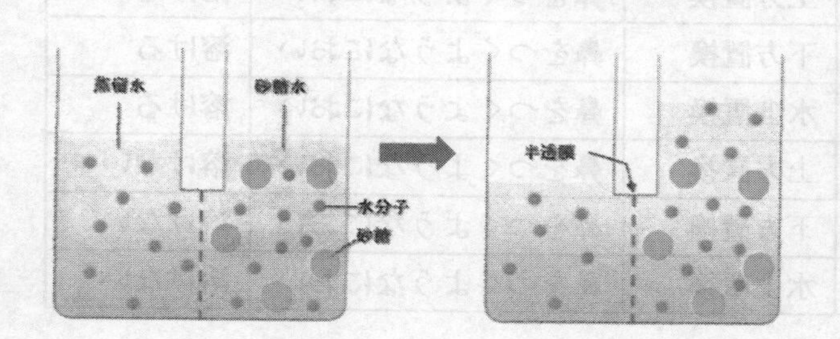

図１ 半透膜

ナメクジに塩をかけたときにしぼむのも、この浸透圧と関係している。細胞の内外を仕切っている細胞膜も半透膜の性質を持っているので、ナメクジに塩をかけると、ナメクジの周囲に濃い食塩水ができ、浸透圧によりナメクジの体内から水が外に出ていくことでしぼむのである。

ヒトの赤血球という細胞は、蒸留水につけると浸透圧により水が細胞内に入り込み、やがて破裂してしまう。これと同様に<u>植物の細胞も蒸留水につけると浸透圧により水が細胞内に入り込むが、赤血球のように破裂することはない。これは植物の細胞が細胞壁という丈夫な構造をもつためである。</u>

問１　ヒトの体内には腎臓はいくつありますか。数字で答えなさい。

問２　ヒトが体内で発生したアンモニアを解毒する臓器を選択肢の中からひとつ選び、記号で答えなさい。

ア　肝臓　　イ　すい臓　　ウ　十二指腸　　エ　胃

問３　体内のアンモニアは一部の腸内細菌が、食物中のタンパク質を分解することで生成されます。アンモニアの性質を示す記述の正しい組み合わせを選択肢の中からひとつ選び、記号で答えなさい。

記号	集め方	におい	水溶性
ア	上方置換	無臭	溶ける
イ	下方置換	無臭	溶ける
ウ	水上置換	無臭	溶ける
エ	上方置換	鼻をつくようなにおい	溶ける
オ	下方置換	鼻をつくようなにおい	溶ける
カ	水上置換	鼻をつくようなにおい	溶ける
キ	上方置換	鼻をつくようなにおい	溶けない
ク	下方置換	鼻をつくようなにおい	溶けない
ケ	水上置換	鼻をつくようなにおい	溶けない

問４　ナメクジと似たような水分の移動が魚でも起きます。同じサイズの海水魚と淡水魚を比較したときの水分の移動や尿の特徴として正しいものを選択肢の中から**すべて**選び、記号で答えなさい。

ア　海水魚では、体内に水分が多く入ってくるので、淡水魚より多量の尿をつくる。
イ　海水魚では、体内の水分が抜けてしまうので、淡水魚より少量の尿をつくる。
ウ　淡水魚では、体内に水分が多く入ってくるので、海水魚より多量の尿をつくる。
エ　淡水魚では、体内の水分が抜けてしまうので、海水魚より少量の尿をつくる。

問５　図２は、植物と動物の体をつくっている細胞について示しています。下線部について、植物の細胞を蒸留水につけても破裂しないのはなぜでしょうか。選択肢の中からひとつ選び、記号で答えなさい。

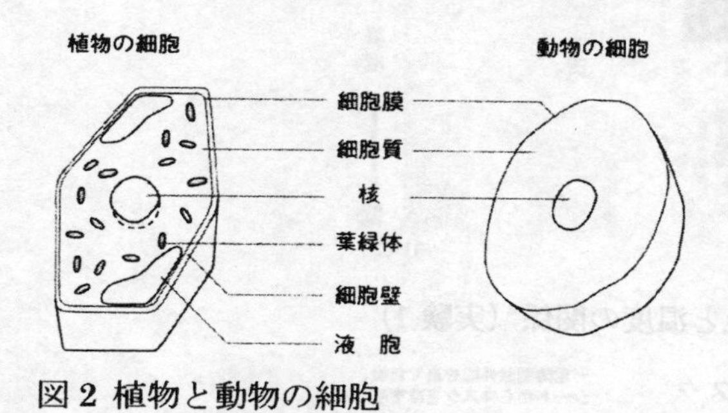

図２ 植物と動物の細胞

植物や動物の体の一部を顕微鏡で観察すると、小さな区切りがたくさん見られる。この区切りを細胞とよび、植物と動物で大きく構造が異なる。

ア　植物細胞では、細胞膜の内側に細胞壁があるため、細胞内に水が入ってきて細胞がふくらんでも、細胞壁が押(お)し返してくれるので破裂しない。
イ　植物細胞では、細胞膜の外側に細胞壁があるため、細胞内に水が入ってきて細胞がふくらんでも、細胞壁が押し返してくれるので破裂しない。
ウ　植物細胞では、細胞内に液胞をもつため、細胞内に水が入ってきて細胞がふくらんでも、液胞内に水をためることができるので破裂しない。
エ　植物細胞では、細胞内に液胞をもつため、細胞内に水が入ってきて細胞がふくらんでも、液胞から水を排出することができるので破裂しない。

2　次の文章を読み、あとの各問いに答えなさい。

一昨年から夏でもマスクを着用する機会が増えたが、気温や湿(しつ)度が高く、熱中症(しょう)や日焼けのリスクが大きい。現在、様々な色や素材の服やマスクが販(はん)売されているが、<u>熱中症や日焼けのリスクを減らすためには何色の服やマスクを着用するのが適しているだろうか</u>。三田さんは、この疑問について考えるために、調べたことを以下のようにまとめた。また、屋外で様々な色のポロシャツに太陽光を当ててポロシャツの温度を測定する実験１、太陽光に対する波長別の反射率を測定する実験２、紫(し)外線が当たると白→青に色が変わるシートに素材が同じ白いマスクと黒いマスクをそれぞれ乗せ、同じ時間だけ太陽光に当てて色の変化の違(ちが)いを調べる実験３を行い、それぞれの結果を図１～図３にまとめた。

【調べたこと】

・太陽光には様々な色の光が含(ふく)まれている。
・光は波長（光を波として見たときの波１つ分の長さ）によって色が変わる。
・日焼けを引き起こす主な原因は、光の一種であり波長の短い紫外線である。
・紫外線は目に見えない。

図１ ポロシャツの色と温度の関係（実験１）

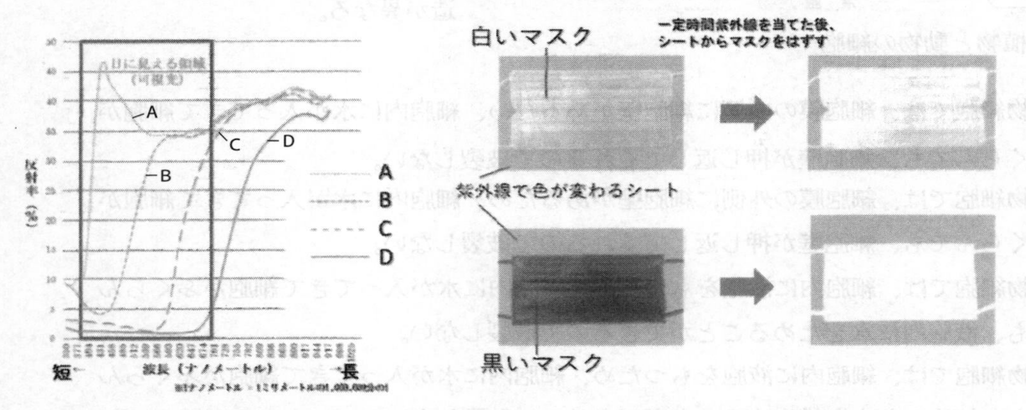

図２ 光の波長と反射率（実験２）　図３ シートの色の変化（実験３）

問１　次の(1)・(2)の現象は、光の「吸収」・「反射」・「透過（とうか）」のうち、どれによるものでしょうか。選択肢（せんたくし）の中からそれぞれひとつずつ選び、記号で答えなさい。ただし、(2) については空欄（らん）［１］、［２］にあてはまるものをそれぞれひとつずつ選びなさい。

(1) マスクをしていても、マスクの下が日焼けする。

(2) 緑色の葉が緑色に見えるのは、葉が赤色や青色の光を［１］して、緑色の光を［２］するためである。

ア　吸収　　イ 反射　　ウ 透過

問２　実験１・２について、次の各問いに答えなさい。

(1)　下線部について調べるためには、実験１で注意しなければならないこととして正しいものを選択肢の中から**すべて**選び、記号で答えなさい。

ア　太陽光による温度変化を観測するために、風があるときに実験する。

イ　太陽光による温度変化を観測するために、風がないときに実験する。

ウ　色の違いによる温度変化の違いを調べるために、同じ素材で実験する。

エ　色の違いによる温度変化の違いを調べるために、異なる素材で実験する。

(2)　図２のうち、黄色を示すグラフはどれであるのかを説明した次の文章中の空欄［１］～［３］にあてはまる正しい組み合わせを選択肢の中からひとつ選び、記号で答えなさい。

図１より、白色や黄色のポロシャツは温度上昇(しょう)が［１］ことがわかるので、他の色よりも太陽光を反射しやすいと考えられる。 したがって、図２のうち反射率がどの波長でも比較(かく)的高い［２］か［３］が白色や黄色の結果を示すグラフであり、白色、黄色の順に温度上昇が小さいため［３］が黄色であると考えられる。

ア［１］小さい［２］A［３］B　　イ［１］小さい［２］B［３］A
ウ［１］小さい［２］C［３］D　　エ［１］小さい［２］D［３］C
オ［１］大きい［２］A［３］B　　カ［１］大きい［２］B［３］A
キ［１］大きい［２］C［３］D　　ク［１］大きい［２］D［３］C

問３　黒いマスクと比較して、白いマスクにはどのような長所や短所があるでしょうか。実験１～実験３の結果を踏(ふ)まえて答えなさい。

【参考】

[1] 熱中症予防に効果的な服の色は？（ウェザーニュース）
https://weathernews.jp/s/topics/202108/050255/

[2] 最小スケール気候変動適応策としての被(ひ)服色彩(さい)選択効果について（一ノ瀬俊明）
https://www.jstage.jst.go.jp/article/ajg/2020s/0/2020s_27/_article/-char/ja

[3] 【注意】見たらこのマスクしかつけられなくなる。どちらが日焼けしにくいのか科学で検証してみた！白マスクと黒マスク【噂(うわさ)が本当か】（市岡元気）
https://www.youtube.com/watch?v=Y7_EXH88iMA

3 次の文章を読み、あとの各問いに答えなさい。

a沖縄県の川の河口には、マングローブといわれる樹木が見られる場所がある。このような場所では、潮の満ち引きにより、一日の中で水位が変化するので、樹木の根元が水につかったり、水の上に出てきたりする。

図　オヒルギの膝根

多くの植物は、地中にb根を伸(の)ばすが、図のオヒルギ（マングローブのなかま）のように、マングローブには地上に根を出すものが多い。これはc植物の呼吸に関係している。土の中は、土の粒(つぶ)の他に水分や空気が存在している。表１は、水中と空気中で酸素や二酸化炭素が広がっていく速さ（拡散速度）を示している。

表１　酸素と二酸化炭素の水中と空気中での拡散速度（相対値）

	水中	空気中
酸素の拡散速度	1.8	20000
二酸化炭素の拡散速度	1.8	17000

問１　下線部aに関して、沖縄県の気候の特徴(ちょう)として正しいものを選択肢(たくし)の中からひとつ選び、記号で答えなさい。

ア　降水量は夏に少なく冬に多い。

イ　夏と冬の気温差が大きく、年間を通じて降水量が少ない。

ウ　梅雨や台風の影響(えいきょう)をほとんど受けない。

エ　日本の他の県に比べて気温が高く、年間を通じて降水量が多い。

問２　下線部bに関して、一般(ぱん)的な植物の根の役割として**間違っている**ものを選択肢の中からひとつ選び、記号で答えなさい。

ア　植物のからだを支える。　　イ　土の中の栄養を吸収する。

ウ　種子をつくり子孫を残す。　　エ　道管を通して水を移動させる。

問3　呼吸、光合成に必要な物質はそれぞれ何ですか。正しい組み合わせを選択肢の中からひとつ選び、記号で答えなさい。

	呼吸	光合成
ア	酸素	酸素
イ	酸素	二酸化炭素
ウ	二酸化炭素	酸素
エ	二酸化炭素	二酸化炭素

問4　下線部cに関して、マングローブが地上に根を出す理由を以下に記します。空欄［1］、［2］にあてはまる正しい組み合わせを選択肢の中からひとつ選び、記号で答えなさい。

呼吸に必要な気体は、空気中に比べて水中では拡散速度がとても［1］ために根元が水につかったときに呼吸がし［2］なるので、地上に根を出す必要があるから。

ア　［1］大きい　［2］にくく　　イ　［1］大きい　［2］やすく
ウ　［1］小さい　［2］にくく　　エ　［1］小さい　［2］やすく

問5　マングローブがある河口では、川の水に海水が混じるため、海水のように塩味のする水になっています。陸上の植物は塩分を苦手とし、塩分にさらされ続けると枯(か)れてしまうのですが、マングローブは塩分を含(ふく)む水につかっているにも関わらず枯れることはありません。どのようなしくみによって塩分の害を防いでいると考えられるでしょうか。そのしくみの「仮説」を設定し、「仮説を検証する方法」と「仮説が正しい場合に得られる結果」についてあなたの考えを示しなさい。

三 次の文章は、海外の小学校で勉強していたため漢字の学習が十分に進んでいない友達からおくられてきた手紙です。文中の表現の中には、明らかに直した方がよい表現がありました。文中の――部①～⑤について、正しい表現だと思ったら、解答らんに○を書き、まちがった表現だと思ったら、それを正しい表現に改めて解答らんに書きなさい。

寒い日が続いていますが、お元気でお過ごしですか。私は今、真夏のオーストラリアからこの手紙を書いています。

毎日暑い日が続いており、毎日照り付ける日差しはとても①熱いですが元気にしています。

さてこのお手紙は、二月に受験をひかえた幸さんのために、遠く②異郷の地から、心からのエールを送るために書きました。幸さんが今までがんばってきた努力は、どこかで必ず③身を結ぶと思います。どうか最後まであきらめないで！Do your best! です。こちらの学校で先生から聞いた④肝要句(かんよう)に、「チャンスの女神には前髪(まえがみ)しかない(Seize the fortune by the forelock.)」というものがあります。「チャンスがやって来たらのがさずつかめ」という意味だそうです。今の幸さんの状況(じょうきょう)を⑤的確にあらわした言葉だと思います。どうかチャンスをつかんでください。そして春に私が帰国した時には、二人それぞれの新しいスタートをお祝いしましょう。

最後になりますが、幸さんとそのご家族にとって、幸せがたくさんある一年となりますよう願っています。まだまだ寒い日が続くと思いますので、お体に気をつけてください。

二〇二二年一月

用賀 光

三田 幸 様

イ　世界中に感染症が蔓延した結果として、仕事や、住む場所や、家族が変わってしまった。
ウ　昔よりも「死」を身近に感じるようになり、自分で自分の身を守ろうと思うようになった。
エ　ワクチンについて、打ちたい人と打ちたくない人が、一緒になって議論するようになった。

問四　――②「こんなふうに世界が分かれていく」とありますが、これはどのようなことを指していますか。五十字以内で説明しなさい。

問五　――③「自分にとっての真の豊かさとは何なのか」とありますが、筆者は、どうすることが「真の豊かさ」につながると言っていますか。最も適切なものを次の中から選び、記号で答えなさい。
ア　不安や心配を嘆いたりするだけでなく、自ら積極的に外側に答えを求めていくこと。
イ　大勢が「よい」とする世界を否定せずに、全体の幸福を考えて大切にしていくこと。
ウ　目に見えない不確かなものより、目に見える確実なものをよりどころにしていくこと。
エ　何もかも１００パーセント自分で責任をとる気持ちで自分軸で考えて、行動をすること。

問六　――④「自然がよりたいせつになっていく」とありますが、なぜですか。本文中の言葉を用いて、四十字以内で説明しなさい。

問七　Ⓐ～Ⓒの文の順序は乱れています。正しい順序として最も適切なものを次の中から選び、記号で答えなさい。
ア　Ⓐ→Ⓑ→Ⓒ　　イ　Ⓐ→Ⓒ→Ⓑ　　ウ　Ⓑ→Ⓐ→Ⓒ　　エ　Ⓑ→Ⓒ→Ⓐ
オ　Ⓒ→Ⓐ→Ⓑ　　カ　Ⓒ→Ⓑ→Ⓐ

問八　本文冒頭の――部「黒だったことが白になったり白だったことが黒になるくらい、価値観が反転していたりします」とありますが、世界や日本で「価値観が反転した」例を一つ取り上げ、それに対するあなたの考えを述べなさい。

ような人は、あたらしい世界で生き抜く胆力(たんりょく)をもち、こころの安定も得ているように感じます。

Ⓐただ、精神的に、「なにはなくとも大丈夫」と自立しているために、お金や［丙］に頼(たよ)らずとも生きられるということを知識としてでも知っておくことは、今とてもたいせつだと感じています。

Ⓑあたりまえに思っている便利な世界が、あたりまえでないと知るためにも必要かもしれません。

Ⓒもちろん、機械化はますますすすむでしょう。

（服部みれい『自分をたいせつにする本』）

問一 ［Ⅰ］～［Ⅳ］に入れる語として最も適切なものを次の中から選び、それぞれ記号で答えなさい。

［Ⅰ］ ア ところで　イ ところが　ウ たとえば　エ さらに

［Ⅱ］ ア 一方で　イ なぜなら　ウ たとえば　エ つまり

［Ⅲ］ ア しかし　イ したがって　ウ 要するに　エ まず

［Ⅳ］ ア たとえば　イ 加えて　ウ すなわち　エ もちろん

問二 ［甲］～［丙］に入れる語として最も適切なものを次の中から選び、それぞれ記号で答えなさい。

［甲］ ア ハイブリッド　イ トレンド　ウ パイオニア　エ ノウハウ

［乙］ ア ロイヤリティ　イ ローカリティ　ウ オーソリティ　エ クオリティ

［丙］ ア インフラ　イ メディア　ウ プロセス　エ コスト

問三 ――①「人々の意識が、大きく変わりはじめています」とありますが、どのように変化したのでしょうか。最も適切なものを次の中から選び、記号で答えなさい。

ア 以前は解決できた問題も、どう解決していいか誰にもわからないようになってしまった。

・女性の観点や女性性がより重要になっていく
・やさしくて、あたたかく、ゆったり、ゆっくりしたものが好まれる
・④自然がよりたいせつになっていく
・自由がよりたいせつになっていく
・表面的なことよりも、本質がより大事にされていく。本質的になっていく
・人間がしていた仕事を機械がやるようになる
・ピラミッド形ではなく、丸い円形のシステムや社会構造が増える
・より平和的、調和的なものが好まれる
・「ないもの」ではなく「あるもの」を数えるようになる

などです。

こういったあたらしい時代をスムーズに生きていくためには、いくつかのポイントがあるように感じています。

ひとつは、地球環境に対して持続可能な方法を選ぶこと。これは、地球環境が瀕死(ひんし)の状態であることから、この流れに従って間違うことはないはずです。エコロジー、スローライフの流れは、もう誰にも止められない潮流です。もちろん社会の［甲］としてもそうなのですが、自然とともにある暮らしがいかに人に安心感や健康をもたらすかは、いくら言っても言い足りないほどです。

もうひとつのポイントは、［乙］、地方や地域、ちいさいグループごとで考える、という点です。それは大きな組織であれ、ちいさい単位ごとで考えるというのはひとつの流れになっていると思います。少量多品目をつくるというのも、ここ数年の傾向(けいこう)です。少なく、ちいさく、細かく、各自に合ったやりかたでやるというのがよさそうです。

お金の価値に対しても柔軟(じゅうなん)であることが求められそうです。そのためにも、お金や、ガス電気水道などの［丙］がなくても大丈夫(だいじょうぶ)な生活についてぜひ思いを馳(は)せていたいなと思っています。電気ジャーがなくても、焚(た)き火と鍋(なべ)と水とお米があればごはんが炊ける

います。もう、まやかしの「自分風」でがんばる時代は終わったのです。大勢が「よい」とする世界に個人が合わせるのではなく、個々人が自分たちの幸福をそれぞれに追求したら、それがめぐりめぐって全体の幸福になっている世界に移行しつつあるのです。嘘をついてもうごまかせなくなったのです。いや、嘘をつく必要がなくなっていくのでしょう。価値観もますます多様になります。誰かの答えが自分の答えにはなりません。本質的に、自分を信じて生きるほかなくなったのです。

このような大転換期をよりスムーズに乗り越えるには、自分ひとりの時間をたいせつにすることです。そして、自分と向き合い、「自分風」を点検し、少しずつ、衣服やサングラスや仮面を外していくことをはじめるのです。今まで常識だと思っていたことを疑ってみてください。人と違うことを恐れないでほしいのです。③自分にとっての真の豊かさとは何なのか。誰とも比較せず、自分でそのことを知り、選択するときがきています。自分にしか自分のほんとうの声ってわからないものです。その声を信頼する時は今、です。

わたしが考えているあたらしい時代の特徴にはこんなことがあります。

・とにかく計画ができない
・ものごとのスピードがどんどん速くなっていく
・より個人単位で考えるようになる
・個が重視される
・多様性が重視される
・「頭」より「こころ」が重視される
・所有の概念が変わる、所有しなくなる、シェア(共有)するようになる
・目に見える物質的なものよりも目に見えないもの(情報や知恵、信頼関係、人と人とのつながりなど)が重要になっていく
・お金や仕事などの固定概念があたらしいありかたに変わっていく

て、目に見えるものより目に見えないものが、予定してなにか行うというよりは、その場その場で決めていくことが大事になるような世界になりそうです。また、「自分風」の世界ではなくて、ほんらいの自分自身で生きていくというような、なにか、自立した人間どうしでつくりあげる社会がこの先には現れるはずだとも思っています。

「コロナ禍」という表現がありますが、わたしは、同時に「コロナ可」でもあると感じています。「禍」というわざわいがあるならば、同時に可能になったことやあたらしく生まれる可能性もあるだろうと思うのです。

Ⅲ、忙しすぎた人は自分の仕事の見直しができました。無理に通勤しなくともリモートワークで働くというもうひとつの選択肢が生まれました。遠く離れていてもネットを通してたくさん交流ができることもわかってきました。

自然破壊の原因のひとつである一極集中する都市型をベースにしたやりかたでなくとも仕事ができることは、より明確になってきています。生活がとまった反面、自然環境は急激にその元気を取り戻しました。家族で交流が増えたケースもあります。たいせつな人とそうでない人がはっきりしたというケースもあるでしょう。同時に、人と人とのつながりや信頼関係が、生きていくうえでより大きな比重を占めるようになっていっています。日々の何気ない暮らしのことをたいせつにしはじめた人も増えました。

自分の心身のケアを自分でしようという人も増えました。予防医学に目を向ける人が増え、免疫力を高めるということに意識がむくようになりました。いのちのたいせつさをあらためて感じ入る機会にもなっています。

そうして何よりも、各自が、外側の価値観ではなくて、いよいよ、ほんらいの自分に戻り、自分軸で生きるということに注目が集まっているということが、何よりとてもすばらしいことに感じられるのです。

Ⅳ、ネガティブなこともたくさんあります。でも、怖い、不安だ、心配だ、と嘆いたり怒ったりしているだけでは、根本の解決になりません。外側に答えを求めようとしたって、人の数だけ答えがある状態です。誰かが勧めることに従ったとしても、自分にそれが合うというわけでもありません。来月どうなっているか、誰にもわからないような世界になっているのです。なにもかも100パーセント自分で責任をとる気持ちで自分軸で考えて、行動をすることが求められる時代になったのです。

わたしは本当に今の状況を、たくさんのかたがほんらいの自分、ほんらいのありかたに戻る大チャンスだと実は感じ取って

二 以下の文章を読み、後の問いに答えなさい。

今、世界はとても大きな変化の中にいます。黒だったことが白になったり白だったことが黒になるくらい、価値観が反転していたりします。一寸先にどういう変化が起こるかわからなければ、「問題」と思えることをどう解決していいか誰もわからないということもたくさんあります。

Ⅰ 、２０１９年末から、世界中に感染症が蔓延しました。働き方や、外出のしかた、人との距離、さまざまな変化が起こりました。それにともなって、仕事が変わったり、住む場所が変わったり、家族が変わったりしている方も多いでしょう。なにより、①人々の意識が、大きく変わりはじめています。感染症の一件は、ひとつのきっかけであるにすぎず、多かれ少なかれ、人の意識に変化が起きるタイミングだったのかもしれません。いや、この感染症の影響で、変化のスピードは速くなったかもしれません。何より人は前よりも「死」を身近に感じるようになり、自分で自分の身を守るという意識が芽生えたと思います。なにかに依存しているだけでは生きられないということもわかってきたように思います。

さらには、たとえば、ワクチンひとつとっても、「感染症にかかりたくないからなんとしても打ちたい」という人もいれば、「副作用などについてよくわかっていない段階で、ワクチンを打つなんて危険だ。絶対に打ちたくない」という人もいます。どちらも本気でそう思っているのです。これからの時代、ひとりひとりの意見が、こんなふうにひとによって、びっくりするほど掛け離れるというのも特徴です。何がいい／悪い、ではありません。

いずれにしても、本当に自分で自分に責任をもたないと、誰かからいわれたまま動かされるような、まるで奴隷や家畜のような生き方になる気がします。超強固な管理社会の一員として生きる生き方です。

Ⅱ 、自分で自分に責任をもつことを選んで、はっきりと自立し自分の頭で考え、自分の足で立ち、自分自身をよりどころにして生きることもできます。この両者が、はっきり分けられるような世の中になるように感じています。

あたらしい世界というのは、②こんなふうに世界が分かれていくばかりか、今までとまったくちがう価値観や意識状態がやってき

問五 ――③「過酷な状況」とありますが、このときの「過酷」の内容の説明として最も適切なものを次の中から選び、記号で答えなさい。

ア 労働時間がアメリカにいた時よりとても長いこと。
イ 慣れない環境のため貯金のある生活ができないこと。
ウ 上司の発言に批判を加えることが許されないこと。
エ 自分のよりどころとしている価値観を否定されたこと。

問六 ――④「その分からなさが、私を少しだけ楽にする」とありますが、この時の私の気持ちを説明した文として、最も適切なものを次の中から選び、記号で答えなさい。

ア アキヨのしていることは今の自分には理解できないことではないが、この件を大げさにとらえて勝手に動揺していたのは自分の方であり、冷静になることで事態が打開できると考えれば、少し心が休まる。
イ アキヨのしていることは今の自分には理解できないことではないが、育った環境が異なる以上、最終的には完全にわかりあえることはないので、理解できないままでもよいのだと考えれば、少し落ち着く。
ウ アキヨのしていることは今の自分には理解しがたいものだが、逆に相手も自分の考え方を理解しがたいというだけで、アキヨが自分をわざと困らせようとしているわけではないと考えれば、少し安心する。
エ アキヨのしていることは今の自分には理解しがたいものだが、将来、自分が様々な人の考え方を知り、少しずつ理解していくことができればこの辛い状況も変わるかもしれないと考えれば、少し喜ばしい。

問七 ――⑤「アキヨさんは戸惑った表情をしていたが、しばらくしたあと微笑み」とありますが、

(1) アキヨさんが「戸惑った表情」をした理由を、簡潔に説明しなさい。

(2) あなたは、樹理恵さんのように、アキヨさんのことを〝かわいそう〟な人だと思いますか。あなたの考える「かわいそう」の意味を明らかにして、あなたの意見を述べなさい。

出た。手を振るアキヨさんに見送られながら。

（綿矢りさ『かわいそうだね？』一部改変）

※元サヤ……「元のさやにおさまる」の省略形。ふたりの関係が元のとおりになること。

※元カノ……元の彼女。

※アイデンティティ……自分の心のよりどころ。

問一　[A]・[B]にはいずれも漢字二文字の語句が入る。最も適切なものの一文字目と二文字目の漢字を自分で組み合わせて、次の中からそれぞれ選び、解答欄に合うように記号で答えなさい。

ア　方　イ　身　ウ　生　エ　肩　オ　間　カ　遠　キ　親　ク　人　ケ　途　コ　世

問二　[C]に入れるのに最も適切なものを次の中から選び、記号で答えなさい。

ア　付和雷同（ふわらいどう）　イ　単刀直入　ウ　一心同体　エ　支離滅裂（しりめつれつ）　オ　意気揚揚（いきようよう）

問三　――①「あのおばさんを恐がっていた小学生女子が、時を経て成長し、おばさんそのものになるなんて」とありますが、このときの樹理恵の気持ちの説明として最も適切なものを次の中から選び、記号で答えなさい。

ア　困っている弱い人を助けるどころか、実際には冷たくすることしかできない現代社会の風潮に対してひそかに怒っている。

イ　弱い立場の人を追いつめるような人にはなるまいと思っていたのに、知らぬ間にそうなっている自分を悔やんでいる。

ウ　幼いころになりたかった姿とは違う姿に成長してしまった今の自分に驚き、今後自分がどうなるのか不安になっている。

エ　かつて見た映画の暗い内容がいまだに忘れられず、自分もいつか他者にのけものにされるのではないかと恐れている。

問四　――②「おまえって、性格悪いんじゃないの」とありますが、頭の良い男子生徒は樹理恵の作った標語からどのようなことを感じて、「性格悪いんじゃないの」と批判しているのか、解答欄に合わせて六十字以内で説明しなさい。

なんて数えるほどしかなかったし、しかもその人たちは長くてせいぜい二泊ほど滞在しただけだった。滞在中は彼らはずっとお客様で、当然のように他人行儀だった。

でも④その分からなさが、私を少しだけ楽にする。隆大とアキヨさんが過ごしていた国では、いまの状況はさほど異常ではないんだ。もしかしたら私だけがおおげさに騒いでいたのかもしれない。そう考えると妙に腑に落ちる。アキヨさんも隆大も気遣いのできるやさしい人たちだ、私が苦しむことをする人たちじゃない。二人は分からなかっただけ。違う文化で育った人の考え方を知らなかっただけ。

でも彼らはいま、日本で壁にぶつかり苦労している。上司に嫌味を言われたり、五十一社の就職試験に落ちたり。彼らにくらべて自国でずっと暮らし、仕事も安定している私が、彼らを理解しなくては。

私はアキヨさんと隆大を応援しよう。自分の苦しみなど、耐えてみせよう。

「アキヨさん」

「はい。なあに？」

「今日は突然押しかけてすみませんでした。でも会えてよかったです。就職の苦労などを直接お伺いできたことで、私も考えを改めました。恥ずかしい話だけれど、私、隆大の部屋にあなたが住んでるって聞いてから、二人の仲がどうとか、邪推ばかりしていたんです。自分勝手に苦しんでいたんです。でもいま、アキヨさんと話してみて、この状況はしょうがない、必要な状況なんだなと分かりました。だから特殊な状況だけど、私はなんとか乗り越えていこうと思います。私たち三人がみんな、最終的には幸せになれるのなら」

「え？　ええと、そうなの？　ありがとう」

⑤アキヨさんは戸惑った表情をしていたが、しばらくしたあと微笑み、

「ありがとう、樹理恵さん。ほんとうに助かる」

しみじみした声で言い、ゆっくりと頭を下げた。隆大を困らせたくないから彼が帰ってこないうちに、と私はそれからすぐに家を

そう、アキヨさんだけでなく隆大も③過酷な状況にいる。慣れない日本の社会に出て働いている。彼にも〝かわいそう〟の目を向けるべきかもしれない。

いつか、彼がめずらしく会社での不満をもらしたことがあった。

仕事でなにか意見したり、自分のいままでの経験を使って話したりすると、日本人の上司は苦笑いして、

「ここは日本だからな」

と隆大を黙(だま)らせてしまうのだという。

「腹が立ったっていうより、さびしかったな。日本から出て行け、むりなら合わせろ、ってことだろ。入社してすぐのころは反発していた。でもいまはあきらめて、もうなにも言わない」

私は日本でしか暮らしたことがないから分からないけれど、従来なじんできた文化から離(はな)れて、突然新しい文化のなかで過ごすのは、大変なだけではなく、※アイデンティティの喪失(そうしつ)でもあるのだろう。

私は自分のことしか考えていなかった。自分の心の痛みにばかり目を向けていた。

「アメリカでは、よく隆大の家に泊まっていたそうですね」

「そうそう。あの人の家族は親切だったから。半年間ほどステイしてたかな」

「半年!? 人の家に、半年もいるんですか」

「どうしてそんなに驚(おどろ)くの。生活費や食事代はちゃんと払ってたよ」

「いや、そうじゃなくて、いくら家族のガールフレンドとはいっても、半年も自分の家にお客さんがいたら、気を遣(つか)うのに疲れてまいってしまいそうだなと思って」

「彼の家族は親切にしてくれたけど、だれも気なんて遣ってなかった。私は家事を多めにやったし、そのかわり家にいるときはまるで自分の家にいるみたいに、くつろいでた。私はお客様なんかじゃなかったの」

アキヨさんはなつかしそうに目をほそめたが、あまりにも異国の話過ぎて、ついていけない。私の実家にお客が泊まりに来たこと

〝かわいそう〟という言葉は嫌われがちだ。私たちの心には、この言葉に該当する感情が確実にあるのに、なかなか使いたがらないし、使われることも嫌う。

『火垂るの墓』と同じく小学生のころ、クラス別に人権ポスターを作ったことがあった。まず標語を考えてからそれに合った絵を描くのだが、クラス委員だった私は、

〝たすけてあげよう、かわいそうな人たち〟

という標語を作って発表したが、クラスメイトも先生も気に入ってくれず、却下された。「〝かわいそう〟って言葉の響きが、ちょっとね」と先生が言い、クラスメイトたちも同意して「恩着せがましい」「なんか見下してる」と批判してきた。「そんなつもりはありません」と反論すると、頭の良い男子生徒に、

「②おまえって、性格悪いんじゃないの」

とまで言われた。教壇を降りたときの私はうつむいて、ほとんど泣きそうだった。くやしかった。自分の作品が落選したからではなく、私は本当にみんなが言うような意味で〝かわいそう〟を使ったわけではなかったから。〝かわいそう〟にやたら敏感に反応して、［C］になって私を責めたクラスのみんなのほうが、よほど性格が悪いんじゃないだろうか。

あのときの反発心は、まだ胸のなかに残っている。困っている人を見かけたときに湧く、自然な同情の気持ちを〝かわいそう〟と呼ぶのは、間違っていないはず。この気持ちがあってこそ、次の段階の〝助けたい〟につながる。同情だろうが偽善だろうが、行動を起こすことで誰かが救われる。今回の場合だと、私がアキヨさんに同情して責めなければ、彼女は職を見つけるまでの間、住む場所を確保できる。

私はアキヨさんを、常に元彼女だとか、隆大の過去をよく知っているとか、そんな風に嫉妬のフィルターを通してでしか見てこなかった。でも彼女に同情すれば、不思議なくらい心が休まり、慈愛の気持ちさえ湧いてくる。実際に会ってみてよく分かった。隆大との仲がどうとか気にしているひまがないほど、彼女は困っている。明るくふるまっていても、疲れているんだ。隆大も彼女がどれだけ大変か分かっているからこそ、最愛の恋人である私と別れてまでも、彼女を応援しようとしている。

年下の恋人が押しかけてきて、突然出て行けとなじられたら、［Ｂ］に暮れるだろう。

小学校低学年のころの夏休みに、映画『火垂るの墓』を観た記憶が、ふいに甦る。ワンシーンが頭をよぎっていく。戦争で両親を失った幼い兄妹が、引き取り先のけちな遠戚のおばさんになじられるシーン。

『火垂るの墓』。神戸に住んでいた清太と節子の幼い兄妹二人は、大空襲で母を亡くし父は軍人として戦地にいるため、親戚しか頼る人がいなくて西宮へ赴く。でも待ちうけていたのは超絶いじわるおばさんで、彼らが空襲で焼けた跡の家から持ってきたなけなしの食料を自分のものにするわ、二人がピアノを弾いて遊んでいたらぱんぱんに憎しみをつめこんで怒鳴ってくるやら、節子が夜泣きすればうるさくて寝られないと文句を言うわ、もう本当にひどいおばさんで、私は節子に自分を重ね合わせて震えた。

遠い親戚とはいえ、血はつながっているじゃないか。なのにひとたび緊急事態になればここまで冷淡に接するなんて。もし私もお母さんとお父さんが死んでしまったら、大人にこんな扱いを受けるのかもしれない。大阪で生まれた私にとって、おばさんの「お国のために働いてる人らの弁当と一日ぶらぶらしとるあんたらとなんで同じや思うの！」「ほんまにえらい疫病神が舞い込んできたもんや！」などの関西弁の嫌味は忘れられない。

もちろん戦争という生死にかかわる過酷な状況とは比べようもないが、私もあのおばさんも、家がなくて困っている人を叩き出そうとしている。家賃が払えなくてアパートを追い出されて、どこも行くところのないアキヨさんをさらに追いつめて、隆大の家を出れば困ると分かっているのに追い出そうとしている。あのおばさんにも言い分はあるだろう。戦時中で家族だけでなく親戚の子まで面倒見るのはとてもじゃないけどできなかったとか、兄妹の自分になつかない反抗的な瞳が気に入らなかったとか。でも結果的に、それは困っている弱い者を助けない無慈悲な行為でしかなかった。彼らはおばさんしか頼る人がいなかったのに寄せつけず、家を出て防空壕に住んだ二人は、苦労の末死んでしまった。

①あのおばさんを恐がっていた小学生女子が、時を経て成長し、おばさんそのものになるなんて。

考えを改めよう。私は、助けてあげるべきだ。

アキヨさんは、かわいそうなんだから。

「そのうち履歴書を送って返事が来たところが二十三社。一次面接を受けさせてくれたところは十六社。二次面接まで受けさせてくれた会社は、いまのところ、なし。情けないよね、年下なのに百貨店で一生懸命働いてる樹理恵さんに言うのは、恥ずかしいくらいだよ」

「でもアキヨさんは英語がしゃべれるんですよね？　それって強みじゃないですか。外国語教室の講師はもちろん、接客業でも英語の話せる店員は求められているし」

「英語を話せる人なんてたくさんいるよ〜。それに私なんか話せるだけで資格もなにもないからね。バイトなら見つかるかも。でもできれば社員として働きたいんだよね。バイトだとお給料も安いし、いつ辞めさせられるかも分かんないし」

「就職が決まったら、この部屋から出て行ってくれますか」

私の言葉にアキヨさんは痛々しい笑顔を向けた。

「もちろん出て行くよ。あの人にも迷惑かけてるし。いまはこの部屋に置いてもらって、本当に助かってる。甘えちゃって、ごめんね」

「分かりました。アキヨさんも大変なんですね。でも私はいまの普通じゃない状況を受け入れるのに、とても苦労しています。だからせめてさらに心配事が増えるのだけは勘弁なので、約束してほしいんです。ここにいても、隆大と※元サヤに戻らないって」

私は弱い者いじめをしている。隆大の恋人だという特権をふり回して、いまとても大変な状況にあるアキヨさんをいたずらに傷つけている。

本当は分かっていた。口では「どうして※元カノばかり心配して、私のことを心配してくれないの」と隆大に不満をつのらせていたが、心のどこかではいまは私ではなく、アキヨさんだけが非常事態で、よっぽど大変で助けを要することを。私はこの問題に心をくだいてはいるものの、住むところもあれば働き口もある。反面、アキヨさんは隆大との未来を夢見てアメリカから日本へ来たのに、もう愛していないと放り出されて、就職口もないまま東京をさまよい、ついに家賃が払えないところまで来た。

［Ａ］の狭い思いをしながら、自分は好きだけど相手はとっくに愛情のさめている元恋人と気まずい同居生活をしているときに、

二〇二二年度 三田国際学園中学校

【国　語】〈第二回試験〉（五〇分）〈満点：一〇〇点〉

〔受験上の注意〕特に指示のない場合、句読点等の記号は一字として数えるものとします。

一　樹理恵（じゅりえ）の恋人（隆大（りゅうだい））はアメリカ育ちの日本人で、就職のために、日本人の元彼女（アキヨ）といっしょに日本に帰ってきた。その後隆大は、アキヨと別れて樹理恵と付き合い始めたが、仕事がなくアパートの家賃を払えなくなったアキヨを気の毒に思い、自分の家にしばらく泊（と）めることにした。樹理恵が反対すると、隆大は「困っている人を助けないくらいなら君と別れる」と言い、意見が合わない。以下の場面は、樹理恵が隆大のアパートを訪れ、アキヨと話す場面である。以下の文章を読み、後の問いに答えなさい。

　この家から、出て行ってよ。

　会ったら言おうと思っていたのに、面と向かってだと言いづらい。

あなたも困ってるかもしれませんが、私もあなたと隆大（りゅうだい）がいっしょに住んでいると思うと、一日一日がつらくて仕方ないんです。一番もめていたときには隆大から別れまで切り出されて、そのつらさったらありませんでした。長野県の実家に戻っても就職活動は続けられると思います。だから頼（たの）むから、出て行ってください。

　言いにくい。どうマイルドに言っても、とげが残る内容だ。

「……就職は、決まりそうですか？」

　意を決して訊（き）くと、アキヨさんは首をすくめた。

「いまは五十一社落ちたところ」

「五十一社!?」

2022年度 三田国際学園中学校 ▶解答

※ 編集上の都合により，第２回試験の解説は省略させていただきました。

算数 <第２回試験>（50分）<満点：100点>

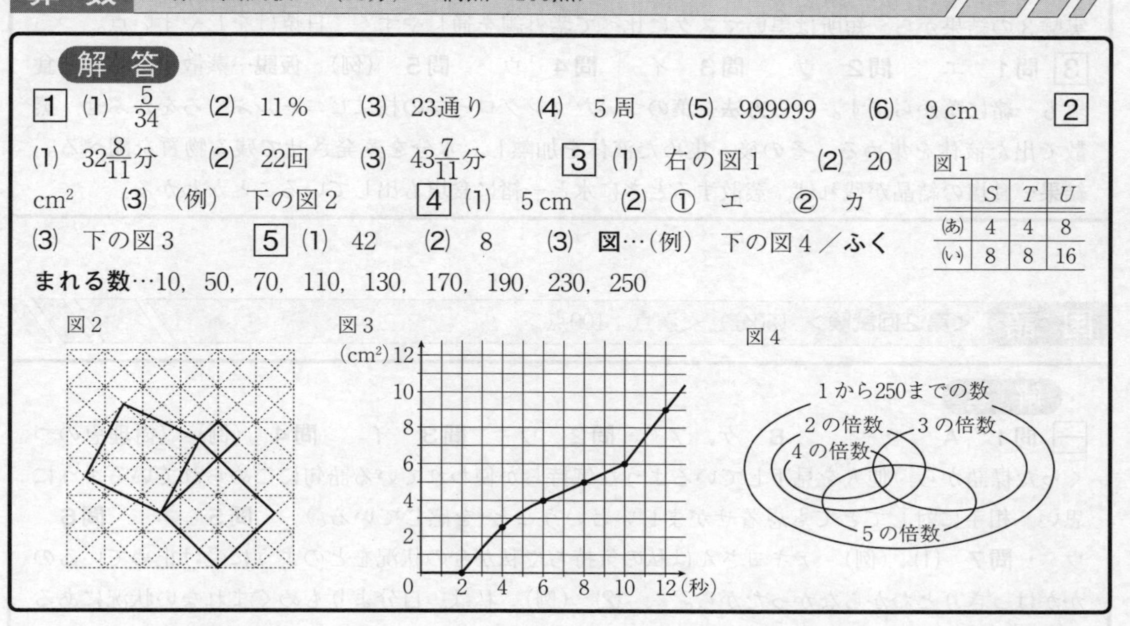

解答

1 (1) $\frac{5}{34}$ (2) 11％ (3) 23通り (4) 5周 (5) 999999 (6) 9 cm 2 (1) $32\frac{8}{11}$分 (2) 22回 (3) $43\frac{7}{11}$分 3 (1) 右の図１ (2) 20 cm² (3) （例） 下の図２ 4 (1) 5 cm (2) ① エ ② カ (3) 下の図３ 5 (1) 42 (2) 8 (3) **図**…（例） 下の図４／**ふくまれる数**…10, 50, 70, 110, 130, 170, 190, 230, 250

図１

	S	T	U
(あ)	4	4	8
(い)	8	8	16

社会 <第２回試験>（理科と合わせて50分）<満点：50点>

解答

1 **問１** 長野県 **問２** ア **問３** エ，キ **問４** （例） 渋谷駅周辺は谷になっていて，表参道駅よりも標高の低い場所に位置しているから。 **問５** ウ 2 **問１** (エ) **問２** ウ **問３** (1) 平塚らいてう (2) イ **問４** （例） 自分の娘を天皇にとつがせるのに必要な教養を身につけさせるため。 **問５** イ 3 **ア** （例） 料理をする手間を減らすために，スーパーなどですぐに食べられる加工食品を買い，家で料理をしない **イ** （例） 食品ロス量の半分以上は事業系がしめていて，流通段階でも多くの食品が廃棄されている

理 科　＜第２回試験＞（社会と合わせて50分）＜満点：50点＞

解 答

1 **問1**　2　**問2**　ア　**問3**　エ　**問4**　イ，ウ　**問5**　イ　**2** **問1**　(1)　ウ　(2)　**1**　ア　**2**　イ　**問2**　(1)　イ，ウ　(2)　ア　**問3**　(例)　実験１と実験２の結果から，白いマスクの長所は，光を反射しやすく温度が上がりにくいため熱中症になりにくい点で，実験３の結果から，短所は黒いマスクに比べて紫外線を通しやすく，日焼けをしやすい点。

3 **問1**　エ　**問2**　ウ　**問3**　イ　**問4**　ウ　**問5**　(例)　**仮説**…蒸散するときに食塩も一緒に葉から出す。　**方法**…葉のついたマングローブの枝にビニールぶくろをかぶせ，蒸散で出た液体を集める。その後，集めた液体を加熱し，水分を蒸発させて残る物質を調べる。**結果**…食塩の結晶が残れば，蒸散するときに水と一緒に食塩も出していることがわかる。

国 語　＜第２回試験＞（50分）＜満点：100点＞

解 答

一 **問1**　**A**　エ，イ　**B**　ケ，ア　**問2**　ウ　**問3**　イ　**問4**　(例)　(樹理恵のつくった標語から，)他人を見下しているような気持ちが使われている語句にこめられているように思い，相手に対してとても恩着せがましいということ(を感じている。)　**問5**　エ　**問6**　ウ　**問7**　(1)　(例)　アキヨさんは私の気持ちや私が今の状況をどのように受け止めているのかがはっきりとわからなかったから。　(2)　(例)　私は，自分よりもめぐまれない状況にある相手のことをかわいそうだと思うので，この場面でのアキヨさんは仕事も住むところもなく，かわいそうだと思う。　**二** **問1**　Ⅰ　ウ　Ⅱ　ア　Ⅲ　エ　Ⅳ　エ　**問2**　甲…イ　乙…イ　丙…ア　**問3**　ウ　**問4**　(例)　超強固な管理社会の一員として生きる生き方と自分で考え自分に責任をもって生きる生き方とが分かれること。　**問5**　エ　**問6**　(例)　自然とともにある暮らしは人に安心感や健康をもたらしてくれるから。　**問7**　オ　**問8**　(例)　コロナ禍で，遠くに住んでいる祖父母や親せきに会いたいときに会いに行くことが自分の意志だけではできなくなった。これにより，改めて自己を見つめ，自分にとって大切な時間の過ごし方を考えるようになった。　**三**　①　強い　②　○　③　実　④　慣用句　⑤　○

2022年度　三田国際学園中学校

〔電　話〕　(03) 3707－5676
〔所在地〕　〒158－0097　東京都世田谷区用賀２－16－１
〔交　通〕　東急田園都市線「用賀駅」より徒歩５分

※この試験はメディカルサイエンステクノロジークラス受験生対象です。

【算　数】〈ＭＳＴ試験〉(60分)〈満点：100点〉

〔受験上の注意〕１．線や円をかく問題は，定規やコンパスは用いずに手書きで記入してください。
２．円周率は3.14として解答してください。

1　次の□にあてはまる数を答えなさい。

(1)　$1\frac{2}{3} \div \left(\frac{4}{5} \times 6\frac{7}{8}\right) \times 9 \times \frac{11}{10} = \square$

(2)　Ａさんの所持金はＢさんの所持金の$\frac{5}{4}$倍で，Ｃさんの所持金はＡさんの所持金の２倍です。このとき，Ｂさんの所持金はＣさんの所持金の□倍です。

(3)　色や大きさがすべて同じであるりんご６個をＡ，Ｂ，Ｃの３つのかごに入れます。どのかごにも必ずりんごが入っているとき，りんごの入れ方は全部で□通りです。

(4)　40人のクラスで，雨が好きな人と晴れが好きな人の人数を調べたところ，雨と晴れのどちらも好きではない人は15人いました。また，雨が好きな人が12人で，雨と晴れのどちらも好きな人が２人だったとき，晴れが好きな人は□人です。

(5)　図のように，底面が直角三角形ＡＢＣである三角柱を，３点Ｐ，Ｑ，Ｒを通る平面で切り分けたとき，頂点Ａをふくむ立体の体積は ＿＿ cm^3 です。ただし，角すいの体積は底面積×高さ÷３で求めることができます。

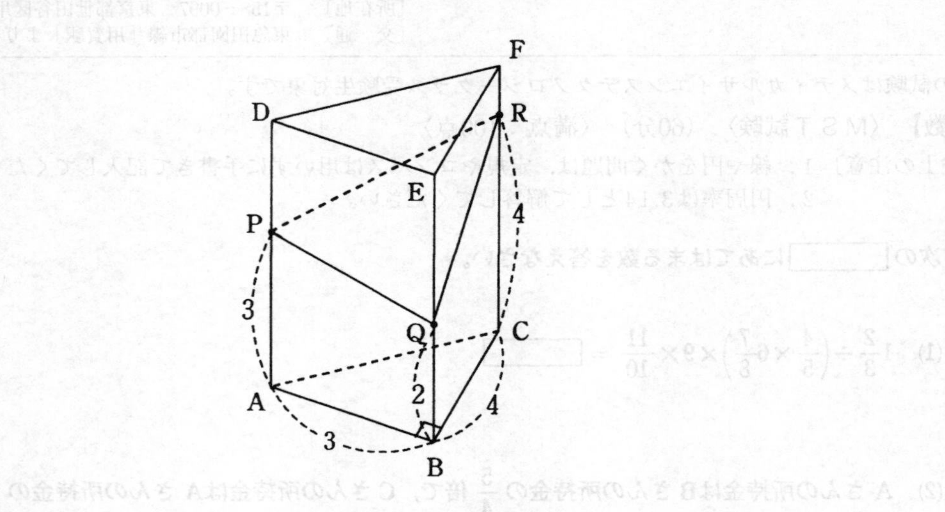

(6)　図のように，同じ半径の円を規則的に並べていきます。17番目の図では円と円が重なる部分の個数は ＿＿ 個です。

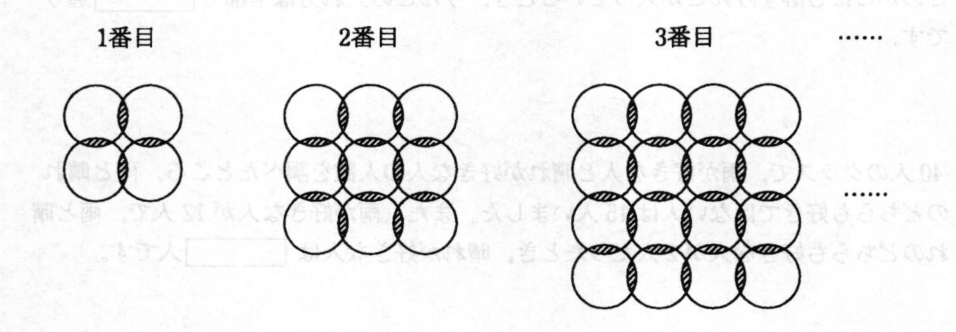

2 三田さんは地球を一周する橋をかける夢を持っています。その準備として，次のような問題を考えました。次の問いに答えなさい。

(1) 半径が 50 cm の円の型紙があります。317.14 cmのロープで，その型紙の外に中心を同じとする円をつくるとき，型紙からロープは何cmはなれますか。

(2) 円の形をした湖があります。湖の１周は 3.14 kmで，湖から５ mはなれたところに走る道があります。道の幅を考えないものとして，走る道の１周の道のりは何 kmですか。

(3) 地球を球と考え，赤道に沿って長さ 40000 kmの橋がかかっているとします。橋の長さを 15.7 m長くしたら，橋の高さは何m高くなりますか。

3 表に「上」，裏に「右」とかかれたカードが12枚あります。これを図のようにしきつめ，左下のカードの上にＰとかかれたコインを置いた状態から，次のルールでコインを動かしていきます。

表　裏

上　右

① コインを，今置いてあるカードにかかれた方向へカード１枚分移動し，さっきまでいた場所のカードを裏返す。

② ①を繰り返し，コインがカードの外に出たらこの作業を終了する。

③ カードの外に出たコインを再び左下のカードの上に置く。

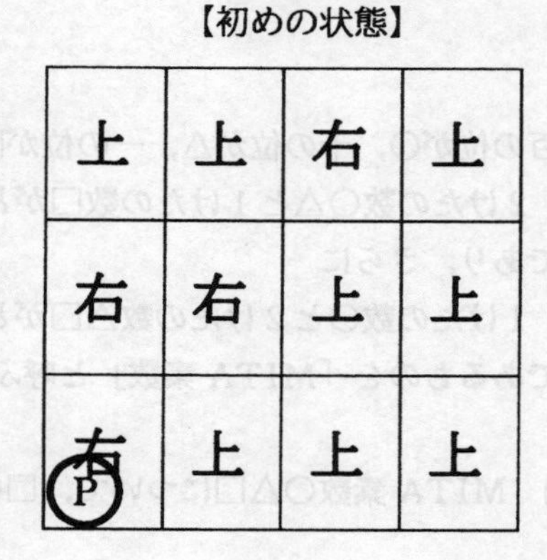

(1) １回目の操作を終えたとき，カードにかかれた文字はどのようになっていますか。解答欄の図にすべてかき入れなさい。

(2) 20 回目の操作を終えたとき，左下のカードにかかれた文字を答えなさい。また，20 回目の操作を終えたとき，コインが左下のカードから右に移動した回数を答えなさい。

(3) 20 回目の操作を終えたとき，カードにかかれた文字はどのようになっていますか。解答欄の図にかき入れなさい。

4 1とその数自身でしか割り切れない2以上の整数を「素数」といいます。1は2より小さいので，素数ではありません。
例えば，「35」や「713」や「737」は35＝5×7，713＝23×31，737＝11×67と表せるので素数ではありませんが，「23」は1と23でしか割り切れないので素数です。

(1) 100以下の素数は全部で25個あります。それらをすべて答えなさい。必要であれば，次の表を利用しなさい。

1	2	3	4	5	6	7	8	9	10
11	12	13	14	15	16	17	18	19	20
21	22	23	24	25	26	27	28	29	30
31	32	33	34	35	36	37	38	39	40
41	42	43	44	45	46	47	48	49	50
51	52	53	54	55	56	57	58	59	60
61	62	63	64	65	66	67	68	69	70
71	72	73	74	75	76	77	78	79	80
81	82	83	84	85	86	87	88	89	90
91	92	93	94	95	96	97	98	99	100

(2) 百の位が○，十の位が△，一の位が□である3けたの素数○△□のうち，
　2けたの数○△と1けたの数□がともに素数
であり，さらに
　1けたの数○と2けたの数△□がともに素数
であるものを「MITA素数」と呼ぶことにします。

(あ) MITA素数○△□について，□にあてはまる数をすべて答えなさい。

(い) MITA素数は全部で4つあります。313，373，797以外のMITA素数を求めなさい。

5　1から順に番号がふられた電球が1列にならんでいます。次の図は，電球が6個の場合を表しています。

それぞれの電球にはスイッチが1つついており，光っていない電球のスイッチを押すと電球は光り，光っている電球のスイッチを押すと電球の光は消えます。
次の規則に従って電球のスイッチを押していく作業をします。

①　1の倍数の番号がふられた電球のスイッチを押す。
②　2の倍数の番号がふられた電球のスイッチを押す。
③　3の倍数の番号がふられた電球のスイッチを押す。

同様にこの作業を，最後の電球の番号の倍数まで続けたら，作業を終わります。

(1)　電球の光がすべて消えている10個の電球でこの作業を始めた場合，作業を終えたときに光っている電球の番号をすべて答えなさい。

(2)　電球の光がすべて消えている100個の電球でこの作業を始めた場合，作業を終えたときに光っている電球は何個ありますか。

(3)　100個の電球でこの作業を始めて，すべての作業を終えたときに電球がすべて消えるようにするには，はじめに何番の電球を光らせておけばよいですか。番号をすべて答えなさい。また，どのように考えたかも書きなさい。

【理　科】〈ＭＳＴ試験〉（60分）〈満点：100点〉
〈編集部注：実物の試験問題では，写真は色つきです。〉

1　次の文章を読み、後の各問いに答えなさい。

血液成分として知られている赤血球は、条件によって文字通り赤く見える。光合成を行う葉緑体は、緑色に見えるのが一般的である。これらにそれぞれ色が付いているのは、特定の金属が含まれているからである。赤血球には鉄が、葉緑体にはマグネシウムという金属がそれぞれ含まれている。岩石などに含まれている鉱物も同様で、有色鉱物には金属が含まれている。ちなみに、無色鉱物として知られる石英も、微量に含まれる金属によって色が付くことがある。

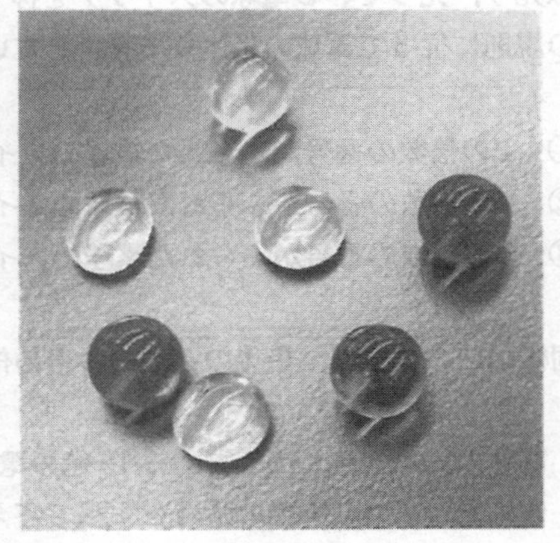

石英と同じく二酸化ケイ素を主成分とするガラスも一般的に無色透明であるが、色つきのものも作られており、さまざまなものに使われている。色つきのガラスを作るためにも、金属を混ぜることが必要である。例えば、マンガンという金属を混ぜてガラスを作ると、ガラスの成分にもよるが紫色になることがある。

ガラスは、原料を高温で溶かして液体の状態にしたのち急冷させて作る。出来上がったガラスは、温めると膨張する性質を持つ。耐熱性ではないガラス製品に熱湯をかけると割れてしまうのはこのためである。

【参考】国立大学56工学系学部ホームーページ/色ガラスをつくる/岡山大学環境理工学部

問1　金属と色に関する説明文として**間違っているもの**を選択肢の中からひとつ選び、記号で答えなさい。

ア　鉄の釘を加熱すると、銀色から黒色に変化した。
イ　銅板を加熱すると、赤茶色から黒色に変化した。
ウ　鉄の黒さびは、水分の多いところでできる。
エ　マンガンを含む二酸化マンガンは、黒い色をしている。

問2　昨年63年ぶりに誕生石が改定されました。8月の誕生石として黄緑色のペリドットが有名です。このペリドットは宝石名です。岩石中では丸みがあり短柱状で見つかることが多いです。この宝石の鉱物名を選択肢の中からひとつ選び、記号で答えなさい。

ア　黒雲母　　イ　カンラン石　　ウ　角閃石　　エ　長石

問３　鉱物が大きく成長せず固まった岩石を選択肢の中からひとつ選び、記号で答えなさい。

ア　玄武岩　　イ　閃緑岩　　ウ　斑れい岩　　エ　花崗岩

問４　白の水彩絵の具を混ぜてガラスを作ると、黒っぽくなることがあります。その理由として適当なものを選択肢の中からひとつ選び、記号で答えなさい。

ア　ガラスの原料とともに高温で溶かしたとき、金属成分が完全になくなったから。
イ　ガラスの原料とともに高温で溶かしたとき、金属成分に変化が起こったから。
ウ　ガラスの原料とともに混合したとき、金属成分が完全になくなったから。
エ　ガラスの原料とともに混合したとき、金属成分が別の金属に変化したから。

問５　ガラスの原料となる堆積岩を選択肢の中からひとつ選び、記号で答えなさい。

ア　流紋岩　　イ　泥岩　　ウ　チャート　　エ　凝灰岩　　オ　安山岩

問６　熱湯を入れても壊れにくいガラスのコップを作るためには、どのようなコップにする必要があるでしょうか。耐熱性ではないガラスを使い、できるだけシンプルな形にするという条件を踏まえて、**厚さ・大きさ・形状**にあてはまるものを選択肢からひとつ選び、記号で答えなさい。

	厚さ	大きさ	形状
ア	厚め	大きめ	丸みがある
イ	厚め	大きめ	角張っている
ウ	厚め	小さめ	丸みがある
エ	厚め	小さめ	角張っている
オ	うすめ	大きめ	丸みがある
カ	うすめ	大きめ	角張っている
キ	うすめ	小さめ	丸みがある
ク	うすめ	小さめ	角張っている

2　次の文章を読み、あとの各問いに答えなさい。

「てこでも動かない」という言葉がある。これは人や物、または人の考え方などをどういう手段を使っても動かせないということを表現した言い回しである。このことからも「てこ」は大きな力を生み出す強力なしくみであることがわかる。

てこには力点、支点、作用点があり、力点は力を加える点、支点は動かないよう固定する点、作用点は力がはたらく点となる。普通は作用点にはおもりなどの負荷があり、力点を動かすことで作用点が動く（図１）。

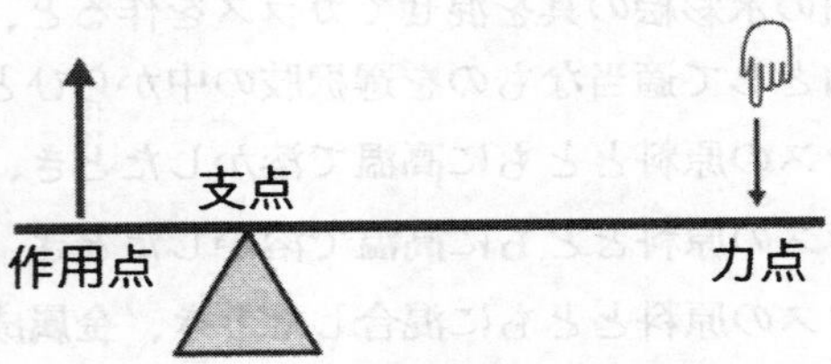

図１ てこにおける３つの点

てこの原理を発見したのは紀元前３世紀の古代ギリシャの数学者、アルキメデス（図２）だといわれており、彼は「私に支点を与えよ。そうすれば地球を動かしてみせよう。」と言ったといわれている。

図２ アルキメデスの肖像画

実際に地球の外側に支点を用意できて、シーソーの原理で60 kgの人が地球を動かすことを考えてみる。地球の重さは約 6.0×10^{24}（6のあとにゼロが24個並ぶ25桁の数字）kg である。長さ 1.0×10^{27} kmの板の端に地球を乗せて、地球が乗ったところから１万 kmのところを支点とする。逆の端に60 kgの人が乗ると、このシーソーはちょうど釣り合う。そこで人がおもりを持つと作用点にある地球に力がかかり、少しだけ地球が上方向に動くことになる。

ちなみに、1.0×10^{27} km という長さは 1.0×10^{14} 光年くらいの距離に相当する。現在、宇宙の大きさは 9.3×10^{10} 光年程度だと考えられており、この実験で必要な板は宇宙より長いことになる。

問１　下線部について、次の文章中の空欄にあてはまる言葉または数値を答えなさい。

アルキメデスは「アルキメデスの原理」を発見したことでも有名である。この原理は「液体または気体の中の物体は、その物体が押しのけている液体または気体の重さと同じ大きさで［　１　］向きの［　２　］を受ける」というものである。

$1\ cm^3$あたり 1.3 g の食塩水に体積 $100\ cm^3$ の球を入れたらちょうど半分沈んで浮かんでいる状態になった。この球の重さは［　３　］g である。

問２　図のように釣り合っているとします。ばねばかりにかかっている力は何ｇ分の大きさでしょうか。てこの原理をもちいて、答えなさい。

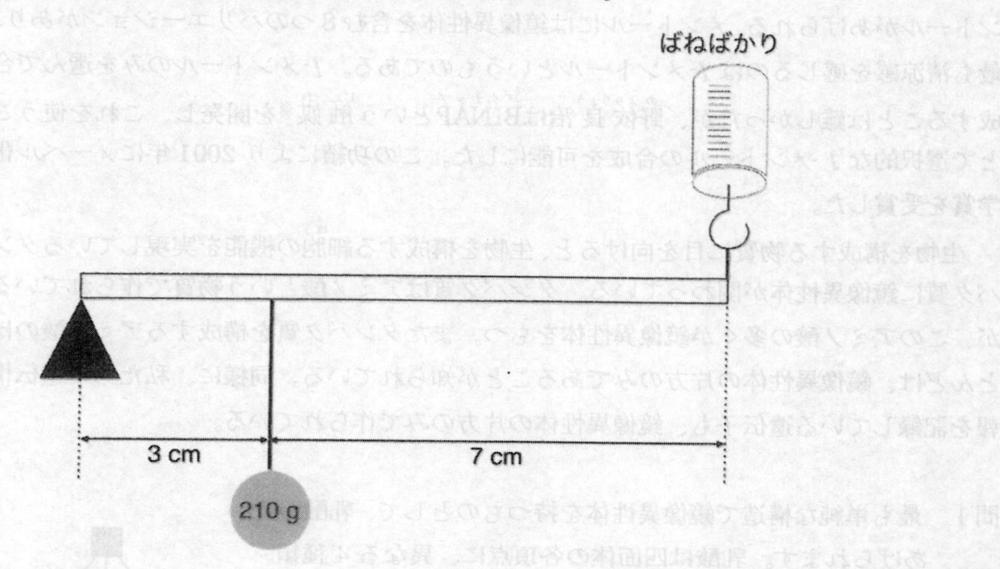

問３　以下に示したのはハサミと爪(つめ)切りの模式図です。ハサミの例を参考にして爪切りの図に力点・支点・作用点を書き加えなさい。ただし、爪切りには２組の力点・支点・作用点があることに注意すること。

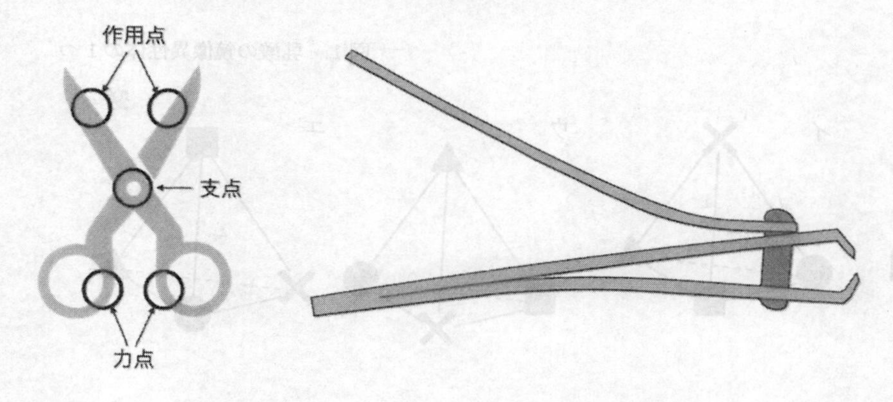

3　次の文章を読み、あとの各問いに答えなさい。

私たちの世界には、右手と左手のように、同じかたちをしていても決して重ならない構造がある。これは物質を構成する粒子(りゅうし)においても同じである。これらの粒子は鏡に映したような構造を互(たが)いにとっているため、鏡像異性体とよばれている。鏡像異性体同士の性質は通常、あまり大きく異なることはない。しかしサリドマイドという物質の鏡像異性体では、片方は睡眠(すいみん)薬や胃腸薬として有用であるが、もう一方を妊(にん)婦が服用してしまうと、奇形児が生まれてしまうという大きな問題が生じた（サリドマイド事件）。

より身近な物質では、歯磨き粉やガム、湿布などに清涼剤として用いられているメントールがあげられる。メントールには鏡像異性体を含む８つのバリエーションがあり、最も清涼感を感じるのは*l*-メントールというものである。*l*-メントールのみを選んで合成することは難しかったが、野依良治はBINAPという触媒※を開発し、これを使うことで選択的な*l*-メントールの合成を可能にした。この功績により2001年にノーベル化学賞を受賞した。

生物を構成する物質に目を向けると、生物を構成する細胞の機能を実現しているタンパク質に鏡像異性体が関わっている。タンパク質はアミノ酸という物質で作られているが、このアミノ酸の多くが鏡像異性体をもつ。またタンパク質を構成するアミノ酸のほとんどは、鏡像異性体の片方のみであることが知られている。同様に、私たちの遺伝情報を記録している遺伝子も、鏡像異性体の片方のみで作られている。

問１　最も単純な構造で鏡像異性体を持つものとして、乳酸があげられます。乳酸は四面体の各頂点に、異なる４種類のかたまりを持っています　（●，×，■，▲とします）。右の図１と鏡像異性体（鏡で映した構造）の関係にあるものを以下の選択肢からひとつ選び、記号で答えなさい。

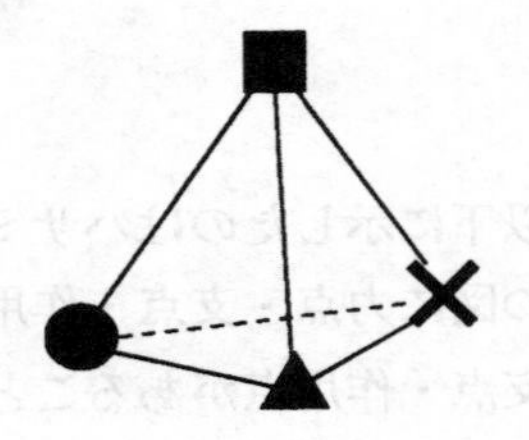

図１　乳酸の鏡像異性体の１つ

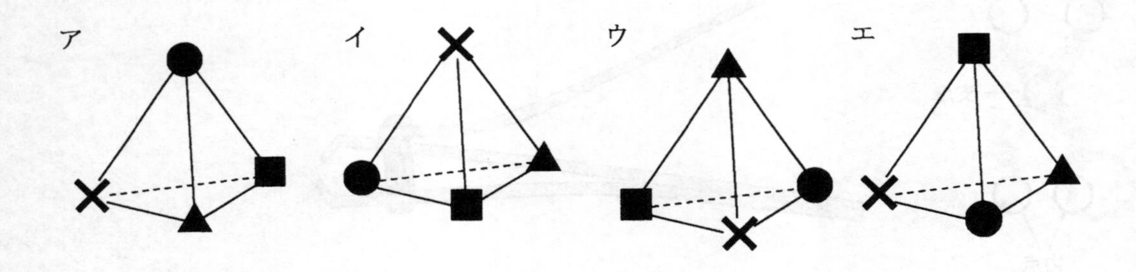

問２　2021年のノーベル化学賞はBINAPのように様々な化学物質の反応をコントロールすることのできる有機不斉触媒を開発した功績により、マックスプランク研究所のベンジャミン・リストとプリンストン大学のデヴィッド・マクミランが受賞しました。特にリストが触媒として用いたものは、先に示したタンパク質を構成するアミノ酸の１つであるプロリンという物質でした。なぜこのプロリンが化学反応を厳密にコントロールできる触媒となり得たのでしょうか。文章から読み取れることを用いながら、あなたの考えを示しなさい。

※触媒：自分自身は変化せず、反応を速めたり遅らせたりする役割を持つもののこと。

4　次の文章を読み、あとの各問いに答えなさい。

広く実験に用いられる生物のことをモデル生物という。生物の性質を調べる上で、すべてを同じ種類の生物で実験することには困難が伴う。そこで、研究者らは注目した機能や性質が調べやすい生物を探して研究を進めてきた。例えば、受精卵からどのように成長するのかを調べるためにウニが使われた。また、ヤリイカは神経の働きについて調べるのに使われた。ウニは発生の段階で透明であること、ヤリイカは神経が太いことなどが、取り扱いやすかった理由である。これらの知識が共有されていくことで、さまざまな生物がモデル生物とされてきた。

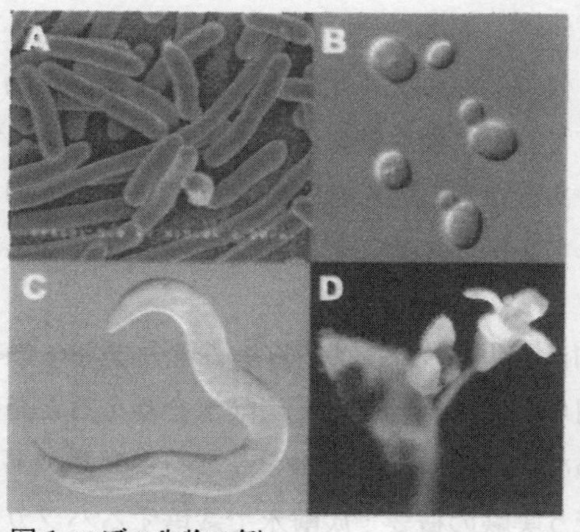

図１ モデル生物の例
A 大腸菌、B 酵母、C 線虫、D シロイヌナズナ

近年では以前からよく使われている生物の中から、飼育が簡単で、世代のサイクルが短い生物がモデル生物として選択されるようになった。代表的なモデル生物に大腸菌（細菌、図１A）、酵母（細菌ではないが微生物、図１B）、線虫（図１C）、ショウジョウバエ、ゼブラフィッシュ、アフリカツメガエル、シロイヌナズナ（図１D）、マウスなどがあげられる。

京都大学では長期の暗闇が生物に与える影響を調べるため、1954 年から暗闇でショウジョウバエを飼育する実験が行われてきた。生物が環境にどのように適応していくのかという問題は、いまだ誰も観察したことがない大きなテーマである。実験開始から約 60 年が経過した 2016 年に、この「暗黒バエ」について詳しく調べられた。その結果、形状に大きな変化はなかったが、野生のショウジョウバエより暗闇で子孫を残しやすくなっていることがわかった。この原因としてフェロモン（同種の他個体を引きつける匂い分子）を放出する力が強くなり、嗅覚が鋭くなっている可能性があることが遺伝子解析から明らかになった。

親から子供が生まれるとき、遺伝子レベルで変化が生じる。しかし、ハエの成虫を見比べたとき、親と子で見た目が大きく変わることはない。生育条件にもよるが、ショウジョウバエは約半月で卵から孵化して成虫となり、翌日には卵を産むことができる。この時間を世代時間という。ハエの場合、1 世代が約 15 日となり、1 年間で 24 世代程度、60 年間だと 1,440 世代ほどになる。人間に換算すると、1 世代 25 年として 36,000 年程度の時間が経過したことになる。最初の人類が出現したのが約 700 万年前で、今の我々の祖先であるクロマニヨン人が出現したのが 4 万～1 万年前と言われている。36,000年程度の時間では、見た目に大きな変化が生じることはなさそうだ。それを観察するためには、もっと長い時間が必要かもしれない。

問１　代表的なモデル生物として８種類の生物をあげました。ここに１つ生物を加えて、なにか生物に関することを明らかにするプロジェクトを発足するとします。あなたならどんな生物を加えますか。加えたい生物の名前、その生物を用いて明らかにしたいこと、あなたの仮説、どんな実験を行うか書きなさい。

例）加える生物：ハツカダイコンを加える
明らかにしたいこと：炭酸水を与えると発芽が早くなること
あなたの仮説：炭酸水を与えると発芽が早くなる
行う実験の概要：炭酸水で栽培するハツカダイコンの種と、水で栽培するハツカダイコンの種を用意して、発芽までの時間を測定して、比較する

問２　本文で示した京都大学の暗黒バエは長い時間をかけて嗅覚に変化を起こし、暗闇に適応しつつある様子が見られました。同様の実験を別の場所でしたとき、京都大学の暗黒バエと同様に暗闇で子孫を残しやすくなっていることがわかりました。しかし、嗅覚に変化はありませんでした。このハエにはどんな変化が起こっていると考えますか。あなたの考えを示しなさい。

問３　暗黒バエと同じように何世代もの間、無重力空間で飼育したショウジョウバエはどのように環境に適応するでしょうか。仮に300年間無重力空間で飼育されたとして、どのようになるかあなたの考えを書きなさい。図２のショウジョウバエの模式図を参考に、300年後のハエの姿を絵と文章を両方使って示しなさい。またどうしてそう考えたか、理由とともにわかりやすく示しなさい。

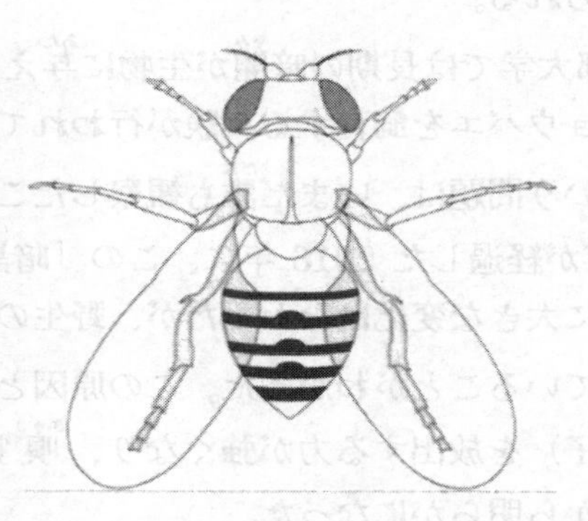

図２ショウジョウバエの模式図

2022年度

三田国際学園中学校　▶解説と解答

算　数　＜MST試験＞（60分）＜満点：100点＞

解　答

[1] (1)　3　(2)　$\frac{2}{5}$倍　(3)　10通り　(4)　15人　(5)　18 cm³　(6)　612個　[2] (1)　0.5cm　(2)　3.1714km　(3)　2.5m　[3] (1)　右の図1　(2)　文字　右　回数　10回　(3)　右の図2　[4] (1)　2，3，5，7，11，13，17，19，23，29，31，37，41，43，47，53，59，61，67，71，73，79，83，89，97　(2)　(あ)　3，7　(い)　317　[5] (1)　1，4，9　(2)　10個　(3)　1，4，9，16，25，36，49，64，81，100

図1

上	上	上	右
右	上	右	上
上	右	上	上

図2

右	右	上	右
右	右	上	右
右	上	右	上

解　説

[1]　四則計算，割合と比，場合の数，集まり，体積，図形と規則

(1)　$1\frac{2}{3}\div\left(\frac{4}{5}\times6\frac{7}{8}\right)\times9\times\frac{11}{10}=\frac{5}{3}\div\left(\frac{4}{5}\times\frac{55}{8}\right)\times9\times\frac{11}{10}=\frac{5}{3}\div\frac{11}{2}\times9\times\frac{11}{10}=\frac{5}{3}\times\frac{2}{11}\times\frac{9}{1}\times\frac{11}{10}=3$

(2)　Bさんの所持金を1とすると，Aさんの所持金は，$1\times\frac{5}{4}=\frac{5}{4}$となる。すると，Cさんの所持金は，$\frac{5}{4}\times2=\frac{5}{2}$となるから，Bさんの所持金はCさんの所持金の，$1\div\frac{5}{2}=\frac{2}{5}$(倍)とわかる。

(3)　右の図1の3つの場合が考えられる。㋐の場合，4個入れるかごの選び方が3通りある。また，㋑の場合，3個入れるかごの選び方が3通り，2個入れるかごの選び方が残りの2通りあるから，3×2＝6(通り)とわかる。さらに，㋒の場合は1通りなので，全部で，3＋6＋1＝10(通り)と求められる。

図1

㋐（4個，1個，1個）
㋑（3個，2個，1個）
㋒（2個，2個，2個）

(4)　図に表すと右の図2のようになる。図2で，晴れだけが好きな人(太線部分)の数は，40－(12＋15)＝13(人)とわかる。よって，晴れが好きな人の数は，2＋13＝15(人)である。

図2

(5)　右の図3のように，三角形ABCを底面とする三角すいP－ABCと，台形QBCRを底面とする四角すいP－QBCRに分けて求める。三角形ABCの面積は，3×4÷2＝6(cm²)だから，三角すいP－ABCの体積は，6×3÷3＝6(cm³)とわかる。また，台形QBCRの面積は，(2＋4)×4÷2＝12(cm²)なので，四角すいP－QBCRの体積は，12×3÷3＝12(cm³)と求められる。よって，頂点Aをふくむ立体の体積は，6＋12＝18(cm³)である。

図3

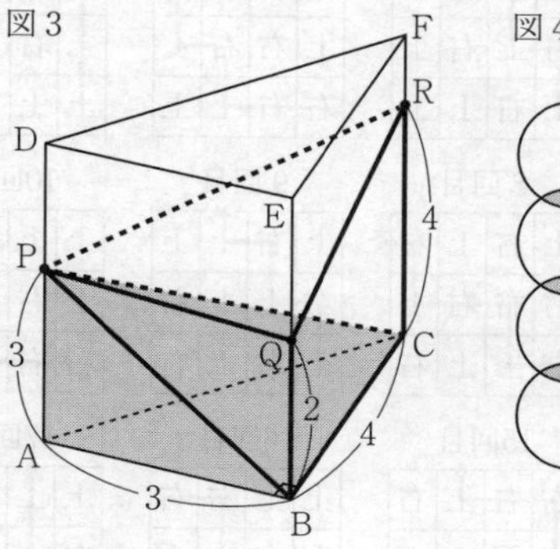

図4

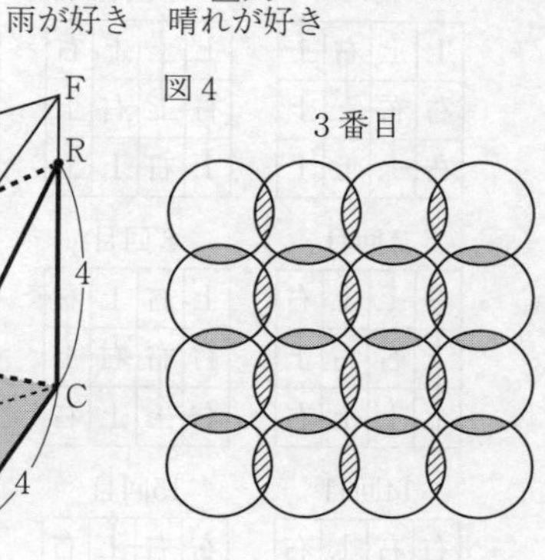

(6) 上の図4は3番目の図である。図4で，斜線(しゃせん)部分は，たてに4個ずつ，横に3個ずつ並んでいるから，4×3＝12(個)ある。また，かげをつけた部分は，たてに3個ずつ，横に4個ずつ並んでいるので，斜線部分と同じように12個ある。同様に考えると，17番目の図の場合，斜線部分は，たてに，17＋1＝18(個)ずつ，横に17個ずつ並ぶから，18×17＝306(個)になる。同じように，かげをつけた部分も306個になるので，全部で，306×2＝612(個)と求められる。

2 平面図形―長さ，計算のくふう

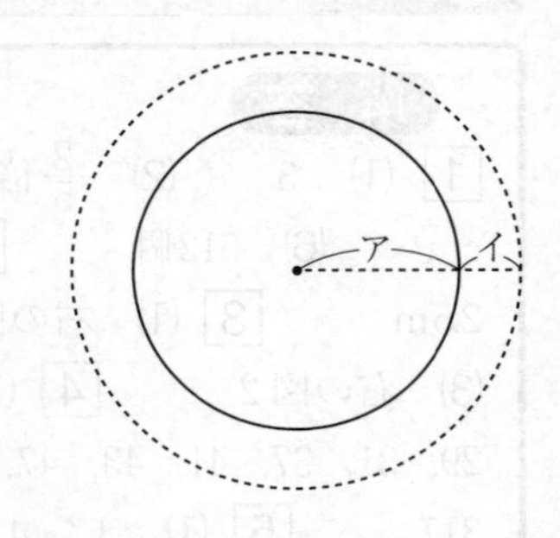

(1) 右の図で，アの長さが50cm，外側の円のまわりの長さが317.14cmのときの，イの長さを求めればよい。外側の円の直径は，317.14÷3.14＝101(cm)だから，アとイの和は，101÷2＝50.5(cm)とわかる。よって，イの長さは，50.5－50＝0.5(cm)と求められる。

(2) 図で，内側の円のまわりの長さが3.14km(＝3140m)，イの長さが5mのときの，外側の円のまわりの長さを求めればよい。内側の円の直径は，3140÷3.14＝1000(m)なので，アの長さは，1000÷2＝500(m)となり，アとイの和は，500＋5＝505(m)とわかる。よって，外側の円のまわりの長さは，505×2×3.14＝3171.4(m)，3171.4÷1000＝3.1714(km)と求められる。

(3) はじめに，外側の円のまわりの長さと内側の円のまわりの長さの差について考える。$(A+B)\times C=A\times C+B\times C$となることを利用すると，外側の円のまわりの長さは，(ア＋イ)×2×3.14＝<u>ア×2×3.14</u>＋<u>イ×2×3.14</u>と表すことができる。この式の＿の部分は内側の円のまわりの長さを表しているから，外側の円と内側の円のまわりの長さの差は，＝の部分になることがわかる。つまり，円の半径をイだけ長くすると，まわりの長さは(イ×2×3.14)だけ長くなることがわかる(アの長さは関係ない)。よって，橋の高さ(図のイの長さにあたる)を□m高くすると，橋の長さは(□×2×3.14)m長くなるので，□×2×3.14＝15.7(m)と表すことができ，□＝15.7÷3.14÷2＝2.5(m)と求められる。

3 条件の整理，調べ

(1) ルールにしたがってコインを動かすと，1回目の操作を終えたときのカードは，下の図の「1回目」のようになる。

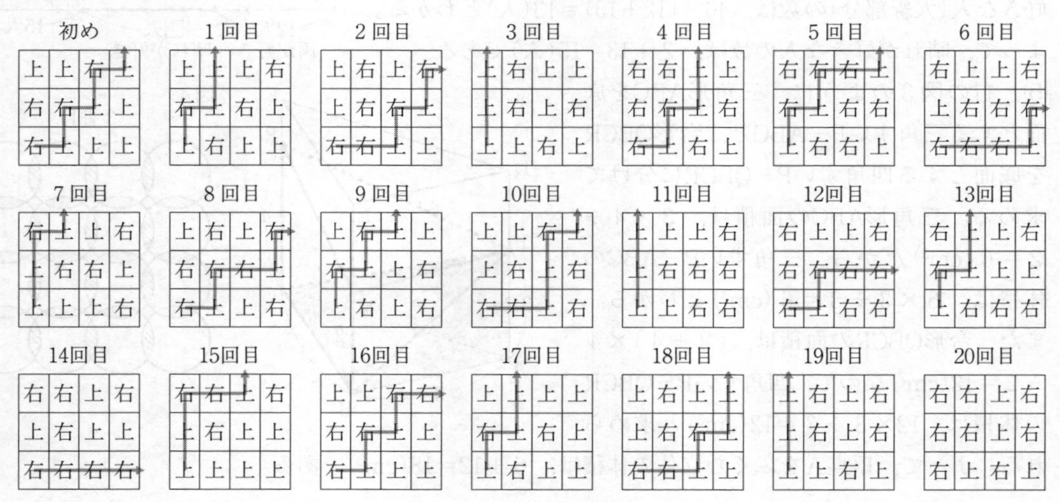

⑵　各回の操作は必ず左下のカードから始めるから，左下のカードはどの回でも必ず裏返される。よって，奇数(きすう)回目の操作の後は「上」，偶数(ぐうすう)回目の操作の後は「右」になるので，20回目の操作の後は「右」とかかれている。また，奇数回目の操作では左下のカードから右に移動し，偶数回目の操作では左下のカードから上に移動するから，20回目の操作を終えたとき，左下のカードから右に移動した回数は，20÷２＝10(回)である。

⑶　20回目の操作を終えたときのカードは，図の「20回目」のようになる。

4　素数の性質

⑴　右の図１のように，はじめに１を消す。次に，２を残して２の倍数をすべて消す。さらに，３を残して，残りの数から３の倍数をすべて消す。同様に，５を残して５の倍数を消し，７を残して７の倍数を消す。すると，100以下の素数は図１の□で囲まれた25個とわかる。

図１

1	2	3	4	5	6	7	8	9	10
11	12	13	14	15	16	17	18	19	20
21	22	23	24	25	26	27	28	29	30
31	32	33	34	35	36	37	38	39	40
41	42	43	44	45	46	47	48	49	50
51	52	53	54	55	56	57	58	59	60
61	62	63	64	65	66	67	68	69	70
71	72	73	74	75	76	77	78	79	80
81	82	83	84	85	86	87	88	89	90
91	92	93	94	95	96	97	98	99	100

図２

㋐	○△3	㋑	○△7
	313		237
	373		297
	713		317
			537
			597
			717
			737
			797

⑵　㋐　□は素数だから，{2，3，5，7}のいずれかである。ただし，□が２の場合は△□が２の倍数になり，□が５の場合は△□が５の倍数になるので，条件に合わない。よって，□として考えられる数は３と７である。㋑　右上の図２の㋐と㋑で，○に入る数は{2，3，5，7}のいずれかである。また，上２けたと下２けたがどちらも素数になるようにする必要があるから，図１を利用すると，㋐の場合は３通り，㋑の場合は８通りあることがわかる。このうち，＿の数は各位の数の和が３の倍数になるので，３けたの数そのものが３の倍数となり，条件に合わない。また，＝の数は，問題文中の例にあるように素数ではない。よって，313，373，797以外のMITA素数は317である。

5　整数の性質

⑴　作業を終えたときに光っているのは，スイッチを押(お)した回数が奇数回の電球である。また，スイッチを押す回数は，その電球の番号の約数の個数と同じになる。たとえば，４の約数は{1，2，4}の３個なので，４番の電球は{1の倍数，2の倍数，4の倍数}のときに３回押され，作業を終えたときは光っている。同様に，約数の個数が奇数個である整数は，同じ整数を２個かけてできる数(平方数)だから，１×１＝１(番)，２×２＝４(番)，３×３＝９(番)とわかる。

⑵　100以下の平方数の個数を求めればよいので，１×１＝１(番)から，10×10＝100(番)までの10個とわかる。

⑶　作業を終えたときにすべて消えるようにするには，作業を始める前に⑵で求めた10個の電球を光らせておけばよい。よって，その番号は，１×１＝１(番)，２×２＝４(番)，３×３＝９(番)，４×４＝16(番)，５×５＝25(番)，６×６＝36(番)，７×７＝49(番)，８×８＝64(番)，９×９＝81(番)，10×10＝100(番)である。

理科 <MST試験>（60分）<満点：100点>

解答

1 問1 ウ 問2 イ 問3 ア 問4 イ 問5 ウ 問6 キ 2 問1 1 上 2 浮力 3 65 問2 63 問3 解説の図を参照のこと。 3 問1 ウ 問2 （例） タンパク質中のプロリンは，鏡像異性体の片方だけでできているアミノ酸なので，プロリンを含んだ化学反応ではプロリンの構造に合う鏡像異性体だけが反応することになる。化学反応の最後でプロリンが回収できれば，プロリンは触媒としてはたらいたことになり，得られる物質は鏡像異性体のうち１種類だけでできているので，化学反応をコントロールできたことになる。 4 問1 （例） 解説を参照のこと。 問2 （例） 放出するフェロモンの匂いが強くなったり，産む卵の数が増えたりしていると考えられる。 問3 （例） 解説を参照のこと。

解説

1 ガラスをテーマにした問題

問1 鉄の黒さびは，鉄を強く加熱したときにできる。水分の多いところで鉄と空気中の酸素がゆっくり結びついたときは赤さびとなる。

問2 カンラン石は鉱物の一種で，玄武岩や斑れい岩などに含まれる。オリーブのような濃い緑色をしており，特にきれいな結晶はペリドットという宝石として扱われる。

問3 マグマが固まってできた火成岩は，含まれる鉱物のそれぞれが大きく成長している深成岩と，鉱物が大きく成長しないうちに固まった火山岩に分けられる。深成岩には斑れい岩，閃緑岩，花崗岩，火山岩には玄武岩，安山岩，流紋岩がある。

問4 色つきのガラスを作るには，ガラスの原料に金属成分を含むものを混ぜ，高温で溶かす。このとき，金属成分がなくなったり，別の金属に変わったりすることはなく，溶けて液体状になったガラスに金属成分が広がることで，ガラスが色づくようになる。よって，イが選べる。

問5 文章中に「二酸化ケイ素を主成分とするガラス」とあるので，二酸化ケイ素を多く含むチャートが選べる。チャートは大昔の生物(ホウサンチュウなど)が海底で積もってできた堆積岩である。なお，流紋岩と安山岩は火成岩であって，堆積岩ではない。泥岩は泥(粘土)，凝灰岩は火山灰による堆積岩である。

問6 熱湯をかけるとガラスのコップが割れるのは，温度が急に上昇して膨張する部分とそうでない部分ができるためである。よって，厚かったり大きかったりすると，それだけ部分ごとに温度差が生じやすくなるため壊れやすい。また，コップが角張っていると，その部分ではなめらかに膨張しにくいので壊れやすい。よって，厚さはうすく，大きさは小さく，丸みがあるコップがよいことになる。

2 浮力，てこのはたらきについての問題

問1 アルキメデスの原理は，液体(または気体)中の物体はその物体が押しのけた液体(または気体)の重さに相当する上向きの浮力を受けるというものである。よって，食塩水に入れた100cm³の球が半分だけ沈んで浮かんでいる状態のとき，球が押しのけた食塩水の重さは，1.3×100÷２＝65

(g)なので，球は65gの浮力を受けている。そして，球の重さと浮力が釣り合って浮かんでいるから，球の重さは65gとわかる。

問2　棒の重さが無視できるとすると，ばねばかりにかかっている力は，210×3÷(3＋7)＝63(g)である。

問3　爪切りは上の部分と下の部分がそれぞれてこになっており，この2つのてこが組み合わさってできている。上の部分は作用点が力点と支点の間にあるてこ，下の部分は力点が支点と作用点の間にあるてことなっていて，上の部分の作用点が下の部分の力点を押すことで爪を切ることができる。それぞれの部分の力点・支点・作用点は右の図のようになっている。

3　鏡像異性体についての問題

問1　図1は，頂点の■から底面を見たとき，左回りに●→▲→×という並びになっている。ア，イ，エも，■を頂点にしてから底面を見ると，●，▲，×の並びが図1と同じになっている。ところが，ウは，■を頂点にしてから底面を見ると，右回りに●→▲→×となっているので，図1の鏡像異性体の関係にある。

問2　文章中に「タンパク質を構成するアミノ酸のほとんどは，鏡像異性体の片方のみである」とあり，これはプロリンにもあてはまる。そのため，これを用いれば，作りたい物質のいくつもある鏡像異性体から有用な1種類だけを選び出して，化学反応を進めることができる。

4　生物の研究についての問題

問1　選ぶ生物は何でもよいが，文章中に，「飼育が簡単で，世代のサイクルが短い生物がモデル生物として選択されるようになった」とあるので，その条件に見合う生物を選ぶ方がよい。代表的なモデル生物としては，文章中にあげられている8種類のほかに，ウニ，カイコ，メダカ，アサガオ，イネなどがある。そして，どれか1つの生物を選んだら，その生物を用いて明らかにしたいこと(課題)，仮説，実験の概要(方法)を考え，それらを筋道立ててまとめていく。右の表は解答例の1つである。

加える生物：メダカ
明らかにしたいこと：メダカは色を見分けることができるか。
あなたの仮説：見分けることができる。
実験の概要：大きな水そうを用意し，中に赤と青の部分を作る。毎日，決まった時刻にメダカにエサをあたえるが，このときに，決まった色に集まっているメダカにだけエサをあたえる。色の場所を変えて何日か行った結果，エサをやるときに同じ色に何匹のメダカが集まるようになったかを調べる。

問2　文章中には，京都大学の暗黒バエの場合，子孫を残しやすくなった原因の可能性として，フェロモンを放出する力が強くなったことと嗅覚が鋭くなったことがあげられているので，ここではそれら以外の原因を考える。たとえば，フェロモンを放出する力が変わっていなくても，フェロモン自体が強化されている(フェロモンの匂いが強くなった)と，交尾の機会が増して子孫を残しやすくなる。また，一度に産卵する数や，一生の中で産卵できる期間が長くなる(長生きする)と，一生のうちに産卵できる数が増えて，それだけ子孫を残しやすい。

問3　無重力空間では，重力に逆らって空中を飛んだり，止まったときに体を支える必要がなくなるので，はねは小さくなり，足は小さく短くなると考えられる(絵は右の図)。

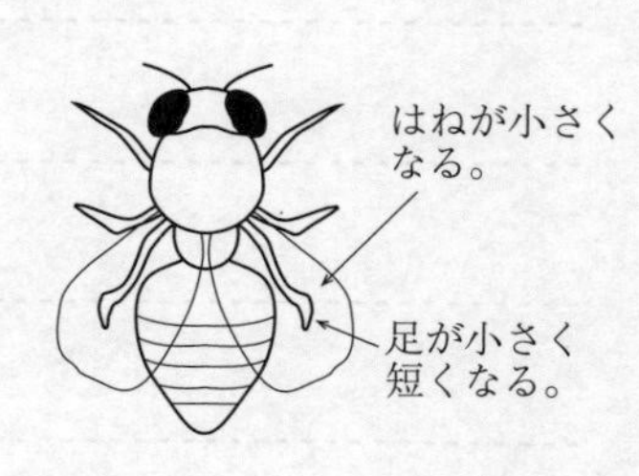

Memo

MITA International School

2021年度　三田国際学園中学校

〔電　話〕　(03) 3707－5676
〔所在地〕　〒158－0097　東京都世田谷区用賀２－16－１
〔交　通〕　東急田園都市線「用賀駅」より徒歩５分

※この試験は本科クラス・インターナショナルクラス受験生対象です。

【算　数】〈第１回試験〉（50分）〈満点：100点〉

〔受験上の注意〕線や円をかく問題は，定規やコンパスは用いずに手書きで記入してください。

1　次の［　　］にあてはまる数を答えなさい。

(1) $\frac{2}{2\times3\times4}+\frac{2}{3\times4\times5}+\frac{2}{4\times5\times6}+\frac{2}{5\times6\times7}+\frac{2}{6\times7\times8}+\frac{2}{7\times8\times9}+\frac{2}{8\times9\times10}$
＝［　　］

(2) 下のA，B，Cにそれぞれ5，6，8のどれかを入れて式を正しくするとき，Cに入る数は［　　］です。

$$123-4A-B7+C9=100$$

(3) 1冊250円のノートをある冊数だけ買うために，必要なお金をちょうど［　　］円持って店に行きました。ところがノートが195円に値引きされていたため予定より3冊多く買え，おつりが75円ありました。ただし，消費税は考えないものとします。

(4) 1から10までのすべての整数で割り切れるもっとも小さい整数は［　　］です。

(5) 下の図のような太線で囲まれた立体の体積は□cm^{3}です。ただし，同じ印をつけた部分の長さは等しく，∟の記号がある角度は直角であることを表します。また，角すいの体積は，(底面積)×(高さ)×$\frac{1}{3}$で求められます。

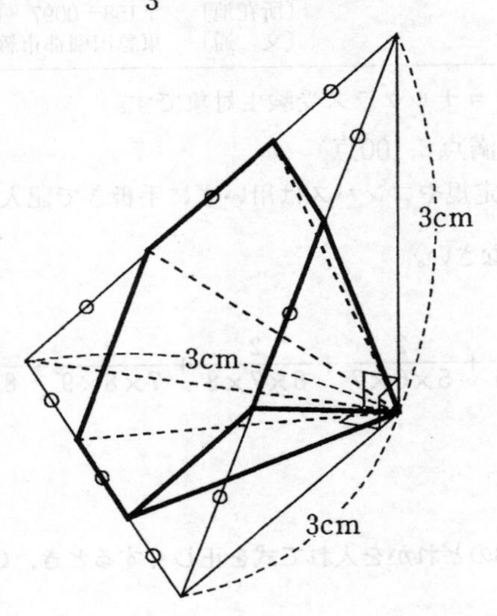

(6) A君，B君，C君，D君の4人でお金を持ち寄りました。A君の所持金は全体の$\frac{2}{5}$より30円少なく，B君の所持金はA君の所持金の$\frac{1}{3}$より30円多いです。また，C君の所持金はB君の所持金の2倍より30円少なく，D君の所持金は3000円です。A君，B君，C君の合計金額は4人の合計金額の□%です。

2 倍数を判定する方法には様々なものがあり，9の倍数かどうかを判定する方法に

「その数の各位の数の和が9の倍数ならば，その数は9の倍数である」

というものがあります。

例えば，「891」という数の場合，百の位の数「8」，十の位の数「9」，一の位の数「1」の和は，8+9+1=18であり，18は9の倍数だから，891は9の倍数であるといえます。

(1) 「1036(ア)492713145」という数が9の倍数になるように，(ア)に入る1けたの数を求めなさい。

次に，下のような【装置】を考えます。

① この【装置】に数を入力すると，<計算>によって得られた数が出力されます。

② <計算>とは，入力された数の各位の数の和を求めることです。

③ 【装置】から出力された数が9以下になるまで，この装置にくり返し入力されます。

④ 出力された数が，9以下の数になると，この【装置】は終了します。

例えば「961」という数を【装置】に入力すると，

<計算>によって，9+6+1=16となり，得られた数「16」が出力されます。

「16」は9以下の数ではないため，「16」が再び【装置】に入力されます。

<計算>によって，1+6=7となり，「7」が出力されます。

出力された数「7」が9以下の数になったので，この【装置】は終了します。

(2) 【装置】に「84763987429942」という数を入力したとき，【装置】が終了するまでに<計算>される回数は何回ですか。

(3) 【装置】に1から2021までの整数をかけ算した結果の数を入力しました。

(ア) 1から2021までの整数をかけ算した数は9の倍数ですか。9の倍数なら「○」を，そうでないなら「×」を解答らんにかきなさい。

(イ) 【装置】が終了したとき，最後に【装置】から出力される数を求めなさい。

3 下の図の㋐と㋑の三角形は角の大きさがそれぞれ異なるため，同じ形の三角形ではありません。しかし，図のように三角形の内部に直線をかいて三角形を分割すると，㋒と㋓の三角形は角の大きさがそれぞれ40°，50°，90°である同じ形の三角形に，㋔と㋕の三角形は角の大きさがそれぞれ30°，60°，90°である同じ形の三角形になり，2組の同じ形の三角形に分割することができます。

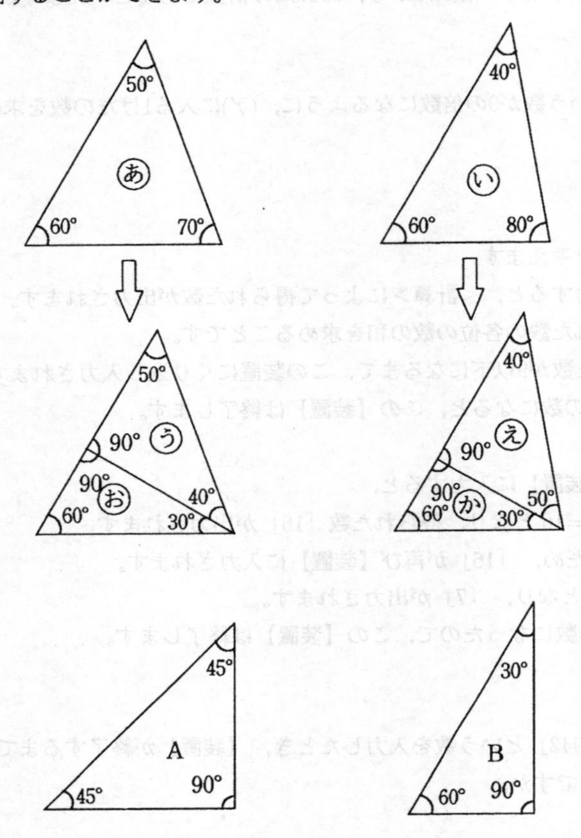

(1)　Aの三角形とBの三角形の内部に直線を1本ずつかいて，2組の同じ形の三角形に分割しなさい。解答らんには，上の図のように分割した三角形の角度をすべて記入すること。

(2)　Aの三角形とBの三角形の内部に直線を2本ずつかいて，3組の同じ形の三角形に分割しなさい。解答らんには，上の図のように分割した三角形の角度をすべて記入すること。

(3)　㋐の三角形と㋑の三角形の内部に点を1点をとり，その点と各頂点を結ぶことで，3組の同じ形の三角形に分割しなさい。解答らんには，上の図のように分割した三角形の角度をすべて記入すること。ただし，三角形の内部に，辺はふくみません。

4 三田さんは，今のままの状態が続くと2050年には海に流出したプラスチックごみの量が海にいる魚の量をこえるということを知り，インターネットサイトでプラスチックについて調べました。次の①から⑤は，三田さんが調べたいろいろなサイトから得た情報です。

① プラスチックを製造するのに必要な石油の量は，世界の石油消費量の約６％に当たり，その量は世界中を飛ぶ飛行機が年間に消費する燃料とほぼ同じである。

② 世界のプラスチック製品の生産量は年に約 5%ずつ増加していて，このままの割合で増え続ければ2050年までに累計(るい)で330億トンのプラスチック製品が生産される。また，世界の人口は年に約 2.5%ずつ増加している。

③ 2010年と2015年に世界で生産されたプラスチック製品はそれぞれ2億6500万トンと4億トンで，そのうち海に流出したとされるプラスチックはそれぞれ少なくとも800万トンと1200万トンと推定されている。

④ 2015年に世界で生産されたプラスチック製品の内訳のグラフ

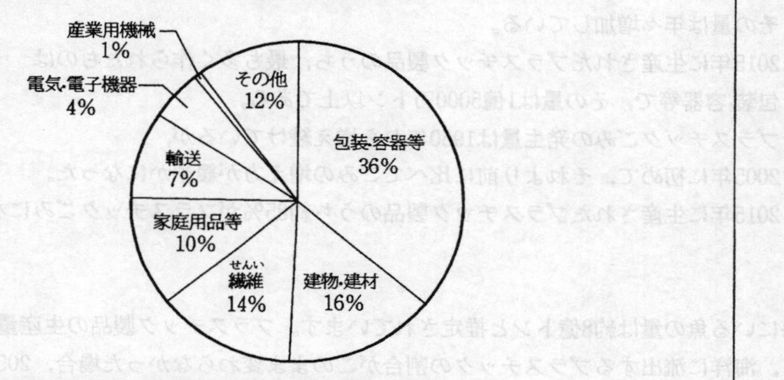

⑤ プラスチックごみの発生量と処理量の内訳の推移を表すグラフ

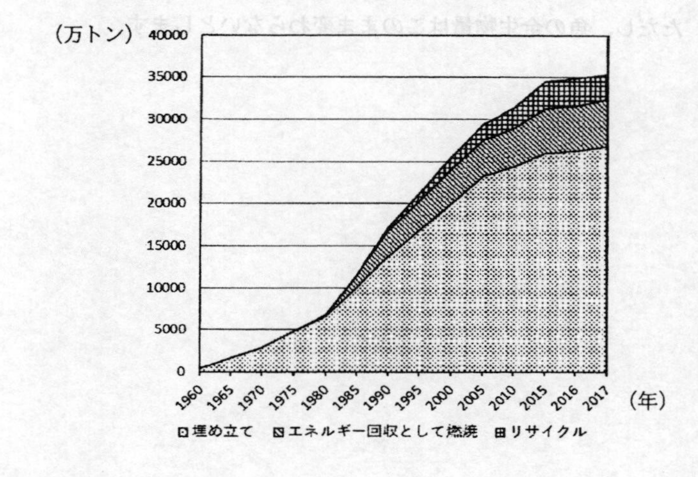

(1)　三田さんは，プラスチック製品が世界でどのくらい生産されているかについて，身近にある大きな建物の重さと比べることで実感しようと思いました。そこで，横浜ランドマークタワーの重さを調べたところ，44万トンであることがわかりました。
2015年に世界で生産されたプラスチック製品は横浜ランドマークタワー何個分に相当しますか。小数第一位を四捨五入して答えなさい。

(2)　三田さんは，調べた情報から次のアからオのことがらを読み取りました。正しく読み取ることができているものをすべて選び，記号で答えなさい。

ア　1995年にはすでにプラスチックごみがリサイクルされるようになっており，
リサイクルされるプラスチックごみの量は，年々増え続けている。

イ　生産されるプラスチックの生産量を人口１人当たりに換算すると，
その量は年々増加している。

ウ　2015年に生産されたプラスチック製品のうち，最も多く作られたものは
包装･容器等で，その量は1億5000万トン以上である。

エ　プラスチックごみの発生量は1960年から増え続けているが，
2005年に初めて，それより前に比べてごみの増え方が緩やかになった。

オ　2015年に生産されたプラスチック製品のうち約85%がプラスチックごみになった。

(3)　海にいる魚の量は約8億トンと推定されています。プラスチック製品の生産量に対して，海洋に流出するプラスチックの割合がこのまま変わらなかった場合，2050年には海に流出したプラスチックが海にいる魚の量をこえることを，三田さんが調べた情報をもとに示しなさい。ただし，魚の全生物量はこのまま変わらないとします。

5 紙テープを真ん中で折ってそれをはさみで切ると，紙テープはいくつかの部分に分けられます。

例えば，図のように紙テープを真ん中で１回折ってから，それを１か所で切り分けると，紙テープは3つの部分に分かれます。

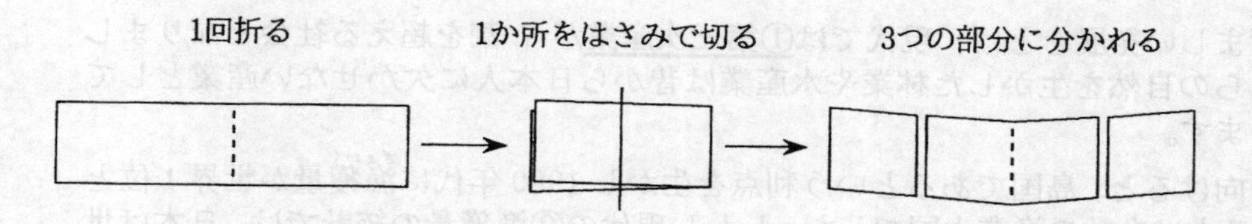

紙テープを2回以上折るときも，真ん中で折るようにし，何度でも折れるように紙テープは十分な長さがあります。

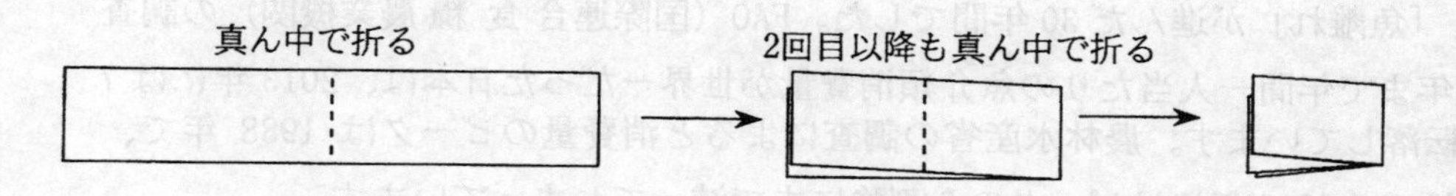

また，はさみで切るときは紙テープに対して垂直に切るようにします。

(1) 紙テープを3回折ってから，それを1か所で切り分けると，紙テープはいくつの部分に分かれますか。

(2) 紙テープを4回折ってから，それを2か所で切り分けると，紙テープはいくつの部分に分かれますか。

(3) 紙テープを6回以上折ると，はさみで切ることができない厚さになることがわかりました。はさみで切り分けるのを5か所以下にして，紙テープが65個の部分に分かれるように切るには，紙テープを何回折ってから，それを何か所で切り分ければいいですか。すべての場合を答えなさい。また，どのように考えたかも合わせて答えなさい。

【社　会】〈第１回試験〉（理科と合わせて50分）〈満点：50点〉

〈編集部注：実物の入試問題では，写真・グラフはすべて，図も大半は色つきです。〉

1　以下の文章を読んで、各問いに答えなさい。

日本は温暖で過ごしやすい気候であると同時に、国土の約65パーセントが森林におおわれ、四方を海に囲まれた世界の中でも有数の自然豊かな国です。戦後より日本の産業はめざましい発展をとげ、現代では①第三次産業が７割を超(こ)える社会となりましたが、これらの自然を生かした林業や水産業は昔から日本人に欠かせない産業として存在しています。

海に目を向けると、島国であるという利点を生かし1980年代に漁獲(ぎょかく)量が世界１位となるなど、日本は有数の漁業大国でした。しかし現代の②漁獲量の統計では、日本は世界８位となっています。遠洋漁業や沖合漁業の衰退(すいたい)も挙げられますが、水産物の輸入量も2001年をピークに減少の一途(いっと)であり、日本人の「魚離(ばな)れ」が叫(さけ)ばれています。

平成は、「魚離れ」が進んだ30年間でした。FAO（国際連合食糧(しょくりょう)農業機関）の調査で、2005年まで年間一人当たりの魚介(ぎょかい)類消費量が世界一だった日本は、2013年には７位にまで転落しています。農林水産省の調査によると消費量のピークは1988年で、徐々(じょじょ)に下がって2016年にはピークの６割強にまで減ってしまっています。

日本人は魚を嫌(きら)いになってしまったのでしょうか。水産庁による2010年の国民健康・栄養調査では、全世代にわたって10年前より魚食が減り肉食が増えています。時代が進むにつれ「魚離れ」が進んでいく要因の一つは、ライフスタイルが変化したことがあげられるのです。1940年代生まれは食糧難の時代を体験し、肉類が高級品だった時代に成長しています。しかし、1960年代生まれは、高度経済成長期で洋食が家庭にどんどん入って、肉が日常的に食卓(しょくたく)にのぼる時代に育ちました。1960年代以降に生まれた世代は、食糧の選択肢(せんたくし)が豊富な時代しか知りません。戦後、国を挙げて食糧増産に力を入れ、米や③野菜の生産はもちろん、畜産(ちくさん)も盛んになりました。肉を毎日気軽に食べられる環境(かんきょう)が整ったのです。

また魚は鮮度(せんど)が落ちやすく、内臓の処理や魚焼き器を洗うことが面倒(めんどう)であるなど、魚を家庭で料理するうえでのハードルはいくつもあります。また魚より肉を買う人が多いのは、割高だからという理由を挙げる人も多くいます。しかし魚料理を作りたがらない人も、食べるのは好きという場合が多いようです。実際に自宅で食べることが減った魚を④外食に求める人が増加しています。形は違(ちが)えど、今も昔も日本人は魚を愛する国民ということです。

日本の近海は、プランクトンが多く集まるといわれる浅瀬(せ)や⑤寒流と暖流がぶつかる潮目があり、元来漁業を行うのに最適な場所です。しかし近年では、環境の変化により日本の近海から姿を消していく魚も多いと言われています。日本人が大好きな魚を次世代に残していくため、我々の世代が環境について考えていくことが大切です。

問１　下線部①に関連して、第三次産業に**当てはまらない**ものを選択肢の中から選び、記号で答えなさい。

ア．工場が新たな事業をはじめるために、銀行がお金を貸す。
イ．本日のニュースがまとめられた新聞を、バイクで配送する。
ウ．旅行社が、農村で農業体験をするための観光客を募集（ぼしゅう）する。
エ．飲食店のサービスの質を向上させるため、建築業者が新しい店舗（てんぽ）を建設する。

問２　下線部②に関連して、次の資料はカキの収穫（しゅうかく）量上位３県の図と収穫量と雨温図を示したものです。図のアの県の収穫量を表すグラフと雨温図の組み合わせとして正しいものを選択肢の中から選び、記号で答えなさい。
※グラフの目盛りの違（ちが）いに気を付けること。

【上位３県の図】

ア　　　イ　　　ウ

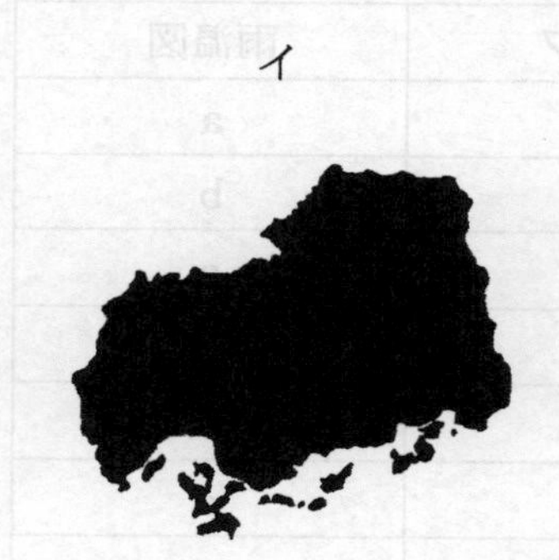

【上位３県の収穫量のグラフ】

A

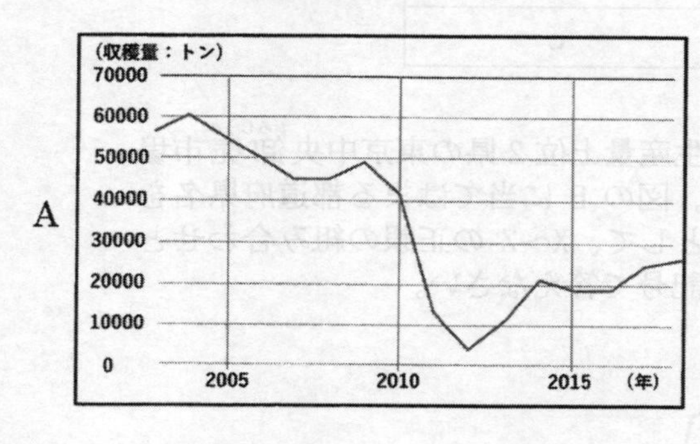

B

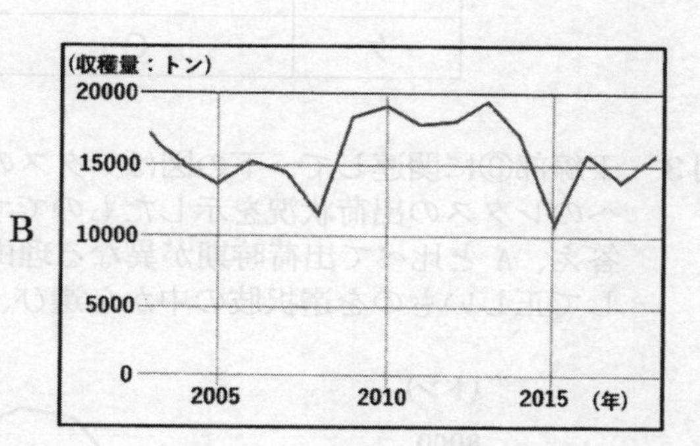

C

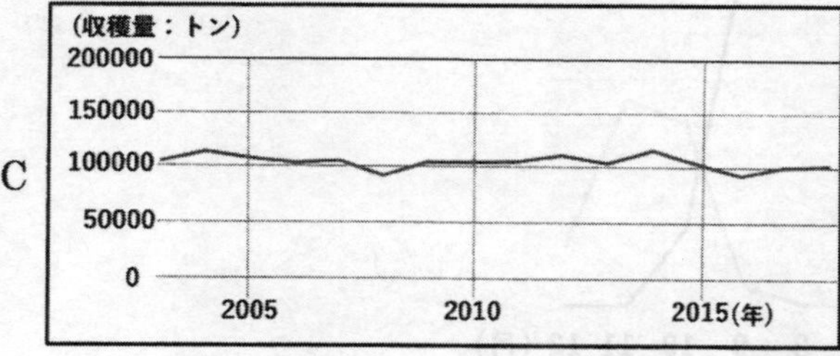

出典：海面漁業生産統計調査（農林水産省）

【上位３県の県庁所在地の雨温図】

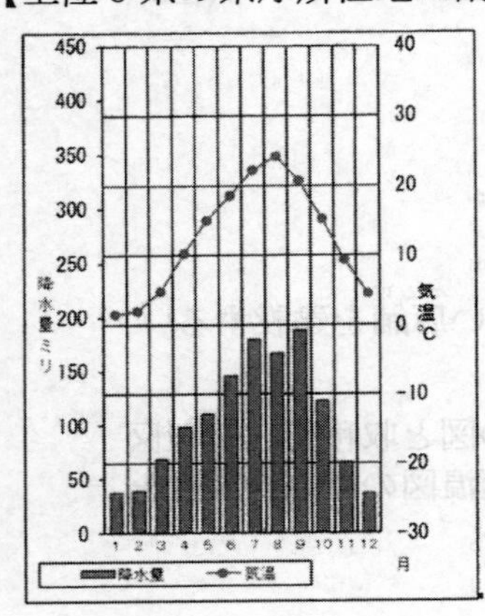

a

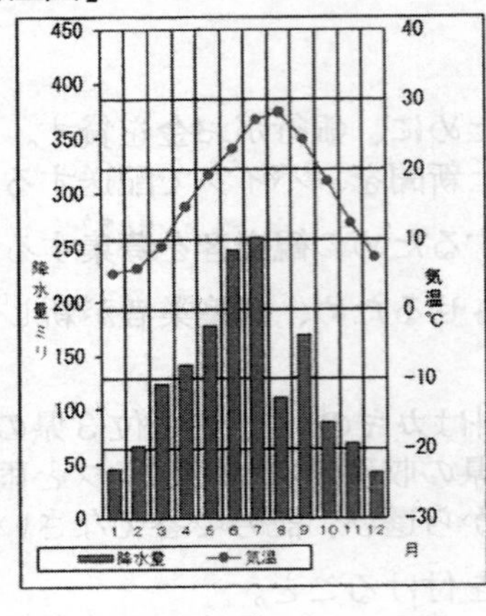

b

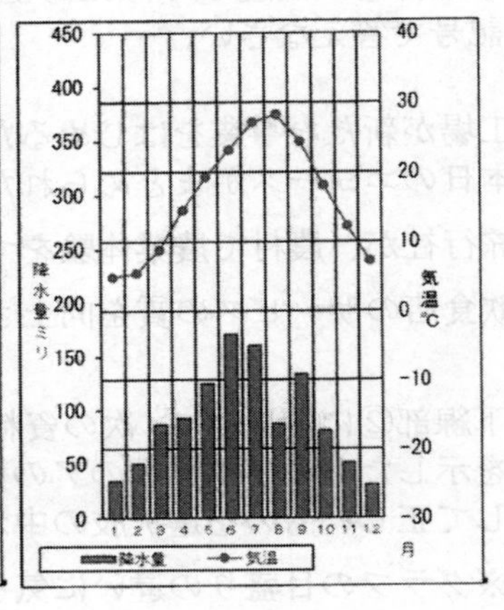

c

選択肢	グラフ	雨温図
ア	A	a
イ	A	b
ウ	A	c
エ	B	a
オ	B	b
カ	B	c
キ	C	a
ク	C	b
ケ	C	c

問３　下線部③に関連して、下の図はレタスの生産量上位２県の東京中央卸売市場へのレタスの出荷状況を示したものです。図の B に当てはまる都道府県名を答え、A と比べて出荷時期が異なる理由として、X～Z の正誤の組み合わせとして正しいものを選択肢の中から選び、記号で答えなさい。

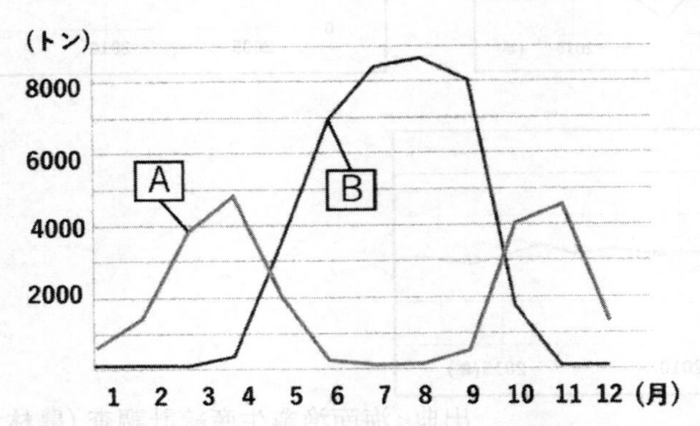

出典：東京中央卸売市場統計（2016年）

X. 市場への安定供給を図るため。

Y. 標高が高く、涼しい気候であるため。

Z. 促成栽培を行って、レタスの価格を維持するため。

ア. X-正　Y-正　Z-誤　　イ. X-正　Y-誤　Z-正
ウ. X-正　Y-誤　Z-誤　　エ. X-誤　Y-正　Z-正
オ. X-誤　Y-正　Z-誤　　カ. X-誤　Y-誤　Z-正

問４　下線部④に関連して、表１～３とそれに関連する三田さんの考察を踏まえ、［　B　］に入る文章を、表中 A に入る都道府県名を含め、30～40 字程度で答えなさい。

表１　都道府県別ハンバーガーショップ店舗数

順位	都道府県	人口10万人あたりの店舗数(総数)
1	A	9.36軒(133軒)
2	東京都	6.69軒(896軒)
3	静岡県	5.48軒(203軒)
4	佐賀県	5.39軒(45軒)
5	長崎県	5.20軒(72軒)

出典：経済センサス - 基礎調査（2014 年）

表２　都道府県別生鮮魚介一世帯当たりの年間消費量

順位	都道府県	消費量
47	A	18,412g
46	岐阜県	23,440g
45	山梨県	24,668g
44	群馬県	24,860g
43	徳島県	24,924g

出典：家計調査（2016 年）

表３　都道府県別一世帯当たりのミネラルウォーター年間購入額

順位	都道府県	購入額
1	A	5,409円
2	東京都	4,763円
3	茨城県	4,441円
4	埼玉県	4,383円
5	千葉県	4,311円

出典：家計調査（2018 年）

Aに関する三田さんの考察

①気候の影響(えいきょう)で淡白な魚が多く、魚料理が発達しておらず、魚を食べる文化がないのではないか。

②自然環境(かんきょう)の影響で、水の質が他の都道府県と異なるため、ミネラルウォーターの消費量が多いのではないか。

③［　B　］ため、ハンバーガーショップの店舗(てんぽ)数が多いのではないか。

問５　下線部⑤に関連して、下の図は日本近海の海流を表したものです。図中のＣの海流の名前と暖流・寒流の組み合わせを選択肢の中から選び、記号で答えなさい。

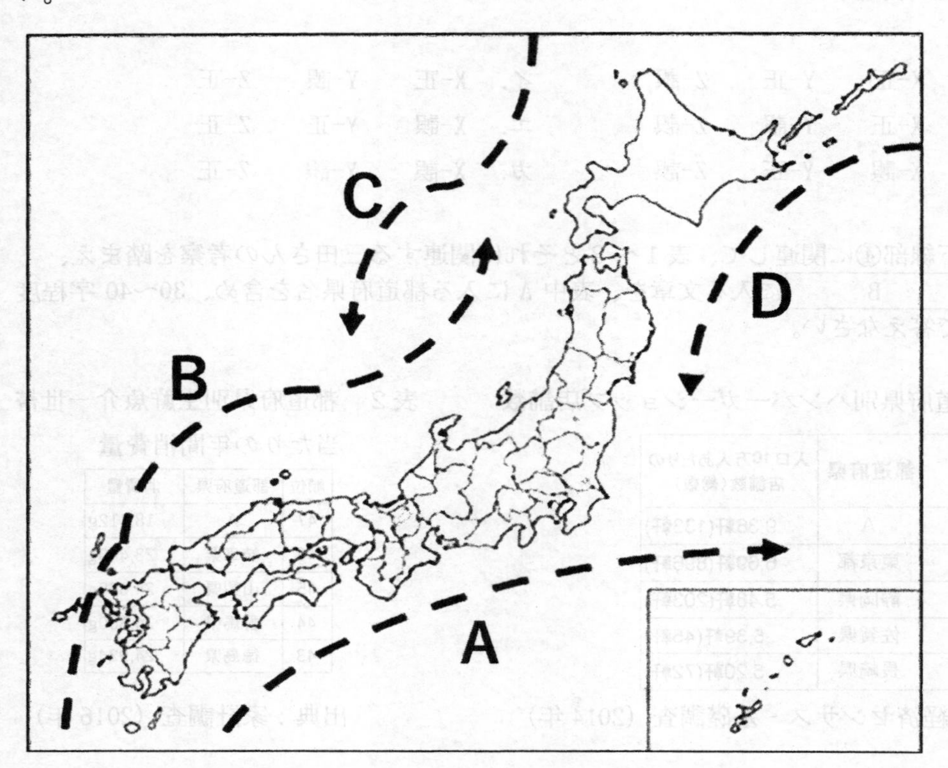

選択肢	名前	暖流・寒流
ア	千島海流	暖流
イ	千島海流	寒流
ウ	日本海流	暖流
エ	日本海流	寒流
オ	対馬海流	暖流
カ	対馬海流	寒流
キ	リマン海流	暖流
ク	リマン海流	寒流

2 以下の文章を読んで、各問いに答えなさい。

2020年新型コロナウィルスの感染が拡大し、全世界でその対応に知恵を絞り乗り越えようとしています。その中で人と人が接するうえでのルールやマナーも変化し、現代でも社会変化とともにルールや習慣、そして制度や法律は変化していきます。

習慣や習わしは古くは邪馬台国にもあったとされています。また国際的には中国の“礼”という思想が国を越えて広まり、57年に後漢の光武帝より金印が送られたことに始まったとされています。さらに3世紀半ばに「親魏倭王」の称号を与えられたことにより日本は国際的な“礼”の秩序の一員となりました。また仏教が伝来し、推古天皇は①“礼”思想を基本とした制度を制定しました。

7世紀後半には本格的に近江令、飛鳥浄御原令などが作られ、その後、体系的な律令が次々と作られていきました。この律令は直接的に人々の紛争を解決するためのものではありませんでしたが、平安時代以降、土地をめぐる訴訟の際には、律令に基づく参考意見が求められることもありました。

武士が台頭してくると武家法といわれる法が②武士の集団ごとに作られ、時には天皇や朝廷の命令に優先する場合もありました。この頃に作られた御成敗式目は、北条泰時が「法令を知らない武士が、知らずに罪を犯すことを防ぎたい。」と述べたとおり、律令を補うためのもので、その後、鎌倉・室町時代の規範の要点として長く利用されていきました。この頃から紛争の解決に裁判が用いられるようになりました。しかし、解決には時間がかかり、時には武力行使によって多くの被害を出すこともありました。

戦国時代から江戸時代にかけては、③戦国大名の領地ごとに定められる分国法が作られ、国内では、それぞれの領地や村落の境目をめぐる紛争解決に「折衷・中分」という考え方が用いられました。それでも解決しない場合は、熱した鉄の棒をつかんで手のひらのやけどの程度で勝負をつけるという運にゆだねる方法などもとられました。

政治が安定した江戸時代になると様々なルールが作られ、身分制度をはじめ庶民に対する御触書、村や町、同業者組合など共同体が定める法が次々と作られました。また、訴訟も細かいルールが定められた、金公事と呼ばれる④金銭の貸し借りに対しては、相対済令によって解決することが推奨されました。

明治時代になり、⑤日本は急速に産業・軍事とも発展し、欧米諸国と同等の法制度を整え1889年大日本帝国憲法が発布されました。この憲法は主権者を天皇とし、国民の人権には制限が加えられ、社会権は存在しませんでした。

1946年日本国憲法が公布されたことにより、主権者は国民となり、⑥すべての人権が保障されるようになってから75年目となります。今なお、社会の変化とともに法整備がなされ、新たな出来事に対して新しい法律が国会を通じて作られています。

問１　下線部①に関連して、本文を参考に“礼”思想ともっとも関わりの深いものを選択肢の中から選び、記号で答えなさい。（ただし、該当するものがない場合は、オを選択すること。）

ア．動物や傷病人を保護する目的で唱えられ、文章にはなっていないが人々に対する道徳的な規範として示された。

イ．三世一身法・墾田永年私財法などの農地拡大政策が精力的に実施される一方で、土地を捨て逃げる農民層が増え、税収が減り、律令支配の転換が示された。

ウ．これまでの天皇の直属の農民や土地、さらには豪族の私有地や私有民を廃止し、すべて国のものとし、戸籍の作成や納税の制度などが示された。

エ．日本で初めて 12 の等級の冠位を定め、朝廷に仕える役人の地位を表す冠を授けることで、より良い人材を登用する道が示された。

問２　下線部②に関連して、この時代に各地で武士団が関わる反乱や紛争が起きています。地図中Ａ～Ｄの場所と出来事Ⅰ～Ⅲの組み合わせを時代の古い順に並べたものとして、正しいものを選択肢の中から選び、記号で答えなさい。

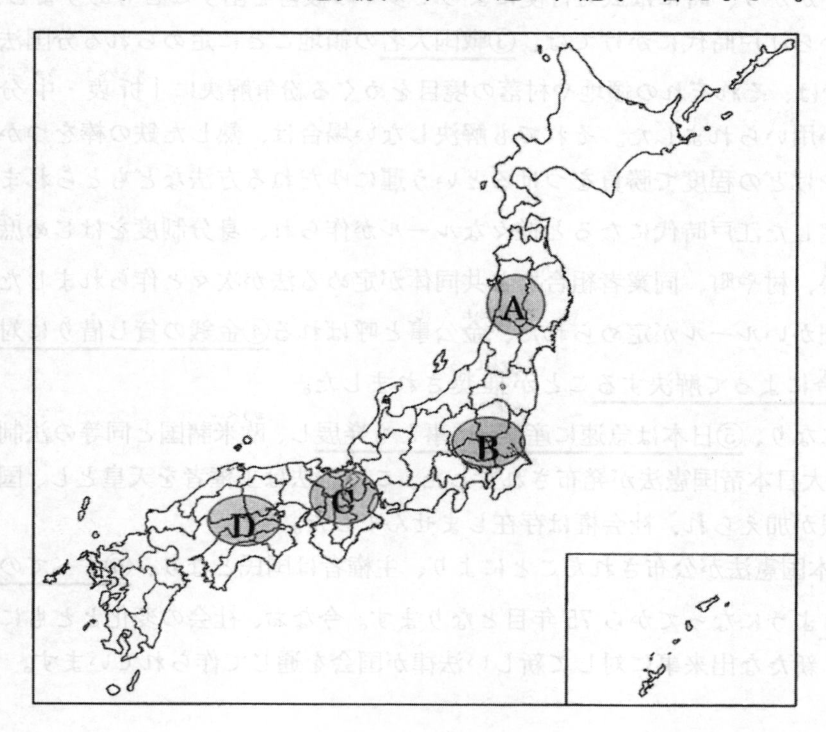

Ⅰ　朝廷への納税を拒否した安倍氏に対して、朝廷は源頼義・義家父子を派遣して討伐させましたが、再び乱を起こし、豪族の清原氏の援助を得て抑えました。

Ⅱ　朝廷内の主導権争いから、崇徳上皇と後白河天皇が対立し、貴族でも藤原氏内部の対立がおこりました。崇徳上皇、後白河天皇とも平氏・源氏より軍を招いて交戦しましたが、崇徳上皇側が敗れました。

Ⅲ　平将門が国司との対立から反乱を起こし、多くの地域を制圧したことにより、新皇を自称しましたが、その後鎮圧されました。

古い　➡　新しい

ア．Ⅰ－Ｃ　➡　Ⅱ－Ｂ　➡　Ⅲ－Ａ

イ．Ⅲ－Ｄ　➡　Ⅱ－Ｂ　➡　Ⅰ－Ａ

ウ．Ⅰ－Ａ　➡　Ⅲ－Ｃ　➡　Ⅱ－Ｄ

エ．Ⅲ－Ｂ　➡　Ⅰ－Ａ　➡　Ⅱ－Ｃ

問３　下線部③に関連して、次の地図は物・資本（お金や証券など）・サービスと並んで人（当初は労働者）の自由移動を目指し、1985年から始まったシェンゲン協定に加盟している国を表したものです。この協定が狙っている効果と同じ効果があったとされている、戦国大名が行った政策を選択肢の中から選び、記号で答えなさい。

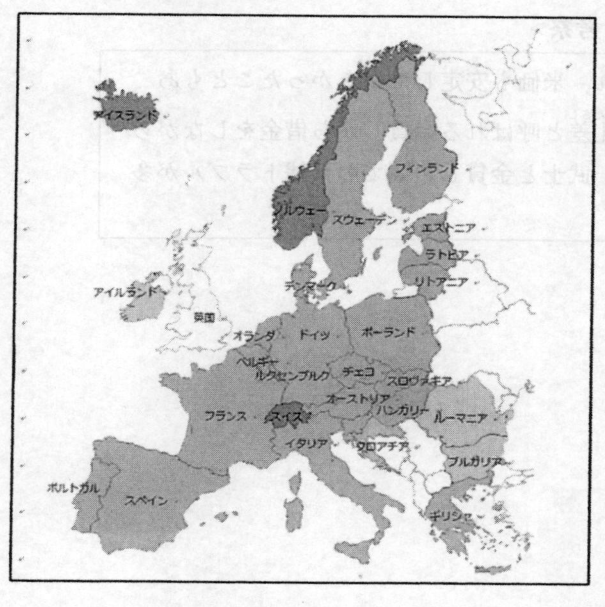

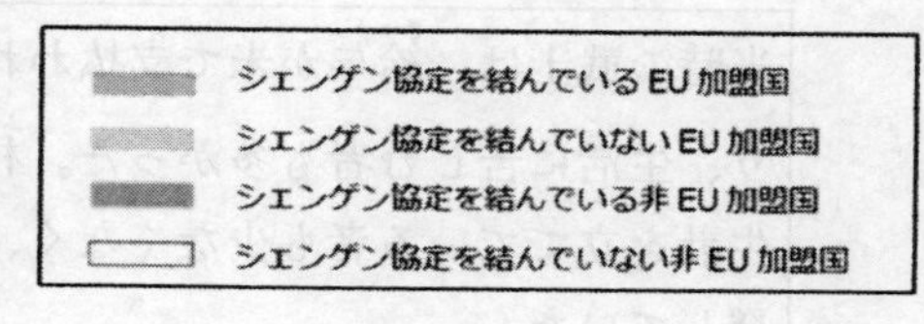

ア．市場の開設　　イ．関所の撤廃　　ウ．城下町の建設　　エ．座の廃止

問４　下線部④に関連して、この法令は、トラブルをどのような方法で解決することを定めていたと考えられますか。下の３つの資料を参考に、30～40字程度で答えなさい。

<享保期の訴訟件数と内容>

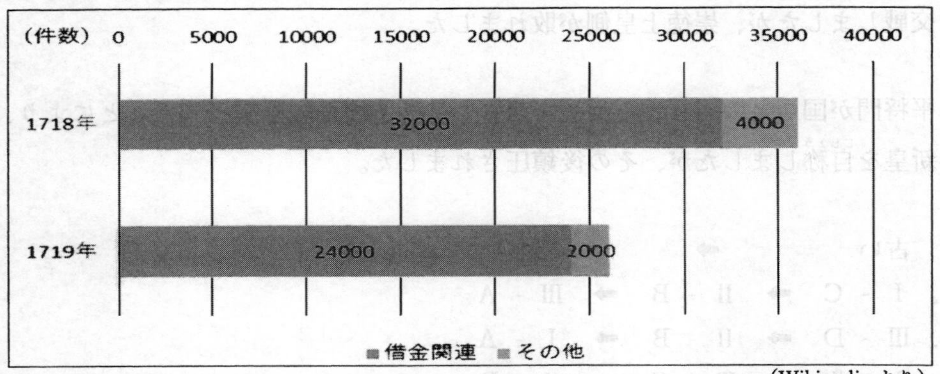

（Wikipedia より）

<相対済令の一部>

一、近年、金銀出入段々多く成り、評定所寄合の筋も此儀を専ら取扱い、
公事訴訟は末に罷成、評定の本旨を失ひ候。
（解説）最近、刑事事件以外の裁判（さいばん）業務が多くなり、裁判所は、専（もっぱ）らこれらを取り扱（あつか）って本来の刑事裁判の手続きに手が付けられない状態となっています。　出典『御触書寛保集成』

<当時の様子を調べた三田くんの考察>

当時の武士は、給与（きゅうよ）が米で支払われ、米価も安定していなかったこともあり、生活に苦しむ者も多かった。札差（ふださし）と呼ばれる金貸しから借金をしながら生計を立てている者も少なくなく、武士と金貸しの間での金銭トラブルが多発していた。

問５　下線部⑤に関連して、下の図はこの時代に日本と関係の深かった国（1）～（4）との関係性を表したものです。この（1）～（4）の国と関係性の内容Ａ～Ｄを組み合わせ、時代の古い順に並べたものとして正しいものを下の選択肢の中から選び記号で答えなさい。

※矢印の大きさ、色、方向は日本と各国との関係のイメージを表しています。

図

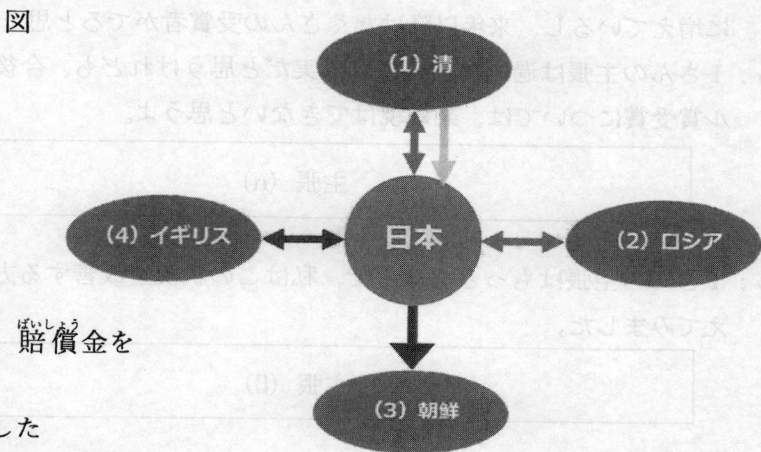

日本との関係性の内容

Ａ　戦争に勝利したが、賠償金を得られなかった

Ｂ　条約を結び、併合した

Ｃ　戦争に勝利し、賠償金を得た

Ｄ　同盟関係の締結

選択肢

ア．(1) －Ａ　(2) －Ｃ　(3) －Ｂ　(4) －Ｄ

イ．(2) －Ｃ　(1) －Ａ　(4) －Ｄ　(3) －Ｂ

ウ．(4) －Ｂ　(2) －Ｃ　(3) －Ｄ　(1) －Ａ

エ．(4) －Ｄ　(3) －Ｂ　(2) －Ｃ　(1) －Ａ

オ．(1) －Ｃ　(4) －Ｄ　(2) －Ａ　(3) －Ｂ

カ．(2) －Ｄ　(1) －Ａ　(3) －Ｂ　(4) －Ｃ

問６　下線部⑥に関連して、すべての人権が保障される中で、下の図のような状況が起きた際に解決するための憲法上の考え方として、もっともふさわしいものを選択肢の中から選び、記号で答えなさい。

ア．平等権　　イ．社会権　　ウ．公共の福祉　　エ．平和主義

3 中学生３人が休み時間に、ノーベル賞について対話をしています。この対話文を読んで次の問いに答えなさい。

〈対話文〉

Mさん：2020年は日本人のノーベル賞受賞者はいなかったね・・・

Ｉさん：そうだね。でも資料①をみると日本人のノーベル賞受賞者は平成の間に大幅（おおはば）に増えているし、来年以降はたくさんの受賞者がでると思うよ。

Ｔさん：Ｉさんの主張は過去については事実だと思うけれども、今後の日本のノーベル賞受賞については、楽観視はできないと思うよ。

主張（α）

Mさん：Ｔさんの主張はもっともなので、私はこの状況を改善する方法をいくつか考えてみました。

主張（β）

問い　この対話文のなかの主張（α）・主張（β）に入る適切（てきせつ）な文章を、次の資料①～⑥を参考にして答えなさい。

資料①　主な国別のノーベル賞(自然科学系*)受賞者

	1901～1990	1991～2000	2001～2016	合計
アメリカ合衆国	156	39	59	254
イギリス	65	3	10	78
ドイツ	58	5	6	69
フランス	22	3	7	32
日本	5	1	16	22

*自然科学系：化学、物理、生理学・医学など　　出典：読売新聞

資料②　日本人のノーベル賞受賞者(自然科学)が業績を挙げた研究を行っていた年齢（ねんれい）の分布

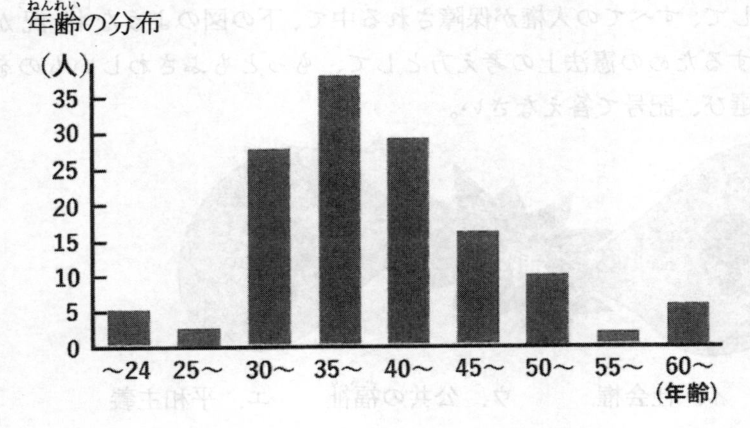

資料③　博士課程*への進学者の推移

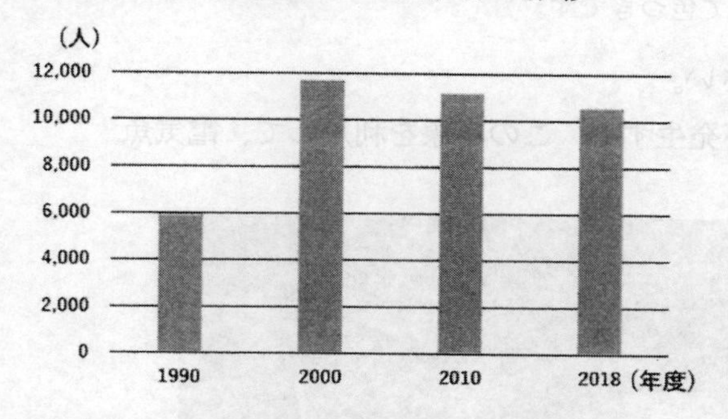

*博士課程：

研究機関で研究員として働くための資格を得る教育課程

資料④　国立大学への運営交付金の推移

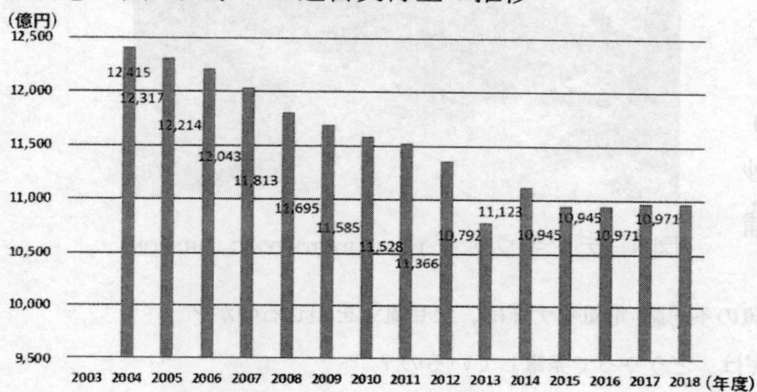

資料⑤　大学教員の職務活動時間の推移

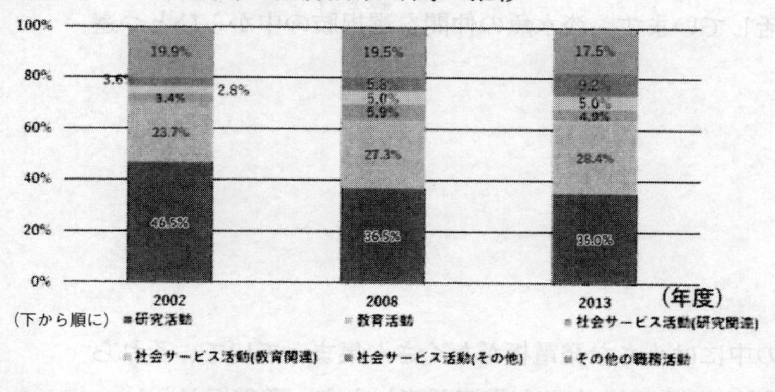

資料⑥　40歳未満の正規大学教員*の割合の推移　*正規大学教員：教授や准教授など

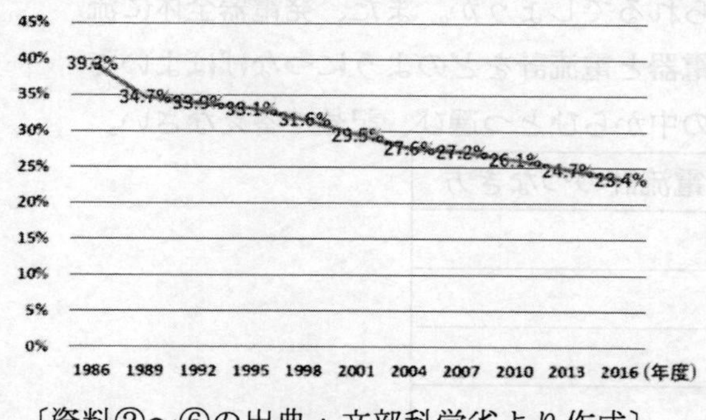

〔資料②～⑥の出典：文部科学省より作成〕

【理　科】〈第１回試験〉（社会と合わせて50分）〈満点：50点〉

〈編集部注：実物の入試問題では，写真や図表はすべて色つきです。〉

1　次の文章を読み、あとの各問いに答えなさい。

動物が筋肉を動かすとき、非常に弱い電気が発生する。この現象を利用して、電気魚（でんきうお※発電魚ともいう）は特別な筋肉でできた発電器（筋肉の細胞(さいぼう)が変化したもの）で強い電気を発生させる。電気魚には、デンキナマズ、シビレエイ、そしてデンキウナギ（図 1）などが含(ふく)まれ、世界で数百種も存在するといわれている。このうちデンキウナギは300～800ボルトという非常に強い電気を数秒間発生させ、相手をしびれさせて捕(と)らえる。

図 1. デンキウナギ PHOTO BY STEVEN G. JOHNSON

【参考】Power Academy/第 23 回 電気魚の不思議 電気ウナギは、なぜ電気を出せるのか？
毎日新聞/疑問氷解/デンキウナギは、どうやって発電しているの？

問１　デンキウナギは淡水(たんすい)で生活しています。淡水魚の仲間を選択肢(せんたくし)の中からひとつ選び、記号で答えなさい。

ア　ゲンゴロウブナ
イ　マサバ
ウ　アジ
エ　ホホジロザメ

問２　下線部に関して、発電器の中には小さな発電板がたくさん集まっていて、それらがつながることで大きな電気が発生し、大きな電流が流れます。発電板どうしは、どのようにつながっていると考えられるでしょうか。また、発電器全体に流れる電流の大きさを測るためには、発電器と電流計をどのようにつなげばよいでしょうか。正しい組み合わせを選択肢の中からひとつ選び、記号で答えなさい。

	発電板のつながり方	発電器と電流計のつなぎ方
ア	直列	並列(へいれつ)
イ	直列	直列
ウ	並列	並列
エ	並列	直列

問３　発電板のひとつから0.05ボルトの電気が発生する場合、800ボルトの電気を発生させるためには発電板がいくつ必要でしょうか。数字で答えなさい。

問４　次の文章は、発電板で電気が発生するしくみを記しています。下の文章中の空欄（くうらん） 1 ～ 3 にあてはまる語句の組み合わせを選択肢の中からひとつ選び、記号で答えなさい。

図２のように、発電板は５つの層で構成されている。その両端（りょうたん）（１番目と５番目）は同じ性質をしていて、たくさんのプラス（＋）の粒（つぶ）とマイナス（−）の粒を持っている。中央（３番目）の層にもプラス（＋）の粒とマイナス（−）の粒があるが、その数は両端の層に比べて非常に 1 。２番目の層は、プラス（＋）の粒だけを通し、４番目の層はマイナス（−）だけの粒だけを通す性質がある。粒は、濃い方から薄（うす）い方に移動する性質があるため、１番目は 2 に、５番目は 3 になる。そして、全体としてひとつの電池のような性質を持つ。

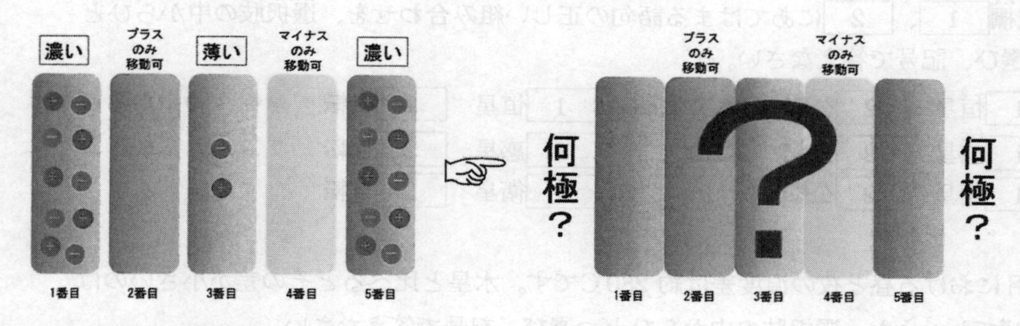

図２. 発電板の構造

ア	1 少ない	2 マイナス（−）	3 プラス（＋）
イ	1 少ない	2 プラス（＋）	3 マイナス（−）
ウ	1 多い	2 マイナス（−）	3 プラス（＋）
エ	1 多い	2 プラス（＋）	3 マイナス（−）

2 次の文章を読み、あとの各問いに答えなさい。

水星は太陽系の［ 1 ］の中で一番内側を［ 2 ］している。昼の表面温度は約430℃にも達するが、夜には約-170℃まで表面温度は下がり、昼と夜の温度差が約600℃もある。この水星の見た目は月と非常に似ている。しかし、大きさ、密度、昼と夜の温度差などは異なり、それぞれ特有の地形も多く発見されている。星の内部構造や密度の値は、月よりも地球のそれらに近い。

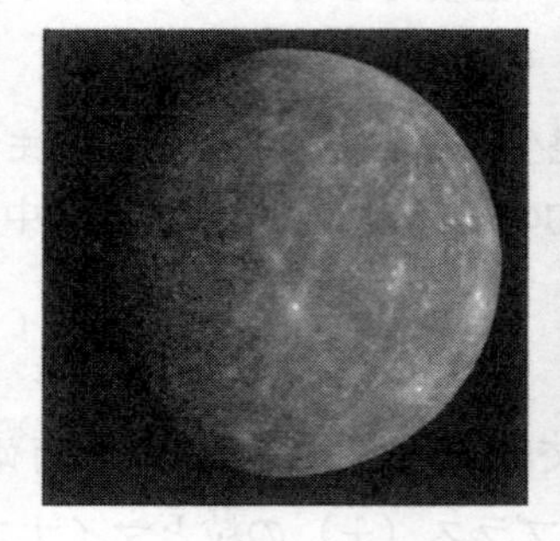

図1. 水星（左）と月（右）のようす

水星: NASA/Johns Hopkins University Applied Physics Laboratory/Carnegie Institution of Washington
月：NASA/JPL/Northwestern University

問１ 空欄［ 1 ］、［ 2 ］にあてはまる語句の正しい組み合わせを、選択肢の中からひとつ選び、記号で答えなさい。

ア	［ 1 ］恒星	［ 2 ］公転		イ	［ 1 ］恒星	［ 2 ］自転
ウ	［ 1 ］惑星	［ 2 ］公転		エ	［ 1 ］惑星	［ 2 ］自転
オ	［ 1 ］衛星	［ 2 ］公転		カ	［ 1 ］衛星	［ 2 ］自転

問２ 月における昼と夜の温度差は約280℃です。水星と比べるとその差が小さいのはなぜでしょうか。選択肢の中からひとつ選び、記号で答えなさい。

ア 夜の表面温度が、水星に比べて月の方が高いから。
イ 夜の表面温度が、水星に比べて月の方が低いから。
ウ 昼の表面温度が、水星に比べて月の方が高いから。
エ 昼の表面温度が、水星に比べて月の方が低いから。

問３ 月の密度が水星や地球と比べて小さいのは、それぞれの内部構造が原因であることが知られています。中心部分にあるコア（核）とよばれる領域の主成分が鉄であることをふまえ、適切に説明しているものを選択肢の中からひとつ選び、記号で答えなさい。

ア コアの割合が、月よりも水星や地球の方が小さいから。
イ コアの割合が、月よりも水星や地球の方が大きいから。
ウ コアの割合が、月と水星と地球では同程度であるから。
エ 月にも水星にも地球にもコアが存在しないから。

問４　水星は地球よりも太陽に近いのに、夜の表面温度が地球よりもはるかに低いことが知られています。その理由を示した次の文章中の空欄［　Ａ　］にあてはまる語句を漢字２文字で答えなさい。

【理由】地球には、水星や月よりも、［　Ａ　］がたくさん存在するから。

問５　地球の平均気温は、年々上昇（じょうしょう）していることが分かっています。その理由のひとつに、温室効果ガスとよばれる気体が大気中に存在し、年々その濃度（のうど）が増加することがあげられます。下の図は大気中の二酸化炭素濃度の推移を示しており、小刻みに濃度が増減しながら（波打ちながら）全体として上がっているようすがみられます。なぜ、このような動きを示すのでしょうか。その理由を簡単に答えなさい。

〈編集部注：実物の試験問題では，図２は左から順に青→緑→黄色→オレンジ色→赤色とグラデーションで示されています。〉

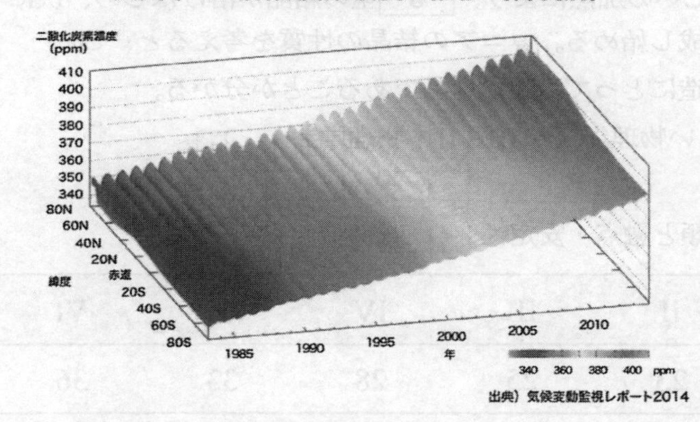

図２. 大気中の二酸化炭素濃度の推移

全国地球温暖化防止活動推進センターウェブサイト（http://www.jccca.org/）より

3 次の文章を読み、あとの各問いに答えなさい。

チョコレートは、カカオ豆を材料とした結晶性油脂食品である。発酵したあと乾燥させ、さらにオーブンに入れて焼き上げたカカオ豆からココアバター（液状）とカカオマス（微粉末）に分離し、それらを砂糖・粉乳などと練り混ぜたあとに撹拌しながら冷却して固めることで、チョコレートは製品化される。しかし、<u>ただ冷却するだけではおいしいチョコレートは完成せず、温度を調整しながら固化させることが重要である</u>。このときの温度調節のことをテンパリングとよぶ。このテンパリングには、ココアバターの結晶の種類が関係している。表１は、ココアバターの結晶の種類とその性質を示している。

テンパリングでは、50℃前後から一旦27～28℃に冷却し、引き続き30～31℃に加熱後に20℃以下に冷却する（図１）。最初の27～28℃では［ 1 ］型は融点（固体が液体に、液体が固体に変わる温度）以上なので結晶化することはなく、［ 2 ］型に結晶化する可能性がある。この温度付近でもっとも結晶化しやすいのは、密度が小さい［ 3 ］型である。その後続く30℃～31℃への加熱により、［ 3 ］型の結晶が溶けはじめ、次に安定である［ 4 ］型の結晶が生成し始める。ココアの結晶の性質を考えると、この［ 4 ］型が最もチョコレート製造にとって重要な結晶であることが分かる。

【参考】チョコレートのおいしい物理学（2016）日本物理学会

表１. ココアバターの結晶の種類と融点・安定性

多形	I	II	III	IV	V	VI
融点（℃）	17	23	25	28	33	36
安定性	不安定	不安定	不安定	不安定	準安定	最安定

融点が低く、密度が小さい

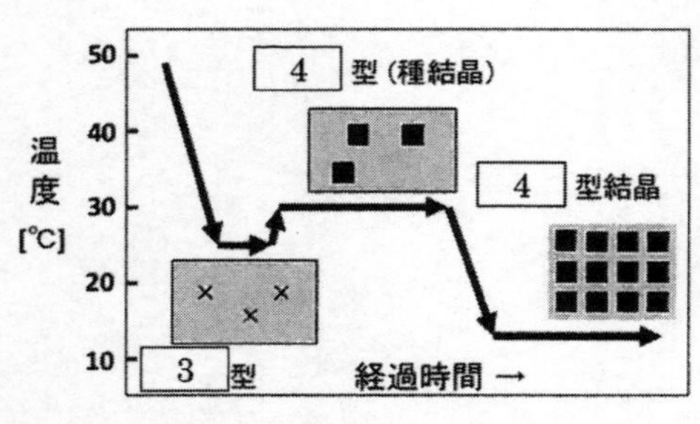

図１. 温度による結晶の変化

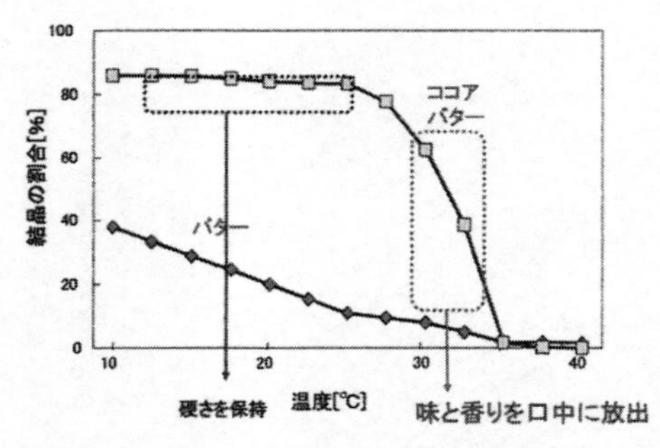

図２. ［ 4 ］型結晶の割合と温度の関係

問１　文章中の空欄(くうらん)にあてはまる番号の組み合わせを選択肢(せんたくし)の中からひとつ選び、記号で答えなさい。

	1	2	3	4
ア	Ⅰ～Ⅲ	Ⅳ～Ⅵ	Ⅳ	Ⅴ
イ	Ⅰ～Ⅲ	Ⅳ～Ⅵ	Ⅳ	Ⅵ
ウ	Ⅰ～Ⅲ	Ⅳ～Ⅵ	Ⅴ	Ⅵ
エ	Ⅳ～Ⅵ	Ⅰ～Ⅲ	Ⅰ	Ⅱ
オ	Ⅳ～Ⅵ	Ⅰ～Ⅲ	Ⅰ	Ⅲ
カ	Ⅳ～Ⅵ	Ⅰ～Ⅲ	Ⅱ	Ⅲ

問２　下線部のように、テンパリングをせず温度を一気に下げることがよくない理由を簡単に答えなさい。

問３　［４］型結晶のココアバターがチョコレートに最適である理由を、図２を参考にして答えなさい。ただし、「融点」、「安定」、「味」の３つを必ず使用し、それらの文字に下線を引くこと。

三　「ググる」という動詞は、英語のGoogle（グーグル）を語源としている言葉です。次の(1)～(5)の文の傍線部の言葉の中で、英語を語源と分類されるものに○を、違うものに×をそれぞれつけなさい。

(1)　機械を長く使っていると、バグることが多くなってくる。

(2)　彼はテストで良い点を取ると、いつもドヤる。

(3)　人前に立つとキョドるのは、彼の悪い癖だ。

(4)　私の趣味は携帯電話をデコることだ。

(5)　今回の試験はとても大事なので、ミスることがないようにしなければ。

問八　三田国際学園中学校の国語授業ではグループワークが多くあります。次の条件の場合、あなたはどう行動しますか。本文を踏まえたうえで、あなたの考えを書きなさい。

・五人グループで、リーダーはあなたです。
・授業のお題は、「ドラマの台本を制作して発表すること」です。
・授業は、全部で四回。現在は、四回目の授業が始まったばかりです。
・次の授業の時には、グループで完成させたドラマ台本を発表しなければいけません。
・自分達のグループでは意見が割れ、まだ台本は完成していません。
・あなた以外は四人がいますが、三人と一人で意見が対立しています。
・客観的に見て、少数派の一人の意見の方が、やや優れているとします。
・多数派の三人は、「早くグループとしての意見を決めないと、ドラマ台本が完成せず、発表できなくなるよ」と、リーダーであるあなたに言ってきています。
・少数派の意見を尊重すると、ドラマ台本が完成せずに発表に間に合いません。
・グループの方針を決定する権利は、あなたにあります。

ア　②→④→①→⑤→③
イ　①→②→③→④→⑤
ウ　②→①→③→⑤→④
エ　④→⑤→③→①→②

問五　［３］・［４］の見出しに当てはまる言葉の組み合わせとして最も適切なものを次の中から選び、記号で答えなさい。

ア　［３］成果を出した者を昇進させる人事評価制度　［４］「異論」「疑問」をさしはさむ大切さ
イ　［３］建設的な議論を封じる誤った人事評価制度　［４］「こうであってほしい」という幻想を共有する恐ろしさ
ウ　［３］衆愚が身近にないということ　［４］希望的な幻想を集団で共有
エ　［３］当たり前の常識を見失うこと　［４］関係者からのプレッシャー

問六　――②「開発チームの能力を最大限引き出すこと」とありますが、どういうことか、説明しなさい。

問七　【文章A】と【文章B】には、いずれも、アメリカのスペースシャトル「チャレンジャー号」の事故について取り上げられています。どうすれば事故が起きなかったと考えられますか。最も適切なものを次の中から選び、記号で答えなさい。

ア　集団あるいは個人が、グループ・シンクを推し進めて、サンク・コストの視点を無視すること。
イ　すでに存在する結論を守ることを目標として、マイナスの心理的影響について考慮にいれないこと。
ウ　集団として積極的に空気を醸成した上で、歪んだ原因から発生した心理的欲求を満たすこと。
エ　不都合な情報が、問題の全体像を決めつけるだけの圧倒的な影響比率を持つのか、冷静に判断をすること。

問一　[1]・[2]の見出しに当てはまる言葉の組み合わせとして最も適切なものを次の中から選び、記号で答えなさい。

ア　[1] 排除　[2] 身内ではない
イ　[1] 正確な理解　[2] 団結の幻想
ウ　[1] 確証バイアス　[2] 安全管理の議論
エ　[1] 分断と細分化　[2] いつわりの合意

問二　――①「巨大な悲劇」とありますが、どういうことか、四十五字以内で説明しなさい。

問三　[A]・[B]に当てはまる言葉として最も適切なものを次の中から選び、それぞれ記号で答えなさい。ただし、同じ選択肢を二度答えることはできません。

ア　その結果　イ　もし　ウ　たとえば　エ　しかし

問四　[x]には、以下の①〜⑤の文が、箇条書きで並べられています。正しい順に並べ替えたものとして最も適切なものを次の中から一つ選び、記号で答えなさい。

① ＮＡＳＡの幹部は、Ｏリングに関する報告書が「確証性」に欠けると考えた
② Ｏリングに関わった技術者は、ほとんどが当日の打ち上げに反対していた
③ ＮＡＳＡは、サイオコールの反対を押し切ってまで打ち上げはしないと告げた
④ 最終的に技術者を除いた幹部で採決（さいけつ）を行い、サイオコールは打ち上げを推奨（すいしょう）した
⑤ サイオコールの担当部長は、社内へ「経営的な判断をせねばならない」と言った

しかし、集団あるいは個人がグループ・シンクやサンク・コストの罠から抜け出せず、すでに破綻しているプロジェクトを停止させずに突き進めば、行き着く先は「壊滅的な結果」であることは、日本軍の悲惨な作戦結果も証明している厳然たる事実です。

作戦立案に関係した人物たちの錯誤から、日本軍は多くの戦場で受け入れがたいほどの血を流し、言葉では表現できないほどの悲惨な局面を生みました。この歴史から何を学ぶか、今まさに問われているのではないでしょうか。

グループ・シンクや埋没費用について理解する限り、影響下にある人物や集団は「結論ありき」の議論をする傾向があるとわかります。

わずかでも、あなた自身の中に「結論に固執する」執着があると気がついた場合は、マイナスの心理的影響下にあるのではないかと疑うことが重要です。

「最良の結果」を目指した議論ではなく、すでに存在する結論を守ることが目標になっているのです。

グループ・シンクや埋没費用の悪影響下で、自身の結論を強固に防衛した場合、あなたは歪んだ原因から発生した心理的欲求を満たすことには成功します。

これは明らかに「空気が醸成されている」といえるかもしれません。必要な決断の全体像と、議論されている問題の比率が大きく歪んでいるのですから。危険な兆候や懸念があれば、その話題が問題の全体像を決めつけるだけの圧倒的な影響比率を持つのか冷静に指摘すべきです。

グループ・シンクや埋没費用が生み出す「空気」を打破し、集団全体の目を大きく開かせる。あなたの勇気ある行動が、会社組織や集団全体を救うことになるのです。

（鈴木博毅『「超」入門　失敗の本質』、一部改変）

4

集団の和を特に尊重する文化である日本では、集団の空気や関係性を重視するあまり、安全性や採算性よりも、関係者への個人的配慮(はいりょ)を優先し、グループ・シンクの罠(わな)に陥(おちい)るケースが多いようです。

しかし「綱渡り(つなわた)」がいつも成功するとは限りません。本来わかっていた正しいことを無視することで、最後は大きな問題を引き起こしてしまうかもしれないのです。

一九八六年にアメリカのスペースシャトル「チャレンジャー号」が打ち上げ途中で爆発事故を起こし、七名の乗組員すべてが亡くなった事故では、低温により不具合を引き起こす可能性のあるOリングについて技術陣から事前に指摘がされていました。それでも関係者からのプレッシャーで打ち上げは行われ、悲劇的な大事故を生み出したのです。

「状況が実態より良いようなフリをすることは、最終的にはほぼ確実に破滅(はめつ)につながる」

この言葉は前出の書籍(しょせき)『なぜリーダーは「失敗」を認められないのか』の一節ですが、打ち上げ当日の低気温でも、リスクのあるOリングには問題が起こらないのではないかという希望的な幻想を集団全体で共有したことが、NASAの宇宙開発史上最も悲劇的な事故を発生させることになったのです。

情報を封殺(ふうさつ)しても問題自体は消えない

「不都合な情報を封殺しても、問題自体が消えるわけではない」

この指摘は正常な心理であればごく当たり前の道理です。ところが特定の状況はあなたに「事実を無視する、もみ消す強い誘惑(ゆうわく)」を生み出すのです。

衆愚の罠と悲劇は、問題の本質をすり替えてしまうこと、歪んだ結論をいつわりの合意で装飾することによる悲惨な結果です。

残念ながら現代日本でも、諭吉の指摘する「個人では賢く、集団になると途端に愚か」という現象は退治できていません。衆愚を生み出す構造の「分断と細分化」は、特定集団に入り閉じられた議論になると、広い視野を持っていたときは当然指摘できたはずの〝当たり前の常識〟を見失ってしまい、最後は悲劇を生み出してしまうのです。

（鈴木博毅『「超」入門　学問のすすめ』、一部改変）

3

【文章Ｂ】

指揮官が、戦場で無謀な判断をすることへの罰則がない場合、無謀な「人事的判断」を誘発するのは止めることができません。また、インパール作戦の牟田口司令官が、過去同一作戦を無謀と判断したことに対して「あまりに消極的態度だった」と反省している点は、作戦成果や戦略的見地ではなく、自らの人事評価を懸念した思考だと考えることもできます。

同様に「異論」「疑問」を差し挟む人物を左遷や降格させるなら、誤りが明白な案でさえ、反対を表明させない組織的な圧力を増幅させることになります。

米軍上層部は実戦で優れた成果を出した者を昇進させて勝ち、日本軍上層部は上司と組織の意向を汲んだ者のみを要職につけたことで負けたのです。

アメリカの開発者たちが、軍人と激論を交わしてまで開発した新兵器は、戦場で多くの米兵士の命を救いましたが、米軍関係者が民間研究者に「求める成果を追求し実現する」ことを唯一の評価指標としたことが、②開発チームの能力を最大限引き出すことになったのです。

問題のすり替え、その欺瞞を見抜く視点

ＮＡＳＡ（アメリカ航空宇宙局）は、一九八六年のスペースシャトル「チャレンジャー号」打ち上げで、爆発事故により乗組員七名全員が命を落とす大惨事を起こしますが、この悲惨な事故でも典型的な「分断と細分化」が行われていました。

驚くべきことに、大惨事の原因となった燃料補助ロケットの密閉用Ｏリング（オーリング）について、専門の技術者から何度も脆弱性の指摘がされていたのです。

[A]、固定燃料ロケットブースターの請負業者であるモートン・サイオコールの幹部は、チャレンジャーの打ち上げは四度延期されており今回も延期した場合、顧客であるＮＡＳＡからの信頼が揺らぐと考えました。

やがて彼らは安全管理上の議論を、段階的に「経営的な問題」にすり替えてしまいます。

X

サイオコールの幹部は、意思決定の場から「危険性を正しく認識している技術者」を除外して、安全管理と乗組員の人命尊重の問題を、大口顧客であるＮＡＳＡとの経営上の信頼関係にすり替えたのです。危険性を訴えたサイオコールの技術陣は、この結論の前に（いつわりの合意として）最後は沈黙してしまいます。

[B]、宇宙開発史上最大の悲劇が生まれ、ＮＡＳＡの宇宙開発計画は何年も遅れます。

二　【文章Ａ】は、福沢諭吉の「学問のすすめ」の入門書として、組織づくりについて、書かれたものです。【文章Ｂ】は、プロジェクトの方向転換を妨げる危険な心理的要因として、日本軍の作戦経過から分析した文章です。これらの文章を読んで、後の問いに答えなさい。（特に指示のない場合、句読点等の記号は一字として数えるものとします。）

【文章Ａ】

優れた個人が組織に染まると、途端にダメな人間になる

『集合知の力、衆愚の罠』では、集団を愚かな判断に導く衆愚は、次の二つから生まれると指摘しています。

1
集団の構成員に「身内ではない」「私には関係がない」とみなす発想が蔓延すること。「確証バイアス」と呼ばれ、既存の先入観を裏づける形で解釈する傾向を持つ。自分が知らないものは、すべて「身内ではない」ものであり、排除してしまう。

2
見せかけの団結に向かう流れ。集団の構成員は沈黙と服従を選ぶ。集団内の不一致を明らかにせず、団結の幻想を守りたいと考える。存在する分断を覆い隠し、その結果、直面する現実の正確な理解に結びつくデータや視点の検討を避けてしまう。

定義を聞くと「衆愚」が本当に私たちの身近にあるのか疑問を感じますが、実際には政府・民間のあらゆる分野で頻繁に起こる現象です。衆愚に囚われた集団は時に決定的な場面で愚かな結論に飛びつき、その歪みは①巨大な悲劇を生む引き金になってしまうのです。

エ　前者は、見知らぬ老人のする父の話に乗り切れない気持ちを俊平と共有しているが、後者では、母と仲睦まじく暮らしていた父のイメージがくつがえされ、失望した気持ちを俊平と共有している。

問五　――②「意外と『俳優みたいでカッコいいこと』が理由じゃなかったのかもしれないな」とありますが、ここで「僕」は何に気づいたのか、五十字以内で説明しなさい。

問六　――③「俊平が一ついいことを言っていた」とありますが、それが指す内容の一文を本文中から二十字程度で抜き出しなさい。

問七　本文中に「元の世界」という記述がありますが、それについて以下の問題に答えなさい。

i）波線部Ⅰ「また元の世界に戻る日って来ると思うか」とありますが、人間は「元の世界」に戻ることはできるか、あなたの考えを述べなさい。ただし、「元の世界」とはどういったものを指すかを自分なりに説明すること。

ii）波線部Ⅱ「そんなに元の世界が良かったのかよ」とありますが、i）で説明した「元の世界」と現在の世界を比べた上で、どちらのほうが良いと考えるか、自分の考えを述べなさい。

問二 《 Ⅰ 》・《 Ⅱ 》・《 Ⅲ 》・《 Ⅳ 》に入れるのに最も適切なものを次の中から選び、それぞれ記号で答えなさい。
ただし、同じ選択肢を二度答えることはできません。

ア 好々爺　イ 大団円　ウ 付和雷同　エ 顛末　オ 大上段　カ 一心不乱

問三 ――①「健太が目をパチクリさせる」とありますが、このときの健太の気持ちとして、不適切なものを次の中から選び、記号で答えなさい。

ア 見知らぬ男性の登場に警戒していたが、その男性が叔父との会話に割り込んできたように感じ、当惑している。
イ 突然現れた祖父の旧友の話に対して、自分の知らない祖父の姿を知ることが出来るかもしれないと興味を引かれている。
ウ 好きな子がいる健太としては、恋愛にまつわる話は自然と耳が傾いてしまうものであり、男性の話に期待している。
エ 祖母の法事という場で祖父の過去の秘密を暴露しようとする男性に対して敵意を抱き、注意深さを増している。

問四 二重傍線部「思わず俊平と目を見合わせた」「再び俊平と目が合った」とありますが、この二つの場面での「目を合わせたこと」に込められた意味の違いについて、最も適切なものを次の中から選び、記号で答えなさい。

ア 前者は、親族だけで水入らずの時間を邪魔されたことへのいらだたしさを俊平と共有していたが、後者では、老人が話す父の昔話に予想外の面白さがあり、その楽しさを俊平と共有している。
イ 前者は、突然現れた男性からの父との思い出話への無関心さを俊平と共有していたが、後者では、その思い出話により父の印象が一変し、その驚きを俊平と共有している。
ウ 前者は、自分たちと距離のある父親の話にさして興味を引きつけられていない様子を俊平と共有していたが、後者では、父の行動力や積極性に意外さを感じ、それを俊平と共有している。

「早くしてね！」

あの悪夢のような出来事を経て僕たちは生まれ変わったのか、母の闘病生活を乗り越えて家族が最強になったのか、正直、僕にはわからない。

ただ、わかることが一つだけある。まだ物語は途中であるということだ。たとえ誰かが去ったとしても、また新しい誰かが輪の中に入ってきて、ぼくたちの家族の物語はこれからも続いていく。あの日、歯車を必死に回し続けた先にあったのは間違いなく希望だった。それだけは［E］正解だ。

そういえばワイドショーを見ていたとき、③俊平が一ついいことを言っていた。その物語がより良いものになるためのことなら、僕も努力を惜しまない。

「近々、お父さんと三人でメシでも行くか」

空はますます青色の度を増している。

「はぁ？　今度はなんだよ」

「たまにはいいだろ。お父さんから〝女教師取っ組み合い事件〟の《Ⅳ》がどうだったか聞いてみようぜ」

ほんの一瞬、俊平は興味をひかれた顔をした。

でも、振り払うように言い放った「いや、俺はいいよ。面倒くさい」という言葉は、不思議と耳に心地よかった。

（早見和真「それからの家族」一部改変）

問一　［A］・［B］・［C］・［D］・［E］に入れるのに最も適切なものを次の中から選び、それぞれ記号で答えなさい。

ただし、同じ選択肢を二度答えることはできません。

ア　もちろん　イ　わりと　ウ　きっと　エ　すぐに　オ　とうてい　カ　さっぱり

「戻るに決まってるよ。いや、元の世界なんかよりずっと良くなるに決まってる」

風がやみ、誰の話し声も聞こえなかった。不意に立ち込めた静寂を拒むように、父はその理由を説明した。

意外と理屈っぽく、《 Ⅲ 》に構えがちな俊平とは違い、父が語った理由はとてもシンプルで、父らしいものだった。

「悪夢を見たあとはいい夢が見られるし、大雨のあとは必ず快晴が待ってる。そういうふうにできてるんだ。俺たちがまさにそう。玲子の闘病は［D］大変だったけど、あの苦しい時期を乗り越えてきて俺たちの家族はいまが最強だ」

「最強？」

「ああ。いまでは玲子が置いていってくれたプレゼントだったとさえ思ってるよ」

呆れたように苦笑する高畑さんの背中を父が叩いて、二人は先に本堂へ向かった。ぽつんと取り残された喫煙所で、俊平がおどけたように尋ねてきた。

「そうだったの？　最強なの？　俺たち？」

「さぁね、どうなんだろう」

「いやいや、全然違うでしょ。っていうか、俺たちこそ何も変わってなくない？　オフクロの病気があったからって、俺たちの関係は何一つ変わってないじゃん。親父のあの溢れんばかりの自信はいったいどこから来るんだよ」

「それはよく知らないけどさ。でも、②意外と『俳優みたいでカッコいいこと』が理由じゃなかったのかもしれないな」

「はぁ？　なんだよ、急に」

「あの人がモテたっていう理由だよ。いまのお父さんはなかなか良かったもん。いまのは少しだけ感動した」

僕の顔をマジマジと見つめ、俊平は本気でバカにするように鼻を鳴らした。そのとき、健太が血相を変えてやって来た。

「ねぇ、二人とも何してるの！　もうそろそろ始まるって、お母さんたち怒ってるよ」

「ああ、わかった。すぐ行く」

もう七十だ。身体も労ってやらなきゃ」
「まぁ、そうだよな。わかってはいるんだよ。でもな……」とつぶやき、一度は口を閉ざそうとした高畑さんだったが、さびしげな目をゆっくりと父に戻した。
「なぁ、若菜さ。Ⅰまた元の世界に戻る日って来ると思うか」
「うん？　どういう意味だ？」
「俺たちはもう以前とはまったく違う世界を生きているんだよなって、ついそんなことを考えてしまうんだ。空の色は何も変わらないのにって思うと、なんとなく感傷的な気持ちになっちゃってな」
そのまま視線を上げた高畑さんに釣られるように、父も青い空を見上げた。僕はボンヤリととなりの俊平に目を向ける。
つい数日前、お互いの家族を伴って実家に行ったときのことだ。なぜかそれぞれの妻子と父だけが買い物に行くという流れになって、俊平と二人で家に残された。
気まずいわけではなかったけれど、いつも通り会話は弾まなかった。なんとなくつけていたテレビではワイドショーをやっていて、それを睨むように見つめていた俊平が独り言のようにつぶやいた。
「Ⅱそんなに元の世界が良かったのかよ」
ふっと我に返る気がして、僕もテレビに集中した。画面には有名な小説家という人が映っていて、その人がどこかしたり顔で『私たちはもう元いた世界に戻ることはできないんです』というようなこと言っていた。
まるで目の前に小説家がいるかのように、俊平は毒づき続けた。
「なんでテメーは元の世界をまるっと肯定してるんだよ。一年に二万も、三万人が自殺してた社会が本当に正常だったのか？　感傷に浸る前に何か変えろよ。もっといい世界にするための努力をしろよ」
父は空を見上げながら満面に笑みを浮かべた。そして古い友人に向け、あの日の俊平とよく似たことを口にした。

「どうしても色の落ち具合が気に入らないとか言って、校庭の水飲み場で《 Ⅱ 》にジーパンを洗ってたんだ。校舎の窓から見たその光景を僕は忘れられないよ。そのあとにあいつが先生たちのケンカのことを知ったのか、知ったとしたらどうしたのか、そのへんのことは［B］覚えてないけどね。ジーパンを洗っていたことだけは絶対だ」

再び俊平と目が合った。互いの顔にじわじわと笑みが滲んでいく。一瞬のズレもなく、今度は二人そろって吹き出した。

僕たちと一緒に笑いながら、「俺、ちょっとじいちゃん探してくる！」と、健太が駆け足で去っていく。

そのうしろ姿を見送りながら、僕は高畑さんに頭を下げた。

「いやぁ、ちょっとホントにすごかったです。おもしろいエピソードを聞かせていただきました。ありがとうございます。なんて言うんでしょう。僕、はじめて父のことを――」

「尊敬した？」と満足そうに微笑む高畑さんに、僕は苦笑しながらうなずいた。

「そうですね。悔しいですけど」

「そうか。それは良かった。これは若菜に貸し一だな」と言って、高畑さんが新しいタバコをくわえようとしたとき、父が一人でやって来た。

「おお、高畑。ここにいたのか。今日は遠いところを悪かったな」

「なんの、なんの。嵐で電車が止まっちゃって、玲子ちゃんの通夜には参列できなかったからな。ずっと気に病んでたんだ」

「とんでもない。こうして来てくれただけで嬉しいよ。それよりお前、まだタバコなんて吸ってるのか」

「ん？　ああ、これか。［C］長い間やめてたんだけどな。また最近……。なんかちょっと自棄になっちゃって」

「自棄？」

「うん。春からの一連の騒動で、俺は結局店を畳むことに決めたから」

「ああ、そうか。そう言ってたな。でも、だからって自棄になっていいことなんて一つもないぞ。気持ちはわかるけど、俺たちも父の高校時代の同級生なのだという。高畑と名乗った男性は《 Ｉ 》然と目を細め、おいしそうに煙を吐き出した。

思わず俊平と目を見合わせた。本音を言えば、どうでも良かった。自分の父親が高校時代によくモテた話になんて興味はない。俊平も同じなのだろう。 Ａ 退屈したように身体を揺らし始め、僕の背後の健太にちょっかいを出す。

高畑さんは僕たちの気持ちを察してくれなかった。真っ青な空をまぶしそうに見上げながら、淡々と続ける。

「あれはいつだったっけなぁ。たしか高二の頃だったと思う。うん、夏だった。君たちのお父さんをめぐって二人の女性が取っ組み合いのケンカを始めたんだ」

「え、なんですか？」

「音楽の教師と、歴史の教師。二人ともそれはキレイな人でね。学校中の男たちの憧れの的だった。その二人が、君らのお父さんをめぐって大ゲンカを始めた。あれはすごかったなぁ。すごすぎて若菜をやっかむ気にもなれなかったよ」

ふと見た俊平は大口を開けていた。「あんぐり」という表現がふさわしい、はじめて見るような顔をしている。

「な、なんだよ、そのエピソード。すげぇな」

思わずといったふうにこぼした俊平に釣られて、健太も「じいちゃん、超スゲー！」と、瞳を爛々と輝かせた。

「あ、あの、そのとき父はどうしたんですか？」

僕も無意識に口を開いた。

「うん？」と首をひねった高畑さんに、今度は気持ちを鎮めながら問いかける。

「いや、二人の女の先生が父をめぐってケンカをしたんですよね？　そのとき、当の本人は何をしていたのかなって」

「ああ、それはね――」と、高畑さんは静かにタバコを揉み消し、ただでさえ細い目をますます細めた。

「一人でジーパンを洗ってたよ」

「はぁ？」

二〇二一年度 三田国際学園中学校

【国　語】〈第一回試験〉（五〇分）〈満点：一〇〇点〉

一　「僕」は、二年前に亡くなった母の三回忌に参列し、親族一同で和気藹々と過ごしている。その中で、小学四年生の息子である健太と、自身の弟である俊平がじゃれ合っている場面に遭遇する。好きな子がいる健太は、俊平がモテるかどうかを問いただしている。それに続く以下の文章を読み、後の問いに答えなさい。（特に指示のない場合、句読点等の記号は一字として数えるものとします。）

健太が口をとがらせて俊平のすねを蹴ったとき、見たことのない壮年の男性が汗を垂らしながら喫煙所にやって来た。

健太はあわてて僕の背中に身を隠す。気に入った人間にはよくなつくけれど、基本的には人見知りだ。そんなところは親に似た。

「ああ、今日は暑いねぇ」と言いながら、男性はシャツの襟元をパタパタと扇ぎ、ポケットからシガーケースを取り出した。

「今日はわざわざありがとうございます。あの――」と丁寧に頭を下げ、名前を聞こうとするより一瞬早く、男性は楽しそうに肩をすくめた。

「君たちのお父さんはよくモテたよ。僕のおじいちゃんだね。学生時代、それはもう信じられないくらいモテたんだ」

「え……？」と、①健太が目をパチクリさせる。

「すまないね。さっきの君たちの会話が聞こえてしまって。邪魔するつもりはなかったんだけど――」

2021年度

三田国際学園中学校　▶解説と解答

算　数　＜第１回試験＞（50分）＜満点：100点＞

解　答

1 (1) $\frac{7}{45}$　(2) 8　(3) 3000円　(4) 2520　(5) 3 cm³　(6) 80％　2 (1) 8　(2) 3回　(3) (ア) ○　(イ) 9　3 (1) (例)　解説の図1，図2を参照のこと。　(2) (例)　解説の図3，図4を参照のこと。　(3) (例)　解説の図6を参照のこと。　4 (1) 909個分　(2) イ，オ　(3) (例)　解説を参照のこと。　5 (1) 9個　(2) 33個　(3) 4回折ってから4か所で切る，5回折ってから2か所で切る

解　説

1 計算のくふう，条件の整理，差集め算，整数の性質，体積，相当算

(1) 右の図1から，$\frac{2}{N\times(N+1)\times(N+2)}=\frac{1}{N\times(N+1)}-\frac{1}{(N+1)\times(N+2)}$となることがわかる。これを利用すると，$\frac{2}{2\times3\times4}+\frac{2}{3\times4\times5}+\frac{2}{4\times5\times6}+\frac{2}{5\times6\times7}+\frac{2}{6\times7\times8}+\frac{2}{7\times8\times9}+\frac{2}{8\times9\times10}=\frac{1}{2\times3}-\frac{1}{3\times4}+\frac{1}{3\times4}-\frac{1}{4\times5}+\frac{1}{4\times5}-\frac{1}{5\times6}+\frac{1}{5\times6}-\frac{1}{6\times7}+\frac{1}{6\times7}-\frac{1}{7\times8}+\frac{1}{7\times8}-\frac{1}{8\times9}+\frac{1}{8\times9}-\frac{1}{9\times10}=\frac{1}{2\times3}-\frac{1}{9\times10}=\frac{1}{6}-\frac{1}{90}=\frac{15}{90}-\frac{1}{90}=\frac{14}{90}=\frac{7}{45}$

図1

$$\frac{1}{N\times(N+1)}-\frac{1}{(N+1)\times(N+2)}=\frac{N+2-N}{N\times(N+1)\times(N+2)}=\frac{2}{N\times(N+1)\times(N+2)}$$

(2) 一の位だけを見ると，$3-A-7+9=3+9-7-A=5-A$の値が0になることがわかるから，$A=5$と決まる。よって，$123-45-B7+C9=100$，$78-B7+C9=100$より，$C9-B7=100-78=22$となるので，$C-B=2$より，$B=6$，$C=8$と求められる。

(3) 右の図2で，太線の右側は実際の方が，195×3＋75＝660(円)多いから，太線の左側は予定の方が660円多くなる。また，予定と実際の1冊あたりの差は，250－195＝55(円)なので，太線の左側の冊数は，660÷55＝12(冊)とわかる。よって，持って行ったお金は，250×12＝3000(円)である。

図2

予定	250円，…，250円		
実際	195円，…，195円	195円，195円，195円	あまり75円

(4) 1から10までの整数のうち，1，2，5，10の最小公倍数は10であり，3，4，6，8の最小公倍数は24だから，残りの7，9を合わせた，7，9，10，24の最小公倍数を求めればよい。よって，右の図3の計算から，2×3×7×3×5×4＝2520と求められる。

図3

```
2) 7  9  10  24
3) 7  9   5  12
   7  3   5   4
```

(5) 全体の立体は，底面積が，3×3÷2＝4.5(cm²)で高さが3cmの三角すいなので，体積は，$4.5\times3\times\frac{1}{3}=4.5$(cm³)である。また，下の図4を底面と考えると，全体の立体と太線で囲まれた立体の高さは等しくなる。このとき，底面積の比は，9：6＝3：2だから，体積の比も3：2と

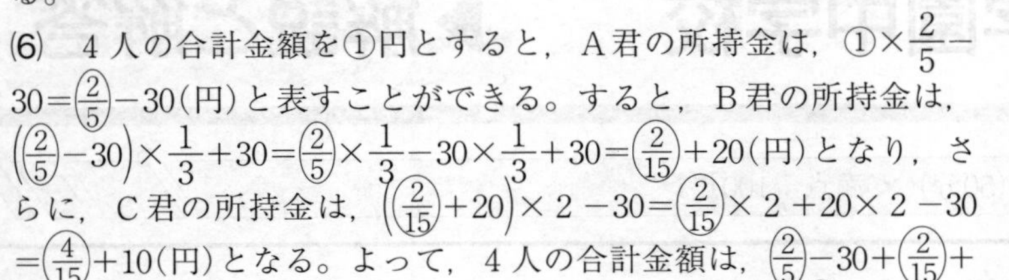

なり，太線で囲まれた立体の体積は，$4.5\times\frac{2}{3}=3$（cm^3）と求められる。

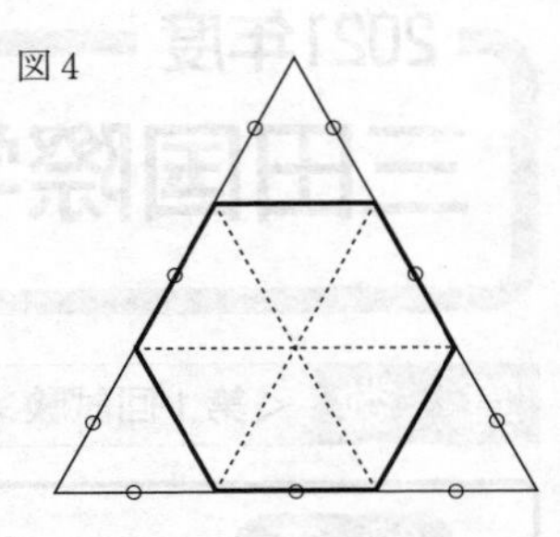

図４

(6)　４人の合計金額を①円とすると，Ａ君の所持金は，$①\times\frac{2}{5}-30=\textcircled{\tfrac{2}{5}}-30$（円）と表すことができる。すると，Ｂ君の所持金は，$\left(\textcircled{\tfrac{2}{5}}-30\right)\times\frac{1}{3}+30=\textcircled{\tfrac{2}{5}}\times\frac{1}{3}-30\times\frac{1}{3}+30=\textcircled{\tfrac{2}{15}}+20$（円）となり，さらに，Ｃ君の所持金は，$\left(\textcircled{\tfrac{2}{15}}+20\right)\times2-30=\textcircled{\tfrac{2}{15}}\times2+20\times2-30=\textcircled{\tfrac{4}{15}}+10$（円）となる。よって，４人の合計金額は，$\textcircled{\tfrac{2}{5}}-30+\textcircled{\tfrac{2}{15}}+20+\textcircled{\tfrac{4}{15}}+10+3000=\textcircled{\tfrac{4}{5}}+3000$（円）とわかるので，$①-\textcircled{\tfrac{4}{5}}=3000$（円），$\textcircled{\tfrac{1}{5}}=3000$（円）より，①にあたる金額，つまり４人の合計金額は，$3000\div\frac{1}{5}=15000$（円）と求められる。したがって，Ａ君，Ｂ君，Ｃ君の合計金額は，15000－3000＝12000（円）であり，これは４人の合計金額の，12000÷15000＝0.8，0.8×100＝80（％）となる。

2　整数の性質

(1)　１＋０＋３＋６＋(ア)＋４＋９＋２＋７＋１＋３＋１＋４＋５＝46＋(ア)が９の倍数になるから，46＋(ア)＝54である。よって，(ア)＝54－46＝８となる。

(2)　８＋４＋７＋６＋３＋９＋８＋７＋４＋２＋９＋９＋４＋２＝82，８＋２＝10，１＋０＝１より，84763987429942→82→10→１となるので，計算される回数は３回である。

(3)　(ア)　１から2021までの整数の中には９が含まれている。つまり，１×２×…×2021＝１×２×…×９×…×2021となるから，１から2021までの整数の積は９の倍数になる。よって，答えは○である。　(イ)　１から2021までの整数の積を□□…□□とすると，この数は９の倍数なので，この数の各位の数字の和も９の倍数になる。つまり，□＋□＋…＋□＋□も９の倍数になる。さらに，□＋□＋…＋□＋□の値を△…△とすると，この数の各位の数字の和も９の倍数になる。これをくり返すと９，18，27，36，45，54，63，72，81，90のいずれかになり，これらの十の位と一の位を加えると，すべて９になる。よって，最後に出力される数は９である。

3　平面図形―構成

(1)　たとえば，右の図１，図２のような分割の仕方がある。

(2)　たとえば，下の図３，図４のような分割の仕方がある。

図１

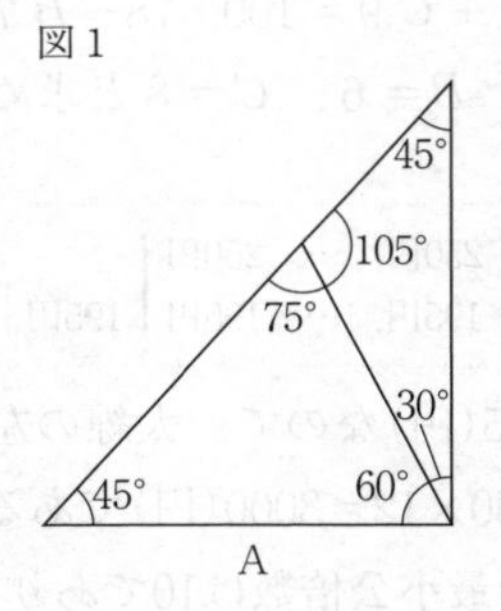

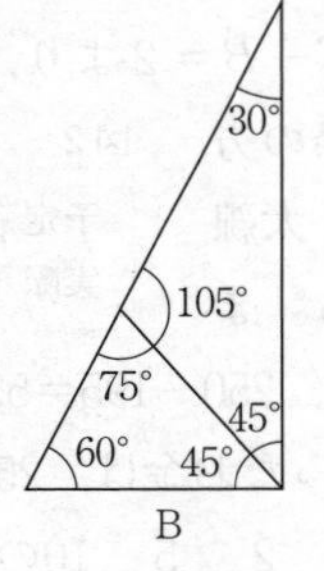

図２

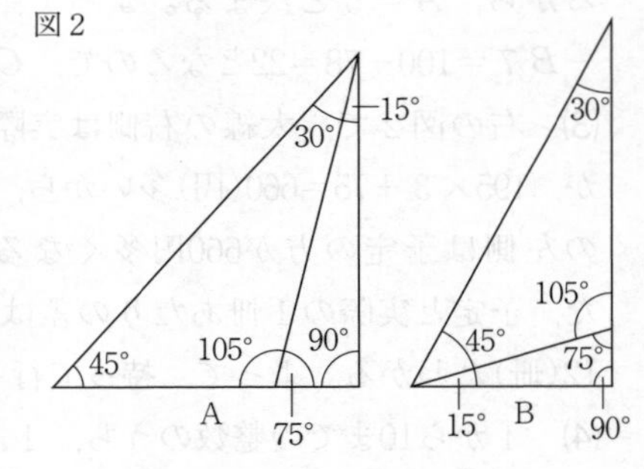

(3)　下の図５のように，㋐の三角形の頂点Ｐから辺QRに垂直な線を引くと，角アの大きさは，180－(90＋70)＝20（度）となる。頂点Ｑ，Ｒについても同様にすると１つの点で交わり，それぞれの頂点を分割する角の大きさを求めることができる。また，㋑の三角形のそれぞれの頂点を二等分する線を引くと，図５のように１つの点で交わる。すると，下の図６のように分割することができる。

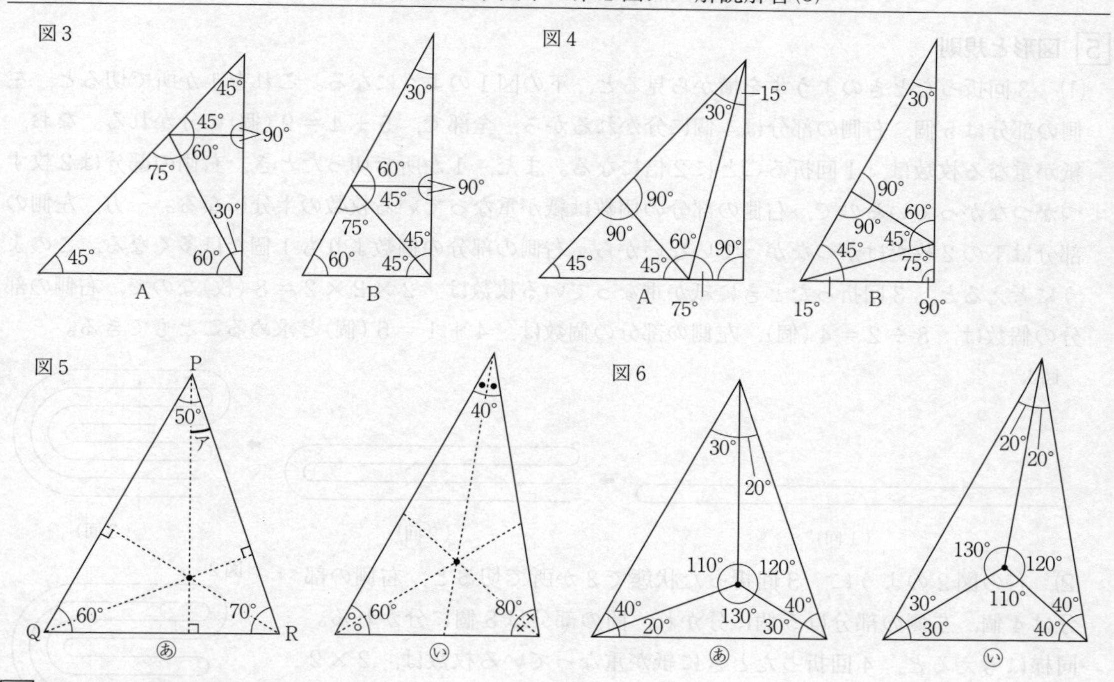

4　表とグラフ―割合と比

⑴　問題文中の③から，2015年に生産されたプラスチック製品は４億トンとわかる。また，横浜ランドマークタワーは44万トンだから，４億÷44万＝400000000÷440000＝40000÷44＝909.0…より，約909個分と求められる。

⑵　問題文中の⑤で，2016年から2017年にかけて，リサイクルされる量は増えているとは言えない。よって，アは正しくない。次に，②から，プラスチック製品の生産量は年に約５％増加していて，世界の人口は年に約2.5％増加していることがわかる。よって，プラスチックの生産量を人口１人当たりに換算（かんさん）すると，その量は年々増加しているので，イは正しい。次に，③から，2015年に生産されたプラスチック製品は４億トンとわかる。また，④から，そのうちの36％が包装・容器等とわかる。よって，2015年に生産されたプラスチックの包装・容器等の量は，４億×0.36＝1.44億(トン)であり，これは１億5000万トン未満だから，ウは正しくない。次に，⑤で，プラスチックごみの発生量の増え方が，それより前に比べて初めて緩（ゆる）やかになるのは1990年である。よって，エは正しくない。次に，③から，2015年に生産されたプラスチック製品は４億トンとわかる。また，⑤から，2015年のプラスチックごみの発生量は35000万トン(＝3.5億トン)よりも少しだけ少ないことがわかる。よって，その割合は，3.5÷４＝0.875，0.875×100＝87.5(％)よりも少しだけ小さいので，オは正しい。以上より，正しいのはイとオとなる。

⑶　問題文中の③から，2015年に生産されたプラスチック製品は４億トンであり，そのうちの1200万トン(＝0.12億トン)が海に流出したことがわかる。よって，海に流出する割合は，0.12÷４＝0.03，0.03×100＝３(％)である。また，②から，2050年までに累計（るいけい）で330億トンのプラスチック製品が生産されることがわかる。海に流出したプラスチック製品はそのまま蓄積（ちくせき）されるから，2050年までに海に流出される量は全部で，330億×0.03＝9.9億(トン)となり，海にいる魚の量をこえてしまう。

5 図形と規則

(1)　３回折ったときのようすを横から見ると，下の図１のようになる。これを１か所で切ると，左側の部分は５個，右側の部分は４個に分かれるから，全部で，５＋４＝９(個)に分かれる。なお，紙が重なる枚数は，１回折るごとに２倍になる。また，１か所で切ったとき，右側の部分は２枚ずつがつながっているので，右側の部分の個数は紙が重なっている枚数の半分になる。一方，左側の部分は下の２枚だけがつながっていないから，右側の部分の個数よりも１個だけ多くなる。このように考えると，３回折ったときに紙が重なっている枚数は，２×２×２＝８(枚)なので，右側の部分の個数は，８÷２＝４(個)，左側の部分の個数は，４＋１＝５(個)と求めることもできる。

図１

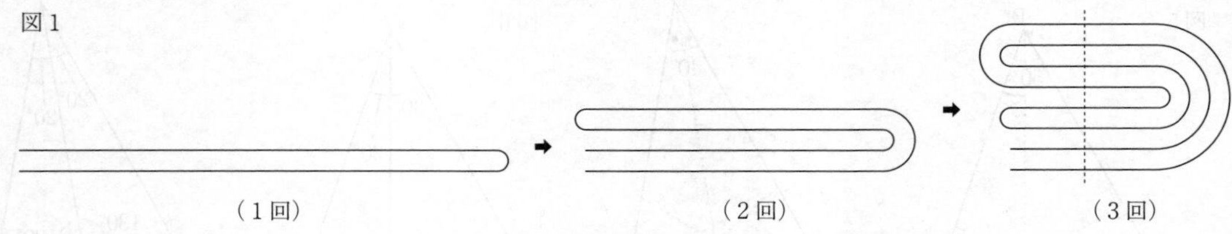

(2)　右の図２のように，３回折った状態で２か所で切ると，右側の部分は４個，左側の部分は５個に分かれ，間の部分は８個に分かれる。同様に考えると，４回折ったときに紙が重なっている枚数は，２×２×２×２＝16(枚)なので，右側の部分は，16÷２＝８(個)，左側の部分は，８＋１＝９(個)，間の部分は16個に分かれる。よって，全部で，８＋９＋16＝33(個)と求められる。

図２

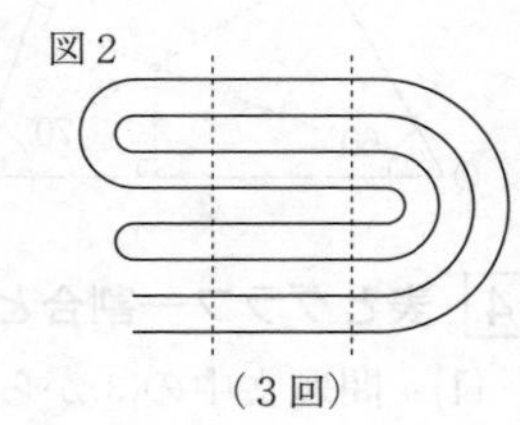

(3)　折る回数と分かれる部分の関係をまとめると，右の図３のようになる。折る回数が１回の場合，右側の部分と左側の部分の個数の合計は，１＋２＝３(個)だから，間の部分の個数の合計が，65－３＝62(個)になればよい。そのためには，間の部分が，62÷２＝31(か所)あればよいので，31＋１＝32(か所)で切ればよいことになる。ただし，切るのは５か所以下だから，この場合は条件に合わない。同様に考えると，折る回数が４回の場合，右側の部分と左側の部分の個数の合計は，８＋９＝17(個)なので，間の部分の個数の合計が，65－17＝48(個)になればよい。そのためには，間の部分が，48÷16＝３(か所)あればよいから，３＋１＝４(か所)で切ればよいことになる。また，折る回数が５回の場合，右側の部分と左側の部分の個数の合計は，16＋17＝33(個)なので，間の部分の個数の合計が，65－33＝32(個)になればよい。そのためには，間の部分が，32÷32＝１(か所)あればよいから，１＋１＝２(か所)で切ればよいことになる。よって，条件に合う切り方は，「４回折ってから４か所で切る」，「５回折ってから２か所で切る」の２通りある。

図３

折る回数　(回)	1	2	3	4	5
重なる枚数 (枚)	2	4	8	16	32
右側の部分 (個)	1	2	4	8	16
左側の部分 (個)	2	3	5	9	17
間の部分　(個)	2	4	8	16	32

社　会　＜第１回試験＞（理科と合わせて50分）＜満点：50点＞

解　答

1 **問１**　エ　**問２**　ア　**問３**　長野県，ア　**問４**　(例)　沖縄県にはアメリカ軍の基地や施設があり，多くの在日アメリカ人が暮らしている　**問５**　ク　**2** **問１**　エ　**問２**

エ　**問３**　イ　**問４**　(例)　武士と金貸しの間での金銭トラブルについては，裁判ではなく話し合いで解決すること。　**問５**　オ　**問６**　ウ　**3**　(α)　(例)　研究が評価されるのは数十年後だけれども，近年は40歳未満の正規大学教員の割合が低下して，研究時間も減少しているよね。　(β)　(例)　国立大学への運営交付金を増やして40歳未満の正規大学教員と事務作業を担う大学職員を増やし，研究時間の増加を図ることを提案します。

解　説

1　日本の国土や産業についての問題

問１　第一次産業は農林水産業，第二次産業は工業や建設業などにあたり，それ以外の商業やサービス業，運輸・通信業などは第三次産業に分類される。アの銀行は金融業，イの配送は運輸業，ウの旅行社は旅行業で第三次産業にあたるが，エの建築業者は建設業で，第二次産業にあたる。

問２　アは宮城県の形で，太平洋に突き出す北東部の牡鹿半島などが特徴となっている。イは広島県，ウは岡山県の形。宮城県は2011年３月に発生した東日本大震災の影響で，カキの(養殖)収獲量が大きく落ちこんだので，グラフはAがあてはまる。また，東北地方に位置する宮城県は広島県や岡山県よりも平均気温が低いので，雨温図はａがあてはまる。なお，2018年の養殖カキの収獲量全国第１位は広島県でグラフはC，雨温図はｂ，第２位は宮城県，第３位は岡山県でグラフはB，雨温図はｃとなる。統計資料は『日本国勢図会』2020／21年版による(以下同じ)。

問３　レタスは，八ヶ岳山ろくや野辺山原など，標高が高い高原の涼しい気候を利用して抑制栽培を行い，夏を中心に高原野菜として出荷している長野県が全国生産量第１位となっている。生産量第２位は近郊農業がさかんな茨城県で，露地栽培によって秋～春先に収穫・出荷される。このように，時期をずらして出荷されるものがあることで，価格には変動があるものの，市場への安定供給は可能になる。よって，XとYは正しいが，Zは誤りとなる。

問４　三田さんの考察の①と②から，ほかの都道府県とは気候や自然環境が異なる地域であることがわかる。南西諸島(亜熱帯)の気候に属する沖縄県周辺には，周囲の海水温が高いことなどから，淡白な魚が多い。また，沖縄本島はサンゴ礁や石灰岩からなるため，ほかの都道府県と水質が異なる。これらのことから，Aには沖縄県があてはまると判断できる。ハンバーガーショップの店舗数が多いのは，日本にあるアメリカ軍専用施設の約70％が沖縄県に集中し，アメリカ人が多く住んでいることが影響していると考えられる。

問５　日本列島の周囲には，太平洋側を北上する暖流の日本海流(黒潮)，日本海側を北上する暖流の対馬海流，日本海を大陸に沿って流れる寒流のリマン海流，太平洋側を南へと流れる寒流の千島海流(親潮)という４つの海流が流れている。

2　各時代の歴史的なことがらについての問題

問１　推古天皇は飛鳥時代の592年，女性として初めて天皇に即位すると，翌593年にはおいにあたる聖徳太子を摂政とし，蘇我馬子らと協力しながら天皇中心の国づくりを目指した。その１つとして，朝廷は603年に冠位十二階の制度を定めた。これは，家柄ではなく能力や功績に応じて，よりよい人材を登用するため，役人の位を「徳・仁・礼・信・義・智」を大・小に分けた12の階級に分け，それぞれの位に応じた色の冠を授けるというものであった。よって，エがあてはまる。なお，アは江戸幕府の第５代将軍徳川綱吉が定めた生類憐みの令，イは奈良時代の聖武天皇の政治，ウは中大兄皇子(のちの天智天皇)が646年に出した改新の詔について説明した文。

問２　ⅠはＡの東北地方で1051～62年に行われた前九年の役，Ⅱは平安京のあったＣの京都で1156年に起こった保元の乱，Ⅲは939年にＢの関東地方で起こった平将門の乱の説明である。したがって，Ⅲ―Ｂ→Ⅰ―Ａ→Ⅱ―Ｃの順となる。

問３　1577年，織田信長は琵琶湖のほとりに築いた安土城の城下町を楽市・楽座とし，関所や座(商工業者の同業組合)，営業税を廃止するなどして商工業や物流を活性化させ，経済の発展をうながした。シェンゲン協定は物や資本，サービス，人の自由移動を目指したものだから，同じ効果を目指した政策として，イの関所の撤廃があてはまる。

問４　＜当時の様子を調べた三田くんの考察＞によると，享保期には，武士と金貸しの間での金銭トラブルが多発していた。そのため，＜享保期の訴訟件数と内容＞からわかるように，借金関連の訴訟も多かった。これによって，＜相対済令の一部＞の(解説)にあるように，裁判所は本来の刑事裁判の手続きができないような状態になっていた。そこで，江戸幕府は相対済令を出し，金銭トラブルを訴訟に持ちこまず当事者同士の話し合いで解決することを奨励したのである。その結果，＜享保期の訴訟件数と内容＞のグラフにあるように，１年間で借金関連の訴訟件数が大きく減った。

問５　Ａはロシアとの間で1904～05年に行われた日露戦争と，その講和条約であるポーツマス条約に，Ｂは1910年に結ばれた韓国併合条約に，Ｃは清との間で1894～95年に行われた日清戦争と，その講和条約である下関条約に，Ｄは1902年にイギリスとの間で結ばれた日英同盟にあてはまる。

問６　ある人が権利を主張することでほかの人の権利を侵害し，おたがいの権利が衝突してしまうことがある。日本国憲法では，国民に基本的人権の濫用(みだりに用いること)を禁止するとともに，公共の福祉(社会全体の利益)のために人権が制限されたり利用されたりすることを定めている。

３　ノーベル賞受賞者についての資料の読み取りと考察

資料①と資料②から，2001～16年の間に日本からは自然科学系で16人のノーベル賞受賞者が出ているが，業績を上げた研究を行っていた年齢は30歳代と40歳代が多いので，数十年前の業績が今になって評価され，受賞につながったのだと推測できる。資料③と資料⑥からは，研究機関で研究員として働くための博士課程に進学している人は大きく減っていないにもかかわらず，40歳未満の正規大学教員の割合は低下し続けていることがわかる。さらに，資料⑤から，大学教員が研究活動に使える時間も減少し，資料④から，国立大学への運営交付金も減っているので，日本人のノーベル賞受賞者が今後増えていかないことが推測される。したがって，若い教員を増やし，研究時間を増やす方法を考えるとよい。

理　科　＜第１回試験＞（社会と合わせて50分）＜満点：50点＞

解　答

１　**問１**　ア　**問２**　イ　**問３**　16000　**問４**　ア　**２**　**問１**　ウ　**問２**　エ　**問３**　イ　**問４**　大気(空気)　**問５**　(例)　小刻みに濃度が増減しているのは，植物が光合成で吸収する二酸化炭素の量が季節によって変化するためで，全体として濃度が上がっているの

は，人間の活動によって多量の二酸化炭素が放出されているからである。 3 問１ ア
問２ （例） 温度を一気に下げるといろいろな種類の結晶が混ざってしまい，Ｖ型の結晶の割合が少なくなるから。 問３ （例） 融点が体温よりやや低いので，気温25℃以下の場所では形を安定させることができ，口の中に入れると溶けて香りや味を放出できるから。

解説

1 電気魚についての問題

問１ ゲンゴロウブナは湖や沼などに生息する淡水魚である。なお，マサバやアジ，ホホジロザメは海に生息する海水魚である。

問２ 小さな発電板がたくさんつながって大きな電気が発生し，大きな電流が流れるということから，発電板は直列につながっているとわかる。また，電流計は，電流を測定したい部分に直列につなぐ。

問３ 電気を流そうとするはたらきの大きさ(電圧)は，直列につなぐ発電板の数に比例する。発電板ひとつのとき，0.05ボルトの電気が発生しているので，800ボルトの電気を発生させるために直列につなぐ発電板の数は，800÷0.05＝16000となる。

問４ 図２より，中央(３番目)の層にあるプラスの粒とマイナスの粒の数は，両端の層に比べて少ない。粒は濃い方から薄い方に移動する性質があり，２番目の層はプラスの粒だけ通すので，１番目のプラスの粒が３番目の層に移動する。すると，１番目の層にはマイナスの粒が多くなるので，１番目の層はマイナスになる。同様に，４番目の層はマイナスの粒だけ通すので，５番目のマイナスの粒が３番目の層に移動する。すると，５番目の層にはプラスの粒が多くなるので，５番目の層はプラスになる。

2 水星についての問題

問１ 太陽のように自ら光る星を恒星といい，恒星のまわりを公転する星を惑星という。太陽のまわりをまわる星の集まりを太陽系といい，水星は，太陽系の惑星の中で一番内側を公転している。

問２ 太陽からの距離を比べると，水星よりも月の方が遠いので，太陽から受け取る熱の量は，水星よりも月の方が少ない。よって，昼の月の表面温度は，水星の表面温度よりも低くなる。なお，夜の表面温度は，月も約－170℃である。

問３ 中心部分にあるコア(核)は主成分が金属である鉄と述べられているので，まわりの部分に比べて密度(１cm^3あたりの重さ)が大きいといえる。月の密度に比べて，水星や地球の密度が大きいのは，コアの割合が大きいためと考えられる。

問４ 夜には，地球や水星，月の表面から宇宙に熱が出ていく。水星や月には大気(空気)がほとんどないが，地球のまわりには大気があり，この大気によって，地球の表面から宇宙に出ていく熱の一部が閉じこめられる。そのため，夜の表面温度は，水星よりも地球の方が高くなる。

問５ 二酸化炭素濃度が全体として上がっているのは，人間の活動により多量の二酸化炭素が放出されているためと考えられている。また，小刻みな濃度の増減は，季節の変化によるものである。夏は，昼の長さが長く，気温が高いので，植物が光合成をさかんに行う。そのため，植物が吸収する二酸化炭素の量が多くなり，大気中の二酸化炭素濃度が減少する。反対に，冬は，昼の長さが短く，気温が低いので，植物があまり光合成を行わない。そのため，植物が吸収する二酸化炭素の量

は，夏に比べると少なくなり，大気中の二酸化炭素濃度が増加する。植物は陸地の多い北半球に多く分布するので，二酸化炭素濃度の変化も北半球の季節の変化に対応している。

3 ココアバターの状態変化についての問題

問１　1，2　Ⅰ，Ⅱ，Ⅲ型の融点(ゆうてん)はすべて25℃以下なので，27～28℃のときはいずれも液体となり，Ⅰ，Ⅱ，Ⅲ型に結晶化することはない。一方，Ⅳ，Ⅴ，Ⅵ型の融点はすべて28℃以上なので，27～28℃のときはⅣ，Ⅴ，Ⅵ型に結晶化する可能性がある。　3，4　27～28℃から30～31℃に加熱すると，融点が28℃のⅣ型の結晶が溶(と)け始め，融点が33℃のⅤ型の結晶が生成し始める。

問２　Ⅴ型が最もチョコレート製造にとって重要な結晶と述べられているので，Ⅴ型の結晶の割合が多いほど，おいしいチョコレートになると考えられる。温度を一気に下げると，Ⅰ型～Ⅵ型の結晶が混ざってしまい，Ⅴ型に結晶化する割合が小さくなる。一方，図１のように，テンパリングによってⅤ型の種結晶をつくっておくと，冷却(れいきゃく)したときにⅤ型に結晶化する割合が大きくなりやすい。

問３　ココアバターのⅤ型の結晶の融点は33℃なので，図２のように，ココアバターは10℃～25℃のときは結晶の割合が一定で溶けないが，30℃よりも高くなると結晶の割合が一気に下がり，溶け始めることがわかる。つまり，Ⅴ型の結晶の融点が33℃であることで，25℃以下ではチョコレートの硬(かた)さが保たれる。また，口の中に入れて30℃よりも高くなるとココアバターが急速に溶けて，味と香(かお)りを口の中に放出する。

国　語　＜第１回試験＞（50分）＜満点：100点＞

解　答

一　**問１**　**A**　エ　**B**　カ　**C**　イ　**D**　ア　**E**　ウ　**問２**　**Ⅰ**　ア　**Ⅱ**　カ　**Ⅲ**　オ　**Ⅳ**　エ　**問３**　エ　**問４**　イ　**問５**　（例）　父がモテていたのは，周囲がどんな状況であってもそれに流されず，自分を貫いていたからだということ。　**問６**　もっといい世界にするための努力をしろよ　**問７**　**i**　（例）　人間は，新型コロナウイルスと共存していくしかないので，感染が始まる前の世界には戻れないと考える。　**ii**　（例）「元の世界」では，人々は気楽に過ごせたが，現在の世界では，ウイルスを警戒する必要がある。この経験で，当事者意識と危機意識を持ちながら過ごせるようにはなったが，やはり平おんな日常を望むので，「元の世界」のほうがよいと考える。　**二**　**問１**　エ　**問２**　（例）　問題の本質をすり替え歪んだ結論にした上で，いつわりの合意をした結果発生した，悲惨な出来事。　**問３**　**A**　エ　**B**　ア　**問４**　ウ　**問５**　イ　**問６**　（例）　明確な評価指標を示して，顧客の思惑などに配慮せずに，最高の成果をあげられるようにすること。　**問７**　エ　**問８**　（例）　少数派の一人の意見が優れていることを認めて，その意見のどこがどのように優れているのかを説明し，多数派の三人を説得して，少数派の一人の意見に沿った台本を制作する。　**三**　(1)　○　(2)　×　(3)　×　(4)　○　(5)　○

解　説

一 **出典は『小説トリッパー』2020年夏号所収の「それからの家族(早見和真作)」による。**母の三回忌で，見知らぬ男性から若かったころの父の思い出話を聞いて「僕」と弟が驚き，父を見直すまでのいきさつを描いた文章である。

問１　A「自分の父親が高校時代によくモテた話」に興味などなく，弟の俊平はたちまち「退屈したように身体を揺らし始め」た，という文脈なので，「すぐに」が入る。**B**　自分をめぐって二人の先生がケンカをしたことを，父が「知ったのか，知ったとしたらどうしたのか，そのへんのこと」は，高畑さんは全く「覚えてない」という文脈なので，「さっぱり」が合う。**C**　高畑さんは，比較的長い間タバコをやめていたという文脈なので，「わりと」がよい。**D**　母の闘病は，いうまでもなく大変だったのだから，「もちろん」があてはまる。**E**　母が死んでも，「ぼくたちの家族の物語はこれからも続いて」いき，母の闘病生活の日々で「歯車を必死に回し続けた先にあったのは間違いなく希望」であったことだけは，確実に「正解」だという文脈である。よって，「きっと」がよい。

問２　Ⅰ　高畑さんは，会話に割りこんできたことを「僕」たちにあやまりながら，「目を細め，おいしそうに煙を吐き出し」ている。このようすから，“いかにも善良で優しい老人というようす”という意味の「好々爺」然がふさわしいとわかる。　Ⅱ　二人の女教師が父をめぐってケンカをしていたとき，父は，ジーパンを洗うことに集中していた。よって，心を乱さず，一つのことに集中するさまを表す「一心不乱」が合う。　Ⅲ　ワイドショーを見ていたときの態度からわかるように，俊平は「意外と理屈っぽく」物事を大きくとらえて自分の意見を高くかかげがちだったのだから，「大上段」が入る。「大上段に構える」は，“威圧的な態度を取る”という意味。また，“視点を高くかかげる”という意味。　Ⅳ「僕」は，父から“女教師取っ組み合い事件”の一部始終を聞こうと俊平を誘っている。よって，「顚末」があてはまる。「顚末」は，始めから終わりまでのいきさつ。

問３　祖父が高校時代によくモテたという話は，秘密の暴露というほどではないし，健太は，男性に対して敵意を示してはいないのでエが誤り。なお，健太は「気に入った人間にはよくなつくけれど，基本的には人見知り」であり，見たことがない男性を警戒し，その男性が自分と叔父の俊平との会話に割りこんできたことにとまどっているので，アは合う。その男性が，自分の祖父が高校時代によくモテたと言ったことで，健太は自分の知らない祖父の過去に興味をひかれたのだから，イもよい。健太は好きな子がいるので，恋愛の話となるといっそう聞きたくなったのだと想像できる。よって，ウも合う。

問４　一つ目の場面では，直後に「自分の父親が高校時代によくモテた話になんて興味」はなかったとあるので，「僕」も俊平も「目を見合わせ」てその関心の無さを共有したのだと考えられる。二つ目の場面では，高畑さんの話を聞いて，「僕」も俊平も父に対する感じ方がガラリと変わったので，目を合わせてその驚きを分かち合ったのだと想像できる。

問５　高校時代の父は，自分をめぐって二人の女教師が取っ組み合いのケンカをしていても，平然と校庭の水飲み場でジーパンを洗っていた。母が亡くなっても，世界が大きく変わっても，父は「戻るに決まってるよ」，「ずっと良くなるに決まってる」という希望を持った考え方を変えない。父は，見た目がよくてモテていたのではなく，周りに流されずに自分らしく生きていたからモテたのだということに，「僕」は気づいたのである。

問６　俊平は，テレビを見ながら，「もっといい世界にするための努力をしろよ」と言った。それを聞いて，「僕」は，俊平は「いいこと」を言ったと思った。そして，「ぼくたちの家族の物語はこれからも続いていく」のであり，「その物語がより良いものになるためのことなら，僕も努力を惜しまない」と決心したのである。

問７　ｉ「元の世界」とは，たとえば，新型コロナウイルスが世界中に広がる前の世界のことだと考えられる。ワクチンや特効薬が開発されてコロナ禍はいずれ収束し，「元の世界」が戻ってくるという考え方もできる。　ⅱ「現在の世界」と比べると，「元の世界」では，いつでもどこへでもだれとでも気軽に出かけることができた。だから，「元の世界」のほうがよかったとしてもよい。

二　**【文章Ａ】の出典は鈴木博毅の『「超」入門　学問のすすめ』（ダイヤモンド社刊），【文章Ｂ】の出典は鈴木博毅の『「超」入門　失敗の本質　日本軍と現代日本に共通する23の組織的ジレンマ』（ダイヤモンド社刊）による。**前者では，衆愚が生まれる二つの原因を指摘し，それがいかにして巨大な悲劇を生むかを説明している。後者では，不都合な情報を封殺しても，問題自体が消えないのは当たり前のことなのに，なぜ人は，そのような誤った思考に陥ってしまうのかが述べられている。

問１　１「集団の構成員に『身内ではない』『私には関係がない』とみなす発想が蔓延する」ということは，集団が，「身内」とそれ以外に「分断」され，「細分化」されてしまうということである。　２「見せかけの団結」のために，「直面する現実の正確な理解に結びつくデータや視点の検討を避け」ることで成立するのは，「いつわりの合意」だといえる。よって，エがよい。

問２　「衆愚に囚われた集団」が愚かな結論を出した結果については，後でスペースシャトルの例をあげて説明されている。スペースシャトルの爆発事故という「巨大な悲劇」は，「問題の本質をすり替え」て，「歪んだ結論をいつわりの合意で装飾することによる悲惨な結果」であると述べられているので，ここの内容をまとめる。

問３　**Ａ**　前では，「大惨事の原因となった」部品について，「専門の技術者から何度も脆弱性の指摘がされていた」と述べられている。後では，「モートン・サイオコールの幹部」は，チャレンジャーの打ち上げを今回も延期すると「顧客であるＮＡＳＡからの信頼が揺らぐと考え」てその指摘を問題視しなかったと述べられている。よって，前のことがらを受けて，それに反する内容を述べるときに用いる「しかし」があてはまる。　**Ｂ**　前では，「サイオコールの幹部」が「安全管理と乗組員の人命尊重の問題を，大口顧客であるＮＡＳＡとの経営上の信頼関係にすり替え」て，それにより「サイオコールの技術陣」が「最後は沈黙」したということが述べられている。後では，そうしたことが原因で，「宇宙開発史上最大の悲劇が生まれ，ＮＡＳＡの宇宙開発計画は何年も遅れ」たと述べられている。よって，前に述べた内容を受けて，そこから生じた状態を述べるときに用いる「その結果」がよい。

問４　専門家によって安全管理上の危険が指摘されたにもかかわらず，サイオコールが「段階的に『経営的な問題』にすり替え」てしまった経緯を箇条書きで示した部分である。まず，「Ｏリング（オーリング）について〜何度も脆弱性の指摘がされて」おり，「危険性を正しく認識している技術者」は，当日の打ち上げに反対していたということをまとめた②がきて，そのことをまとめて提出した「報告書」について，ＮＡＳＡの幹部が下した判断を表す①が次にくる。さらに，ＮＡＳＡ

は，サイオコールの反対を押し切ってまで打ち上げを強行しないと告げたと考えられるので，③がくる。しかし，サイオコール側は，「今回も延期した場合，顧客であるＮＡＳＡからの信頼が揺らぐ」と考え，担当部長が経営的な判断をするべきだと主張したために「経営的な問題」にすり替えられてしまったと考えられるので，次には⑤がくる。その結果，サイオコール側は「危険性を正しく認識している技術者」を除外して会議を行い，打ち上げを勧めた。よって，最後は④がくる。

問５　３「指揮官が，戦場で無謀な判断をすることへの罰則がない場合，無謀な『人事的判断』を誘発するのは止めること」ができない。また，「『異論』『疑問』を差し挟む人物を左遷や降格させるなら～反対を表明させない組織的な圧力を増幅させること」になる。つまり，人事評価制度が誤っていると，無謀な意見が通ってしまったり，建設的な「異論」や「疑問」が封じ込められたりするということが述べられている。　４「本来わかっていた正しいことを無視」して，「問題が起こらないのではないかという希望的な幻想を集団全体で共有したこと」によって，「最後は大きな問題を引き起こし」たスペースシャトルの事例が説明されている。

問６　「米軍関係者が民間研究者に『求める成果を追求し実現する』ことを唯一の評価指標とした」ために，アメリカの開発者たちは，顧客である軍人の兵器に対する先入観に左右されることなく，優れた兵器を開発することができたのだと考えられる。

問７　【文章Ａ】では，チャレンジャー号の事故は，「問題の本質をすり替えてしまうこと」と「歪んだ結論をいつわりの合意で装飾」したために起こった，と説明されている。また，【文章Ｂ】では，「Ｏリングには問題が起こらないのではないかという希望的な幻想を集団全体で共有したこと」が，チャレンジャー号の事故につながったと説明されている。Ｏリングが，「低温により不具合を引き起こす可能性」があることは，「技術陣から事前に指摘がされて」いた。この「不都合な情報」が，問題の全体像を決めつけるだけの圧倒的な影響比率を持つのか冷静に指摘していれば，チャレンジャー号の事故は防げたはずだと考えられる。

問８　「少数派の一人の意見の方が，やや優れている」以上，その意見を採用するべきである。しかし，「グループの方針を決定する権利」を用いて無理にその意見を通したのではグループは機能しないので，「少数派の一人の意見」の，どこがどのように優れているのかを説明し，ほかの三人を説得する必要がある。そのうえで，「少数派の一人の意見」を取り入れて台本を制作するべきである。多数派の意見を尊重して台本の完成を急ぐという解答は，「本文を踏まえたうえで」という条件に反するのでふさわしくない。

三　言葉の成り立ち

⑴「バグる」は，英語の「バグ(bug)」を語源としている。“コンピュータのソフトウエアが動作不良を起こす”という意味。　⑵「ドヤる」は，関西弁の「どや(すごいやろ)」を語源としている。“得意げな顔をする”という意味。　⑶「キョドる」は，「挙動不審」を語源としている。“あやしげな，または，奇妙なふるまいをする”という意味。　⑷「デコる」は，英語の「デコレーション(decoration)」を語源としている。“はでな飾りつけをする”という意味。　⑸「ミスる」は，英語の「ミス(miss)」を語源としている。“失敗する”という意味。

2021年度　三田国際学園中学校

〔電　話〕(03) 3707－5676
〔所在地〕〒158－0097　東京都世田谷区用賀２－16－１
〔交　通〕東急田園都市線「用賀駅」より徒歩５分

※この試験はインターナショナルクラス受験生対象です。

【算　数】〈第２回試験〉(50分)〈満点：100点〉

〔受験上の注意〕線や円をかく問題は，定規やコンパスは用いずに手書きで記入してください。

1　次の［　　］にあてはまる数を答えなさい。

(1) $8.4\times\frac{5}{14}\div\left(4\frac{5}{6}-3.75\right)+\frac{3}{13}=$［　　］

(2) 弟が時速3kmの速さで駅に向かって歩いています。弟が150m進んだところで兄が弟を追いかけはじめたところ，5分後に追いついたとき，兄の速さは時速［　　］kmです。ただし，弟も兄も一定の速さで進むものとします。

(3) テストを5回行ったところ，5回の平均点は63点でした。6回目のテストで［　　］点以上［　　］点以下をとると，6回の平均点が58点以上68点以下になります。

(4) 100から200までの整数のうち，2と3と7の公倍数は［　　］個あります。

(5) 下の図のように，辺の長さが等しい正三角形と正方形が，1つの辺でぴったりとくっついています。辺ABと直線CFが平行であるとき，㋐の角の大きさは［　　］度です。

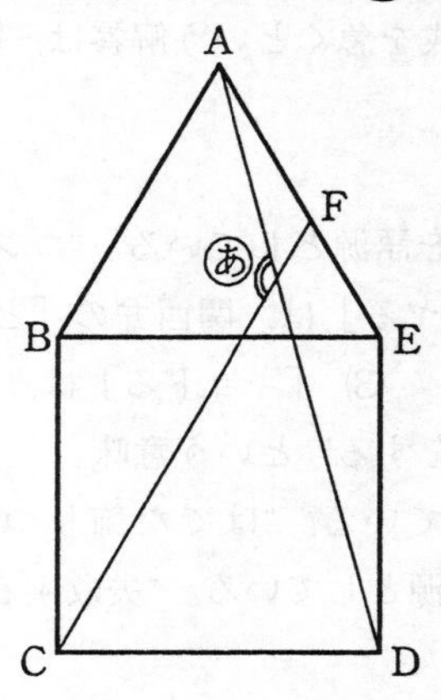

(6) 下の図は，円の一部を組み合わせてつくったものです。かげをつけた部分の面積の合計は□cm²です。ただし，円周率は3.14とします。

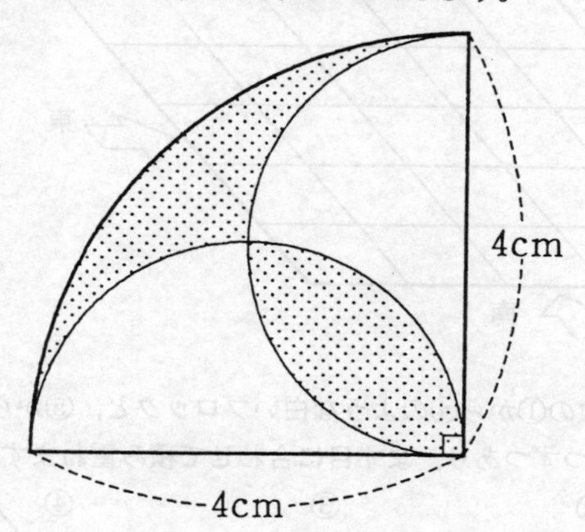

2 コロナ対策の中で観光収入を得るために，Go Toキャンペーンが行われました。Go Toキャンペーンの概要(がいよう)は次の通りです。

①国内旅行を対象に宿泊･日帰りの1人当たりにつき旅行代金の 2分の1 相当額を支援します。

②給付額のうち，7割は旅行代金の割引に，3割は旅行先で使える地域共通クーポンとして付与します。ただし，クーポンについては，1000円未満の端数(はすう)がある場合は，百の位を四捨五入して，1000円単位でのクーポンのみ付与することにします。

※クーポンについては，四捨五入した金額となるため，旅行代金の割引額と合わせると，旅行代金の 2分の1 相当額をこえることもあります。

③1人1泊あたり2万円が給付上限となります。

④7泊分までを支援の対象とします。

(1) 父と母，子供2人の4人家族で1泊の旅行を計画しました。1人あたりの旅行代金は大人が5万円，子供が3万円であるとき，給付される金額は旅行代金の割引額と，クーポンの金額を合わせていくらになりますか。

(2) Go Toキャンペーンを利用し，割り引かれた後の旅行代金が26000円である旅行に参加しました。このときに付与される地域共通クーポンの金額はいくらですか。

(3) 5000円分の地域共通クーポンが付与される旅行代金として最も高い金額と最も安い金額の差はいくらですか。

3 図のような25個の正方形でできたます目があります。

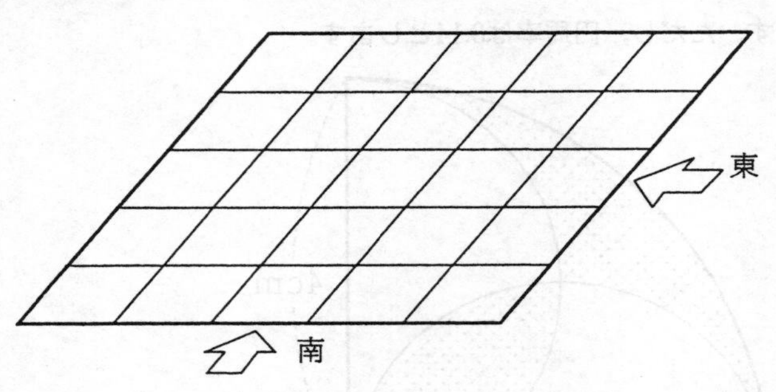

立方体が組み合わさってできた次の①から④のような白いブロックと，⑤から⑧のような色のついたブロックがそれぞれ1つずつあり，ます目に合わせて積み重ねます。

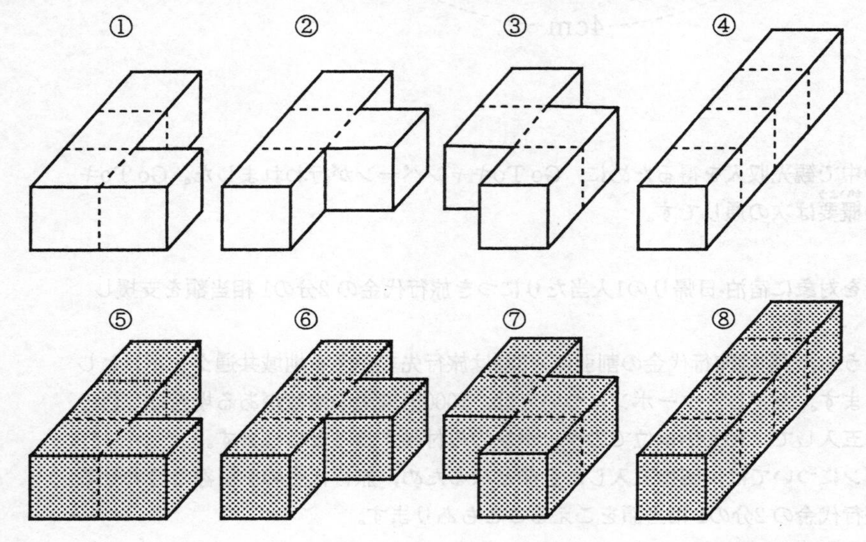

ただし，ブロックの一部が浮くように置いたり，積んだりすることはできません。

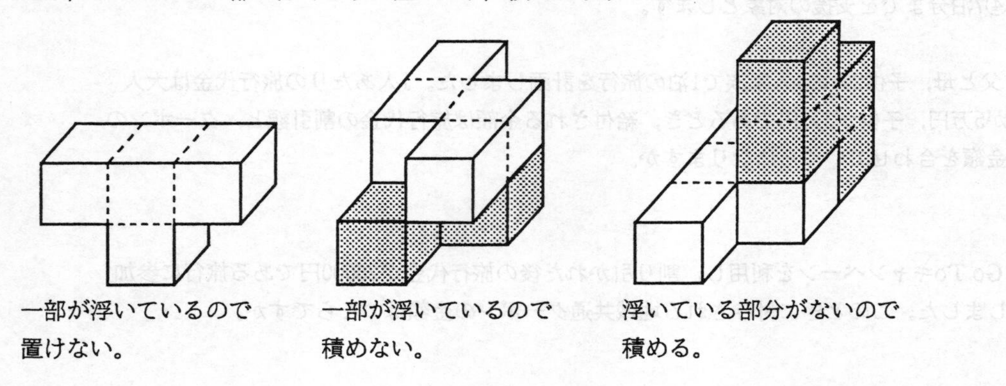

一部が浮いているので置けない。　一部が浮いているので積めない。　浮いている部分がないので積める。

(1) ブロックを積んで南側と東側から見ると，次のように見えました。このとき，どのブロックを使っていますか。①から⑧からすべて選び，番号で答えなさい。

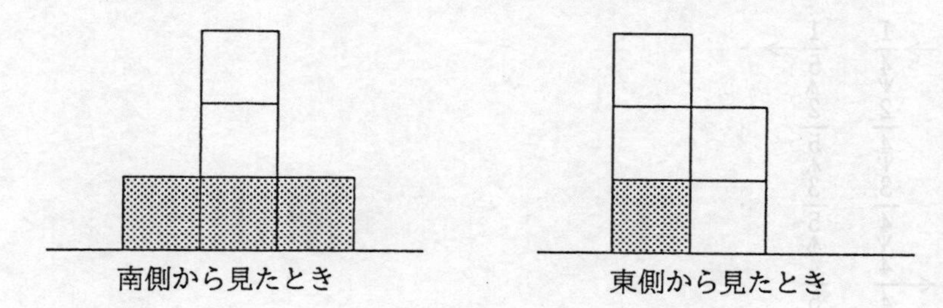

(2) (1)の後，さらにブロックを2つ積んだところ，次のように見えました。これを上から見ると，どのように見えますか。解答らんにかきなさい。ただし，色がついているブロックはそれがわかるようにすること。

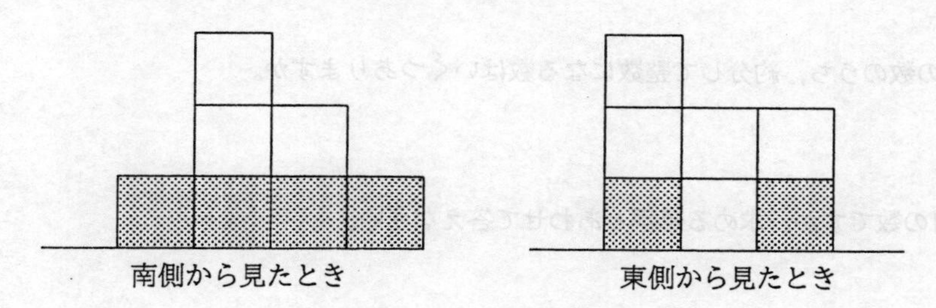

(3) (2)の後，さらに色のついたブロックを1つ置いたところ，次のように見えました。この次に白いブロックを1つ置いて上から見たとき，色のついた正方形より白い正方形の数のほうが多く見えるようにするには，どのブロックを使えばよいですか。番号で答えなさい。また，そのとき見える白い正方形と色のついた正方形の数はそれぞれいくつですか。

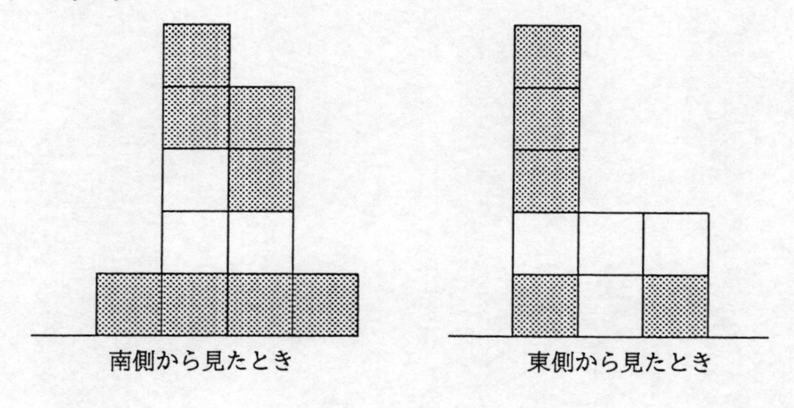

4 次のように並んだ分数を→の順にならべた数の列を考えます。

$$
\begin{array}{ccccccccccc}
\frac{1}{1} & \rightarrow & \frac{1}{2} & & \frac{1}{3} & \rightarrow & \frac{1}{4} & & \frac{1}{5} & \rightarrow & \cdot \\
 & & \downarrow & & \uparrow & & \downarrow & & \uparrow & & \\
\frac{2}{1} & \leftarrow & \frac{2}{2} & & \frac{2}{3} & & \frac{2}{4} & & \frac{2}{5} & & \cdot \\
\downarrow & & & & \uparrow & & \downarrow & & \uparrow & & \\
\frac{3}{1} & \rightarrow & \frac{3}{2} & \rightarrow & \frac{3}{3} & & \frac{3}{4} & & \frac{3}{5} & & \cdot \\
 & & & & & & \downarrow & & \uparrow & & \\
\frac{4}{1} & \leftarrow & \frac{4}{2} & \leftarrow & \frac{4}{3} & \leftarrow & \frac{4}{4} & & \frac{4}{5} & & \cdot \\
\downarrow & & & & & & & & \uparrow & & \\
\frac{5}{1} & \rightarrow & \frac{5}{2} & \rightarrow & \frac{5}{3} & \rightarrow & \frac{5}{4} & \rightarrow & \frac{5}{5} & & \cdot \\
\cdot & & \cdot & & \cdot & & \cdot & & \cdot & &
\end{array}
$$

このとき，数の列は順に $\frac{1}{1}$，$\frac{1}{2}$，$\frac{2}{2}$，$\frac{2}{1}$，$\frac{3}{1}$，$\frac{3}{2}$…となります。

(1) 100番目までの数のうち，約分して整数になる数はいくつありますか。

(2) $\frac{20}{21}$ は何番目の数ですか。求める過程とあわせて答えなさい。

(3) 2021番目の数を求めなさい。求める過程とあわせて答えなさい。

5 図のような，底面が正方形で，OA，OB，OC，ODの長さがすべて12cmの立体があります。点Hは底面の対角線ACとBDが交わる点であり，図の色をぬった三角形は直角二等辺三角形になります。点Pは辺OBを3:1に分ける点，点Mは辺OCを1:1に分ける点です。また，四角形APMQはこの立体をA,P,Mを通る平面で切ったときにできる切り口の図形です。

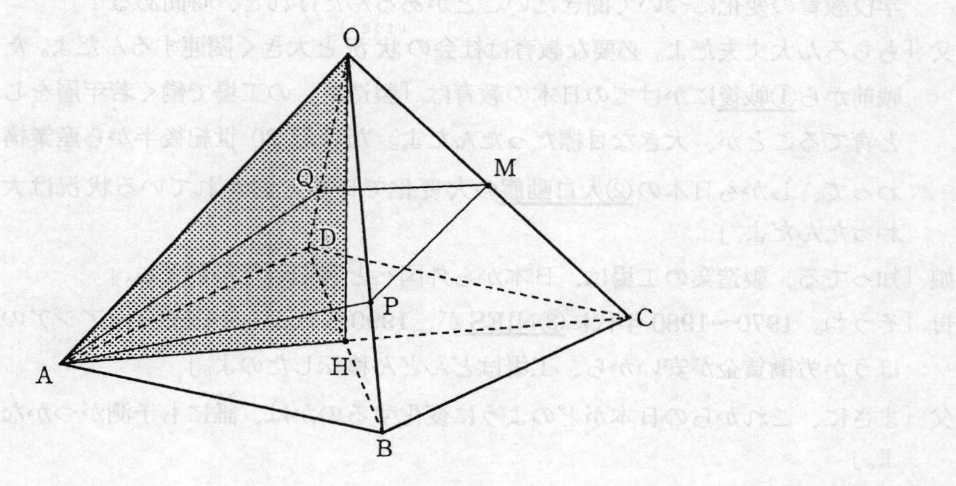

(1) 直線AMと直線OHが交わる点をRとするとき，OR:RHの比をもっとも簡単な整数の比で表しなさい。

(2) (1)の点Rから辺OCと垂直に交わる直線をひき，辺OCと交わる点をSとするとき，RSの長さを求めなさい。

(3) OQ:QDの比は3:2になります。このわけを，言葉や式，図などを用いて説明しなさい。

【社　会】〈第２回試験〉（理科と合わせて50分）〈満点：50点〉

〈編集部注：実物の入試問題では，グラフはすべて，図も多くは色つきです。〉

1　以下の会話文を読んで、各問いに答えなさい。

娘「お父さん、来週までの総合学習の課題で、20 世紀から 21 世紀にかけての、日本の学校教育の変化について聞きたいことがあるんだけれど、時間ある？」

父「もちろん大丈夫だよ。必要な教育は社会の状況（じょうきょう）と大きく関連するんだよ。たとえば戦前から①戦後にかけての日本の教育は「製造業」の工場で働く若年層をしっかりと育てることが、大きな目標だったんだよ。だけど 20 世紀後半から産業構造が変わって、しかも日本の②人口動態の大変化で日本のおかれている状況は大きく変わったんだよ。」

娘「知ってる。製造業の工場は、日本から外国へと移転したんだよね。」

母「そうね。1970～1980 年代に③NIES が、1990 年代から中国や東南アジアの国々のほうが労働賃金が安いから、工場はどんどん移転したのよ。」

父「まさに、これからの日本がどのように変化するのかは、誰（だれ）にも予測がつかないんだよ。」

娘「正解を自分で考えることが大切ってこと？」

父「その通りだね。身近な問題で言えば、30 年前には、東京などの都市部や一部の地域の夏の気温上昇（じょうしょう）はだれも想像していなかったよ。」

母「東京の④猛暑（もうしょ）日は、あなたが生まれた頃（ころ）より増えているし、10 年後にどれだけ増えているのか、予測はできないわね。」

娘「新型コロナウィルスについても誰も予測できなかったよね。でもこのことで、オンラインで授業が行われたりして ICT の進歩と利用で、日本の教育も大きく変わるのかな？」

父「ICT のような⑤先端（せんたん）技術産業の分野で日本が取り残されないようにすることは大切だよね。20 世紀という時代は、大規模な機械・設備を使い、規格製品を大量生産することが、経済活動の中心だったんだ。そうした時代なら、決まったことを学べばよく、全員が正しく、同じ解答を導き出す教育でよかったんだけどね…」

娘「そうした時代じゃなくなるんだ。だから、自分で考えなければならない課題が重要になってくるんだね。よし、自分の考えをしっかりと課題にまとめよう。」

問１　下線部①に関連して、1946 年に公布された日本国憲法に記されている国民の三大義務として、**誤っているもの**を選択肢（せんたくし）の中からすべて選び、記号で答えなさい。

ア．普通（ふつう）教育を受ける義務　　イ．勤労の義務
ウ．納税の義務　　エ．選挙に参加する義務

問2　下線部②に関連して、下の表は 2015 年に対して 2020 年の人口増加率が高い都道府県上位 1 位から 4 位までを示したものです。A にあてはまる都道府県として正しいものを地図中の選択肢（ア〜エ）の中から選び、記号で答えなさい。また、A の都道府県の雨温図として正しいものを次ページの選択肢（あ〜え）の中から選び、記号で答えなさい。

表

1位	東京都
2位	A
3位	埼玉県
4位	神奈川県

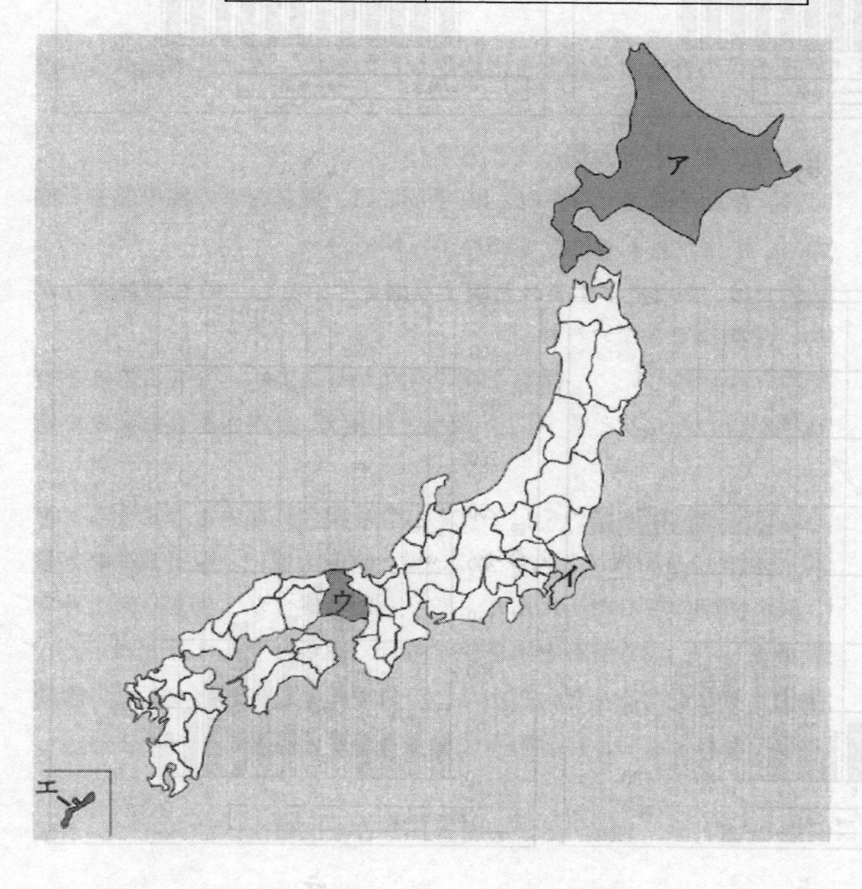

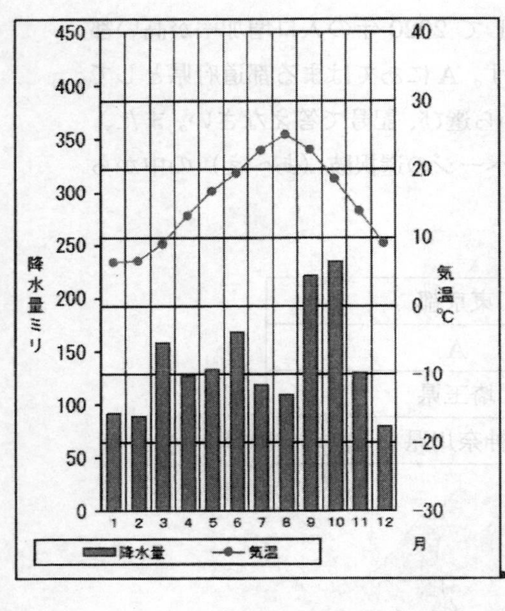

あ

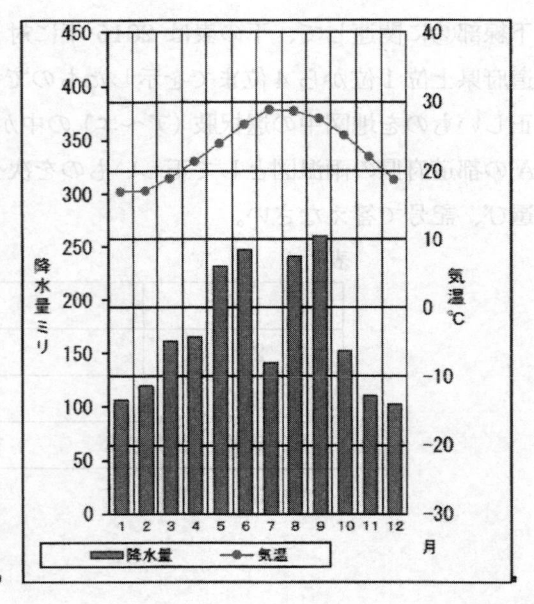

い

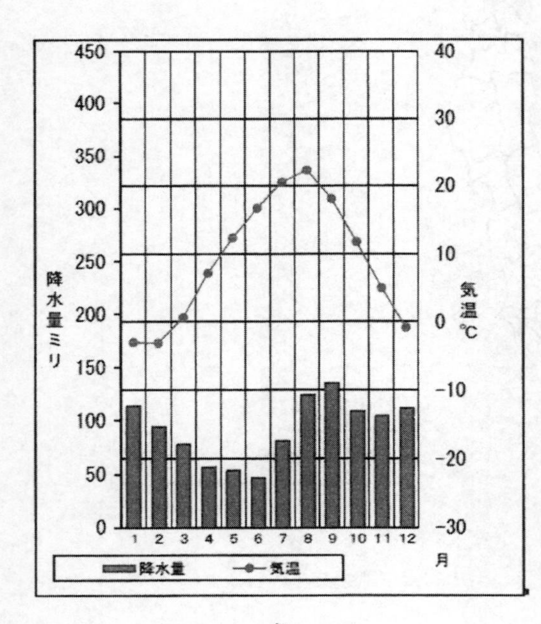

う

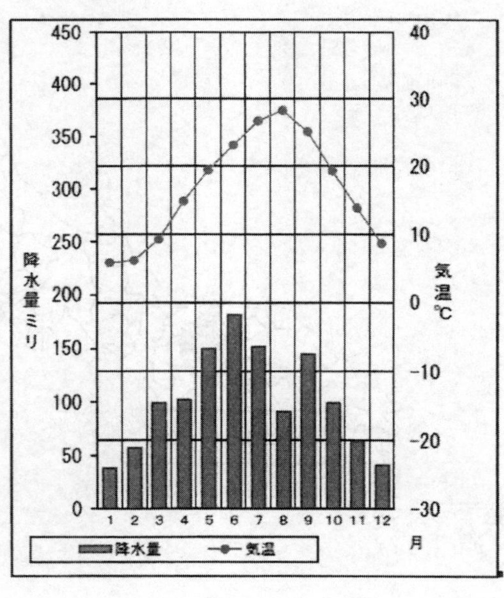

え

『データブック オブ・ザ・ワールド 2020』より作成

問3　下線部③に関連して、アジアNIESとして正しいものを選択肢の中からすべて選び、記号で答えなさい。

ア．シンガポール　　イ．マレーシア　　ウ．台湾　　エ．インドネシア

問4　下線部④に関連して、下の表は日本における過去 30 年間の猛暑日の都道府県ごとの平均値です。もっとも猛暑日が少ないのは北海道と沖縄県ですが、理由はそれぞれ異なります。それぞれの猛暑日が少ない理由をまとめて 30～40 字程度で答えなさい。

(表)

1	京都府	15.4日	17	福岡県	5.5日	33	愛媛県	2.7日
2	埼玉県	13.9日	17	福井県	5.5日	34	石川県	2.3日
3	岐阜県	13.1日	19	三重県	5.2日	35	高知県	2.2日
4	熊本県	12.1日	20	宮崎県	4.5日	36	長崎県	2.0日
5	山梨県	12.0日	21	和歌山県	4.4日	36	滋賀県	2.0日
6	大阪府	11.6日	22	島根県	4.3日	38	茨城県	1.8日
7	愛知県	11.5日	23	鹿児島県	4.0日	39	千葉県	1.4日
8	岡山県	10.7日	23	大分県	4.0日	40	秋田県	1.2日
9	佐賀県	9.7日	23	山形県	4.0日	40	神奈川県	1.2日
10	鳥取県	9.5日	26	栃木県	3.6日	42	宮城県	0.6日
11	群馬県	9.2日	27	静岡県	3.2日	43	岩手県	0.5日
12	香川県	8.3日	27	長野県	3.2日	44	山口県	0.3日
12	奈良県	8.3日	27	東京都	3.2日	45	青森県	0.2日
14	福島県	6.4日	27	新潟県	3.2日	46	北海道	0.1日
15	広島県	5.9日	31	徳島県	3.1日	46	沖縄県	0.1日
16	富山県	5.7日	32	兵庫県	2.8日			

『気象庁ホームページ データより作成』

問5　下線部⑤に関連して、日本の工業の説明として**誤っているもの**を選択肢の中からすべて選び、記号で答えなさい。

ア．金属工業において、鉄に次いで多く使われている金属はアルミニウムです。ボーキサイトからアルミニウムを生産する過程で多くの電力を用いるため、「電気のかんづめ」と呼ばれます。発電所の多い日本ではアルミニウムの生産が盛んです。

イ．機械工業の中の1つである自動車工業は、1980年代に円高が進んだことなどによって日本の自動車会社は相次いで海外に工場を建設するようになりました。

ウ．IC（集積回路）はシリコンなどの半導体とよばれる物質を用いた電気回路で、コンピュータや家庭電気製品など、多くの工業製品にとってなくてはならないものとなっています。現在では鉄にかわって、「産業のコメ」といわれています。

エ．化学工業は、精製工場と化学工場からなる石炭化学コンビナートの形をとっています。石炭化学工業は巨大（きょだい）な設備や装置を必要としますが、石炭の精製から、ナフサを原料とする製品の製造までの行程がオートメーション化されています。

2 以下の文章を読んで、各問いに答えなさい。

皆(みな)さんは、「留学」という言葉から何をイメージするでしょうか。すでに海外で暮らしたことのある人を除けば、知らない土地で言葉の壁(かべ)を感じながら学ぶのはとても大変です。しかし、日本では古来よりさまざまなかたちで留学が行われてきました。

その中でも①遣唐使は有名です。遣唐使は唐の先進的な技術や政治制度を日本に取り入れるために中国に派遣(はけん)された使節で、遣唐使のメンバーには唐の皇帝(こうてい)への使節のほか、僧(そう)や学生などもおり、9世紀後半以降、遣唐使が派遣されなくなるまで日本へもさまざまな影響(えいきょう)を与(あた)え、「留学」という言葉もこの時代に生まれました。

その後、中国との正式な国交はなくなりましたが、留学自体がなくなったわけではありません。12世紀以降、武士で最初の太政大臣となった［ A ］の政策などで宋との交流が盛んになると多くの仏僧(ぶっそう)が民間の貿易船に乗って大陸へおもむき、仏典などを日本に伝えました。その後、一時的に大陸との関係は断絶しますが、14世紀にかけて再び留学が盛んになります。

室町時代に入ると、当時の王朝である明が貿易を限定したため、留学は下火になりました。江戸時代には幕府がいわゆる鎖国政策をとったため、海外留学は不可能となりました。

しかし、江戸時代の後期にはヨーロッパからの文物が多く輸入される長崎への留学が盛んになったほか、旗本や御家人に学問を奨励(しょうれい)した②松平定信が聖堂学問所(のちの昌平坂学問所)に全国から集まる留学生のための学生寮(りょう)を設置しました。

幕末から明治時代にかけては、海外の優れた制度を輸入や調査、国際的に通用する人材育成を目的として、政府が留学費用を負担する官費留学が制度化されました。③例えば明治初期に条約改正や西洋文明の調査のために欧米(おうべい)に渡った岩倉使節団には政府の役人のほか、留学生もいました。こうした留学生たちの成果は明治政府の方針にも大きな影響を与えました。

④19世紀末から20世紀にかけてはいち早く近代化を成功させた日本への留学も行われるようになり、戦後には国費外国人留学制度を発足させ、2008年には「留学生30万人計画」を打ち出して海外からの留学生を受け入れています。また留学の目的も大学での研究以外に語学留学など⑤さまざまな学問を自由に学ぶことが認められています。

現在、世界はインターネットで結ばれ、国内にいながらにして海外のことを知り、人々とつながることができます。しかし、実際に現地に行って人々と交流することでしか得られないものもたくさんあります。皆さんもぜひ、広い世界に飛び込んでください。

問1　下線部①に関連して、次の資料は遣唐使についてまとめたものです。次の資料①～④から読みとれる文として、**誤っているもの**を選択肢の中から選び、記号で答えなさい。

資料①遣唐使の使節、船員、随員(ずいいん)の手当て

	職名	手当て〈()内は単位〉		
		絁*(疋[ひき])	綿(屯[とん])	布(反[たん])
使節	大使	60	150	150
	副使	40	100	100
船員	船長	5	40	16
	医師	5	40	16
	画家	5	40	16
	射手	4	20	13
	船大工	3	15	8
随員	留学生・学問僧	40	100	80

*絁(あしぎぬ)：絹織物の一種　出典：『遣唐使』

資料②遣唐使船の渡航(とこう)、帰航の時期

月	主な風向き	遣唐使船の渡航	遣唐使船の帰航
1	北		
2			
3			
4			
5			●
6	南		●●
7		○	
8		○○○○○	●
9	北		●
10		○	●
11			●
12			●●●

出典：海事博物館研究年報

資料③遣唐使が唐に献上(けんじょう)した貢物(みつぎもの)

品物	数量
銀	500両[りょう]
絁	1000匹[ひき]
糸	500絇[く]
綿	1000屯[とん]
布	130反[たん]
油(植物性)	6斗[と]

出典：『遣唐使』

資料④僧維蠲(いけん)から唐の長官への手紙

私は申し上げます・・・天台宗の教えは、大いに彼の国に行われています。そのため、仏教や儒教の書籍(しょせき)はもっぱら唐を手本とし、20年に一度、唐を訪れることを約束しています。・・・去年（唐に）来朝した僧は、本国で欠けている経論(≒経典)を書写しました。・・・そこで、経論の注釈(ちゅうしゃく)書30本を授けたいと思います。どうか長官閣下が正式な許可状を賜(たまわ)りますようにお願い申し上げます。

出典：『遣唐使』

ア．遣唐使の使節への手当が布や服なのは、当時の税制と関係すると考えられる。

イ．仏教を重視しているが、経典の持ち出しは唐の許可が必要だったと考えられる。

ウ．貢物(みつぎもの)の内訳をみると、当時の日本は工業化が進んでいたと考えられる。

エ．遣唐使船の航海の時期が決まっているのは、季節風が理由であると考えられる。

問2　文章中の［A］に入る人物を**漢字**で答えなさい。

問３　下線部②に関連して、松平定信の政策について述べた文として正しいものを選択肢の中から選び、記号で答えなさい。

ア．物価の値上がりを抑制(よくせい)するために、株仲間を解散させた。
イ．旗本や御家人を救済するために借金を帳消しにした。
ウ．鎖国(さこく)を守るために異国船打ち払い令を出した。
エ．農村で失業した農民を積極的に江戸に招き入れて、仕事を与(あた)えた。

問４　下線部③に関連して、日本は欧米各国に留学生を派遣しましたが、特にドイツへの留学が盛んになりました。その理由を資料①・②から考えて 30～40 字以内で答えなさい。

資料①大日本帝国憲法下の政治体制

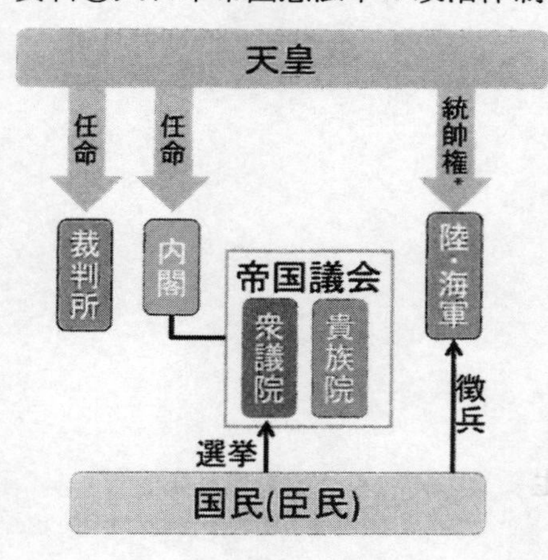

＊統帥権：軍を指揮する権限

資料②岩倉使節団の随員(ずいいん)が書いた欧米諸国の政治体制

a イギリスの立憲君主制は、政党に推薦(すいせん)され、国王に任命された首相が、国王を補佐(ほさ)する。王権は立法・行政双方(そうほう)の権利を兼(か)ねている。ただその権利には制限があって、主たる権利は首相を任免(にんめん)する権利である。

b ドイツは、行政権は皇帝ならびに首相にある。・・・皇帝は外交権ならびに交戦権を持つ。・・・皇帝位は世襲(せしゅう)であって女王を立てることはない。国王は行政について全権を持ち首相ならびに国務大臣に事務を行わせる。

c アメリカ合衆国では、各州の権利が伸長(しんちょう)し、大統領の権限が抑(おさ)えられ、人々の間でも政治議論が年々盛んになっている。・・・子供でさえも君主に従うことを恥(は)ずかしがる。純粋(じゅんすい)な共和国の人々である。

出典：『米欧回覧実記』など

問５　下線部④に関連して、次の資料①～③は中国・ベトナムからの留学生に関するものです。【資料から読み取った内容】の空らん[　ａ　]～[　ｃ　]にあてはまる文として正しいものを選択肢の中から選び、記号で答えなさい。

資料①中国(清)における政治改革の提言

日本の維新の始まりを考えますに、三点があります。第一には、広く群臣に旧習を改め維新をはかり、天下の輿論(よろん)を採用し、各国の良法を取り入れる約束をしたこと。第二には、天下のすぐれた人材20人を抜擢(ばってき)して参与(さんよ)とし、一切の政治要件および制度を刷新(さっしん)したこと。

出典：『世界史史料９』

資料②中国から日本の大学への留学生の推移

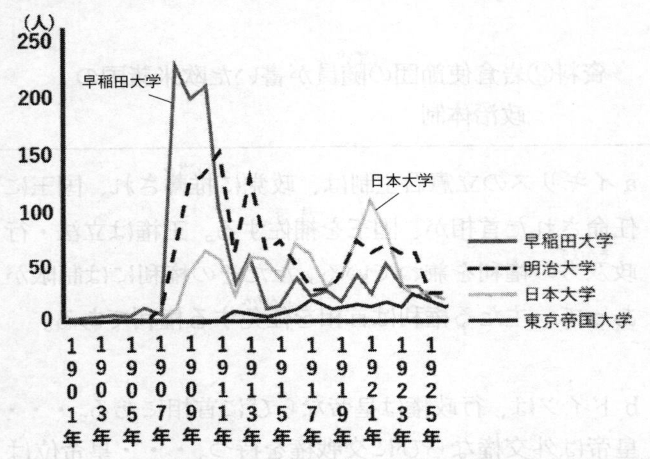

出典：戦前期早稲田大学に学んだ中国人留学生

資料③20世紀初頭の東南アジアにおける欧米諸国の植民地

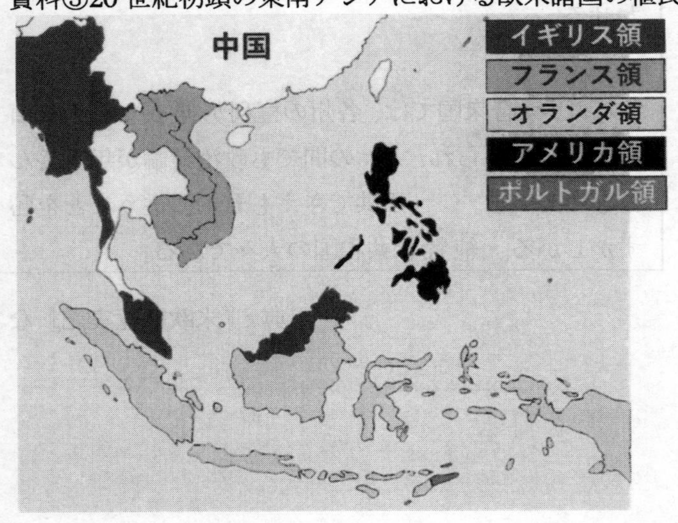

【資料から読み取った内容】
　中国から日本への留学は19世紀末から行われていたが、その目的は[　　a　　]などであり、その数は[　　b　　]。また、欧米諸国の植民地下にあった東南アジアでは、[　　c　　]を目指していたベトナムが留学生を送って、日本の近代化の成功を学ぼうとした。

ア．a：清朝の政治体制を改革するための調査
　　b：日露戦争後にもっとも増加した
　　c：オランダからの独立

イ．a：清朝の政治体制を改革するための調査
　　b：第一次世界大戦後にもっとも増加した
　　c：フランスからの独立

ウ．a：清朝の経済体制を改革するための調査
　　b：第一次世界大戦にもっとも増加した
　　c：オランダからの独立

エ．a：清朝の政治体制を改革するための調査
　　b：日露戦争後にもっとも増加した
　　c：フランスからの独立

問６　下線部⑤について、この権利を保障している自由権の説明として正しいものを選択肢の中から選び、記号で答えなさい。

ア．戦争中や有事の際には、一時的に停止されることがある。
イ．思想や良心の自由は国家が認める範囲(はんい)内でのみ許される。
ウ．宗教は国家が公認した宗教のみ信仰(しんこう)することが認められる。
エ．公共の福祉(ふくし)によって、制限されることがある。

3 次の会話文を読み、問いに答えなさい。

三田先生：　今日は、選挙について考えてみましょう。まず、選挙権についてここ数年の中で大きな変化があったよね、知っていますか？

ダニエル君：先生、資格が18歳(さい)に引き下げられたことですよね。

三田先生　：その通りです。このことで有権者資格の年齢(ねんれい)は、世界の流れと同じ状況(じょうきょう)になりました。まず、日本の最新の投票率を世界と比較(ひかく)してみると投票率53.7%は、OECD（経済協力開発機構）加盟35カ国中30位（＊ISSP調べ）です。法的罰則(ばっそく)がない国で最も投票率が高いのはスウェーデンで87.2%です。

ひよりさん：先生、日本全体の状況について資料（1）～（5）を使い、整理してみると［　A　］になるということですよね。

三田先生　：そうですね。私は、このままだと今後、投票率はより一層下がってしまうと思います。ではこのような現象が、なぜ起こるのかについて資料（1）～（5）を使って考えてみてください。

ダニエル君：私は、資料（1）と（3）から政治への期待感や満足感がなく、今の政治家に対して不満があると思います。そして、その政治家を議員にするための投票はしたくないという意思表示ではないかと思うのですが…。

ひよりさん：心情的には、それもあると思うけど、特に若い世代は［　B　］ということではないでしょうか？

ダニエル君：なるほど！！それを解決するには、［　C　］ということですね。

三田先生　：どうやら、2人には先生から教えることはなかったようですね。

＊ISSP…2015年までに58カ国が参加している国際比較調査グループ

問1　文中の［　A　］には、日本の状況を整理した言葉が入ります。これを表した下の図中のどこに日本は位置づけられますか。本文、（1）～（5）の資料を利用し、もっとも適当なものを図中の（ア）～（エ）より選び、記号で答えなさい。

（図）

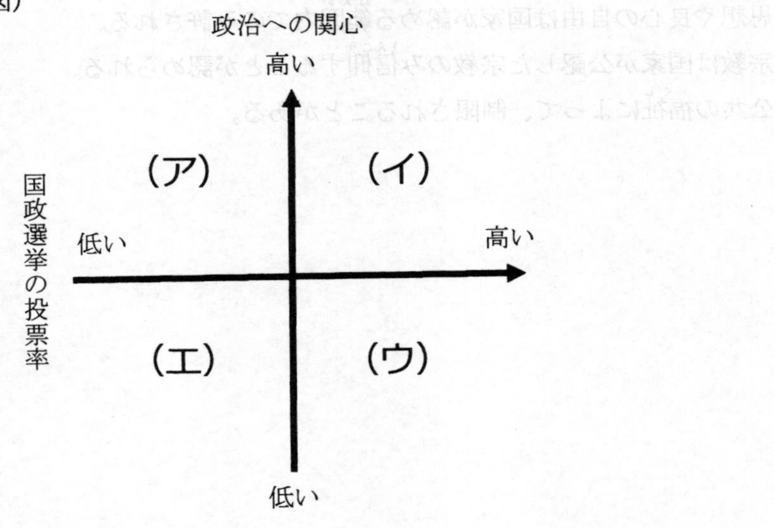

問２　資料（1）～（5）を参考にして、対話文中の主張［　B　］には、前文のダニエル君に対応するように、資料を分析(ぶんせき)した内容を述べなさい。また、主張［　C　］には、主張［　B　］とつながるように、資料を用いて、自分の考えを述べなさい。

（1）民意は反映されているか（20代以上・年齢別）

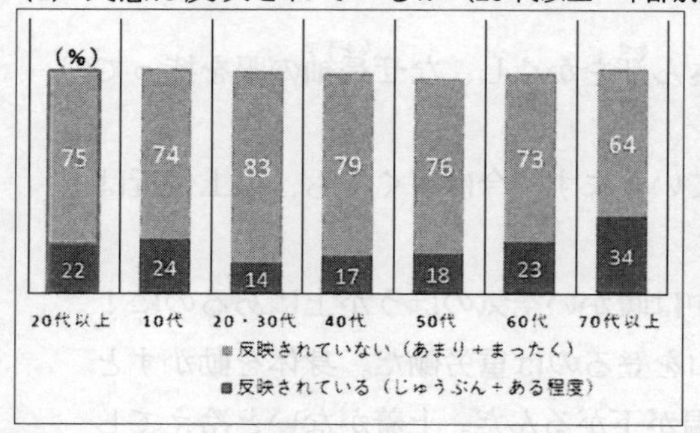

（2）政治的な話題の頻度(ひんど)（20代以上・年齢別）

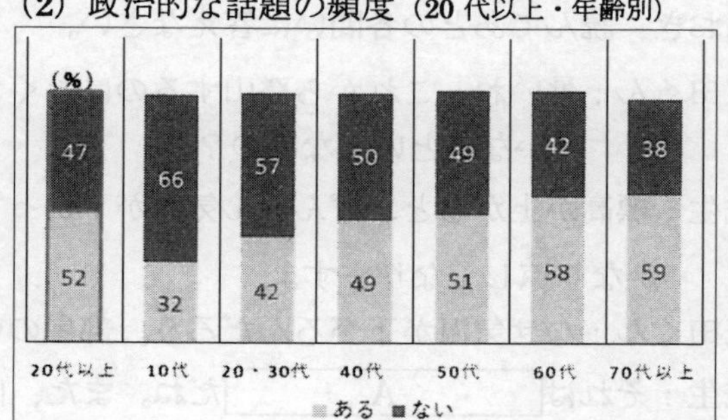

（3）政治への満足度（20代以上・年齢別）

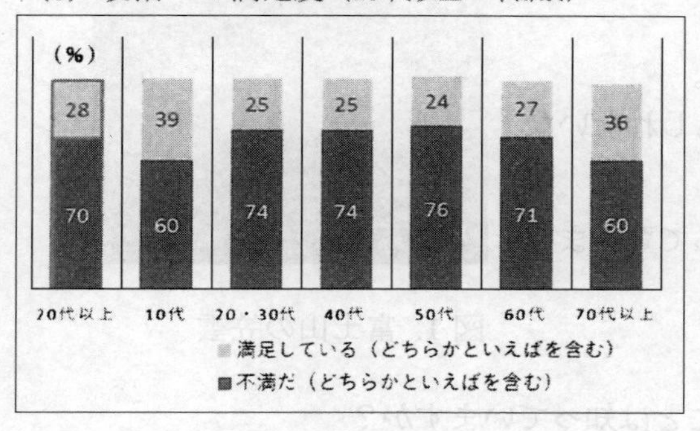

（4）政治への関心（関心があるへの回答数）

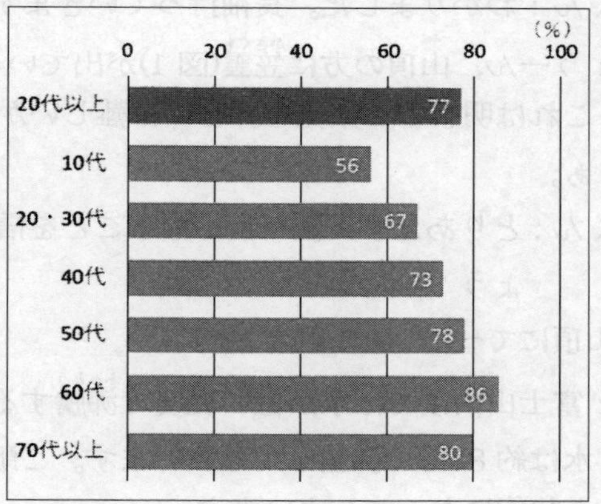

（5）選挙について学んだこと（複数回答）

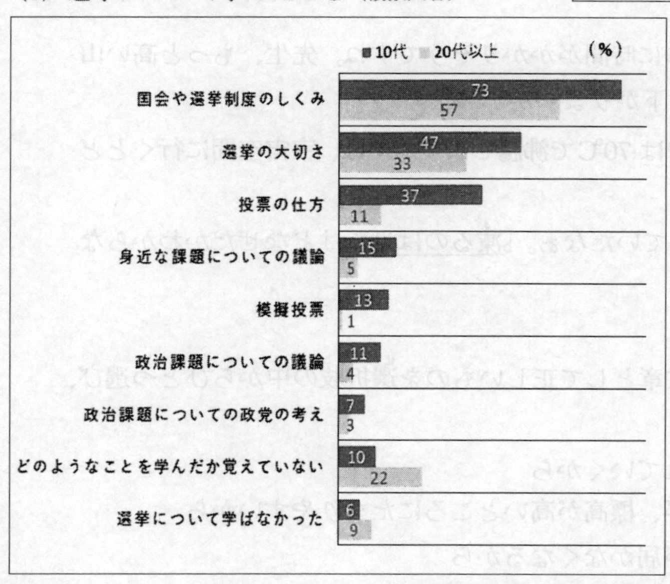

資料（1）～（5）2017.4【18歳選挙権　新有権者の意識と投票行動】NHK放送文化研究所まとめより

【理　科】〈第２回試験〉（社会と合わせて50分）〈満点：50点〉

〈編集部注：実物の入試問題では，写真や図・グラフは色つきです。〉

1　次の文章は、2020年9月のある日の11:00頃(ころ)、富士山5合目にて小学6年生の三田くんが先生と交わした会話文です。この日の天気は晴れという条件であることを念頭におき、読んであとの各問いに答えなさい。

三田くん：暑いね。これから登山するのにたくさん汗(あせ)をかくし、なぜ長袖(ながそで)の服を持って行かないといけないの？

先生：標高が上がると、どんどん気温が下がっていきます。今は暑くても、頂上付近はかなり涼(すず)しくなりますよ。

三田くん：なぜ気温が下がるんだろう。部屋の中は暖かい空気のほうが上にあるのに！

先生：それは［　A　］だね。また、山を登るのは重労働だ。身体を動かすとたくさん汗をかくよね？a汗をかくと、体温が下がるんだ。上着がないと冷えてしまいますよ。

三田くん：わかりました。長袖持っていきます。

先生：うーん、山頂の方に笠雲(かさぐも)(図1)が出ている。これは明日のご来光を拝むのは難しいかもしれないなぁ。

図1. 富士山の笠雲

三田くん：とりあえず天候が良くなることを信じて登りましょう！

〜山頂にて〜

先生：富士山山頂では水が低い温度で沸騰(ふっとう)することは知っていますか？水は約87℃で沸騰してしまいます。ご飯を炊(た)いても平地と同じ感覚で炊くと半煮(はんに)え状態になってしまいます。

三田くん：カップラーメンもできるのに時間がかかりそうですね。先生、もっと高い山に登ると水の沸点はもっと下がりますか？

先生：世界最高峰(ほう)のエベレスト山頂では70℃で沸騰します。では、宇宙空間に行くとどうなるかわかりますか？

三田くん：有名なYouTuberが実験していたなぁ。b凍(こお)るのは見たけどなぜだかわからなかったなあ。

問1　空欄(くうらん)［　A　］にあてはまる文章として正しいものを選択肢(せんたくし)の中からひとつ選び、記号で答えなさい。

ア　地球の内部にあるマグマから離(はな)れていくから

イ　温かい空気より冷たい空気の方が、標高が高いところにたまりやすいから

ウ　地表から離れると地面からの熱が届かなくなるから

エ　地球の重力の効果が弱まるから

問2　下線部aと同じ理由で起こる現象として正しいものを選択肢の中からひとつ選び、記号で答えなさい。

ア　解熱剤を飲むと体温が下がる　　イ　打ち水をすると気温が下がる
ウ　氷を入れると水の温度が下がる　　エ　水に塩を入れると水が凍る温度が下がる

問3　図2は、笠雲ができるときの、富士山の周りの風の様子を図示したものです。笠雲ができる理由を述べたものとして正しいものを選択肢の中からひとつ選び、記号で答えなさい。

ア　湿った空気が富士山にぶつかり山沿いに上昇する。頂上付近に到達すると、温度が下がるため雲ができる。頂上を越えて空気が山沿いに下降していくと、温度も上がり空気も乾いているため雲は作られない。
イ　乾いた空気が富士山にぶつかり山沿いに上昇する。上空の湿った空気と衝突して雲ができる。頂上を越えて空気が山沿いに下降していくと、乾いた空気しかないため雲は作られない。

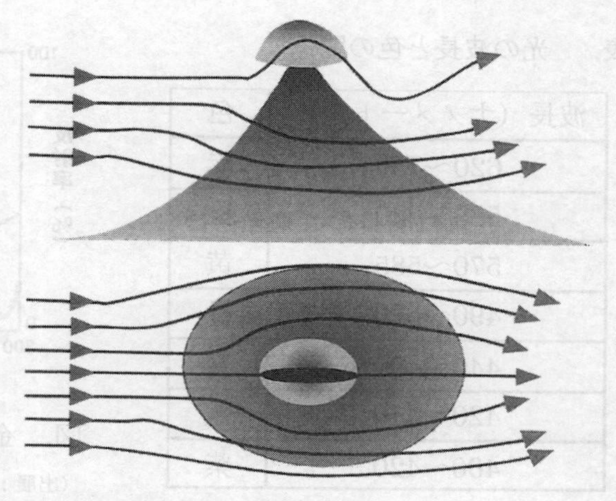

図2. 富士山の周りの風の様子

ウ　風に乗って雲が富士山にぶつかり、山頂に溜まる。集まった雲は密度が大きくなり重くなる。そのため山頂から移動しにくくなり、風だけが吹き降りていく。
エ　地表で温められた空気が上昇し、山頂付近で雲を作る。上空で空気は冷やされ、下降気流となって降りてくる。

問4　下線部bについて、実験室（気温20℃）でコップ一杯の水の周りの空気を抜いて宇宙空間と同じ「真空状態」にすると水は凍ります。その理由を記述しなさい。ただし、会話文の内容の「汗をかくと体温が下がること」、「空気が薄くなると水が低い温度で沸騰すること」という条件を参考にすること。

2 次の文章を読み、あとの各問いに答えなさい。

暗い部屋で蛍光灯をつけると、蛍光灯から出た光が物体の表面で反射して人の目に届く。このように物体の表面で反射した光が目に入るとき、人にはその物体が見えている。金属の表面を磨いて凹凸をなくすと、光がよく反射する。鏡はこの性質を利用し、ガラスの表面に金属のうすい膜をつけることによって作られている。光は波長（光を波として見たときの波１つ分の長さ）によって色が異なる。下の表は、波長と色の関係を示したものである。蛍光灯や太陽光などの白色光には、さまざまな波長の光が含まれている。下の図は、ある金属Ａ、Ｂの光の反射率を示したものである。

表.　光の波長と色の関係

波長（ナノメートル）	色
620～780	赤
585～620	橙
570～585	黄
490～570	緑
440～490	青
420～440	藍
400～420	紫

1,000,000 ナノメートル＝１ミリメートル

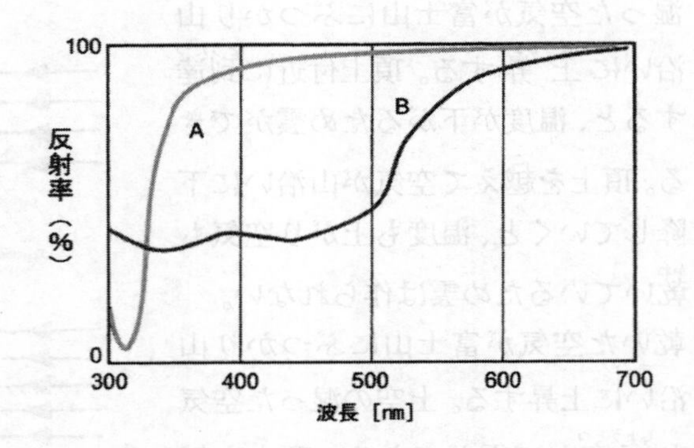

図.　金属の光反射率

（出展：佐藤勝昭「金属の色の物理的起源」）

問１　下線部について、次の各問いに答えなさい。

(1) 電車がトンネルに入ると窓ガラスが鏡のようになり、電車の中の物が映って見えることがあります。また、条件によって、湖の水面に周りの景色がはっきりと映って見えることがあります。問題文を参考にして、これらについて説明した文として**間違っている**ものを選択肢の中からひとつ選び、記号で答えなさい。

ア　ガラスは光を反射する。

イ　窓の外が明るいと、外から窓ガラスを透過する光が多くなり、電車の中の物が映って見えにくくなる。

ウ　風がなく、水面が平らなときのほうが周りの景色がはっきりと映る。

エ　湖の底がよく見えるとき、光の多くが水面で反射している。

(2) 鏡について説明した次の文章の空欄(くうらん)［1］・［2］にあてはまる語句の正しい組み合わせを選択肢の中からひとつ選び、記号で答えなさい。

鏡が水滴(すいてき)などで曇(くも)ると、光が［1］して物がはっきりと写らなくなる。そこで、鏡にくもり止めを塗(ぬ)ると水が膜(まく)のようになり、ほぼ［2］するようになる。くもり止めには、水になじみやすい物質が含まれている。

ア ［1］透過(とうか)　［2］乱反射　　イ ［1］透過　［2］全反射
ウ ［1］乱反射　［2］全反射　　エ ［1］乱反射　［2］透過
オ ［1］全反射　［2］透過　　カ ［1］全反射　［2］乱反射

問２　図のＡ、Ｂは、金、銀のいずれかです。それぞれにあてはまる金属とその理由について述べた正しい組み合わせを選択肢の中からひとつずつ選び、それぞれ記号で答えなさい。

	金属	理由
ア	金	反射光に様々な波長の光が含まれているから
イ	金	反射光に波長の短い光が多く含まれているから
ウ	金	反射光に波長の長い光が多く含まれているから
エ	銀	反射光に様々な波長の光が含まれているから
オ	銀	反射光に波長の短い光が多く含まれているから
カ	銀	反射光に波長の長い光が多く含まれているから

問３　植物の葉が緑に見えることから、植物の葉が**吸収する**光はどのようになると考えられるでしょうか。解答用紙の図に記入しなさい。

3　次の文章を読み、あとの各問いに答えなさい。

植物には音を感知する能力があるのだろうか。このことを検証するために、以下のような実験が行われた。マツヨイグサの仲間（*Oenothera drummondii*）の植物を、無音、録音したミツバチの羽音、コンピューターで生成した低周波音、中周波音、そして高周波音それぞれの環境(かんきょう)においてみた。すると、図２、３のような結果となった。なお、蜜(みつ)は花内のおしべ、めしべの根元にある蜜腺(せん)という部分から分泌される。

【参考】虫の羽音を聞く植物を発見　（ナショナルジオグラフィック 2019年１月18日）

Veits, M. *et al.* Flowers respond to pollinator sound within minutes by increasing nectar sugar concentration. *Biorxiv* 507319 (2018).

図１. マツヨイグサの花

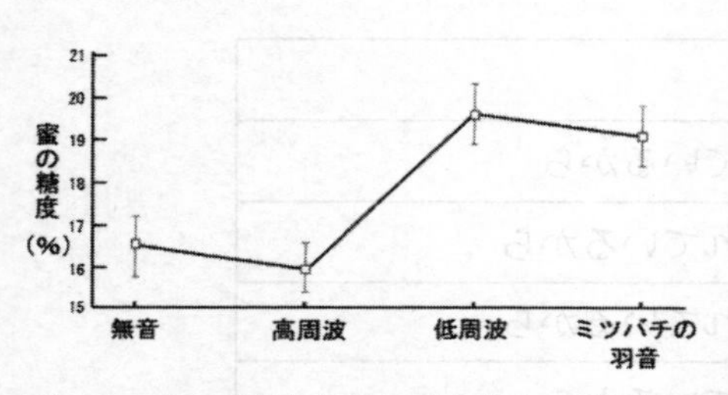

図２.　音の周波と蜜の糖度との関係

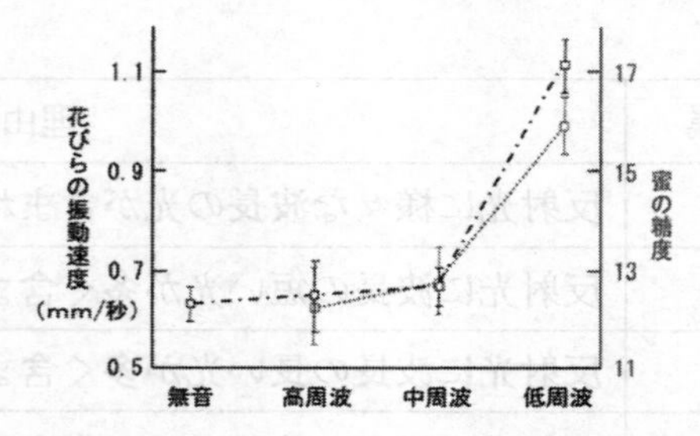

図３. 音の周波と花びらの振動速度との関係

問１　図２、図３より考えられることとして**間違(まちが)っている**ものを選択肢(せんたくし)の中からひとつ選び、記号で答えなさい。

ア　ミツバチの羽音がする環境下では、無音環境と比べて蜜の糖度が約3%上がる。

イ　ミツバチの羽音は、低周波と似ている。

ウ　花びらの振動(しんどう)速度と周波数は、比例の関係にある。

エ　高周波と低周波の環境下では、低周波環境の方が蜜の糖度が高い。

問２　この研究から、マツヨイグサが生きる上でどのような有益なことがあると考えられるでしょうか。簡単に答えなさい。ただし、図２、図３から読み取れることを必ず示しなさい。

問３　図２、図３より「花びらが音を感知している」という仮説を確かめるためには、①どのような実験をして②どのような結果が得られればよいでしょうか。それぞれ答えなさい。

三　次の【Ａ群】、【Ｂ群】は、いずれも文学作品のタイトルと作者名です。【Ａ群】の（①）～（⑤）に入る漢字一字と共通するものを、【Ｂ群】の（ア）～（オ）の中から探し、それぞれ一つずつ答えなさい。ただし、同じ選択肢を二度答えることはできません。

【Ａ群】

『銀河鉄道の（①）』〈宮沢賢治〉
『（②）の又三郎』〈宮沢賢治〉
『（③）と修羅』〈宮沢賢治〉
『（④）に吠える』〈萩原朔太郎〉
『伊豆の踊（⑤）』〈川畑康成〉

【Ｂ群】

『杜（ア）春』〈芥川龍之介〉
『おらが（イ）』〈小林一茶〉
『暗（ウ）行路』〈志賀直哉〉
『山（エ）記』〈中島敦〉
『（オ）立ちぬ』〈堀辰雄〉

〈編集部注…ここには漫画がありましたが、著作権上の問題により掲載(けいさい)しておりません。作品の該当箇所につきましては次の書籍を参考にしてください〉

・野田サトル著『ヤングジャンプコミックス　ゴールデンカムイ②』（集英社　二〇二〇年九月第二三版発行）

八七ページ

⑵　三田国際学園では大事にしたい十二のコンピテンシー（能力・行動特性）の一つに「異文化理解」を掲げています。あなたが三田国際学園に入学し、異文化について調べるとしたらどのような目的で、どのような地域（民族）のどのようなことを調べてみたいですか。本文の内容や⑴で考えたことをふまえて説明しなさい。

問六 ――⑤「何も答えてくれません」とありますが、なぜ何も答えてくれなかったと考えられますか。最も適切なものを次の中から選び、記号で答えなさい。

ア 話を聞き出そうとする筆者の下心が感じられ、答えようという気持ちがなくなってしまったから。
イ 都市で暮らすアボリジニにとって、筆者の求めるような文化がなく、期待に応える自信がなかったから。
ウ アボリジニではない筆者を煙たがり、自分たちの部族についてあれこれ話したくなかったから。
エ 白人や他の民族の文化に慣れた筆者にはアボリジニの文化を話しても理解できないと考えたから。

問七

(1) 北海道に住むアイヌ民族は熊などの動物を地上に送られた神として考え、飼っていた子熊を殺して神の国に送り返す「イオマンテ（熊送り）」という儀礼(ぎれい)を行っています。次のページの漫画（野田サトル『ゴールデンカムイ』）はアイヌの女性「アシリパ」が熊送りの説明した後に続く場面を描いたものです。これを読み、問題文の「シッドおじさん」と漫画の女性「アシリパ」について比較している三人の会話で空欄にあてはまるものを二十字程度で考えて答えなさい。

Aさん「二人それぞれ自分の部族に対する立場はずいぶん違うようだね」

Bさん「たしかにシッドおじさんは自分たちの部族の伝統文化は失ってしまったようだけど、アシリパさんは部族の考え方をしっかり説明できているね」

Cさん「ただ漫画の中ではアシリパさんも『アイヌのなかでもちょっと変わってる』と言われているね。シッドおじさんが自分の部族のものではない楽器を『アボリジニ』の文化として誇っているように、［　　　］という点では二人は共通しているとも言えるんじゃないかな」

Aさん「なるほど。伝統文化について考えるときはそういうところにも注目する必要があるかもしれないね」

問四　――③「あまりにも『わかり合えてしまうこと』が不安だったのです」とありますが、なぜ不安だったのですか。その理由として最も適切なものを次の中から選び、記号で答えなさい。

ア　人類学者であればカルチャー・ショックを受けるはずであり、簡単にわかり合えてしまう自分では優秀な人類学者になれないと思ったから。

イ　普通ならカルチャー・ショックを受けるような内容でもまったくとまどわないほどの、人類学者としての自分の感覚の鈍さを思い知らされてしまったから。

ウ　人類学者が研究するような異文化はとまどうような内容であるはずという思いこみのせいで、自分がまだアボリジニの文化にふれていないように思えたから。

エ　どれだけ調査を続けてもおどろくような内容がまったくないため、アボリジニの調査をしたこと自体が間違っていたのではないかと考えたから。

問五　――④「本物のアボリジニ」とありますが、この文章における「本物のアボリジニ」とはどのような存在であるか、最も適切なものを次の中から選び、記号で答えなさい。

ア　どのような生活をしているかに関わらず、部族の血筋を受けついで生まれた者。

イ　都市部では生活せず、部族の伝統的な言語やしきたりを守って暮らしている者。

ウ　肌が黒く、白人とは違った見た目を持っている、威厳をそなえた者。

エ　白人や他の民族が想像する先住民としてのイメージに合った特徴を持っている者。

問一　――①「そういうこと」が示す内容を十五字以内で答えなさい。

問二　［１］・［２］・［３］に入る言葉として、最も適切なものを次の中から選び、それぞれ記号で答えなさい。

［１］ア　対象　イ　抽象　ウ　印象　エ　現象
［２］ア　恐縮　イ　遠慮　ウ　後悔　エ　困惑
［３］ア　独占　イ　分割　ウ　管理　エ　共有

問三　――②「いかに彼女の思考が白人的であるかを感じさせました」とありますが、

⑴　なぜ白人的だと言えるのですか、最も適切なものを次の中から選び、記号で答えなさい。

ア　アボリジニの文化を自分たちの現在の生活に関わるものではなく、他者としての目線で保存すべき伝統文化という考え方をしているから。
イ　アボリジニの伝統的な文化が忘れられるのは悲しいが、生活していくうえでは白人の文化の方が優れていると考えているから。
ウ　伝統的なアボリジニの生活に否定的で、家を捨ててしまったり、税金の無駄になったりするようなことはやめるべきだと考えているから。
エ　伝統文化を保存することよりも現在の生活を優先し、生活を豊かにしようとしているところが白人の考え方に似ているから。

⑵　なぜ彼女の思考はそのような思考になったと考えられますか。五十字以内で説明しなさい。

を植民地化し、オーストラリアという国家が出来上がるにつれて、もうひとつ別の「集団」への帰属意識が生まれてきました。――イギリス人が「肌の黒い原住民（英語で aboriginal/aborigines）」と一括りにカテゴライズしたことで生まれた、「アボリジニ」としてのアイデンティティです。

都市部で暮らす、自らの文化や言語を奪われた人々ほど、この「アボリジニ」としての意識は強いように思います。彼らは失ってしまった自らの地域の文化・言語の代わりに、強く伝統文化・言語を維持している北部や中央沙漠地域のアボリジニの文化要素――たとえば、ディジャリドゥ等の楽器や、木皮画等――を、いわば「アボリジニ」が［3］する文化的財産として、白人や他の民族の人々に示すことがあるのです。

ディジャリドゥを吹いてくれているシッドおじさん。――この漆黒の肌をした、外見はどこからみても「純粋なアボリジニ」であるおじさんも、もはや「伝統文化」を失ってしまっているのでしょうか。そうだとしたら、いったい、いつ、どんな理由があって、彼らの「文化」は消え去っていったのか……。ディジャリドゥの、大気を震わせてうなるような響きに誘われるように、そんな疑問が胸に湧きあがってきました。

英語を話し、ホテルのパブで騒ぎ、トラックを運転し、白人とほとんど変わらぬ暮らしを営み、両親や祖父母にとっては母語であったはずの言葉さえ失い……それでも、自らを「アボリジニ」であると考え、白人たちからもそう見られている、この人々。生活の形は白人と同じでありながら、定職もなく、貧しく、どことなく白人とは異なる「生活の匂い」を発散している、この人々。

彼らの、こういう「今の姿」をより深く理解するためには、彼らの「来し方」を知らねばならない。一カ月がたった頃、私はそう思うようになっていました。

（上橋菜穂子『隣のアボリジニ』）

（注）
バディマヤ……アボリジニの部族の名前。

「植物の棘？　女の子の名前なのに、なんで『棘』なの？」

「シェリーが〈ビンディ〉って音が好きだったからでしょ。この子の父はニュージーランド人だから、ハーフ・キウイ（キウイはニュージーランド人のこと）、ハーフ・アボリジニね」

オーストラリアの方が労働の賃金が高いらしく、ニュージーランドから白人の労働者がずいぶんオーストラリアに来ているのだそうです。ビンディの父親ギャリーも、そんな出稼ぎ労働者の一人でした。シェリーと正式な結婚（けっこん）はしていませんが、彼らの関係は決して一時的な同棲（どうせい）という感じではなく、一年に一度はニュージーランドから彼の両親が遊びに来るし、数年後にはビンディの弟も生まれ、今も微笑ましい家族団欒（だんらん）を楽しんでいます。

それはともかく、シッドおじさんは、とても暇らしくて、それからもしばしばビンディを抱いて学校へやってきては、なにを話すでもなく、お茶を飲んで過ごしていました。

チャンスとばかり、下心丸出しで質問を試みたのですが、彼は気弱そうな笑みを浮かべるだけで⑤何も答えてくれません。こりゃあ、煙たがられているのかな、と不安になったのですが、ある日、彼は、デイジャリドゥをもってきて、非常に気恥ずかしげに、

「これは、おれが昔買ったデイジャリドゥだよ。アボリジニの楽器だ。あんたに吹いてあげようと思って持ってきた」

と、なかなかうまく演奏してくれました。彼なりに気を遣ってくれていることがわかって、この時は、本当に［２］してしまいました。

興味深かったのは、この辺りの伝統集団の楽器ではないデイジャリドゥを、彼が「アボリジニの楽器」として誇らしげに吹いてくれたことです。

アボリジニは多くの異なる集団に分れています。たとえ姿形は見分けがつかないほど似ていても、日本人と韓国人は、それぞれ異なる民族であると感じているように、彼らもそれぞれ自分の集団に強い帰属意識をもっています。

現在でも、「自分が属する伝統集団」がわかっている人々にとっては、この帰属意識は大変強いのですが、イギリス人がこの大陸

ミンゲニューに来て三週間。よく人類学者が異郷の地でカルチャー・ショックを味わい、不安になった経験を書いていますが、私は、まったく逆の意味で不安を抱えていました。ローラと話していて、③あまりにも「わかり合えてしまうこと」が不安だったのです。

私はアボリジニと話しているのだ。異文化をもつ人と話しているのだ。違う考え方に出会って、もっととまどっているはずなのだ……。私の感性は鈍過ぎるのだろうか？　思い込みで理解したつもりになってしまっているのだろうか。見えなくてはならないものが、自分には、見えていないのではないか……。それが、不安だったのです。

ある日の午後、教材作りをしていると、戸口が陰り、誰かが入ってきました。ふり返って、どきっとしました。真っ黒な肌のアボリジニ男性が立っていたからです。

恥ずかしいのですが、当時私は肌の色の濃さで「アボリジニ度」を判断する傾向がありました。ですから、正直に告白しますと、彼を見た瞬間、私は、「わっ！　④本物のアボリジニだ！」と思ったのです。

ひょろっと痩せた彼は、ずいぶん年寄りに見えました。牧童たちがよくかぶっているような、埃まみれのくたびれたカウボーイ・ハットと半袖の白いシャツに茶色のズボン。腕にはローラの妹シェリーの娘、一歳になったばかりのビンディを抱いていました。

ローラは、嫌がるビンディの頬に、音をたてて何度もキスをしました。

「ナホコ、紹介するわ。シッドおじさんよ。おじさん、こちらは、日本からやってきた先生。アボリジニについて勉強してるのよ」

シッドおじさんは軽く帽子をあげて挨拶し、私の目を真っ直ぐ見ないようにして、なんとなく気恥ずかしそうに微笑みました。彼はイスに座ると、ビンディを膝にのせて、手慣れた感じであやしはじめました。

ビンディは、茶色がかった金色の巻毛がかわいい色白の女の子で、ローラの姪だと知らなかったら、アボリジニの血を引いているとは、まったくわからなかったでしょう。

「ビンディっていう名前はね、バディマヤの言葉で『棘』っていう意味なのよ」

『法』だったのよ」

死者の名を口にしてはならない、という慣習は、オーストラリア中のアボリジニに広く見出される慣習であることは文献から知っていました。

ローラは「尊敬をこめて」と言っていましたが、その後の調査でよく耳にした理由は「死者の霊は、なかなか住み慣れた場所や親しい人の間から離れて行きたがらないものなのだ。だから、名前や写真、その人の持ち物など、その人の生前に強く結びついたものは、すべて捨て去らなくてはならない。名前などを口にすると、霊魂が立ち去れなくて戻ってきてしまうからだ」というものでした。

「家」ではなく、昔ながらの、木の皮などで葺いた小さなテント状の雨除けだけで暮らしている場合は、誰かが亡くなると、そのキャンプ自体を数年の間放棄(ほうき)して立ち去ってしまうと聞いていましたが、一九九一年に調査したウィルーナ(Wiluna)という、ミンゲニューからさらに八百キロ程内陸に入った所では、政府がアボリジニのために建てた数軒(すうけん)の家が、そこで死者が出たために放棄されてしまっていたのを見たことがあります。

その時一緒にいた白人男性が、「これだから、アボリジニに家を建ててやるのは、税金の無駄遣(づか)いなのさ!」と、つぶやいたのが[1]的でした。

ちなみに、ローラのような町暮らしのアボリジニたちは、もう、死者が出たからといって、家を捨てたりはしていないとのことでした。「北部地域では、今でも伝統的なコロボリー(踊り等を伴う集会)が行われているし、そういう所では女性たちも参加しているそうよ。……この辺りでは、もう行われていないわ。伝統文化が忘れ去られてしまったのは悲しいことだけどね」

「伝統文化が忘れ去られて悲しい」という言葉自体が、②いかに彼女の思考が白人的であるかを感じさせました。

(中略)

二　次の文章は、筆者が文化人類学を研究する学生として、オーストラリアにアボリジニの調査に訪れた時の経験を記述したものです。筆者はミンゲニューという町に住むローラというアボリジニの女性と出会い、アボリジニについて話を聞かせてもらいます。ミンゲニューは人口四百人ほどの小さな田舎町ですが、アボリジニが多く住んでいるため、ローラはアボリジニの生徒が白人の学校になじみやすいように教育補助員として働いています。この文章を読んで、後の問いに答えなさい。

彼女が覚えていたのは、日常生活によく使うような、ごく身近な単語で、言語が失われていくとき、最後まで残るのは、こういうよく使う単語なのだなと感じました。

「ふだんの生活では※バディマヤは話さないんですか？」

「まったくね。このあたりには、ほとんど話せる人がいないのよ。父さんは、お祖母(ばぁ)ちゃんと話すときなんかはバディマヤで話していたけど、私たちの世代はもう誰も話せないわ。私は好奇心旺盛(おうせい)で、『ひっついて聞きたがる子（sticky-beak）』だったものだから、父さんとお祖母ちゃんの会話を聞いていて、自然に単語を拾って覚えたんだけどね。息子のアーサーなんかも、お祖父(じぃ)ちゃんの膝で昔話を聞いてたから、少しはわかると思うけど」

「お父さんは、部族のしきたりや、言語を教えてくれなかったの……？」

ローラは、大きな目玉を表情ゆたかに、ぐるっと回して首をふりました。

「教えてくれなかったわ。……あのね、私の家族も他の人たちも、ここらのアボリジニは、もう『部族のこと（tribal things）』とは、ほとんど関わりがないのよ。①そういうことは、もう、ここで覚えている人は、ほとんどいないわ。お祖母ちゃんが教えてくれた、バディマヤ・カントリーの、昔の『法』の話で覚えているのは、お葬式(そうしき)の話ね。バディマヤでは、誰かが死ぬと、女たちは、愛した人のために一部屋に集まって泣き喚(わめ)かなくちゃいけなかったそうよ。それから、アボリジニの霊魂(れいこん)を家から外へ出すために、煙(けむり)で部屋の中をいぶさなくちゃならなかったの。死んだ人の名前は、その人に対する尊敬をこめ、二度と口にしてはならないのが

問五 ――③「その目つきに、ハナコは少し不安を感じた」とありますが、このときのハナコの気持ちとして**不適切なもの**を次の中から一つ選び、記号で答えなさい。

ア 少年が、妹の面倒を見るために何か悪事をはたらいて金をかせぐのではないかとおそれている。
イ 少年が、妹を食べさせるためにハナコたち一家に害悪を与えるのではないかとおそれている。
ウ 少年が、食べていくために妹を危ない目に合わせようとしているのではないかとおそれている。
エ 少年が、生活していくためにハナコたちをあてにしているのではないかとおそれている。

問六 ――④「それから、やっぱり、てのひらをそっとその傷あとに当てた」とありますが、ハナコはなぜこのようにしたのですか。最も適切なものを次の中から選び、記号で答えなさい。

ア 少年がどんなに痛い思いをしたのか、たとえ少しでも理解したいと願ったから。
イ 少年のかかえる痛みを、自分の力で少しでもいやしてあげたいと思ったから。
ウ 少年に堅パンをあげる前に、耳がない理由をきちんと知りたいと思ったから。
エ 少年に耳がないことを自分は気にしていないと、身をもって知らせたかったから。

問七 ――⑤「空はさっきまでのかがやきを失い、一面灰色の雲におおわれていた」とありますが、この表現は何を表していると読み取れますか。本文中の語句を用いて、四十字以内で説明しなさい。

問八 ――⑥「そして、その店に、爆弾が落ちる」とありますが、ハナコの父親はこのように言うことで、何をうったえようとしているのですか。また、そのことに対してあなたはどのように考えますか。自由に記述しなさい。

問三　――①「英語で父にいった」とありますが、ハナコはなぜ英語でいったのですか。最も適切なものを次の中から選び、記号で答えなさい。

ア　日本に帰国して間もない父は、日本語の細かいニュアンスを完全には理解することができないため、大切なことをたずねるときは、英語でやりとりをしたほうが正確に理解してもらうことができて安全だと思ったから。

イ　少年にも分かる日本語で問いかけて、堅パンをあげることを父に断られてしまうと、「もっとないん？」と無邪気に聞いてきた少年の妹をがっかりさせ、完全にぬかよろこびをさせることになってしまうと思ったから。

ウ　もし日本語で話すと、終戦直後の混乱の中でも自分たちはまだめぐまれた立場にあることや、少年たちに対してあわれみに近い感情をいだいていることに気づかれて、めんどうなことになるかもしれないと思ったから。

エ　少年には理解できないであろう英語を使って父に話しかければ、タチバナ家の台所事情を聞かれて逆に同情されてしまうようなこともなく、気まずい空気をつくらずに少年と友だちになれるかもしれないと思ったから。

問四　――②「……」とありますが、この「……」によって何が表現されていますか。最も適切なものを次の中から選び、記号で答えなさい。

ア　少年とその妹がとにかく気の毒で、何と声をかければよいか分からずにとまどうハナコの気持ち。

イ　少年とその妹のことをよく知りもしないのに、立ち入ったことは聞きにくいというハナコの気持ち。

ウ　少年とその妹の置かれたきびしい状況について、自分の口で語ってほしいというハナコの気持ち。

エ　少年とその妹の状況について、思わず不適切なことをいいそうになってあわてるハナコの気持ち。

うがんばるのが関の山だ」

父はそういうと、目を閉じた。

（シンシア・カドハタ作　もりうちすみこ訳　『ハナコの愛したふたつの国』）

（注）

ピンクの顔をした男の子……ハナコが列車で広島駅に着いたとき、構内で地べたに横たわっていた少年。被爆し、はがれおちたひふの下から新しいひふができかかっているため、顔がピンク色に見える。ハナコは買ってもらったばかりの餅菓子を、少年とその妹にすべてあげてしまった。

あのロサンゼルスから来た青年たち……ハナコ一家と同じ船で日本にやって来た日系人の青年たち。流行の髪型と服装で、怖いもの知らずに振る舞っていた。

収容所……大戦中にアメリカ国内で、日系人が強制的に入居させられていた場所のこと。

問一　二重傍線部Ⅰ、Ⅱの意味として最も適切なものを次の中から選び、記号で答えなさい。

Ⅰ「ぞんざいな」

ア　そうぞうしい　　イ　あらあらしい　　ウ　いまいましい　　エ　うやうやしい

Ⅱ「ひもじい」

ア　思いがかなわず悲しい　　イ　父母がいなくてさびしい　　ウ　物資がとぼしく空しい　　エ　空腹のため元気が出ない

問二　X に入れるのに最も適切なものを次の中から選び、記号で答えなさい。

ア　光らせる　　イ　皿にする　　ウ　三角にする　　エ　丸くする

とたん、今度は良心の痛みにおそわれた。

わたしは堅パンを少年にあげてしまった。アキラがおなかがすいてがまんできないときに食べるはずだった堅パンを。アキラの面倒はわたしが見なくちゃならないのに。あの少年が妹の面倒を見ているように。

ハナコは罪悪感に打ちのめされた。罪の意識はハナコの体に侵入し、ハナコの心をいっぱいにし、しまいには吐き気までもよおさせた。

そう、日本では、どこもかしこも食べ物が不足しているのだ。アメリカでは、食べ物を他人にねだっている人なんか見たこともなかった。でも、たとえそういう人に食べ物をあげたとしても、なんのことはなかったと思う。だって、レストランには食べ物があふれていたんだから！　毎日毎日食材が到着した！　※収容所にいたときでさえ、カフェテリアに行きさえすれば食べるものはそこにあったのだ。

ハナコは父のほうに向きなおり、父が口を開くのを待った。それから何分もたって、父は、やっと灰色の空からハナコに目を移し、真剣な顔で話しだした。

「世の中には、生きている間にすばらしいことをたくさんするような人もいる。だが、その他の人にとっては、あるときあるところで、ひとつだけすばらしいことをすればよいほうだろう。たまたまちょうどそこに居合わせて、人の命を救う、なんてこともあるかもしれん。

おれがレストランを始めたことだって、すばらしいことだとおれは思う。だって、おれは、何もないところから、一人で築き上げたんだから。自分でゲタをつくって、それを売る店を持つのだって、そうだ。その人は、二時間もかけて、そのひとつひとつのゲタにきれいなドラゴンやら木やら文字やらを描いたりする。⑥そして、その店に、爆弾が落ちる」

そういって、父はハナコの頭をなでた。

「な？　おれたちはそんな日本に来た。おれには、もう一度すばらしい何かをなしとげるチャンスはない。ただ家族が生きのびるよコにいった。

たしかに、祖父母のところにはまだ少しコメがある。でも、それは、ハナコが勝手に他人にやれるものではない。ハナコは頭の中を整理しようとした。自分は少年の耳の傷あとにふれて、少年の痛みがどんなにひどいものだったか、想像できた。だけど、こっちにだって祖父母がいる！　家族がいる！　みんな食べていかなければならないのだ。

そこで、ハナコはただこういった。

「うちにおコメはないの」

少年は笑いとばした。ハナコの心を見すかして。

「うんときれいな着物を探してくるけえな！」

少年はそういうと、※あのロサンゼルスから来た青年たちのように、胸を張って大またに歩き去った。小さい妹が走ってあとを追う。

ハナコは待ちかねたように父に話しはじめた。少年と話したせいで、なぜかとても興奮していた。

「あの子の家はゲタ屋さんだったの。でも、そのあと爆弾（ばくだん）が落ちて、両親が亡くなって……。パパ、あの子の耳、見た？」

父が何もいわないので、ハナコはふりむいて父の顔を見た。父は大きなため息をつき、空を見つめた。そのままいつまでも熱心に見続けているので、ハナコは父の見ているほうに何かあるのかと思って目をやった。⑤空はさっきまでのかがやきを失い、一面灰色の雲におおわれていた。のっぺりとした代わり映えのしない空だった。

でも、父はまだ見つめている。ハナコはもう一度空を見上げたが、やはり何もない。とうとう父にいった。

「パパ、何もないじゃないの！」

だが、それすら父には聞こえていないらしい。

ハナコは、去っていく少年のほうをふりむいた。少年が気の毒でたまらなかった！　でも、少年と妹が家のかげに見えなくなった

「わかった？　おちびちゃん！」

少年はもどかしげに包み紙をむくと、キャンディをちょっとかじりとって妹にやり、残りを自分の口の中におしこんだ。神妙な顔でかみだしたが、ハナコが期待した喜びの表情はあらわれなかった。一方、小さい女の子は目を［ X ］と、うれしそうにかん高く笑った。それから、ちょっとずるそうな目をしてキャンディを飲みこんだ。

「あ、悪い子！　飲んじゃったのね……」とハナコが笑ったときだ。

少年が口の中からキャンディをとりだし、遠くへ放り投げた。

「あんなもんはきらいじゃ！　食いもんじゃねえ。おまえ…、おれをコケにしよったな」

少年は怒りに顔を引きつらせ、そっぽを向いた。ハナコは初めて少年の横顔を見た。耳のあるべき場所に耳はなく、赤く盛り上がった傷あとがあった。それは赤いこぶだった。こんなふうに耳が引きちぎられて、どんなに痛かっただろう。痛みに心も体も占領されてしまって、他のことなど何も考えられなかったのではなかろうか。愛する家族のことさえ。

ハナコは、少年の傷あとへ思わず手をのばそうとして、思いとどまった。④それから、やっぱり、てのひらをそっとその傷あとに当てた。少年はビクッとしたが、そのままじっとしていた。

さわってみると、それは粘土のかたまりのようだった。耳はちぎられたのではない。焼けてとれたか、熱でとけ落ちたのだ。さわればわかる。それに、そのとき痛かったのは耳だけではないはずだ。きっと全身が、傷や熱でひどい痛みにさらされていたにちがいない。傷にさわることで、なんとたくさんのことが伝わってくるものだろう。ハナコはやっと手をおろした。

少年は、もう強がっても怒ってもいなかった。むしろ、泣きだすのではないかと思えた。だが、父が堅パンの袋を持ってもどってくると、急にさっきのように肩をいからせた。そして、受け取った堅パンの袋を宙に放り投げ、「ありがとな！」と、なまいきな態度で礼をいった。

「今度は、おれが何か持ってきてやる。たぶん、着物か何か。そしたら、そんときはコメをくれや」と当たり前のことのようにハナ

「今は、おれが妹の面倒(めんどう)を見よるんじゃ。妹には、絶対、Ⅱひもじい思いはさせん！」

少年の黒いひとみはするどかった。始終頭を働かせ、損得を計算している者の目だ。おそらく何かたくらんでもいるのだろう。

③その目つきに、ハナコは少し不安を感じた。

「でも、どうして、その家の人は、もうあなたたちをあずからないの？」

少年が声を立てて笑った。その笑いには、いじわるさも、にがにがしさもなかった。単に、ハナコのいったことがこっけいだと思って笑ったようだ。

「どうしてかと？　そりゃ、もうゲタで支払(しはら)いができんからじゃ。別に、おれたちが憎(にく)いわけじゃねえ。その家も楽じゃねえけの。おれたちは、駅にいたり、渡(わた)りもんになったりじゃ」

その「渡りもん」という言葉をハナコは知らなかったが、悪い意味だとは思わなかった。たぶん、探検家みたいな人？　それとも、遊牧民みたいな集団？　よくわからない。

ハナコは、ポケットからキャンディをとりだし、ためらいながら少年にさしだした。少年はめずらしそうに見たが、手は出さなかった。

「なんじゃ？　それは」

「キャンディよ！」

少年が手をさしだしたので、ハナコはキャンディをてのひらに落とし入れた。

「かまないで、口の中に入れておくの。とけてなくなるまで」

ハナコが説明していると、女の子が手をのばした。ハナコは少年にいった。

「飲みこまないよう、気をつけてあげて。すごくおいしいのよ」

ハナコはひざをついて、女の子にいった。

ハナコはそれには答えず、①英語で父にいった。

「パパ、堅パン、まだある？」

「あと三袋ある。だが、アキラが腹を減らしてるから、すぐにまた食べたがるぞ」

そう英語で答えながら、父はどうするべきか迷っている。

「でも、一袋だけ、お願い」とハナコはたのんだ。

そこで、父がそれをとりに先に帰った。ハナコはうれしくなって、少年におじぎをすると、日本語で聞いた。

「その子、あなたの妹さん？」

ひょっとすると、この少年が日本で最初の友だちになってくれるかもしれない！

だが、少年は急にけわしい顔になって、まるでハナコが人さらいか何かのように、その子をぎゅっと引き寄せた。

ハナコはあわてて誤解を解こうとした。

「あら、わたし、ただ……、あなたたちまだ子どもなのに②……」

「親のことか……。親なら死んだ。おれたち、今は駅に住んどる。……ずっとじゃないが」

「まあ！　ご両親はどうして亡くなったの？」

「ピカに決まっとるわい！　おれのおやじはゲタ職人で、広島の町なかでゲタ屋を開いとったんじゃ」

ゲタ……？　日本のサンダルか。

「妹はいなかのほうに疎開させとった。おやじが町はあぶないけえいうて、いなかの者にゲタいっぱいわたして、妹をあずけとったんじゃ。おれは学校の勤労奉仕でクラスごとに手伝いに行くことになっとったけえ、町に残らにゃならんかった。おれは働き者じゃった！」

少年は胸を張り、挑むように続けた。

顔の少年だった。少年はハナコを呼んでいるのだ。

「おい！」少年がまたどなった。

小さい女の子を抱いて、ハナコのほうへかけてくる。

ハナコが横目で見ると、母とアキラはすでに森から出ていた。

少年を見ていた父が、早口でハナコに聞いた。

「逃(に)げるか？」

でも、ハナコはその少年をこわいとは思っていなかった。

「だいじょうぶ。たぶん、お菓子(かし)のお礼がいいたいだけじゃないかしら」

父が片手でハナコの肩を抱いた。少年は近寄ってきて、女の子を地面におろした。そして、ハナコを頭のてっぺんから足の先まで見ると、驚(おどろ)いた顔でたずねた。

「おまえ、アメリカ帰りか？」

「はい」とハナコは日本語で返事した。

小さな女の子が手をのばし、ハナコの紫色(むらさきいろ)のコートの袖(そで)にふれた。最初はおそるおそる、すぐに大胆(だいたん)にさわりだした。

「少年がＩぞんざいな言葉使いでいった。

「あの菓子は、あんまりうもうなかった。じゃが、腹の足しにはなった。ありがとう」

「もっとないん？」と女の子が聞いた。

集まっていた子どもたちが近づいてくる。父がハナコの肩を抱き寄せ、大またで森の出口へ向かった。足音が追ってくるのがわかったが、ハナコはふりむかなかった。森から出たところでハナコがふり返ってみると、目の前にピンクの顔の少年と女の子がいた。

「あれは、……餅菓子(もちがし)か？」と少年がハナコに聞いた。

二〇二一年度
三田国際学園中学校

【国　語】〈第二回試験〉（五〇分）〈満点：一〇〇点〉

一　十二歳のタチバナ・ハナコの家族は、カリフォルニアでレストランを経営して暮らしていた。第二次大戦が終わり、一家は船で日本へと帰国する。現在は、原爆投下後間もない広島市郊外に住む父方の祖父母宅に身を寄せている。以下の場面は、両親と五歳の弟アキラと一緒に、祖父母が農作業をする麦畑を訪れての帰り道である。次の文章を読んで、後の問いに答えなさい。（特に指示のない場合、句読点等の記号は、一字として数えるものとします。）

もう少しで森をぬけるというころ、遠くからいいあらそう声が聞こえてきた。
声のするほうへ目をやると、子どもたちが集まっているのが見えた。十代らしい子もいれば、うんと幼い子もいる。
アキラがハナコをひじでつつき、声を落としていった。
「あの子だ。駅にいた……」
あの※ピンクの顔をした男の子だった。今日は上着を着ている。いっしょにいる幼い女の子も。他の男の子たちは、強くてこわそうだ。
父はハナコの背に手を当て、そのまま いっしょに進んでいったが、母はアキラをかばうように抱き上げ、急いで立ち去ろうとした。
「おい！」
その声に、父とハナコは立ちどまった。母はアキラをかかえたまま、走ってその場をはなれた。大声を出したのは、あのピンクの

2021年度

三田国際学園中学校　▶解　答

※　編集上の都合により，第２回試験の解説は省略させていただきました。

算　数　<第２回試験>（50分）<満点：100点>

解　答

[1] (1)　3　(2)　時速4.8km　(3)　33点以上93点以下　(4)　2個　(5)　135度　(6)　4.56cm^2　[2] (1)　71000円　(2)　6000円　(3)　6666円　[3] (1)　③，⑤　(2)　右の図１　(3)　(例)　**番号**…①，**白い正方形**…６個，**色のついた正方形**…４個

図１

東

南

[4] (1)　27個　(2)　422番目　(3)　$\frac{5}{45}$　[5] (1)　2：1　(2)　4 cm　(3)　(例)　下の図２で，DBとQPの交点をＴ，ＯからDBと平行に引いた直線とPQの交点をＵとする。三角形POUと三角形PBTの相似から，OU：BT＝PO：PB＝３：１となり，三角形ROUと三角形RHTの相似から，OU：HT＝RO：RH＝２：１となる。そこで，OU＝３とすると，BT＝１，HT＝$3\times\frac{1}{2}$＝1.5より，DH＝HB＝1.5－1＝0.5とわかる。よって，三角形QOUと三角形QDTの相似から，OQ：QD＝OU：DT＝３：(0.5＋1.5)＝３：２と求められる。

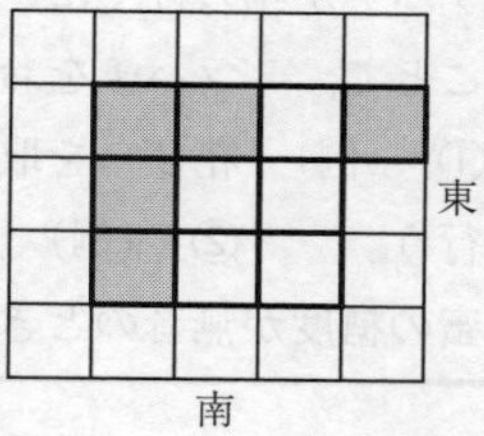

図２

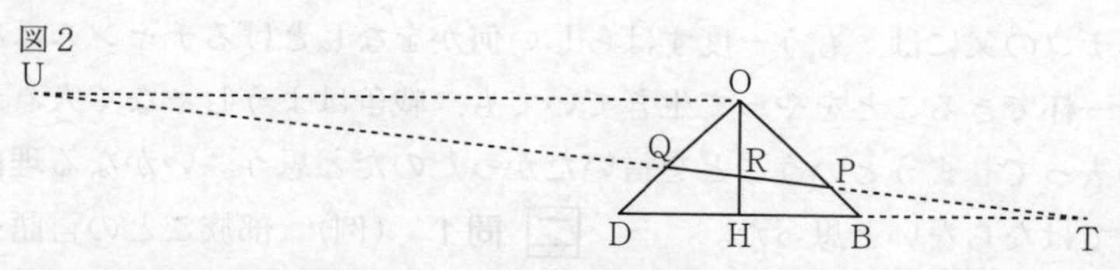

社　会　<第２回試験>（理科と合わせて50分）<満点：50点>

解　答

[1] **問１**　ア，エ　**問２**　エ，い　**問３**　ア，ウ　**問４**　(例)　北海道は高緯度のため，沖縄県は周囲を海に囲まれているため気温が上がりにくいから。　**問５**　ア，エ　[2] **問１**　ウ　**問２**　平清盛　**問３**　イ　**問４**　(例)　皇帝を中心としたドイツの政治のしくみを，日本の政治体制の参考にしようとしたから。　**問５**　エ　**問６**　エ　[3] **問１**　(ア)　**問２**　**B**　(例)　政治や選挙に関する知識がないので，あまり関心を持てず話題にすることも少ない　**C**　(例)　若い世代に政治や選挙の大切さを理解してもらい，積極的に話し合ってもらうことが必要

理 科　＜第２回試験＞（社会と合わせて50分）＜満点：50点＞

1　**問１**　ウ　**問２**　イ　**問３**　ア　**問４**　（例）　水の周りの空気を抜くと，空気が薄くなって水が低い温度で沸騰し始めるが，水が水蒸気に変化するときに周りの熱を吸収するので，水は温度がさらに下がって凍る。　2　**問１**　(1)　エ　(2)　ウ　**問２**　**A**　エ　**B**　ウ　**問３**　（例）　右の図　3　**問１**　ウ　**問２**　（例）　ミツバチが花の近くにいるときに糖度の高い蜜をつくることで，ミツバチをおびきよせやすくなる。　**問３**　①　（例）　花びらを取りのぞいた花で，同様の実験を行う。　②　（例）　周波数を変えた音を出しても，蜜の糖度が無音のときと同じになる。

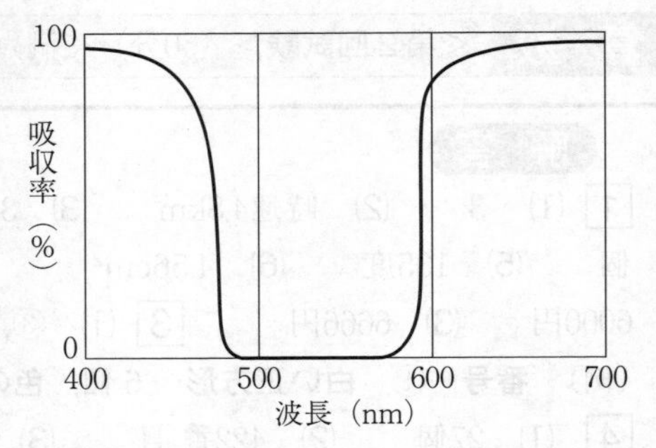

国 語　＜第２回試験＞（50分）＜満点：100点＞

解 答

一　**問１**　Ⅰ　イ　Ⅱ　エ　**問２**　エ　**問３**　イ　**問４**　イ　**問５**　ウ　**問６**　ア　**問７**　（例）　ハナコの父には，もう一度すばらしい何かをなしとげるチャンスはないということ。　**問８**　（例）　精一杯できることをやって生きていても，戦争はようしゃなく人々が積み上げてきたものをうばい去ってしまうということを言いたかったのだと思う。いかなる理由であろうと，戦争は絶対にしてはならないと思った。　二　**問１**　（例）　部族ごとの言語や生活のしかた。　**問２**　**1**　ウ　**2**　ア　**3**　エ　**問３**　(1)　ア　(2)　（例）　白人の町や文化の中で生活し，アボリジニの伝統的な文化にふれることがほとんどなかったから。　**問４**　ウ　**問５**　エ　**問６**　イ　**問７**　(1)　（例）「伝統」を固定的なものとはとらえていない　(2)　（例）　イヌイットの分布が広範囲である理由や，その伝統的な暮らし方について調べたい。イヌイットは国境をまたいで分布しているが，国や地域による暮らし方の違いを調べれば，現代文明がどのようにイヌイットのあり方に影響をおよぼしているのかが見えてくるのではないだろうか。

三　①　ウ　②　オ　③　イ　④　エ　⑤　ア

MITA International School

2021年度　三田国際学園中学校

〔電　話〕　(03) 3707－5676
〔所在地〕　〒158－0097　東京都世田谷区用賀２－16－１
〔交　通〕　東急田園都市線「用賀駅」より徒歩５分

※この試験はメディカルサイエンステクノロジークラス受験生対象です。

【算　数】〈ＭＳＴ試験〉（60分）〈満点：100点〉

〔受験上の注意〕線や円をかく問題は，定規やコンパスは用いずに手書きで記入してください。

1　次の□にあてはまる数を答えなさい。

(1) $3.85+\left\{\left(5.6-2\frac{3}{4}\right)\div5\frac{3}{7}-0.375\right\}=$□

(2) 三田くんが4歩で進む道のりを，花子さんは5歩で進みます。また，三田くんが6歩進む間に，花子さんは5歩しか進めません。はじめに三田くんと花子さんは同じ位置にいて，先に花子さんだけが出発しました。花子さんが出発して50歩進んだところで，三田くんが花子さんを追いかけはじめると，三田くんは□歩で花子さんに追いつきます。ただし，三田くんと花子さんは一定の歩幅と一定の速さで歩くものとします。

(3) 1，2，3，4の4つの数字を1回ずつ使ってできる4けたの整数をすべて足したとき，その和は□です。

(4) 濃度(のう)がわからない食塩水Aがあります。この食塩水Aを240gと18％の食塩水300gを混ぜ合わせると，14％の食塩水になります。また，食塩水Aを50gと水200gを混ぜ合わせてできる食塩水をBとするとき，食塩水Bを250gと20％の食塩水100gを混ぜ合わせると□％の食塩水になります。

(5) 100点満点の算数のテストを受けたところ，A君の得点がB君の得点より5点低く，B君の得点がC君の得点より1点低く，D君の得点がA君の得点より1点高くなったとき，4人全員の平均点はA君の得点よりも□点高いです。

(6) 正方形の折り紙を，9つの正方形ができるように折り目をつけ，折り目にそってはさみで切って右の図のような紙をつくります。この紙にある7か所の折り目のうち，2か所で折り返し，重なった正方形どうしをはり合わせたものを組み立てると，立方体ができるとき，「え」の正方形とはり合わされる正方形は「　　」です。

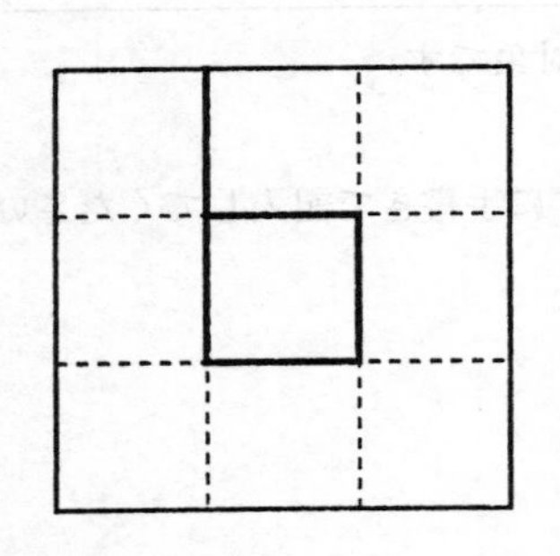

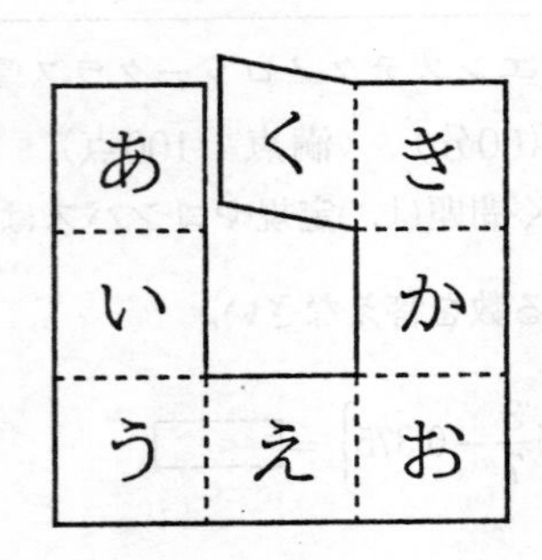

折り目 - - - - - - - -
切る線 ――――

2 左の図のような方眼の左側にある★の位置から水平方向に光線を出し，右の図のように光線の進む途中のます目の対角線上に鏡を置いて光線の進む方向を変えながら，方眼の右側にある☆の位置へ光線を進ませることを考えます。

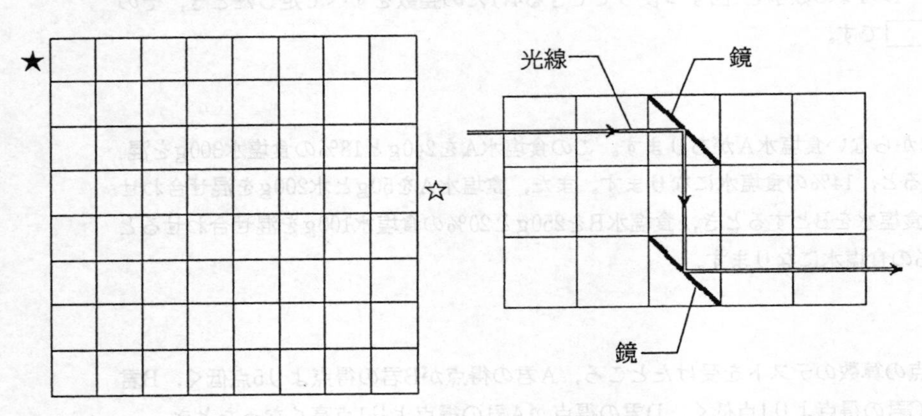

(1) 「⧅」の向きで2枚の鏡を置くとき，鏡の置き方は全部で何通りありますか。

(2) 「⧅」の向きで何枚でも鏡を置いてよいとき，鏡の置き方は全部で何通りありますか。ただし，光線があたらない鏡は置かないものとします。

(3) 「⧅」の向きと「⧄」の向きの鏡をそれぞれ2枚置くとき，鏡の置き方は全部で何通りありますか。ただし，光線があたらない鏡は置かないものとします。

3 A，B，Cの3人が，2以上の整数が1つかかれたカードを1枚ずつ持っています。3人は自分以外の2人のカードにかかれた数を見ることはできますが，自分自身のカードにかかれた数を見ることはできません。また，3人のカードにかかれた数の中でもっとも大きな数は，他の2人のカードにかかれた数の積です。

(1) Cのカードにかかれた数が5であるとき，Bが「自分のカードの数が分かった」と言いました。このとき，Bのカードにかかれた数として考えられるもっとも小さい数は何ですか。

(2) A，B，Cのカードにかかれた数がそれぞれ20，2，10であるとき，A，B，Cの3人の中のだれかが「自分のカードにかかれた数が分からない」と言ったあとに，別のだれかが「それなら自分のカードの数が分かった」と言いました。このとき，「自分のカードの数が分からない」と言った人と，「それなら自分のカードの数が分かった」と言った人はだれですか。それぞれを，AからCの記号で答えなさい。

(3) Cのカードにかかれた数が48であるとき，Cが「自分のカードにかかれた数が分かった」と言いました。このとき，Bのカードにかかれた数として考えられるもっとも大きい数は何ですか。

4 三田さんの学校の体育祭では，大縄とびという種目があります。これは，クラス全員で大縄を8の字でとび，3分間で合計何回とべたかを競う種目で，体育祭の1か月ほど前から昼休みを使ってクラスで練習をします。

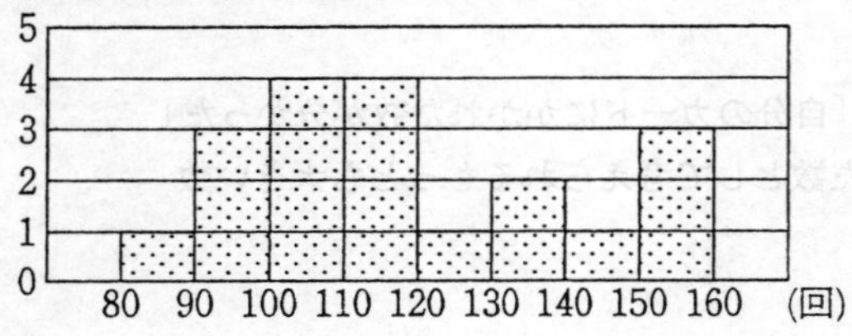

次の【資料１】から【資料３】はそれぞれ，三田さんの中学1年のA組からC組の各クラスが練習でとんだ回数の記録で，A組はヒストグラム，B組は度数分布表，C組はとんだ回数を多い順にかき出した表で表しています。また，A組，B組，C組が練習でとんだ回数の合計はそれぞれ2280回，1920回，2400回でした。

【資料１】A組がとんだ回数の記録

5
4
3
2
1
0
80 90 100 110 120 130 140 150 160 (回)

【資料２】B組がとんだ回数の記録

階級(回)	度数
70 以上 80 未満	1
80 ～ 90	1
90 ～ 100	2
100 ～ 110	1
110 ～ 120	1
120 ～ 130	2
130 ～ 140	5
140 ～ 150	2
150 ～ 160	1
計	16

【資料３】C組がとんだ回数の記録

140	140	139	139	130
129	128	128	127	119
118	118	116	109	109
109	107	106	99	90

(1) 次の①から③の値を求めなさい。
① A組が練習でとんだ回数の平均値
② C組がとんだ回数の最頻値（モード）
③ C組がとんだ回数の中央値（メジアン）

(2) あなたは，どのクラスが優勝すると予想しますか。そのように予想した理由とともに答えなさい。

(3) 体育祭実行委員の三田さんとさくらさんは，次のような会話をしています。

三　田　当日の結果も大切だけど，どのクラスも練習をがんばっているね。

さくら　そうね。せっかくどのクラスもがんばっているから，練習をがんばったことをたたえて，各クラスに賞をおくるのはどうかしら。

三　田　それがいいね。賞の名前は「がんばったで賞」とかかな。

さくら　それだとどのクラスも同じような賞の名前になってしまうわ。せっかく各クラスの練習の記録があるんだから，それをもとに賞の名前をつけるほうが，クラスごとの特色が出せていいんじゃないかしら。

二人の会話をもとに，あなたなら各クラスにおくる賞に，それぞれどのような名前をつけますか。賞の名前と，なぜその名前にしたのか，理由を答えなさい。

5 正方形の中に円をかいて，正方形をいくつかの部分に分けることを考えます。例えば，図1のように円をかくと，正方形は円周によってアとイの2個の部分に分けられます。また，図2のように円をかくと，ア，イ，ウの3個の部分に分けられます。

図1

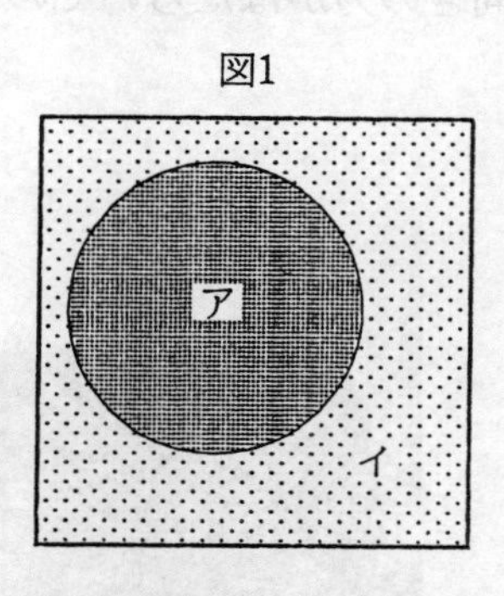

図2

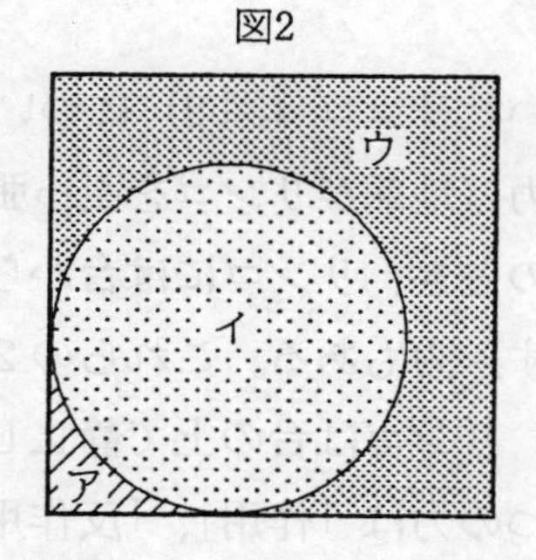

(1) 正方形の中に2つの円をかいて正方形をいくつかの部分に分けるとき，最大でいくつの部分に分けられますか。個数を答えなさい。ただし，2つの円の半径は異なっていてもかまいません。

(2) 正方形の中に同じ半径の円を3つかいて正方形をいくつかの部分に分けるとき，最大でいくつの部分に分けられますか。個数を答えなさい。

(3) 解答らんの正方形の中に4つの円をかいて，正方形を20個の部分に分けなさい。また，どのようなことを考えてその図をかいたか，簡単に説明しなさい。ただし，4つの円の半径はどれも異なっていてもかまいません。

【理　科】〈ＭＳＴ試験〉（60分）〈満点：100点〉

〈編集部注：実物の試験問題では，写真・イラストは色つきです。〉

1　次の文章を読み、あとの各問いに答えなさい。

2020年7月、アメリカ航空宇宙局（NASA）が開発した無人 a <u>火星</u>探査車「パーセベランス」が、アトラスⅤロケット（図1）に搭載（とうさい）され、打ち上げられた。一般的にロケットは、b <u>液体水素や液体酸素などを燃料としている</u>。これらを燃焼したときにできるガスを噴射して地面から飛び立つ。ガスによって地面には上から力がかかるが、この力を「ロケットが地面を押（お）す力」とする。この力を「作用」とすると、その反対の力である「反作用」が必ずはたらく。この場合の「反作用」は、「地面がロケットを押す力」となる。バットでボールを打ったときを例に挙げると、「ボールがバットを押す力」が「作用」であるなら「バットがボールを押す力」が「反作用」となる。「作用」と「反作用」は、それぞれ反対の方向にはたらく力であり、別々の物体にはたらく力である。つまり、それぞれの物体には、必ず同じ大きさで逆向きの力がはたらいていることになる。

Photographer NASA/Joel Kowsky

図1. アトラスⅤロケット

次に、台の上に置いたリンゴ（図2）について考えてみる。リンゴには重力（地球がリンゴを引っ張る力）がはたらいている。このとき、リンゴには台からはたらく（台がリンゴに及ぼす）力もある。これらの２つの力がつりあっている場合、リンゴは台の上で静止している。ただし、これらの２つの力は「作用」、「反作用」の関係にはない。それは、［　A　］からである。

【参考】山本明利，間違っていませんか？「作用反作用の法則」の理解，RikaTan 原稿用紙

図2. リンゴ

問１　下線部ａの火星に関してあてはまるものを選択肢（せんたくし）の中から**すべて**選び、記号で答えなさい。

ア　太陽系の惑（わく）星のひとつである

イ　太陽との距離（きょり）は地球と太陽の距離よりも大きい

ウ　見た目は地球と同様、青い星である

エ　自ら光を放っている

問２　下線部bについて、酸素や水素を液化する理由として最も適切なものを、選択肢の中からひとつ選び、記号で答えなさい。

ア　液体の方が混ざりやすいから
イ　液体にするとよく見えるから
ウ　液体にすると軽くなるから
エ　液体にすると大量に搭載できるから

問３　空欄（くうらん）［　Ａ　］にあてはまる文を選択肢の中からひとつ選び、記号で答えなさい。

ア　それぞれ同じ方向にはたらく力である
イ　それぞれ同じものにかかる力である
ウ　それぞれの物体が接している
エ　それぞれの物体が接していない

問４　「作用」と「反作用」の関係にある事象を選択肢の中から**すべて**選び、記号で答えなさい。

ア　壁（かべ）を押す力と壁が押し返す力
イ　吊（つ）り下がった電灯に掛（か）かる重力に対して天井が電灯を引っ張り上げる力
ウ　てこを押す力とてこが物を押し上げる力
エ　ジャンプするときに地面をける力と地面から押し返される力

2 次の文章を読み、あとの各問いに答えなさい。

酸性雨によって湖沼(こしょう)が酸性化すると、そこに生息している生物に甚大(じんだい)な被害(ひがい)が出てしまう。被害状況(じょうきょう)を確認するため、生息している個体数を確認する方法に着目する。

湖に生息する生物として、［1］などが挙げられる。もしこの湖が河川を通じて海につながっているとすると、［2］などの生物が湖に出入りする可能性がある。今回はあまり複雑に考えることを避(さ)けるため、この湖が海につながっていない閉鎖系(へいさけい)とし、そこに生息している淡水(たんすい)魚Xに着目する。

研究チームは、A湖に生息する淡水魚Xの個体数調査を行うことにした。調査初日に淡水魚Xを100匹捕獲(びきほかく)し、それらのヒレに印をつけた（標識した）のち放流した。数日後、研究チームは再び淡水魚Xを120匹捕獲した。そのうち標識されている個体数は15匹であった。この結果を使うと、湖に生息する淡水魚Xの個体数（予測値）を簡単な比の計算で推定することができる。具体的には、A湖における「淡水魚Xの全体の個体数：標識されている個体数」の比が一定であるということに着目する。このような個体数調査の方法を標識再捕法という。

問1　酸性雨と同じ性質を示すものとその性質の正しい組み合わせを選択肢の中からひとつ選び、記号で答えなさい。

ア　（物質）食塩水　　（性質）赤色リトマス紙を青変させる。
イ　（物質）炭酸水　　（性質）青色リトマス紙を赤変させる。
ウ　（物質）石けん水　（性質）赤色リトマス紙を青変させる。
エ　（物質）石灰水　　（性質）青色リトマス紙を赤変させる。

問2　空欄［1］、［2］にあてはまる生物の正しい組み合わせを選択肢の中からひとつ選び、記号で答えなさい。

ア　［1］ヘラブナ　　　［2］ベニザケ
イ　［1］ニホンウナギ　［2］ヘラブナ
ウ　［1］ベニザケ　　　［2］コイ
エ　［1］マアジ　　　　［2］ニホンウナギ

問3　A湖に生息している淡水魚Xの全体の個体数（推定値）を求めなさい。

問4　標識再捕法では個体数を推定することができない生物がいます。

（1）その生物はどのような特徴を持っていますか。その特徴をひとつ答えなさい。
（2）その生物の個体数を推定するにはどうすればよいでしょうか。その方法をひとつ答えなさい。

3 次の文章を読み、あとの各問いに答えなさい。

今日はお母さんの誕生日なので、三田さんは家族の夕飯を作ることにした。お母さんに何が食べたいか聞いてみると、三田さんの食べたいものでいいよ、と言ってくれたので、エビフライとハンバーグを作ることにした。インターネットでエビフライとハンバーグの作りかた、そして美味しいご飯の炊(た)きかたを調べてみると、以下のレシピを見つけた。

エビフライのレシピ

【材料（２人分）】

● 殻付きエビ	4尾
● 水	500 mL
● 塩	大さじ 1
● 塩こしょう	少々
● 薄力粉	大さじ 1
● 卵	1個
● パン粉	大さじ 3

【作り方】

E-1. エビの下ごしらえをする（20分）。

E-2. 塩とこしょうで下味をつけた後に衣をつけ、180 ℃の油でキツネ色になるまで揚げる（10分）。

E-3. 油をきってできあがり。

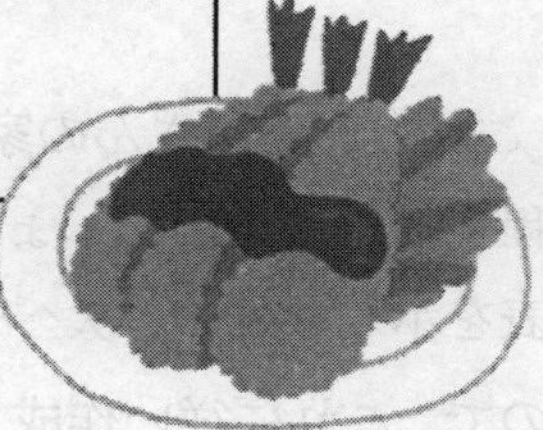

ハンバーグのレシピ

【材料（3人分）】

・ 合びき肉	300 g
・ 玉ねぎ	1個
・ サラダ油	大さじ 1
・ パン粉	大さじ 4
・ 牛乳	大さじ 5
・ にんにくすりおろし	1/2片分
・ 塩	小さじ1/2
・ 砂糖	小さじ1/2
・ こしょう	少々
・ ケチャップ	大さじ 3
・ ウスターソース	大さじ 2
・ 醤油	大さじ 1

【作り方】

H-1. 玉ねぎ1個分をみじん切りにして炒め、あら熱を取る（20分）。

H-2. あら熱の取れた玉ねぎと合びき肉、全ての調味料を混ぜ合わせ、ハンバーグのタネを成形する（15分）。

H-3. フライパンに薄く油をひいて、中火にかけて熱くなったらハンバーグを並べ入れ、弱火で3分焼く。

H-4. 焼き色が確認できたら裏返し、ふたをして10分じっくりと蒸し焼きにする。

H-5. ハンバーグの中まで完全に火が通るのを確認しながら蒸し焼きを続ける（5分）。

H-6. 焼き上がったハンバーグを取り出し、肉汁を活用してソースを作る（5分）。

H-7. 皿にハンバーグをのせ、サラダを付け合わせ、ソースをかけてできあがり。

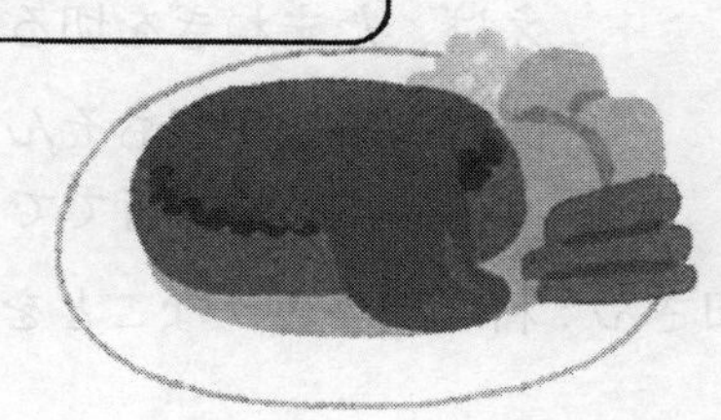

ご飯の美味しい炊きかた

【材料】
- 白米　3合
- 水　適量

【作り方】

G-1. 炊飯器用のカップで米をはかり、米をとぐ（15分）。

G-2. 炊飯器の釜に米を移し、目盛りまで水を加え、1時間水に浸す。

G-3. 炊飯器で炊飯する（1時間）。

G-4. 15分蒸らしてできあがり。

図1. エビフライ、ハンバーグ、ご飯のレシピ

問. これらを三田さんの家族３人分調理し、最短時間で終わらせるには、どのような工程で行えば良いでしょうか。解答用紙に時系列を示した方眼紙を用意したので、工程表を示しなさい。次ページにトマトパスタの作りかたの工程表の例（表１）を示したので、これに従い作成しなさい。また表２のように、箇条書き番号を用いて簡略化しても構いません。ただし、以下の三田さん親子の会話の内容に注意しなさい。

三田さん：お母さん、今日はハンバーグとエビフライを作ろうと思うの。

お母さん：あなたの好きなものね。いいじゃない。

三田さん：いつもお母さんに作ってもらってたから知らなかったけど、それぞれのメニューに掛かる時間って違うのね。

お母さん：そうよ、そしていつもみんなに出来たてを食べてもらうために、全ての料理のできあがりの時間を合せるようにしているわ。

三田さん：毎日そこまで計算して作ってくれているのね。すごいなぁ。

お母さん：そんなに難しいことじゃないわよ。時間の掛かる料理から始めていくことが大事ね。例えばご飯は、お米を研いで、炊飯器にセットするだけだけど、その後に時間が掛かるから他の料理より先にやっておくの。

三田さん：他には何かコツがあるの？

お母さん：料理をするときは、必ずそれだけしか時間を割けないところがあるわね。例えば、たまねぎを切るときにはそれ以外のことはできないでしょ？そして時間も掛かる。でもそんなときでも、何かを煮込むとか、ご飯を炊くとかというのは、同時並行でできるわね。

三田さん：料理って色々なことを一緒に行っていくと、早くできあがるのね。

例）トマトパスタのレシピ

【材料（2人分）】
- パスタ　160 g
- にんにく　10 g
- きのこ　ひとかぶ
- ツナ缶　2 缶
- 白ワイン　80 mL
- トマト缶　1 缶
- 塩　大さじ 2
- こしょう　少々

【作り方】

T-1. 鍋に水を入れ、湯を沸かす（15分）。

T-2. 大さじ 1 の塩を入れ、麺をゆでる（7分）。

T-3. フライパンにオリーブオイル、ニンニクを入れ、弱火で10分炒める。

T-4. キノコ、ツナ缶を汁ごと入れ、中火で 5 分炒める。

T-5. 白ワインを入れて中火で10分煮詰める。

T-6. トマト缶を入れ、トマトをつぶしてから40分煮詰める。

T-7. フライパンに麺を入れて和える（5分）。

T-8. 塩こしょうで味をととのえ、盛りつけをする（5分）。

図 2　トマトパスタのレシピ

表 1　トマトパスタ作りの工程表

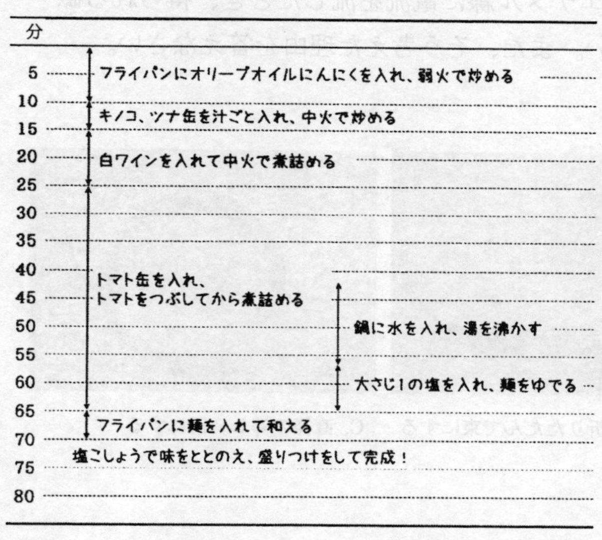

表 2　トマトパスタ作りの工程表 簡略版

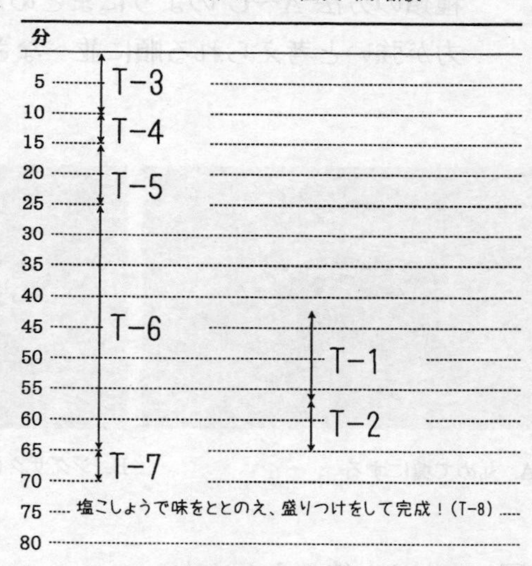

【参考】

- 家庭的な基本のハンバーグのレシピ／作り方（白ごはん.com）
  https://www.sirogohan.com/recipe/hanba-gu/

- お店みたい！まっすぐエビフライ　レシピ・作り方（kurashiru）
  https://www.kurashiru.com/recipes/bf2b90ec-be55-405b-87e3-3bc5db1eb003

- ご飯の炊き方（AJINOMOTO PARK）
  https://park.ajinomoto.co.jp/recipe/basic/cookrice/

- 超簡単。ツナときのこのトマトパスタ。(cookpad)
  https://cookpad.com/recipe/4363467

4 次の文章を読み、あとの各問いに答えなさい。

エナメル線に電気を通すと磁力が発生する。しかし、この磁力は小さく普通は意識することはない。例えば携帯電話の充電中に充電ケーブルの磁力を感じた経験のある人はいないだろう。しかし、ここにも磁力は発生している。1本では微小な磁力だが、これを集めて強力な磁力を得る方法がある。それは、［ A ］を作成することである。［ A ］はエナメル線を何回も巻けば巻くほど、流す電流が大きければ大きいほど、強い磁力を得ることができる。これは並んだエナメル線の中を電流が同じ方向に流れるため、微弱な磁力がまとめられるためである。このようにして作成した［ A ］に電流を流し、得られる強い磁力は医療用のMRIなどに利用されている。

問１　文章中の空欄［ A ］に入る言葉を答えなさい。

問２　1ｍのエナメル線を使ってより強い磁力を得ようと試みました。下図のように3種類の方法A～Cのようにまとめたエナメル線に電流を流したとき、得られる磁力が強いと考えられる順に並べなさい。また、そう考えた理由を答えなさい。

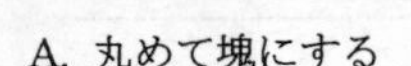

A. 丸めて塊にする

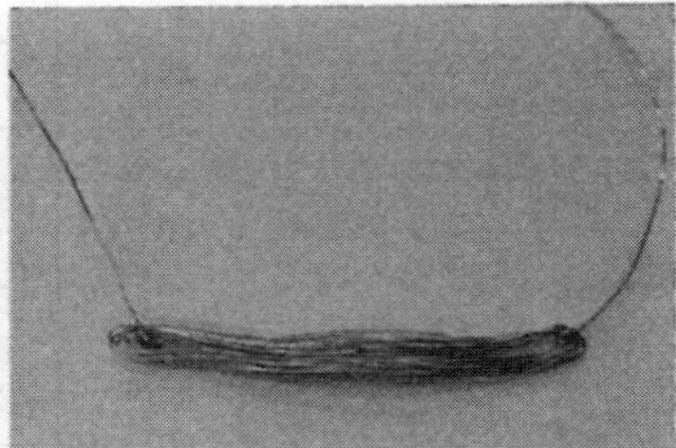

B. ジグザクに折りたたんで束にする

C. 直径の等しい円にする

図. エナメル線のまとめ方

問３　電流を通すと磁力が発生する性質を用いて、あったらいいなと思う製品を考えてください。

- なにをするものか
- どこに「電流を流すと磁力が発生する性質」が使われているか
- なぜあったら良いと考えたか

以上３点がわかるように、図と文章を両方用いて説明しなさい。
図は作成する製品の形がわかるようにすること。

2021年度

三田国際学園中学校　▶解説と解答

算　数　<MST試験>（60分）<満点：100点>

解　答

1 (1) 4　(2) 120歩　(3) 66660　(4) 7％　(5) 3点　(6) お　**2** (1) 8通り　(2) 120通り　(3) 280通り　**3** (1) 10　(2) **「自分のカードの数が分からない」と言った人**…C，**「それなら自分のカードの数が分かった」と言った人**…A　(3) 16　**4** (1) ① 120　② 109　③ 118.5　(2)（例）**予想したクラス**…B，**理由**…解説を参照のこと。　(3)（例）解説を参照のこと。　**5** (1) 9個　(2) 13個　(3)（例）解説の図④を参照のこと。

解　説

1 **四則計算，速さと比，場合の数，濃度，平均とのべ，展開図**

(1) $3.85+\left\{\left(5.6-2\frac{3}{4}\right)\div 5\frac{3}{7}-0.375\right\}=3\frac{17}{20}+\left\{\left(\frac{28}{5}-\frac{11}{4}\right)\div\frac{38}{7}-\frac{3}{8}\right\}=3\frac{17}{20}+\left\{\left(\frac{112}{20}-\frac{55}{20}\right)\div\frac{38}{7}-\frac{3}{8}\right\}=3\frac{17}{20}+\left(\frac{57}{20}\times\frac{7}{38}-\frac{3}{8}\right)=3\frac{17}{20}+\left(\frac{21}{40}-\frac{15}{40}\right)=3\frac{17}{20}+\frac{6}{40}=3\frac{17}{20}+\frac{3}{20}=3\frac{20}{20}=4$

(2) 三田くんと花子さんの歩幅の比は，$\frac{1}{4}:\frac{1}{5}=5:4$ だから，三田くんの歩幅を5とすると，花子さんの歩幅は4となる。すると，花子さんが50歩で進む距離は，4×50＝200となる。また，三田くんが6歩進む間に花子さんは5歩進むので，三田くんと花子さんが同じ時間で進む距離の比は，（5×6）：（4×5）＝3：2とわかる。よって，上の図1のように表すことができる。図1で，③－②＝①にあたる距離が200だから，③にあたる距離は，200×3＝600となる。つまり，三田くんが花子さんに追いつくまでに三田くんが進む距離は600なので，この間に三田くんが進む歩数は，600÷5＝120(歩)とわかる。

図1

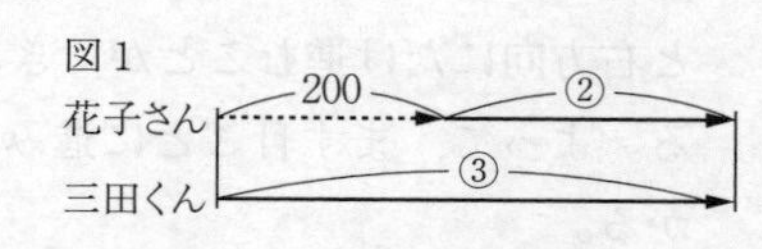

(3) 千の位が1のとき，百の位には3通り，十の位には2通り，一の位には1通りの数字を使うことができるから，千の位が1の整数は，3×2×1＝6(個)できる。同様に，百の位が1の整数，十の位が1の整数，一の位が1の整数も6個ずつできるから，1だけの和は，1×1000×6＋1×100×6＋1×10×6＋1×1×6＝1×(6000＋600＋60＋6)＝1×6666と表すことができる。同様に考えると，2だけの和は，2×6666，3だけの和は，3×6666，4だけの和は，4×6666と表すことができるので，すべての整数の和は，(1＋2＋3＋4)×6666＝10×6666＝66660となる。

(4) A240gと18％の食塩水300gを混ぜ合わせると，14％の食塩水が，240＋300＝540(g)できる。ここで，(食塩の重さ)＝(食塩水の重さ)×(濃度)より，この中に含まれている食塩の重さは，540×0.14＝75.6(g)とわかる。このうち，18％の食塩水300gに含まれていた食塩の重さは，300×0.18＝54(g)だから，A240gに含まれていた食塩の重さは，75.6－54＝21.6(g)とわかる。よって，Aの濃度は，21.6÷240＝0.09，0.09×100＝9(％)と求められる。次に，A50gに含まれている食塩の重さは，50×0.09＝4.5(ｇ)なので，Ｂに含まれている食塩の重さも4.5ｇになる。また，Ｂの重さは，50＋200＝250(ｇ)だから，Ｂ250ｇと20％の食塩水100ｇを混ぜ合わせると，食塩水の重さは，250＋100＝350(ｇ)，含まれている食塩の重さは，4.5＋100×0.2＝24.5(ｇ)となるので，濃度は，24.5÷350＝0.07，0.07×100＝７(％)になる。

⑸　右の図２のように表すことができる。図２で，Ａ君よりも高い分(太線部分)の合計は，５＋５＋１＋１＝12(点)だから，４人の平均点はＡ君の得点よりも，12÷４＝３(点)高いことがわかる。

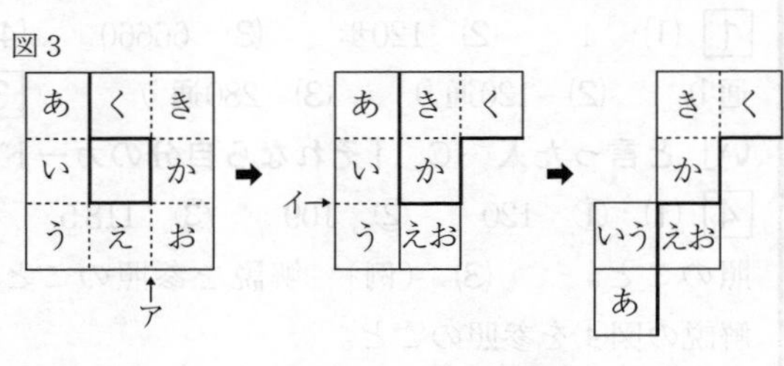

⑹　右の図３のように，１回目にアの折り目で折って「く」「き」「か」「お」の４つの正方形を左側に折り返す(このとき，「く」の正方形だけは右側に折り返される)。次に，２回目にイの折り目で折って「あ」「い」の２つの正方形を下側に折り返すと，立方体の展開図ができる。よって，「え」の正方形とはり合わされるのは「お」である。

2　場合の数

⑴　たとえば，下の図１のような置き方が考えられる。これは，下の図２で③と❸に置いた場合である。同様に，①と❶，②と❷，…，⑧と❽に置く場合が考えられるから，全部で８通りとなる。

⑵　たとえば，下の図３のような置き方が考えられる。このように，⧅の向きで置くときは下方向と右方向にだけ進むことができるので，光線の進み方は，★から☆まで最短距離で行く進み方になる。よって，ます目ごとに進み方の数を調べると下の図４のようになるから，全部で120通りとわかる。

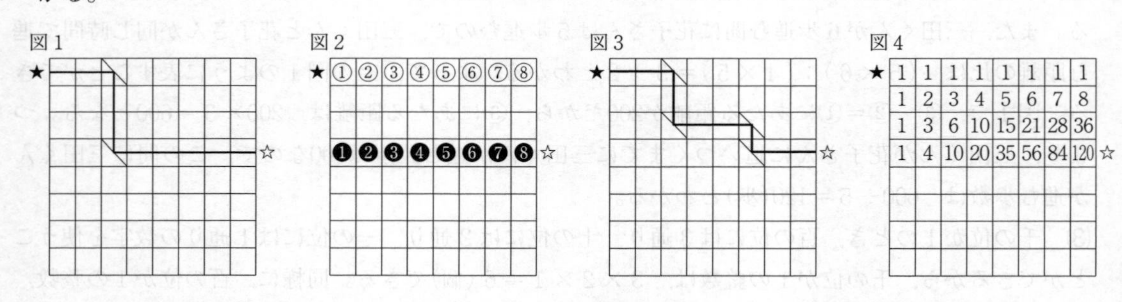

⑶　★から☆まで行くためには，最初に図２の①～⑧のいずれかに⧅を置き，最後に❶～❽のいずれかに⧄または⧅を置く必要がある(下からきた場合は⧄，上からきた場合は⧅)。はじめに，下半分のます目を通る場合について考える。たとえば，下の図５のように③のます目に⧅を置いたとすると，Ａ，Ｂ，Ｃ，Ｄのいずれかのます目に⧄または⧅を置くことにより，右または左に進行方向を変える。次に，たとえばＣに⧄を置く場合は，ア，イのいずれかに⧅を置き，あ，いのいずれかに⧄を置くことにより，☆に着く。また，Ｃに⧅を置く場合は，ウ，エ，オ，カ，キのいずれかに⧄を置き，う，え，お，か，きのいずれかに⧄を置くことにより，☆に着く。つまり，Ｃのます目に⧄または⧅を置く場合の進み方は７通りと決まる(図６は，③，Ｃ，オ，おに置いた場合)。Ａ，Ｂ，Ｄのます目に置く場合も同様なので，③のます目に⧅を置く場合の進み方は全部

で，７×４＝28(通り)とわかる。①～⑧のます目に⧅を置く場合はすべて同様だから，下半分のます目を通る場合は全部で，28×８＝224(通り)と求められる。次に，下半分のます目を通らない場合は，たとえば下の図７のような置き方が考えられる。図７のように最初に⑤に⧅を置いた場合，次に⧄を置くます目の選び方はａ，ｂの列にある２通りあり，その次に⧄を置くます目の選び方はｃ，ｄ，ｅ，ｆの列にある４通りあるので，最初に⑤に置く場合の進み方は，２×４＝８(通り)となる(図７はｂとｄを選んだ場合)。同様に考えると，最初に①，②，③，④，⑥，⑦，⑧に置く場合はそれぞれ，０通り，２×１＝２(通り)，２×２＝４(通り)，２×３＝６(通り)，２×５＝10(通り)，２×６＝12(通り)，２×７＝14(通り)となるから，下半分のます目を通らない場合は，０＋２＋４＋６＋８＋10＋12＋14＝56(通り)と求められる。よって，全部で，224＋56＝280(通り)となる。

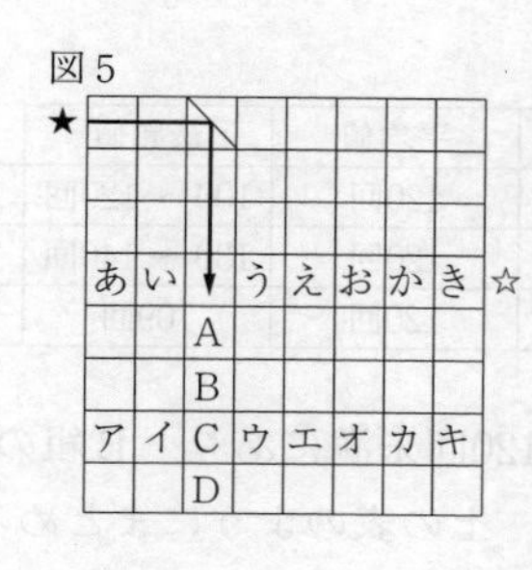

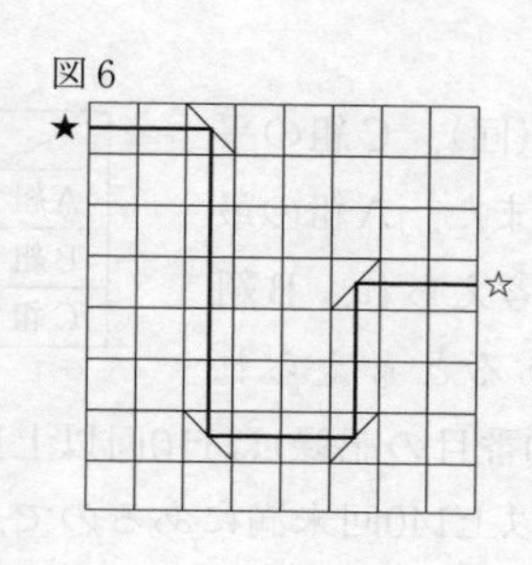

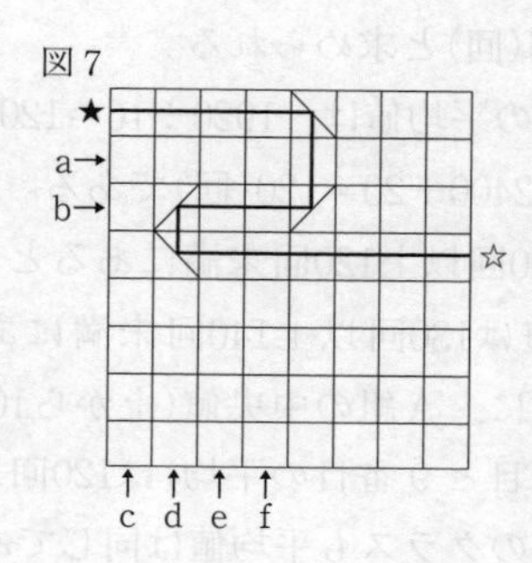

３ 推理

⑴　ＡとＢのカードをそれぞれa，bとすると，右の図１のようになる。ここで，aとbは２以上だから，a×bが５になることはない。よって，a×５＝b，または，b×５＝aとなるので，a，bの少なくとも一方は５の倍数になる。もし，aが５以外の５の倍数(たとえば10)だとすると，bは，10÷５＝２，または，10×５＝50となるから，Ｂが「分かった」ということはない（ただし，aが５の場合は，b＝５×５＝25に決まると考えることもできる)。よって，bが５の倍数になるから，bが最も小さくなるのはaが２の場合であり，b＝５×２＝10となる。

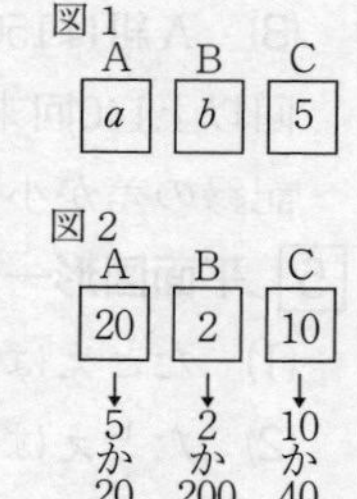

⑵　自分のカードにかかれている数は，見えている２つの数の「商」または「積」だから，３人が考えている自分のカードはそれぞれ右上の図２のようになる。もし，Ａのカードが５だとすると，Ｃは自分のカードが，５×２＝10であることが分かるはずである。ところが，Ｃは「分からない」と言ったので，Ａは自分のカードが５ではないことが分かる。よって，「自分のカードの数が分からない」と言ったのはＣであり，「それなら自分のカードの数が分かった」と言ったのはＡである。

⑶　右上の図３で，a×48＝b，または，b×48＝aとなる場合は，Ｃが「分かった」と言うことはない。よって，a×b＝48となる場合を考える。このとき，aとbは２以上の48の約数だから，考えられるaとbの組み合わせは，{２，24}，{３，16}，{４，12}，{６，８}となる。このうち，{２，24}と{４，12}は２つの数の商が整数になるので，Ｃのカードは決まらない。したがって，Ｃが「分かった」と言うことができるのは{３，16}と{６，８}の場合であり，このうちＢのカードの

数が最も大きくなるのは，$a=3$，$b=16$の場合である。

4 表とグラフ

(1) ① 3分間の練習を1回行うことを「1チャレンジ」と呼ぶことにする。問題文中の【資料1】から，A組は全部で，$1+3+4+4+1+2+1+3=19$(チャレンジ)したことがわかる。このときにとんだ回数の合計が2280回だから，1チャレンジあたりの平均の回数は，$2280\div19=120$(回)とわかる。 ② 最頻値(モード)とは，データの中で最も多くあらわれる値のことである。【資料3】から，C組は全部で，$4\times5=20$(チャレンジ)していて，その中で109回という記録が3回あらわれるので，最頻値は109回とわかる。 ③ 中央値(メジアン)とは，順位が中央である値のことである。ただし，データの個数が偶数個の場合は，中央にある2個の値の平均をとる。【資料3】で，中央にある2個の値は119回と118回だから，その平均をとると，$(119+118)\div2=118.5$(回)と求められる。

(2) B組の平均値は，$1920\div16=120$(回)，C組の平均値は，$2400\div20=120$(回)である。また，A組の最頻値は100回以上120回未満にあると考えられ，B組の最頻値は130回以上140回未満にあると考えられる。さらに，A組の中央値(上から10番目の記録)は110回以上120回未満にあり，B組の中央値(上から8番目と9番目の平均)は120回以上140回未満にあるので，上の表のようにまとめることができる。どのクラスも平均値は同じであるが，最頻値と中央値はB組が最も高いから，B組が優勝すると考えられる。

	平均値	最頻値	中央値
A組	120回	100～120回	110～120回
B組	120回	130～140回	120～140回
C組	120回	109回	118.5回

(3) A組は150回以上160回未満の記録を3回も出しているから「やるときはやるで賞」，B組は130回以上140回未満の記録を5回も出しているから「本当はすごいで賞」，C組は最高の記録と最低の記録の差が小さいから「安定しているで賞」などの賞の名前が考えられる。

5 平面図形―構成

(1) たとえば下の図①のようにかくと，全部で9個の部分に分けられる。

(2) たとえば下の図②のようにかくと，全部で13個の部分に分けられる。

図①

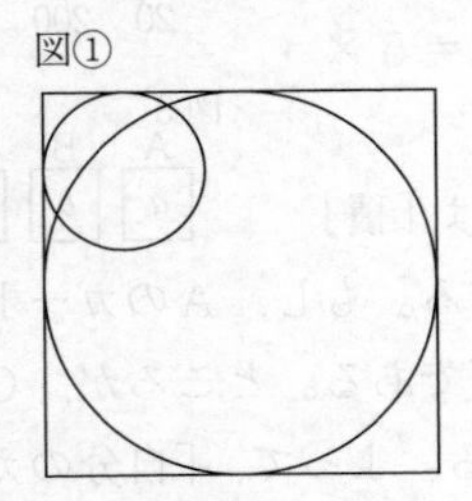

図②

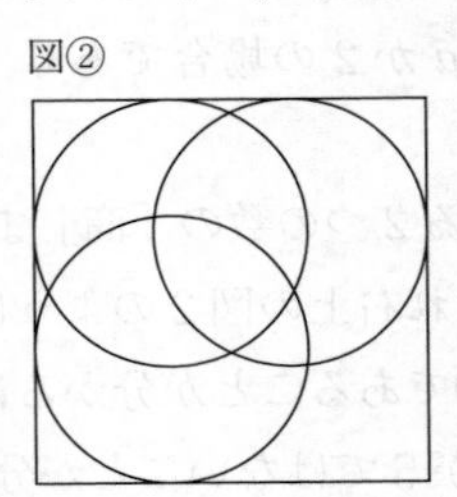

図③

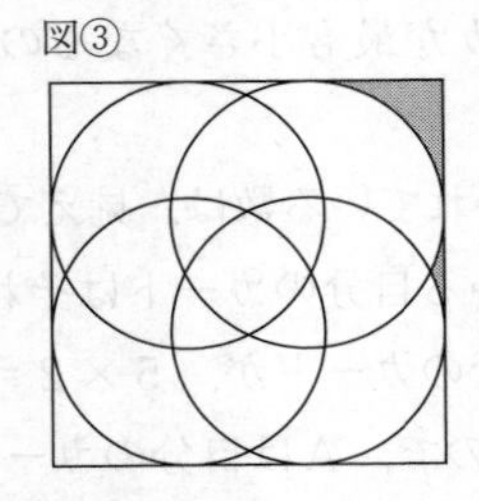

図④

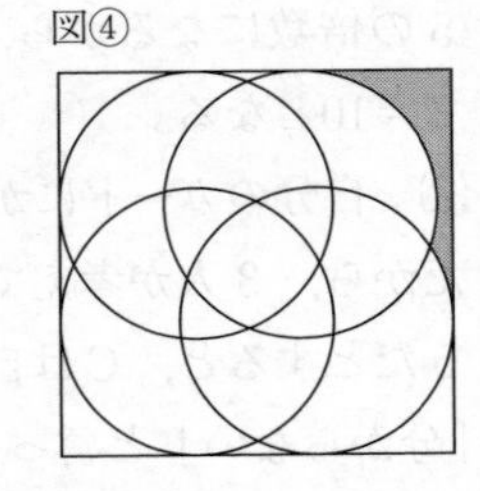

(3) はじめに上の図③のようにかくと，全部で21個の部分に分けられる。この状態で，右上の円を少し左に移動すると，上の図④のように，2つのかげをつけた部分が1つにつながる。すると，正方形を，$21-1=20$(個)の部分に分けることができる(円の半径は異なっていてもかまわない)。

理　科　＜MST試験＞（60分）＜満点：100点＞

解　答

1 **問1**　ア，イ　**問2**　エ　**問3**　イ　**問4**　ア，エ　**2** **問1**　イ　**問2**　ア　**問3**　800匹　**問4**（例）(1)　移動しない。(2)　調査地域内に一定面積の区画をつくり，区画内の個体数を調べ，区画の面積と地域全体の面積の比を利用して地域全体の個体数を推定する。　**3**（例）　解説の図を参照のこと。　**4** **問1**　コイル　**問2**　C＞A＞B／理由…（例）　同じ向きの磁力がまとめられるCの磁力がもっとも強く，反対向きの磁力がたがいに打ち消し合うBの磁力がもっとも弱い。Aはまとめられる磁力も打ち消し合う磁力も多くないので，磁力はCよりもずっと弱いがBほど弱くはならない。　**問3**　解説を参照のこと。

解　説

1　太陽系の惑星と作用・反作用についての問題

問1　火星は地球と同じ太陽系の惑星の1つであり，自ら光を放つことはなく，太陽の光を反射して輝いている。また，火星は太陽からの距離が地球より遠い。火星の表面にはさびた鉄が多く存在するため，地球から見ると赤く見える。

問2　同じ重さで比べると，液体は気体よりも体積がひじょうに小さいので，液体の燃料のほうが大量に搭載することができる。

問3　リンゴが台の上で静止しているとき，重力と台からはたらく力の2つがつり合っていると述べられており，この2つの力はどちらもリンゴにはたらいている。よって，イが選べる。

問4　ロケットが地面を押す力と地面がロケットを押す力のように，「作用」と「反作用」は，2つの物体の間でたがいにはたらく力である。よって，アとエが選べる。なお，イは1つの物体（吊り下げた電灯）にはたらく2つの力がつり合う関係，ウはてこをかたむけるはたらきがつり合う関係になっている。

2　生物の個体数を調べる方法についての問題

問1　水に二酸化炭素を溶かした炭酸水は酸性の水溶液である。酸性の水溶液を青色のリトマス紙につけると，青色のリトマス紙は赤色に変化する。なお，食塩水は中性，石けん水と石灰水はアルカリ性の水溶液である。

問2　ヘラブナやコイは，一生を湖や池などの淡水中ですごすのに対し，マアジは一生を海水中ですごす。ベニザケはふだん海水中ですごしているが，産卵期になると川の上流へと移動する。また，ニホンウナギは淡水である川などで成長し，海で産卵する。

問3　（淡水魚Xの全体の個体数）：（標識されている個体数）の比が一定であることから，淡水魚Xの全体の個体数を□匹とすると，□：100＝120：15となる。よって，A湖に生息する淡水魚Xの個体数は，□＝100×120÷15＝800（匹）と推定される。

問4　標識再捕法では，印をつけられた個体が印のない個体とじゅうぶんに混ざる必要がある。よって，植物のように移動しない生物の個体数は推定できない。移動しない生物の個体数は，調査する地域の中にきまった面積の区画をつくり，その中で個体数を調べて，（地域全体の面積）：（区画の面積）＝（全体の個体数）：（区画の個体数）として推定できる。

3 効率のよい作業についての問題

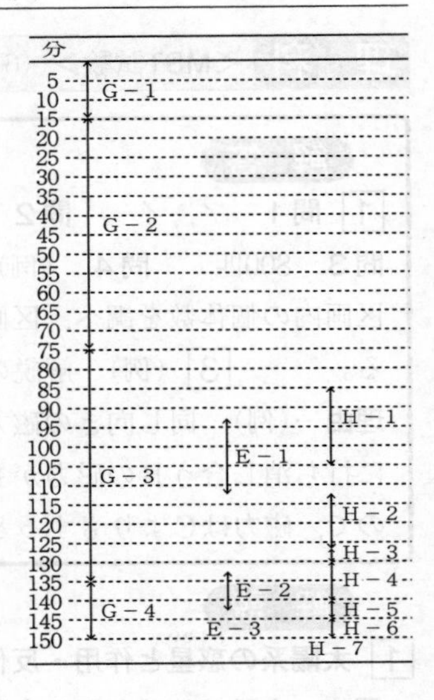

３つのメニューの中で最も時間がかかるのはご飯であるが，お米をといで炊飯器にセットした後は他の作業ができるので，ご飯の作業工程を最初に決める。ハンバーグとエビフライの作業工程は，ご飯のできあがる時間に合わせて，順序をさかのぼって決めていく。このとき，それだけしか時間を割けないものと，他の作業を並行してできるものに注意すると，右の図のような工程表が考えられる。

4 電磁石についての問題

問１　エナメル線などの導線を同じ方向に何重にも巻いたものをコイルといい，コイルに鉄しんを入れて電流を流すと電磁石ができる。

問２　導線に電流を流すと決まった方向の磁力が発生するため，Cのように直径が等しい円ができるよう同じ方向に導線を巻くと，同じ方向の磁力が重なり合って強い磁力が得られる。反対に，Bのようにジグザグに折りたたんで束にすると，磁力が打ち消されてしまう。Aの磁力も多くは打ち消し合うが，Bほどは打ち消されないと考えられる。よって，得られる磁力は大きい順に，C＞A＞Bとなる。

問３　コイルや電磁石に電流を流すと磁力が発生する性質を使うことによって，磁石に引きつけられる鉄などの一部の金属とそれ以外の物質をわけることができる。アルミニウム製のアルミ缶と鉄製のスチール缶をわけるときには電磁石が使われていて，電磁石に電気を流すことで電磁石にスチール缶が引きつけられ，その後，電気を流すのをやめることで，電磁石からスチール缶がはなれて回収できる。また，電流を流すと磁力が発生する性質を使うことによって，磁石と反発させたり引きつけたりさせてものを動かすことができる。リニアモーターカーは，電磁石に流れる電流の向きを反対にすると極が変わることを利用して，車両についた電磁石と車両のまわりにあるかべの電磁石が反発したり引きつけ合ったりして進む。このように電流を通すと磁力が発生する性質を用いた製品を考える。たとえば，宇宙開発用のロケットに電磁石の力を利用すると，打ち上げに使う燃料の量を減らすことができる。右の図のように，リニアモーターカーとまわりにあるかべのしくみと同じようなロケットと発射台が考えられる。

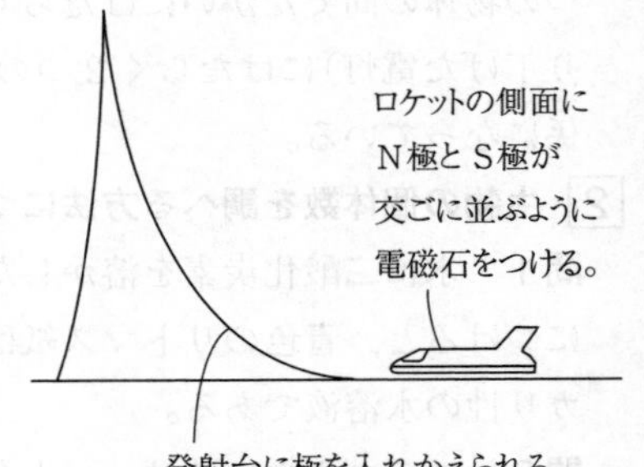

Memo

Memo

2025年度用

中学スーパー過去問

■編集人 声の教育社・編集部
■発行所 株式会社 声の教育社

〒162-0814 東京都新宿区新小川町8-15
☎03-5261-5061(代) FAX03-5261-5062
https://www.koenokyoikusha.co.jp

※本書の内容についての一切の責任は当社にあります。内容・解説・解答・その他は当社ホームページよりお問い合わせ下さい。

よくある解答用紙のご質問

01

実物のサイズにできない

拡大率にしたがってコピーすると，「解答欄」が実物大になります。配点などを含むため，用紙は実物よりも大きくなることがあります。

02

A3用紙に収まらない

拡大率164％以上の解答用紙は実物のサイズ（「出題傾向＆対策」をご覧ください）が大きいために，Ａ３に収まらない場合があります。

03

拡大率が書かれていない

複数ページにわたる解答用紙は，いずれかのページに拡大率を記載しています。どこにも表記がない場合は，正確な拡大率が不明です。

04

１ページに２つある

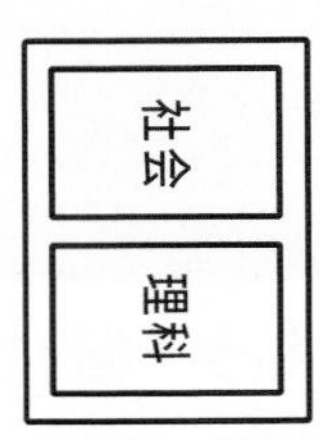

１ページに２つ解答用紙が掲載されている場合は，正確な拡大率が不明です。ほかの試験回の同じ教科をご参考になさってください。

【別冊】入試問題解答用紙編

解答用紙は本体からていねいに抜きとり、別冊としてご使用ください。

※ 実際の解答欄の大きさで練習するには、指定の倍率で拡大コピーしてください。なお、ページの上下に小社作成の見出しや配点を記載しているため、コピー後の用紙サイズが実物の解答用紙と異なる場合があります。

●入試結果表

— は非公表

年度	回	項目		国語	算数	社会	理科	4科合計	合格者
2024	第1回	配点(満点)		100	100	50	50	300	最高点
		合格者平均点	ISC 4科	—	—	—	—	188.0	ISC 217 IC 206
			IC 4科	—	—	—	—	176.6	最低点
		受験者平均点		—	—	—	—	—	ISC 177
		キミの得点							IC 161
	回	項目		国語	算数	社会	理科	4科合計	合格者
	第2回	配点(満点)		100	100	50	50	300	最高点
		合格者平均点	ISC 4科	—	—	—	—	178.2	ISC 205 IC 214
			IC 4科	—	—	—	—	179.3	最低点
		受験者平均点		—	—	—	—	—	ISC 160
		キミの得点							IC 166
	回	項目		国語	算数	社会	理科	2科合計	合格者
	MST	配点(満点)			100		100	200	最高点
		合格者平均点			—		—	128.0	154
		受験者平均点			—		—	—	最低点
		キミの得点							116
年度	回	項目		国語	算数	社会	理科	4科合計	合格者
2023	第1回	配点(満点)		100	100	50	50	300	最高点
		合格者平均点	ISC 4科	—	—	—	—	199.0	ISC 214 IC 229
			IC 4科	—	—	—	—	202.6	最低点
		受験者平均点		—	—	—	—	—	ISC 189
		キミの得点							IC 185
	回	項目		国語	算数	社会	理科	4科合計	合格者
	第2回	配点(満点)		100	100	50	50	300	最高点
		合格者平均点	ISC 4科	—	—	—	—	214.6	ISC 231 IC 227
			IC 4科	—	—	—	—	211.6	最低点
		受験者平均点		—	—	—	—	—	ISC 203
		キミの得点							IC 201
	回	項目		国語	算数	社会	理科	2科合計	合格者
	MST	配点(満点)			100		100	200	最高点
		合格者平均点			—		—	134.1	153
		受験者平均点			—		—	—	最低点
		キミの得点							122
年度	回	項目		国語	算数	社会	理科	4科合計	合格者
2022	第1回	配点(満点)		100	100	50	50	300	最高点
		合格者平均点	ISC 4科	—	—	—	—	190.9	ISC 213 IC 211
			IC 4科	—	—	—	—	194.7	最低点
		受験者平均点		—	—	—	—	—	ISC 178
		キミの得点							IC 184

〔参考〕満点(合格者最低点)　2022年：第2回4科300(ISC 181・IC 164)　ＭＳＴ2科200(118)

2021年：第1回4科300(インター—・本科—)

第2回4科300(—)　ＭＳＴ2科200(—)

※ 表中のデータは学校公表のものです。

２０２４年度　三田国際学園中学校

算数解答用紙　第１回

番号		氏名		評点	／100

1	(1)		(2)	個	(3)	時間　分
	(4)	個	(5)	回	(6)	cm^2

2	(1)		(2)		(3)	回

3	(1)	cm^2	(2)	cm	(3)	cm^2

4	(1)	点	(2)	ア		イ	
		人					
	(3)						

5	(1)		(2)	
	和			
	(3)			

（注）この解答用紙は実物を縮小してあります。Ｂ５→Ｂ４(141%)に拡大コピーすると、ほぼ実物大の解答欄になります。

〔算　数〕100点(推定配点)

1～3　各５点×12　4　(1)，(2)　各６点×２＜(2)は完答＞　(3)　８点　5　(1)，(2)　各６点×２　(3)　８点

２０２４年度　三田国際学園中学校

社会解答用紙　第１回

番号		氏名		評点	／50

1

問1		問2				
問3						
問4		問5				

2

問1		問2		問3	
問4					
問5					
問6	X				
	Y				

3

問1	X	
	Y	
問2	候補地	
	理由	

（注）この解答用紙は実物を縮小してあります。Ｂ５→Ｂ４（141％）に拡大コピーすると、ほぼ実物大の解答欄になります。

〔社　会〕50点（推定配点）

1　問１，問２　各３点×２　問３　６点　問４，問５　各３点×２　2　各３点×７<問４は完答>　3　問１　各２点×２　問２　７点

２０２４年度　三田国際学園中学校

理科解答用紙　第１回

番号		氏名		評点	／50

1

問1

問2 (1) (2)

問3　問4

問5

問6

2

問1　問2 1 2　問3 (1) (2)

問4

問5 (1) (2) 1 2 3 4 5

問6

（注）この解答用紙は実物を縮小してあります。Ｂ５→Ｂ４（141%）に拡大コピーすると、ほぼ実物大の解答欄になります。

〔理　科〕50点(推定配点)

1 問１，問２　各３点×３　問３，問４　各２点×２　問５　５点　問６　３点　2 問１～問４　各２点×６　問５　(1)　３点　(2)　各２点×５　問６　各２点×２

2024年度　三田国際学園中学校

国語解答用紙　第一回

番号 | 氏名 | 評点 /100

一

問一 A B C D　問二 a b

問三

問四 (40)

問五　問六　問七　問八

問九

二

問一 Ⅰ Ⅱ Ⅲ　問二 A B C

問三 (45)

問四

問五 (45)

問六 → → →

問七 ア イ ウ エ

問八

三

① ② ③ ④ ⑤

（注）この解答用紙は実物を縮小してあります。B5→B4（141％）に拡大コピーすると、ほぼ実物大の解答欄になります。

〔国　語〕100点（推定配点）

一 問1，問2　各2点×6　問3　8点　問4　5点　問5～問8　各3点×4　問9　8点　二 問1，問2　各2点×6　問3　5点　問4　3点　問5　5点　問6　4点<完答>　問7　各2点×4　問8　8点　三 各2点×5

２０２４年度　三田国際学園中学校

算数解答用紙　第２回

番号		氏名		評点	／100

1	(1)		(2)	mL	(3)	分
	(4)	cm^2	(5)	度	(6)	時速　km

2	(1)	① cm	② cm^2	(2)	cm^2

3	(1)	cm^3	(2)	cm^3	(3)	cm^2

4	(1)		(2)	通り
	(3)	選ばれない曜日		

5	(1)	通り	(2)	通り
	(3)	最大の数		

（注）この解答用紙は実物を縮小してあります。Ｂ５→Ａ３（163%）に拡大コピーすると、ほぼ実物大の解答欄になります。

〔算　数〕100点（推定配点）

1～3　各５点×12　4　(1)，(2)　各６点×２　(3)　８点＜完答＞　5　(1)，(2)　各６点×２　(3)　８点

2024年度　三田国際学園中学校

社会解答用紙　第2回

番号		氏名		評点	／50

1

問1	半島名		記号		問2		問3	
問4	X		Y					
問5	記号							
	理由							

2

問1	記号		理由							
問2		問3		問4		問5		問6		

3

問1	
問2	
問3	

（注）この解答用紙は実物を縮小してあります。Ｂ５→Ｂ４（141％）に拡大コピーすると、ほぼ実物大の解答欄になります。

〔社　会〕50点(推定配点)

1, 2　各３点×13＜1の問５，2の問１は完答＞　3　問１　３点　問２，問３　各４点×２

2024年度　三田国際学園中学校

理科解答用紙　第2回

番号		氏名		評点	／50

1	問1	問2	問3	問4	問5
	問6				

2	問1	問2	問3	問4	問5
	問6				

（注）この解答用紙は実物を縮小してあります。Ｂ５→Ｂ４(141%)に拡大コピーすると、ほぼ実物大の解答欄になります。

〔理　科〕50点(推定配点)

1　問１〜問５　各３点×５　問６　各５点×２　2　問１〜問５　各３点×５　問６　各５点×２

2024年度　三田国際学園中学校

国語解答用紙　第一回

番号　　氏名　　評点 /100

一

問一　Ⅰ　Ⅱ　Ⅲ　　問二　A　B

問三　ア　イ　ウ　エ　オ

問四　　問五　　問六　　問七

問八　(1)　60

問八　(2)

二

問一　A　B　C　　問二　a　b

問三　　問四　　問五

問六　60

問七　(1)

問七　(2)

問七　(3)

三

問一　(1)　(2)

問二　(1)　Ⅰ　Ⅱ　(2)　Ⅰ　Ⅱ　(3)　Ⅰ　Ⅱ

(注)　この解答用紙は実物を縮小してあります。B5→B4（141%）に拡大コピーすると、ほぼ実物大の解答欄になります。

〔国　語〕100点（推定配点）

一　問1～問7　各2点×14　問8　(1)　8点　(2)　10点　二　問1，問2　各2点×5　問3～問5　各3点×3　問6　8点　問7　(1)　2点　(2)　5点　(3)　10点　三　各2点×5

2024年度　三田国際学園中学校

算数解答用紙　ＭＳＴ

番号		氏名		評点	／100

1	(1)		(2)	g	(3)	cm^2
	(4)	通り	(5)	番目	(6)	回

2	(1)	時速　km	(2)	時速　km	(3)	時間

3		
	(1)	cm^3
	(2)	表面積　cm^2
	(3)	cm

4		
	(1)	通り
	(2)	先手・後手
	(3)	

5			
	(1)	(ア)	
		(イ)	
	(2)		

（注）この解答用紙は実物を縮小してあります。Ｂ５→Ａ３（163%）に拡大コピーすると、ほぼ実物大の解答欄になります。

〔算　数〕100点（推定配点）

1, 2 各５点×９　3 （1）５点　（2）８点　（3）６点　4 （1）５点　（2）８点＜完答＞　（3）６点　5 （1）（ア）６点　（イ）５点　（2）６点

2024年度　三田国際学園中学校

理科解答用紙　MST　No.1

番号		氏名		評点	／100

1

問1		問2
問3	記号	
問4	(1)	(2)
問5		

2

問1	問2	問3　種類
問4	サイクル目	

２０２４年度　三田国際学園中学校

理科解答用紙　ＭＳＴ　No.２

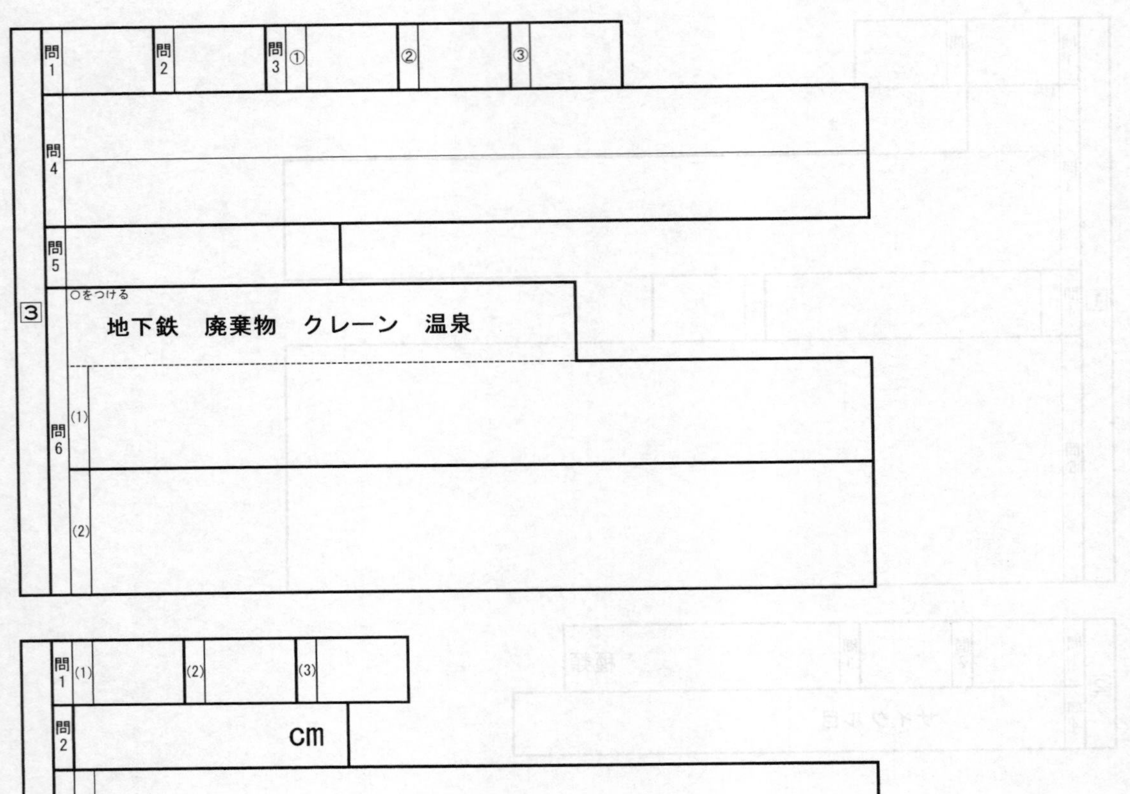

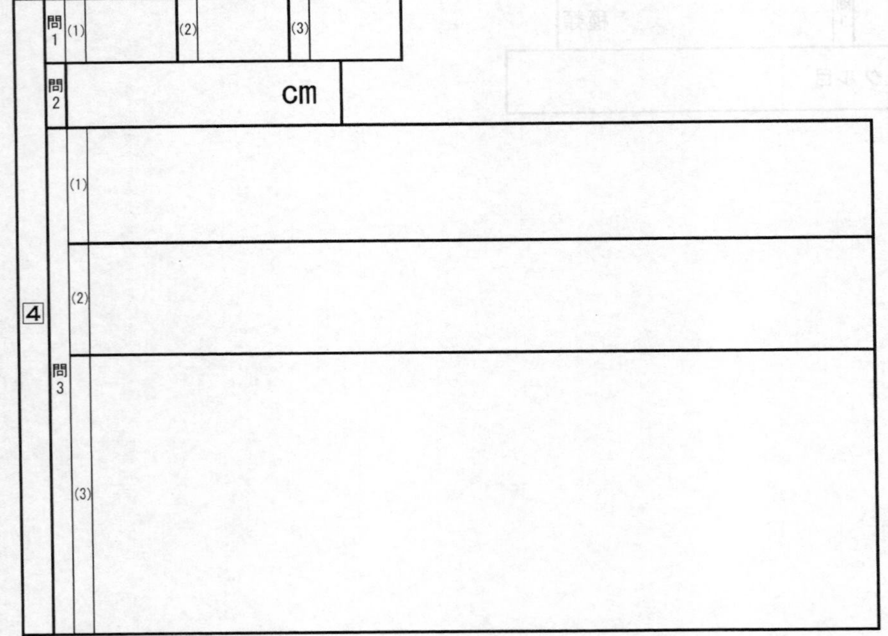

（注）この解答用紙は実物を縮小してあります。Ｂ５→Ａ３（163%）に拡大コピーすると、ほぼ実物大の解答欄になります。

〔理　科〕100点（推定配点）

1　問1，問2　各３点×２　問３　４点<完答>　問４　各３点×２　問５　６点　2　各３点×５　3　問1～問３　各３点×５　問４　５点　問５　４点<完答>　問６　(1)　４点　(2)　５点　4　問1，問２　各３点×４　問３　(1)，(2)　各５点×２　(3)　８点

２０２３年度　三田国際学園中学校

算数解答用紙　第１回

番号		氏名		評点	／100

1	(1)		(2)		(3)	
	(4)	度	(5)	通り	(6)	分

2	(1)	分後	(2)	Aさんと　向きに　分後	(3)	分　秒後

3	(1)	cm	(2)	回転	(3)	回転

4	(1)	通り
	(2)	
	(3)	

5	(1)	通り		
	(2)		(3)	

（注）この解答用紙は実物を縮小してあります。Ｂ５→Ｂ４（141%）に拡大コピーすると、ほぼ実物大の解答欄になります。

〔算　数〕100点（推定配点）

1～3　各５点×12＜2の(2)は完答＞　4　(1)，(2)　各６点×２　(3)　８点＜完答＞　5　(1)，(2)　各６点×２　(3)　８点

2023年度　三田国際学園中学校

社会解答用紙　第１回

番号		氏名		評点	／50

1				
問1		問2	生産物	説明
問3		問4		
問5				

2				
問1				
問2				
問3			問4	
問5	C	D	問6	
問7	(ア)			
	(イ)			

（注）この解答用紙は実物を縮小してあります。B５→B４（141%）に拡大コピーすると、ほぼ実物大の解答欄になります。

〔社　会〕50点（推定配点）

1　各３点×５＜問２は完答＞　2　問１　３点　問２　５点　問３～問６　各３点×４＜問５は完答＞　問７　（ア）　９点　（イ）　６点

２０２３年度　三田国際学園中学校

理科解答用紙　第１回

番号		氏名		評点	／50

[1]

問1　問2　問3　問4　問5

問6

[2]

問1　m　問2　問3　問4

問5

[3]

問1　問2　問3

問4　方法

結果

問5

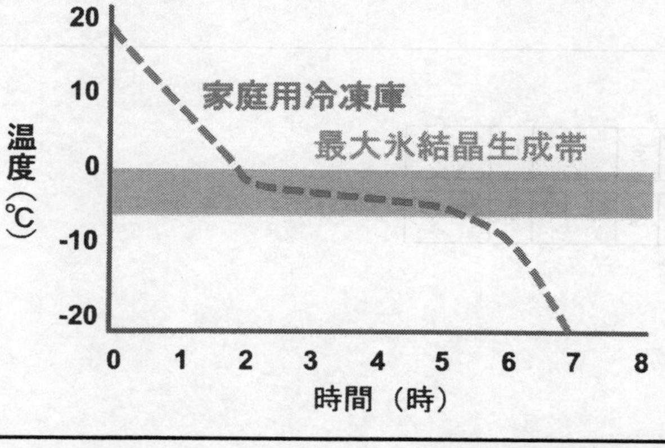

（注）この解答用紙は実物を縮小してあります。Ｂ５→Ｂ４（141％）に拡大コピーすると、ほぼ実物大の解答欄になります。

〔理　科〕50点(推定配点)

[1] 問１～問５　各３点×５<問１は完答>　問６　５点　[2] 問１～問４　各２点×４　問５　５点　[3] 問１　３点　問２，問３　各２点×２　問４　各３点×２　問５　４点

二〇二三年度　三田国際学園中学校

国語解答用紙　第一回

番号		氏名		評点	/100

一

問一　問二　問三　問四 a b

問五

問六

問七

問八

二

問一

問二

問三　問四　問五 X Y

問六　問七　問八

問九

三

問一 (1) (2) (3) (4) (5)

問二 (1) (2) (3) (4) (5)

（注）この解答用紙は実物を縮小してあります。B5→B4（141%）に拡大コピーすると、ほぼ実物大の解答欄になります。

〔国　語〕100点（推定配点）

一　問1～問3　各4点×3　問4　各2点×2　問5　4点　問6　6点　問7　8点　問8　10点　二　問1　4点　問2　8点　問3～問8　各4点×6<問5は完答>　問9　10点　三　各1点×10

２０２３年度　三田国際学園中学校

算数解答用紙　第２回

番号		氏名		評点	／100

1	(1)		(2)		(3)	通り
	(4)	cm²	(5)		(6)	正　　角形

2	(1)	枚	(2)	枚	(3)	mm

3	
	(1)
	(2)
	(3)　　回

4	(1)	：	(2)	cm²
	(3)			

5	(1)	A	H
		G	
	(2)		(3)

（注）この解答用紙は実物を縮小してあります。Ｂ５→Ａ３（163%）に拡大コピーすると、ほぼ実物大の解答欄になります。

〔算　数〕100点（推定配点）

1, 2　各５点×９　3（1）５点　（2）６点　（3）５点　4（1）５点　（2）６点　（3）８点　5（1）６点＜完答＞　（2）８点＜完答＞　（3）６点

２０２３年度　三田国際学園中学校

社会解答用紙　第２回

番号		氏名		評点	／50

1	問1							
	問2		問3		問4	A		B
	問5							

2	問1							
	問2		問3		問4		問5	
	問6							
	問7	(1)						
		(2)						
		(3)						
		(4)						

（注）この解答用紙は実物を縮小してあります。Ｂ５→Ｂ４（141%）に拡大コピーすると、ほぼ実物大の解答欄になります。

〔社　会〕50点（推定配点）

1　問１　４点　問２～問５　各３点×５　2　問１　４点　問２～問７　各３点×９<問５は完答>

2023年度　三田国際学園中学校

理科解答用紙　第2回

番号		氏名		評点	／50

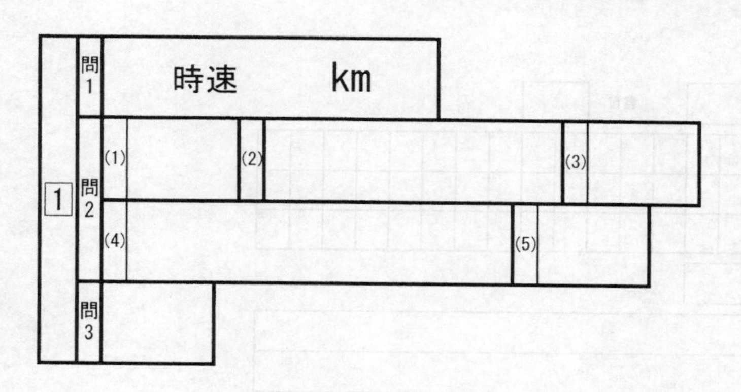

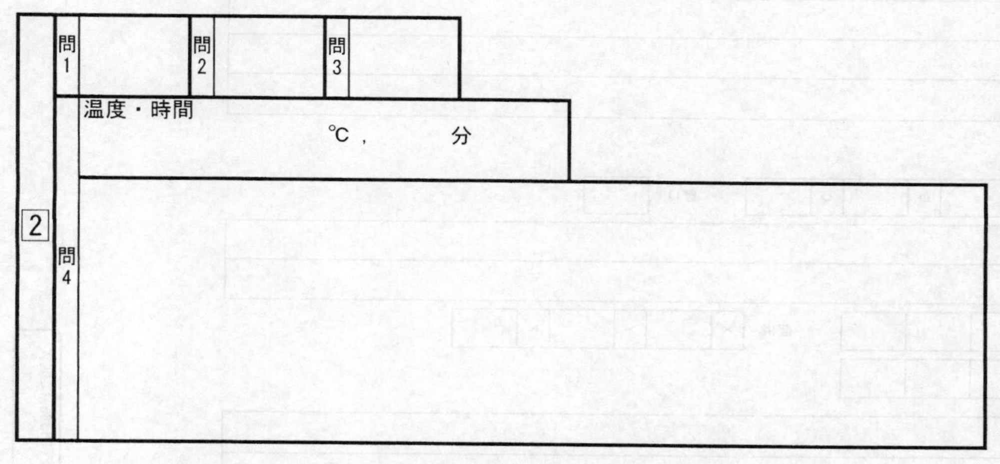

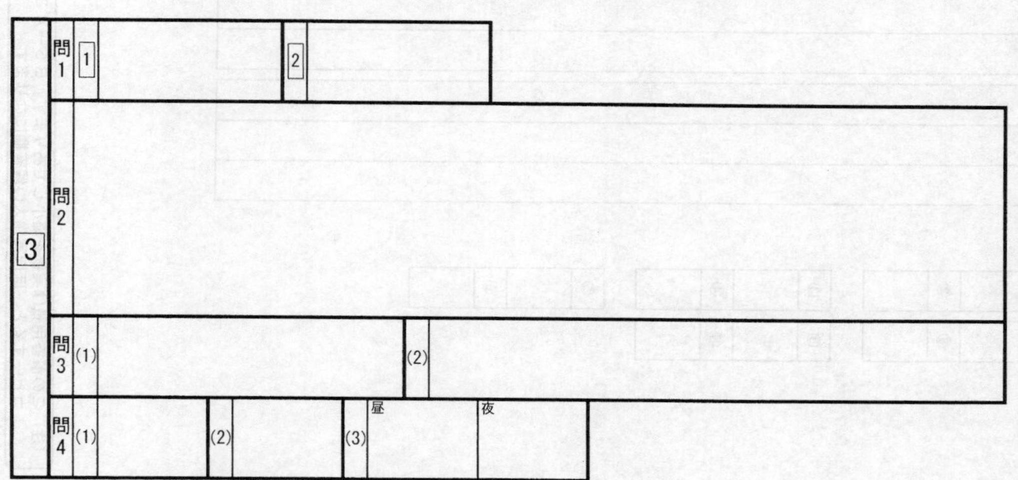

（注）この解答用紙は実物を縮小してあります。Ｂ５→Ｂ４（141％）に拡大コピーすると、ほぼ実物大の解答欄になります。

〔理　科〕50点（推定配点）

1　問1，問2　各2点×6＜問2の(4)は完答＞　問3　3点　2　問1～問3　各3点×3　問4　4点　3　問1　各2点×2　問2～問4　各3点×6＜問3の(1)，問4の(3)は完答＞

二〇二三年度　三田国際学園中学校

国語解答用紙　第二回

番号 | 氏名 | 評点 /100

一

問一　問二　問三　問四

問五 (75)

問六　A　B　C　D

問七

問八

二

問一　A　B　C　問二

問三

問四　問五　X　Y　Z

問六

問七

問八

三

①　②　③　④　⑤　⑥

⑦　⑧　⑨　⑩

（注）この解答用紙は実物を縮小してあります。B5→A3（163%）に拡大コピーすると、ほぼ実物大の解答欄になります。

〔国　語〕100点(推定配点)

一　問1〜問4　各4点×4　問5　8点　問6　各2点×4　問7　6点　問8　8点　二　問1，問2　各4点×2<問1は完答>　問3　6点　問4　4点　問5　各2点×3　問6　4点　問7，問8　各8点×2

三　各2点×5

2023年度　三田国際学園中学校

算数解答用紙　ＭＳＴ

番号		氏名		評点	／100

1	(1)		(2)		(3)	cm
	(4)	cm	(5)	行目	(6)	通り

2	(1)	(ア)　回　(イ)　回
	(2)	□の値

3	(1)		(2)		(3)	

4	(1)	cm^3
	(2)	
	(3)	cm

5	(1)		(2)	回目
	(3)	数		

（注）この解答用紙は実物を縮小してあります。Ｂ５→Ａ３(163%)に拡大コピーすると、ほぼ実物大の解答欄になります。

〔算　数〕100点(推定配点)

1　各５点×６　2　(1)　５点<完答>　(2)　□の値…５点，説明…５点　3　各５点×３　4　(1)　６点　(2)　８点　(3)　６点　5　(1)，(2)　各６点×２　(3)　８点<完答>

2023年度　三田国際学園中学校

理科解答用紙　ＭＳＴ　No.1

番号		氏名		評点	／100

1	問1		問2		問3		問4	

2	問1		問2		問3		問4		問5		問6	

3		
問1		
問2		
問3	(1)	
	(2)	
	(3)	

2023年度　三田国際学園中学校

理科解答用紙　ＭＳＴ　No.２

4	問1	
	問2	
	問3	不便だと感じる点

（注）この解答用紙は実物を縮小してあります。Ｂ５→Ｂ４（141％）に拡大コピーすると、ほぼ実物大の解答欄になります。

〔理　科〕100点（推定配点）

1，2　各５点×10＜1の問４は完答＞　3　問１　５点＜完答＞　問２　６点　問３　(1)，(2)　各６点×２　(3)　各２点×４　4　問１　５点　問２　６点　問３　８点

２０２２年度　三田国際学園中学校

算数解答用紙　第１回

番号		氏名		評点	／100

1	(1)		(2)		(3)	度
	(4)	ページ	(5)	通り	(6)	cm²

2	(1)		(2)		(3)	

3	(1)		(2)	(ア)		(イ)		

4	(1)		(2)	個
	(3)	求める和は		

5	(1)						
	(2)	①		②		③	
	(3)	完成するのは　段目まで					

（注）この解答用紙は実物を縮小してあります。Ｂ５→Ｂ４（141%）に拡大コピーすると、ほぼ実物大の解答欄になります。

〔算　数〕100点(推定配点)

1～3　各５点×12　4　(1)，(2)　各６点×２　(3)　８点　5　(1)　６点　(2)　各２点×３　(3)　８点

２０２２年度　三田国際学園中学校

社会解答用紙　第１回

番号		氏名		評点	／50

1

問1	問2	問3

問4

問5

2

問1	問2	問3	問4	問5

問6

3

問1

問2

（注）この解答用紙は実物を縮小してあります。Ｂ５→Ｂ４（141%）に拡大コピーすると、ほぼ実物大の解答欄になります。

〔社　会〕50点（推定配点）

1　問１，問２　各３点×２　問３，問４　各４点×２　問５　３点　2　問１～問５　各３点×５　問６　４点　3　問１　８点　問２　６点

２０２２年度　三田国際学園中学校

理科解答用紙　第１回

番号		氏名		評点	／50

1

問1	形	説明	問2	(1)		(2)	

問3	(1)		(2)		問4		問5	

2

問1		問2	m	問3	mm	問4	(1)		(2)	

問4	(3)	点灯時	消灯時

3

問1		問2		問3	(1)		(2)		問4		問5	(1)	

問5	(2)	特徴1	特徴2
		理由	理由

（注）この解答用紙は実物を縮小してあります。Ｂ５→Ｂ４（141%）に拡大コピーすると、ほぼ実物大の解答欄になります。

〔理　科〕50点（推定配点）

1 問１　各１点×２　問２～問５　各２点×６<問２の(1)，問４は完答>　2　各２点×７　3　問１～問４　各２点×５　問５　(1)　２点　(2)　特徴…各２点×２，理由…各３点×２

二〇二二年度　三田国際学園中学校

国語解答用紙　第一回

番号　氏名　評点 /100

一

問一　問二

問三

問四　問五

問六

問七　A　B

問八

二

問一　問二　問三

問四

問五　問六　問七

問八

問九

三

①　②　③　④　⑤

（注）この解答用紙は実物を縮小してあります。B５→A３（163%）に拡大コピーすると、ほぼ実物大の解答欄になります。

〔国　語〕100点（推定配点）

一　問１，問２　各４点×２　問３　６点　問４，問５　各４点×２　問６　６点　問７　各４点×２　問８　８点　二　問１～問３　各４点×３　問４　６点　問５～問７　各４点×３　問８　６点　問９　10点　三　各２点×５

2022年度　三田国際学園中学校

算数解答用紙　第2回

番号		氏名		評点	／100

1	(1)		(2)	%	(3)	通り
	(4)	周	(5)		(6)	cm

2	(1)	分	(2)	回	(3)	分

3

(1)

	S	T	U
(あ)			
(い)			

(2) ㎠

(3)

4

(1) cm

(2) ①　②

(3)

(㎠) 12, 10, 8, 6, 4, 2, 0 ／ 2, 4, 6, 8, 10, 12 (秒)

5

(1)　(2)

(3)

ふくまれる数

（注）この解答用紙は実物を縮小してあります。Ｂ５→Ａ３（163％）に拡大コピーすると、ほぼ実物大の解答欄になります。

〔算　数〕100点（推定配点）

1～3 各５点×12<3の(1)は完答>　4 (1) ６点 (2) 各３点×２ (3) ８点　5 (1), (2) 各６点×２ (3) ８点<完答>

2022年度　三田国際学園中学校

社会解答用紙　第2回

番号		氏名		評点	／50

1

問1	問2	問3	

問4

問5

2

問1	問2	問3	
		（1）	（2）

問4

問5

3

ア

イ

（注）この解答用紙は実物を縮小してあります。B５→A３（163%）に拡大コピーすると、ほぼ実物大の解答欄になります。

〔社　会〕50点（推定配点）

1 問1～問3　各3点×4　問4　4点　問5　3点　2 問1～問3　各3点×4　問4　4点　問5　3点　3 各6点×2

２０２２年度　三田国際学園中学校

理科解答用紙　第２回

番号		氏名		評点	／50

1

問1		問2		問3	
問4		問5			

2

問1	(1)		(2)	1		2	
問2	(1)					(2)	
問3							

3

問1		問2		問3		問4	
問5	仮説						
	方法						
	結果						

（注）この解答用紙は実物を縮小してあります。Ｂ５→Ａ３(163%)に拡大コピーすると、ほぼ実物大の解答欄になります。

〔理　科〕50点(推定配点)

1 問１　２点　問２～問５　各３点×４＜問４は完答＞　2 問１，問２　各３点×４＜問１の(2)，問２の(1)は完答＞　問３　６点　3 問１～問４　各２点×４　問５　仮説…４点，方法・結果…各３点×２

二〇二二年度　三田国際学園中学校

国語解答用紙　第一回

番号　氏名　評点 /100

一

問一 A B

問二

問三

問四 樹理恵のつくった標語から、 を感じている。

問五

問六

問七 (1) (2)

二

問一 I II III IV

問二 甲 乙 丙

問三

問四

問五

問六

問七

問八

三

① ② ③ ④ ⑤

（注）この解答用紙は実物を縮小してあります。B5→A3（163%）に拡大コピーすると、ほぼ実物大の解答欄になります。

〔国　語〕100点(推定配点)

一 問1　各2点×2　問2，問3　各4点×2　問4　8点　問5，問6　各4点×2　問7　(1)　6点　(2)　10点　二 問1，問2　各2点×7　問3　4点　問4　6点　問5　4点　問6　6点　問7　4点　問8　8点　三 各2点×5

２０２２年度　三田国際学園中学校

算数解答用紙　ＭＳＴ　番号　氏名　評点　／100

1	(1)		(2)	倍	(3)	通り
	(4)	人	(5)	cm²	(6)	個

2	(1)	cm	(2)	km	(3)	m

3	(1)		(2) 文字	回数　回
			(3)	

4	(1)			
	(2)	(あ)	(い)	

5	(1)	
	(2)	個
	(3)	電球の番号：

（注）この解答用紙は実物を縮小してあります。Ｂ５→Ａ３（163%）に拡大コピーすると、ほぼ実物大の解答欄になります。

〔算　数〕100点（推定配点）

1～3　各５点×12＜3の(2)は完答＞　4　(1)　８点　(2)　各６点×2＜(あ)は完答＞　5　(1)，(2)　各６点×2＜(1)は完答＞　(3)　８点＜完答＞

２０２２年度　　三田国際学園中学校

理科解答用紙　ＭＳＴ　No.１

番号		氏名		評点	／100

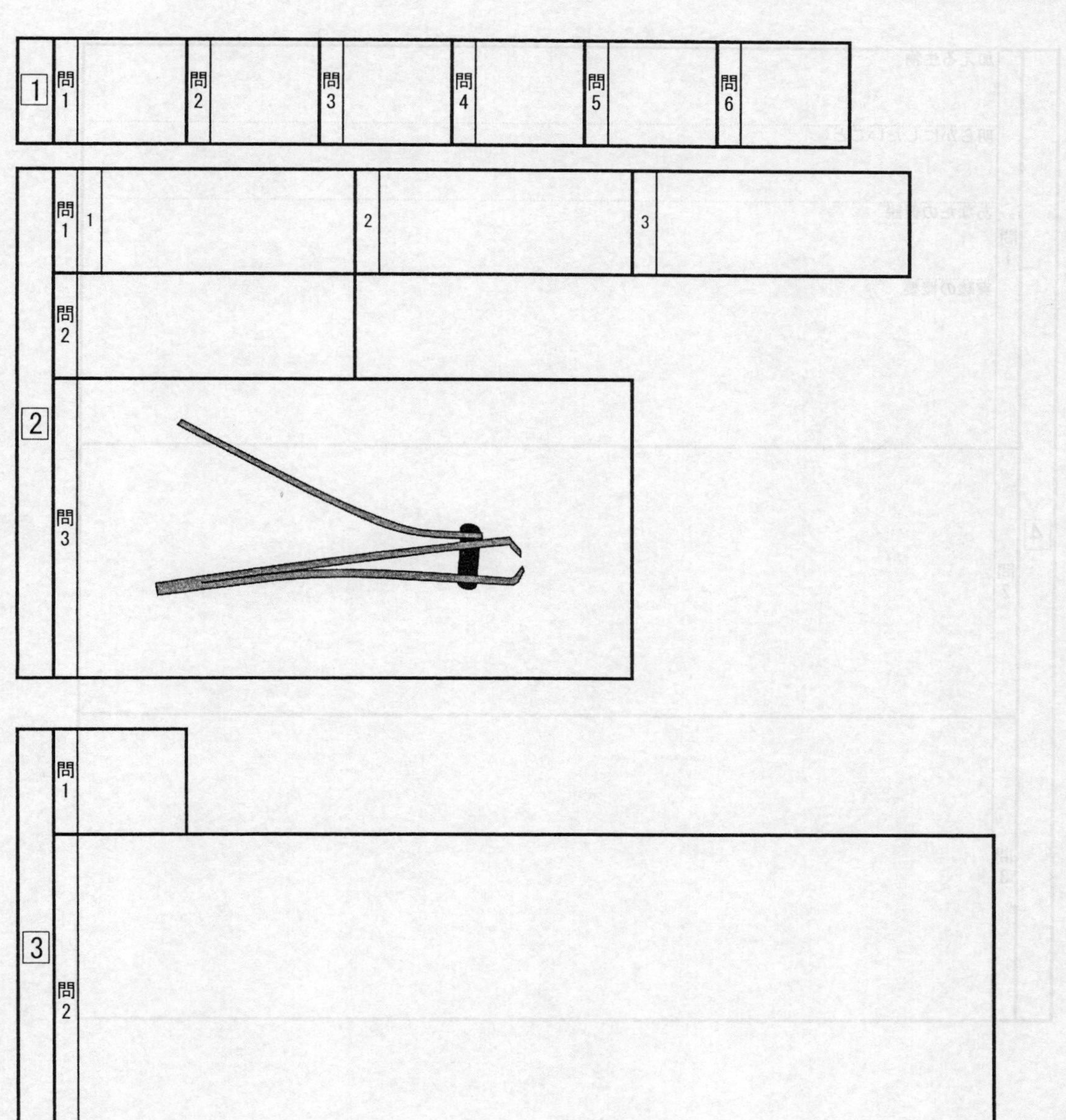

２０２２年度　三田国際学園中学校

理科解答用紙　ＭＳＴ　No.２

4	問1	加える生物
		明らかにしたいこと
		あなたの仮説
		実験の概要
	問2	
	問3	

（注）この解答用紙は実物を縮小してあります。Ｂ５→Ｂ４（141%）に拡大コピーすると、ほぼ実物大の解答欄になります。

〔理　科〕100点(推定配点)

1　各５点×６　2　問１　各５点×３　問２　６点　問３　８点　3　問１　５点　問２　８点　4　問１　８点＜完答＞　問２，問３　各10点×２

２０２１年度　三田国際学園中学校

算数解答用紙　第１回

番号		氏名		評点	／100

1	(1)		(2)		(3)	円
	(4)		(5)	cm³	(6)	%

2	(1)		(2)	回
	(3) (ア)		(イ)	

3	(1)	A　B	(2)	A　B
	(3)	あ　い		

4	(1)	個分	(2)	
	(3)			

5	(1)	個	(2)	個
	(3)			

（注）この解答用紙は実物を縮小してあります。Ｂ５→Ａ３（163%）に拡大コピーすると、ほぼ実物大の解答欄になります。

〔算　数〕100点（推定配点）

1，2　各５点×10　3　各６点×３　4　(1)，(2)　各５点×２＜(2)は完答＞　(3)　６点　5　(1)，(2)　各５点×２　(3)　６点

２０２１年度　三田国際学園中学校

社会解答用紙　第１回

番号		氏名		評点	／50

1

問1	問2	問3	
		B	選択肢

問4

問5

2

問1	問2	問3

問4

問5	問6

3

(α)

(β)

（注）この解答用紙は実物を縮小してあります。Ｂ５→Ｂ４（141％）に拡大コピーすると、ほぼ実物大の解答欄になります。

〔社　会〕50点（推定配点）

1 問１～問３　各３点×４　問４　４点　問５　３点　2 問１～問３　各３点×３　問４　４点　問５，問６　各３点×２　3 各６点×２

２０２１年度　三田国際学園中学校

理科解答用紙　第１回

番号		氏名		評点	／50

1	問1		問2		問3		問4	

2	問1		問2		問3		問4	
	問5							

3	問1	
	問2	
	問3	

（注）この解答用紙は実物を縮小してあります。Ｂ５→Ｂ４（141%）に拡大コピーすると、ほぼ実物大の解答欄になります。

〔理　科〕50点(推定配点)

1　各４点×４　2　問１～問４　各４点×４　問５　５点　3　問１　３点　問２，問３　各５点×２

二〇二一年度　三田国際学園中学校

国語解答用紙　第一回

番号　氏名　評点 /100

一

問一 A B C D E

問二 I II III IV　問三　問四

問五 (50)

問六 (20)

問七 i) ii)

二

問一

問二 (45)

問三 A B　問四　問五

問六

問七

問八

三

(1) (2) (3) (4) (5)

（注）この解答用紙は実物を縮小してあります。B５→A３（163%）に拡大コピーすると、ほぼ実物大の解答欄になります。

〔国　語〕100点（推定配点）

一 問1，問2　各2点×9　問3，問4　各4点×2　問5〜問7　各6点×4　二 問1　4点　問2　6点　問3　各2点×2　問4，問5　各4点×2　問6　6点　問7　4点　問8　8点　三 各2点×5

2021年度　三田国際学園中学校

算数解答用紙　第2回

番号		氏名		評点	／100

1	(1)		(2)	時速　km	(3)	点以上　点以下
	(4)	個	(5)	度	(6)	cm^2

2	(1)	円	(2)	円	(3)	円

3		
	(1)	
	(2)	東　南
	(3)	番号　　白い正方形　　個　色のついた正方形　　個

4		
	(1)	個
	(2)	
	(3)	

5				
	(1)	：	(2)	cm
	(3)			

（注）この解答用紙は実物を縮小してあります。Ｂ５→Ａ３（163％）に拡大コピーすると、ほぼ実物大の解答欄になります。

〔算　数〕100点（推定配点）

1～3　各５点×12＜1の(3)，3の(1)，(3)は完答＞　4　(1)，(2)　各６点×２　(3)　８点　5　(1)，(2)　各６点×２　(3)　８点

２０２１年度　三田国際学園中学校

社会解答用紙　第２回

番号		氏名		評点	／50

1

問1	問2		問3
	都道府県	雨温図	

問4

問5

2

問1	問2	問3

問4

問5	問6

3

問1

問2	
	B
	C

（注）この解答用紙は実物を縮小してあります。Ｂ５→Ｂ４(141%)に拡大コピーすると、ほぼ実物大の解答欄になります。

〔社　会〕50点(推定配点)

1 問１～問３　各３点×３＜各々完答＞　問４　４点　問５　３点＜完答＞　2 問１～問３　各３点×３　問４　４点　問５，問６　各３点×２　3 問１　３点　問２　各６点×２

２０２１年度　三田国際学園中学校

理科解答用紙　第２回

番号		氏名		評点	／50

1

問1　問2　問3

問4

2

問1 (1)　(2)　問2 A　B

問3

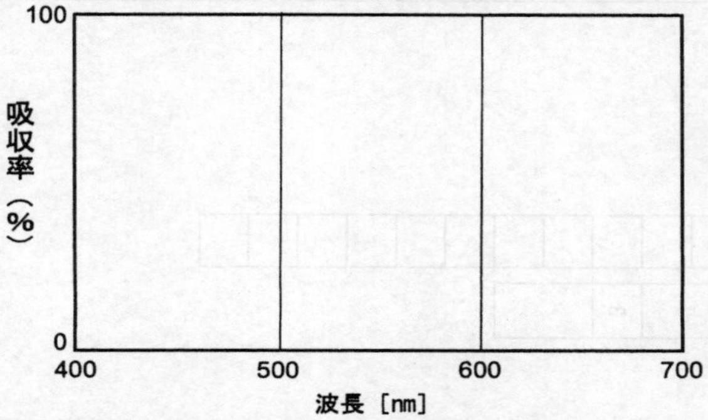

3

問1

問2

問3 ①

②

（注）この解答用紙は実物を縮小してあります。Ｂ５→Ａ３（163%）に拡大コピーすると、ほぼ実物大の解答欄になります。

〔理　科〕50点（推定配点）

1 問1〜問3　各４点×３　問4　６点　2 問1，問2　各２点×４　問3　６点　3 問1　４点　問2　６点　問3　各４点×２

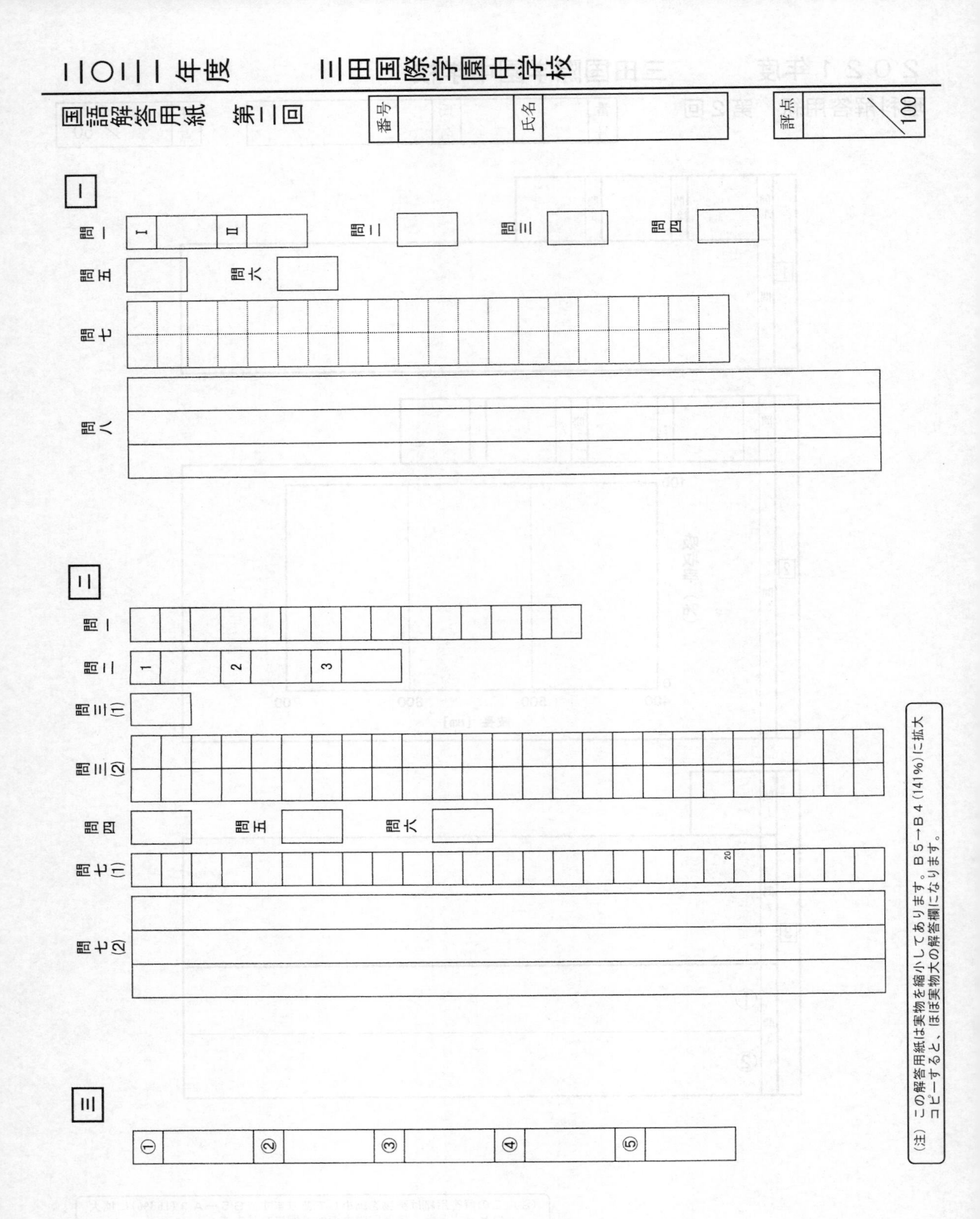

〔国　語〕100点（推定配点）

□一 問1　各3点×2　問2～問6　各4点×5　問7　6点　問8　7点　□二 問1　6点　問2　各3点×3　問3　(1)　4点　(2)　7点　問4～問6　各4点×3　問7　(1)　6点　(2)　7点　□三 各2点×5

２０２１年度　三田国際学園中学校

算数解答用紙　ＭＳＴ

番号		氏名		評点	／100

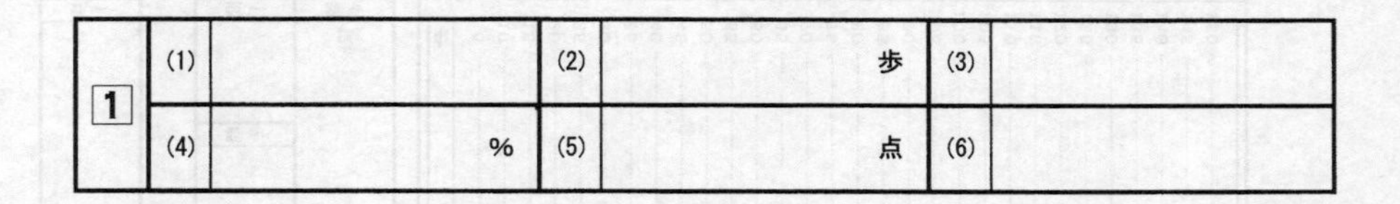

1	(1)		(2)	歩	(3)	
	(4)	%	(5)	点	(6)	

2	(1)	通り	(2)	通り	(3)	通り

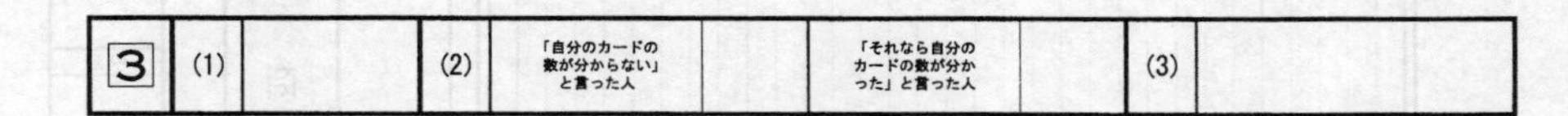

3	(1)		(2)	「自分のカードの数が分からない」と言った人		「それなら自分のカードの数が分かった」と言った人		(3)	

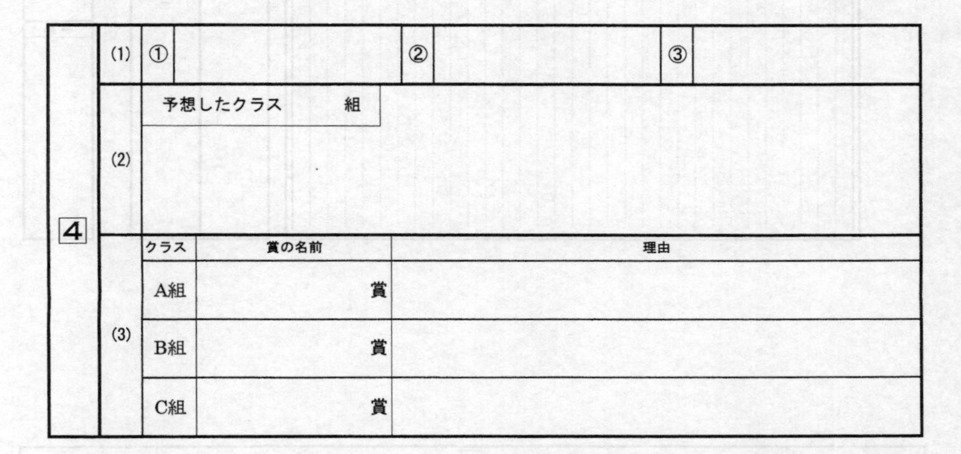

4

(1) ①　②　③

(2) 予想したクラス　組

(3)

クラス	賞の名前	理由
A組	賞	
B組	賞	
C組	賞	

5

(1)	個	(2)	個

(3)

（注）この解答用紙は実物を縮小してあります。Ｂ５→Ａ３（163%）に拡大コピーすると、ほぼ実物大の解答欄になります。

〔算　数〕100点（推定配点）

1～3　各４点×12＜3の(2)は完答＞　4　(1)　各５点×３　(2)　６点　(3)　各５点×３　5　(1)，(2)　各５点×２　(3)　６点＜完答＞

２０２１年度　　三田国際学園中学校

理科解答用紙　ＭＳＴ　No.1

番号		氏名		評点	／100

1	問1		問2		問3		問4	

2	問1		問2		問3	匹	問4 (1)	
	問4 (2)							

3

分

5
10
15
20
25
30
35
40
45
50
55
60
65
70
75
80
85
90
95
100
105
110
115
120
125
130
135
140
145
150

２０２１年度　　三田国際学園中学校

理科解答用紙　ＭＳＴ　No.2

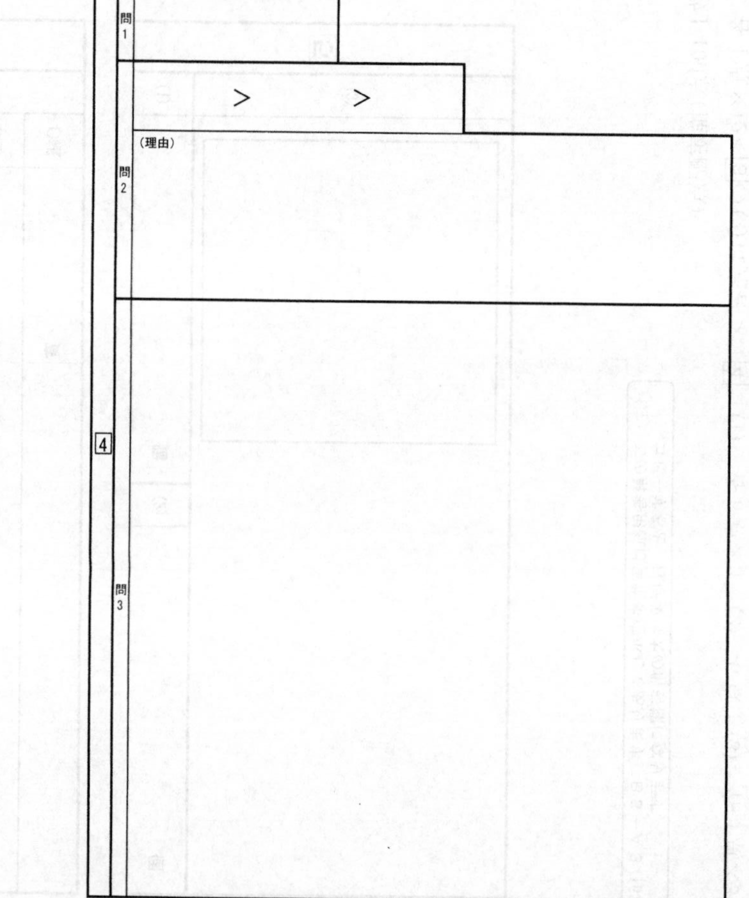

〔理　科〕100点(推定配点)

1　問1　6点＜完答＞　問2, 問3　各4点×2　問4　6点＜完答＞　2　問1, 問2　各4点×2　問3　6点　問4　各7点×2　3　20点　4　問1　4点　問2　8点＜完答＞　問3　20点